프로그래밍기능사
필기 기본서

2026 시나공

길벗알앤디 지음

길벗

지은이 길벗알앤디

강윤석, 김용갑, 김우경, 김종일

IT 서적을 기획하고 집필하는 출판 기획 전문 집단으로, 2003년부터 길벗출판사의 IT 수험서인 〈시험에 나오는 것만 공부한다!〉 시리즈를 기획부터 집필 및 편집까지 총괄하고 있다.

30여 년간 자격증 취득에 관한 교육, 연구, 집필에 몰두해 온 강윤석 실장을 중심으로 IT 자격증 시험의 분야별 전문가들이 모여 국내 IT 수험서의 수준을 한 단계 높이기 위한 다양한 연구와 집필 활동에 전념하고 있다.

프로그래밍기능사 필기 - 시나공 시리즈 ⑳
The Written Examination for the Programming Craftsman

초판 발행 · 2026년 1월 12일
초판 2쇄 발행 · 2026년 2월 9일

지은이 · 길벗알앤디(강윤석, 김용갑, 김우경, 김종일)
발행인 · 이종원
발행처 · (주)도서출판 길벗
출판사 등록일 · 1990년 12월 24일
주소 · 서울시 마포구 월드컵로 10길 56(서교동)
주문 전화 · 02)332-0931 **팩스** · 02)323-0586
홈페이지 · www.gilbut.co.kr **이메일** · gilbut@gilbut.co.kr

기획 및 책임 편집 · 강윤석(kys@gilbut.co.kr), 김미정(kongkong@gilbut.co.kr), 임은정(eunjeong@gilbut.co.kr)
표지 디자인 · 강은경, 윤석남 **제작** · 이준호, 손일순, 이진혁 **마케팅** · 조승모, 유영은
영업관리 · 김명자 **독자지원** · 윤정아 **유통혁신** · 한준희

편집진행 및 교정 · 길벗알앤디(강윤석 · 김용갑 · 김우경 · 김종일) **디자인** · 도설아 **일러스트** · 윤석남
전산편집 · 예다움 **CTP 출력 및 인쇄** · 금강인쇄 **제본** · 금강제본

- 이 책은 저작권법의 보호를 받는 저작물로 이 책에 실린 모든 내용, 디자인, 이미지, 편집 구성은 허락 없이 복제하거나 다른 매체에 옮겨 실을 수 없습니다.
- 인공지능(AI) 기술 또는 시스템을 훈련하기 위해 이 책의 전체 내용은 물론 일부 문장도 사용하는 것을 금지합니다.
- 잘못 만든 책은 구입한 서점에서 바꿔 드립니다.

ⓒ 길벗알앤디, 2026

ISBN 979-11-407-1696-8 13000
(길벗 도서번호 030986)

가격 21,000원

독자의 1초를 아껴주는 정성 길벗출판사

(주)도서출판 길벗 IT단행본, 성인어학, 교과서, 수험서, 경제경영, 교양, 자녀교육, 취미실용 www.gilbut.co.kr
길벗스쿨 국어학습, 수학학습, 주니어어학, 어린이단행본, 학습단행본 www.gilbutschool.co.kr

시나공 홈페이지 www.sinagong.co.kr

나는 시험에 나오는 것만 공부한다!
이제 시나공으로 한 번에 합격하세요.

기초 이론부터 완벽하게 공부해서 안전하게 합격하고 싶어요!

기본서
(필기/실기)

특 징

자세하고 친절한 이론으로 기초를 쌓은 후 바로 문제풀이를 통해 정리합니다.

구 성

본권
기출문제
토막강의

온라인 채점 서비스
- 워드프로세서 실기
- 컴퓨터활용능력 실기
- ITQ

출 간 종 목

컴퓨터활용능력1급 필기
컴퓨터활용능력1급 실기
컴퓨터활용능력2급 필기
컴퓨터활용능력2급 실기
워드프로세서 필기
워드프로세서 실기
정보처리기사 필기
정보처리기사 실기
정보처리산업기사 필기
정보처리산업기사 실기
사무자동화산업기사 실기
ITQ OA Master
GTQ 1급/2급

이론은 공부했지만 어떻게 적용되는지 문제풀이를 통해 감각을 익히고 싶어요!

총정리
(필기/실기)

특 징

간단하게 이론을 정리한 후 충분한 문제풀이를 통해 실전 감각을 향상시킵니다.

구 성

핵심요약
기출문제
모의고사
토막강의

온라인 채점 서비스
- 컴퓨터활용능력 실기

출 간 종 목

컴퓨터활용능력1급 필기
컴퓨터활용능력1급 실기
컴퓨터활용능력2급 필기
컴퓨터활용능력2급 실기
사무자동화산업기사 필기

이론은 완벽해요! 기출문제로 마무리하고 싶어요!

기출문제집
(필기/실기)

특 징

최신 기출문제를 반복풀이하며 학습을 최종 마무리합니다.

구 성

기출문제
핵심요약(PDF)
토막강의

온라인 채점 서비스
- 컴퓨터활용능력 실기

출 간 종 목

컴퓨터활용능력1급 필기
컴퓨터활용능력1급 실기
컴퓨터활용능력2급 필기
컴퓨터활용능력2급 실기
정보처리기사 필기
정보처리기사 실기

INDEX

주요 제어문자 • 56
지속적인 배포 • 288
지속적인 통합 • 288
직접 연결 백업 • 330
질의어 • 214
집합 연산자 • 248

참조 릴레이션 • 178
참조 무결성 • 180
처리 능력 • 296
처리 프로그램 • 299
최소성 • 178
추상화 • 27
추상화의 종류 • 27

ㅋ
캡슐화 • 27
커널 • 316
커뮤니케이션 및 협업 • 289
컴파일러 • 299
코드형 인프라 • 288
콜드 사이트 • 336
,(콤마) 연산자 • 50
퀵 정렬 • 198
큐 • 187
클라우드(Cloud) 백업 • 331
클라이언트/서버 방식 • 340
클래스 • 26
클래스 없는 메소드의 사용 • 103
키 • 177

태그 • 106
테스트 케이스 • 276
테이블 • 217
통신 프로토콜 • 150
통합 테스트 • 283, 285
튜플 • 37, 175
트랜잭션 • 184
트리 • 190

파레토 법칙 • 275
파이썬 • 30
파이썬-for문 • 99
파이썬-if문 • 97
파이썬-while문 • 100
파이썬-클래스 • 101
파일 및 디렉터리의 소유권 • 320
파일 시스템 오버헤드 • 333
패딩 비트 • 45
페이지 부재 • 309
페이퍼 프로토타입 • 268
표현 계층 • 154
프로세스 • 304
프로세스 상태 전이 • 304
프로토콜 • 150

하위 질의 • 239
하향식 통합 테스트 • 285
핫 사이트 • 336
헝가리안 표기법 • 38
형상 관리 • 338
혼합 미러링 방식 • 335
혼합식 통합 테스트 • 286
화이트박스 테스트 • 278
확인 테스트 • 276
확인(Validation) • 274
환형 대기(순환 대기) • 307
회귀 테스트 • 277, 285
회귀 테스팅 • 287
회복 테스트 • 277
후보키 • 177
휴리스틱 평가 • 268
힙 정렬 • 198

찾아보기 **411**

찾아보기

로더 · 300
로컬 전용 방식 · 340
리스트 · 91
릴레이션 · 175
링형 · 150

ㅁ
마이크로서비스 · 288
마크업 언어 · 106
망형 · 150
멀티태스킹 · 310
메소드 · 20
메시지 · 26
명세 기반 테스트 · 276
모니터링 및 로깅 · 289
무결성 · 180
문자열 formatting · 90
문장 검증 기준 · 278
문제 프로그램 · 299
물리 계층 · 152
물리적 설계 · 168
미러 사이트 · 336

ㅂ
반복문 · 66
반환 시간 · 296
배열 · 73, 186
배열의 초기화 · 76
백업 · 330
백업 시스템 · 330
백업 용량 산정 기법 · 333
버블 정렬 · 197
버스형 · 150
베타 테스트 · 284
변수 · 38
변수를 상수로 만들어 사용하기 · 39
변수명 작성 규칙 · 38
변수의 선언 · 39
병행 테스트 · 277
복구 목표 시간 · 335
복구 목표 시점 · 335
복수 테이블 검색 · 240
부트 블록 · 317
분기 검증 기준 · 278

분기/조건 기준 · 279
분산 저장소 방식 · 340
분산 처리 시스템 · 302
뷰 · 182
블랙박스 테스트 · 279
비교 검사 · 279
비선점 · 307
비선점 스케줄링 · 305
비연결형(비접속) 통신 · 156
비트 연산자 · 44
빅뱅 통합 테스트 · 285
빌드 · 288

ㅅ
사용 가능도 · 296
사용자 인터페이스 · 264
사용자 인터페이스 개발 시스템의 기능 · 266
사용자 인터페이스의 기본 원칙 · 265
사용자 인터페이스의 설계 지침 · 266
사용자 정의 무결성 · 181
삭제문(DELETE FROM~) · 227
산술 연산자 · 42
살충제 패러독스 · 275
삽입 정렬 · 196
삽입문(INSERT INTO~) · 226
상속성 · 27
상속성의 종류 · 27
상수 · 39
상향식 통합 테스트 · 285
상호 계약형 · 336
상호 배제 · 307
생성자 · 82
서비스 프로그램 · 299
서식 문자열 · 56
선점 스케줄링 · 305
선택 정렬 · 197
선형 리스트 · 186
선호도 평가 · 268
성능 테스트 · 277
성능 평가 · 268
성형 · 150
세션 · 154
세션 계층 · 154
소동기점 · 154

소스 코드 관리 도구 · 340
속성 · 170, 175
수학/난수 발생 함수 · 23
쉘 · 30, 316
쉘 스크립트 · 30
슈퍼 블록 · 317
슈퍼키 · 178
스케줄링 · 305
스크립트 언어 · 29
스크립트 언어의 장·단점 · 29
스크립트 언어의 종류 · 29
스키마 · 165
스택 · 187
스텁 · 286
스토리지 동기화 · 335
슬라이스 · 93
시분할 시스템 · 302
시스템 디스크 여유율 · 333
시스템 디스크 용량 · 333
시스템 백업 · 330
시스템 카탈로그 · 182
시스템 테스트 · 283
신뢰도 · 296
실수 자료형에 따른 실수형 상수 입력 방법 · 40
실시간 처리 시스템 · 302

ㅇ
안전 테스트 · 277
알파 테스트 · 284
애플리케이션 테스트 · 274
어셈블러 · 299
어셈블리어 · 299
언어 번역 프로그램 · 299
연결 리스트 · 187
연결형(접속) 통신 · 156
연산자 · 42
연산자 우선순위 · 50, 235
연속 리스트 · 186
예약어 · 38
예외 처리 · 127
오류 예측 검사 · 279
외래키 · 178
외부 스키마 · 165
요구 조건 분석 · 167

우선 순위 · 305
운영체제 · 296
운영체제의 운용 기법 · 302
워크스루 · 276
원시 프로그램 · 299
원인-효과 그래프 검사 · 279
웜 사이트 · 336
위탁 운영형 · 336
유틸리티 프로그램 · 316
응용 계층 · 154
응용 프로그래머 · 165
이분 검색 · 200
인수 테스트 · 283
인스펙션 · 276
인터넷 · 148
인터페이스 · 264
인터프리터 · 299
인터프리터 언어 · 30
인프라 · 288
일괄 처리 시스템 · 302
일반 사용자 · 165
입력 값의 형변환 · 88

ㅈ
자료 관리 프로그램 · 99
자료 구조 · 186
(자료형) 연산자 · 50
자바스크립트 · 29
자영 운영형 · 336
자원 · 296
작업 제어 프로그램 · 299
전송 계층 · 153
점유와 대기 · 307
정렬 · 196
정보 은닉 · 27
정의 기능 · 164
정적 테스트 · 276
제어 구조 검사 · 278
제어 기능 · 165
제어 프로그램 · 299
제어문 · 59
조건 검증 기준 · 279
조건 연산자 · 49, 235
조작 기능 · 165
주요 모바일 제스처 · 265

INDEX

ps · 318
pwd · 319
Python의 기본 문법 · 87
Python의 데이터 입 · 출력 함수 · 87
Python의 데이터 타입 크기 및 기억
범위 · 37
Python의 문자열 · 90
Python의 시퀀스 자료형 · 37
Python의 주요 메소드 · 22
Python의 주요 표준 라이브러리 · 21
RAID 여유율 · 333
Range · 93
RARP · 158
RCS · 340
RD · 313
REN · 313
RESTRICT · 220
REVOKE · 215, 221
rm · 319
rmdir · 319
ROLLBACK · 215, 222
RPO · 335
RS-232C · 158
RTCP · 157
RTO · 335

(S~U)
SAN 백업 · 331
SAVEPOINT · 222
SCANDISK · 313
Scanner 클래스의 입력 메소드 · 54
SCCS · 340
SELECT · 214, 234, 243
SELF JOIN · 255
SJF · 305
SMTP · 157
SNMP · 157
SQL · 214
SRT · 305
SVN의 주요 명령어 · 341
SWAP 영역 · 333
switch문 · 62
Tap(누르기) · 265
TCP · 156, 157
TCP/IP · 156

TCP/IP의 구조 · 156
TELNET · 157
TYPE · 313
UDP · 157
UI 테스트 · 268
UNDELETE · 313
UNION · 248
UNION ALL · 248
UNIX · 315
UNIX 명령어 · 318
UNIX 시스템 편집기 · 316
UNIX 파일 시스템 · 316
UPDATE · 215
UX · 270

(V~X)
VB 스크립트 · 29
VER · 313
VFAT · 310
VOL · 313
VUI · 264
wc · 320
WHERE · 237
while문 · 68
who · 318
WINDOW 함수 · 244
WINDOWS · 310
X.25 · 158
XCOPY · 313

(한글로 찾기)

(ㄱ)
감시 프로그램 · 299
강도 테스트 · 277
개념 스키마 · 165
개념적 설계 · 167
개발 환경 백업 · 330
개발 환경 복원 · 335
개체 · 170
개체 무결성 · 180
객체 · 26, 173
객체 변수의 선언 · 84
객체 지향형 데이터베이스 · 173

객체지향 프로그래밍 언어 · 26
객체지향 프로그래밍 언어의 구성
요소 · 26
객체지향 프로그래밍 언어의 장 ·
단점 · 26
객체지향 프로그래밍 언어의 특징 · 27
갱신문(UPDATE~ SET~) · 228
검증 테스트 · 276
검증(Verification) · 274
결함 집중 · 275
경계값 분석 · 279
경험 기반 테스트 · 276
계층형 · 150
계층형 데이터베이스 · 173
공동 이용형 · 336
관계 · 170
관계 연산자 · 44
관계형 데이터베이스 · 173
관계형 데이터베이스의 구조 · 175
교착 상태 · 307
교체 전략 · 309
구조 기반 테스트 · 276
구조 테스트 · 277
구조적 프로그래밍 · 25
구조적 프로그래밍의 규칙 · 25
그래프 · 188
그룹 함수 · 243
기본키 · 177
기초 경로 검사 · 278

내부 스키마 · 165
널 값 · 178
네트워크 계층 · 153
네트워크 백업 · 330
네트워크 설치 구조 · 150
네트워크(망)형 데이터베이스 · 173
노드 · 190
논리 연산자 · 46
논리적 설계 168

(ㄷ)
다단계 큐 · 305
다단계 피드백 큐 · 305

다중 if문 · 60
다중 모드 처리 · 302
다중 사용자 · 315
다중 작업 · 315
다중 작업 처리 시스템 · 297
다중 처리 시스템 · 302
다중 프로그래밍 시스템 · 302
다형성 · 27
단순 if문 · 59
단위 테스트 · 282
단일 작업 처리 시스템 · 297
대동기점 · 154
대입 연산자 · 47
대체키 · 178
대형 환경 네트워크 백업 · 331
데이터 디스크 여유율 · 333
데이터 디스크 용량 · 333
데이터 링크 계층 · 153
데이터 백업 · 330
데이터 블록 · 317
데이터 정의어 · 214
데이터 제어어 · 215
데이터 조작어 · 214
데이터 타입 · 36
데이터 타입의 유형 · 36
데이터베이스 · 164
데이터베이스 관리자 · 165
데이터베이스 구현 · 168
데이터베이스 설계 · 167
데이터베이스의 종류 · 173
데크 · 188
도메인 · 175
도메인 무결성 · 181
동적 테스트 · 276
동치 분할 검사 · 279
드라이버 · 286
디그리 · 190
디렉터리 · 312
디스크 미러링 방식 · 335
디스크 복제 · 331
딕셔너리 · 92

라운드 로빈(RR) · 305
라이브러리 · 20

찾아보기

숫자로 찾기

1차원 배열 · 73
2차원 배열 · 75

영문으로 찾기

A~C

Active X · 29
ALTER · 214
ALTER TABLE · 219
ARP · 158
ASP · 29
ATTRIB · 313
Basic · 30
Best Effort · 156
Bitkeeper · 340
BREAK · 69, 312
CASCADE · 220
cat · 319
CD · 313, 319
CHKDSK · 313
chmod · 319
chown · 319
CLI · 264
close · 319
CLS · 313
cmp · 320
comm · 320
COMMIT · 215, 222
complex · 37
continue · 69
COPY · 313
cp · 319
creat · 319
CREATE · 214
CREATE TABLE · 217
CUI · 312
CVS · 340

D~F

DATE · 313
DB 미러링 방식 · 335
DBA · 165
DBMS · 164

DCL · 215, 221
DDL · 214, 217
DEFRAG · 313
DEL=ERASE · 313
DELETE · 215
DELTREE · 313
DevOps · 288
diff · 320
DIR · 313
DISKCOMP · 313
DML · 214, 226
DNS · 157
do~while문 · 68
DOS · 312
DOS의 내 · 외부 명령어 · 312
DOS의 주요 명령어 · 313
DOS의 환경 설정 파일 · 312
Double Tap(두 번 누르기) · 265
Drag(누른 채 움직임) · 265
DROP · 214, 219
dump · 318
EQUI JOIN · 251
E-R 다이어그램 · 171
E-R(개체-관계) 모델 · 170
Ethernet · 158
EXCEPT · 248
exec · 318
FC · 313
FCFS · 305
FDISK · 313
FIFO · 305, 309
FIND · 313, 320
finger · 318
Flick(빠르게 스크롤) · 265
fork · 318
FORMAT · 313
for문 · 66
FTP · 157

G~I

Git · 340
Git의 주요 명령어 · 341
GRANT · 215, 221
GROUP BY · 246
GUI · 264

HDLC · 158
HRN · 305
HTML · 106
HTML의 기본 구조 · 106
HTML의 기본 태그 · 107
HTML의 기타 태그 · 116
HTML의 목록 태그 · 109
HTML의 테이블 · 111
HTML의 특수 문자 예약어 · 108
HTML의 폼 · 114
HTML의 프레임 · 110
HTTP · 157
ICMP · 158
IEEE 802 · 158
IGMP · 158
Infix · 192
INNER JOIN · 251
I-node 블록 · 317
Inorder · 191
INSERT · 215
INTERSECT · 248
IP · 156, 158
IP 주소 · 148
IPv6 · 148

J~L

JavaScript의 기본 문법 · 120
JavaScript의 배열 · 122
JavaScript의 입 · 출력 · 121
JAVA에서의 표준 입력 · 54
JAVA에서의 표준 출력 · 55
JAVA의 데이터 타입 크기 및 기억 범위 · 36
JAVA의 문자열 · 78
JAVA의 예외 처리 · 127
JAVA의 주요 메소드 · 21
JAVA의 주요 예외 객체 · 128
JAVA의 주요 표준 라이브러리 · 20
JAVA의 클래스 · 81
JAVA의 향상된 for문 · 67
JOIN · 251
JSP · 30
kill · 318
LAN(근거리 통신망) · 158
LASTDRIVE · 312

LFU · 309
Log Shipping 방식 · 335
login · 318
logout · 318
LRU · 309
ls · 319

M~O

map( ) 함수 · 88
MD · 313
mkdir · 319
mount · 318
MQTT · 157
MRU · 309
mv · 320
NATURAL JOIN · 252
NON-EQUI JOIN · 252
NOT NULL · 217
NUI · 264
NUR · 309
open · 319
OPT · 309
ORDER BY · 238
OSI 7계층 · 152
OSI 참조 모델 · 152
OUI · 265
OUTER JOIN · 253

P~R

Pan(누른 채 계속 움직임) · 265
passwd · 318
paste · 320
PATH · 313
PHP · 30
Pinch(두 손가락으로 넓히기/좁히기) · 265
ping · 318
PostFix · 192
Postorder · 192
PreFix · 192
Preorder · 191
Press(오래 누리기) · 265
Prototype Link · 29
Prototype Object · 29

해설

- 쉘(Shell) : 사용자의 명령어를 인식하여 프로그램을 호출하고 명령을 수행하는 명령어 해석기
- 유틸리티 프로그램(Utility Program) : 일반 사용자가 작성한 응용 프로그램을 처리하는 데 사용함

48 시스템 디스크 용량 = (100GB+50GB+15GB)×1.1×1.2×1.5
　　　　　　　　　= 165GB×1.1×1.2×1.5
　　　　　　　　　= 326.7GB

49 문제에서 설명하는 시스템은 시분할 시스템(Time Sharing System)입니다.
- 일괄 처리 시스템(Batch Processing System) : 초기의 컴퓨터 시스템에서 사용된 형태로, 일정량 또는 일정 기간 동안 데이터를 모아서 한꺼번에 처리하는 방식
- 실시간 처리 시스템(Real Time Processing System) : 데이터 발생 즉시, 또는 데이터 처리 요구가 있는 즉시 처리하여 결과를 산출하는 방식
- 다중 프로그래밍 시스템(Multi-Programming System) : 하나의 CPU와 주기억장치를 이용하여 여러 개의 프로그램을 동시에 처리하는 방식

50 소프트웨어 테스트는 '단위 테스트 → 통합 테스트 → 시스템 테스트 → 인수 테스트' 순으로 진행합니다.

51 도스(MS-DOS)에서 디스크의 상태를 점검하는 명령은 CHKDSK입니다.
- FORMAT : 디스크에 데이터가 저장될 수 있도록 디스크를 초기화 함
- PROMPT : DOS의 프롬프트를 여러 가지 형태로 변경함
- DELTREE : 디렉터리 안에 있는 파일과 디렉터리까지 모두 삭제함

52 오류 메시지나 경고는 소리나 색 등을 이용하여 듣거나 보기 쉽게 의미를 전달해야 합니다.

53 작업 관리 프로그램은 제어 프로그램, 나머지는 처리 프로그램에 해당합니다.

54 실시간 데이터 동기화가 가능하며, 서버 자원 사용을 최소화하는 특징을 가진 복원 방식은 스토리지 동기화입니다.
- DB 미러링 방식 : DB 서버의 변경 내용을 다른 서버에 복제하는 방식
- Log Shipping 방식 : 데이터베이스(DB)의 로그 파일을 주기적으로 전송하는 방식
- 디스크 미러링 방식 : 원본 디스크의 데이터를 다른 디스크에 복제하는 방식

55 운영체제의 구성 요소 중 프로세서를 생성, 실행, 중단, 소멸시키는 것을 스케줄러(Scheduler)라고 합니다.

56 문제에 제시된 내용은 운영체제(Operating System)의 개념입니다.
- 로더(Loader) : 컴퓨터 내부로 정보를 들여오거나 로드 모듈을 디스크 등의 보조기억장치로부터 주기억장치에 적재하는 프로그램
- 컴파일러(Compiler) : 고급 언어로 작성된 프로그램 전체를 목적 프로그램으로 번역한 후, 링킹 작업을 통해 컴퓨터에서 실행 가능한 실행 프로그램을 생성함
- 인터프리터(Interpreter) : 고급 언어나 코드화된 중간 언어를 입력받아 목적 프로그램 생성 없이 직접 기계어를 생성, 실행해 주는 프로그램

57 ②번은 블랙박스 테스트에 대한 설명입니다.

58 도스(MS-DOS)에서 특정한 디렉터리 내의 모든 파일 및 하부 디렉터리까지 복사해주는 명령어는 XCOPY입니다.
- COPY : 파일을 지정한 곳에 복사하거나 여러 개의 파일을 결합함
- FDISK : 하드디스크를 논리적으로 여러 개의 디스크로 나눔
- SORT : 내용을 정렬하여 화면이나 파일로 출력함

59 플러그 & 플레이(Plug & Play)는 하드웨어나 주변기기를 설치할 때 시스템을 켜면 Windows가 새로 추가된 하드웨어를 자동으로 인식하는 기능입니다.

60 프로세스 스케줄링 방식 중 시분할(Time Sharing) 시스템에 가장 적절한 방식은 라운드 로빈(RR; Round Robin)입니다.

해설

❷ 2회전 : 4 5 3 2 1 → 3 4 5 2 1
세 번째 값 3을 첫 번째, 두 번째 값과 비교하여 4자리에 삽입하고 4, 5는 한 칸씩 뒤로 이동시킵니다.

❸ 3회전 : 3 4 5 2 1 → 2 3 4 5 1
네 번째 값 2를 첫 번째, 두 번째, 세 번째 값과 비교하여 3자리에 삽입하고 3, 4, 5는 한 칸씩 뒤로 이동시킵니다.

❹ 4회전 : 2 3 4 5 1 → 1 2 3 4 5
다섯 번째 값 1을 처음부터 비교하여 2자리에 삽입하고 나머지를 한 칸씩 뒤로 이동시킵니다.

30 IEEE 802.3의 매체 접근 제어 방식은 CSMA/CD 방식입니다.

31 SQL 구문으로 옳은 것은 ③번입니다. SQL 구문을 절별로 분리하면 다음과 같습니다.
- SELECT 학생명 : '학생명'을 표시합니다.
- FROM 학적 : '학적' 테이블을 대상으로 검색합니다.
- WHERE 전화번호 IS NOT NULL; : '전화번호'가 NULL이 아닌 튜플만을 대상으로 합니다.
※ NULL 값을 질의할 때는 IS NULL, NULL 값이 아닐 경우는 IS NOT NULL을 사용합니다.

32 CASCADE는 삭제할 요소를 참조하는 다른 모든 개체를 함께 삭제하므로 V_1을 삭제하면 V_2도 함께 삭제됩니다.

33 기존의 테이블에 새로운 속성(필드, 컬럼)을 추가하는데 사용하는 명령어는 ALTER입니다.

34 ORDER BY절의 정렬 방식 중 ASC는 오름차순, DESC는 내림차순을 의미합니다.

35 SQL에서 조건문을 기술할 수 있는 구문은 WHERE입니다.

36 INSERT는 VALUES를 사용하여 'INSERT INTO ~ VALUES ~'와 같이 작성해야 합니다.

37 • DROP은 테이블을 삭제하고, DELETE는 레코드를 삭제하는 명령문입니다.
• DELETE에 WHERE 조건절을 생략하면 테이블은 남아있고 테이블 안에 있는 모든 레코드가 삭제됩니다.

38 문제에 제시된 내용으로 수정하는 SQL문은 ②번입니다. 절단위로 구분하여 질의문을 작성하면 다음과 같습니다.
• '학생' 테이블에서 수정해야 하므로 UPDATE 학생입니다.
• '학년'을 "2"로 수정해야 하므로 SET 학년 = "2"입니다.
• '학번'이 "1144077"인 학생을 대상으로 수정해야 하므로 WHERE 학번 = "1144077";입니다.

39 참조 테이블의 튜플이 삭제되더라도 기본 테이블의 튜플은 삭제되지 않도록 지정하는 옵션은 NO ACTION입니다.
• CASCADE : 참조 테이블의 튜플이 삭제되면 기본 테이블의 관련 튜플도 모두 삭제되고, 속성이 변경되면 관련 튜플의 속성 값도 모두 변경됨
• SET NULL : 참조 테이블에 변화가 있으면 기본 테이블의 관련 튜플의 속성 값을 NULL로 변경함
• SET DEFAULT : 참조 테이블에 변화가 있으면 기본 테이블의 관련 튜플의 속성 값을 기본값으로 변경함

40 "*"는 모든 필드(열)를 의미하므로 'SELECT * FROM INSA;'는 INSA 테이블의 모든 필드를 검색하라는 의미입니다.

41 HAVING은 특정 속성을 기준으로 그룹화하여 검색할 때 그룹에 대한 조건을 지정하는 절로 GROUP BY와 함께 사용합니다.

42 SQL 검색문의 의미로 가장 적절한 것은 ②번입니다. SQL 구문을 절별로 분리하면 다음과 같습니다.
• SELECT DISTINCT 제품명 : '제품명'을 표시하되 중복되는 레코드는 한 번만 표시합니다.
• FROM 제품 : '제품' 테이블의 자료를 검색합니다.

43 데이터의 검색(SELECT), 삽입(INSERT), 삭제(DELETE), 변경(UPDATE)은 데이터 조작어(DML)의 역할입니다.

44 SQL의 실행 결과는 "정금강업"입니다. SQL 구문을 절별로 분리하면 다음과 같습니다.
• SELECT 상호 : '상호'를 표시합니다.
• FROM 거래내역 : '거래내역' 테이블을 대상으로 검색합니다.
• WHERE 금액 In ( ) : '금액'과 IN 안에 쓰인 하위 질의의 결과와 같은 거래처를 대상으로 합니다.
• SELECT MAX(금액) : '금액' 중 가장 큰 값을 표시합니다.
• FROM 거래내역; : '거래내역' 테이블에서 검색합니다.
∴ '거래내역' 테이블에서 가장 큰 '금액'을 가진 거래처의 '상호'인 "정금강업"이 결과로 출력됩니다.

45 SELECT, UPDATE, INSERT는 DML(데이터 조작어), GRANT는 데이터 제어어(DCL)입니다.

46 현재의 작업 디렉터리가 어디인지를 확인하는 명령은 pwd입니다.
• chmod : 파일의 보호 모드를 설정하여 파일의 사용 허가를 지정함

47 UNIX에서 프로세스 관리, 기억장치 관리, 파일 관리, 입·출력 관리, 데이터 전송 및 변환 등의 일을 수행하는 부분은 커널(Kernel)입니다.

17 문제에 제시된 내용은 프로토콜(Protocol)의 개념입니다.

18 데이터베이스의 설계 단계를 순서대로 나열하면 '요구조건 분석 → 개념적 설계 → 논리적 설계 → 물리적 설계 → 구현' 순입니다.

19 E-R 모델에서 속성은 타원으로 표현합니다.

20 문제에 제시된 내용은 MQTT(Message Queuing Telemetry Transport)에 대한 설명입니다.
- MLFQ(Multi Level Feedback Queue, 다단계 피드백 큐) : 특정 그룹의 준비상태 큐에 들어간 프로세스가 다른 준비상태 큐로 이동할 수 없는 다단계 큐 기법을 준비상태 큐 사이를 이동할 수 있도록 개선한 기법
- 지그비(Zigbee) : 저전력, 저비용, 저속도와 2.4GHz를 기반으로 하는 홈 자동화 및 데이터 전송을 위한 무선 네트워크 규격

21 트리(Tree)의 차수(Degree)는 가장 차수가 많은 노드의 차수입니다. 문제에 주어진 트리(Tree)에서 각 노드의 차수는 A=2, B=1, C=2, E=2입니다. A, C, E 노드의 차수가 2로 가장 크므로 트리의 차수는 2입니다.

22 여러 컴퓨터들이 중앙의 호스트 컴퓨터와 집중 연결되어 있는 정보통신망의 구성 형태는 성형(Star)입니다.

23 기본키는 NULL값을 가져서는 안되며, 릴레이션 내에 오직 하나의 값만 존재해야 하는 조건은 개체 무결성 제약 조건입니다.
- 참조 무결성(Referential Integrity) : 외래키 값은 Null이거나 참조 릴레이션의 기본키 값과 동일해야 하고, 릴레이션은 참조할 수 없는 외래키 값을 가질 수 없다는 규정
- 도메인 무결성(Domain Integrity, 영역 무결성) : 주어진 속성 값이 정의된 도메인에 속한 값이어야 한다는 규정

24 이진 검색 방법으로 F를 찾을 경우 비교되는 횟수는 4회입니다. A~N을 1~14로 가정하고 이진 검색 방법으로 F(6)를 찾는 방법은 다음과 같습니다.
❶ 첫 번째 값(F)과 마지막 값(L)을 이용하여 중간 값 M을 구한 후 찾으려는 값과 비교합니다.
M = (1+14) / 2 = 7.5, 7이 찾으려는 값인지 확인합니다. 7은 찾으려는 값 6보다 크므로 찾는 값은 1~6에 있습니다. ← 1회 비교
❷ F = 1, L = 6, M = (1+6) / 2 = 3.5, 3이 찾으려는 값인지 확인합니다. 3은 찾으려는 값 6보다 작으므로 찾는 값은 4~6에 있습니다. ← 2회 비교
❸ F = 4, L = 6, M = (4+6) / 2 = 5, 5가 찾으려는 값인지 비교합니다. 5는 찾으려는 값 6보다 작으므로 찾는 값은 6에 있습니다. ← 3회 비교
❹ F = 6, L = 6, M = (6+6) / 2 = 6, 6이 찾으려는 값인지 비교합니다. 6은 찾는 값입니다. ← 4회 비교

25 문제에 제시된 대로 PUSH와 POP을 수행한 결과는 B, D, C, A입니다. PUSH는 스택에 자료를 입력하는 명령이고, POP은 스택에서 자료를 출력하는 명령입니다. 문제에 제시된 대로 PUSH와 POP을 수행하면 다음의 순서로 입출력이 발생합니다.

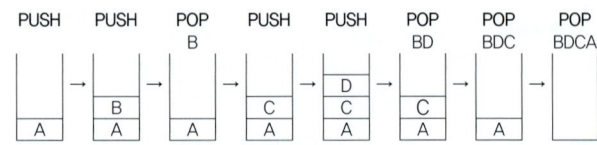

26 기본키로 정의된 속성에는 동일한 값이 중복되어 저장될 수 없으므로 중복된 데이터가 발생할 가능성이 있는 항목은 기본키로 지정할 수 없습니다. 보기 중 중복된 값이 나올 수 있는 것은 '고객 생년월일'입니다.

27 차수(Degree)는 속성의 수, 카디널리티(Cardinality)는 튜플의 수를 의미하므로 차수(Degree)는 4, 카디널리티(Cardinality)는 3입니다.

28 사용자와 데이터베이스 사이에 위치하여 데이터베이스를 관리하는 소프트웨어는 DBMS(데이터베이스 관리 시스템)입니다.
- 컴파일러(Compiler) : 고급 언어로 작성된 프로그램 전체를 목적 프로그램으로 번역한 후, 링킹 작업을 통해 컴퓨터에서 실행 가능한 실행 프로그램을 생성함
- 운영체제(OS; Operating System) : 컴퓨터 하드웨어와 일반 컴퓨터 사용자 또는 컴퓨터에서 실행되는 응용 프로그램의 중간에 위치하여 사용자들이 보다 쉽고 간편하게 컴퓨터 시스템을 이용할 수 있도록 제어하는 시스템 소프트웨어
- 디버거(Debugger) : 사용자가 작성한 프로그램을 수행하면서 오류를 찾아내어 수정할 수 있도록 지원하는 프로그램

29 삽입 정렬을 사용하여 오름차순 정렬할 경우 2회전 후의 결과는 ③번입니다. 삽입 정렬은 두 번째 자료부터 시작하여 그 앞(왼쪽)의 자료들과 비교하여 삽입할 위치를 지정한 후 자료를 뒤로 옮기고 지정한 자리에 자료를 삽입하여 정렬하는 알고리즘입니다. 즉 두 번째 자료는 첫 번째 자료, 세 번째 자료는 두 번째와 첫 번째 자료, 네 번째 자료는 세 번째, 두 번째, 첫 번째 자료와 비교한 후 자료가 삽입될 위치를 찾습니다.

초기 상태 : | 5 | 4 | 3 | 2 | 1 |

❶ 1회전 : | 5 | 4 | 3 | 2 | 1 | → | 4 | 5 | 3 | 2 | 1 |
두 번째 값 4를 첫 번째 값과 비교하여 첫 번째 자리에 삽입하고 5를 한 칸 뒤로 이동시킵니다.

해설

a	i	b
5		
	1	1
	2	6
	3	16
	4	31
	5	51

❿ 5와 51을 더한 값 56을 메소드를 호출했던 ⓫번으로 반환합니다.

⓫ b에 56이 저장됩니다.

⓬ 5+56의 결과인 61을 출력합니다.

결과 61

11 사용된 코드의 의미는 다음과 같습니다.

```
❶ sentence = "python programming is fun"
❷ result = sentence.replace("fun", "easy").split()
❸ print(result)
```

❶ 변수 sentence를 선언하고 "python programming is fun"으로 초기화합니다.

❷ sentence에서 "fun"을 "easy"로 교체합니다. 이어서 공백을 기준으로 문자열을 분리하여 리스트의 형태로 result에 저장합니다.

- 문자열.replace(값1, 값2) : 문자열에서 '값1'을 찾아 '값2'로 교체함
- 문자열.split(값) : '값'을 기준으로 문자열을 분리하여 리스트로 반환하며, '값'을 생략하면 공백으로 문자열을 분리함

	[0]	[1]	[2]	[3]
result	'python'	'programming'	'is'	'easy'

❸ result의 값을 출력합니다.

결과 ['python', 'programming', 'is', 'easy']

12 사용된 코드의 의미는 다음과 같습니다.

```
❶ hap = 0
❷ for i in range(1, 11):
❸    hap += i
❹ print(i, hap)
```

❶ 변수 hap에 0을 저장합니다.

❷ 반복 변수 i에 1부터 10까지 순서대로 저장하며, 다음 문장을 반복 수행합니다.

❸ 'hap = hap + i;'와 동일합니다. hap에 i의 값을 누적시킵니다.

반복문 실행에 따른 변수들의 변화는 다음과 같습니다.

i	hap
	0
1	1
2	3
3	6
4	10
5	15
6	21
7	28
8	36
9	45
10	55

❹ i와 hap을 출력합니다.

결과 10 55

13 〈frameset〉 태그는 〈body〉 태그를 대체하여 사용됩니다. 즉, 〈html〉 태그 내에서 〈body〉 태그 대신 〈frameset〉 태그를 사용하여 화면을 분할하는 것으로, 〈frameset〉과 〈body〉는 한 HTML 문서에 동시에 사용될 수 없습니다.

14 prompt( )는 사용자로부터 텍스트를 입력받을 수 있습니다.
① 화면에 대화상자가 표시되면 대화상자를 종료할 때까지 웹 페이지를 조작할 수 없습니다.
② alert( )는 경고 메시지를 표시하는 함수로, '확인' 버튼만 있습니다.
③ confirm( )은 사용자에게 '확인' 또는 '취소'를 선택하도록 요청하는 대화상자를 보여줍니다.

15 예외 객체와 예외 발생 원인이 올바르게 연결된 것은 ④번입니다.
① ArithmeticException은 산술 연산(예 0으로 나누기)에 대한 예외입니다.
② InterruptedIOException은 입ㆍ출력 처리가 중단되었을 때 발생합니다.
③ NoSuchMethodException은 메소드를 찾지 못했을 때 발생하는 예외입니다.

16 문제의 지문에 제시된 특징을 갖는 계층은 네트워크 계층(Network Layer)입니다.
- 물리 계층(Physical Layer) : 전송에 필요한 두 장치 간의 실제 접속과 절단 등 기계적, 전기적, 기능적, 절차적 특성에 대한 규칙을 정의함
- 데이터 링크 계층(Data Link Layer) : 두 개의 인접한 개방 시스템들 간에 신뢰성 있고 효율적인 정보 전송을 할 수 있도록 시스템 간 연결 설정과 유지 및 종료를 담당함
- 응용 계층(Application Layer) : 사용자(응용 프로그램)가 OSI 환경에 접근할 수 있도록 서비스를 제공함

```
public class Main {
  public static void main(String[] args) {
❶   int[][] matrix = {{1, 2}, {3, 4}, {5, 6}};
❷   int i = 0;
❸   int sum = 0;
❹   while (i < matrix.length) {
❺     int j = 0;
❻     while (j < matrix[i].length) {
❼       sum += matrix[i][j];
❽       j++;
      }
❾     i++;
    }
❿   System.out.println(sum);
  }
}
```

❶ 정수형 배열 matrix를 선언하면서, 초기값을 지정합니다.

	[0][0]	[0][1]	
matrix	1	2	
[1][0]	3	4	[1][1]
	5	6	
	[2][0]	[2][1]	

❷ 정수형 변수 i를 선언하고, 0으로 초기화합니다.

❸ 정수형 변수 sum을 선언하고, 0으로 초기화합니다.

❹ i가 matrix의 행 개수(length)인 3보다 작은 동안 ❺~❾번 문장을 반복하여 수행합니다.
 • matrix.length : 2차원 배열 matrix의 행 수(3)를 가리킵니다.
 • matrix[0].length : 2차원 배열 matrix의 첫 번째 행에 속한 요소의 수(2)를 가리킵니다.

❺ 정수형 변수 j를 선언하고, 0으로 초기화합니다.

❻ j가 matrix[i]의 요소수인 2보다 작은 동안 ❼~❽번 문장을 반복하여 수행합니다.

❼ 'sum = sum + matrix[i][j];'와 동일합니다. sum에 matrix[i][j]를 누적합니다.

❽ 'j = j + 1;'과 동일합니다. j의 값을 1 증가시킵니다.

❾ 'i = i + 1;'과 동일합니다. i의 값을 1 증가시킵니다.
반복문 실행에 따른 변수들의 변화는 다음과 같습니다.

i	j	matrix[i][j]	sum
0	0	1	0
	1	2	1
	2		3
1	0	3	6
	1	4	10
	2		
2	0	5	15
	1	6	21
	2		
3			

❿ sum의 값을 출력하고 커서를 다음 줄의 처음으로 이동합니다.
결과 **21**

10 사용된 코드의 의미는 다음과 같습니다.

```
class Test {
  public static void main(String args[]) {
❶   cond obj = new cond(3);
❹   obj.a = 5;
❺⓫    int b = obj.func();
⓬   System.out.print(obj.a + b);
  }
}
class cond {              // 클래스 cond를 정의합니다.
  int a;                  // 정수형 변수 a를 선언합니다.
❷ public cond(int a) {
❸   this.a = a;
  }
❻ public int func() {
❼   int b = 1;
❽   for (int i = 1; i < a; i++)
❾     b += a * i;
❿   return a + b;
  }
}
```

모든 Java 프로그램은 반드시 main( ) 메소드에서 시작합니다.

❶ 3을 인수로 생성자를 호출하여 cond 클래스의 객체 변수 obj를 선언합니다.

❷ cond 클래스 생성자의 시작점입니다. ❶번에서 전달한 3을 a가 받습니다.

❸ cond 클래스의 a에 3을 저장합니다. 생성자가 종료되면 호출됐던 ❶번의 다음 줄인 ❹번으로 이동합니다. → obj.a = 3
 • this : 현재의 실행중인 메소드가 속한 클래스를 가리키는 예약어로, 여기에서는 cond 클래스의 객체 변수 obj의 생성자로 호출되었으므로 'obj.a'와 같은 의미임

❹ obj.a에 5를 저장합니다. → obj.a = 5

❺ 정수형 변수 b를 선언하고 obj.func( ) 메소드를 호출한 후 돌려받은 값으로 초기화합니다.

❻ 정수를 반환하는 func( ) 메소드의 시작점입니다.

❼ 정수형 변수 b를 선언하고 1로 초기화합니다.

❽ 반복 변수 i가 1부터 1씩 증가하면서 a보다 작은 동안 ❾번을 반복 수행합니다. func( ) 메소드에는 별도로 생성한 'a'라는 변수가 없으므로 cond 클래스의 a를 가져와 사용합니다. 즉 ❾번은 5보다 작은 동안 반복 수행됩니다.

❾ 'b = b + (a * i);'와 동일합니다. a에 i를 곱한 값을 b에 누적시킵니다.
반복문 실행에 따른 변수들의 변화는 다음과 같습니다.

5회 최종점검 모의고사 해설

1 구조적 프로그래밍의 세 가지 기본 제어 구조는 순차(Sequence) 구조, 선택(Selection) 구조, 반복(Repetition) 구조입니다.

2 • 추상화는 불필요한 세부 사항을 제거하고, 객체의 가장 중요한 속성에만 초점을 맞춰 단순화하거나 모델링하는 과정입니다.
 • ①은 상속성, ②는 정보 은닉, ④는 다형성에 해당합니다.

3 셸 스크립트는 유닉스/리눅스 셸에서 사용되는 스크립트 언어로, '.sh' 확장자를 가집니다.

4 변수명은 대문자와 소문자를 구분하여 사용할 수 있습니다.
 • ①, ② 첫 글자는 영문자나 언더바(_)만 가능하며, 숫자나 공백, 특수문자는 사용할 수 없습니다.
 • ③ 예약어는 변수명으로 사용할 수 없습니다.

5 사용된 코드의 의미는 다음과 같습니다.

```
public class Main {
  public static void main(String[] args) {
❶    int i = 0;
❷    int j;
❸    j = ++i;
❹    System.out.println(j++);
  }
}
```

❶ 정수형 변수 i를 선언하고, 0으로 초기화합니다.
❷ 정수형 변수 j를 선언합니다.
❸ ++i는 전치 연산자이므로, i 값이 증가된 후 j에 저장됩니다. j에는 1이 저장됩니다.
❹ j++은 후치 연산자이므로, 현재 j의 값을 먼저 출력한 후 증가됩니다. 출력 후 j는 2가 됩니다.

결과 1

6 사용된 코드의 의미는 다음과 같습니다.

```
public class Main {
  public static void main(String[] args) {
❶    int a = 10;
❷    int b = 5;
❸    int result = (a > b) ? a : b;
❹    System.out.println(result);
  }
}
```

❶ 정수형 변수 a를 선언하고, 10으로 초기화합니다.
❷ 정수형 변수 b를 선언하고, 5로 초기화합니다.
❸ 정수형 변수 result를 선언하고, a가 b보다 크면 a를 저장하고, 아니면 b를 저장합니다. a의 값 10은 b의 값 5보다 크므로 result에는 10이 저장됩니다.
❹ result의 값 10을 출력합니다.

결과 10

7 16진수로 출력하는 서식 문자열은 %x입니다.
 • %d는 10진수, %o는 8진수, %f는 소수점을 포함하는 실수를 출력할 때 사용합니다.

8 사용된 코드의 의미는 다음과 같습니다.

```
public class Main {
  public static void main(String[] args) {
❶    int[] numbers = {10, 20, 30};
❷    int sum = 0;
❸    for (int num : numbers)
❹      sum += num;
❺    System.out.println(sum);
  }
}
```

❶ 3개의 요소를 갖는 정수형 배열 numbers를 선언하고, 초기화합니다.

	[0]	[1]	[2]
numbers	10	20	30

❷ 정수형 변수 sum을 선언하고, 0으로 초기화합니다.
❸ numbers 배열의 각 요소를 정수형 변수 num에 저장하면서, ❹번을 반복 수행합니다.
❹ 'sum = sum + num;'과 동일합니다. sum에 num을 누적합니다.
반복문 실행에 따른 변수들의 변화는 다음과 같습니다.

num	sum
10	0
20	10
30	30
	60

❺ sum의 값을 출력하고 커서를 다음 줄의 처음으로 이동합니다.

결과 60

9 사용된 코드의 의미는 다음과 같습니다.

- 마이크로서비스(Microservices) : 하나의 애플리케이션을 여러 개의 작은 독립적인 서비스로 나누어 구축하는 개발 방식

57 cd는 특정 디렉터리로 이동하는 명령어입니다.
- ren : 파일의 이름을 변경함
- find : 파일에서 특정한 문자열을 검색함
- more : 내용을 한 화면씩 출력함

58 데이터 저장 공간은 말 그대로 저장 공간일 뿐이며, 프로세스의 정의에 해당하지 않습니다.

59 로더의 기능에는 '할당(Allocation), 연결(Linking), 재배치(Relocation), 적재(Loading)'가 있습니다.

60 사용자 인터페이스(UI)는 사용자의 편리성과 가독성을 높임으로써 작업 시간을 단축시키고 업무에 대한 이해도를 높여줍니다.

해설

40 SELECT문의 기본 구문 형식은 'SELECT ~ FROM ~ WHERE'입니다.

41 문제의 지문에 제시된 SQL문의 의미로 옳은 것은 ②번입니다. SQL 구문을 절별로 분리하면 다음과 같습니다.
- SELECT 성명 : '성명' 필드를 검색합니다.
- FROM 학급 : '학급' 테이블을 검색합니다.

42 CREATE는 DDL(데이터 정의어)이고, 나머지는 DML(데이터 조작어)입니다.

43 삭제할 대상을 다른 곳에서 참조하고 있으면, 삭제를 취소하는 RESTRICT 옵션이 있기 때문에 하나도 삭제되지 않습니다.

44 문제에 제시된 내용을 삽입하는 SQL문으로 옳은 것은 ③번입니다. 절단위로 구분하여 질의문을 작성하면 다음과 같습니다.
- STUDENT(SNO, SNAME, YEAR, DEPT) 테이블에 삽입하므로 INSERT INTO STUDENT(SNO, SNAME, YEAR)입니다.
- 학번 600, 성명 홍길동, 학년 2학년인 학생 튜플을 대상으로 하므로 VALUES (600, '홍길동', 2);입니다.

45 SQL문의 의미로 적합한 것은 ②번입니다. SQL 구문을 절별로 분리하면 다음과 같습니다.
- SELECT * : 모든 필드를 검색합니다.
- FROM 사원 : 사원 테이블을 검색합니다.
- WHERE이 절이 없으므로 전체 레코드를 검색합니다.

46 시스템 내에 동작중인 프로세스 관련 정보를 표시하는 명령어는 ps입니다.
- cd : 현재 작업중인 디렉터리에서 다른 디렉터리로 이동함
- rm : 파일을 삭제함
- cat : 파일의 내용을 화면에 표시함

47 인텔은 CPU를 제조하는 회사의 이름입니다.

48 문제에 제시된 내용은 알파 검사에 대한 설명입니다.
- 베타 검사 : 선정된 최종 사용자가 여러 명의 사용자 앞에서 행하는 테스트 기법으로, 개발자에 의해 제어되지 않은 상태에서 테스트가 행해지며, 발견된 오류와 사용상의 문제점을 기록하고 개발자에게 주기적으로 보고함

49 백업 시스템은 구성 방식에 따라 '직접 연결 백업, 네트워크 백업, 대형 환경 네트워크 백업, SAN 백업, 디스크 복제, 클라우드(Cloud) 백업' 등으로 구분됩니다.

50 페이지 대체 알고리즘에 대한 설명으로 옳은 것은 ①번입니다.
② FIFO(First In First Out)는 각 페이지가 주기억장치에 적재될 때마다 그때의 시간을 기억시켜 가장 먼저 들어와서 가장 오래 있었던 페이지를 교체하는 기법입니다. 최근에 사용되지 않은 페이지를 교체하는 기법은 NUR(Not Used Recently)입니다.
③ MRU(Most Recently Used)는 사용 빈도가 가장 많은 페이지를 교체하는 기법입니다.
④ LFU(Least Frequently Used)는 사용 빈도가 가장 적은 페이지를 교체하는 기법입니다.

51 기초 경로 검사는 화이트박스 테스트 기법이고, 나머지는 블랙박스 테스트 기법에 해당합니다.
- 기초 경로 검사(Base Path Testing) : 테스트 케이스 설계자가 절차적 설계의 논리적 복잡성을 측정할 수 있게 해주는 테스트 기법으로, 테스트 측정 결과는 실행 경로의 기초를 정의하는 데 지침으로 사용됨
- 동치 분할 검사(Equivalence Partitioning Testing) : 입력 자료에 초점을 맞춰 테스트 케이스(동치 클래스)를 만들고 검사하는 방법으로 동등 분할 기법이라고도 함
- 경계값 분석(Boundary Value Analysis) : 입력 조건의 중간값보다 경계값에서 오류가 발생될 확률이 높다는 점을 이용하여 입력 조건의 경계값을 테스트 케이스로 선정하여 검사하는 기법
- 원인-효과 그래프 검사(Cause-Effect Graphing Testing) : 입력 데이터 간의 관계와 출력에 영향을 미치는 상황을 체계적으로 분석한 다음 효용성이 높은 테스트 케이스를 선정하여 검사하는 기법

52 문제에 제시된 내용은 스케줄링(Scheduling)의 개념입니다.

53 UNIX에서 사용 가능한 파일 시스템의 유형에는 '일반 파일, 디렉터리 파일, 특수 파일'이 있습니다.

54 상호 계약형 백업 운영 관리 방식은 유사한 업무를 하는 기업 간에 미리 계약을 맺고 상호 지원하는 방식입니다.
- ①번은 공동 이용형, ②번은 위탁 운영형, ④번은 자영 운영형에 해당합니다.

55 CHKDSK는 외부 명령어입니다.

56 문제의 지문에 해당하는 개념은 지속적인 배포(CD; Continuous Delivery)입니다.
- 지속적인 통합(CI; Continuous Integration) : 개발자가 작성한 코드를 중앙 저장소에 자주 통합하고, 코드가 통합될 때마다 자동으로 빌드와 테스트를 수행하는 개발 방식
- 코드형 인프라(IaC; Infrastructure as Code) : 인프라를 수동으로 설정하는 대신 코드로 정의하고 관리하는 방식

22 망형 통신망의 회선수는 n(n-1)/2입니다. 7개의 교환국을 망형으로 연결한다면 7(6)/2 = 21개의 회선 수가 필요합니다.

23 IPv6의 주소 체계로는 '유니캐스트(Unicast), 애니캐스트(Anycast), 멀티캐스트(Multicast)'가 있습니다.

24 DBMS의 필수 기능 세 가지는 '정의 기능, 조작 기능, 제어 기능'입니다.

25 데이터베이스의 생성과 운영에 대한 모든 책임과 권한을 가지고 있는 사람은 데이터베이스 관리자(DBA)입니다.
- 응용 프로그래머 : 일반 호스트 언어로 작성된 프로그램에 데이터 조작어(DML)를 삽입하여 만든 응용 프로그램을 통해서 데이터베이스에 접근하는 사람
- 일반 사용자(End User) : 질의어를 사용하여 데이터베이스에 접근하는 사용자들

26 n개의 정점으로 구성된 방향 그래프에서 최대 간선 수는 n(n-1)이므로, 5(5-1) = 20개입니다.

27 차수(Degree)는 속성의 수를 의미하므로 릴레이션의 차수는 4입니다.

28 ②번은 TCP의 특징입니다.

29 스키마의 평가 및 정제는 논리적 설계 단계에서 수행하는 작업입니다.

30 관계형, 계층형, 네트워크형 데이터베이스를 구분하는 기준은 관계(Relationship)입니다.

31 인사 테이블에서 사번이 999인 사원을 삭제하는 SQL 명령은 ④번입니다. 절단위로 구분하여 질의문을 작성하면 다음과 같습니다.
- 레코드를 삭제하므로 DELETE입니다.
- '인사' 테이블에서 삭제하므로 FROM 인사입니다.
- '사번' 필드의 값이 999인 사원을 대상으로 하므로 WHERE 사번 = 999;입니다.

32
- CREATE TABLE문에서는 속성 타입을 변경할 수 없습니다.
- 테이블의 속성 타입 변경은 ALTER TABLE로 수행합니다.

33 [SQL문]의 빈칸에 들어갈 내용으로 옳은 것은 ④번입니다. 문제의 질의문은 하위 질의가 있는 질의문으로 먼저 WHERE 조건에 지정된 하위 질의의 SELECT문을 검색합니다. 그리고 검색 결과를 본 질의의 조건에 있는 '팀코드' 속성과 비교합니다.
❶ SELECT 팀코드 FROM 직원 WHERE 이름='정도일' : 〈직원〉 테이블에서 '이름' 속성의 값이 "정도일"과 같은 레코드의 '팀코드' 속성의 값을 검색합니다.
❷ SELECT 이름 FROM 직원 WHERE 팀코드= ❶; : 〈직원〉 테이블에서 '팀코드' 속성의 값이 ❶의 결과와 같은 레코드의 '이름' 속성의 값을 검색합니다.

34 논리적, 물리적 데이터 구조를 정의하는 것은 데이터 정의어(DDL)의 기능입니다.

35 ㉠의 튜플 수는 3개, ㉡의 튜플 수는 360개, ㉢의 튜플 수는 1개입니다.
㉠ STUDENT 테이블에서 DEPT를 검색하는데 DISTINCT 옵션이 있으므로 중복된 결과는 처음의 한 개만 검색에 포함시킵니다. 컴퓨터정보과 120개 튜플의 DEPT 속성의 값이 같으므로 1개, 인터넷정보과 160개 튜플의 DEPT 속성이 같으므로 1개, 사무자동화과 80개 튜플의 DEPT 속성이 같으므로 1개를 검색에 포함시킵니다. 결과는 3개의 튜플이 검색됩니다.
㉡ STUDENT 테이블에서 DEPT를 검색합니다. 총 360개의 튜플이 들어 있고 검색 조건이 없으므로 360개의 튜플이 검색됩니다.
㉢ STUDENT 테이블에서 DEPT 속성의 값이 '컴퓨터정보과'인 튜플의 중복을 제거하여 개수를 세므로 1개의 튜플이 검색됩니다.

36 SQL 문장이 뜻하는 것은 ③번입니다. SQL 구문을 절별로 분리하면 다음과 같습니다.

❶ INSERT INTO 컴퓨터과테이블(학번, 이름, 학년)
❷ SELECT 학번, 이름, 학년
❸ FROM 학생테이블
❹ WHERE 학과 = '컴퓨터';

❶ 〈컴퓨터과테이블〉의 '학번', '이름', '학년' 속성에 삽입하라.
❷ '학번', '이름', '학년' 속성을 검색하라.
❸ 〈학생테이블〉을 대상으로 검색하라.
❹ '학과' 속성의 값이 "컴퓨터"인 튜플만을 대상으로 하라.

37 데이터베이스에서 두 릴레이션을 합병할 때 사용하는 연산자는 집합 연산자입니다.

38 ORDER BY절은 특정 열의 값을 기준으로 정렬할 때 사용하며, ASC는 오름차순, DESC는 내림차순을 의미하므로 'ORDER BY 가산점 DESC, 사원번호 ASC'문은 '가산점은 내림차순으로, 사원번호는 오름차순으로 정렬'을 의미합니다.

39 테이블을 제거할 때 사용하는 명령어는 DROP입니다.
- DELETE : 테이블에서 조건에 맞는 튜플을 삭제함
- UPDATE : 테이블에서 조건에 맞는 튜플의 내용을 변경함
- ALTER : 테이블에 대한 정의를 변경하는 데 사용함

해설

a	a%2	sum	출력
0		0	30
1	1		
2	0	2	
3	1		
4	0	6	
5	1		
6	0	12	
7	1		
8	0	20	
9	1		
10	0	30	

❼ sum의 값을 출력합니다.

결과 30

13 ・〈dl〉은 제목 있는 목록을 만들 때 사용하는 태그입니다. 〈dt〉와 〈dd〉 태그를 함께 사용하여 제목에 대한 내용을 나타냅니다.
   ・순서가 있는 목록은 〈ol〉, 순서가 없는 목록은 〈ul〉 태그를 사용합니다.

14 사용된 코드의 의미는 다음과 같습니다.

```
<script>
❶ var i = 0, sum = 0;
❷ while(i <= 5){
❸   sum += i;
❹   i++;
  }
❺ document.write(sum);
</script>
```

❶ 변수 i와 sum을 선언하고 모두 0으로 초기화합니다.
❷ while 반복문의 시작점입니다. i가 5보다 작거나 같은 동안 ❸~❹번 문장을 반복 수행합니다.
❸ 'sum = sum + i;'와 동일합니다. sum에 i의 값을 누적시킵니다.
❹ 'i = i + 1;'과 동일합니다. i의 값을 1씩 누적시킵니다.
반복문 실행에 따른 변수들의 변화는 다음과 같습니다.

i	sum
0	0
1	1
2	3
3	6
4	10
5	15
6	

❺ sum의 값 15를 출력합니다.

결과 15

15 try 블록 안의 코드가 한 줄만 있더라도 중괄호({ })는 생략할 수 없습니다.

16 슈퍼키(Super Key)는 한 릴레이션 내에 있는 속성들의 집합으로 구성된 키로, 릴레이션을 구성하는 모든 튜플에 대해 유일성(Unique)은 만족하지만, 최소성(Minimality)은 만족하지 못합니다.
   ・후보키(Candidate Key) : 릴레이션을 구성하는 속성들 중에서 튜플을 유일하게 식별하기 위해 사용되는 속성들의 부분집합으로, 유일성과 최소성을 모두 만족함
   ・기본키(Primary Key) : 후보키 중에서 특별히 선정된 키로 중복된 값과 NULL 값을 가질 수 없음
   ・외래키(Foreign Key) : 다른 릴레이션의 기본키를 참조하는 속성 또는 속성들의 집합을 의미함

17 UDP는 전송 계층, 나머지는 응용 계층의 프로토콜입니다.

18 힙 정렬을 만들 때 70의 왼쪽과 오른쪽의 자노드의 값은 55, 50입니다. 힙 정렬은 자료를 완전 이진 트리로 구성해 보면 간단하게 알 수 있습니다.

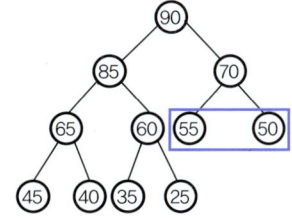

19 OSI 7계층을 최하위에서 최상위 계층 순으로 나열하면 '물리 계층 → 데이터 링크 계층 → 네트워크 계층 → 트랜스포트 계층 → 세션 계층 → 프레젠테이션 계층 → 응용 계층' 순입니다.

20 트리(Tree)는 비선형 구조입니다.

21 중위식(Infix)을 후위식(Postfix)으로 올바르게 표현한 것은 ④번입니다. 중위식(Infix)을 후위식(Postfix)으로 표현하려면 연산자의 우선순위에 따라 괄호로 묶고 해당 괄호의 뒤(오른쪽)로 연산자를 옮기면 됩니다.
❶ 연산 우선순위에 따라 괄호로 묶습니다.
   (((A / B) * (C + D)) + E)
❷ 연산자를 해당 괄호의 뒤(오른쪽)로 옮깁니다.
   (((A / B) * (C + D)) + E)
        ↓
   (((A B) / (C D) +) * E) +
❸ 괄호를 제거합니다.
   A B / C D + * E +

❷ 정수형 변수 sum을 선언하고, 0으로 초기화합니다.
❸ 반복 변수 i가 0에서 시작하여 1씩 증가하면서 numbers의 길이(length)인 5보다 작은 동안 ❹번 문장을 반복하여 수행합니다.
  • length : 배열의 길이를 반환함
❹ 'sum = sum + numbers[i];'와 동일합니다. sum에 numbers[i]를 누적합니다.
반복문 실행에 따른 변수들의 변화는 다음과 같습니다.

i	numbers[i]	sum
0	10	0
1	20	10
2	30	30
3	40	60
4	50	100
5		150

❺ sum의 값을 출력하고 커서를 다음 줄의 처음으로 이동합니다.

결과 150

10 사용된 코드의 의미는 다음과 같습니다.

```
class SuperClass {
   int value;
❹ public SuperClass(int value) {
❺    this.value = value;
   }
}
class SubClass extends SuperClass {
❷ public SubClass(int value) {
❸    super(value * 2);
   } ❻
}
public class Main {
   public static void main(String[] args) {
❶    SubClass obj = new SubClass(5);
❼    System.out.println(obj.value);
   }
}
```

모든 Java 프로그램의 실행은 반드시 main( ) 메소드에서 시작합니다.
❶ SubClass 클래스의 객체 변수 obj를 선언하고, 생성자에 인수 5를 전달합니다.
❷ SubClass 클래스의 생성자 SubClass( )의 시작점입니다. ❶번에서 전달한 5를 정수형 변수 value가 받습니다.
❸ 부모 클래스의 생성자를 호출하며 인수로 value*2인 10을 전달합니다.
  • super : 상속한 부모 클래스를 가리키는 예약어

❹ 생성자 SuperClass( )의 시작점입니다. ❸번에서 전달한 10을 생성자 SuperClass( )의 변수 value가 받습니다.
❺ 메소드가 속한 SuperClass 클래스의 value에 SuperClass( ) 생성자의 변수 value의 값 10을 저장합니다. 생성자가 종료되면, 호출했던 ❸번의 다음 줄인 ❻번으로 이동하고 이어서 SubClass 클래스를 호출했던 ❶번의 다음 줄인 ❼번으로 이동합니다.
❼ obj의 value 값 10을 출력하고, 다음 줄의 처음으로 커서를 이동시킵니다.

결과 10

11 사용된 코드의 의미는 다음과 같습니다.

```
❶ list_data = ['a', 'b', 'c', 'd']
❷ index_b = list_data.index('b')
❸ print(index_b)
```

❶ 4개의 요소를 갖는 리스트 list_data를 선언하고 초기화합니다.

	[0]	[1]	[2]	[3]
list_data	'a'	'b'	'c'	'd'

❷ list_data 리스트에서 'b'의 위치인 1을 index_b에 저장합니다.
  • 문자열.index(값) : 문자열에서 처음 검색되는 '값'의 위치를 반환함
❸ index_b의 값을 출력합니다.

결과 1

12 사용된 코드의 의미는 다음과 같습니다.

```
❶ a = sum = 0
❷ while a < 10:
❸    a += 1
❹    if a % 2 == 1:
❺       continue
❻    sum += a
❼ print(sum)
```

❶ sum에 0을 저장하고, a에 sum의 값을 저장합니다. 결국 a와 sum은 모두 0을 저장합니다.
❷ a가 10보다 작은 동안 ❸~❻번 문장을 반복 수행합니다.
❸ 'a = a + 1'과 동일합니다. a의 값을 1씩 누적시킵니다.
❹ a를 2로 나눈 나머지가 1이면 ❺번을 수행합니다.
❺ 제어가 while문의 시작점인 ❷번으로 이동합니다.
❻ 'sum = sum + a'와 동일합니다. sum에 a를 누적합니다.
반복문 실행에 따른 변수들의 변화는 다음과 같습니다.

4회 최종점검 모의고사 해설

1 구조적 프로그래밍은 GOTO문을 사용하지 않고, 순차, 선택, 반복의 세 가지 기본 제어 구조만을 사용합니다.

2 캡슐화는 데이터와 함수를 하나로 묶는 것을 의미하며, 이로 인해 객체의 내부 구현이 외부에 숨겨져 외부로부터의 직접적인 접근을 막고, 변경에 따른 영향을 최소화합니다.
  • ②는 추상화, ③은 상속성, ④는 다형성에 대한 설명입니다.

3 • ASP는 마이크로소프트 사에서 제작한 서버용 스크립트 언어로, Windows 운영체제에서만 동작합니다.
  • ①은 JSP, PHP에 대한 설명이고, ②는 PHP, ③은 자바스크립트에 대한 설명입니다.

4 range는 연속된 숫자를 생성하는 자료형입니다.
  ① 리스트는 값이 연속적으로 저장되고, 개수를 늘리거나 줄일 수 있습니다.
  ② 튜플은 요소의 추가, 삭제, 변경이 불가능합니다.
  ④ 문자열도 문자들이 연속적으로 이어진 시퀀스 자료형입니다.

5 헝가리안 표기법은 변수명 앞에 데이터 타입을 약어로 붙여 변수의 용도와 형식을 쉽게 파악할 수 있도록 하는 표기법입니다.

6 사용된 코드의 의미는 다음과 같습니다.

```
public class Main {
  public static void main(String[] args) {
❶   int a = 10;
❷   int b = 5;
❸   a += b;
❹   System.out.println(a);
  }
}
```

❶ 정수형 변수 a를 선언하고, 10으로 초기화합니다.
❷ 정수형 변수 b를 선언하고, 5로 초기화합니다.
❸ 'a = a + b;'와 동일합니다. a+b의 값 15를 a에 저장합니다.
❹ a의 값 15를 출력합니다.

결과 15

7 "10"+"20"이 큰따옴표로 묶여 문자열 형태인 "1020"을 출력합니다.
  ① 두 숫자의 합인 30을 출력합니다.
  ③ 정수와 문자열 사이의 곱셈은 허용되지 않으므로, 오류가 발생합니다.
  ④ 두 숫자의 곱인 200을 출력합니다.

8 사용된 코드의 의미는 다음과 같습니다.

```
public class Main {
  public static void main(String[] args) {
❶   int day = 3;
❷   String dayName;
❸   switch (day) {
      case 1:
        dayName = "월요일";
        break;
      case 2:
        dayName = "화요일";
        break;
❹     case 3:
❺       dayName = "수요일";
❻       break;
      default:
        dayName = "기타";
        break;
    }
❼   System.out.println(dayName);
  }
}
```

❶ 정수형 변수 day를 선언하고, 3으로 초기화합니다.
❷ 문자열 변수 dayName을 선언합니다.
❸ day의 값 3에 해당하는 case를 찾아갑니다. ❹번으로 이동합니다.
❹ case 3의 시작점입니다.
❺ dayName에 "수요일"을 저장합니다.
❻ switch문을 벗어나 ❼번으로 이동합니다.
❼ dayName의 값을 출력하고 커서를 다음 줄의 처음으로 이동합니다.

결과 수요일

9 사용된 코드의 의미는 다음과 같습니다.

```
public class ArrayLoopTest {
  public static void main(String[] args) {
❶   int[] numbers = {10, 20, 30, 40, 50};
❷   int sum = 0;
❸   for (int i = 0; i < numbers.length; i++) {
❹     sum += numbers[i];
    }
❺   System.out.println(sum);
  }
}
```

❶ 정수형 배열 numbers를 선언하면서 초기값을 지정합니다.

	[0]	[1]	[2]	[3]	[4]
numbers	10	20	30	40	50

49 목표 시간(RTO)이 가장 짧은 복원 방식은 미러 사이트입니다.
- 미러 사이트 : 즉시
- 핫 사이트 : 몇 시간
- 웜 사이트 : 며칠 ~ 몇 주
- 콜드 사이트 : 몇 주 ~ 몇 개월

50 UNIX에서 명령어들은 파이프(pipe)로 연결되어 있어 앞의 명령어가 수행한 출력 결과를 뒤의 명령어가 입력으로 받는 방식으로 수행됩니다.

51 XCOPY는 외부 명령어에 해당합니다.

52 문제의 지문에서 설명하는 요소는 인터페이스(Interface)입니다.

53 디렉터리 내의 파일이나 하위 디렉터리가 있는 디렉터리를 삭제하는 명령은 DELTREE입니다.
- DEL=ERASE : 파일을 삭제함
- RD : 디렉터리를 삭제함
- MD : 새로운 디렉터리를 만듦

54 번역기를 통해 프로그램을 번역(컴파일)한 후, 링커를 통해 실행 가능한 프로그램을 만들고(링킹), 로더를 이용하여 주기억장치에 올려(로딩) 실행합니다.

55 클라우드 백업은 네트워크 대역폭, 보안, 비용 등의 문제로 인해 기업 환경에서는 제약이 있을 수 있습니다.

56 지속적인 통합(CI)의 주요 목적은 개발자가 작성한 코드를 중앙 저장소에 자주 통합하고, 자동 빌드 및 테스트를 통해 오류를 빠르게 발견하는 것입니다.

57 경계값 분석(Boundary Value Analysis)은 블랙박스 테스트의 유형입니다.

58 ㉠과 ㉡에 들어갈 용어는 Validation(확인)과 Verification(검증)입니다.

59 쉘(Shell)의 종류에는 'Bourne Shell, C Shell, Korn Shell'이 있습니다.

60 모든 소프트웨어가 각각의 운영체제(OS)를 따로 가지고 있을 필요는 없습니다. 일반적으로 하나의 컴퓨터에는 하나의 운영체제를 설치하여 사용합니다.

해설

35 DROP은 테이블, 뷰, 인덱스 등을 삭제하는 명령문입니다. 'DROP TABLE 학과;'는 〈학과〉 테이블을 삭제하는 명령문인데, 옵션으로 CASCADE가 지정되었으므로 삭제할 요소를 참조하는 다른 모든 개체를 함께 삭제합니다.

36 하나의 트랜잭션 처리가 비정상으로 종료되어 데이터베이스의 일관성이 깨졌을 때 트랜잭션이 행한 모든 변경 작업을 취소하고 이전 상태로 되돌리는 연산은 ROLLBACK 연산입니다.

37 DISTINCT는 WHERE절이 아니라 SELECT절의 속성 앞에 사용하는 예약어입니다.

38 레코드를 삭제하는 DELETE문은 'DELETE ~ FROM ~ WHERE' 형식으로 작성합니다.

39 테이블을 생성한 후 필드 수정을 위해 사용하는 SQL 명령어는 ALTER입니다.
- DROP : 스키마, 도메인, 테이블, 뷰, 인덱스를 삭제함
- CREATE : 스키마, 도메인, 테이블, 뷰, 인덱스를 정의함
- UPDATE : 테이블에서 조건에 맞는 튜플의 내용을 변경함

40 판매 테이블에서 품명이 '카메라'인 항목을 삭제하는 SQL문은 ①번입니다. 절단위로 구분하여 질의문을 작성하면 다음과 같습니다.
- '판매' 테이블에서 삭제하므로 DELETE FROM 판매입니다.
- '품명'이 '카메라'인 항목을 대상으로 하므로 WHERE 품명 = '카메라';입니다.

41 SQL문에서 사용된 BETWEEN 연산의 의미와 동일한 것은 ①번입니다. SQL 구문을 절별로 분리하면 다음과 같습니다.
- SELECT * : 모든 필드를 표시합니다.
- FROM 성적 : 〈성적〉 테이블의 자료를 검색합니다.
- WHERE (점수 BETWEEN 90 AND 95) : 점수가 90~95 사이이고
- AND 학과 = '컴퓨터공학과'; : '학과'가 '컴퓨터공학과'인 자료만을 대상으로 합니다.
- ∴ 〈성적〉 테이블에서 점수가 90~95 사이이고 '학과'가 '컴퓨터공학과'인 모든 필드를 검색합니다.

42 특정 튜플의 내용을 변경시킬 때 사용하는 명령어는 UPDATE입니다.
- INSERT : 테이블에 새로운 튜플을 삽입함
- DELETE : 테이블에서 조건에 맞는 튜플을 삭제함
- SELECT : 테이블에서 조건에 맞는 튜플을 검색함

43 ㉠의 튜플 수는 130개, ㉡의 튜플 수는 3개입니다.
㉠ STUDENT 테이블에서 DEPT를 검색합니다. 총 130개의 튜플이 들어 있고 검색 조건이 없으므로 130개의 튜플이 검색됩니다.
㉡ STUDENT 테이블에서 DEPT를 검색하는데 DISTINCT 옵션이 있으므로 중복된 결과는 처음의 한 개만 검색에 포함시킵니다. 독일어과 50개 튜플의 DEPT 속성의 값이 같으므로 1개, 중국어과 30개 튜플의 DEPT 속성의 값이 같으므로 1개, 영어영문학과 50개 튜플의 DEPT 속성의 값이 같으므로 1개를 검색에 포함시키므로 3개의 튜플이 검색됩니다.

44 CREATE, ALTER, DROP은 데이터 정의어(DDL)이고, INSERT는 데이터 조작어(DML)입니다.

45 GRANT는 데이터베이스 사용자의 사용 권한을 부여하는 명령어입니다.
① ROLLBACK은 아직 COMMIT 되지 않은 변경된 모든 내용들을 취소하고 데이터베이스를 이전 상태로 되돌리는 명령어입니다.
② COMMIT은 트랜잭션이 성공적으로 끝나면 데이터베이스가 새로운 일관성(Consistency) 상태를 가지기 위해 변경된 모든 내용을 데이터베이스에 반영할 때 사용하는 명령어입니다.
④ REVOKE는 데이터베이스 사용자의 사용 권한을 취소하는 명령어입니다.

46 문제에 제시된 내용은 프로세스(Process)의 정의에 해당합니다.
- 인터럽트(Interrupt) : 프로그램을 실행하는 도중에 예기치 않은 상황이 발생할 경우, 현재 실행중인 작업을 즉시 중단하고 발생된 상황을 우선 처리한 후 실행 중이던 작업으로 복귀하여 계속 처리하는 것
- 버퍼(Buffer) : 복사나 잘라내기한 내용을 보관하는 임시 기억장소
- 커널(Kernel) : UNIX의 가장 핵심적인 부분으로, 하드웨어를 보호하고, 프로그램들과 하드웨어 간의 인터페이스 역할을 담당함

47 단위 테스트에 대한 설명으로 옳은 것은 ②번입니다.
- ①번은 인수 테스트, ③번은 시스템 테스트, ④번은 통합 테스트에 대한 설명입니다.

48 프로세스 스케줄링에 대한 설명으로 옳은 것은 ④번입니다.
① SRT는 실행 시간이 가장 짧은 프로세스에게 CPU를 할당하는 기법입니다.
② 우선순위는 각 프로세스마다 우선순위를 부여하여 그 중 가장 높은 프로세스에게 먼저 CPU를 할당하는 기법입니다.
③ FIFO는 가장 먼저 CPU를 요청한 프로세스에게 가장 먼저 CPU를 할당하여 실행합니다.

21 리스트의 양쪽 끝에서 삽입과 삭제가 모두 가능한 자료 구조는 데크(Deque)입니다.
- 스택(Stack) : 리스트의 한쪽 끝으로만 자료의 삽입, 삭제 작업이 이루어지는 자료 구조
- 큐(Queue) : 리스트의 한쪽에서는 삽입 작업이 이루어지고 다른 한쪽에서는 삭제 작업이 이루어지도록 구성한 자료 구조
- 트리(Tree) : 정점(Node, 노드)과 선분(Branch, 가지)을 이용하여 사이클을 이루지 않도록 구성한 그래프(Graph)의 특수한 형태

22
- 프레임의 전송 및 오류 제어는 데이터 링크 계층의 프로토콜인 HDLC, LAPB, LLC, MAC 등이 수행합니다.
- TCP는 패킷의 전송 및 오류를 제어합니다.

23 IPv6의 주소는 128비트로 이루어져 있습니다.

24 분할 정복(Divide and Conquer)에 기반한 알고리즘으로 피봇(pivot)을 사용하는 정렬은 퀵 정렬(Quick Sort)입니다.
- 선택 정렬(Selection Sort) : n개의 레코드 중에서 최소값을 찾아 첫 번째 레코드 위치에 놓고, 나머지 (n-1)개 중에서 다시 최소값을 찾아 두 번째 레코드 위치에 놓는 방식을 반복하여 정렬하는 방식
- 버블 정렬(Bubble Sort) : 주어진 파일에서 인접한 두 개의 레코드 키 값을 비교하여 그 크기에 따라 레코드 위치를 서로 교환하는 정렬 방식
- 삽입 정렬(Insertion Sort) : 가장 간단한 정렬 방식으로 이미 순서화된 파일에 새로운 하나의 레코드를 순서에 맞게 삽입시켜 정렬하는 방식

25 서브 트리를 후위 순회(Postorder)한 결과는 ④번입니다. 먼저 서브 트리를 하나의 노드로 생각할 수 있도록 서브 트리 단위로 묶습니다.

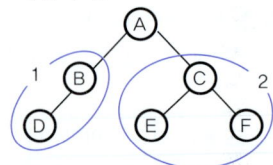

❶ Postorder는 Left → Right → Root이므로 12A가 됩니다.
❷ 1은 DB이므로 DB2A가 됩니다.
❸ 2는 EFC이므로 DBEFCA가 됩니다.

26 전송할 데이터의 앞 부분과 뒷 부분에 헤더(Header)와 트레일러(Trailer)를 첨가하는 과정을 캡슐화라고 합니다.

27 문제에 제시된 내용은 전송 계층(Transport Layer)의 특징입니다.

- 물리 계층(Physical Layer) : 전송에 필요한 두 장치 간의 실제 접속과 절단 등 기계적, 전기적, 기능적, 절차적 특성에 대한 규칙을 정의함
- 데이터 링크 계층(Data Link Layer) : 두 개의 인접한 개방 시스템들 간에 신뢰성 있고 효율적인 정보 전송을 할 수 있도록 시스템 간 연결 설정과 유지 및 종료를 담당함
- 표현 계층(Presentation Layer) : 응용 계층으로부터 받은 데이터를 세션 계층에 보내기 전에 통신에 적당한 형태로 변환하고, 세션 계층에서 받은 데이터는 응용 계층에 맞게 변환하는 기능

28 릴레이션에 관한 설명으로 옳은 것은 ③번입니다.
① 릴레이션의 각 행은 튜플(Tuple)이라고 불리며, 스키마(Schema)는 데이터베이스의 구조와 제약 조건에 대한 명세를 의미합니다.
② 릴레이션의 각 열은 속성(Attribute)이라고 합니다.
④ 릴레이션의 논리적인 구조를 정의한 것으로 릴레이션에 포함된 속성들의 집합은 릴레이션 스키마(Relation Schema)입니다.

29 트랜잭션의 특성에는 'Atomicity(원자성), Durability(영속성), Consistency(일관성), Isolation(독립성)'이 있습니다.

30 대체키(Alternate Key)는 후보키 중에서 기본키를 제외한 나머지 후보키를 의미합니다.

31 특정 필드의 검색 결과를 순서대로 출력, 즉 정렬하기 위한 SQL절은 ORDER BY입니다.
- GROUP BY는 그룹 지정, HAVING은 그룹에 대한 조건 지정, SELECT는 레코드 검색에 사용합니다.

32 성격이 유사한 두 개의 테이블 데이터를 통합하여 하나로 만들려면 합집합(UNION) 연산자를 사용하면 됩니다.

33 SQL문의 실행 결과는 ④번입니다. 문제의 질의문은 하위 질의가 있는 질의문입니다. 먼저 WHERE 조건에 지정된 하위 질의의 SELECT문을 검색합니다. 그리고 검색 결과를 본 질의의 조건에 있는 '책번호' 속성과 비교합니다.
❶ SELECT 책번호 FROM 도서 WHERE 책명 = '자료구조' : '도서' 테이블에서 '책명' 속성의 값이 '자료구조'와 같은 레코드의 '책번호' 속성의 값을 검색합니다. 결과는 '222'입니다.
❷ SELECT 가격 FROM 도서가격 WHERE 책번호 = 222; : 〈도서가격〉 테이블에서 '책번호' 속성의 값이 222와 같은 레코드의 '가격' 속성의 값을 검색합니다. 결과는 25,000입니다.

34 SELECT문의 기본 구문 형식은 'SELECT ~ FROM ~ WHERE'입니다.

해설

12 사용된 코드의 의미는 다음과 같습니다.

```
ⓐ    class Calculator:
ⓑ❷     def __init__(self, a, b):
  ❸       self.a = a
  ❹       self.b = b
ⓒ❻     def add(self):
  ❼       return self.a + self.b
ⓓ❿     def subtract(self):
  ⓫       return self.a - self.b
  ❶    calc = Calculator(10, 5)
  ❺❽   result_add = calc.add()
  ❾⓬   result_subtract = calc.subtract()
  ⓭    print(result_add + result_subtract)
```

ⓐ 클래스 Calculator를 정의합니다.
ⓑ Calculator 클래스의 생성자로, Calculator 클래스의 객체 변수가 생성될 때 자동으로 호출됩니다.
ⓒ 메소드 add( )를 정의합니다.
ⓓ 메소드 subtract( )를 정의합니다.
※ 모든 Python 프로그램은 반드시 클래스 정의부가 종료된 이후의 코드에서 시작합니다.
❶ Calculator 클래스의 객체변수 calc를 선언하면서, 10과 5를 인수로 생성자를 호출합니다.
❷ Calculator 클래스의 생성자인 __init__( ) 메소드의 시작점입니다. ❶번에서 전달한 10과 5를 a와 b가 받습니다.
❸ calc 객체에 변수 a를 선언하고, a의 값 10으로 초기화합니다.
 • self : 메소드에서 자기 클래스에 속한 변수에 접근할 때 사용하는 명칭
❹ calc 객체에 변수 b를 선언하고, b의 값 5로 초기화합니다. 생성자가 종료되었으므로, 생성자를 호출했던 ❶번의 다음 줄인 ❺번으로 이동합니다.
❺ calc 객체의 add 메소드를 호출하고 반환받은 값을 result_add에 저장합니다.
❻ add 메소드의 시작점입니다.
❼ calc 객체의 변수 a와 b를 더한 값 15(10+5)를 메소드를 호출했던 곳으로 반환합니다.
❽ ❼번에서 반환받은 값 15를 result_add에 저장합니다.
❾ calc 객체의 subtract 메소드를 호출하고 반환받은 값을 result_subtract에 저장합니다.
❿ subtract 메소드의 시작점입니다.
⓫ calc 객체의 변수 a에서 b를 뺀 값 5(10-5)를 메소드를 호출했던 곳으로 반환합니다.
⓬ ⓫번에서 반환받은 값 5를 result_subtract에 저장합니다.
⓭ result_add와 result_subtract를 더한 값 20을 출력합니다.

결과 `20`

13 〈p〉 태그는 문단을 정의하는 태그로, 〈/p〉와 같은 닫는 태그가 반드시 필요합니다.

14 • 〈cite〉는 웹사이트 내비게이션 링크가 아니라, 창작물의 제목(예 책, 영화, 논문)을 나타낼 때 사용되는 태그입니다.
• 내비게이션 링크는 주로 〈nav〉 태그 안에 〈a〉 태그를 사용하여 정의합니다.

15 예외 처리는 프로그램의 비정상적인 종료를 방지하고 안정성을 높입니다.
① 예외는 하드웨어 문제뿐만 아니라 사용자의 입력 실수, 라이브러리 손상 등 다양한 원인으로 발생할 수 있습니다.
② try ~ catch문은 예외 처리 기능이 내장된 JAVA, C++ 등의 언어에서 사용됩니다.
④ 예외 처리 루틴은 프로그램 종료 외에도 로그를 남기거나 다른 작업을 수행할 수 있습니다.

16 데이터베이스 디자인 단계는 '데이터베이스의 목적 정의 → 데이터베이스에서 필요한 테이블 정의 → 테이블에서 필요한 필드 정의 → 테이블 간의 관계 정의' 순입니다.

17 DBMS의 단점 중 하나는 전산화 비용의 증가입니다.

18 프로토콜의 계층 구성은 네트워크 구조에 따라 하위 계층과 상위 계층으로 구분합니다.

19 2차원적인 표(Table)를 이용하여 데이터의 상호관계를 정의하는 DB 구조는 관계형 데이터베이스(RDB)입니다.
• 계층형 데이터베이스(HDB) : 트리(Tree) 구조를 이용해서 데이터 상호관계를 계층적으로 정의한 DB 구조
• 네트워크(망)형 데이터베이스(NDB) : 그래프(Graph) 구조를 이용해서 데이터 상호관계를 계층적으로 정의한 DB 구조
• 객체 지향형 데이터베이스(OODB) : 객체(Object)의 개념을 데이터베이스에 도입한 DB 구조

20 문제에 제시된 내용은 물리적 설계에 대한 설명입니다.
• 논리적 설계 : 현실 세계에서 발생하는 자료를 컴퓨터가 이해하고 처리할 수 있는 물리적 저장장치에 저장할 수 있도록 변환하기 위해 특정 DBMS가 지원하는 논리적 자료 구조로 변환(Mapping)시키는 과정
• 요구 조건 분석 : 데이터베이스를 사용할 사람들로부터 필요한 용도를 파악하는 것
• 개념적 설계 : 정보의 구조를 얻기 위하여 현실 세계의 무한성과 계속성을 이해하고, 다른 사람과 통신하기 위하여 현실 세계에 대한 인식을 추상적 개념으로 표현하는 과정

10 사용된 코드의 의미는 다음과 같습니다.

```
class Student {
  String name, major;
  Student() { }
❺ Student(String name, String major) {
❻   this.name = name;
❼   this.major = major;
  }
}
public class Main {
  public static void main(String[] args) {
❶   Student s1 = new Student();
❷   s1.name = "시나공";
❸   s1.major = "프로그래밍";
❹   Student s2 = new Student("길벗", "AI빅데이터");
❽   System.out.println(s1.name + "의 전공은 " +
      s2.major + "입니다.");
  }
}
```

모든 Java 프로그램의 실행은 반드시 main( ) 메소드에서 시작합니다.

❶ Student 클래스의 객체 변수 s1을 선언합니다.
❷ s1.name에 문자열 "시나공"을 저장합니다.
❸ s1.major에 문자열 "프로그래밍"을 저장합니다.

	String name	Sring major
객체 변수 s1	"시나공"	"프로그래밍"

❹ Student 클래스의 객체 변수 s2를 선언하고, "길벗"과 "AI빅데이터"를 인수로 생성자 Student( )를 호출합니다.
❺ 문자열 두 개를 인수로 받는 생성자 Student( )의 시작점입니다. ❹번에서 전달받은 문자열을 각각 name과 major가 받습니다.
❻ 메소드가 속한 Student 클래스의 name에 name의 값 "길벗"을 저장합니다.
  • this : 현재의 실행중인 메소드가 속한 클래스를 가리키는 예약어, 즉 'Student.name'와 같은 의미입니다.
❼ Student 클래스의 major에 major의 값 "AI빅데이터"를 저장합니다. 생성자가 종료되었으므로 생성자를 호출했던 ❹번의 다음 줄인 ❽번으로 이동합니다.

	String name	Sring major
객체 변수 s2	"길벗"	"AI빅데이터"

❽ s1.name을 출력한 후 의 전공은 을 출력합니다. 이어서 s2.major를 출력한 후 입니다.를 출력합니다.

결과 시나공의 전공은 AI빅데이터입니다.

11 사용된 코드의 의미는 다음과 같습니다.

```
❷ def sum_many(*args):
❸   sum = 0
❹   for i in args:
❺     sum = sum + i
❻   return sum
❶❼ result = sum_many(1,2,3)
❽ print(result)
```

sum_many( ) 메소드를 정의하는 부분의 다음 줄부터 코드가 실행됩니다.

❶ result를 선언하고, 1, 2, 3을 인수로 sum_many( ) 메소드를 호출한 후 돌려받은 값을 저장합니다.
❷ sum_many( ) 메소드의 시작점입니다. ❶번에서 전달한 1, 2, 3을 가변 인수 args가 튜플 형태로 받습니다.
  ※ *args와 같이 변수명 앞에 *을 붙이면, 함수 호출 시 여러 개의 인수를 전달받을 수 있는 가변 인자로 선언됩니다.

	[0]	[1]	[2]
args	1	2	3

❸ sum을 선언하고 0으로 초기화합니다.
❹ args의 요소 수만큼 ❺번을 반복 수행합니다. args가 3개의 요소를 가지므로 각 요소를 i에 저장하면서 ❺번을 3회 수행합니다.
❺ sum에 i의 값을 누적시킵니다.
반복문 실행에 따른 변수들의 변화는 다음과 같습니다.

i	sum
	0
1	1
2	3
3	6

❻ sum의 값 6을 메소드를 호출했던 ❼번으로 반환합니다.
❼ result에 ❻번에서 돌려받은 6을 저장합니다.
❽ result의 값 6을 출력합니다.

결과 6

3회 최종점검 모의고사 해설

1 sort( ) 메소드에 대한 설명으로 올바른 것은 ④번입니다.
  ① sort( ) 메소드는 기본적으로 오름차순으로 리스트를 정렬합니다.
  ② reverse=True 속성을 사용하면 내림차순으로 정렬할 수 있습니다.
  ③ 리스트의 순서를 역순으로 뒤집는 기능을 담당하는 메소드는 reverse( )입니다.

2 • 속성은 객체가 가지는 데이터 값들을 정의하는 것입니다.
  • 객체가 메시지를 받아 실행해야 할 구체적인 연산을 정의하는 것은 메소드입니다.

3 자바스크립트와 VB 스크립트는 클라이언트 웹 브라우저에서 실행되는 언어이며, ASP, JSP, PHP, 파이썬은 서버에서 실행되는 언어입니다.

4 JAVA의 데이터 타입, 크기, 기억 범위가 올바르게 짝지어진 것은 ②번입니다.
  ① short는 2 Byte 크기를 가지며, −32,768 ~ 32,767 범위의 정수를 저장합니다.
  ③ float는 4 Byte 크기를 가지며, $1.4 \times 10^{-45} \sim 3.4 \times 10^{38}$ 범위의 실수를 저장합니다.
  ④ double은 8 Byte 크기로, float보다 더 넓은 범위와 정밀도를 제공합니다.

5 class는 JAVA의 예약어이므로 변수명으로 사용할 수 없습니다.

6 사용된 코드의 의미는 다음과 같습니다.

```
public class Main{
  public static void main(String[] args){
❶    int a = 5;
❷    int b = 10;
❸    boolean result = (a > 3) && (b < 8);
❹    System.out.println(result);
  }
}
```

❶ 정수형 변수 a를 선언하고, 5로 초기화합니다.
❷ 정수형 변수 b를 선언하고, 10으로 초기화합니다.
❸ 논리형 변수 result를 선언하고, (a > 3) && (b < 8)의 결과 false를 저장합니다.

  (a > 3) && (b < 8)
    ㉠   ㉡
        ㉢

• ㉠ : a는 5이므로, a > 3은 참(true)입니다.
• ㉡ : b는 10이므로, b < 8은 거짓(false)입니다.
• ㉢ : &&는 모두 참일 때만 참이므로 결과는 거짓(false)입니다.
❹ result의 값 false를 출력합니다.

결과 false

7 정수형 변수 score에 값을 저장하려면 nextInt( ) 메소드를 사용해야 합니다.

8 사용된 코드의 의미는 다음과 같습니다.

```
public class Main{
  public static void main(String[] args){
❶    char grade = 'B';
❷    String result;
❸    if (grade == 'A')
❹      result = "Excellent";
❺    else if (grade == 'B')
❻      result = "Good";
❼    else if (grade == 'C')
❽      result = "Pass";
❾    else
❿      result = "Fail";
⓫    System.out.println(result);
  }
}
```

❶ 문자형 변수 grade를 선언하고, 'B'로 초기화합니다.
❷ 문자열 변수 result를 선언합니다.
❸ grade가 'A'이면 ❹번 문장을 실행하고, 아니면 ❺번으로 이동합니다.
❹ result에 "Excellent"를 저장하고, ⓫번으로 이동합니다.
❺ grade가 'B'이면 ❻번 문장을 실행하고, 아니면 ❼번으로 이동합니다.
❻ result에 "Good"를 저장하고, ⓫번으로 이동합니다.
❼ grade가 'C'이면 ❽번 문장을 실행하고, 아니면 ❾번으로 이동합니다.
❽ result에 "Pass"를 저장하고, ⓫번으로 이동합니다.
❾ ❼번의 조건식이 거짓일 경우 ❿번을 실행합니다.
❿ result에 "Fail"을 저장하고, ⓫번으로 이동합니다.
⓫ result의 값을 출력한 후 커서를 다음 줄의 처음으로 이동합니다.

결과 Good

9 continue문은 반복문 안에서 사용될 때, 현재 실행 중인 반복문의 나머지 부분을 건너뛰고 다음 반복으로 넘어갑니다. 중첩된 반복문에서도 사용할 수 있으며, continue문이 속한 가장 안쪽 루프의 다음 반복으로 제어를 넘깁니다.

44 테이블에 대한 정의를 변경하는 명령어는 데이터 정의어(DDL)의 ALTER입니다.

45 DCL(데이터 제어어)은 데이터 관리를 목적으로 사용하는 언어로, 명령어에는 COMMIT, ROLLBACK, GRANT, REVOKE가 있습니다.
- DDL(데이터 정의어) : 스키마, 도메인, 테이블, 뷰, 인덱스를 정의하거나 변경 또는 삭제할 때 사용하는 언어로, 명령어에는 CREATE, ALTER, DROP이 있음
- DML(데이터 조작어) : 데이터베이스 사용자가 응용 프로그램이나 질의어를 통하여 저장된 데이터를 실질적으로 처리하는 데 사용되는 언어로, 명령어에는 SELECT, INSERT, DELETE, UPDATE가 있음

46 운영체제의 목적은 반환 시간 증가가 아니라 반환 시간 단축입니다.

47 조건, 루프 검사는 화이트박스 테스트의 종류입니다.

48 DISKCOMP는 동일한 디스켓인지 서로 비교하는 명령어입니다.

49 UNIX에서 태스크 스케줄링 및 기억장치 관리 등의 일을 수행하는 부분은 커널(Kernel)입니다.
- 쉘(Shell) : 사용자의 명령어를 인식하여 프로그램을 호출하고 명령을 수행하는 명령어 해석기
- 유틸리티 프로그램(Utility Program) : 일반 사용자가 작성한 응용 프로그램을 처리하는 데 사용함

50 UNIX는 시분할(Time Sharing)을 지원합니다.
① UNIX는 파일 시스템의 배열 형태가 계층적 트리 구조로 되어 있습니다.
② UNIX는 대부분 C 언어로 작성되어 있습니다.
④ UNIX는 다중 사용자(Multi User)와 다중 작업(Multi Tasking)을 모두 지원합니다.

51 DevOps는 소프트웨어의 개발(Development)과 운영(Operations)의 합성어로, 소프트웨어 개발 및 배포 과정을 자동화하고 효율화하기 위한 개발 방법론입니다.

52 문제의 내용은 살충제 패러독스(Pesticide Paradox)에 대한 설명입니다.
- 오류-부재의 궤변(Absence of Errors Fallacy) : 결함을 모두 제거해도 사용자의 요구사항을 만족시키지 못하면 해당 소프트웨어는 품질이 높다고 말할 수 없음
- 파레토 법칙(Pareto Principle) : 소프트웨어 테스트에서 오류의 80%는 전체 모듈의 20% 내에서 발견된다는 법칙
- 결함 집중(Defect Clustering) : 대부분의 결함이 소수의 특정 모듈에 집중해서 발생하는 것을 의미함

53 교착 상태(Dead Lock) 발생의 필요 충분 조건 중 하나는 비선점(Non-preemption)입니다.

54 온라인 실시간 처리 시스템(On-line Real Time System)은 데이터가 발생한 즉시 처리하여 그 결과를 되돌려 주는 방식으로, 좌석 예약 업무, 은행 업무, 각종 조회 업무 등에 사용됩니다.
- ①, ③, ④번은 일괄 처리 시스템(Batch Processing System)에 적합한 업무입니다.

55 프롬프트 상에서 명령어를 직접 입력하여 작업을 수행하는 사용자 인터페이스 방식은 CLI(Command Line Interface)입니다.
- GUI(Graphic User Interface) : 키보드로 명령어를 직접 입력하지 않고, 마우스로 아이콘이나 메뉴를 선택하여 작업을 수행하는 그래픽 사용자 인터페이스
- NUI(Natural User Interface) : 사용자의 말이나 행동으로 기기를 조작하는 인터페이스
- OUI(Organic User Interface) : 모든 사물과 사용자 간의 상호작용을 위한 인터페이스

56 환경 설정 파일(Config.sys)은 반드시 루트 디렉터리에 있어야만 실행됩니다.

57 장애나 재해가 발생했을 때 허용 가능한 최대 데이터 손실 시점을 RPO(Recovery Point Objective, 복구 목표 시점)이라고 합니다.
- RTO(Recovery Time Objective, 복구 목표 시간) : 장애나 재해로 인해 서비스가 중단되었을 때, 서비스를 복구하는 데 걸리는 최대 허용 시간을 의미함

58 로더(Loader)는 컴퓨터 내부로 정보를 들여오거나 로드 모듈을 디스크 등의 보조기억장치로부터 주기억장치에 적재하는 프로그램입니다.
- 컴파일러(Compiler) : 고급 언어로 작성된 프로그램 전체를 목적 프로그램으로 번역한 후 링킹 작업을 통해 컴퓨터에서 실행 가능한 실행 프로그램을 생성함
- 어셈블러(Assembler) : 어셈블리어로 작성된 원시 프로그램을 기계어로 된 목적 프로그램으로 어셈블하는 언어 번역 프로그램
- 인터프리터(Interpreter) : 고급 언어나 코드화된 중간 언어를 입력받아 목적 프로그램 생성 없이 직접 기계어를 생성, 실행해 주는 프로그램

59 SRT는 선점(Preemptive) 스케줄링, 나머지는 비선점(Nonpreemptive) 스케줄링에 해당합니다.

60 직접 연결 백업은 각 시스템마다 별도의 백업 장비가 필요합니다.

해설

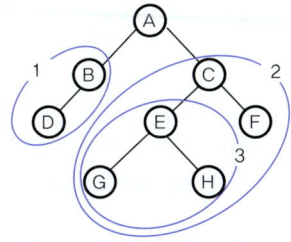

❶ Postorder는 Left → Right → Root이므로 12A가 됩니다.
❷ 1은 DB이므로 DB2A가 됩니다.
❸ 2는 3FC이므로 DB3FCA가 됩니다.
❹ 3은 GHE이므로 DBGHEFCA가 됩니다.

30 릴레이션에 있는 모든 튜플에 대해 유일성과 최소성을 모두 만족시켜야 하는 키는 후보키(Candidate Key)입니다.

31 CREATE는 데이터 정의어(DDL), 나머지는 데이터 조작어(DML)에 해당합니다.

32 DROP은 스키마, 도메인, 기본 테이블, 뷰 테이블, 인덱스 등을 삭제하는 데이터 정의어(DDL)입니다.

33 CASCADE는 제거할 요소를 참조하는 다른 모든 개체를 함께 제거하는 옵션입니다.

34 문제에 제시된 내용을 조회하는 SQL문은 ①번입니다. 절단위로 구분하여 질의문을 작성하면 다음과 같습니다.
 • '학생' 테이블에서 '이름'만 조회하므로 SELECT 이름 FROM 학생입니다.
 • '3학년'이고 '컴퓨터공학과'인 학생을 대상으로 하므로 WHERE 학년 = 3 AND 학과 = "컴퓨터공학";입니다.

35 특정 열의 값을 기준으로 정렬할 때 사용하는 절은 ORDER BY절이고, 정렬 방식 중 내림차순은 DESC입니다.

36 트랜잭션의 연산이 성공적으로 끝났음을 선언하는 연산은 COMMIT입니다.
 • ROLLBACK : 데이터베이스 조작 작업이 비정상적으로 종료되었을 때 원래의 상태로 복구함
 • REVOKE : 데이터베이스 사용자의 사용 권한을 취소함
 • SAVEPOINT : 트랜잭션 내에 ROLLBACK 할 위치인 저장점을 지정함

37 검색 결과에서 레코드의 중복을 제거할 때 사용하는 옵션은 DISTINCT입니다.
 • CASCADE : 참조 테이블의 튜플이 삭제되면 기본 테이블의 관련 튜플도 모두 삭제되고, 속성이 변경되면 관련 튜플의 속성값도 모두 변경됨

 • RESTRICT : 다른 개체가 제거할 요소를 참조중일 때는 제거를 취소함
 • UNION : 집합 연산자로, 두 SELECT문의 조회 결과를 통합하여 모두 출력함

38 판매내역 테이블에서 판매수량이 50인 튜플을 삭제하는 SQL문은 ①번입니다. 절단위로 구분하여 질의문을 작성하면 다음과 같습니다.
 • '판매내역' 테이블에서 삭제하므로 DELETE FROM 판매내역입니다.
 • '판매수량'이 50인 항목을 대상으로 하므로 WHERE 판매수량 = 50;입니다.

39 테이블을 제거할 때 사용하는 명령어는 DROP, 레코드를 삭제할 때 사용하는 명령어는 DELETE입니다.

40 갱신문의 기본 형식은 'UPDATE ~ SET ~ WHERE'이므로 괄호에 들어갈 명령어는 'SET'입니다.

41 SQL문의 실행결과로 생성되는 튜플 수는 5개입니다. SQL 구문을 절별로 분리하면 다음과 같습니다.
 • SELECT 급여 : '급여' 필드를 표시합니다.
 • FROM 사원 : 〈사원〉 테이블의 자료를 검색합니다.
 ∴ WHERE문이 없으므로 〈사원〉 테이블에서 '급여' 필드의 전체 레코드를 검색합니다.
 〈실행 결과〉

급여
30000
35000
40000
35000
40000

42 DDL의 명령어 중 스키마, 도메인, 인덱스 등을 정의할 때 사용하는 SQL문은 CREATE입니다.
 • ALTER : 테이블에 대한 정의를 변경하는 데 사용함
 • SELECT : 테이블에서 조건에 맞는 튜플을 검색함
 • INSERT : 테이블에 새로운 튜플을 삽입함

43 SQL문은 판매수량이 100 이상, 200 이하인 데이터만을 검색하므로 검색되지 않는 판매수량은 250입니다. SQL 구문을 절별로 분리하면 다음과 같습니다.
 • SELECT 상품명, 판매수량 : '상품명'과 '판매수량'을 표시합니다.
 • FROM 판매내역 : '판매내역' 테이블의 자료를 검색합니다.
 • WHERE 판매수량 >= 100 AND 판매수량 <= 200 : '판매수량'이 100 이상, 200 이하인 레코드만 검색합니다.

❷ a 배열의 맨 뒤에 40을 추가합니다.

	[0]	[1]	[2]	[3]
a	10	20	30	40

❸ 변수 b를 선언하고 a 배열의 첫 번째 요소를 삭제한 뒤 삭제한 값 10을 b에 저장합니다.

	[0]	[1]	[2]
a	20	30	40

❹ 변수 c를 선언하고 a 배열의 마지막 요소를 삭제한 뒤 삭제한 값 40을 c에 저장합니다.

	[0]	[1]
a	20	30

❺ b와 c를 더한 값 50을 출력합니다.

결과 50

16 프로토콜(Protocol)은 컴퓨터와 단말장치 사이의 효율적인 정보 전송을 위한 약속이나 규범을 의미합니다.

17 • 속성(Attribute)의 수를 디그리(Degree)라고 합니다.
  • 카디널리티(Cardinality)는 튜플(Tuple)의 수를 의미합니다.

18 TCP는 전송 계층(Transport Layer)에 해당합니다.

19 B 클래스에서 사용되는 기본 서브넷 마스크는 255.255.0.0입니다.
  • A 클래스 : 255.0.0.0
  • C 클래스 : 255.255.255.0

20 오너-멤버(Owner-Member) 관계라고도 불리는 데이터 모델은 논리적 데이터 모델 중 하나인 네트워크(망)형 데이터 모델입니다.

21 버블 정렬 시 1회전 후의 결과는 4, 5, 1, 3, 9입니다. 버블 정렬은 주어진 파일에서 인접한 두 개의 레코드 키 값을 비교하여 그 크기에 따라 레코드 위치를 서로 교환하는 정렬 방식으로 다음과 같은 과정으로 진행됩니다.

• 초기 상태 : | 9 | 4 | 5 | 1 | 3 |

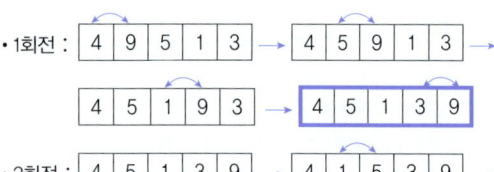

• 2회전 : | 4 | 5 | 1 | 3 | 9 | → | 4 | 1 | 5 | 3 | 9 |

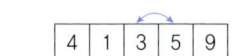

• 3회전 : | 1 | 4 | 3 | 5 | 9 | → | 1 | 3 | 4 | 5 | 9 |

• 4회전 : | 1 | 3 | 4 | 5 | 9 |

22 하나의 논리적 기능을 수행하기 위한 작업의 단위 또는 한꺼번에 모두 수행되어야 할 일련의 연산을 트랜잭션(Transaction)이라고 합니다.
  • 뷰(View) : 사용자에게 접근이 허용된 자료만을 제한적으로 보여주기 위해 하나 이상의 기본 테이블로부터 유도된, 이름을 가지는 가상 테이블
  • 튜플(Tuple) : 릴레이션을 구성하는 각각의 행
  • 카디널리티(Cardinality) : 테이블에 속한 튜플의 수

23 OSI 7계층의 하위 계층은 '물리 계층, 데이터 링크 계층, 네트워크 계층'이고, 상위 계층은 '전송 계층, 세션 계층, 표현 계층, 응용 계층'입니다.

24 데이터 무결성은 데이터의 중복이나 훼손없이 정확성이 보장된 상태, 즉 정확성을 의미합니다. 데이터가 중복되어 정확성을 유지하기 어렵게 되면 데이터 무결성에 위배 되는 것입니다.

25 OSI 7계층은 7개의 계층으로 구성됩니다.

26 데이터 모델링이라 불리는 데이터베이스 설계 단계는 논리적 데이터베이스 설계입니다.
  • 개념적 설계 : 정보의 구조를 얻기 위하여 현실 세계의 무한성과 계속성을 이해하고, 다른 사람과 통신하기 위하여 현실 세계에 대한 인식을 추상적 개념으로 표현하는 과정
  • 데이터베이스 구현 : 논리적 설계 단계와 물리적 설계 단계에서 도출된 데이터베이스 스키마를 파일로 생성하는 과정

27 일반 사용자의 고급 질의문을 저급 DML 명령어로 변환하는 것은 질의어 처리기(Query Processor)의 기능입니다.

28 순서가 있는 리스트에서 데이터의 삽입, 삭제가 한 쪽 끝에서 일어나는 자료 구조는 스택(Stack)입니다.
  • 트리(Tree) : 정점(Node)과 선분(Branch)을 이용하여 사이클을 이루지 않도록 구성한 그래프(Graph)의 특수한 형태
  • 그래프(Graph) : 그래프 G는 정점 V(Vertex)와 간선 E(Edge)의 두 집합으로 이루어지며, 간선의 방향성 유무에 따라 방향 그래프와 무방향 그래프로 구분됨
  • 큐(Queue) : 리스트의 한쪽에서는 삽입 작업이 이루어지고 다른 한쪽에서는 삭제 작업이 이루어지도록 구성한 자료 구조

29 서브 트리를 후위 순회(Postorder)한 결과는 ②번입니다. 먼저 서브 트리를 하나의 노드로 생각할 수 있도록 서브 트리 단위로 묶습니다.

10 사용된 코드의 의미는 다음과 같습니다.

```
public class Main {
  public static void main(String[] args) {
❶   String[] fruits = {"apple", "banana", "kiwi"};
❷   String result = "";
❸   for(String fruit : fruits) {
❹     result += fruit + " ";
    }
❺   System.out.println(result);
  }
}
```

❶ 문자열 배열 fruits를 선언하면서, 초기값을 지정합니다.

	[0]	[1]	[2]
fruits	'apple'	'banana'	'kiwi'

❷ 문자열 변수 result를 선언하고, 빈 문자열로 초기화합니다.
❸ fruits 배열의 각 요소를 문자열 변수 fruit에 저장하면서, ❹번을 반복 수행합니다.
❹ 'result = result + (fruit + " ");'과 동일합니다. result에 fruit+" "을 누적합니다.

반복문 실행에 따른 변수들의 변화는 다음과 같습니다.

fruit	result
"apple"	"apple "
"banana"	"apple banana "
"kiwi"	"apple banana kiwi "

❺ result의 값을 출력하고 커서를 다음 줄의 처음으로 이동합니다.

결과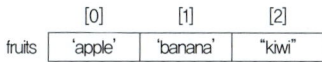

11 %는 서식 문자열과 그에 대응하는 변수나 값을 연결하는 것으로, 서식 문자열의 개수 만큼 변수나 값이 작성되어야 합니다. 하지만 ④번은 "%d"에 500과 600, 2개의 값이 연결되었으므로, 오류가 발생합니다.

① '400+400'이 괄호로 묶였으므로, "%d"에 대해 하나의 대응 값으로 연결됩니다.
결과 800
② 200+300이 큰따옴표로 묶여 문자열 형태로 출력됩니다.
결과 200+300
③ 700이 정수형으로 출력됩니다.
결과 700

12 사용된 코드의 의미는 다음과 같습니다.

```
❶ numbers = list(range(1, 11))
❷ result = numbers[::2]
❸ print(result)
```

❶ 1에서 10까지 연속된 숫자를 리스트 numbers로 저장합니다.

	[0]	[1]	[2]	[3]	[4]	[5]	[6]	[7]	[8]	[9]
numbers	1	2	3	4	5	6	7	8	9	10

❷ numbers 리스트의 0번째 위치에서 마지막 위치까지 2씩 증가하면서 해당 위치의 요소들을 result에 저장합니다.

	[0]	[1]	[2]	[3]	[4]
result	1	3	5	7	9

❸ result의 값을 출력합니다.
결과 [1, 3, 5, 7, 9]

13 사용된 코드의 의미는 다음과 같습니다.

```
❶ data = input()
❷ words = data.split()
❸ result = words[1]
❹ print(result.upper())
```

❶ input() 메소드로 입력받은 문자열을 data에 저장합니다. data에는 "gilbut sinagong q-net"이 저장됩니다.
❷ data의 값을 공백으로 분리하여 리스트를 생성한 후 이를 words에 저장합니다.
※ split() 메소드에 분리문자가 생략되었으므로, 공백으로 문자열을 구분합니다.

	[0]	[1]	[2]
words	gilbut	sinagong	q-net

❸ words 리스트의 두 번째(words[1]) 자리의 요소를 result에 저장합니다.
❹ result의 값 sinagong을 대문자로 변환하여 출력합니다.
결과 SINAGONG

14 method 속성의 GET 방식은 URL에 데이터가 노출되기 때문에 보안에 취약하며, 전송 가능한 데이터의 양에 제한이 있습니다. 따라서 대용량 데이터 전송에는 POST 방식이 적합합니다.

15 사용된 코드의 의미는 다음과 같습니다.

```
❶ var a = [10, 20, 30];
❷ a.push(40);
❸ var b = a.shift();
❹ var c = a.pop();
❺ document.write(b + c);
```

❶ 3개의 요소를 갖는 배열 a를 선언하고 초기화합니다.

	[0]	[1]	[2]
a	10	20	30

2회 최종점검 모의고사 해설

1 statistics 모듈은 통계값 산출을 위한 기능을 제공하며, mean( ), median( ), variance( ) 등의 함수를 포함합니다.
   - datetime : 날짜와 시간 조작을 위한 기능을 제공함
   - random : 무작위 선택을 위한 기능을 제공함
   - math : 복잡한 수학 연산을 위한 기능을 제공함

2 • 메시지는 객체들이 서로 상호작용하기 위해 객체의 메소드(동작)를 실행하도록 요청하는 수단입니다.
   • ①은 속성(Attribute), ②는 클래스(Class), ④는 메소드(Method)에 대한 설명입니다.

3 스크립트 언어는 컴파일 과정 없이 런타임에 소스를 해석하기 때문에, 구문 오류나 논리적 오류가 런타임 시에 발견되어 런타임 오류가 많이 발생하는 단점이 있습니다.

4 "Hello!"는 문자열 타입입니다.
   ① −100은 소수점이 없는 정수이므로 정수 타입입니다.
   ② 'A'는 작은따옴표로 묶인 한 문자이므로 문자 타입입니다.
   ③ {1, 2, 3}은 중괄호 안에 콤마로 구분된 값들의 집합이므로 배열 타입입니다.

5 JAVA에서 변수를 상수로 선언하여 값을 변경할 수 없게 만들 때는 final 예약어를 사용합니다.

6 모든 비트가 1일 때만 1을 결과로 반환하는 것은 & (and)입니다.
   • ^ (xor)은 두 비트가 다를 때 1, | (or)는 둘 중 하나라도 1일 때 1, ~ (not)는 비트를 반전시킵니다.

7 연산자 우선순위는 '단항 연산자 〉 산술 연산자 〉 시프트 연산자 〉 관계 연산자 〉 비트 연산자 〉 논리 연산자 〉 삼항 연산자 〉 대입 연산자' 순입니다.

8 사용된 코드의 의미는 다음과 같습니다.

```
public class Main{
  public static void main(String[] args){
❶    int score = 85;
❷    if (score >= 90) {
❸       System.out.println("A학점");
     }
❹    System.out.println("프로그램 종료");
  }
}
```

❶ 정수형 변수 score를 선언하고, 85로 초기화합니다.
❷ score가 90보다 크거나 같으면 ❸번 문장을 실행하고, 아니면 ❹번으로 이동합니다. score의 값 85는 90보다 작으므로 ❹번으로 이동합니다.
❸ A학점을 출력한 후 커서를 다음 줄의 처음으로 이동합니다.
❹ 프로그램 종료를 출력한 후 커서를 다음 줄의 처음으로 이동합니다.

결과 프로그램 종료

9 사용된 코드의 의미는 다음과 같습니다.

```
public class Main{
  public static void main(String[] args){
❶    int i = 0;
❷    int sum = 0;
❸    do {
❹       sum += i;
❺       i++;
❻       if (sum > 5)
❼          break;
❽    } while (i < 5);
❾    System.out.println(sum);
  }
}
```

❶ 정수형 변수 i를 선언하고, 0으로 초기화합니다.
❷ 정수형 변수 sum을 선언하고, 0으로 초기화합니다.
❸ do 반복문의 시작점입니다. ❹~❽번을 반복 수행합니다.
❹ 'sum = sum + i;'와 동일합니다. sum에 i를 누적합니다.
❺ 'i = i + 1;'과 동일합니다. i의 값을 1 증가시킵니다.
❻ sum이 5보다 크면 ❼번 문장을 실행하고, 아니면 ❽번으로 이동합니다.
❼ do~while문을 벗어나 ❾번으로 이동합니다.
❽ i가 5보다 작은 동안 ❹~❽번을 반복 수행합니다.
반복문 실행에 따른 변수들의 변화는 다음과 같습니다.

i	sum	sum > 5
0	0	No
1	1	No
2	3	No
3	6	Yes
4		

❾ sum의 값을 출력하고 커서를 다음 줄의 처음으로 이동합니다.

결과 6

> 해설

54 데이터 디스크 용량 = (300GB + 100GB) × 1.1 × 1.25 × 1.3
= 400GB × 1.1 × 1.25 × 1.3
= 715GB

55 UNIX 시스템이 제공하는 편집기에는 'vi, ed, ex, emacs, pico, joe' 등이 있습니다.

56 현재 작업중인 디렉토리 내의 파일을 열거하는데 사용되는 명령어는 ls입니다.
- mv : 파일을 이동시키거나 이름을 변경함
- kill : 현재 실행중인 프로세스를 삭제(종료)함
- fork : 새로운 프로세스를 생성(하위 프로세스 호출, 프로세스 복제)함

57
- 조건 검사, 루프 검사, 데이터 흐름 검사는 화이트박스 테스트의 유형에 해당합니다.
- 블랙박스 테스트의 유형에는 동치 분할 검사, 경계값 분석, 원인-효과 그래프 검사, 오류 예측 검사, 비교 검사 등이 있습니다.

58 도스(MS-DOS)에서 지정한 파일의 이름을 바꾸어 주는 명령은 REN입니다.
- MD : 새로운 디렉터리를 만듦
- XCOPY : 특정한 디렉터리 내의 모든 파일 및 하위 디렉터리까지 복사가 가능함
- CHKDSK : 디스크의 상태를 점검하고 결과를 표시함

59 마우스로 아이콘이나 메뉴를 선택하여 모든 작업을 수행하는 방식은 GUI(Graphical User Interface)입니다.
- CLI(Command Line Interface) : 명령과 출력이 텍스트 형태로 이뤄지는 인터페이스
- NUI(Natural User Interface) : 사용자의 말이나 행동으로 기기를 조작하는 인터페이스
- OUI(Organic User Interface) : 모든 사물과 사용자 간의 상호작용을 위한 인터페이스

60 시분할 시스템(Time Sharing System)은 한 시스템을 여러 명의 사용자가 공유하여 동시에 작업을 수행하는 방식입니다.
- ①번은 일괄 처리(Batch Processing), ②번은 실시간 처리(Real Time Processing), ④번은 분산 처리(Distributed Processing)에 관한 설명입니다.

32 테이블 구조의 정의는 CREATE, 변경은 ALTER, 제거는 DROP문을 사용합니다.

33 첫 번째 정렬 기준은 기말성적의 내림차순이므로 '기말성적 DESC'이고, 두 번째 정렬 기준은 중간성적의 오름차순이므로 '중간성적 ASC'입니다.

34 사용자로부터 권한을 취소(회수)하는 명령어는 revoke입니다. SQL 구문을 절별로 분리하면 다음과 같습니다.
- revoke select : 검색(select) 권한을 취소하라.
- on department : 〈department〉 테이블에 대한 권한을 취소하라.
- from X1; : 사용자 'X1'에 대한 권한을 취소하라.

35 SQL은 국제 표준 데이터베이스 언어이며, 많은 회사에서 관계형 데이터베이스(RDB)를 지원하는 언어로 채택하고 있습니다.

36 DROP은 데이터 정의어(DDL)입니다.

37 SQL 명령에서 DISTINCT의 의미를 가장 잘 설명한 것은 ①번입니다. SQL 구문을 절별로 분리하면 다음과 같습니다.
- SELECT DISTINCT 학과명 : '학과명'을 표시하되 중복되는 레코드는 한 번만 표시합니다.
- FROM 학생 : '학생' 테이블의 자료를 검색합니다.
- WHERE 총점 > 80; : 총점이 80을 초과하는 레코드만 검색합니다.

38
- SQL문을 올바르게 설명한 것은 ②번입니다.
- LIKE는 문자열의 패턴을 비교할 때 사용하는 연산자이고, '%'는 모든 문자를 의미하는 와일드카드 문자이므로 'WHERE SNAME LIKE '홍%';'은 'SNAME' 속성의 값이 "홍"으로 시작하는 모든 튜플을 의미합니다.

39 SQL의 논리 연산자에는 'AND, OR, NOT'이 있습니다.

40 삭제문의 일반 형식은 'DELETE FROM 테이블명 WHERE 조건;'이며, ②번을 올바로 수정하면 DELETE FROM 사원 WHERE 부서 = '마케팅';입니다.

41 기존 테이블에 새로운 필드를 추가하거나 변경하려고 할 때 사용하는 SQL 명령은 ALTER입니다.
- UPDATE : 테이블에서 조건에 맞는 튜플의 내용을 변경함
- CREATE : 스키마, 도메인, 테이블, 뷰, 인덱스를 정의함
- GRANT : 데이터베이스 사용자에게 사용 권한을 부여함

42 문제의 지문에 제시된 질의를 SQL문으로 옳게 표기한 것은 ③번입니다. 지문의 내용으로 SQL문으로 작성하면 다음과 같습니다.
- '제품명, 단가, 판매수량' 필드를 검색하므로 SELECT 제품명, 단가, 판매수량입니다.
- '제품' 테이블에서 검색하므로 FROM 제품입니다.
- '판매수량'이 300 이상인 자료를 검색하므로 WHERE 판매수량 >=300입니다.

43 UPDATE는 FROM 대신 SET이 사용되어 'UPDATE ~ SET ~ WHERE ~' 형식으로 기술되어야 합니다.

44 테이블이나 뷰 등의 개체를 삭제할 때 사용하는 명령어는 DROP입니다.

45 DROP은 테이블, 뷰, 인덱스 등을 삭제하는 명령어입니다.

46 하나 또는 그 이상의 프로세서가 가능하지 못한 특정 사건(Event)을 무한정 기다리는 상태는 교착상태(DeadLock)입니다.

47 우선순위가 가장 높은 프로세스가 준비 상태에서 실행 상태로 전환되는 것을 디스패치(Dispatch)라고 합니다.
- Wake Up : 입·출력 작업이 완료되어 프로세스가 대기 상태에서 준비 상태로 전이되는 과정
- 종료(Terminated, Exit) : 프로세스의 실행이 끝나고 프로세스 할당이 해제된 상태
- 대기(Wait), 보류, 블록(Block) : 프로세스에 입·출력 처리가 필요하면 현재 실행 중인 프로세스가 중단되고, 입·출력 처리가 완료될 때까지 대기하고 있는 상태

48 Windows는 CUI(문자 사용자 인터페이스)가 아니라 GUI(그래픽 사용자 인터페이스) 작업 환경의 운영체제입니다.

49 디스크를 포맷한 후 시스템 파일을 복사하여 부팅 가능한 디스크로 만드는 FORMAT 명령의 옵션은 '/S'입니다.

50 휴리스틱 평가는 최소 3명 이상의 디자인 전문가가 사전에 작성한 원칙에 따라 제품을 평가하는 기법입니다.

51 목적 프로그램을 만들지 않고 직접 한 문장씩 번역하여 실행하는 방식의 언어 처리기는 인터프리터(Interpreter)입니다.
- 컴파일러(Compiler) : 고급 언어로 작성된 프로그램 전체를 목적 프로그램으로 번역한 후, 링킹 작업을 통해 컴퓨터에서 실행 가능한 실행 프로그램을 생성함
- 어셈블러(Assembler) : 어셈블리어로 작성된 원시 프로그램을 기계어로 된 목적 프로그램으로 어셈블하는 언어 번역 프로그램

52 운영체제는 컴퓨터 하드웨어와 일반 컴퓨터 사용자 또는 컴퓨터에서 실행되는 응용 프로그램의 중간에 위치하여 사용자들이 보다 쉽고 간편하게 컴퓨터 시스템을 이용할 수 있도록 제어하는 시스템 소프트웨어입니다.

53 하향식 통합 테스트에서 사용하는 시험용 모듈은 스텁(Stub)입니다.
- 드라이버(Driver) : 테스트 대상의 하위 모듈을 호출하는 도구로, 매개 변수(Parameter)를 전달하고, 모듈 테스트 수행 후의 결과를 도출함

16 서브 트리를 중위 순회(Inorder)한 결과는 ④번입니다. 먼저 서브트리를 하나의 노드로 생각할 수 있도록 서브트리 단위로 묶습니다.

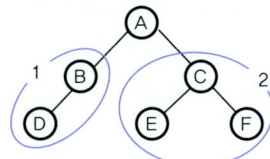

❶ 중위 순회(Inorder)는 Left → Root → Right 이므로 1A2가 됩니다.
❷ 1은 DB이므로 DBA2가 됩니다.
❸ 2는 ECF이므로 DBAECF가 됩니다.

17 통신 프로토콜의 기본 요소 3가지는 '의미(Semantics), 시간(Timing), 구문(Syntax)'입니다.

18 TCP는 전송 계층, 나머지는 응용 계층의 프로토콜입니다.

19 E-R 다이어그램에서 개체 타입은 사각형, 관계 타입은 마름모(다이아몬드), 속성은 타원으로 나타냅니다.

20 인터넷 도메인 네임을 IP Address로 바꿔주는 시스템을 DNS(Domain Name System)라고 합니다.
• HTTP : 하이퍼텍스트 문서를 전송하기 위해 사용되는 프로토콜
• TCP/IP : 인터넷에 연결된 서로 다른 기종의 컴퓨터들 간에 데이터를 주고받을 수 있도록 하는 표준 프로토콜
• URL : 인터넷 상에 존재하는 각종 자원이 있는 위치를 나타내는 표준 주소 체계

21 선택 정렬을 이용하여 오름차순 정렬할 경우 2회전 후의 결과는 ③번입니다. 선택 정렬은 n개의 레코드 중에서 최소값을 찾아 첫 번째 레코드 위치에 놓고, 나머지 n-1개 중에서 다시 최소값을 찾아 두 번째 레코드 위치에 놓는 방식을 반복하여 정렬하는 방식입니다.
• 원본 : 27, 7, 4, 30, 25

• 1회전 : | 27 | 7 | 4 | 30 | 25 | → | 4 | 7 | 27 | 30 | 25 |
첫 번째부터 마지막 값 중 최소값 4를 찾아 첫 번째 값 27과 위치를 교환합니다.

• 2회전 : | 4 | 7 | 27 | 30 | 25 | → | 4 | 7 | 27 | 30 | 25 |
두 번째부터 마지막 값 중 최소값은 7이므로 위치 교환 없이 다음 회전으로 넘어갑니다.

• 3회전 : | 4 | 7 | 27 | 30 | 25 | → | 4 | 7 | 25 | 30 | 27 |
세 번째부터 마지막 값 중 최소값 25를 찾아 세 번째 값 27과 위치를 교환합니다.

• 4회전 : | 4 | 7 | 25 | 30 | 27 | → | 4 | 7 | 25 | 27 | 30 |
네 번째부터 마지막 값 중 최소값 27을 찾아 네 번째 값 30과 위치를 교환합니다.

22 데이터베이스의 구조를 3단계로 구분하면 '개념 스키마, 내부 스키마, 외부 스키마'가 해당됩니다.

23 ICMP는 인터넷 제어 메시지 프로토콜로, IP와 조합하여 통신 중에 발생하는 오류의 처리와 전송 경로 변경 등을 위한 제어 메시지를 관리하는 역할을 합니다.
• ARP(Address Resolution Protocol) : 호스트의 IP 주소를 호스트와 연결된 네트워크 접속 장치의 물리적 주소(MAC Address)로 바꾸는 프로토콜
• PPP(Point-to-Point Protocol) : 두 점 간을 접속하여 데이터 통신을 할 때 이용하는 프로토콜

24 ASCII는 문자를 표현하는 코드입니다.
• DDCMP : DEC에서 개발한 데이터 링크 제어 프로토콜
• BSC : 문자 위주의 데이터 링크 제어 프로토콜
• HDLC : 비트 위주의 데이터 링크 제어 프로토콜

25 작업 스케줄링에 사용되는 것은 큐(Queue)입니다.

26 트랜잭션 모델링은 개념적 설계 단계에서 수행해야 할 작업입니다.

27 데이터의 중복을 제거하여 데이터를 저장하기 때문에 저장 공간은 절약될지는 모르나 데이터베이스를 관리하기 위한 장치가 추가되므로 전반적인 하드웨어 비용은 증가합니다.

28 속성(Attribute)의 수는 디그리(Degree) 또는 차수, 튜플(Tuple)의 수는 카디널리티(Cardinality) 또는 기수라고 합니다.

29 릴레이션에서 튜플을 유일하게 구별해 주는 속성 또는 속성들의 조합을 의미하는 키는 후보키(Candidate Key)입니다.
• 대체키(Alternate Key) : 후보키가 둘 이상일 때 기본키를 제외한 나머지 후보키를 의미함
• 외래키(Foreign Key) : 다른 릴레이션의 기본키를 참조하는 속성 또는 속성들의 집합을 의미함
• 기본키(Primary Key) : 후보키 중에서 특별히 선정된 키로 중복된 값과 NULL 값을 가질 수 없음

30 자료 사전(Data Dictionary)은 시스템 테이블로 구성되어 있어 일반 이용자도 SQL을 이용하여 내용을 검색해 볼 수 있지만 이용자가 갱신은 할 수 없습니다.

31 테이블의 모든 필드를 출력할 경우에는 필드 이름 대신 '*'을 사용합니다.

❷ 리스트 answer를 선언하고, inList 리스트의 처음부터 2번째(3-1) 요소까지의 값으로 초기화합니다.

	[0]	[1]	[2]
anser	1	2	3

❸ 리스트 answer를 출력합니다.

결과 [1, 2, 3]

12 사용된 코드의 의미는 다음과 같습니다.

```
❶ fruits = ['apple', 'banana', 'cherry', 'kiwi']
❷ fruits.remove('banana')
❸ fruits.append('grape')
❹ fruits.insert(1, 'melon')
❺ print(fruits)
```

❶ 4개의 요소를 갖는 리스트 fruits를 선언하고 초기화합니다.

	[0]	[1]	[2]	[3]
fruits	'apple'	'banana'	'cherry'	'kiwi'

❷ fruits 리스트에서 "banana"를 찾아 해당 요소를 삭제하고, 이후의 요소들을 하나씩 앞으로 이동시킵니다.

	[0]	[1]	[2]
fruits	'apple'	'cherry'	'kiwi'

❸ fruits 리스트 마지막에 "grape"를 추가합니다.

	[0]	[1]	[2]	[3]
fruits	'apple'	'cherry'	'kiwi'	'grape'

❹ fruits 리스트의 두 번째(fruits[1]) 자리에 요소를 하나 삽입하여 "melon"을 지정하고 그 이후의 요소들을 하나씩 뒤로 이동시킵니다.

	[0]	[1]	[2]	[3]	[4]
fruits	'apple'	'melon'	'cherry'	'kiwi'	'grape'

❺ fruits의 값을 출력합니다.

결과 ['apple', 'melon', 'cherry', 'kiwi', 'grape']

13 사용된 코드의 의미는 다음과 같습니다.

```
❷ def cal_sum(start, end):
❸   total = 0
❹   for i in range(start, end):
❺     total += i
❻   return total
❶❼ result = cal_sum(1, 5)
❽ print(result)
```

cal_sum( ) 메소드를 정의하는 부분의 다음 줄부터 시작합니다.

❶ 1과 5를 인수로 cal_sum( ) 메소드를 호출한 후 돌려받은 값을 result에 저장합니다.

❷ cal_sum( ) 메소드의 시작점입니다. ❶번에서 전달한 1과 5를 start와 end가 받습니다.

❸ total을 선언하고 0을 저장합니다.

❹ 반복 변수 i가 start인 1부터 end인 5보다 작은 동안 ❺번을 반복 수행합니다.

❺ 'total = total + i;'와 동일합니다. total에 i의 값을 누적시킵니다.

반복문 실행에 따른 변수들의 변화는 다음과 같습니다.

i	total
	0
1	1
2	3
3	6
4	10

❻ total의 값 10을 메소드를 호출했던 ❼번으로 반환합니다.

❼ result에 ❻번에서 돌려받은 10을 저장합니다.

❼ result의 값 10을 출력합니다.

결과 10

14 • ⟨td⟩는 표의 일반 데이터 셀(Data Cell)을 정의하는 태그입니다.
• 표의 한 행을 정의하는 태그는 ⟨tr⟩입니다.

15 • pop( ) 메소드는 배열의 마지막 요소를 삭제합니다.
• 배열의 첫 번째 요소를 삭제하는 메소드는 shift( )입니다.

1회 최종점검 모의고사 해설

1. java.io 패키지는 파일 입출력과 관련된 기능을 제공하며, InputStream, OutputStream, Reader, Writer와 같은 클래스들을 포함하고 있습니다.
   - java.net : 네트워크와 관련된 기능을 제공함
   - java.util : 날짜/시간, 난수 등에 관련된 기능을 제공함
   - java.awt : 사용자 인터페이스와 관련된 기능을 제공함

2. 객체지향 프로그래밍은 구조적 프로그래밍에 비해 구현 시 처리 시간이 지연되는 단점이 있습니다.

3. - 상속성은 상위 클래스의 속성과 연산을 하위 클래스가 물려받는 것을 의미하며 코드 재사용의 핵심입니다. 다형성은 동일한 메시지에 대해 객체마다 고유한 방식으로 응답할 수 있는 능력을 의미합니다.
   - ①의 다형성 설명은 틀렸고, ③은 각각 캡슐화와 추상화에 대한 설명이며, ④는 각각 메시지와 다형성에 대한 설명입니다.

4. 자바스크립트는 웹 페이지 동작 제어, 객체지향 프로그래밍 성격, 프로토타입 개념 활용 등 문제의 지문에 주어진 특징을 모두 가지고 있습니다.

5. 리터럴(Literal)은 프로그램에서 사용되는 값 그 자체를 의미합니다. 문제의 지문에서 3.1415927은 변수 PI에 할당되는 값 자체이므로 리터럴에 해당합니다.

6. 관계 연산자의 사용이 올바른 것은 ④번입니다.
   ① 변수 a가 5와 같을 때 { … }를 실행합니다.
   ② 변수 b가 10과 같지 않을 때 { … }을 실행합니다.
   ③ 변수 c가 3보다 클 때 { … }을 실행합니다.

7. 사용된 코드의 의미는 다음과 같습니다.

```
public class Main{
  public static void main(String[ ] args){
❶   System.out.print((int) 2.9 + 1.7);
  }
}
```

   ❶ 2.9가 정수형으로 형변환되어 2가 된 후 1.7이 더해지므로, 3.7이 출력됩니다.

   결과 `3.7`

8. '\n'은 줄 바꿈을 의미하는 제어 문자입니다. Hello\nWorld를 출력하면 Hello를 출력한 후 줄을 바꾸고 World를 출력하게 됩니다.

   결과
   ```
   Hello
   World
   ```

9. 사용된 코드의 의미는 다음과 같습니다.

```
public class Main{
  public static void main(String[ ] args){
❶   int i = 0;
❷   int sum = 0;
❸   while(i < 5){
❹     sum += i;
❺     i++;
    }
❻   System.out.println(sum);
  }
}
```

   ❶ 정수형 변수 i를 선언하고, 0으로 초기화합니다.
   ❷ 정수형 변수 sum을 선언하고, 0으로 초기화합니다.
   ❸ i가 5보다 작은 동안 ❹, ❺번 문장을 반복 수행합니다.
   ❹ 'sum = sum + i;'와 동일합니다. sum에 i를 누적합니다.
   ❺ 'i = i + 1;'과 동일합니다. i의 값을 1 증가시킵니다.
   반복문 실행에 따른 변수들의 변화는 다음과 같습니다.

i	sum
0	0
1	1
2	3
3	6
4	10
5	

   ❻ sum의 값을 출력하고 커서를 다음 줄의 처음으로 이동합니다.

   결과 `10`

10. - new 키워드를 사용하여 배열을 생성할 때는 반드시 배열의 크기를 지정해주거나, 중괄호({ })를 사용하여 요소들을 직접 초기화해야 합니다.
    - int[ ] arr = new int[ ];와 같이 크기를 지정하지 않고 요소도 초기화하지 않으면, 오류가 발생합니다.

11. 사용된 코드의 의미는 다음과 같습니다.

```
❶ inList = [1,2,3,4,5]
❷ answer = inList[:3]
❸ print(answer)
```

   ❶ 5개의 요소를 갖는 리스트 inList를 선언하고, 초기화합니다.

	[0]	[1]	[2]	[3]	[4]
inList	1	2	3	4	5

최종점검 모의고사 해설

01회 최종점검 모의고사 해설
02회 최종점검 모의고사 해설
03회 최종점검 모의고사 해설
04회 최종점검 모의고사 해설
05회 최종점검 모의고사 해설

49. 다중 처리 시스템에서 하나의 프로세서가 CPU를 독점하는 것을 방지하기 위하여 각각 하나의 시간 슬롯을 할당하여 동작하도록 하는 시스템은?
① Batch Processing System
② Real Time Processing System
③ Time Sharing System
④ Multi-Programming System

50. 소프트웨어 테스트 순서로 올바르게 나열된 것은?
① 단위 테스트 → 인수 테스트 → 통합 테스트 → 시스템 테스트
② 단위 테스트 → 통합 테스트 → 시스템 테스트 → 인수 테스트
③ 인수 테스트 → 단위 테스트 → 시스템 테스트 → 통합 테스트
④ 시스템 테스트 → 인수 테스트 → 단위 테스트 → 통합 테스트

51. 도스(MS-DOS)에서 디스크의 상태를 점검하는 명령은?
① CHKDSK   ② FORMAT
③ PROMPT   ④ DELTREE

52. User Interface 설계 시 오류 메시지나 경고에 관한 지침으로 가장 거리가 먼 것은?
① 메시지는 이해하기 쉬워야 한다.
② 오류로부터 회복을 위한 구체적인 설명이 제공되어야 한다.
③ 오류로 인해 발생될 수 있는 부정적인 내용을 적극적으로 사용자들에게 알려야 한다.
④ 소리나 색의 사용을 줄이고 텍스트로만 전달하도록 한다.

53. 운영체제를 구성하는 프로그램 중 제어 프로그램에 해당하는 것은?
① 서비스 프로그램
② 작업 관리 프로그램
③ 언어 번역 프로그램
④ 문제 프로그램

54. 다음 중 실시간 데이터 동기화가 가능하며, 서버 자원 사용을 최소화하는 특징을 가진 복원 방식은?
① DB 미러링 방식
② Log Shipping 방식
③ 스토리지 동기화
④ 디스크 미러링 방식

55. 운영체제의 구성 요소 중 프로세서를 생성, 실행, 중단, 소멸시키는 것은?
① 스케줄러(Scheduler)   ② 드라이버(Driver)
③ 에디터(Editor)   ④ 스풀러(Spooler)

56. 컴퓨터 시스템을 구성하고 있는 하드웨어 장치와 일반 사용자에서 실행되는 응용 프로그램의 중간에 위치하여 컴퓨터 시스템을 제어하고 관리하는 것은?
① Operating System   ② Loader
③ Compiler   ④ Interpreter

57. 다음 중 화이트박스 테스트에 대한 설명으로 옳지 않은 것은?
① 모듈의 논리적 구조를 체계적으로 테스트하는 것으로 구조적 테스트라고도 한다.
② 프로그램에서 수행되는 기능에 초점을 가지고 테스트하기 때문에 실제 프로그램의 내부 구조는 다루지 않는다.
③ 화이트박스 테스트를 위해 논리 흐름도를 사용할 수 있다.
④ 모듈 안의 작동을 자세히 관찰하기 위한 시험 방법이다.

58. 도스(MS-DOS)에서 특정한 디렉터리 내의 모든 파일 및 하부 디렉터리까지 복사해주는 명령어는?
① COPY   ② XCOPY
③ FDISK   ④ SORT

59. Windows 10의 플러그 앤 플레이(Plug & Play) 방식에 대한 설명으로 옳은 것은?
① 주변장치를 장착하면 스스로 장치를 인식하는 방식이다.
② 동영상과 음향을 동시에 실행하는 방식이다.
③ 여러 개의 프로그램을 동시에 실행하는 방식이다.
④ 전화를 이용한 통신을 위해 사용하는 방식이다.

60. 프로세스 스케줄링 방식 중 시분할(Time Sharing) 시스템에 가장 적절한 방식은?
① FIFO   ② SJF
③ HRN   ④ RR

38. 학생 테이블에서 학번이 "1144077"인 학생의 학년을 "2"로 수정하기 위한 SQL 질의어는?
① UPDATE 학년 = "2" FROM 학생 WHERE 학번 = "1144077";
② UPDATE 학생 SET 학년 = "2" WHERE 학번 = "1144077";
③ REPLACE FROM 학생 SET 학년 = "2" WHERE 학번 = "1144077";
④ REPLACE 학년 = "2" SET 학생 WHEN 학번 = "1144077";

39. CREATE TABLE 명령을 이용해 테이블을 정의할 때 참조 테이블의 튜플이 삭제되더라도 기본 테이블의 튜플은 삭제되지 않도록 지정하는 옵션으로 옳은 것은?
① ON DELETE CASCASE
② ON DELETE SET NULL
③ ON DELETE NO ACTION
④ ON DELETE SET DEFAULT

40. SQL문 'SELECT * FROM INSA;'에서 "*"의 의미는?
① 모든 열을 검색하라.
② INSA 테이블의 기본키 열을 검색하라.
③ 특수문자 "*"을 포함한 필드명을 검색하라.
④ INSA 테이블을 삭제하라.

41. SQL 구문에서 "having" 절은 반드시 어떤 구문과 사용되어야 하는가?
① GROUP BY   ② ORDER BY
③ UPDATE   ④ JOIN

42. 다음 SQL 검색문의 의미로 가장 적절한 것은?

SELECT DISTINCT 제품명 FROM 제품;

① 제품 테이블의 제품명을 모두 검색하라.
② 제품 테이블의 제품명을 중복되지 않게 모두 검색하라.
③ 제품 테이블의 제품명 중에서 중복된 학과명을 모두 검색하라.
④ 제품 테이블의 제품명을 구별하지 말고 모두 검색하라.

43. 데이터 제어어(DCL)의 역할이 아닌 것은?
① 불법적인 사용자로부터 데이터를 보호하기 위한 데이터 보안(Security)
② 데이터 정확성을 위한 무결성(Integrity) 유지
③ 시스템 장애에 대비한 데이터 회복과 병행 수행
④ 데이터의 검색, 삽입, 삭제, 변경

44. 다음 SQL의 실행 결과로 옳은 것은?

〈거래내역〉

상호	금액
대명금속	255,000
정금강업	900,000
효신산업	600,000
율촌화학	220,000
한국제지	200,000
한국화이바	795,000

〈SQL〉

SELECT 상호 FROM 거래내역 WHERE 금액 In (SELECT MAX(금액) FROM 거래내역);

① 대명금속   ② 정금강업
③ 효신산업   ④ 율촌화학

45. SQL의 명령을 사용 용도에 따라 DDL, DML, DCL로 구분할 경우, 그 성격이 나머지 셋과 다른 것은?
① SELECT   ② UPDATE
③ INSERT   ④ GRANT

46. UNIX에서 현재의 작업 디렉터리가 어디인지를 확인하는 명령은?
① pwd   ② rmdir
③ chmod   ④ groups

47. UNIX에서 프로세스 관리, 기억장치 관리, 파일 관리, 입·출력 관리, 데이터 전송 및 변환 등의 일을 수행하는 부분은?
① Shell   ② Application Program
③ Kernel   ④ Utility Program

48. 다음 조건을 이용하여 시스템 디스크 용량을 계산했을 때 결과값은?

- 시스템 OS 영역 : 100GB
- 응용 프로그램 영역 : 50GB
- SWAP 영역 : 15GB
- 파일 시스템 오버헤드 : 1.1
- 시스템 디스크 여유율 : 1.2
- RAID 여유율 : 1.5 (RAID-5 기준)

① 312.6GB   ② 322.8GB
③ 326.7GB   ④ 340.5GB

27. 다음 릴레이션의 Degree와 Cardinality는?

학번	이름	학년	학과
25001	최시아	2학년	건축
25002	한상범	3학년	화학
25003	유명인	2학년	토목

① Degree : 3, Cardinality : 12
② Degree : 12, Cardinality : 3
③ Degree : 3, Cardinality : 4
④ Degree : 4, Cardinality : 3

28. 사용자와 데이터베이스 사이에 위치하여 데이터베이스를 관리하고, 사용자의 요구에 따라 정보를 생성해 주는 소프트웨어는?
① 컴파일러   ② 운영체제
③ DBMS   ④ 디버거

29. 삽입 정렬을 사용하여 다음의 자료를 오름차순으로 정렬하고자 한다. 2회전 후의 결과는?

5, 4, 3, 2, 1

① 4, 5, 3, 2, 1   ② 2, 3, 4, 5, 1
③ 3, 4, 5, 2, 1   ④ 1, 2, 3, 4, 5

30. IEEE 802.3 LAN에서 사용되는 전송 매체 접속 제어(MAC) 방식은?
① CSMA/CD
② Token Bus
③ Token Ring
④ Slotted Ring

31. 학적 테이블에서 전화번호가 Null 값이 아닌 학생명을 모두 검색할 때, SQL 구문으로 옳은 것은?
① SELECT 학생명 FROM 학적 WHERE 전화번호 DON'T NULL;
② SELECT 학생명 FROM 학적 WHERE 전화번호 != NOT NULL;
③ SELECT 학생명 FROM 학적 WHERE 전화번호 IS NOT NULL;
④ SELECT 학생명 FROM 학적 WHERE 전화번호 IS NULL;

32. 테이블 두 개를 조인하여 뷰 V_1을 정의하고, V_1을 이용하여 뷰 V_2를 정의하였다. 다음 명령 수행 후 결과로 옳은 것은?

DROP VIEW V_1 CASCADE;

① V_1만 삭제된다.
② V_2만 삭제된다.
③ V_1과 V_2 모두 삭제된다.
④ V_1과 V_2 모두 삭제되지 않는다.

33. '회원' 테이블 생성 후 '주소' 필드(컬럼)가 누락되어 이를 추가하려고 한다. 이에 적합한 SQL 명령어는?
① DELETE
② RESTORE
③ ACCESS
④ ALTER

34. SQL에서 테이블의 price 열을 기준으로 오름차순 정렬하고자 할 경우 사용되는 명령은?
① SORT BY price ASC
② SORT BY price DESC
③ ORDER BY price ASC
④ ORDER BY price DESC

35. SQL에서 조건문을 기술할 수 있는 구문은?
① LIKE   ② WHERE
③ SELECT   ④ FROM

36. SQL 구문 형식으로 옳지 않은 것은?
① SELECT ~ FROM ~ WHERE
② DELETE ~ FROM ~ WHERE
③ INSERT ~ INTO ~ WHERE
④ UPDATE ~ SET ~ WHERE

37. DELETE 명령에 대한 설명으로 틀린 것은?
① 테이블의 행을 삭제할 때 사용한다.
② WHERE 조건절이 없는 DELETE 명령을 수행하면 DROP TABLE 명령을 수행했을 때와 동일한 효과를 얻을 수 있다.
③ SQL을 사용 용도에 따라 분류할 경우 DML에 해당한다.
④ 기본 사용 형식은 "DELETE FROM 테이블 [WHERE 조건];"이다.

16. OSI 7계층 중 다음과 같은 특징을 갖는 계층은 무엇인가?

> • 개방 시스템들 간의 네트워크 연결을 관리하는 기능과 데이터의 교환 및 중계 기능을 한다.
> • 데이터의 안전한 전송을 위해 논리적 링크(가상 회로)를 설정한다.

① 물리 계층
② 데이터 링크 계층
③ 네트워크 계층
④ 응용 계층

17. 데이터 통신에서 정보의 전송을 수행하는 두 개의 컴퓨터 시스템 사이에서 상호 간에 전달되는 정보의 형식, 정보 교환을 위하여 사용되는 제어 정보의 의미와 전달 방식 등과 같은 정보 교환을 위하여 사용되는 규칙을 의미하는 것은?
① 통신 절차
② 전송 제어
③ 프로토콜
④ 제어 표준

18. 데이터베이스의 설계 단계를 순서적으로 바르게 기술한 것은?
① 개념적 설계 → 물리적 설계 → 논리적 설계 → 요구조건 분석 → 구현
② 요구조건 분석 → 물리적 설계 → 개념적 설계 → 논리적 설계 → 구현
③ 요구조건 분석 → 개념적 설계 → 물리적 설계 → 논리적 설계 → 구현
④ 요구조건 분석 → 개념적 설계 → 논리적 설계 → 물리적 설계 → 구현

19. E-R 모델의 표현 방법으로 옳지 않은 것은?
① 개체 타입 : 사각형
② 관계 타입 : 마름모
③ 속성 : 오각형
④ 연결 : 선

20. TCP/IP 기반 네트워크에서 동작하는 발행-구독 기반의 메시징 프로토콜로 최근 IoT 환경에서 자주 사용되고 있는 프로토콜은?
① MLFQ
② MQTT
③ Zigbee
④ MTSP

21. 다음 그림에서 트리의 차수는?

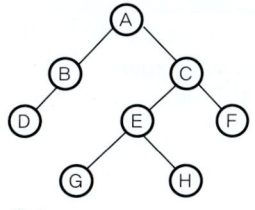

① 1
② 2
③ 3
④ 8

22. 분산된 터미널 또는 여러 컴퓨터들이 중앙의 호스트 컴퓨터와 집중 연결되어 있는 정보통신망의 구성 형태는?
① 루프형
② 스타형
③ 그물형
④ 나무형

23. 다음 중 기본키는 NULL 값을 가져서는 안되며, 릴레이션 내에 오직 하나의 값만 존재해야 한다는 조건을 무엇이라 하는가?
① 개체 무결성 제약조건
② 참조 무결성 제약조건
③ 도메인 무결성 제약조건
④ 속성 무결성 제약조건

24. 다음과 같이 레코드가 구성되어 있을 때, 이진 검색 방법으로 F를 찾을 경우 비교되는 횟수는?

A B C D E F G H I J K L M N

① 4
② 5
③ 6
④ 7

25. 스택에서 순서가 A, B, C, D로 정해진 입력 자료를, push → push → pop → push → push → pop → pop → pop으로 연산 했을 때 출력은?
① C, B, D, A
② B, C, D, A
③ B, D, C, A
④ C, B, A, D

26. 데이터베이스 테이블의 기본키(Primary Key) 로 가장 부적합한 항목은?
① 차량 등록번호
② 사원번호
③ 고객 생년월일
④ 고객 ID

9. 다음 JAVA 코드의 실행 결과는?

```java
public class Main {
  public static void main(String[] args) {
    int[][] matrix = {{1, 2}, {3, 4}, {5, 6}};
    int i = 0;
    int sum = 0;
    while (i < matrix.length) {
      int j = 0;
      while (j < matrix[i].length) {
        sum += matrix[i][j];
        j++;
      }
      i++;
    }
    System.out.println(sum);
  }
}
```

① 6 ② 10
③ 15 ④ 21

10. 다음 중 JAVA 코드의 실행 결과는?

```java
class Test {
  public static void main(String args[]) {
    cond obj = new cond(3);
    obj.a = 5;
    int b = obj.func();
    System.out.print(obj.a + b);
  }
}
class cond {
  int a;
  public cond(int a) {
    this.a = a;
  }
  public int func() {
    int b = 1;
    for (int i = 1; i < a; i++)
      b += a * i;
    return a + b;
  }
}
```

① 60 ② 61
③ 62 ④ 63

11. 다음 파이썬(Python) 코드의 실행 결과는?

```python
sentence = "python programming is fun"
result = sentence.replace("fun", "easy").split()
print(result)
```

① ['python', 'programming', 'is', 'easy']
② ['python', 'programming', 'is', 'fun']
③ python programming is easy
④ python programming is fun

12. 다음 중 파이썬(Python) 코드의 실행 결과는?

```python
hap = 0
for i in range(1, 11):
    hap += i
print(i, hap)
```

① 1 11 ② 9 45
③ 10 55 ④ 11 66

13. 다음 중 HTML의 프레임 태그와 기능에 대한 설명으로 옳지 않은 것은?

① 〈frameset〉은 화면을 여러 개의 프레임으로 분할할 때 사용한다.
② 〈frame〉은 분할된 프레임에 HTML 문서를 삽입할 때 사용한다.
③ 〈iframe〉은 문서 내에 다른 HTML 문서를 삽입하는 인라인 프레임이다.
④ 〈frameset〉 태그는 〈body〉 태그와 함께 사용될 수 있다.

14. 다음 중 JavaScript의 대화상자 관련 함수에 대한 설명으로 옳은 것은?

① 화면에 대화상자가 표시되어 있어도 웹 페이지 조작이 가능하다.
② alert( )는 사용자로부터 값을 입력받는다.
③ confirm( )은 사용자에게 메시지를 보여주고 확인(OK) 버튼만 제공한다.
④ prompt( )는 사용자로부터 텍스트를 입력받을 수 있다.

15. 다음 중 JAVA의 예외 객체와 예외 발생 원인이 올바르게 연결된 것은?

① ArithmeticException - 배열 범위를 벗어난 경우
② InterruptedIOException - 0으로 나누는 등의 산술 연산에 대한 예외가 발생한 경우
③ NoSuchMethodException - 클래스를 찾지 못한 경우
④ FileNotFoundException - 파일을 찾지 못한 경우

5회 최종점검 모의고사

1. 다음 중 구조적 프로그래밍에서 사용하는 세 가지 기본 제어 구조에 해당하지 않는 것은?
① 순차(Sequence) 구조
② 선택(Selection) 구조
③ 제어(Control) 구조
④ 반복(Repetition) 구조

2. 다음 중 추상화(Abstraction)의 개념에 해당하는 설명으로 가장 적합한 것은?
① 이미 정의된 클래스의 기능을 하위 클래스가 물려받아 재사용하는 것이다.
② 객체의 데이터를 외부에서 직접 접근할 수 없도록 숨기는 것이다.
③ 객체의 속성 중 가장 중요한 것에만 중점을 두어 모델화하는 것이다.
④ 동일한 메소드명을 사용하지만, 각 객체에 따라 다른 방식으로 동작하는 것이다.

3. 다음 중 리눅스/유닉스 계열의 셸에서 사용되며, 확장자가 '.sh'인 스크립트 언어는?
① 파이썬
② 쉘 스크립트
③ Basic
④ VB 스크립트

4. 다음 중 변수명을 작성할 때의 규칙으로 올바른 것은?
① 첫 글자에 숫자를 사용할 수 있다.
② 공백이나 특수문자 +, - 등을 포함할 수 있다.
③ final과 같은 예약어를 변수명으로 사용할 수 있다.
④ 대문자와 소문자를 구분하여 사용할 수 있다.

5. 다음 JAVA 프로그램이 실행되었을 때, 실행 결과는?

```
public class Main {
  public static void main(String[] args) {
    int i = 0;
    int j;
    j = ++i;
    System.out.println(j++);
  }
}
```

① 0
② 1
③ 2
④ 3

6. 다음 JAVA 코드의 실행 결과는?

```
public class Main {
  public static void main(String[] args) {
    int a = 10;
    int b = 5;
    int result = (a > b) ? a : b;
    System.out.println(result);
  }
}
```

① 5
② 10
③ true
④ false

7. 다음 중 JAVA에서 printf 메소드를 사용하여 정수형 변수 num에 저장된 값을 16진수로 출력하기 위해 사용해야 하는 서식 문자열은?
① %d
② %o
③ %x
④ %f

8. 다음 JAVA 코드의 실행 결과는?

```
public class Main {
  public static void main(String[] args) {
    int[] numbers = {10, 20, 30};
    int sum = 0;
    for (int num : numbers)
      sum += num;
    System.out.println(sum);
  }
}
```

① 10
② 20
③ 30
④ 60

52. 기억장치에 저장된 여러 개의 프로세스가 수행 상태, 대기 상태, 준비 상태와 같은 변환 과정을 반복할 때, 각 프로세스에게 중앙처리장치의 사용 시간을 할당하는 것을 무엇이라 하는가?
① Partition
② Scheduling
③ Fragmentation
④ Optimize

53. UNIX에서 사용 가능한 파일 시스템의 유형이 아닌 것은?
① 일반 파일
② 디렉터리 파일
③ 슈퍼유저 파일
④ 특수 파일

54. 다음 중 상호 계약형 백업 운영 관리 방식에 대한 설명으로 옳은 것은?
① 여러 기업이 공동으로 백업 센터를 운영한다.
② 장애 및 재해 복구 전문 업체에 위탁한다.
③ 유사한 기업 간에 미리 계약을 맺고 상호 지원한다.
④ 자체적으로 백업 센터를 구축한다.

55. 도스의 내부 명령어와 외부 명령어에 대한 설명으로 옳지 않은 것은?
① 내부 명령어 번역기는 항상 주기억장치에 적재되어 있다.
② DIR, COPY, CHKDSK 등은 내부 명령어에 속한다.
③ 내부 명령어는 COMMAND.COM에 내장된다.
④ FORMAT, BACKUP, RESTORE 등은 외부 명령어에 속한다.

56. 다음 설명에 해당하는 개념은 무엇인가?

> 코드 변경 사항이 자동으로 빌드 및 테스트되어 언제든지 안정적으로 배포될 수 있는 상태를 유지하는 개발 방식이다.

① 지속적인 배포(CD)
② 지속적인 통합(CI)
③ 코드형 인프라(IaC)
④ 마이크로서비스(Microservices)

57. 다음 도스(MS-DOS) 명령어에 대한 설명으로 옳은 것은?
① ren : 디렉터리를 지운다.
② find : 파일의 목록을 보여준다.
③ more : 화면을 깨끗이 지운다.
④ cd : 특정 디렉터리로 이동한다.

58. 운영체제의 프로세스 정의로 가장 거리가 먼 것은?
① 실행중인 프로그램
② 프로그램을 실행하는 처리단위
③ 프로세서가 할당되는 개체
④ 데이터 저장 공간

59. 로더(Loader)의 기능이 아닌 것은?
① 할당(Allocation)
② 링킹(Linking)
③ 재배치(Relocation)
④ 스케줄링(Scheduling)

60. 사용자 인터페이스(UI)의 특징으로 틀린 것은?
① 구현하고자 하는 결과의 오류를 최소화한다.
② 사용자의 편의성을 높임으로써 작업 시간을 증가시킨다.
③ 막연한 작업 기능에 대해 구체적인 방법을 제시하여 준다.
④ 사용자 중심의 상호 작용이 되도록 한다.

40. 다음은 SQL문의 기본 형식이다. ㉠에 들어갈 알맞은 명령어는 무엇인가?

```
SELECT [DISTINCT] 필드이름
( ㉠ ) 테이블이름
[WHERE 조건식];
```

① ORDER ② HAVING
③ GROUP ④ FROM

41. 다음 SQL 명령의 의미는?

```
SELECT 성명 FROM 학급;
```

① 성명 테이블에서 학급을 검색한다.
② 학급 테이블에서 성명을 검색한다.
③ 성명 테이블과 학급 테이블을 선택한다.
④ 학급 테이블에서 성명을 입력한다.

42. SQL의 명령은 사용 용도에 따라 DDL, DML, DCL로 구분할 수 있다. 다음 명령 중 그 성격이 나머지 셋과 다른 하나는?
① SELECT ② CREATE
③ INSERT ④ UPDATE

43. 기본 테이블 R을 이용하여 뷰 V1을 정의하고, 뷰 V1을 이용하여 다시 뷰 V2가 정의되었다. 그리고 기본 테이블 R과 뷰 V2를 조인하여 뷰 V3를 정의하였다. 이때 다음과 같은 SQL문이 실행되면 어떤 결과가 발생하는지 올바르게 설명한 것은?

```
DROP VIEW V1 RESTRICT;
```

① V1만 삭제된다.
② R, V1, V2, V3 모두 삭제된다.
③ V1, V2, V3만 삭제된다.
④ 하나도 삭제되지 않는다.

44. SQL문에서 STUDENT(SNO, SNAME, YEAR, DEPT) 테이블에 학번 600, 성명 홍길동, 학년 2학년인 학생 튜플을 삽입하는 명령으로 옳은 것은? (단, SNO는 학번, SNAME은 성명, YEAR는 학년, DEPT는 학생, 교수 구분 필드임)
① INSERT STUDENT INTO VALUES (600, '홍길동', 2);
② INSERT FROM STUDENT VALUES (600, '홍길동', 2);
③ INSERT INTO STUDENT(SNO, SNAME, YEAR) VALUES (600, '홍길동', 2);
④ INSERT TO STUDENT(SNO, SNAME, YEAR) VALUES (600, '홍길동', 2)

45. 다음 SQL문의 의미로 적합한 것은?

```
SELECT * FROM 사원;
```

① 사원 테이블을 삭제한다.
② 사원 테이블에서 전체 레코드의 모든 필드를 검색한다.
③ 사원 테이블에서 "*" 값이 포함된 모든 필드를 검색한다.
④ 사원 테이블의 모든 필드에 "*" 값을 추가한다.

46. UNIX에서 시스템 내에 동작중인 프로세스 관련 정보를 표시하는 명령어는?
① ps   ② cd
③ rm   ④ cat

47. 다음 중 운영체제가 아닌 것은?
① 윈도우 ② 유닉스
③ 리눅스 ④ 인텔

48. 검증 검사 기법 중 개발자의 장소에서 사용자가 개발자 앞에서 행하는 기법이며, 일반적으로 통제된 환경에서 사용자와 개발자가 함께 확인하면서 수행되는 검사는?
① 동치 분할 검사 ② 형상 검사
③ 알파 검사 ④ 베타 검사

49. 다음 중 백업 시스템의 유형에 해당하지 않는 것은?
① 네트워크 백업 ② SAN 백업
③ 클라우드 백업 ④ 데이터베이스 복구

50. 가상기억장치 관리 기법인 페이지 대체 알고리즘에 대한 설명으로 옳은 것은?
① LRU : 계수기를 두어 가장 오랫동안 참조되지 않은 페이지를 교체
② FIFO : 최근 쓰이지 않은 페이지를 교체
③ MRU : 사용 횟수가 가장 적은 페이지를 교체
④ LFU : 사용 빈도가 가장 많은 페이지를 교체

51. 화이트박스 테스트 기법에 해당하는 것은?
① 기초 경로 검사
② 동치 분할 검사
③ 경계값 분석
④ 원인 효과 그래프 검사

31. 인사 테이블에서 사번이 999인 사원을 삭제하는 SQL 명령은?
① DELETE FROM 인사 SET 사번 = 999;
② ERASE 인사 WHERE 사번 = 999;
③ ERASE FROM 인사 SET 사번 = 999;
④ DELETE FROM 인사 WHERE 사번 = 999;

32. CREATE TABLE문에 포함되지 않는 기능은?
① 속성 타입 변경
② 속성의 NOT NULL 여부 지정
③ 기본키를 구성하는 속성 지정
④ CHECK 제약조건의 정의

33. 다음 [조건]에 부합하는 SQL문을 작성하고자 할 때, [SQL문]의 빈 칸에 들어갈 내용으로 옳은 것은? (단, '팀코드' 및 '이름'은 속성이며, '직원'은 테이블이다.)

[조건]
이름이 '정도일'인 팀원이 소속된 팀코드를 이용하여 해당 팀에 소속된 팀원들의 이름을 출력하는 SQL문 작성

[SQL문]
SELECT 이름
FROM 직원
WHERE 팀코드=(   );

① WHERE 이름='정도일'
② SELECT 팀코드 FROM 이름 WHERE 직원='정도일'
③ WHERE 직원='정도일'
④ SELECT 팀코드 FROM 직원 WHERE 이름='정도일'

34. 데이터 제어어(DCL)의 기능으로 옳지 않은 것은?
① 데이터 보안
② 논리적, 물리적 데이터 구조 정의
③ 무결성 유지
④ 병행수행 제어

35. 학생(STUDENT) 테이블에 컴퓨터정보과 학생 120명, 인터넷정보과 학생 160명, 사무자동화과 학생 80명에 관한 데이터가 있다고 했을 때, 다음에 주어지는 SQL문 ㉠, ㉡, ㉢을 각각 실행시키면, 결과 튜플 수는 각각 몇 개인가? (단, DEPT는 학과 컬럼명임)

㉠ SELECT DISTINCT DEPT FROM STUDENT;
㉡ SELECT DEPT FROM STUDENT;
㉢ SELECT COUNT(DISTINCT DEPT) FROM STUDENT WHERE DEPT = '컴퓨터정보과';

① ㉠ 3, ㉡ 360, ㉢ 1
② ㉠ 360, ㉡ 3, ㉢ 120
③ ㉠ 3, ㉡ 360, ㉢ 120
④ ㉠ 360, ㉡ 3, ㉢ 1

36. 다음 SQL 문장이 뜻하는 것은 무엇인가?

INSERT INTO 컴퓨터과테이블(학번, 이름, 학년)
SELECT 학번, 이름, 학년
FROM 학생테이블
WHERE 학과 = '컴퓨터';

① 학생테이블에서 학과가 컴퓨터인 사람의 학번, 이름, 학년을 검색하라.
② 학생테이블에 학과가 컴퓨터인 사람의 학번, 이름, 학년을 삽입하라.
③ 학생테이블에서 학과가 컴퓨터인 사람의 학번, 이름, 학년을 검색하여 컴퓨터과테이블에 삽입하라.
④ 컴퓨터과테이블에서 학과가 컴퓨터인 사람의 학번, 이름, 학년을 검색하여 학생테이블에 삽입하라.

37. 데이터베이스에서 두 릴레이션을 합병할 때 사용하는 연산자는?
① 집합 연산자   ② 관계 연산자
③ 비교 연산자   ④ 논리 연산자

38. 다음 SQL문에서 ORDER BY 절의 의미를 옳게 설명한 것은?

ORDER BY 가산점 DESC, 사원번호 ASC;

① 가산점은 오름차순으로, 사원번호는 내림차순으로 정렬
② 가산점은 내림차순으로, 사원번호는 오름차순으로 정렬
③ 가산점은 사원번호를 하나의 그룹으로 묶어 내림차순으로 정렬
④ 가산점은 사원번호를 하나의 그룹으로 묶어 오름차순으로 정렬

39. 테이블을 제거할 때 사용하는 SQL 명령어는?
① DELETE   ② DROP
③ UPDATE   ④ ALTER

16. 릴레이션에 있는 모든 튜플에 대해 유일성은 만족시키지만 최소성은 만족시키지 못하는 키는?
① 후보키　　　　② 기본키
③ 슈퍼키　　　　④ 외래키

17. 다음 중 전송 계층 프로토콜에 해당하는 것은?
① UDP　　　　② FTP
③ SMTP　　　　④ SNMP

18. 이진 트리의 레코드 R = (90, 85, 70, 65, 60, 55, 50, 45, 40, 35, 25)에 대하여 힙(Heap) 정렬을 만들 때, 70의 왼쪽과 오른쪽의 자노드(Child Node)의 값은?
① 45, 40　　　　② 65, 60
③ 35, 30　　　　④ 55, 50

19. OSI 7계층 참조 모델에서 최상위 계층은?
① 물리 계층　　　　② 응용 계층
③ 네트워크 계층　　④ 세션 계층

20. 자료 구조의 분류 중 선형 구조가 아닌 것은?
① 트리　　　　② 리스트
③ 스택　　　　④ 데크

21. 다음과 같은 중위식(Infix)을 후위식(Postfix)으로 올바르게 표현한 것은?

A / B * (C + D) + E

① + * / A B + C D E
② C D + A B / * E +
③ / * + + A B C D E
④ A B / C D + * E +

22. 7개의 교환국을 망형으로 상호 결선하려면 국간 필요한 최소 통신회선 수는?
① 21　　　　② 22
③ 24　　　　④ 45

23. IPv6의 주소 체계로 거리가 먼 것은?
① Unicast　　　　② Anycast
③ Broadcast　　　④ Multicast

24. DBMS의 필수 기능으로 옳은 것은?
① 조작 기능, 제어 기능, 연산 기능
② 정의 기능, 제어 기능, 연산 기능
③ 정의 기능, 조작 기능, 연산 기능
④ 정의 기능, 조작 기능, 제어 기능

25. 데이터베이스의 생성과 운영에 대한 모든 책임과 권한을 가지고 있는 사람은?
① 응용 프로그래머　　② 프로그램 사서
③ 일반 사용자　　　　④ 데이터베이스 관리자

26. 정점이 5개인 방향 그래프가 가질 수 있는 최대 간선 수는? (단, 자기 간선과 중복 간선은 배제한다.)
① 7개　　　　② 10개
③ 20개　　　④ 27개

27. 한 릴레이션 스키마가 4개 속성, 2개 후보키 그리고 그 스키마의 대응 릴레이션 인스턴스가 7개 튜플을 갖는다면 그 릴레이션의 차수(Degree)는?
① 1　　　　② 2
③ 4　　　　④ 7

28. UDP(User Datagram Protocol)에 대한 설명으로 거리가 먼 것은?
① 속도가 빠르다.
② 신뢰성 있는 전송이 가능하다.
③ 오버헤드가 적다.
④ 비연결형 서비스를 제공한다.

29. 데이터베이스 설계 단계 중 물리적 설계 시 고려 사항으로 적절하지 않은 것은?
① 스키마의 평가 및 정제
② 응답 시간
③ 저장 공간의 효율화
④ 트랜잭션 처리량

30. 데이터베이스에는 관계형, 계층형, 네트워크형 등 다양한 종류가 있는데 이들을 구분하는 기준은?
① 개체(Object)　　　② 관계(Relationship)
③ 속성(Attribute)　　④ 제약 조건(Constraint)

9. 다음 JAVA 코드의 실행 결과는?

```java
public class ArrayLoopTest {
  public static void main(String[] args) {
    int[] numbers = {10, 20, 30, 40, 50};
    int sum = 0;
    for (int i = 0; i < numbers.length; i++) {
      sum += numbers[i];
    }
    System.out.println(sum);
  }
}
```

① 50 ② 100
③ 150 ④ 200

10. 다음 중 JAVA 코드의 실행 결과는?

```java
class SuperClass {
  int value;
  public SuperClass(int value) {
    this.value = value;
  }
}
class SubClass extends SuperClass {
  public SubClass(int value) {
    super(value * 2);
  }
}
public class Main {
  public static void main(String[] args) {
    SubClass obj = new SubClass(5);
    System.out.println(obj.value);
  }
}
```

① 5 ② 10
③ 15 ④ 20

11. 다음 파이썬(Python) 코드의 실행 결과는?

```python
list_data = ['a', 'b', 'c', 'd']
index_b = list_data.index('b')
print(index_b)
```

① 0 ② 1
③ 2 ④ -1

12. 다음 파이썬(Python) 코드의 실행 결과가 [실행결과]와 같을 때, 빈칸에 들어갈 코드로 올바른 것은?

```python
a = sum = 0
while a < 10:
    a += 1
    if (        ):
        continue
    sum += a
print(sum)
```

[실행결과]

```
30
```

① a == 0 ② a % 2 == 1
③ a % 2 == 0 ④ a < 5

13. 다음 중 HTML의 목록 태그와 기능에 대한 설명으로 옳지 않은 것은?

① ⟨ol⟩은 순서가 있는 목록을 만들 때 사용한다.
② ⟨ul⟩은 순서가 없는 목록을 만들 때 사용한다.
③ ⟨dl⟩은 순서가 없는 목록과 순서가 있는 목록 모두를 만들 수 있다.
④ ⟨li⟩는 목록의 각 항목을 정의하는 데 사용하며, ⟨ol⟩ 또는 ⟨ul⟩ 내부에 위치해야 한다.

14. 다음 JavaScript 프로그램이 실행되었을 때, 실행 결과는?

```
<script>
  var i = 0, sum = 0;
  while (i <= 5) {
    sum += i;
    i++;
  }
  document.write(sum);
</script>
```

① 25 ② 20 ③ 15 ④ 10

15. 다음 중 try ~ catch문을 이용한 예외 처리에 대한 설명으로 옳지 않은 것은?

① try 블록에서 예외가 발생하면 catch 블록으로 이동하여 예외를 처리한다.
② catch 블록에서 선언한 변수는 해당 블록 안에서만 유효하다.
③ finally 블록은 예외 발생 여부와 관계없이 무조건 수행된다.
④ try 블록 안에 실행 코드가 한 줄만 있을 경우 중괄호({ })를 생략할 수 있다.

4회 최종점검 모의고사

1. 다음 중 구조적 프로그래밍의 특징에 대한 설명으로 가장 거리가 먼 것은?
① 복잡성을 줄이고 읽기 쉬운 코드를 작성할 수 있다.
② GOTO문을 사용하여 프로그램의 효율성을 높인다.
③ 프로그램의 유지보수성을 향상시킨다.
④ 단일 입구와 단일 출구를 갖도록 설계한다.

2. 다음 중 캡슐화(Encapsulation)에 대한 설명으로 가장 올바른 것은?
① 객체의 세부 내용이 외부에 은폐(정보 은닉)되어 오류의 파급 효과가 적다.
② 불필요한 부분을 생략하고 가장 중요한 것에 중점을 두어 모델화하는 것이다.
③ 이미 정의된 상위 클래스의 속성과 연산을 하위 클래스가 물려받는 것이다.
④ 하나의 메시지에 대해 각 객체가 고유한 방법으로 응답하는 능력이다.

3. 다음 중 서버용 스크립트 언어인 ASP에 대한 설명으로 옳은 것은?
① 모든 운영체제에서 사용 가능한 언어이다.
② C, Java와 문법이 유사하여 배우기 쉽다.
③ 웹 페이지의 동작을 제어하는 클라이언트용 스크립트 언어이다.
④ 마이크로소프트 사에서 제작하였으며 Windows 계열에서만 수행 가능하다.

4. 다음 중 Python의 시퀀스 자료형에 대한 설명으로 옳은 것은?
① 리스트(List)는 값이 연속적으로 저장되지만, 값의 추가나 삭제가 불가능하다.
② 튜플(Tuple)은 리스트와 달리 필요에 따라 개수를 늘리거나 줄일 수 있다.
③ range는 연속된 숫자를 생성하는 자료형이다.
④ 문자열(String)은 시퀀스 자료형에 포함되지 않는다.

5. 변수 선언 시 변수명에 데이터 타입을 명시하는 표기법으로, 변수의 자료형을 쉽게 알 수 있도록 하는 것은?
① 헝가리안 표기법
② 카멜 케이스 표기법
③ 파스칼 표기법
④ 스네이크 케이스 표기법

6. 다음 중 JAVA 코드의 실행 결과로 올바른 것은?

```
public class Main {
  public static void main(String[] args) {
    int a = 10;
    int b = 5;
    a += b;
    System.out.println(a);
  }
}
```

① 5
② 10
③ 15
④ 50

7. 다음 중 JAVA에서 System.out.println( )을 사용하여 출력했을 때, 결과가 1020이 되는 코드는?
① System.out.println(10 + 20);
② System.out.println("10" + "20");
③ System.out.println(10 * "20");
④ System.out.println(10 * 20);

8. 다음 JAVA 코드의 실행 결과는?

```
public class Main {
  public static void main(String[] args) {
    int day = 3;
    String dayName;
    switch (day) {
      case 1:
        dayName = "월요일";
        break;
      case 2:
        dayName = "화요일";
        break;
      case 3:
        dayName = "수요일";
        break;
      default:
        dayName = "기타";
        break;
    }
    System.out.println(dayName);
  }
}
```

① 월요일
② 화요일
③ 수요일
④ 기타

49. 다음 중 복구 목표 시간(RTO)이 가장 짧은 복원 방식은?
① 콜드 사이트   ② 웜 사이트
③ 핫 사이트   ④ 미러 사이트

50. UNIX에서 앞의 출력 결과가 뒤에 실행하는 명령의 입력이 되는 것은?
① pipe   ② more
③ filter   ④ link

51. 도스(MS-DOS)에서 내부 명령어에 해당하지 않는 것은?
① DEL   ② DIR
③ XCOPY ④ COPY

52. 소프트웨어 개발 영역을 결정하는 요소 중 다음 사항과 관계있는 것은?

- 소프트웨어에 의해 간접적으로 제어되는 장치와 소프트웨어를 실행하는 하드웨어
- 기존의 소프트웨어와 새로운 소프트웨어를 연결하는 소프트웨어
- 순서적 연산에 의해 소프트웨어를 실행하는 절차

① 기능(Function)   ② 성능(Performance)
③ 제약조건(Constraint) ④ 인터페이스(Interface)

53. DOS에서 디렉터리(Directory) 내의 파일이나 하위 디렉터리가 있는 디렉터리를 삭제하는 명령은?
① DEL   ② RD
③ MD   ④ DELTREE

54. 다음은 컴퓨터에서 프로그램 언어의 처리 과정을 나타내고 있다. ( ) 안에 들어갈 과정을 차례로 나열한 것은?

컴파일러 → ( ) → ( ) → 실행

① 링킹(Linking) → 로딩(Loading)
② 로딩(Loading) → 링킹(Linking)
③ 링킹(Linking) → 어셈블링(Assembling)
④ 어셈블링(Assembling) → 링킹(Linking)

55. 다음 중 클라우드 백업의 특징으로 옳지 않은 것은?
① 초기 투자 비용이 적다.
② 인터넷을 통해 데이터를 백업한다.
③ 모든 기업 환경에서 제약 없이 사용할 수 있다.
④ 백업 데이터를 안정적으로 관리할 수 있다.

56. 다음 중 지속적인 통합(CI; Continuous Integration)의 주요 목적은?
① 코드 변경 사항을 버그 리포트에 자동으로 기록하는 것이다.
② 개발자가 작성한 코드를 중앙 저장소에 자주 통합하고, 자동 빌드 및 테스트를 통해 오류를 빠르게 발견하는 것이다.
③ 코드 변경 시 자동으로 운영 환경에 즉시 배포하는 것이다.
④ 애플리케이션을 작은 서비스로 나누어 독립적으로 운영하는 것이다.

57. 화이트박스 테스트의 유형이 아닌 것은?
① 기초 경로 검사   ② 경계값 분석
③ 데이터 흐름 검사 ④ 루프 검사

58. 다음 애플리케이션 테스트에 대한 설명에서 ㉠, ㉡에 들어갈 알맞은 용어로 나열된 것은?

- (㉠) : 사용자의 입장에서 개발한 소프트웨어가 고객의 요구사항에 맞게 구현되었는지를 확인하는 것이다.
- (㉡) : 개발자의 입장에서 개발한 소프트웨어가 명세서에 맞게 만들어졌는지를 점검하는 것이다.

① ㉠ Validation, ㉡ Verification
② ㉠ Verification, ㉡ Validation
③ ㉠ Alpha Test, ㉡ Beta Test
④ ㉠ Beta Test, ㉡ Alpha Test

59. UNIX 시스템의 명령어 해석기인 쉘(Shell)의 종류로 옳지 않은 것은?
① System Shell ② Bourne Shell
③ C Shell   ④ Korn Shell

60. 운영체제(OS)에 대한 설명으로 틀린 것은?
① OS는 컴퓨터와 사용자 간의 중간자 역할을 한다.
② OS는 H/W 및 주변장치를 관리하는 역할을 한다.
③ 하나의 컴퓨터 내의 모든 소프트웨어는 각각 자신의 OS를 따로 가지고 있어야 한다.
④ 일반적으로 OS는 사용자가 컴퓨터를 제어하기 쉽게 할 수 있는 인터페이스를 제공한다.

38. SQL문의 형식 중 옳지 않은 것은?
① INSERT ~ INTO ~ VALUES
② UPDATE ~ SET ~ WHERE
③ DELETE ~ SET ~ WHERE
④ SELECT ~ FROM ~ WHERE

39. 테이블을 생성한 후 필드 수정을 위해 사용하는 SQL 명령어는?
① DROP   ② CREATE
③ ALTER   ④ UPDATE

40. 판매 테이블에서 품명이 '카메라'인 항목을 삭제하는 SQL문은?
① DELETE FROM 판매 WHERE 품명 = '카메라';
② DELETE FROM 품명 = '카메라' WHERE 판매;
③ DELETE SET 판매 WHERE 품명 = '카메라';
④ DELETE SET 품명 = '카메라' WHERE 판매;

41. 다음 SQL문에서 사용된 BETWEEN 연산의 의미와 동일한 것은?

```
SELECT *
FROM 성적
WHERE (점수 BETWEEN 90 AND 95) AND 학과 = '컴퓨터공학과';
```

① 점수 >= 90 AND 점수 <= 95
② 점수 > 90 AND 점수 < 95
③ 점수 > 90 AND 점수 <= 95
④ 점수 >= 90 AND 점수 < 95

42. 기본 테이블에 있는 튜플들 중에서 특정 튜플의 내용을 변경시킬 때 사용하는 명령어는?
① UPDATE   ② INSERT
③ DELETE   ④ SELECT

43. STUDENT 테이블에 독일어과 학생 50명, 중국어과 학생 30명, 영어영문학과 학생 50명의 정보가 저장되어 있을 때, 다음 두 SQL문의 실행 결과 튜플 수는? (단, DEPT 컬럼은 학과명)?

```
㉠ SELECT DEPT FROM STUDENT;
㉡ SELECT DISTINCT DEPT FROM STUDENT;
```

① ㉠ 3, ㉡ 3   ② ㉠ 50, ㉡ 3
③ ㉠ 130, ㉡ 3   ④ ㉠ 130, ㉡ 130

44. SQL 명령을 사용 용도에 따라 구분할 경우, 다음 중 성격이 나머지 셋과 다른 것은?
① CREATE   ② ALTER
③ DROP   ④ INSERT

45. 데이터 제어어(DCL)에 대한 설명으로 옳은 것은?
① ROLLBACK : 데이터의 보안과 무결성을 정의한다.
② COMMIT : 데이터베이스 사용자의 사용 권한을 취소한다.
③ GRANT : 데이터베이스 사용자의 사용 권한을 부여한다.
④ REVOKE : 데이터베이스 조작 작업이 비정상적으로 종료되었을 때 원래 상태로 복구한다.

46. CPU에 의해 처리되는 사용자 프로그램, 즉 실행중인 프로그램을 의미하며, 작업(Job) 또는 태스크(Task)라고도 하는 것은 무엇인가?
① 인터럽트   ② 프로세스
③ 버퍼   ④ 커널

47. 단위 테스트(Unit Test)에 대한 설명으로 옳은 것은?
① 개발한 소프트웨어가 사용자의 요구사항을 충족하는지에 중점을 두고 테스트하는 것이다.
② 개별 모듈을 시험하는 것으로 모듈이 정확하게 구현되었는지, 예정한 기능이 제대로 수행되는지를 점검하는 테스트이다.
③ 개발된 소프트웨어가 해당 컴퓨터 시스템에서 완벽하게 수행되는가를 점검하는 테스트이다.
④ 모듈들을 결합하여 하나의 시스템으로 완성시키는 과정에서의 테스트이다.

48. 다음은 프로세스 스케줄링에 대한 설명이다. 옳은 것은?
① SRT는 가장 긴 실행 시간을 요구하는 프로세스에게 CPU를 할당하는 기법이다.
② 우선순위는 각 프로세스마다 우선순위를 부여하여 그 중 가장 낮은 프로세스에게 먼저 CPU를 할당하는 기법이다.
③ FIFO는 가장 나중에 CPU를 요청한 프로세스에게 가장 먼저 CPU를 할당하여 실행한다.
④ 다단계 피드백 큐는 특정 그룹의 준비상태 큐에 들어간 프로세스가 다른 준비상태 큐로 이동할 수 없는 다단계 큐 기법을 준비상태 큐 사이를 이동할 수 있도록 개선한 기법이다.

29. 트랜잭션의 특성을 모두 나열한 것은?

㉠ Atomicity	㉡ Durability
㉢ Transparency	㉣ Portability
㉤ Consistency	㉥ Isolation

① ㉠, ㉡
② ㉠, ㉡, ㉥
③ ㉠, ㉢, ㉤
④ ㉠, ㉡, ㉤, ㉥

30. 데이터베이스에서 사용되는 키(Key)의 종류에 대한 설명으로 옳지 않은 것은?
① 후보키는 개체들을 고유하게 식별할 수 있는 속성이다.
② 슈퍼키는 한 개 이상의 속성들의 집합으로 구성된 키이다.
③ 외래키는 다른 테이블의 기본키로 사용되는 속성이다.
④ 대체키는 슈퍼키 중에서 기본키를 제외한 나머지 키를 의미한다.

31. 특정 필드의 검색 결과를 순서대로 출력하기 위한 SQL절은?
① GROUP BY
② HAVING
③ ORDER BY
④ SELECT

32. [상반기진급] 테이블과 [하반기진급] 테이블은 모두 '사번', '이름', '부서' 필드로 구성되어 있다. 다음 중 두 테이블의 레코드를 통합하려고 할 때 쿼리문으로 올바른 것은?
① Select 사번, 이름, 부서 From 상반기진급, 하반기진급 Where 상반기진급.사번 = 하반기진급.사번;
② Select 사번, 이름, 부서 From 상반기진급 JOIN Select 사번, 이름, 부서 From 하반기진급;
③ Select 사번, 이름, 부서 From 상반기진급 OR Select 사번, 이름, 부서 From 하반기진급;
④ Select 사번, 이름, 부서 From 상반기진급 UNION Select 사번, 이름, 부서 From 하반기진급;

33. 다음 SQL문의 실행 결과는?

SELECT 가격 FROM 도서가격
WHERE 책번호 = (SELECT 책번호 FROM 도서 WHERE 책명 = '자료구조');

[도서]

책번호	책명
111	운영체제
222	자료구조
333	컴퓨터구조

[도서가격]

책번호	가격
111	20,000
222	25,000
333	10,000
444	15,000

① 10,000
② 15,000
③ 20,000
④ 25,000

34. 다음은 SELECT문의 기본 구문이다. 괄호에 들어갈 알맞은 예약어는?

SELECT 학과명
(　　　) 학생
WHERE 총점 > 80;

① GROUP BY
② FROM
③ ORDER BY
④ OPTION

35. SQL 명령문의 의미로 가장 적절한 것은?

DROP TABLE 학과 CASCADE;

① 학과 테이블을 제거하시오.
② 학과 필드를 제거하시오.
③ 학과 테이블과 이 테이블을 참조하는 다른 테이블도 함께 제거하시오.
④ 학과 테이블이 다른 테이블에 의해 참조 중이면 제거하지 마시오.

36. 트랜잭션의 실행이 실패하였음을 알리는 연산자로 트랜잭션이 수행한 결과를 원래의 상태로 원상 복귀 시키는 연산은?
① COMMIT 연산
② BACKUP 연산
③ LOG 연산
④ ROLLBACK 연산

37. SQL문에서 SELECT에 대한 설명으로 옳지 않은 것은?
① FROM절에는 질의에 의해 검색될 데이터들을 포함하는 테이블명을 기술한다.
② 검색 결과에 중복되는 레코드를 없애기 위해서는 WHERE절에 'DISTINCT' 키워드를 사용한다.
③ HAVING절은 GROUP BY절과 함께 사용되며, 그룹에 대한 조건을 지정한다.
④ ORDER BY절은 특정 속성을 기준으로 정렬하여 검색할 때 사용한다.

16. 데이터베이스 디자인 단계의 순서가 옳은 것은?

> ㉠ 데이터베이스의 목적을 정의
> ㉡ 데이터베이스에서 필요한 테이블을 정의
> ㉢ 테이블에서 필요한 필드를 정의
> ㉣ 테이블 간의 관계를 정의

① ㉠ → ㉡ → ㉢ → ㉣
② ㉠ → ㉢ → ㉡ → ㉣
③ ㉠ → ㉡ → ㉣ → ㉢
④ ㉠ → ㉣ → ㉡ → ㉢

17. 다음 중 DBMS의 장점이 아닌 것은?
① 전산화 비용의 감소
② 데이터의 일관성 유지
③ 데이터의 공유
④ 데이터의 무결성 유지

18. 프로토콜의 계층 구성은 네트워크 구조에 따라 어떻게 구분하는가?
① 구문 계층과 의미 계층
② 비트 계층과 블록 계층
③ 하위 계층과 상위 계층
④ 직접 계층과 간접 계층

19. 가장 널리 사용되며, 2차원적인 표(Table)를 이용하여 데이터의 상호관계를 정의하는 DB 구조는?
① 객체 지향형 데이터베이스
② 계층형 데이터베이스
③ 네트워크(망)형 데이터베이스
④ 관계형 데이터베이스

20. 데이터베이스 설계 단계 중 저장 레코드 양식 설계, 레코드 집중의 분석 및 설계, 접근 경로 설계와 관계되는 것은?
① 논리적 설계
② 요구 조건 분석
③ 개념적 설계
④ 물리적 설계

21. 양방향에서 입·출력이 가능한 선형 자료 구조로 2개의 포인터를 이용하여 리스트의 양쪽 끝 모두에서 삽입과 삭제가 가능한 것은?
① Stack
② Queue
③ Deque
④ Tree

22. TCP 프로토콜과 관련한 설명으로 틀린 것은?
① 인접한 노드 사이의 프레임 전송 및 오류를 제어한다.
② 흐름 제어(Flow Control)의 기능을 수행한다.
③ 전이중(Full Duplex) 방식의 양방향 가상회선을 제공한다.
④ 전송 데이터와 응답 데이터를 함께 전송할 수 있다.

23. IPv6의 주소는 몇 비트로 이루어져 있나?
① 16비트
② 32비트
③ 64비트
④ 128비트

24. 분할 정복(Divide and Conquer)에 기반한 알고리즘으로 피봇(pivot)을 사용하며 최악의 경우 n(n-1)/2회의 비교를 수행해야 하는 정렬(Sort)은?
① Selection Sort
② Bubble Sort
③ Insertion Sort
④ Quick Sort

25. 다음 트리를 후위 순회(Post Traversal)한 결과는?

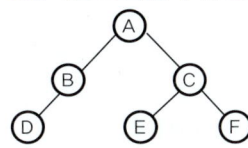

① A B D C E F
② D B A E C F
③ A B C D E F
④ D B E F C A

26. 송신측에서 정보의 정확한 전송을 위해서 전송할 데이터의 앞 부분과 뒷 부분에 헤더(Header)와 트레일러(Trailer)를 첨가하는 과정은?
① 정보의 캡슐화
② 연결 제어
③ 정보의 분할
④ 정보의 분석

27. OSI 7계층 모델에서 안전한 전송을 위해 송신측과 수신측에 논리적인 연결 통로를 만들고, 수신측에서 정상적인 패킷 전달과 수신을 검사하는 기능을 수행하는 계층은?
① 물리 계층
② 전송 계층
③ 데이터 링크 계층
④ 표현 계층

28. 관계 데이터 모델에서 릴레이션(Relation)에 관한 설명으로 옳은 것은?
① 릴레이션의 각 행을 스키마(Schema)라 하며, 예로 도서 릴레이션을 구성하는 스키마에는 도서번호, 도서명, 저자, 가격 등이 있다.
② 릴레이션의 각 열을 튜플(Tuple)이라 하며, 하나의 튜플은 각 속성에서 정의된 값을 이용하여 구성된다.
③ 도메인(Domain)은 하나의 속성이 가질 수 있는 같은 타입의 모든 값의 집합으로 각 속성의 도메인은 원자값을 갖는다.
④ 속성(Attribute)은 한 개의 릴레이션의 논리적인 구조를 정의한 것으로 릴레이션의 이름과 릴레이션에 포함된 속성들의 집합을 의미한다.

9. 다음 중 break문과 continue문에 대한 설명으로 옳지 않은 것은?
① break문은 switch문이나 반복문을 즉시 종료한다.
② continue문은 반복문 내에서 특정 조건일 때 남은 코드를 건너뛰고 다음 반복을 계속 진행한다.
③ break문은 주로 for, while, do-while과 같은 반복문에서 사용된다.
④ continue문은 반복문의 가장 바깥쪽 루프만 건너뛰고, 중첩된 루프에서는 사용할 수 없다.

10. 다음 중 JAVA 코드의 실행 결과는?

```
class Student {
  String name, major;
  Student() { }
  Student(String name, String major) {
    this.name = name;
    this.major = major;
  }
}
public class Main {
  public static void main(String[] args) {
    Student s1 = new Student();
    s1.name = "시나공";
    s1.major = "프로그래밍";
    Student s2 = new Student("길벗", "AI빅데이터");
    System.out.println(s1.name + "의 전공은 " + s2.major + "입니다.");
  }
}
```

① 시나공의 전공은 프로그래밍입니다.
② 시나공의 전공은 AI빅데이터입니다.
③ 길벗의 전공은 프로그래밍입니다.
④ 길벗의 전공은 AI빅데이터입니다.

11. 다음 파이썬(Python) 프로그램이 실행되었을 때, 실행 결과는?

```
def sum_many(*args):
    sum = 0
    for i in args:
        sum = sum + i
    return sum
result = sum_many(1,2,3)
print(result)
```

① 6   ② 1
③ 2   ④ 3

12. 다음 중 파이썬(Python) 코드의 실행 결과는?

```
class Calculator:
    def __init__(self, a, b):
        self.a = a
        self.b = b
    def add(self):
        return self.a + self.b
    def subtract(self):
        return self.a - self.b
calc = Calculator(10, 5)
result_add = calc.add()
result_subtract = calc.subtract()
print(result_add + result_subtract)
```

① 5   ② 10
③ 15   ④ 20

13. 다음 중 HTML 태그와 기능에 대한 설명으로 옳지 않은 것은?
① 〈p〉: 문단(paragraph)을 정의하며, 닫는 태그가 필요 없다.
② 〈h1〉~〈h6〉: 제목을 나타내며, 숫자가 클수록 글자가 작아진다.
③ 〈br〉: 줄 바꿈을 위해 사용하며, 닫는 태그가 필요 없다.
④ 〈img src="..."〉: 이미지를 웹 페이지에 삽입하는 데 사용한다.

14. 다음 중 HTML의 태그와 기능에 대한 설명으로 옳지 않은 것은?
① 〈mark〉: 텍스트에 하이라이트 효과를 주어 강조하는 데 사용된다.
② 〈cite〉: 웹 페이지 내비게이션 링크를 정의하는 데 사용된다.
③ 〈sub〉: 아래 첨자(subscript) 텍스트를 표현하는 데 사용된다.
④ 〈small〉: 부가적이거나 작은 글씨를 표현하는 데 사용된다.

15. 다음 중 예외 처리(Exception Handling)에 대한 설명으로 가장 올바른 것은?
① 예외는 컴퓨터 하드웨어 문제로만 발생한다.
② try ~ catch 문은 예외 처리 기능이 내장되어 있지 않은 언어에서 사용된다.
③ 예외 처리는 프로그램의 비정상적인 종료를 방지하고 안정성을 높인다.
④ 예외가 발생했을 때 처리 루틴은 항상 프로그램을 종료시키는 것이다.

정답: 1.④ 2.③ 3.② 4.② 5.② 6.② 7.② 8.② 9.④ 10.② 11.① 12.④ 13.① 14.② 15.③

3회 최종점검 모의고사

1. 다음 중 리스트를 정렬하는 메소드 sort( )에 대한 설명으로 올바른 것은?
① sort( )는 기본적으로 내림차순으로 정렬한다.
② sort(reverse=True)는 오름차순으로 정렬한다.
③ sort( )는 리스트의 순서를 역순으로 뒤집는다.
④ sort( )는 기본적으로 오름차순으로 정렬하며, reverse 속성을 통해 내림차순으로 변경할 수 있다.

2. 다음 중 객체지향 프로그래밍 언어의 구성 요소를 설명한 것 중, 옳지 않은 것은?
① 객체는 데이터(속성)와 이를 처리하는 연산(메소드)을 결합한 실체이다.
② 클래스는 공통된 특성을 가진 객체들의 집합으로, 객체의 유형을 정의한다.
③ 속성은 객체가 메시지를 받아 실행해야 할 구체적인 연산을 정의한다.
④ 메소드는 객체의 상태를 참조하거나 변경하는 수단이 된다.

3. 다음 중 클라이언트용 스크립트 언어와 서버용 스크립트 언어가 올바르게 묶인 것은?
① 클라이언트용 : PHP, 파이썬
② 클라이언트용 : 자바스크립트, VB 스크립트
③ 서버용 : ASP, VB 스크립트
④ 서버용 : JSP, 자바스크립트

4. 다음 중 JAVA의 데이터 타입과 그에 해당하는 크기 및 기억 범위가 올바르게 짝지어진 것은?

타입	크기	기억 범위
① short	4 Byte	$-2{,}147{,}483{,}648 \sim 2{,}147{,}438{,}647$
② long	8 Byte	$-9{,}223{,}372{,}036{,}854{,}775{,}808$ $\sim 9{,}223{,}372{,}036{,}854{,}775{,}807$
③ float	8 Byte	$1.4 \times 10^{-45} \sim 3.4 \times 10^{38}$
④ double	4 Byte	$4.9 \times 10^{-324} \sim 1.8 \times 10^{308}$

5. 다음 중 변수명 작성 규칙에 위배되는 변수명은?
① _variable_name
② user123
③ class
④ a_long_variable_name

6. 다음 JAVA 코드의 실행 결과는?

```java
public class Main {
  public static void main(String[ ] args) {
    int a = 5;
    int b = 10;
    boolean result = (a > 3) && (b < 8);
    System.out.println(result);
  }
}
```

① true
② false
③ 1
④ 0

7. JAVA에서 키보드로 입력받은 값을 정수형 변수 score에 저장하기 위한 코드로 올바른 것은? (단, Scanner 객체 변수명은 input으로 한다.)
① int score = input.nextFloat( );
② String score = input.nextLine( );
③ int score = input.nextInt( );
④ float score = input.next( );

8. 다음 JAVA 코드의 실행 결과는?

```java
public class Main {
  public static void main(String[ ] args) {
    char grade = 'B';
    String result;
    if (grade == 'A')
      result = "Excellent";
    else if (grade == 'B')
      result = "Good";
    else if (grade == 'C')
      result = "Pass";
    else
      result = "Fail";
    System.out.println(result);
  }
}
```

① Excellent
② Good
③ Pass
④ Fail

56. DOS의 환경 설정 파일(CONFIG.SYS)에 대한 설명으로 옳지 않은 것은?
① 도스 운영에 필요한 환경을 설정하는 파일이다.
② 어느 디렉터리에 존재하는가에 상관없이 제 역할을 수행한다.
③ 사용자가 만들며, 수정할 수 있다.
④ TYPE 명령으로 내용을 확인할 수 있다.

57. 장애나 재해가 발생했을 때 허용 가능한 최대 데이터 손실 시점을 의미하는 것은?
① RPO
② RTO
③ MTD
④ WRT

58. 언어 번역(Language Translator) 프로그램에 해당하지 않는 것은?
① 컴파일러
② 어셈블러
③ 인터프리터
④ 로더

59. 운영체제의 스케줄링 기법 중 선점(Preemptive) 스케줄링에 해당하는 것은?
① SRT
② SJF
③ FIFO
④ HRN

60. 다음 중 직접 연결 백업의 특징으로 옳지 않은 것은?
① 네트워크 부하가 발생하지 않는다.
② 외장 하드나 USB를 이용한다.
③ 소규모 환경에 적합하다.
④ 각 시스템마다 별도의 백업 장비가 필요하지 않다.

43. 다음 SQL문을 실행한 결과 검색되지 않는 판매수량은?

```
SELECT 상품명, 판매수량
FROM 판매내역
WHERE 판매수량 >= 100 AND 판매수량 <= 200;
```

① 200　　　　　　② 100
③ 150　　　　　　④ 250

44. 급여 테이블에 데이터를 입력한 후 시간외수당 필드가 누락되어 이를 추가하고자 할 경우에 사용하는 SQL 명령으로 옳은 것은?
① ALTER TABLE　　② ADD TABLE
③ MODIFY TABLE　　④ MAKE TABLE

45. SQL의 기능에 따른 분류 중에서 REVOKE문과 같이 데이터의 사용 권한을 관리하는데 사용하는 언어는?
① DDL(Data Definition Language)
② DML(Data Manipulation Language)
③ DCL(Data Control Language)
④ DUL(Data User Language)

46. 운영체제(Operating System)의 목적이 아닌 것은?
① 반환 시간 증가　　② 처리 능력 향상
③ 사용 가능도 향상　　④ 신뢰도 향상

47. 블랙박스 테스트의 유형으로 틀린 것은?
① 경계값 분석　　② 오류 예측
③ 동등 분할 기법　　④ 조건, 루프 검사

48. 도스(MS-DOS)의 명령에 관한 설명 중 옳지 않은 것은?
① CD : 현재의 디렉토리를 변경한다.
② RD : 디렉토리를 삭제한다.
③ CLS : 화면을 깨끗이 지운다.
④ DISKCOMP : 모든 열려 있는 파일을 닫는다.

49. UNIX에서 태스크 스케줄링(Task-Scheduling) 및 기억장치 관리(Memory Management) 등의 일을 수행하는 부분은?
① Kernel
② Shell
③ Utility Program
④ Application Program

50. UNIX에 관한 설명으로 옳은 것은?
① 파일 시스템의 배열 형태가 선형적 구조로 되어 있다.
② 대부분 BASIC 언어로 작성되었다.
③ 시분할(Time Sharing)을 지원한다.
④ 다중 사용자(Multi User)는 지원하지만 다중 작업(Multi Tasking)은 지원하지 않는다.

51. 다음 중 DevOps에 대한 설명으로 가장 적절한 것은?
① 소프트웨어 테스트를 자동화하는 기법으로, 테스트 자동화에만 초점을 맞춘 방법론이다.
② 개발팀과 운영팀이 분리되어 독립적으로 작업하는 방식을 강조한다.
③ 소프트웨어 개발 및 배포 과정을 자동화하고 효율화하기 위한 개발 방법론이다.
④ 프로젝트 종료 후 운영 조직에만 책임을 전가하는 개발 방식이다.

52. 애플리케이션 테스트에서 동일한 테스트 케이스로 동일한 테스트를 반복하면 더 이상 결함이 발견되지 않는 현상을 의미하는 용어는?
① 살충제 패러독스　　② 오류-부재의 궤변
③ 파레토 법칙　　④ 결함 집중

53. 다음 중 교착 상태(Dead Lock) 발생의 필요 충분 조건이 아닌 것은?
① 상호 배제(Mutual Exclusion)
② 점유와 대기(Hold and Wait)
③ 선점(preemption)
④ 순환 대기(Circular Wait)

54. 다음 중 온라인 실시간 시스템의 조회 방식에 가장 적합한 업무는?
① 객관식 채점 업무　　② 좌석 예약 업무
③ 봉급 계산 업무　　④ 성적 처리 업무

55. 프롬프트 상에서 명령어를 직접 입력하여 작업을 수행하는 사용자 인터페이스 방식은?
① GUI　　　　　　② NUI
③ OUI　　　　　　④ CLI

32. SQL에서 SELECT 문에 나타날 수 없는 절은?
① HAVING   ② GROUP BY
③ DROP   ④ ORDER BY

33. 참조 무결성을 유지하기 위하여 DROP문에서 부모 테이블의 항목 값을 삭제할 경우 자동적으로 자식 테이블의 해당 레코드를 삭제하기 위한 옵션은?
① CLUSTER   ② CASCADE
③ SET-NULL ④ RESTRICTED

34. '학생' 테이블에서 3학년이고 컴퓨터공학과인 학생의 이름만 조회하는 SQL문으로 올바른 것은?
① SELECT 이름 FROM 학생 WHERE 학년 = 3 AND 학과 = "컴퓨터공학";
② SELECT 이름 FROM 학생 WHERE 학년 = 3 OR 학과 = "컴퓨터공학";
③ SELECT 이름 WHEN 학생 WHERE 학년 = 3 AND 학과 = "컴퓨터공학";
④ SELECT 이름 WHEN 학생 WHERE 학년 = 3 OR 학과 = "컴퓨터공학";

35. 다음은 '제품' 테이블의 '단가'를 기준으로 내림차순 정렬하여 표시하는 SQL문이다. 괄호(㉠, ㉡)에 알맞은 명령은?

Select 제품명, 단가 From 제품 (㉠) 단가 (㉡);

① ㉠ Order To   ㉡ Asc
② ㉠ Where   ㉡ Asc
③ ㉠ Order By   ㉡ Desc
④ ㉠ Group By   ㉡ Asc

36. 트랜잭션의 연산이 성공적으로 끝났음을 선언하는 연산은?
① ROLLBACK
② REVOKE
③ COMMIT
④ SAVEPOINT

37. SQL문에서 사용하는 옵션 중 검색 결과에서 레코드의 중복을 제거할 때 사용하는 것은?
① CASCADE   ② DISTINCT
③ RESTRICT   ④ UNION

38. 판매내역(제품명, 판매수량) 테이블에서 판매수량이 50인 튜플을 삭제하는 SQL문은?
① DELETE FROM 판매내역 WHERE 판매수량 = 50;
② REMOVE FROM 판매내역 WHERE 판매수량 = 50;
③ DROP TABLE 판매내역 WHERE 판매수량 = 50;
④ DESTORY 판매내역 WHERE 판매수량 = 50;

39. 상품 테이블을 제거할 때 사용하는 SQL 명령으로 옳은 것은?
① ALTER TABLE 상품
② CASCADE TABLE 상품
③ DROP TABLE 상품
④ DELETE TABLE 상품

40. 다음 SQL문의 빈 칸에 들어갈 명령어는?

UPDATE 직원
( ) 급여 = 급여 * 1.1
WHERE 급여 <= 100000 or 입사일 < 19990101;

① INTO   ② SET
③ FROM   ④ SELECT

41. 다음 SQL문의 실행 결과로 생성되는 튜플 수는?

SELECT 급여 FROM 사원;

〈사원〉 테이블

사원ID	사원명	급여	부서ID
101	박철수	30000	1
102	한나라	35000	2
103	김감동	40000	3
104	이구수	35000	2
105	최초록	40000	3

① 1   ② 3
③ 4   ④ 5

42. DDL(Data Define Language)의 명령어 중 스키마, 도메인, 인덱스 등을 정의할 때 사용하는 SQL문은?
① ALTER   ② SELECT
③ CREATE   ④ INSERT

19. B 클래스에서 사용되는 기본 서브넷 마스크는?
① 255.255.255.0
② 255.255.0.0
③ 255.0.0.0
④ 255.255.255.255

20. 개체-관계 모델에 대한 설명으로 옳지 않은 것은?
① 오너-멤버(Owner-Member) 관계라고도 한다.
② 개체 타입과 이들 간의 관계 타입을 기본 요소로 이용하여 현실 세계를 개념적으로 표현한다.
③ E-R 다이어그램에서 개체 타입은 사각형으로 나타낸다.
④ E-R 다이어그램에서 속성은 타원으로 나타낸다.

21. 다음 자료를 버블 정렬을 이용하여 오름차순으로 정렬하고자 할 경우 1회전을 수행한 결과는?

9, 4, 5, 1, 3

① 4, 5, 1, 3, 9
② 1, 3, 4, 5, 9
③ 4, 1, 3, 5, 9
④ 1, 3, 9, 4, 5

22. 데이터베이스에서 하나의 논리적 기능을 수행하기 위한 작업의 단위 또는 한꺼번에 모두 수행되어야 할 일련의 연산들을 의미하는 것은?
① 트랜잭션
② 뷰
③ 튜플
④ 카디널리티

23. OSI 7계층에서 하위 3계층에 해당하는 것은?
① 세션 계층, 표현 계층, 응용 계층
② 물리 계층, 데이터링크 계층, 네트워크 계층
③ 데이터링크 계층, 네트워크 계층, 전송 계층
④ 물리 계층, 전송 계층, 표현 계층

24. 데이터가 중복되면 자연히 제어가 분산되어 데이터의 정확성을 유지하기 어렵게 되는데, 이런 경우 데이터베이스의 어떤 규칙에 위배되는가?
① 데이터 독립성
② 데이터 무결성
③ 데이터 종속성
④ 데이터 분산성

25. 다음 중 OSI 7계층에 대한 설명으로 틀린 것은?
① 다른 시스템 간의 원활한 통신을 위해 ISO(국제표준화기구)에서 제안한 통신 규약(Protocol)이다.
② 개방형 시스템(Open System) 간의 데이터 통신 시 필요한 장비 및 처리 방법 등을 7단계로 표준화하여 규정했다.
③ 서로 다른 시스템 간을 상호 접속하기 위한 개념을 규정한다.
④ 9개의 계층으로 구성된다.

26. 물리적 데이터베이스를 설계하는 전 단계로서, 데이터 모델링이라 불리는 데이터베이스 설계 단계는?
① 개념적 데이터베이스 설계
② 논리적 데이터베이스 설계
③ 정보 모델링
④ 데이터베이스 구현

27. 데이터베이스 관리자(DBA)의 임무와 거리가 먼 것은?
① 시스템 문서화에 표준을 정하여 시행
② 복구절차와 무결성 유지를 위한 대책 수립
③ 일반 사용자의 고급 질의문을 저급 DML 명령어로 변환
④ 시스템의 감시 및 성능 분석

28. 순서가 있는 리스트에서 데이터의 삽입(Push), 삭제(Pop)가 한 쪽 끝에서 일어나며, LIFO(Last_In-First-Out)의 특징을 가지는 자료 구조는?
① Tree
② Graph
③ Stack
④ Queue

29. 아래 Tree 구조에 대하여 후위 순회(Postorder)한 결과는?

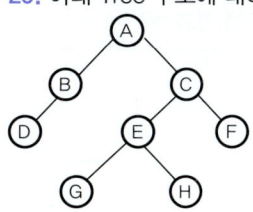

① A → B → D → C → E → G → H → F
② D → B → G → H → E → F → C → A
③ D → B → A → G → E → H → C → F
④ A → B → D → G → E → H → C → F

30. 키의 종류 중 유일성과 최소성을 만족하는 속성 또는 속성들의 집합은?
① Atomic Key
② Super Key
③ Candidate Key
④ Test Key

31. SQL 명령어 중 데이터 정의문(DDL)에 해당하는 것은?
① UPDATE
② CREATE
③ SELECT
④ DELETE

10. 다음 JAVA 코드의 실행 결과는?

```java
public class Main {
    public static void main(String[] args) {
        String[] fruits = {"apple", "banana", "kiwi"};
        String result = "";
        for (String fruit : fruits) {
            result += fruit + " ";
        }
        System.out.println(result);
    }
}
```

① apple banana kiwi
② applebanana kiwi
③ apple banana
④ applebanana

11. Python에서 결과가 표시되지 않는 것은?
① print("%d" % (400+400))
② print("200+300")
③ print("%d" % (700))
④ print("%d" % (500, 600))

12. 다음 중 파이썬(Python) 코드의 실행 결과는?

```python
numbers = list(range(1, 11))
result = numbers[::2]
print(result)
```

① [1, 2, 3, 4, 5, 6, 7, 8, 9, 10]
② [1, 3, 5, 7, 9]
③ [2, 4, 6, 8, 10]
④ [1, 2, 3, 4, 5]

13. 사용자가 gilbut sinagong q-net를 입력했을 때, 다음 파이썬(Python) 코드의 실행 결과는?

```python
data = input()
words = data.split()
result = words[1]
print(result.upper())
```

① GILBUT
② SINAGONG
③ Q-NET
④ GILBUT SINAGONG Q-NET

14. 다음 중 HTML의 폼 태그와 속성에 대한 설명으로 옳지 않은 것은?
① 〈form〉 태그는 사용자로부터 데이터를 입력받는 양식(form)을 정의한다.
② 〈input〉 태그는 텍스트 입력, 버튼, 체크박스 등 다양한 입력 필드를 만든다.
③ action 속성은 폼 데이터가 제출될 URL을 지정한다.
④ method 속성은 데이터 전송 방식을 GET 또는 POST로 지정하며, GET 방식은 대용량 데이터 전송에 적합하다.

15. 다음 JavaScript 프로그램이 실행되었을 때, 실행 결과는?

```
var a = [10, 20, 30];
a.push(40);
var b = a.shift();
var c = a.pop();
document.write(b + c);
```

① 50
② 60
③ 70
④ 80

16. 회선 프로토콜(Line Protocol)을 가장 잘 설명한 것은?
① 회선상에서 에러를 감지하기 위해 컴퓨터 측에 설치되어 있는 장치
② 회선에 접속되어 있는 단말장치를 컴퓨터가 제어하기 위한 프로그램
③ 컴퓨터와 단말장치를 정확하게 결합시키고 정확하게 데이터를 송·수신하기 위해 정해놓은 필요한 약속 사항
④ 회선의 전송 효율을 높이기 위해 회선 사이에 코일과 콘덴서를 넣은 것

17. 속성(Attribute)에 대한 설명으로 틀린 것은?
① 속성은 개체의 특성을 기술한다.
② 속성은 데이터베이스를 구성하는 가장 작은 논리적 단위이다.
③ 속성은 파일 구조상 데이터 항목 또는 데이터 필드에 해당된다.
④ 속성의 수를 "Cardinality"라고 한다.

18. TCP/IP 프로토콜에서 TCP가 해당하는 계층은?
① 데이터 링크 계층
② 네트워크 계층
③ 트랜스포트 계층
④ 세션 계층

2회 최종점검 모의고사

1. Python에서 통계값을 계산하기 위해 사용하는 클래스와 그 안에 포함된 함수가 올바르게 짝지어진 것은?
① datetime - today( )
② random - choice( )
③ math - log( )
④ statistics - mean( )

2. 다음 중 객체지향 프로그래밍 언어에서 메시지에 대한 설명으로 가장 올바른 것은?
① 데이터를 단위별로 정의하는 속성(Attribute)을 의미한다.
② 유사한 객체들을 묶어서 공통된 특성을 표현하는 요소이다.
③ 객체 간 상호작용을 위해 객체의 메소드를 호출하는 수단이다.
④ 데이터를 처리하기 위한 구체적인 연산을 정의하는 것이다.

3. 다음 중 스크립트 언어의 특징으로 옳지 않은 것은?
① 컴파일 과정이 없어 코드를 바로 실행하여 결과를 확인할 수 있다.
② 런타임 오류 발생 가능성이 낮아 프로그램의 안정성이 높다.
③ 코드를 배우고 코딩하기 쉬워 개발 시간이 짧다.
④ 소스 코드를 쉽게 수정할 수 있다.

4. 다음 중 주어진 값과 데이터 타입이 올바르게 짝지어진 것은?
① -100 → 부동 소수점 타입
② 'A' → 문자열 타입
③ {1, 2, 3} → 불린 타입
④ "Hello!" → 문자열 타입

5. 다음 중 변수 PI를 프로그램 실행 중 변경되지 않는 상수로 만들기 위한 JAVA 예약어는?
① const   ② final
③ static   ④ void

6. 다음 비트 연산자 중, 모든 비트가 1일 때만 1을 결과로 반환하는 것은?
① ^ (xor)   ② | (or)
③ & (and)   ④ ~ (not)

7. 다음 중 연산자 우선순위가 가장 높은 것은?
① 단항 연산자 (++, --, !)
② 산술 연산자 (*, /, %)
③ 관계 연산자 (==, !=)
④ 논리 연산자 (&&, ||)

8. 다음 JAVA 코드의 실행 결과는?

```
public class Main {
  public static void main(String[ ] args) {
    int score = 85;
    if (score )= 90) {
      System.out.println("A학점");
    }
    System.out.println("프로그램 종료");
  }
}
```

① A학점
② 프로그램 종료
③ A학점
   프로그램 종료
④ (아무것도 출력되지 않음)

9. 다음 JAVA 코드의 실행 결과는?

```
public class Main {
  public static void main(String[ ] args) {
    int i = 0;
    int sum = 0;
    do {
      sum += i;
      i++;
      if (sum > 5) {
        break;
      }
    } while (i < 5);
    System.out.println(sum);
  }
}
```

① 6   ② 10
③ 15   ④ 21

56. 현재 작업중인 디렉토리 내의 파일을 열거하는데 사용되는 UNIX의 명령어는?
① mv　　　　　　　② ls
③ kill　　　　　　　④ fork

57. 블랙박스 검사에 대한 설명으로 옳지 않은 것은?
① 인터페이스 결함, 성능 결함, 초기화와 종료 이상 결함 등을 찾아낸다.
② 각 기능별로 적절한 정보 영역을 정하여 적합한 입력에 대한 출력의 정확성을 점검한다.
③ 블랙박스 검사는 기능 검사라고도 한다.
④ 조건 검사, 루프 검사, 데이터 흐름 검사 등의 유형이 있다.

58. 도스(MS-DOS)에서 지정한 파일의 이름을 바꾸어 주는 명령은?
① REN　　　　　　② MD
③ XCOPY　　　　　④ CHKDSK

59 키보드로 명령어를 직접 입력하지 않고, 마우스로 아이콘이나 메뉴를 선택하여 모든 작업을 수행하는 방식은?
① CLI　　　　　　　② GUI
③ NUI　　　　　　　④ OUI

60. 시분할 처리 시스템을 바르게 설명한 것은?
① 처리할 내용을 일정 기간동안 모았다가 일괄 처리 하는 방식
② 데이터가 발생하는 즉시 처리하는 방식
③ 한 시스템을 여러 명의 사용자가 공유하여 동시에 작업을 수행하는 방식
④ 지역적으로 분산된 컴퓨터들을 연결하여 사용하는 방식

43. 데이터 조작문의 유형으로 올바르지 않은 것은?
① SELECT ~ FROM ~ WHERE ~
② INSERT INTO ~ VALUES ~
③ UPDATE ~ FROM ~ WHERE ~
④ DELETE ~ FROM ~ WHERE ~

44. SQL에서 VIEW를 삭제할 때 사용하는 명령은?
① ERASE   ② KILL
③ DROP   ④ DELETE

45. 다음 SQL 명령문의 의미로 가장 적절한 것은?

> DROP TABLE 부서명;

① 부서명 테이블을 검색하라.
② 부서명 테이블을 삭제하라.
③ 부서명 필드를 생성하라.
④ 부서명 필드를 검색하라.

46. 다중 프로그래밍 환경에서 하나 또는 그 이상의 프로세서가 가능하지 못한 특정 사건(Event)을 무한정 기다리는 상태를 무엇이라고 하는가?
① Swapping   ② Overlay
③ Pipelining   ④ DeadLock

47. 프로세스의 상태 변화 중 우선순위가 가장 높은 프로세스가 준비 상태에서 실행 상태로 전환되는 것은?
① 웨이크 업   ② 타이머 종료
③ 블록   ④ 디스패치

48. Windows에 대한 설명으로 옳지 않은 것은?
① 다중 작업 환경 지원
② 32Bit 환경의 CUI 시스템
③ 파일 이름을 255자까지 지원
④ Plug & Play 기능 지원

49. 컴퓨터에 하드디스크를 새로 장착하고 부팅 가능한 하드디스크로 만들기 위한 도스 명령어는?
① FORMAT C: /S
② FORMAT C: /B
③ FORMAT C: /T
④ FORMAT C: /Q

50. 사용자 인터페이스(UI) 테스트 기법에 대한 설명으로 옳지 않은 것은?
① 페이퍼 프로토타입은 종이로 모형을 만들어 테스트하는 평가 방법이다.
② 성능 평가는 제품의 학습성, 효율성, 만족도 등을 평가하여 성능을 개선하는 기법이다.
③ 휴리스틱 평가는 최소 3명 이상의 사용자가 제품을 평가하는 기법이다.
④ 선호도 평가는 선호도에 영향을 주는 속성을 파악하고 예측하는 기법이다.

51. 목적 프로그램을 만들지 않고 직접 한 문장씩 번역하여 실행하는 방식의 언어 처리기는?
① 인터프리터(Interpreter)
② 프리프로세서(Preprocessor)
③ 컴파일러(Compiler)
④ 어셈블러(Assembler)

52. 다음 중 운영체제를 설명한 것이 아닌 것은?
① 컴퓨터 시스템 장치를 효율적으로 관리
② 컴퓨터를 사용자가 편리하게 이용 가능
③ 사용자가 개발한 응용 소프트웨어
④ 사용자와 하드웨어 간의 중간 대화 통로

53. 하향식 통합 시험을 위해 일시적으로 필요한 조건만을 가지고 임시로 제공되는 시험용 모듈은?
① Stub   ② Driver
③ Procedure   ④ Function

54. 다음 조건을 이용하여 데이터 디스크 용량을 계산했을 때 결과값은?

- 데이터 영역 : 300GB
- 백업 영역 : 100GB
- 파일 시스템 오버헤드 : 1.1
- 데이터 디스크 여유율 : 1.25
- RAID 여유율 : 1.3 (RAID-5 기준)

① 715   ② 725
③ 735   ④ 745

55. UNIX에서 사용할 수 있는 편집기가 아닌 것은?
① ed   ② vi
③ ex   ④ et

32. SQL에서 테이블 구조를 정의, 변경, 제거하는 명령을 순서대로 옳게 나열한 것은?
① CREATE, MODIFY, DELETE
② CREATE, ALTER, DROP
③ MAKE, ALTER, DROP
④ MAKE, MODIFY, DELETE

33. 관계 데이터베이스의 테이블인 수강(학번, 과목명, 중간성적, 기말성적)에서 과목명이 "DB"인 모든 튜플들을 성적에 의해 정렬된 형태로 검색하고자 한다. 이때 정렬 기준은 기말성적의 내림차순으로 정렬하고 기말성적이 같은 경우는 중간성적의 오름차순으로 정렬하고자 한다. 다음 SQL 질의문에서 ORDER BY 절의 밑줄 친 부분의 내용으로 옳은 것은?

SELECT * FROM 수강 WHERE 과목명= "DB" ORDER BY _____;

① 중간성적 DESC, 기말성적 ASC
② 기말성적 DESC, 중간성적 ASC
③ 중간성적 DOWN, 기말성적 UP
④ 중간성적 (DESC), 기말성적 (ASC)

34. 사용자 X1에게 department 테이블에 대한 검색 연산을 회수하는 명령은?
① delete select on department to X1;
② remove select on department from X1;
③ revoke select on department from X1;
④ grant select on department from X1;

35. 관계형 데이터베이스에서 사용하기 가장 적합한 구조적 언어는 무엇인가?
① SQL   ② HTML
③ JAVA   ④ PYTHON

36. SQL의 DML에 해당하지 않는 것은?
① INSERT   ② UPDATE
③ DROP   ④ DELETE

37. 다음의 SQL 명령에서 DISTINCT의 의미를 가장 잘 설명한 것은?

SELECT DISTINCT 학과명 FROM 학생 WHERE 총점 > 80;

① 학과명이 중복되지 않게 검색한다.
② 중복된 학과명만 검색한다.
③ 동일한 총점을 가진 학생만 검색한다.
④ 학과명만 제외하고 검색한다.

38. 다음 SQL문을 올바르게 설명한 것은?

SELECT *
FROM STUDENT
WHERE SNAME LIKE '홍%';

① SNAME이 '홍'씨로 시작하면 삭제한다.
② SNAME이 '홍'씨로 시작되는 튜플을 찾는다.
③ SNAME이 '홍'씨로 시작하면 0으로 치환한다.
④ SNAME이 '홍'씨로 시작되는 튜플을 삭제한다.

39. SQL의 논리 연산자가 아닌 것은?
① AND   ② OTHER
③ OR   ④ NOT

40. 삭제문(DELETE FROM)의 사용 형식으로 옳지 않은 것은?
① DELETE FROM 사원 WHERE 부서 = '영업'
② DELETE 사원 WHERE 부서 = '마케팅'
③ DELETE FROM 사원
④ DELETE FROM 사원 WHERE 판매량 < (SELECT AVG(판매량) FROM 사원)

41. 기존 테이블에 새로운 필드를 추가하거나 변경하려고 할 때 사용하는 SQL 명령은?
① ALTER   ② UPDATE
③ CREATE   ④ GRANT

42. 다음 질의를 SQL문으로 옳게 표기한 것은?

제품 테이블에서 판매수량 300 이상인 자료의 제품명, 단가, 판매수량을 검색하시오.

① SELECT 제품명, 단가, 판매수량 FROM 제품 HAVING 판매수량 >=300;
② SELECT 제품 FROM 제품명, 단가, 판매수량 WHERE 판매수량 >=300;
③ SELECT 제품명, 단가, 판매수량 FROM 제품 WHERE 판매수량 >=300;
④ SELECT 제품명, 단가, 판매수량 FROM 제품 IF 판매수량 >=300;

19. 개체-관계 모델(E-R Model)에 대한 설명으로 옳지 않은 것은?
① 특정 DBMS를 고려한 것은 아니다.
② E-R 다이어그램에서 개체 타입은 사각형, 관계 타입은 타원, 속성은 다이아몬드로 나타낸다.
③ 개체 타입과 관계 타입을 기본 개념으로 현실 세계를 개념적으로 표현하는 방법이다.
④ 1976년 Peter Chen이 제안하였다.

20. 인터넷 도메인 네임을 IP Address로 바꿔주는 시스템은?
① HTTP   ② TCP/IP
③ URL   ④ DNS

21. 다음 자료에 대하여 선택(Selection) 정렬을 이용하여 오름차순으로 정렬하고자 한다. 2회전 수행 결과는?

| 27, 7, 4, 30, 25 |

① 4, 7, 25, 27, 30   ② 4, 7, 30, 27, 25
③ 4, 7, 27, 30, 25   ④ 4, 7, 25, 30, 27

22. 데이터베이스의 구조를 3단계로 구분할 때 해당하지 않는 것은?
① 내부 스키마   ② 외부 스키마
③ 개념 스키마   ④ 관계 스키마

23. TCP/IP 계층 구조에서 IP의 동작 과정에서의 전송 오류가 발생하는 경우에 대비해 오류 정보를 전송하는 목적으로 사용하는 프로토콜은?
① ECP(Error Checking Protocol)
② ARP(Address Resolution Protocol)
③ ICMP(Internet Control Message Protocol)
④ PPP(Point-to-Point Protocol)

24. 다음 중 프로토콜(Protocol)의 종류가 아닌 것은?
① ASCII   ② DDCMP
③ BSC   ④ HDLC

25. 스택(STACK)의 응용 분야로 거리가 먼 것은?
① 인터럽트의 처리
② 수식의 계산
③ 서브루틴의 복귀 번지 저장
④ 운영체제의 작업 스케줄링

26. 물리적 데이터베이스 구조의 기본 데이터 단위인 저장 레코드의 양식을 설계할 때 고려 사항이 아닌 것은?
① 데이터 타입   ② 데이터 값의 분포
③ 트랜잭션 모델링   ④ 접근 빈도

27. 데이터베이스와 관련된 설명으로 거리가 먼 것은?
① 효율적이고 체계적인 데이터의 관리를 지원
② 데이터의 중복성을 최소화하면서 일관성을 가진 데이터 처리 지원
③ 파일 시스템의 단점을 극복하여 데이터 독립성 제공
④ 하드웨어의 비용 절감을 위한 방법으로 등장

28. 관계 데이터베이스 모델에서 차수(Degree)의 의미는?
① 튜플의 수
② 테이블의 수
③ 데이터베이스의 수
④ 애트리뷰트의 수

29. 릴레이션에서 튜플을 유일하게 구별해 주는 속성 또는 속성들의 조합을 의미하는 키는?
① Candidate Key
② Alternate Key
③ Foreign Key
④ Primary Key

30. 다음 중 자료 사전(Data Dictionary)에 대한 설명으로 옳지 않은 것은?
① 메타 데이터(Meta Data)라고 한다.
② 모든 데이터 개체들에 대한 정보를 유지, 관리하는 시스템이다.
③ 일반 이용자도 SQL을 이용하여 내용을 검색해 볼 수 있다.
④ 자료 사전에 대한 갱신은 데이터베이스의 무결성 유지를 위해 이용자가 직접 갱신해야 한다.

31. 학생 테이블의 모든 자료를 검색하는 SQL문으로 옳은 것은?
① SELECT % FROM 학생;
② SELECT ? FROM 학생;
③ SELECT * FROM 학생;
④ SELECT # FROM 학생;

9. 다음 JAVA 코드의 실행 결과는?

```
public class Main {
  public static void main(String[ ] args) {
    int i = 0;
    int sum = 0;
    while (i < 5) {
      sum += i;
      i++;
    }
    System.out.println(sum);
  }
}
```

① 10 ② 15
③ 20 ④ 25

10. 다음 중 JAVA에서 배열을 선언, 생성, 초기화하는 방법으로 올바르지 않은 것은?

① int[ ] arr = new int[5];
② int[ ] arr = {1, 2, 3, 4, 5};
③ int[ ] arr;
   arr = new int[ ]{1, 2, 3};
④ int[ ] arr = new int[ ];

11. 다음 파이썬(Python) 프로그램이 실행되었을 때의 결과는?

```
inList = [1,2,3,4,5]
answer = inList[:3]
print(answer)
```

① [ ] ② [1, 2]
③ [1, 2, 3] ④ [1, 2, 3, 4, 5]

12. 다음 파이썬(Python) 코드의 실행 결과는?

```
fruits = ['apple', 'banana', 'cherry', 'kiwi']
fruits.remove('banana')
fruits.append('grape')
fruits.insert(1,'melon')
print(fruits)
```

① ['apple', 'melon', 'cherry', 'kiwi', 'grape']
② ['apple', 'banana', 'melon', 'cherry', 'kiwi', 'grape']
③ ['apple', 'grape', 'melon', 'cherry', 'kiwi']
④ ['apple', 'melon', 'grape', 'cherry', 'kiwi']

13. 다음 파이썬(Python) 코드의 실행 결과는?

```
def calculate_sum(start, end):
  total = 0
  for i in range(start, end):
    total += i
  return total
result = calculate_sum(1, 5)
print(result)
```

① 10 ② 15
③ 20 ④ 25

14. 다음 중 HTML의 테이블 태그와 기능에 대한 설명으로 옳지 않은 것은?
① 〈table〉은 표를 생성하는 데 사용한다.
② 〈tr〉은 표의 행(Row)을 정의한다.
③ 〈th〉는 표의 제목 셀(Header Cell)을 정의하며, 글자가 굵게 표시된다.
④ 〈td〉는 표의 한 행을 정의하는 데 사용된다.

15. 다음 중 JavaScript의 배열 속성 및 메소드에 대한 설명으로 옳지 않은 것은?
① length 속성은 배열의 요소 개수를 반환한다.
② push( ) 메소드는 배열의 끝에 새로운 요소를 추가한다.
③ pop( ) 메소드는 배열의 첫 번째 요소를 삭제한다.
④ splice( ) 메소드는 배열의 요소를 추가, 삭제, 교체하는 데 사용한다.

16. 다음 트리에 대한 중위 순회 운행 결과는?

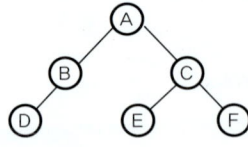

① A B D C E F ② A B C D E F
③ D B E C F A ④ D B A E C F

17. 다음 중 통신 프로토콜의 기본 요소와 거리가 먼 것은?
① 의미(Semantics) ② 보안(Security)
③ 시간(Timing) ④ 구문(Syntax)

18. TCP/IP 프로토콜 중 전송 계층 프로토콜은?
① HTTP ② SMTP
③ FTP ④ TCP

1회 최종점검 모의고사

1. JAVA에서 파일 입출력과 관련된 기능을 제공하는 패키지와 그 안에 포함된 클래스가 올바르게 짝지어진 것은?
① java.net - Socket
② java.io - InputStream
③ java.util - Random
④ java.awt - Button

2. 다음 중 객체지향 프로그래밍 언어의 특징으로 옳지 않은 것은?
① 상속을 통해 코드의 재사용과 확장이 용이하다.
② 현실 세계의 개체를 부품처럼 만들어 재활용성이 높다.
③ 대형 프로그램을 쉽게 작성하고 유지보수를 용이하게 한다.
④ 구현 시 처리 시간이 빨라 프로그램의 효율성이 높다.

3. 다음 중 상속성(Inheritance)과 다형성(Polymorphism)에 대한 설명이 모두 올바른 것은?
① 상속성 : 코드를 재사용하여 개발 비용을 절감한다.
   다형성 : 하나의 클래스가 여러 종류의 메소드를 가질 수 있는 능력이다.
② 상속성 : 상위 클래스의 속성과 연산을 하위 클래스가 물려받아 사용한다.
   다형성 : 하나의 메시지에 대해 각 객체가 다른 방식으로 응답한다.
③ 상속성 : 데이터와 메소드를 하나로 묶어 객체의 내부를 숨긴다.
   다형성 : 객체의 공통된 성질을 추출하여 슈퍼 클래스를 만든다.
④ 상속성 : 객체들 간에 메시지를 주고받는 수단이다.
   다형성 : 동일한 메소드명을 여러 객체에서 다르게 정의할 수 있다.

4. 다음 중 자바스크립트(JavaScript)에 대한 설명으로 옳은 것을 모두 고른 것은?

가. 웹 페이지의 동작을 제어하는 데 사용된다.
나. 객체지향 프로그래밍 언어의 성격을 갖고 있다.
다. Prototype Link와 Prototype Object를 통해 프로토타입 개념을 활용한다.

① 가
② 가, 나
③ 가, 다
④ 가, 나, 다

5. 다음 변수 선언 문장에서 '3.1415927'의 역할에 대한 설명으로 올바른 것은?

```
final float PI = 3.1415927;
```

① 변수명
② 예약어
③ 데이터 타입
④ 리터럴

6. 다음 중 관계 연산자의 사용이 올바른 것은?
① if (a == 5) { … } - 변수 a가 5와 같지 않을 때
② if (b != 10) { … } - 변수 b가 10과 같을 때
③ if (c > 3) { … } - 변수 c가 3보다 크거나 같을 때
④ if (d <= 7) { … } - 변수 d가 7보다 작거나 같을 때

7. 다음 JAVA 프로그램이 실행되었을 때, 실행 결과는?

```java
public class Main {
  public static void main(String[] args) {
    System.out.print((int) 2.9 + 1.7);
  }
}
```

① 3.7
② 4.7
③ 3
④ 4.6

8. 다음 중 JAVA 코드의 실행 결과는?

```java
public class Main {
  public static void main(String[] args) {
    System.out.println("Hello\nWorld");
  }
}
```

① HelloWorld
② Hello
   World
③ Hello\nWorld
④ H e l l o W o r l d

최종점검 모의고사

01회 최종점검 모의고사

02회 최종점검 모의고사

03회 최종점검 모의고사

04회 최종점검 모의고사

05회 최종점검 모의고사

※ 부록(모의고사)은 PDF 파일로도 제공됩니다. PDF 파일은 [시나공 홈페이지] → [정보처리] → [프로그래밍기능사 필기]
→ [도서자료실]에서 다운로드하면 됩니다.

4장 핵심요약

- **버전 제어** : 소프트웨어 업그레이드나 유지 보수 과정에서 생성된 다른 버전의 형상 항목을 관리하고, 이를 위해 특정 절차와 도구를 결합시키는 작업
- **형상 통제** : 식별된 형상 항목에 대한 변경 요구를 검토하여 현재의 기준선(Baseline)이 잘 반영될 수 있도록 조정하는 작업
- **형상 감사** : 기준선의 무결성을 평가하기 위해 확인, 검증, 검열 과정을 통해 공식적으로 승인하는 작업
- **형상 기록** : 형상의 식별, 통제, 감사 작업의 결과를 기록·관리하고 보고서를 작성하는 작업

065 소스 코드 관리 도구

❶ 로컬 전용 방식
- 소스 코드 관리 자료가 개발자의 로컬 컴퓨터에 저장되어 관리되는 방식이다.
- **RCS** : 여러 사람이 동시에 파일을 수정하지 못하도록 파일 잠금(Lock) 기능을 사용하여 버전을 관리하는 도구
- **SCCS** : 소프트웨어 개발 과정에서 소스 코드나 문서 파일의 변경사항을 기록 및 추적하는 관리 도구

❷ 클라이언트/서버 방식
- 버전 관리 자료가 중앙 시스템(서버)에 저장되어 관리되는 방식이다.
- **CVS** : 소스 코드와 문서의 최신 버전 및 변경 이력을 서버에 저장하는 관리 도구로, 개발자들은 서버에 접속하여 파일을 가져오고 변경 내용을 반영함
- **SVN** : CVS의 단점을 보완한 관리 도구로, 가지치기(Braching)나 태그 넣기(Tagging) 등의 기능을 지원함

❸ 분산 저장소 방식
- 버전 관리 자료가 하나의 원격 저장소와 분산된 개발자 PC의 로컬 저장소에 함께 저장되어 관리되는 방식이다.
- **Bitkeeper** : 대규모 프로젝트에서 빠른 속도를 제공하기 위해 개발된 관리 도구
- **Git** : 속도 향상에 중점을 둔 분산형 버전 관리 시스템으로, 개발자가 자신의 로컬 저장소에서 작업한 후 Push 명령어를 사용하여 원격 저장소에 변경사항을 반영함

❹ SVN(Subversion)의 주요 명령어

add	새로운 파일이나 디렉터리를 버전 관리 대상으로 등록함
commit	버전 관리 대상으로 등록된 클라이언트의 소스 파일을 서버의 소스 파일에 적용함
update	서버의 최신 commit 이력을 클라이언트의 소스 파일에 적용함
checkout	버전 관리 정보와 소스 파일을 서버에서 클라이언트로 받아옴
lock/unlock	서버의 소스 파일이나 디렉터리를 잠그거나 해제함
import	아무것도 없는 서버의 저장소에 맨 처음 소스 파일을 저장함
export	버전 관리에 대한 정보를 제외한 순수한 소스 파일만을 서버에서 받아옴
info	지정한 파일에 대한 위치나 마지막 수정 일자 등에 대한 정보를 표시함
diff	지정된 파일이나 경로에 대해 이전 리비전과의 차이를 표시함
merge	다른 디렉터리에서 작업된 버전 관리 내역을 기본 개발 작업과 병합함

❺ Git의 주요 명령어

add	작업 내역을 지역 저장소에 저장하기 위해 스테이징 영역(Staging Area)에 추가함
commit	작업 내역을 지역 저장소에 저장함
branch	새로운 브랜치를 생성함
checkout	지정한 브랜치로 이동함
merge	지정한 브랜치의 변경 내역을 현재 HEAD 포인터가 가리키는 브랜치에 반영함으로써 두 브랜치를 병합함
init	지역 저장소를 생성함
remote add	원격 저장소에 연결함
push	로컬 저장소의 변경 내역을 원격 저장소에 반영함
fetch	원격 저장소의 변경 이력만을 지역 저장소로 가져와 반영함

❼ 기술 형태별 운영 관리 방법 - 미러 사이트
- 주 시스템과 동일한 IT 자원을 백업 시스템에 구축하는 방식이다.
- 주 시스템과 백업 시스템이 모두 활성화된 상태(Active-Active)로 데이터를 실시간으로 동기화한다.
- 초기 투자 비용 및 유지 보수 비용이 높다.

❽ 기술 형태별 운영 관리 방법 - 핫 사이트
- 주 시스템과 거의 동일한 수준의 IT 자원을 백업 시스템에 구축하는 방식이다.
- 주 시스템은 활성 상태(Active), 백업 시스템은 대기 상태(Standby)로 데이터를 동기/비동기 방식으로 동기화한다.

❾ 기술 형태별 운영 관리 방법 - 웜 사이트
- 주요 IT 자원만 선별적으로 백업 시스템에 구축하는 방식이다.
- 데이터는 정해진 주기에 따라 백업한다.

❿ 기술 형태별 운영 관리 방법 - 콜드 사이트
- 서비스 운영에 필요한 최소한의 IT 자원만 백업 시스템에 구축하는 방식이다.
- 재난 발생 시 백업 데이터를 기반으로 시스템을 처음부터 복구해야 한다.

⓫ 이용 형태별 운영 관리 방법 - 상호 계약형
- 유사한 업무를 하는 기업 간에 백업 지원을 약속하는 방식이다.
- 초기 투자 비용이 절감된다.
- 한쪽 시스템에 문제가 발생하면 다른 쪽도 영향을 받을 수 있다.

⓬ 이용 형태별 운영 관리 방법 - 공동 이용형
- 여러 기업이 공동으로 백업 센터를 운영하는 방식이다.
- 공동 투자로 인해 비용을 절감할 수 있다.
- 광범위한 지역적 재해 발생 시 백업 센터 이용이 어려울 수 있다.

⓭ 이용 형태별 운영 관리 방법 - 위탁 운영형
- 장애 및 재해 복구 전문 업체에 백업 센터 운영을 위탁하는 방식이다.
- 전문 기술 지원을 받을 수 있다.
- 보안 문제가 발생할 수 있다.

⓮ 이용 형태별 운영 관리 방법 - 자영 운영형
- 기업이 자체적으로 백업 센터를 구축하고 운영하는 방식이다.
- 장애나 재해 발생 시 즉시 대처할 수 있다.
- 시스템 구축 비용이 높다.

064 형상 관리(SCM)

❶ 형상 관리의 개요
- 소프트웨어의 개발 과정에서 소프트웨어의 변경 사항을 관리하기 위해 개발된 일련의 활동이다.
- 관리 항목 : 소스 코드, 프로젝트 계획, 분석서, 설계서, 지침서, 프로그램, 테스트 케이스 등
- 형상 관리 도구 : Git, CVS, Subversion 등

❷ 형상 관리 구성
- 기준선(Baseline) : 형상 항목을 기술적으로 통제하는 시점으로, 이후 발생하는 모든 변경사항은 이 기준선을 바탕으로 관리됨
- 형상 항목 : 형상 관리의 대상이 되는 모든 것을 의미함
- 형상 버전 : 형상 항목이 변경될 때마다 부여되는 고유한 식별 번호로, 식별명과 버전을 통해 시스템 구성 요소를 구분함
- 형상 제품 : 여러 형상 항목이 모여 만들어지는 최종 결과물을 의미함

❸ 형상 관리 기능
- 형상 식별 : 형상 관리 대상에 이름과 관리 번호를 부여하고, 계층(Tree) 구조로 구분하여 수정 및 추적이 용이하도록 하는 작업

정답 1. 409.5GB 2. 1,656GB

4장 핵심요약

문제1 다음 조건을 이용하여 서버의 시스템 디스크에 필요한 용량을 구하시오.

〈조건〉
- 시스템 OS 영역 : 100GB
- 응용 프로그램 영역 : 80GB
- SWAP 영역 : 30GB
- 파일 시스템 오버헤드 : 1.2
- 시스템 디스크 여유율 : 1.25
- RAID 여유율 : 1.3(RAID-5 기준)

답 :

해설
= (100GB + 80GB + 30GB) × 1.2 × 1.25 × 1.3
= 210GB × 1.2 × 1.25 × 1.3
= 409.5GB

문제2 다음 조건을 이용하여 서버의 데이터 디스크에 필요한 용량을 구하시오.

〈조건〉
- 데이터 영역 : 400GB
- 백업 영역 : 200GB
- 파일 시스템 오버헤드 : 1.15
- 데이터 디스크 여유율 : 1.2
- RAID 여유율 : 2 (RAID-1 기준)

답 :

해설
= (400GB + 200GB) × 1.15 × 1.2 × 2
= 600GB × 1.15 × 1.2 × 2
= 1,656GB

063 개발 환경 복원

① 개발 환경 복원의 개요
- 시스템에 장애가 발생했을 때 시스템을 수리하거나 교체하고, 백업 데이터를 이용하여 원 상태로 되돌리는 일련의 작업이다.
- 복구 목표 시간(RTO) : 장애나 재해로 인해 서비스가 중단되었을 때, 서비스를 복구하는 데 걸리는 최대 허용 시간을 의미함
- 복구 목표 시점(RPO) : 장애나 재해가 발생했을 때 허용 가능한 최대 데이터 손실 시점을 의미함

② 복원 방식 – Log Shipping 방식
- 데이터베이스(DB)의 로그 파일을 주기적으로 전송하는 방식이다.
- 실시간 DB 동기화가 불가능하다.
- 장애 발생 시 복구 시간이 길다.
- 비용이 저렴하고 효율성이 낮다.

③ 복원 방식 – 디스크 미러링 방식
- 원본 디스크의 데이터를 다른 디스크에 복제하는 방식이다.
- 동기/비동기 방식을 모두 지원한다.
- 서버의 CPU, 메모리 등 일부 자원을 사용한다.

④ 복원 방식 – DB 미러링 방식
- DB 서버의 변경 내용을 다른 서버에 복제하는 방식이다.
- 동기/비동기 방식을 모두 지원한다.
- 주로 MS SQL Server에서 사용한다.

⑤ 복원 방식 – 스토리지 동기화
- 스토리지 장비에 내장된 복제 기능을 이용해 데이터를 동기화하는 방식이다.
- 실시간으로 데이터 동기화가 가능하다.
- 서버 자원의 사용을 최소화할 수 있다.

⑥ 복원 방식 – 혼합 미러링 방식
- 여러 복원 방식을 혼합하여 데이터를 복제하는 방식이다.
- 주로 '디스크 미러링+스토리지 동기화' 혼합 방식을 사용한다.

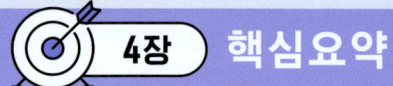

4장 핵심요약

061 개발 환경 백업

❶ 백업 시스템
- 시스템 백업과 데이터 백업을 수행하기 위한 하드웨어, 소프트웨어, 그리고 전원·공간·인력 등의 인프라를 모두 포함하는 것을 의미한다.
- 시스템 백업 : 운영체제 및 시스템 파일을 정기적으로 백업하는 것
- 데이터 백업 : 시스템 영역을 제외한 문서, 사진, 기타 데이터 파일을 백업하는 것

❷ 직접 연결 백업
- 외장 하드 드라이브나 USB와 같은 저장장치를 컴퓨터에 직접 연결하여 데이터를 백업하는 방식이다.
- 소규모 백업 장치를 효율적으로 활용할 수 있다.
- 각 시스템마다 별도의 백업 장비가 필요하다.

❸ 네트워크 백업
- 네트워크를 통해 컴퓨터나 서버의 데이터를 중앙의 백업 서버로 백업하는 방식이다.
- 구현이 비교적 간단하고 비용이 저렴하다.
- 백업 시 네트워크 부하가 발생할 수 있다.

❹ 대형 환경 네트워크 백업
- 고성능 백업 장비와 소프트웨어를 사용하여 대용량의 데이터를 효율적으로 백업한다.
- 구현이 복잡하고 초기 비용이 높지만 대규모 환경에서 유연성과 효율성을 제공한다.
- SAN 구축이 어려운 환경에서도 대용량 백업이 가능하다.

❺ SAN 백업
- SAN(Storage Area Network)을 이용하여 대용량의 데이터를 백업하는 방식이다.
- 백업을 위해 별도의 SAN 네트워크를 구축해야 한다.
- 대용량 데이터의 백업과 관리가 용이하다.

❻ 디스크 복제
- 데이터가 저장된 디스크를 다른 디스크에 실시간 또는 주기적으로 복제하는 방식이다.
- 백업 속도가 빠르다.
- 구축 비용이 높다.

❼ 클라우드(Cloud) 백업
- 인터넷을 통해 데이터를 클라우드 서비스에 백업하는 방식이다.
- 초기 투자 비용이 적고 백업 시간을 절약할 수 있다.
- 네트워크 대역폭, 보안, 비용 등의 문제로 인해 기업 환경에서는 제약이 있을 수 있다.

062 백업 용량 산정 기법

❶ 백업 용량 산정 기법의 개요
- 백업은 일반적으로 백업 시스템에 정보를 저장하고, 보조기억장치나 서버, 클라우드 등을 활용하는 이중 백업 정책을 사용한다.
- 백업 용량은 크게 시스템 디스크 용량과 데이터 디스크 용량으로 나누어 산정한다.

❷ 시스템 디스크 용량
(시스템 OS 영역 + 응용 프로그램 영역 + SWAP 영역) × 파일 시스템 오버헤드 × 시스템 디스크 여유율 × RAID 여유율

❸ 데이터 디스크 용량
(데이터 영역 + 백업 영역) × 파일 시스템 오버헤드 × 데이터 디스크 여유율 × RAID 여유율

기출문제 따라잡기

문제1 2605251

이전기출
1. 다음 설명의 소프트웨어 버전 관리 도구 방식은?

- 버전 관리 자료가 원격 저장소와 로컬 저장소에 함께 저장되어 관리된다.
- 로컬 저장소에서 버전 관리가 가능하므로 원격 저장소에 문제가 생겨도 로컬 저장소의 자료를 이용하여 작업할 수 있다.
- 대표적인 버전 관리 도구로 Git이 있다.

① 단일 저장소 방식 ② 분산 저장소 방식
③ 공유 폴더 방식 ④ 클라이언트 · 서버 방식

> 문제의 지문에서 설명하는 소프트웨어 버전 관리 도구 방식은 분산 저장소 방식입니다.

이전기출
2. 동시에 소스를 수정하는 것을 방지하며 다른 방향으로 진행된 개발 결과를 합치거나 변경 내용을 추적할 수 있는 소프트웨어 버전 관리 도구는?

① RCS(Revision Control System)
② RTS(Reliable Transfer Service)
③ RPC(Remote Procedure Call)
④ RVS(Relative Version System)

> 소스의 동시 수정 방지 및 변경 내용의 추적 등을 수행할 수 있는 소프트웨어 버전 관리 도구는 RCS입니다.

출제예상
3. 다음은 버전 관리 도구인 Subversion에서 사용하는 명령어들에 대한 설명이다. 잘못된 것은?

① add : commit을 수행할 버전 관리 대상을 등록한다.
② update : 최신 commit 이력을 소스 파일에 적용한다.
③ export : 아무것도 없는 서버의 저장소에 맨 처음 소스 파일을 저장한다.
④ checkout : 서버에서 클라이언트로 버전 관리를 위한 내용과 소스 파일을 받아온다.

> export는 서버에서 버전 관리를 위한 내용을 제외한 순수한 소스 파일만 받아오는 명령어고, 아무것도 없는 서버의 저장소에 맨 처음 소스 파일을 저장하는 명령어는 import입니다.

출제예상
4. 다음은 버전 관리 도구인 Git에서 사용하는 명령어들에 대한 설명이다. 잘못된 것은?

① branch : 새로운 브랜치를 생성하거나 삭제한다.
② push : 원격 저장소의 전체 내용을 지역 저장소로 보낸다.
③ merge : 지정한 브랜치의 변경 내역을 현재 HEAD 포인터가 가리키는 브랜치에 반영한다.
④ init : 지역 저장소를 생성한다.

> push는 로컬 저장소의 변경 내역을 원격 저장소에 반영하는 명령어고, 원격 저장소의 전체 내용을 지역 저장소로 복제하는 명령어는 clone입니다.

출제예상
5. CVS의 단점을 보완한 관리 도구로, 가지치기(Braching)나 태그넣기(Tagging) 등의 기능을 지원하는 것은?

① SCCS ② Bitkeeper
③ RCS ④ SVN

> CVS의 단점을 보완한 관리 도구는 SVN(Subversion)입니다.

출제예상
6. 다음 설명에 해당하는 소스 코드 관리 도구는?

- 속도 향상에 중점을 둔 분산형 버전 관리 시스템이다.
- 개발자가 자신의 로컬 저장소에서 작업한 후 Push 명령어를 사용하여 원격 저장소에 변경사항을 반영한다.

① RCS ② CVS
③ Git ④ Bitkeeper

> 속도 향상에 중점을 둔 분산형 버전 관리 시스템은 Git입니다.

▶ 정답 : 1.② 2.① 3.③ 4.② 5.④ 6.③

SVN(Subversion)의 주요 명령어

명령어	의미
add	• 새로운 파일이나 디렉터리를 버전 관리 대상으로 등록한다. • add로 등록되지 않은 대상은 commit이 적용되지 않는다.
commit	버전 관리 대상으로 등록된 클라이언트의 소스 파일을 서버의 소스 파일에 적용한다.
update	• 서버의 최신 commit 이력을 클라이언트의 소스 파일에 적용한다. • commit 전에는 매번 update를 수행하여 클라이언트에 적용되지 않은 서버의 변동 내역을 클라이언트에 적용한다.
checkout	버전 관리 정보와 소스 파일을 서버에서 클라이언트로 받아온다.
lock/unlock	서버의 소스 파일이나 디렉터리를 잠그거나 해제한다.
import	아무것도 없는 서버의 저장소에 맨 처음 소스 파일을 저장하는 명령으로, 한 번 사용하면 다시 사용하지 않는다.
export	버전 관리에 대한 정보를 제외한 순수한 소스 파일만을 서버에서 받아온다.
info	지정한 파일에 대한 위치나 마지막 수정 일자 등에 대한 정보를 표시한다.
diff	지정된 파일이나 경로에 대해 이전 리비전과의 차이를 표시한다.
merge	다른 디렉터리에서 작업된 버전 관리 내역을 기본 개발 작업과 병합한다.

Git의 주요 명령어

명령어	의미
add	• 작업 내역을 지역 저장소에 저장하기 위해 스테이징 영역(Staging Area)에 추가한다. • '--all' 옵션으로 작업 디렉터리의 모든 파일을 스테이징 영역에 추가할 수 있다.
commit	작업 내역을 지역 저장소에 저장한다.
branch	• 새로운 브랜치를 생성한다. • 최초로 commit을 하면 마스터(master) 브랜치가 생성된다. • commit 할 때마다 해당 브랜치는 가장 최근의 commit한 내용을 가리키게 된다. • '-d' 옵션으로 브랜치를 삭제할 수 있다.
checkout	• 지정한 브랜치로 이동한다. • 현재 작업 중인 브랜치는 HEAD 포인터가 가리키는데, checkout 명령을 통해 HEAD 포인터를 지정한 브랜치로 이동시킨다.
merge	지정한 브랜치의 변경 내역을 현재 HEAD 포인터가 가리키는 브랜치에 반영함으로써 두 브랜치를 병합한다.
init	지역 저장소를 생성한다.
remote add	원격 저장소에 연결한다.
push	로컬 저장소의 변경 내역을 원격 저장소에 반영한다.
fetch	원격 저장소의 변경 이력만을 지역 저장소로 가져와 반영한다.
clone	원격 저장소의 전체 내용을 지역 저장소로 복제한다.

SECTION 065 소스 코드 관리 도구

전문가의 조언

소스 코드 관리 도구는 소스 코드 관리 자료가 개발자의 로컬 컴퓨터에 저장되어 관리되는 로컬 전용 방식, 서버에 저장되어 관리되는 클라이언트/서버 방식, 그리고 하나의 원격 저장소와 분산된 개발자 PC의 로컬 저장소에 함께 저장되어 관리되는 분산 저장소 방식으로 분류할 수 있습니다. 먼저 소스 코드 도구의 종류별 특징을 정리하세요. 그리고 버전 관리 도구 중 현업에서 많이 사용되고 있는 Subversion과 Git의 주요 명령어의 기능도 정리해 두세요.

1 로컬 전용 방식

로컬 전용 방식은 소스 코드 관리 자료가 개발자의 로컬 컴퓨터에 저장되어 관리되는 방식으로, 주요 관리 도구에는 RCS와 SCCS가 있다.

- **RCS(Revision Control System)** : 여러 사람이 동시에 파일을 수정하지 못하도록 파일 잠금(Lock) 기능을 사용하여 버전을 관리하는 도구이다.
- **SCCS(Source Code Control System)** : 소프트웨어 개발 과정에서 소스 코드나 문서 파일의 변경사항을 기록 및 추적하는 관리 도구이다.

2 클라이언트/서버 방식

클라이언트/서버 방식은 버전 관리 자료가 중앙 시스템(서버)에 저장되어 관리되는 방식으로, 주요 관리 도구에는 CVS와 SVN이 있다.

- **CVS(Concurrent Version System)** : 소스 코드와 문서의 최신 버전 및 변경 이력을 서버에 저장하는 관리 도구로, 개발자들은 서버에 접속하여 파일을 가져오고 변경 내용을 반영한다.
- **SVN(Subversion)** : CVS의 단점을 보완한 관리 도구로, 가지치기(Braching)나 태그 넣기(Tagging) 등의 기능을 지원한다.

3 분산 저장소 방식

분산 저장소 방식은 버전 관리 자료가 하나의 원격 저장소와 분산된 개발자 PC의 로컬 저장소에 함께 저장되어 관리되는 방식으로, 주요 관리 도구에는 Bitkeeper와 Git이 있다.

- **Bitkeeper** : 대규모 프로젝트에서 빠른 속도를 제공하기 위해 개발된 관리 도구이다.
- **Git** : 속도 향상에 중점을 둔 분산형 버전 관리 시스템으로, 개발자가 자신의 로컬 저장소에서 작업한 후 Push 명령어를 사용하여 원격 저장소에 변경사항을 반영한다.

- **형상 통제(변경 관리)** : 식별된 형상 항목에 대한 변경 요구를 검토하여 현재의 기준선(Baseline)이 잘 반영될 수 있도록 조정하는 작업이다.
- **형상 감사** : 기준선의 무결성을 평가하기 위해 확인, 검증, 검열 과정을 통해 공식적으로 승인하는 작업이다.
- **형상 기록(상태 보고)** : 형상의 식별, 통제, 감사 작업의 결과를 기록·관리하고 보고서를 작성하는 작업이다.

기출문제 따라잡기

문제1 2606451

이전기출

1. 소프트웨어의 개발 과정에서 소프트웨어의 변경 사항을 관리하기 위해 개발된 일련의 활동을 뜻하는 것은?

① 복호화 ② 형상 관리
③ 저작권 ④ 크랙

소프트웨어의 변경 사항을 관리하기 위해 개발된 일련의 활동을 형상 관리(SCM)라고 합니다.

이전기출

2. 소프트웨어 형상 관리에서 관리 항목에 포함되지 않는 것은?

① 프로젝트 요구 분석서
② 소스 코드
③ 운영 및 설치 지침서
④ 프로젝트 개발 비용

소프트웨어 형상 관리의 관리 항목에는 소스 코드와 각종 정의서, 지침서, 분석서 등이 포함됩니다.

출제예상

3. 다음 중 형상 관리의 구성 요소가 아닌 것은?

① 기준선(Baseline)
② 형상 변경(Configuration Change)
③ 형상 버전(Configuration Version)
④ 형상 항목(Configuration Item)

형상 관리는 기준선, 형상 항목, 형상 버전, 형상 제품으로 구성됩니다.

▶ 정답 : 1.② 2.④ 3.②

SECTION 064 형상 관리(SCM)

전문가의 조언

고객으로부터 소프트웨어 대한 오류가 접수되면, 개발자는 해당 오류가 어느 단계에서 어떻게 적용되었는지를 확인해야 문제의 실마리를 찾을 수 있습니다. 이와 같이 오류 수정이나 제품의 지속적인 기능 향상을 위해서는 소프트웨어의 변경 내역이 개발 단계에서부터 지속적으로 관리되어야 하는데, 이를 형상 관리 또는 버전 관리라고 합니다. 먼저 형상 관리의 개념을 명확히 잡고 형상 관리의 구성과 기능을 정리하세요.

형상
형상이란 소프트웨어 개발 단계의 각 과정에서 만들어지는 프로그램, 프로그램을 설명하는 문서, 데이터 등을 통칭하는 말입니다.

가시성(Visibility)
일반적으로 가시성이란 대상을 확인할 수 있는 정도를 의미합니다.

1 형상 관리의 개요

형상* 관리(SCM; Software Configuration Management)는 소프트웨어의 개발 과정에서 소프트웨어의 변경 사항을 관리하기 위해 개발된 일련의 활동이다.

- 소프트웨어 변경의 원인을 알아내고 제어하며, 적절히 변경되고 있는지 확인하여 해당 담당자에게 통보한다.
- 형상 관리는 소프트웨어 개발의 전 단계에 적용되는 활동이며, 유지보수 단계에서도 수행된다.
- 형상 관리는 소프트웨어 개발의 전체 비용을 줄이고, 개발 과정의 여러 방해 요인이 최소화되도록 보증하는 것을 목적으로 한다.
- 관리 항목에는 소스 코드뿐만 아니라 프로젝트 계획, 분석서, 설계서, 지침서, 프로그램, 테스트 케이스 등이 포함된다.
- 형상 관리를 통해 가시성*과 추적성을 보장함으로써 소프트웨어의 생산성과 품질을 높일 수 있다.
- 대표적인 형상 관리 도구에는 Git, CVS, Subversion 등이 있다.

2 형상 관리 구성

형상 관리는 기준선, 형상 항목, 형상 버전, 형상 제품으로 구성된다.

- **기준선(Baseline)** : 형상 항목을 기술적으로 통제하는 시점으로, 이후 발생하는 모든 변경사항은 이 기준선을 바탕으로 관리된다(예 기능적 기준선, 설계 기준선 등).
- **형상 항목** : 형상 관리의 대상이 되는 모든 것을 의미한다(예 문서, 데이터 등).
- **형상 버전** : 형상 항목이 변경될 때마다 부여되는 고유한 식별 번호로, 식별명과 버전을 통해 시스템 구성 요소를 구분한다(예 v1, v2 등).
- **형상 제품** : 여러 형상 항목이 모여 만들어지는 최종 결과물을 의미한다(예 기술 문서, 소프트웨어 제품 등).

3 형상 관리 기능

형상 관리는 품질 보증을 위한 중요한 요소로서 다음과 같은 기능을 수행한다.

- **형상 식별** : 형상 관리 대상에 이름과 관리 번호를 부여하고, 계층(Tree) 구조로 구분하여 수정 및 추적이 용이하도록 하는 작업이다.
- **버전 제어** : 소프트웨어 업그레이드나 유지 보수 과정에서 생성된 다른 버전의 형상 항목을 관리하고, 이를 위해 특정 절차와 도구(Tool)를 결합시키는 작업이다.

기출문제 따라잡기

출제예상

1. 장애나 재해가 발생했을 때, 서비스를 복구하는 데 걸리는 최대 허용 시간을 의미하는 것은?

① MTTR   ② RPO
③ RTO   ④ SRT

> 복구 목표 시간(RTO; Recovery Time Objective)은 서비스를 복구하는 데 걸리는 최대 허용 시간을 의미합니다.

출제예상

2. 다음 중 Log Shipping 방식에 대한 설명으로 옳지 않은 것은?

① 비용 및 효율 측면에서 저비용, 저효율 방식에 해당한다.
② 데이터베이스의 로그 파일을 주기적으로 전송하여 복제한다.
③ 실시간 데이터베이스 동기화가 불가능하다.
④ 장애 발생 시 복구 시간이 짧다.

> Log Shipping 방식은 장애 발생 시 복구 시간이 깁니다.

출제예상

3. 다음 중 미러 사이트(Mirror Site)에 대한 설명으로 옳은 것은?

① 주요 IT 자원만 선별적으로 백업 시스템에 구축한다.
② 서비스 운영에 필요한 최소한의 IT 자원만 구축한다.
③ 주 시스템은 활성 상태(Active), 백업 시스템은 대기 상태(Standby)로 운영된다.
④ 주 시스템과 백업 시스템이 모두 활성화된 상태(Active-Active)로 데이터를 실시간 동기화한다.

> 미러 사이트(Mirror Site)는 주 시스템과 동일한 IT 자원을 백업 시스템에 구축하는 방식으로, 주 시스템과 백업 시스템이 모두 활성화된 상태(Active-Active)로 데이터를 실시간 동기화합니다.

출제예상

4. 다음 중 개발 환경 복원을 위한 이용 형태별 운영 관리 방법에 대한 설명으로 옳지 않은 것은?

① 상호 계약형은 유사한 업무를 하는 기업 간에 백업 지원을 약속하는 방식으로, 초기 투자 비용이 절감된다.
② 공동 이용형은 여러 기업이 공동으로 백업 센터를 운영하며, 광범위한 지역 재해에도 안전하다.
③ 위탁 운영형은 전문 기술 지원을 받을 수 있지만, 보안 문제가 발생할 수 있다.
④ 자영 운영형은 기업이 자체적으로 백업 센터를 구축하고 운영하는 방식으로, 시스템 구축 비용이 높다.

> 공동 이용형은 광범위한 지역적 재해 발생 시 백업 센터 이용이 어려울 수 있습니다.

▶ 정답 : 1.③ 2.④ 3.④ 4.②

3 운영 관리 방법

개발 환경 복원을 위한 운영 관리 방법은 복원 기술 형태와 이용 형태에 따라 다음과 같이 구분된다.

- **기술 형태별 운영 관리 방법**

기술 형태	운영 관리 방법	RTO
미러 사이트 (Mirror Site)	• 주 시스템과 동일한 IT 자원을 백업 시스템에 구축하는 방식 • 주 시스템과 백업 시스템이 모두 활성화된 상태(Active-Active)로 데이터를 실시간으로 동기화함 • 데이터를 항상 최신 상태로 유지함 • 안정성이 높아 재난이 발생해도 신속하게 업무를 재개할 수 있음 • 초기 투자 비용 및 유지 보수 비용이 높음	즉시
핫 사이트 (Hot Site)	• 주 시스템과 거의 동일한 수준의 IT 자원을 백업 시스템에 구축하는 방식 • 주 시스템은 활성 상태(Active), 백업 시스템은 대기 상태(Standby)로 데이터를 동기/비동기 방식으로 동기화함	몇 시간
웜 사이트 (Warm Site)	• 주요 IT 자원만 선별적으로 백업 시스템에 구축하는 방식 • 데이터는 정해진 주기에 따라 백업함	며칠 ~ 몇 주
콜드 사이트 (Cold Site)	• 서비스 운영에 필요한 최소한의 IT 자원만 백업 시스템에 구축하는 방식 • 데이터만 정기적으로 백업함 • 재난 발생 시 백업 데이터를 기반으로 시스템을 처음부터 복구해야 함	몇 주 ~ 몇 개월

- **이용 형태별 운영 관리 방법**

이용 형태	운영 관리 방법	특징
상호 계약형	• 유사한 업무를 하는 기업 간에 백업 지원을 약속하는 방식 • 미리 계약을 체결하고, 재해가 발생하면 서로 지원해주는 형태임	• 초기 투자 비용 절감 • 한쪽 시스템에 문제가 발생하면 다른 쪽도 영향을 받을 수 있음
공동 이용형	여러 기업이 공동으로 백업 센터를 운영하는 방식	• 공동 투자로 비용 절감 가능 • 광범위한 지역적 재해 발생 시 백업 센터 이용이 어려울 수 있음
위탁 운영형	장애 및 재해 복구 전문 업체에 백업 센터 운영을 위탁하는 방식	• 초기 투자 비용 절감 • 전문 기술 지원 활용 가능 • 보안 문제가 발생할 수 있음
자영 운영형	기업이 자체적으로 백업 센터를 구축하고 운영하는 방식	• 장애나 재해 발생 시 즉시 대처 가능 • 시스템 구축 비용이 높음

SECTION 063 개발 환경 복원

1 개발 환경 복원의 개요

개발 환경 복원은 시스템에 장애가 발생했을 때 시스템을 수리하거나 교체하고, 백업 데이터를 이용하여 원 상태로 되돌리는 일련의 작업을 말한다.

- 장애나 재해가 발생했을 때 복원 방식은 복구 목표 시간(RTO)과 복구 목표 시점(RPO)에 따라 구분된다.
- **복구 목표 시간**(RTO; Recovery Time Objective) : 장애나 재해로 인해 서비스가 중단되었을 때, 서비스를 복구하는 데 걸리는 최대 허용 시간을 의미한다.
- **복구 목표 시점**(RPO; Recovery Point Objective) : 장애나 재해가 발생했을 때 허용 가능한 최대 데이터 손실 시점을 의미한다. 즉 최대 얼마만큼의 데이터 손실을 감당할 수 있는지를 미리 정해놓은 기준이다.

> 전문가의 조언
>
> 먼저 RTO와 RPO의 개념을 정확히 숙지하세요. 그리고 복원 방식과 운영 관리 방법 각각의 차이점을 구분할 수 있도록 잘 정리하세요.

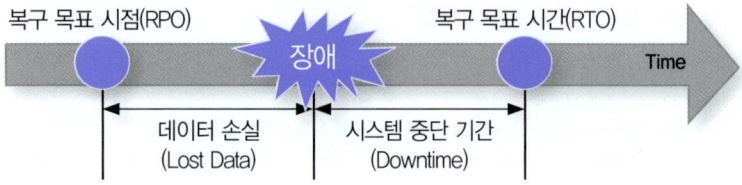

2 복원 방식

복원 방식은 데이터 전송 속도와 크기 등에 따라 다음과 같이 구분된다.

복원 방식	기능	특징
Log Shipping 방식	데이터베이스(DB)의 로그 파일을 주기적으로 전송하는 방식	• 실시간 DB 동기화 불가능 • 장애 발생 시 복구 시간 김 • 저비용, 저효율
디스크 미러링 방식	원본 디스크의 데이터를 다른 디스크에 복제하는 방식	• 동기 방식과 비동기 방식 모두 지원 • 서버의 CPU, 메모리 등 일부 자원 사용
DB 미러링 방식	DB 서버의 변경 내용을 다른 서버에 복제하는 방식	• 동기 방식과 비동기 방식 모두 지원 • 주로 MS SQL Server에서 사용
스토리지 동기화	스토리지 장비에 내장된 복제 기능을 이용해 데이터를 동기화하는 방식	• 실시간 데이터 동기화 가능 • 서버 자원 사용 최소화
혼합 미러링 방식	여러 복원 방식을 혼합하여 데이터를 복제하는 방식	주로 '디스크 미러링+스토리지 동기화' 혼합 방식 사용

예제 다음 조건을 이용하여 서버의 데이터 디스크에 필요한 용량을 구하시오.

〈조건〉
- 데이터 영역 : 200GB
- 파일 시스템 오버헤드 : 1.1
- RAID 여유율 : 2(RAID-1 기준)
- 백업 영역 : 100GB
- 데이터 디스크 여유율 : 1.3

〈계산식〉
데이터 디스크 용량 = (200GB + 100GB) × 1.1 × 1.3 × 2
= 300GB × 1.1 × 1.3 × 2
= 858GB

기출문제 따라잡기

문제2 2606251

출제예상
1. 다음 중 시스템 디스크 용량 산정 시 고려할 사항이 아닌 것은?
① 백업 영역
② 응용 프로그램 영역
③ SWAP 영역
④ RAID 여유율

백업 영역은 데이터 디스크 용량 산정 시 고려할 사항입니다.

출제예상
2. 다음 조건을 이용하여 시스템 디스크 용량을 계산했을 때 결과값은?

- 시스템 OS 영역 : 120GB
- 응용 프로그램 영역 : 60GB
- SWAP 영역 : 20GB
- 파일 시스템 오버헤드 : 1.1
- 시스템 디스크 여유율 : 1.2
- RAID 여유율 : 1.5 (RAID-5 기준)

① 386GB
② 396GB
③ 406GB
④ 416GB

시스템 디스크 용량 = (120GB + 60GB + 20GB) × 1.1 × 1.2 × 1.5
= 200GB × 1.1 × 1.2 × 1.5
= 396GB

출제예상
3. 다음 조건을 이용하여 데이터 디스크 용량을 계산했을 때 결과값은?

- 데이터 영역 : 250GB
- 백업 영역 : 150GB
- 파일 시스템 오버헤드 : 1.15
- 데이터 디스크 여유율 : 1.2
- RAID 여유율 : 1.5 (RAID-5 기준)

① 718
② 728
③ 818
④ 828

데이터 디스크 용량 = (250GB + 150GB) × 1.15 × 1.2 × 1.5
= 400GB × 1.15 × 1.2 × 1.5
= 828GB

▶ 정답: 1.① 2.② 3.④

SECTION 062 백업 용량 산정 기법

1 백업 용량 산정 기법의 개요

백업에 필요한 용량을 산정할 때는 현재 데이터 용량뿐만 아니라 향후 데이터 증가량까지 고려하여 충분한 저장 공간을 확보해야 한다.

- 백업 용량은 크게 시스템 디스크 용량과 데이터 디스크 용량으로 나누어 산정한다.

2 시스템 디스크 용량

시스템 디스크는 운영체제(OS)와 응용 프로그램, SWAP 영역 등 시스템을 작동하는 데 필요한 파일이 설치된 디스크를 의미하며, 시스템 디스크 용량을 산정하는 공식은 다음과 같다.

(시스템 OS 영역 + 응용 프로그램 영역 + SWAP 영역*) × 파일 시스템 오버헤드* × 시스템 디스크 여유율* × RAID 여유율*

예제 다음 조건을 이용하여 서버의 시스템 디스크에 필요한 용량을 구하시오.

〈조건〉
- 시스템 OS 영역 : 100GB
- SWAP 영역 : 20GB
- 시스템 디스크 여유율 : 1.2
- 응용 프로그램 영역 : 50GB
- 파일 시스템 오버헤드 : 1.15
- RAID 여유율 : 1.3(RAID-5 기준)

〈계산식〉
시스템 디스크 용량 = (100GB + 50GB + 20GB) × 1.15 × 1.2 × 1.3
= 170GB × 1.15 × 1.2 × 1.3
= 304.98GB

3 데이터 디스크 용량

데이터 디스크는 문서, 사진, 동영상, 데이터베이스 등 사용자가 직접 만든 파일과 백업 데이터를 저장하는 디스크를 의미하며, 데이터 디스크 용량을 산정하는 공식은 다음과 같다.

(데이터 영역 + 백업 영역) × 파일 시스템 오버헤드 × 데이터 디스크 여유율* × RAID 여유율

전문가의 조언

시스템 디스크 용량과 데이터 디스크 용량을 구할 수 있도록 각각의 공식을 정확히 숙지해 두세요.

SWAP 영역
시스템에 장애가 발생했을 때 현재 메모리 상태를 저장하는 덤프(Dump) 공간으로 사용되거나, 시스템 메모리가 부족할 때 가상 메모리로 활용되어 효율적인 스와핑(Swapping)을 지원하는 공간을 의미합니다.

파일 시스템 오버헤드
운영체제가 파일을 관리하기 위해 필요한 추가 디스크 공간으로, 슈퍼블록, i-node, 실린더 그룹 등과 같은 관리 정보들이 포함됩니다. 일반적으로 시스템 디스크에서는 OS 영역, 응용 프로그램 영역, SWAP 영역 합계의 1.1을, 데이터 디스크에서는 데이터 영역과 백업 영역 합계의 1.1을 적용합니다.

시스템/데이터 디스크 여유율
안정적인 시스템 운영을 위해 확보하는 추가 디스크 공간으로, 일반적으로 전체 디스크 용량의 1.2~1.5를 여유율로 산정하지만 보통 1.3을 기준으로 합니다.

RAID 여유율
RAID 디스크 구성 시 데이터 보호를 위해 패리티(Parity) 영역으로 사용되는 추가 공간을 의미합니다. RAID 구성 방식에 따라 여유율이 달라지며, 일반적으로 다음과 같이 적용합니다.
- RAID1, RAID0+1, RAID1+0 : 2.0
- RAID5 : 1.3
- RAID6 : 1.4

기출문제 따라잡기

문제1 2606151

출제예상
1. 다음 중 직접 연결 백업 방식에 대한 설명으로 옳지 않은 것은?

① 외장 하드나 USB와 같은 저장장치를 컴퓨터에 직접 연결하여 백업한다.
② 소규모 환경에서 적합하며, 백업 속도가 빠르다.
③ 백업 시 네트워크에 부하가 발생할 수 있다.
④ 각 시스템마다 별도의 백업 장비가 필요하다.

> 직접 연결 백업 방식은 네트워크를 사용하지 않으므로 네트워크 부하가 발생하지 않습니다.

출제예상
2. 다음 설명에 해당하는 백업 시스템은?

> • 대규모 환경에서 고성능 장비와 소프트웨어를 활용하여 대용량 데이터를 효율적으로 백업한다.
> • 구현이 복잡하고 초기 비용이 높지만 별도의 백업 네트워크를 구축하여 업무 네트워크의 부하를 막는다.

① 직접 연결 백업
② SAN 백업
③ 클라우드 백업
④ 대형 환경 네트워크 백업

> 문제의 지문에서 설명하는 백업 시스템은 대형 환경 네트워크 백업입니다.

출제예상
3. 다음 중 SAN(Storage Area Network) 백업의 특징으로 옳지 않은 것은?

① 데이터 백업과 관리 효율성이 높다.
② 대용량 데이터 처리에는 적합하지 않다.
③ 별도의 SAN 네트워크를 구축해야 한다.
④ SAN 내 저장 장비를 공유하여 백업 장비의 활용도를 높인다.

> SAN 백업은 대용량 데이터 처리에 적합합니다.

출제예상
4. 다음 중 클라우드 백업의 장점으로 볼 수 없는 것은?

① 초기 투자 비용이 적다.
② 네트워크 대역폭의 영향을 적게 받는다.
③ 백업 시간을 절약할 수 있다.
④ 백업 데이터를 안정적으로 관리할 수 있다.

> 클라우드 백업은 인터넷을 통해 데이터를 백업하므로 네트워크 대역폭의 영향을 크게 받습니다.

▶ 정답: 1.③ 2.④ 3.② 4.②

4 대형 환경 네트워크 백업

대형 환경 네트워크 백업은 대규모 기업 환경에서 사용되는 네트워크 백업 방식으로, 고성능 백업 장비와 소프트웨어를 사용하여 대용량의 데이터를 효율적으로 백업한다.

- 네트워크 백업 장비를 활용한다.
- 구현이 복잡하고 초기 비용이 높지만 대규모 환경에서 유연성과 효율성을 제공한다.
- 업무 네트워크의 부하를 방지하기 위해 별도의 백업 네트워크를 구축해야 한다.
- SAN 구축이 어려운 환경에서도 대용량 백업이 가능하다.

5 SAN 백업

SAN 백업은 SAN(Storage Area Network)*을 이용하여 대용량의 데이터를 백업하는 방식이다.

- SAN 내의 저장 장비를 공유하여 백업 장비의 활용도를 높인다.
- 백업을 위해 별도의 SAN 네트워크를 구축해야 한다.
- 대용량 데이터의 백업과 관리가 용이하다.

> **SAN(Storage Area Network)**
> SAN은 DAS(Direct Attached Storage)의 빠른 처리와 NAS(Network Attached Storage)의 파일 공유 장점을 혼합한 방식으로, 서버와 저장장치를 연결하는 전용 네트워크를 별도로 구성하는 스토리지입니다.

6 디스크 복제

디스크 복제는 데이터가 저장된 디스크를 다른 디스크에 실시간 또는 주기적으로 복제하는 방식이다.

- 초기 백업 이후에는 변경된 부분만 백업하므로 백업 속도가 빠르다.
- 구축 비용이 높다.

7 클라우드(Cloud) 백업

클라우드 백업은 인터넷을 통해 데이터를 클라우드 서비스에 백업하는 방식이다.

- 초기 투자 비용이 적고 백업 시간을 절약할 수 있다.
- 백업 데이터를 안정적으로 관리할 수 있다.
- 네트워크 대역폭, 보안, 비용 등의 문제로 인해 기업 환경에서는 제약이 있을 수 있다.

SECTION 061 개발 환경 백업

 전문가의 조언

백업 시스템의 개념을 기억하고, 각 백업 시스템의 특징을 정리하세요.

백업(Backup)
백업은 원본 데이터의 손실에 대비하여 중요한 데이터를 외부 저장장치에 하나 더 만들어두는 기능입니다.

1 백업* 시스템의 개요

백업 시스템은 시스템 백업과 데이터 백업을 수행하기 위한 하드웨어, 소프트웨어, 그리고 전원·공간·인력 등의 인프라를 모두 포함하는 것을 의미한다.

- **시스템 백업** : 운영체제 및 시스템 파일을 정기적으로 백업하는 것을 말한다.
- **데이터 백업** : 시스템 영역을 제외한 문서, 사진, 기타 데이터 파일을 백업하는 것을 말한다.
- 백업 시스템은 구성 방식에 따라 직접 연결 백업, 네트워크 백업, 대형 환경 네트워크 백업, SAN 백업, 디스크 복제, 클라우드(Cloud) 백업 등으로 구분된다.

2 직접 연결 백업

직접 연결 백업은 외장 하드 드라이브나 USB와 같은 저장장치를 컴퓨터에 직접 연결하여 데이터를 백업하는 방식이다.

- 저장장치와 컴퓨터가 직접 연결되므로 백업 속도가 빠르다.
- 소규모 백업 장치를 효율적으로 활용할 수 있다.
- 소규모 환경에 적합하다.
- 네트워크 백업과 병행하여 사용할 수 있다.
- 각 시스템마다 별도의 백업 장비가 필요하다.

3 네트워크 백업

네트워크 백업은 네트워크를 통해 컴퓨터나 서버의 데이터를 중앙의 백업 서버로 백업하는 방식이다.

- 네트워크 백업 장비를 활용한다.
- 구현이 비교적 간단하고 비용이 저렴하다.
- 소규모 환경에 적합하다.
- 백업 시 네트워크 부하가 발생할 수 있다.

4장 개발 환경 운영 지원

061 개발 환경 백업 ⓒ등급
062 백업 용량 산정 기법 Ⓐ등급
063 개발 환경 복원 Ⓑ등급
064 형상 관리(SCM) Ⓑ등급
065 소스 코드 관리 도구 Ⓑ등급

꼭 알아야 할 키워드 Best 10

1. 백업 시스템 2. 시스템/데이터 디스크 용량 3. 복구 목표 시간(RTO) 4. 복구 목표 시점(RPO) 5. 디스크 미러링 방식 6. 미러 사이트
7. 형상 관리 8. 소스 코드 관리 도구 9. SVN 10. Git

❼ who

로그인한 사용자에 관한 정보를 표시한다.

❽ pwd

현재 작업중인 디렉터리 경로를 화면에 출력한다.

❾ ls
- 현재 작업중인 디렉터리의 모든 파일을 표시한다.
- DOS의 dir과 기능이 같다.

❿ ls 명령으로 표시되는 파일의 유형
- – : 일반 파일(이진 파일)
- b : 블록형 특수 파일
- c : 문자형 특수 파일
- d : 디렉터리
- l : 링크 파일

⓫ rm
- 파일을 삭제한다.
- DOS의 del과 기능이 같다.

⓬ cat
- 파일의 내용을 화면에 표시한다.
- DOS의 type와 기능이 같다.

⓭ chmod

파일의 보호 모드를 설정하여 파일의 사용 허가를 지정한다.

3장 핵심요약

⑮ DIR
- 디스크 내에 수록된 파일 및 디렉터리에 대한 정보를 표시한다.
- DIR/S : 하위 디렉터리의 정보까지 표시함
- DIR/W : 한 줄에 5개씩 목록을 표시하며, 화면에 가장 많은 파일을 표현함

⑯ ATTRIB
- 파일의 속성을 표시, 해제, 지정한다.
- ATTRIB /+H : 파일에 숨김 속성을 지정함
- ATTRIB /-H : 파일에 지정된 숨김 속성을 해제함

⑤ UNIX 시스템 편집기
vi, ed, emacs, pico, joe 등

⑥ UNIX 파일 시스템
- 부트 블록 : 부팅 시 필요한 코드를 저장하고 있는 블록
- 슈퍼 블록 : 전체 파일 시스템에 대한 정보를 저장하고 있는 블록
- I-node 블록(Index-node)
  - UNIX에서 파일 및 디렉터리를 관리하기 위해 사용되는 자료 구조이다.
  - 각 파일이나 디렉터리에 대한 모든 정보를 저장하고 있다.
- 데이터 블록 : 디렉터리별로 디렉터리 엔트리와 실제 파일에 대한 데이터가 저장된 블록

059 UNIX의 개요

❶ UNIX의 특징
- 시분할 시스템(Time Sharing System)을 위해 설계된 대화식 운영체제이다.
- 다중 사용자(Multi-User), 다중 작업(Multi-Tasking)을 지원한다.
- 계층적 트리(Tree) 구조의 파일 시스템을 갖는다.

❷ 커널(Kernel)
- 컴퓨터가 부팅될 때 주기억장치에 적재된 후 상주하면서 실행된다.
- 프로세스(CPU 스케줄링) 관리, 기억장치 관리, 파일 관리, 입·출력 관리, 데이터 전송 및 변환 등 여러 가지 기능을 수행한다.

❸ 쉘(Shell)
- 사용자의 명령어를 인식하여 프로그램을 호출하고 명령을 수행하는 명령어 해석기이다.
- 쉘의 종류 : Bourne Shell, C Shell, Korn Shell

❹ 유틸리티 프로그램(Utility Program)
일반 사용자가 작성한 응용 프로그램을 처리하는 데 사용한다.

060 UNIX 명령어

❶ kill
- 현재 실행중인 프로세스를 종료(삭제)한다.
- 편집 상태에서는 한 줄 전체를 지운다.

❷ fork
새로운 프로세스를 생성(하위 프로세스 호출, 프로세스 복제)한다.

❸ finger
현재 시스템에 등록되어 있는 사용자 정보를 조회한다.

❹ ps
현재 작업중인 프로세스의 상태 정보를 표시한다.

❺ ping
특정 시스템과 접속이 안 될 경우 네트워크 상의 문제를 진단한다.

❻ passwd
로그인할 때 필요한 비밀번호를 설정 또는 변경한다.

❸ 플러그 앤 플레이(PnP; Plug & Play)
컴퓨터 시스템에 새로운 하드웨어를 장착하고 시스템을 가동시키면 자동으로 하드웨어를 인식하고 실행하는 기능이다.

❹ 멀티태스킹(Multi-Tasking)
여러 개의 프로그램을 동시에 진행하는 것으로 멀티프로그래밍이라고도 한다.

058 DOS

❶ DOS의 개요
- 개인용 컴퓨터(PC)에서 디스크와 파일 관리를 위한 운영체제이다.
- 디렉터리(Directory) : 파일의 저장, 보관, 관리 등 효율적인 파일 사용을 위해 디스크에 존재하는 파일에 대한 여러 정보를 가지고 있는 특수한 형태의 파일

❷ DOS의 환경 설정 파일
- DOS로 부팅될 때 자신에게 필요한 시스템 환경을 설정해 주는 파일이다.
- CONFIG.SYS 파일은 반드시 루트 디렉터리에 존재해야 실행된다.
- LASTDRIVE : 드라이브의 최대 개수 지정
- BREAK : 프로그램 실행을 중지하는 Ctrl + C (Ctrl + Break)의 작동 여부 설정

❸ DOS의 내 · 외부 명령어

내부 명령어	• 도스가 부팅될 때 COMMAND.COM이 실행됨과 동시에 주기억장치에 상주하는 명령어 • 종류 : CLS, DIR, COPY, DATE, MD, CD, RD, TYPE, DEL 등
외부 명령어	• 보조기억장치에 저장되어 있다가 사용자가 명령을 입력하면 주기억장치에 적재시킨 후 실행하는 명령어 • 종류 : ATTRIB, FORMAT, CHKDSK, FDISK, DISKCOPY, XCOPY, SORT, SYS 등

❹ CLS
현재 화면에 표시된 내용을 지운다.

❺ DATE
현재 시스템의 날짜를 확인하거나 변경한다.

❻ VER
현재 사용중인 DOS의 버전을 표시한다.

❼ FIND
하나 이상의 파일에서 특정한 문자열을 검색한다.

❽ FORMAT
- 디스크에 데이터가 저장될 수 있도록 디스크를 초기화한다.
- FORMAT /S : 포맷한 후 부팅 가능한 디스크로 만듦
- FORMAT /Q : 이미 사용하던 디스크의 빠른 포맷

❾ CHKDSK
디스크의 상태를 점검하고 결과를 표시한다.

❿ FDISK
하드디스크를 논리적으로 여러 개의 디스크로 나눈다.

⓫ DEFRAG
단편화되어 있는 파일의 저장 상태를 최적화하여 디스크의 작동 효율을 높인다.

⓬ SCANDISK
디스크 검사 유틸리티로, 디스크의 문제점을 진단하고 수정한다.

⓭ MD
새로운 디렉터리를 만든다.

⓮ UNDELETE
DEL이나 ERASE를 사용하여 삭제한 파일을 복원한다.

3장 핵심요약

❸ 스케줄링(Scheduling)
프로세스가 생성되어 실행될 때 필요한 시스템의 여러 자원을 해당 프로세스에게 할당하는 작업을 의미하며, 이를 수행하는 것을 스케줄러(Scheduler)라고 한다.

❹ 비선점(Non-Preemptive) 스케줄링의 종류
- 종류 : FCFS(FIFO), SJF, HRN, 우선순위
- FIFO(FCFS) : 준비상태 큐에 도착한 순서에 따라 차례로 CPU를 할당하는 기법

❺ 선점(Preemptive) 스케줄링의 종류
- 종류 : SRT, 라운드 로빈(Round Robin), 다단계 큐, 다단계 피드백 큐
- 라운드 로빈 : 규정 시간 또는 시간 조각(Slice)을 미리 정의하여 CPU 스케줄러가 준비상태 큐에서 정의된 시간만큼 각 프로세스에 CPU를 제공하는 시분할 시스템에 적절한 스케줄링 기법

055 교착 상태

❶ 교착 상태(DeadLock)
다중 프로그래밍 상에서 2개의 프로세스가 실행중에 있을 때 각 프로세스는 자신이 필요한 자원을 가지고 실행하다가 서로 자신이 점유하고 있는 자원을 포기하지 않은 상태에서 다른 프로세스가 자원을 요구하여 두 프로세스 모두 실행을 할 수 없게 되는 현상을 의미한다.

❷ 교착 상태 발생의 필요 충분 조건
- 상호 배제(Mutual Exclusion)
- 점유와 대기(Hold and Wait)
- 비선점(Non-preemption)
- 환형 대기, 순환 대기(Circular Wait)

056 기억장치 관리 전략 - 교체 전략

❶ OPT(OPTimal replacement)
앞으로 가장 오랫동안 사용하지 않을 페이지를 교체하는 기법이다.

❷ FIFO(First In First Out)
각 페이지가 주기억장치에 적재될 때마다 그때의 시간을 기억시켜 가장 먼저 들어와서 가장 오래 있었던 페이지를 교체하는 기법이다.

❸ LRU(Least Recently Used)
계수기를 두어 가장 오랫동안 참조되지 않은 페이지를 교체하는 기법이다.

❹ LFU(Least Frequently Used)
사용 빈도가 가장 적은 페이지를 교체하는 기법이다.

❺ NUR(Not Used Recently)
최근에 사용하지 않은 페이지를 교체하는 기법이다.

❻ MRU(Most Recently Used)
사용 빈도가 가장 많은 페이지를 교체하는 기법이다.

057 WINDOWS

❶ Windows
컴퓨터 시스템의 하드웨어를 효율적으로 관리하고 사용자에게는 더 편리한 컴퓨터 환경을 제공하기 위하여 만들어진 개인용 컴퓨터 시스템의 운영체제이다.

❷ Windows의 특징
- 그래픽 사용자 인터페이스(GUI) 사용
- 선점형 멀티태스킹 제공
- 32비트 또는 64비트 데이터 처리
- 플러그 앤 플레이(PnP) 방식
- 255자의 긴 파일 이름 가능

⑤ 로더(Loader)의 기능

- 할당(Allocation) : 실행 프로그램을 실행시키기 위해 기억장치 내에 옮겨놓을 공간을 확보하는 기능
- 연결(Linking) : 부 프로그램 호출 시 그 부 프로그램이 할당된 기억 장소의 시작 주소를 호출한 부분에 등록하여 연결하는 기능
- 재배치(Relocation) : 디스크 등의 보조기억장치에 저장된 프로그램이 사용하는 각 주소들을 할당된 기억 장소의 실제 주소로 배치(변환)시키는 기능
- 적재(Loading) : 실행 프로그램을 할당된 기억 공간에 실제로 옮기는 기능

⑥ 다중 모드 처리(Multi-Mode Processing)

일괄 처리 시스템, 시분할 시스템, 다중 처리 시스템, 실시간 처리 시스템을 한 시스템에서 모두 제공하는 방식이다.

⑦ 분산 처리(Distributed Processing) 시스템

여러 개의 컴퓨터(프로세서)를 통신 회선으로 연결하여 하나의 작업을 처리하는 방식이다.

⑧ 운영체제 운용 기법의 발달 과정

일괄 처리 시스템 → 다중 프로그래밍 시스템 → 시분할 시스템 → 다중 처리 시스템 → 실시간 처리 시스템 → 다중 모드 처리 → 분산 처리 시스템

053 운영체제의 운용 기법

① 일괄 처리(Batch Processing) 시스템
일정량 또는 일정 기간 동안 데이터를 모아서 한꺼번에 처리하는 방식이다.

② 다중 프로그래밍(Multi-Programming) 시스템
하나의 CPU와 주기억장치를 이용하여 여러 개의 프로그램을 동시에 처리하는 방식이다.

③ 시분할(Time Sharing) 시스템
단말장치 사용자가 일정한 시간 간격(Time Slice) 동안 CPU를 사용함으로써 단독으로 CPU를 사용하는 것과 같은 효과를 가지는 시스템으로, 라운드 로빈(Round Robin) 방식이라고도 한다.

④ 다중 처리(Multi-Processing) 시스템
여러 개의 CPU와 하나의 주기억장치를 이용하여 여러 개의 프로그램을 동시에 처리하는 방식이다.

⑤ 실시간 처리(Real Time Processing) 시스템
데이터 발생 즉시, 또는 데이터 처리 요구가 있는 즉시 처리하여 결과를 산출하는 방식이다.

054 프로세스 관리 및 스케줄링

① 프로세스(Process)의 정의

- 프로세서에 의해 처리되는 사용자 프로그램, 즉 실행중인 프로그램을 의미한다.
- 작업(Job) 또는 태스크(Task)라고도 한다.
- 실기억장치에 저장된 프로그램이다.
- 프로세서가 할당되는 실체이다.
- 운영체제가 관리하는 실행 단위이다.

② 프로세스 상태 전이

- 프로세스가 시스템 내에 존재하는 동안 프로세스의 상태가 변하는 것을 의미한다.
- 준비(Ready) : 프로세스가 CPU를 할당받기 위해 준비상태 큐에서 실행을 준비하는 상태로, CPU를 할당받기만 하면 바로 실행할 수 있는 상태
- 실행(Run) : 준비상태 큐에 있는 프로세스가 CPU를 할당받아 실행되는 상태
- 대기(Wait), 보류, 블록(Block) : 프로세스에 입·출력 처리가 필요하면 현재 실행 중인 프로세스가 중단되고, 입·출력 처리가 완료될 때까지 대기하고 있는 상태
- 디스패치(Dispatch) : 준비 상태에서 대기하고 있는 프로세스 중 우선순위가 가장 높은 프로세스가 CPU를 할당받아 실행 상태로 전이되는 과정

3장 핵심요약

051 운영체제의 개념

❶ 운영체제(OS; Operating System)
컴퓨터 하드웨어와 일반 컴퓨터 사용자 또는 컴퓨터에서 실행되는 응용 프로그램의 중간에 위치하여 사용자들이 보다 쉽고 간편하게 컴퓨터 시스템을 이용할 수 있도록 제어하는 시스템 소프트웨어의 일종이다.

❷ 운영체제의 목적
- 처리 능력(Throughput) : 일정 시간 내에 시스템이 처리하는 일의 양
- 반환 시간(Turn Around Time) : 시스템에 작업을 제시하고 나서부터 결과를 받을 때까지의 경과 시간
- 사용 가능도(Availability) : 시스템을 사용할 필요가 있을 때 즉시 사용 가능한 정도
- 신뢰도(Reliability) : 시스템이 주어진 문제를 정확하게 해결하는 정도

❸ 운영체제의 기능
- 프로세서, 기억장치, 입출력장치, 파일 및 정보 등의 자원 관리
- 자원의 스케줄링 기능 제공
- 사용자와 컴퓨터 간의 인터페이스 제공
- 각종 하드웨어와 네트워크 관리
- 데이터 및 자원의 공유 기능 제공
- 시스템의 오류 검사 및 복구

❹ 운영체제의 종류
DOS, Windows, UNIX, LINUX, MacOS

052 운영체제의 구성

❶ 제어 프로그램(Control Program)
- 감시 프로그램(Supervisor Program) : 각종 프로그램의 실행과 시스템 전체의 작동 상태를 감시·감독하는 프로그램
- 작업 관리 프로그램(Job Management Program) : 작업이 정상적으로 처리될 수 있도록 작업의 순서와 방법을 관리하는 프로그램
- 데이터 관리 프로그램(Data Management Program) : 주기억장치와 보조기억장치 사이의 자료 전송, 파일의 조작 및 처리, 입·출력 자료와 프로그램 간의 논리적 연결 등 시스템에서 취급하는 파일과 데이터를 표준적인 방법으로 처리할 수 있도록 관리하는 프로그램

❷ 처리 프로그램(Processing Program)
- 언어 번역 프로그램(Language Translate Program) : 원시 프로그램을 기계어 형태의 목적 프로그램으로 번역하는 프로그램
- 서비스 프로그램(Service Program) : 사용자의 편의를 위해 시스템 제공자가 미리 작성하여 사용자에게 제공해 주는 프로그램
- 문제 프로그램(Problem Program) : 특정 업무 및 문제 해결을 위해 사용자가 작성한 프로그램

❸ 언어 번역 프로그램
- 어셈블러(Assembler) : 어셈블리어로 작성된 원시 프로그램을 기계어로 된 목적 프로그램으로 어셈블하는 언어 번역 프로그램
- 컴파일러(Compiler) : 고급 언어로 작성된 프로그램 전체를 목적 프로그램으로 번역한 후, 링킹 작업을 통해 컴퓨터에서 실행 가능한 실행 프로그램을 생성함
- 인터프리터(Interpreter) : 고급 언어나 코드화된 중간 언어를 입력받아 목적 프로그램 생성 없이 직접 기계어를 생성, 실행해주는 프로그램

❹ 언어 번역 과정

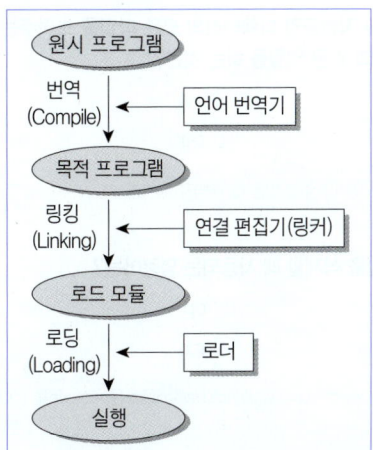

기출문제 따라잡기

문제2 2606051

이전기출
1. UNIX에서 현재 실행중인 프로세스를 삭제(종료)하기 위한 명령어는?

① stop　　　　　　② kill
③ dd　　　　　　　④ del

'프로세스 삭제'하면 kill입니다.

이전기출
2. UNIX에서 현재 시스템에 등록되어 있는 사용자의 정보를 조회하기 위한 명령어는?

① cp　　　　　　　② ping
③ finger　　　　　　④ ls

finger는 사용자 정보 조회, cp는 파일 복사, ping은 네트워크 상의 문제 진단, ls는 디렉터리의 모든 파일 표시입니다.

이전기출
3. 유닉스에서 네트워크 상의 문제를 진단할 수 있는 명령어는?

① talk　　　　　　② ping
③ who　　　　　　④ login

네트워크에 문제가 발생한 경우 'ping ip 주소' 또는 'ping 도메인 네임'을 입력하여 현재 상태를 진단할 수 있습니다.

이전기출
4. 현재의 작업 디렉터리의 경로를 나타내기 위한 UNIX 명령은?

① cd　　　　　　　② kill
③ pwd　　　　　　④ cp

pwd는 디렉터리 경로 화면 출력, cd는 디텍터리 이동, kill은 프로세스 삭제, cp는 파일 복사입니다.

이전기출
5. UNIX에서 현재 작업중인 디렉터리의 모든 파일을 보여주는 명령으로, DOS의 DIR과 같은 역할을 하는 것은?

① cd　　　　　　　② mv
③ ls　　　　　　　④ tar

ls는 '열거하다' 라는 의미를 갖고 있는 list의 약자입니다.

이전기출
6. UNIX에서 파일을 삭제할 때 사용되는 명령어는?

① ls　　　　　　　② cp
③ pwd　　　　　　④ rm

ls는 list, cp는 copy, pwd는 print working directory, rm은 remove를 의미합니다.

이전기출
7. UNIX에서 파일의 내용을 화면에 보여 주는 명령은?

① type　　　　　　② mv
③ cat　　　　　　　④ rm

'파일 내용 화면 표시'하면 cat입니다.

이전기출
8. 리눅스 명령어 ls로 표시되는 정보 중 파일의 종류에 대한 설명으로 옳지 않은 것은?

① b : 블록형 특수 파일　　② l : 이진 파일
③ c : 문자형 특수 파일　　④ d : 디렉터리

l은 링크 파일을 의미합니다. 이진 파일은 —으로 표시됩니다.

이전기출
9. UNIX에서 새로운 프로세스를 호출하며, 프로세스를 생성하는 명령어는?

① ps　　　　　　　② fork
③ cat　　　　　　　④ ls

새로운 프로세스를 호출하거나 생성하는 명령어는 fork입니다.

이전기출
10. UNIX 명령 중 인수가 반드시 필요하지 않은 것은?

　　㉠ wc　　㉡ pwd　　㉢ kill　　㉣ passwd

① ㉠, ㉡　　　　　　② ㉡, ㉣
③ ㉢, ㉣　　　　　　④ ㉠, ㉢

㉠ wc는 파일 내의 라인 수, 단어 수, 문자 수 등을 표시하는 명령어로, 'wc [옵션] [파일명]' 형식으로 지정해야 합니다.
㉢ kill은 프로세스를 종료하는 명령어로, 'kill [신호] [프로세스id]' 형식으로 지정해야 합니다.

▶ 정답 : 1.② 2.③ 3.② 4.③ 5.③ 6.④ 7.③ 8.② 9.② 10.②

명령어		기능
find		파일을 찾는다.
mv		파일을 이동시키거나 이름을 변경한다.
wc		파일 내의 라인 수, 단어 수, 문자 수 등을 표시한다.
cmp		두 파일을 비교하여 차이가 나는 바이트 위치와 행 번호를 표시한다.
comm		두 파일을 비교하여 한쪽에만 있거나 양쪽에 모두 있는 라인을 찾아 표시한다.
diff	fc	두 파일을 비교하여 차이점을 표시한다.
paste		하나의 파일 끝에 다른 파일의 내용을 추가한다.

잠깐만요 파일 및 디렉터리의 소유권

- 파일 및 디렉터리에 읽기(read), 쓰기(write), 실행(execute) 속성을 부여할 수 있습니다.
- 읽기 가능은 r로, 쓰기 가능은 w, 실행 가능은 x로 표시하고, 불가능할 경우에는 -로 표시합니다.
- 속성 부여 시 UNIX 사용자는 소유자(u, user), 그룹(g, group), 기타 사용자(o, others)로 나누어 지정할 수 있습니다.

    예 chmod 명령을 이용하여 'gilbut' 파일에 모든 사용자가 읽기, 쓰기, 실행이 가능하도록 권한 주기

    ```
    % chmod 777 gilbut
    ```

    설명
    - UNIX 각 부분은 소유자, 그룹, 기타 사용자 권한을 표시합니다.

    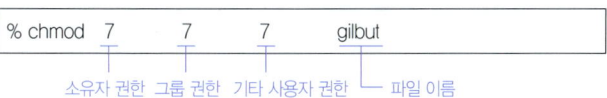

    - 각 부분의 비트는 속성 r(read), w(write), x(excute)을 나타냅니다.

    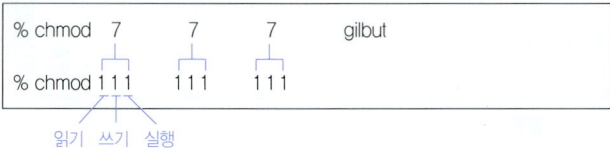

    ∴ gilbut 파일에 대해 모든 사용자가 읽기, 쓰기, 실행이 가능하도록 지정되었습니다.

③ 디렉터리 관련 명령어

UNIX 명령어	DOS 명령어	기능
pwd		현재 작업중인 디렉터리 경로를 화면에 출력한다.
ls	dir	현재 작업중인 디렉터리의 모든 파일을 표시한다.
mkdir	md	디렉터리를 생성한다.
rmdir	rd	디렉터리를 제거한다.
cd	cd	현재 작업중인 디렉터리에서 다른 디렉터리로 이동한다.
.	.	현재 디렉터리
..	..	상위 디렉터리
/	\	루트 디렉터리

잠깐만요 ls 명령으로 표시되는 파일의 유형

구분자	파일 유형
-	일반 파일(이진 파일)
b	블록형 특수 파일
c	문자형 특수 파일
d	디렉터리
l	링크 파일

④ 파일 관련 명령어

UNIX 명령어	DOS 명령어	기능
creat		파일을 생성한다.
open		파일을 사용할 수 있는 상태로 준비시킨다.
close		파일을 닫는다.
cp	copy, xcopy	파일을 복사한다.
rm	del	파일을 삭제한다.
cat	type	파일의 내용을 화면에 표시한다.
chmod	attrib	파일의 보호 모드를 설정하여 파일의 사용 허가를 지정한다.
chown		소유자를 변경한다.

SECTION 060

UNIX 명령어

전문가의 조언

중요해요! ★★★★★
UNIX에서 사용하는 각 명령어들의 개별적인 기능을 구분할 수 있도록 정리해 두세요.

1 명령어의 기본 형식

[프롬프트] 명령어 [옵션] [매개변수]

- **프롬프트** : 쉘(Shell)의 종류에 따라 다르게 표시된다($, %, #).
- **명령어** : 반드시 대·소문자를 구별하여 입력한다.
- 명령어와 옵션 사이에는 반드시 공백이 있어야 하며, 옵션 지정 시에는 앞에 '-'를 붙인다.

2 시스템 및 프로세스 관련 명령어

명령어	기능
kill	• 현재 실행중인 프로세스를 삭제(종료)한다. • 편집 상태에서는 한 줄 전체를 지운다.
fork	새로운 프로세스를 생성(하위 프로세스 호출, 프로세스 복제)한다.
exec	새로운 프로세스를 수행한다.
finger	현재 시스템에 등록되어 있는 사용자 정보를 조회한다.
ps	• 현재 작업중인 프로세스의 상태 정보를 표시한다. • 프로세스의 이름, 명령어 이름, 프로세스 ID 번호, 제어 단말기와 소유주를 포함하는 속성의 목록, 수행된 시간 등을 표시한다.
ping	특정 시스템과 접속이 안 될 경우 네트워크 상의 문제를 진단한다.
login	UNIX 작업을 위해 사용자 ID와 비밀번호를 입력받아 사용자를 확인한다.
logout	UNIX 시스템에 대한 접속을 종료한다(Ctrl+D, exit).
passwd	로그인할 때 필요한 비밀번호를 설정 또는 변경한다.
who	• 로그인한 사용자에 관한 정보를 표시한다. • 단말기명, 로그인명, 로그인 일시, 사용중인 단말기 번호 등을 표시한다.
mount	파일 시스템을 마운팅*/마운팅 해제한다.
dump	주기억장치의 내용을 화면이나 프린터, 디스크 등에 출력한다.

파일 시스템 마운팅
새로운 파일 시스템을 기존 파일 시스템의 서브 디렉터리에 연결하는 것을 의미합니다.

부트 블록	부팅 시 필요한 코드를 저장하고 있는 블록이다.
슈퍼 블록	전체 파일 시스템에 대한 정보를 저장하고 있는 블록이다.
I-node 블록 (Index-node)	• UNIX에서 파일 및 디렉터리를 관리하기 위해 사용되는 자료 구조이다. • 각 파일이나 디렉터리에 대한 모든 정보를 저장하고 있다. • 정보 : 파일 소유자의 사용자 번호(UID) 및 그룹 번호(GID), 파일 크기, 파일 타입(일 반·디렉터리·특수 파일 등), 생성 시기, 최종 변경 시기, 최근 사용 시기, 파일의 보호 권한, 파일 링크 수, 데이터가 저장된 블록의 시작 주소이다.
데이터 블록	디렉터리별로 디렉터리 엔트리*와 실제 파일에 대한 데이터가 저장된 블록이다.

디렉터리 엔트리(Directory Entry)
파일 이름과 I-node 번호로 구성되어 이들을 서로 연결해 주는 기능을 수행합니다.

기출문제 따라잡기

[이전기출]
1. UNIX의 특징을 설명한 것으로 틀린 것은?
① 대부분 고급 언어인 C언어로 구성되어 타 기종에 비해 이식성이 높다.
② 동시에 여러 작업(Task)을 수행할 수 있는 시스템이다.
③ 파일 구조가 선형 구조의 형태로 되어 있어 파일을 효과적으로 운영할 수 있다.
④ 다수의 사용자(User)가 동시에 사용할 수 있는 시스템이다.

여기서 파일 구조란 파일 시스템을 의미합니다. UNIX의 파일 시스템은 선형 구조가 아니라 트리 구조입니다.

[이전기출]
2. UNIX의 구성 요소를 크게 세 부분으로 나눌 때 이에 해당되지 않는 것은?
① 커널(Kernel)   ② 쉘(Shell)
③ 포트(Port)   ④ 유틸리티(Utility)

UNIX는 크게 '커널, 쉘, 유틸리티'로 구성됩니다.

[이전기출]
3. UNIX에서 주기억장치에 상주하여 프로세스 관리, 메모리 관리, 파일 관리를 하는 것은?
① 블록(Block)   ② 쉘(Shell)
③ 유틸리티(Utility)   ④ 커널(Kernel)

커널(Kernel)은 자원 관리, 쉘(Shell)은 명령어 해석기입니다.

[이전기출]
4. UNIX 시스템은 'Shell' 이라는 명령어 해석기를 사용하는데, Shell의 종류로 옳지 않은 것은?
① C Shell   ② Bourne Shell
③ System Shell   ④ Korn Shell

쉘(Shell)의 종류 3가지는 'Bourne, C, Korn Shell'입니다.

[이전기출]
5. UNIX 시스템에서 명령어 해석기에 해당하는 것은?
① 쉘(Shell)
② 커널(Kernel)
③ 유틸리티(Utility)
④ 응용 프로그램(Application Program)

쉘(Shell)은 명령어 해석기, 커널(Kernel)은 자원 관리입니다.

[이전기출]
6. UNIX 시스템이 제공하는 편집기만으로 묶어진 것은?
① ed, vi   ② cat, get
③ cp, shell   ④ pe2, edit

vi, ed, emacs, pico, joe는 UNIX 시스템이 제공하는 편집기입니다.

▶ 정답 : 1.③ 2.③ 3.④ 4.③ 5.① 6.①

커널(Kernel)
- UNIX의 가장 핵심적인 부분이다.
- 컴퓨터가 부팅될 때 주기억장치에 적재된 후 상주하면서 실행된다.
- 하드웨어를 보호하고, 프로그램과 하드웨어 간의 인터페이스 역할을 담당한다.
- 하드웨어와 프로세스의 보안을 책임진다.
- 프로세스(CPU 스케줄링) 관리, 기억장치 관리, 파일 관리, 입·출력 관리, 데이터 전송 및 변환 등 여러 가지 기능을 수행한다.

쉘(Shell)
- 사용자의 명령어를 인식하여 프로그램을 호출하고 명령을 수행하는 명령어 해석기이다.
- 명령을 해석하여 커널로 처리할 수 있도록 전달해주는 명령 인터프리터로, 단말장치를 통하여 사용자로부터 명령어를 입력받는다.
- DOS의 COMMAND.COM과 같은 기능을 수행한다.
- 주기억장치에 상주하지 않고, 명령어가 포함된 파일 형태로 존재하며 보조기억장치에서 교체 처리가 가능하다.
- 공용 Shell(Bourne Shell, C Shell, Korn Shell)이나 사용자 자신이 만든 Shell을 사용할 수 있다.

유틸리티 프로그램(Utility Program)
- 일반 사용자가 작성한 응용 프로그램을 처리하는 데 사용한다.
- DOS에서의 외부 명령어에 해당된다.
- 유틸리티 프로그램에는 에디터, 컴파일러, 인터프리터, 디버거 등이 있다.

> **잠깐만요** UNIX 시스템 편집기(Editor)
>
> UNIX 시스템이 제공하는 편집기에는 vi, ed, emacs, pico, joe 등이 있습니다.

전문가의 조언

중요해요! ★★★
I-node의 개념과 I-node에 포함되는 정보를 중심으로 UNIX 파일 시스템을 정리해 두세요.

UNIX 시스템
UNIX 시스템은 커널, 쉘, 유틸리티로 구분하기도 하지만 시스템 구동 시 하드웨어에 올라가는 부분에 따라 커널, 쉘, 파일 시스템으로 나누기도 합니다. 파일 시스템은 커널이 데이터를 관리하기 위해 하드웨어를 파일/디렉터리의 구조로 만들어 놓은 것을 의미합니다.

③ UNIX 파일 시스템

- UNIX 파일 시스템은 계층적 트리 구조를 갖는다.
- UNIX 파일 시스템의 구조는 디스크를 블록으로 분류하여 배치한 구조이며, 부트 블록(Boot Block), 슈퍼 블록(Super Block), I-node(Index node) 블록, 데이터 블록으로 구성된다.

부트 블록
슈퍼 블록
I-node 블록
데이터 블록 (데이터 영역)

SECTION 059

UNIX의 개요

1 UNIX의 특징

UNIX는 주로 서버용 컴퓨터에서 사용되는 운영체제로 다음과 같은 특징이 있다.

- 시분할 시스템(Time Sharing System)을 위해 설계된 대화식 운영체제로, 소스가 공개된 개방형 시스템(Open System)이다.
- 대부분 C 언어로 작성되어 있어 이식성이 높으며 장치, 프로세스 간의 호환성이 높다.
- 크기가 작고 이해하기가 쉽다.
- 다중 사용자(Multi-User), 다중 작업(Multi-Tasking)을 지원한다.
- 많은 네트워킹 기능을 제공하므로 통신망(Network) 관리용 운영체제로 적합하다.
- 계층적 트리 구조의 파일 시스템을 갖는다.
- UNIX 파일 시스템의 파일 형식은 일반 파일*, 디렉터리 파일*, 특수 파일*의 세 가지 형식을 제공한다.
- 표준 입·출력을 통해 명령어들이 파이프라인으로 연결된다.

> **잠깐만요** 다중 사용자(Multi-User), 다중 작업(Multi-Tasking)
> - 다중 사용자(Multi-User)는 여러 사용자가 동시에 시스템을 사용하는 것이고, 다중 작업(Multi-Tasking)은 여러 개의 작업(프로그램)을 동시에 수행하는 것을 의미합니다.
> - 하나 이상의 작업을 백그라운드에서 수행하므로 여러 작업을 동시에 처리할 수 있습니다.

전문가의 조언

중요해요! ★★★★★
UNIX는 트리 구조의 파일 시스템을 갖는다는 것을 중심으로 UNIX의 특징을 정리해 두세요.

- **일반 파일(Regular File)** : 정보처리.txt, 정보처리.html 등과 같은 일반 파일
- **디렉터리 파일(Directory File)** : 파일 이름들의 목록과 파일들이 디스크의 어디에 위치하는지를 나타내는 정보를 가진 파일
- **특수 파일(Special File)** : 프린터와 터미널, 디스크 같은 주변 장치를 접근·관리하고, 파이프와 소켓 같은 프로세스 간 상호 통신에 대한 정보를 가지고 있는 파일

2 UNIX 시스템의 구성

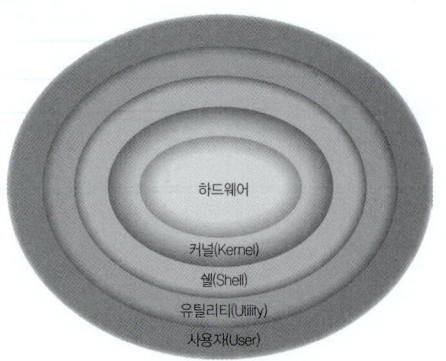

시스템의 구성

전문가의 조언

중요해요! ★★★★★
커널과 쉘의 기능을 정확히 구분하고, 쉘의 종류와 각각의 특징을 파악해 두세요.

기출문제 따라잡기

이전기출
1. 도스(MS-DOS)에서 파일을 저장하고, 보관하는 것은?
① 파일(File)
② 디렉터리(Directory)
③ 트리(Tree)
④ 자료 구조(Data structure)

'파일 저장, 보관'하면 디렉터리(Directory)입니다.

이전기출
2. 도스(MS-DOS)에서 'CONFIG.SYS' 파일에 'BREAK=ON'을 설정하는 이유는?
① 중첩 확장 메모리 영역의 사용을 위하여
② Ctrl+C에 의한 작업 중지 명령을 위하여
③ 숨김(Hidden) 파일을 만들기 위하여
④ 드라이브를 읽기 전용(Read Only)으로 만들기 위하여

Break는 프로그램 실행을 중단하는 Ctrl+C나 Ctrl+Break 기능의 설정(ON) 및 해제(OFF)를 위한 명령어입니다.

이전기출
3. 도스(MS-DOS)의 내부 명령어에 대한 설명으로 옳은 것은?
① 디스크에 별도의 독립 파일로 존재한다.
② 프롬프트 상태에서 언제든지 사용 가능하다.
③ COMMAND.COM 파일이 없어도 사용할 수 있다.
④ 보조기억장치에 저장되어 있으므로 Load하여 사용한다.

• ①, ④번은 외부 명령어에 대한 설명입니다.
• 내부 명령이든 외부 명령이든 명령 해석기인 COMMAND.COM이 있어야 실행할 수 있습니다.

이전기출
4. MS-DOS의 COMMAND.COM에서 직접 처리되는 명령어가 아닌 것은?
① DIR ② CLS
③ COPY ④ DISKCOPY

COMMAND.COM과 관련된 명령어는 내부 명령어입니다. DISKCOPY는 외부 명령어입니다.

이전기출
5. 도스(MS-DOS)에서 화면의 내용을 깨끗이 지워주는 역할을 하는 명령은?
① CD ② PATH
③ CLS ④ DATE

CLS는 CLear(지우다) Screen(화면)의 약자입니다.

이전기출
6. 도스(MS-DOS)에서 하드디스크를 논리적으로 여러 개의 디스크로 나누어 각 볼륨이 서로 다른 드라이브 문자를 가진 별개의 드라이브로 동작하도록 하는 데 사용되는 명령어는?
① FDISK ② CHKDSK
③ VOL ④ XCOPY

하드디스크를 논리적으로 여러 개의 디스크로 나누는 명령어는 FDISK입니다.

이전기출
7. 도스(MS-DOS)에서 사용자가 파일을 잘못해서 정보를 삭제하였을 때, 이를 복원하는 명령어는?
① DELETE ② UNDELETE
③ FDISK ④ ANTI

파일을 삭제할 때는 DEL을, 복원할 때는 UNDELETE를 사용합니다.

이전기출
8. 도스(MS-DOS)에서 파일을 읽기 전용 속성으로 지정하는 명령어는?
① ATTRIB +R ② ATTRIB +A
③ ATTRIB +H ④ ATTRIB +V

ATTRIB는 속성을 지정할 때는 +를, 해제할 때는 -를 사용하며, 읽기 전용(Read)을 지정하는 옵션은 R입니다.

이전기출
9. 새로운 서브 디렉터리를 만드는 DOS 명령어는?
① MD ② DEL
③ COPY ④ REN

디렉터리(Directory)를 만드는(Make) 명령어는 MD입니다.

▶ 정답 : 1.② 2.② 3.② 4.④ 5.③ 6.① 7.② 8.① 9.①

4 DOS의 주요 명령어

명령어	기능
CLS	현재 화면에 표시된 내용을 지운다.
DATE	현재 시스템의 날짜를 확인하거나 변경한다.
VER	현재 사용중인 DOS의 버전을 표시한다.
VOL	드라이브의 볼륨명과 일련번호를 표시한다.
FIND	하나 이상의 파일에서 특정한 문자열을 검색한다.
FORMAT*	디스크에 데이터가 저장될 수 있도록 디스크를 초기화 한다.
CHKDSK	디스크의 상태를 점검하고 결과를 표시한다.
FDISK	하드디스크를 논리적으로 여러 개의 디스크로 나눈다(파티션 설정).
DEFRAG	단편화되어 있는 파일의 저장 상태를 최적화하여 디스크의 작동 효율을 높인다.
DISKCOMP	동일한 디스켓인지 서로 비교한다.
SCANDISK	디스크 검사 유틸리티로, 디스크의 문제점을 진단하고 수정한다.
MD	새로운 디렉터리를 만든다.
RD	디렉터리를 삭제한다.
CD	다른 디렉터리로 이동한다.
DELTREE	디렉터리 안에 있는 파일과 디렉터리까지 모두 삭제한다.
XCOPY	특정한 디렉터리 내의 모든 파일 및 하위 디렉터리까지 복사한다.
PATH	실행 파일을 찾는 경로를 설정하거나 보여준다.
DIR*	디스크 내에 수록된 파일 및 디렉터리에 대한 정보를 표시한다.
COPY	파일을 지정한 곳에 복사하거나 여러 개의 파일을 결합한다.
DEL=ERASE	파일을 삭제한다.
UNDELETE	DEL이나 ERASE를 사용하여 삭제한 파일을 복원한다.
TYPE	아스키 코드로 작성된 파일, 텍스트 파일 등의 내용을 화면에 출력한다.
REN	파일의 이름을 변경한다.
ATTRIB*	파일의 속성을 표시, 해제, 지정한다.
FC	두 개의 파일을 비교하여 그 차이를 나타낸다.

전문가의 조언

중요해요! ★★★★★
명령어의 기능은 각 명령어의 영문 의미를 알면 쉽게 기억할 수 있습니다. 명령어들의 기능을 꼭 기억해 두세요.

FORMAT 옵션
- /S : 포맷한 후 부팅 가능한 디스크로 만듦
- /Q : 이미 사용하던 디스크의 빠른 포맷
- /A : 용량을 지정하여 포맷

DIR 옵션
- /P : 목록을 한 화면 단위로 표시함
- /W : 한 줄에 5개씩 목록을 표시하며, 화면에 가장 많은 파일을 표현함
- /O : 지정한 정렬 방식으로 파일 목록을 표시함
- /S : 하위 디렉터리의 정보까지 표시함
- /A : 기록 속성이 설정된 목록을 표시함
- /H : 숨겨진 파일 목록을 표시함

ATTRIB 옵션
- + : 속성을 지정할 때 사용함
- − : 속성을 해제할 때 사용함
- R : 읽기 전용 속성
- A : 저장/백업 속성
- S : 시스템 파일 속성
- H : 숨김 파일 속성

SECTION 058 DOS

전문가의 조언

중요해요! ★★★
DOS의 개념이 무엇인지 간단히 알아두세요.

CUI(Character User Interface)
사용자가 문자 환경을 통하여 컴퓨터와 정보를 교환하는 작업 환경을 의미합니다.

전문가의 조언

중요해요! ★★★
환경 설정 파일의 특징을 기억하고, 환경 설정 파일에서 사용되는 명령어의 기능을 파악해 두세요.

LASTDRIVE
마지막 드라이브가 무엇인지 지정하는 명령어로, LASTDRIVE를 지정하면 드라이브의 최대 개수가 지정됩니다. 예를 들어 'LASTDRIVE =B'로 지정하면 마지막 드라이브가 B이므로, 드라이브의 개수는 2개(A, B)가 됩니다.

전문가의 조언

중요해요! ★★★★
내부 명령어와 외부 명령어의 개념과 종류를 구분해 파악해 두세요.

경로(Path)
경로는 디렉터리 간의 관계를 표시해주는 것으로, 각 디렉터리는 '\'로 구분합니다.
예 C:\Gilbut\Computer

1 DOS의 개요

DOS(Disk Operating System)는 개인용 컴퓨터(PC)에서 디스크와 파일 관리를 위한 운영체제이다.

- 단일 처리 방식이며, CUI(Character User Interface)* 환경의 대표적인 운영체제이다.
- **디렉터리(Directory)** : 파일의 저장, 보관, 관리 등 효율적인 파일 사용을 위해 디스크에 존재하는 파일에 대한 여러 정보를 가지고 있는 특수한 형태의 파일이다.

2 DOS의 환경 설정 파일

환경 설정 파일은 DOS로 부팅될 때 자신에게 필요한 시스템 환경을 설정해 주는 파일로, 대표적으로 CONFIG.SYS가 있다.

- CONFIG.SYS 파일은 반드시 루트 디렉터리에 존재해야 실행된다.
- 디스크의 동작 속도를 향상시켜 주는 버퍼/캐시를 설정할 수 있다.
- COPY CON 명령으로 파일을 작성할 수 있다.
- TYPE 명령으로 내용을 확인할 수 있다.
- 주요 환경 설정 명령어

명령어	기능
LASTDRIVE*	드라이브의 최대 개수를 지정한다.
BREAK	프로그램 실행을 중지하는 Ctrl+C, Ctrl+Break의 작동 여부를 설정한다.

3 DOS의 내·외부 명령어

내부 명령어	• 도스가 부팅될 때 COMMAND.COM이 실행됨과 동시에 주기억장치에 상주하는 명령어이다. • 내부 명령어는 경로(Path)*와 관계없이 어떤 디렉터리에서도 실행이 가능하다. • 종류 : CLS, DIR, COPY, DATE, MD, CD, RD, TYPE, DEL 등
외부 명령어	• 보조기억장치에 저장되어 있다가 사용자가 명령을 입력하면 주기억장치에 적재시킨 후 실행하는 명령어이다. • 종류 : ATTRIB, FORMAT, CHKDSK, FDISK, DISKCOPY, XCOPY, SORT, SYS 등

기출문제 따라잡기

이전기출
1. Windows 환경에서 여러 개의 프로그램을 동시에 작업하는 것을 무엇이라 하는가?
① 멀티컨트롤　　② 멀티스케줄링
③ 멀티태스킹　　④ 멀티유저

> 여러 개의 프로그램을 동시에 작업하는 것을 멀티프로그래밍이라고 하고, 멀티프로그래밍을 멀티태스킹이라고도 합니다.

이전기출
2. 윈도우에 대한 설명으로 옳지 않은 것은?
① 플러그 앤 플레이(Plug & Play) 방식이다.
② 32Bit 운영체제이다.
③ 파일명의 길이는 최대 8자리까지 가능하다.
④ 멀티태스킹(Multi-Tasking)을 지원한다.

> 윈도우에서는 VFAT를 사용하여 최대 255자의 긴 파일명을 지원합니다.

이전기출
3. 윈도우의 특징으로 거리가 먼 것은?
① 16비트 운영체제이다.
② Plug and Play 기능을 지원한다.
③ 인터넷 접속 기능이 있다.
④ 멀티태스킹을 제공한다.

> 윈도우는 32비트 또는 64비트입니다.

이전기출
4. 윈도우의 특징으로 가장 거리가 먼 것은?
① 모든 파일은 파일명 없이 아이콘으로 되어 있다.
② GUI(Graphic User Interface) 방식의 운영체제이다.
③ 멀티태스킹(Multi-Tasking)을 지원한다.
④ 마우스 버튼을 눌러 원하는 작업을 실행할 수 있다.

> 파일은 기본적으로 파일명과 해당 파일의 종류를 구분할 수 있는 확장자로 되어 있습니다.

이전기출
5. 윈도우에서 새로운 하드웨어를 장착하고 시스템을 가동시키면 자동으로 하드웨어를 인식하고 실행하는 기능은?
① Interrupt 기능　　② Auto & Play 기능
③ Plug & Play 기능　　④ Auto & Plug 기능

> 플러그 앤 플레이(PnP; Plug & Play)하면 '하드웨어 자동 인식'입니다.

이전기출
6. 1980년대에 MS-DOS에서 멀티태스킹과 GUI 환경을 제공하기 위한 응용 프로그램으로 출시된 운영체제는 무엇인가?
① iOS　　② UNIX
③ Windows　　④ Android

> Windows는 '선점형 멀티태스킹, GUI, PnP, OLE' 등의 특징을 갖고 있는 운영체제입니다.

이전기출
7. 다음 중 Windows 운영체제에 대한 설명으로 옳지 않은 것은?
① 애플의 매킨토시를 위해 개발되었다.
② Windows 10, 11 등이 있다.
③ PNP(Plug & Play) 기능을 지원한다.
④ 멀티태스킹(Multitasking) 환경을 지원한다.

> 애플의 매킨토시를 위해 개발된 운영체제는 MacOS입니다.

▶ 정답: 1.③　2.③　3.①　4.①　5.③　6.③　7.①

SECTION 057

WINDOWS

1 WINDOWS의 개념 및 특징

Windows는 컴퓨터 시스템의 하드웨어를 효율적으로 관리하고 사용자에게는 더 편리한 컴퓨터 환경을 제공하기 위하여 만들어진 개인용 컴퓨터(PC) 시스템의 운영체제로서, 다음과 같은 특징이 있다.

그래픽 사용자 인터페이스 (GUI) 사용	키보드로 명령어를 직접 입력하지 않고, 아이콘이나 메뉴를 마우스로 선택하여 모든 작업을 수행하는 사용자 작업 환경(GUI)을 사용한다.
선점형 멀티태스킹 (Preemptive Multi-Tasking)	운영체제가 각 작업의 CPU 이용 시간을 제어하여 응용 프로그램 실행중 문제가 발생하면 해당 프로그램을 강제로 종료시키고, 모든 시스템 자원을 반환하는 멀티태스킹* 운영 방식이다.
32비트 또는 64비트 데이터 처리	이전 버전과의 호환을 위해 부분적으로 16비트 데이터 처리를 하나 대부분 32비트나 64비트 데이터 처리를 하므로 더 많은 양의 데이터를 빠르게 처리할 수 있다.
NTFS 파일 시스템	• 파일 시스템이란 보조기억장치에 저장되는 파일을 수정, 삭제, 추가, 검색하는 등의 관리 시스템을 말한다. • Windows는 성능, 보안, 안정성 면에서 뛰어난 NTFS 파일 시스템을 채용하여 디스크 저장 공간을 효율적으로 사용한다.
플러그 앤 플레이 (PnP; Plug & Play)	• 컴퓨터 시스템에 새로운 하드웨어를 장착하고 시스템을 가동시키면 자동으로 하드웨어를 인식하고 실행하는 기능이다. • 운영체제가 주변기기를 자동으로 인식하므로 시스템 환경을 사용자가 직접 설정할 필요가 없다.
OLE(Object Linking and Embedding)	다른 여러 응용 프로그램에서 작성된 문자나 그림 등의 개체(Object)를 현재 작성중인 문서에 자유롭게 연결(Linking)하거나 삽입(Embedding)하여 편집할 수 있게 하는 기능이다.
255자의 긴 파일 이름	• 파일 이름을 지정할 때 VFAT(Virtual File Allocation Table)*를 이용하여 최대 255자까지 지정할 수 있다. • 파일 이름에 공백을 포함할 수 있으며, 한글은 127자까지 지정할 수 있다.

 전문가의 조언

중요해요! ★★★
Windows의 특징에는 어떤 것들이 있는지 PnP를 중심으로 정리하세요.

멀티태스킹(Multi-Tasking)
다중 작업. 여러 개의 프로그램을 동시에 진행하는 것으로 멀티프로그래밍이라고도 합니다. 이를 테면 MP3 음악을 들으면서 워드프로세서 작업을 하다 인터넷에서 파일을 다운로드하는 것을 멀티태스킹이라고 합니다.

VFAT(가상 할당 테이블)
FAT 파일 시스템과 호환성을 유지하면서 긴 파일 이름을 지원하기 위해, FAT16 구조인 파일 이름 8자, 확장자 3자의 구조를 그대로 두고, 긴 파일 이름에 대한 데이터를 따로 저장하는 방식입니다.

SECTION 056 기억장치 관리 전략 - 교체 전략

1 교체(Replacement) 전략

페이지 교체 알고리즘은 페이지 부재(Page Fault)*가 발생했을 때 가상기억장치의 필요한 페이지를 주기억장치에 적재해야 하는데, 이때 주기억장치의 모든 페이지 프레임*이 사용중이면 어떤 페이지 프레임을 선택하여 교체할지 결정하는 기법이다.

- 교체 전략에는 FIFO, OPT, LRU, LFU, NUR, SCR 등이 있다.

OPT(OPTimal replacement, 최적 교체)	앞으로 가장 오랫동안 사용하지 않을 페이지를 교체하는 기법이다.
FIFO(First In First Out)	각 페이지가 주기억장치에 적재될 때마다 그때의 시간을 기억시켜 가장 먼저 들어와서 가장 오래 있었던 페이지를 교체하는 기법이다.
LRU(Least Recently Used)	계수기를 두어 가장 오랫동안 참조되지 않은 페이지를 교체하는 기법이다.
LFU(Least Frequently Used)	사용 빈도가 가장 적은 페이지를 교체하는 기법이다.
NUR(Not Used Recently)	최근에 사용하지 않은 페이지를 교체하는 기법이다.
MRU(Most Recently Used)*	사용 빈도가 가장 많은 페이지를 교체하는 기법이다.

전문가의 조언

중요해요! ★★★
기억장치의 관리 전략은 보조기억장치의 프로그램이나 데이터를 주기억장치에 적재시키는 시기, 적재 위치 등을 지정하여 한정된 주기억장치의 공간을 효율적으로 사용하기 위한 것으로 반입 전략, 배치 전략, 교체 전략이 있습니다. 교체 전략은 LRU를 중심으로 각 전략의 특징을 정리해 두세요.

페이지 부재(Page Fault)
페이지 부재는 프로그램 실행 시 참조할 페이지가 주기억장치에 없는 현상을 의미합니다.

페이지와 페이지 프레임
프로그램을 일정한 크기로 나눈 단위를 페이지(Page)라 하고, 페이지 크기로 일정하게 나누어진 주기억장치의 단위를 페이지 프레임(Page Frame)이라고 합니다.

MRU
MRU를 MFU(Most Frequently Used)라고도 합니다.

기출문제 따라잡기

이전기출
1. 페이지 대체 알고리즘에서 계수기를 두어 가장 오랫동안 참조되지 않은 페이지를 교체할 페이지로 선택하는 방법은?
① FIFO   ② LRU
③ LFU   ④ OPT

'가장 오랫동안 참조되지 않은 페이지 교체' 하면 LRU(Least Recently Used)입니다.

이전기출
2. 가상기억장치 관리 기법인 페이지 대체 알고리즘에 대한 설명으로 틀린 것은?
① FIFO : 가장 처음에 기록된 페이지를 교체
② LRU : 최근 쓰이지 않은 페이지를 교체
③ LFU : 사용 횟수가 가장 적은 페이지를 교체
④ MRU : 사용 빈도가 가장 많은 페이지를 교체

최근에 사용되지 않은 페이지를 교체하는 기법은 NUR(Not Used Recently)입니다.

▶ 정답 : 1.② 2.②

기출문제 따라잡기

문제4 2605551

이전기출

1. 다중 프로그래밍 상에서 두 개의 프로세스가 실행중에 있게 되면 각 프로세스는 자신이 필요한 자원을 가지고 실행되다가 서로 자신이 점유하고 있는 자원을 포기하지 않은 상태에서 다른 프로세스가 자원을 요구하는 경우가 발생된다. 이 경우 두 프로세스는 모두 더 이상 실행을 할 수 없게 되는데 이러한 현상을 무엇이라고 하는가?

① 교착 상태(DeadLock)
② 세마포어(Semaphore)
③ 가상 시스템(Virtual System)
④ 임계 영역(Critical Section)

> 오도가도, 빼도 박도 못하는 상황을 일컬어 교착 상태라고 합니다.
> • 세마포어(Semaphore) : 각 프로세스에 제어 신호를 전달하여 순서대로 작업을 수행하도록 하는 기법
> • 임계 영역(Critical Section) : 다중 프로그래밍 운영체제에서 여러 개의 프로세스가 공유하는 데이터 및 자원에 대하여 어느 한 시점에서는 하나의 프로세스만 자원 또는 데이터를 사용하도록 지정된 공유 영역

이전기출

2. 교착 상태의 발생 조건에 해당하지 않는 것은?

① 순환 대기
② 점유와 대기
③ 상호 배제
④ 선점

> 교착 상태의 발생 조건에는 '상호 배제, 점유와 대기, 비선점, 순환 대기'가 있습니다.

이전기출

3. 교착 상태의 필수 조건이 아닌 것은?

① 적어도 하나의 자원을 보유하고 현재 다른 프로세스에 완성된 자원을 얻기 위해 기다리는 프로세스가 있어야 한다.
② 선점(Preemption)이어야 한다.
③ 환상형 대기(Circular Wait)이어야 한다.
④ 적어도 하나 이상의 자원이 공유되어야 한다.

> 교착 상태의 필수 조건 중 하나는 선점(Preemption)이 아닌 비선점(Non-Preemption)입니다.

이전기출

4. 교착 상태(DeadLock)에 관한 설명으로 옳지 않은 것은?

① 교착 상태는 둘 이상의 프로세스들이 서로 다른 프로세스가 차지하고 있는 자원을 요구하여 무한정 기다리게 함으로 인해 결국 해당 프로세스의 진행이 중단되는 현상이다.
② 교착 상태는 어떤 자원을 한 프로세스가 사용 중 일때 다른 프로세스가 그 작업이 끝날 때까지 기다리는데서 발생한다.
③ 교착 상태는 한 프로세스에게 할당된 자원을 스스로 내놓기 전에는 다른 자원을 강제로 빼앗을 수 없을 때 발생한다.
④ 교착 상태는 프로세스들이 자신의 자원을 내놓고 상대방의 자원을 요구하는 것이 순환을 이룰 때 발생한다.

> 교착 상태는 자신에게 할당된 자원을 점유하면서 상대방의 자원을 요구하는 것이 순환을 이룰 때 발생하는 것이며, 이 조건을 환형 대기(순환 대기) 조건이라고 합니다. 교착 상태 발생의 필요 충분 조건 중 ①번은 점유와 대기, ②번은 상호 배제, ③번은 비선점 조건에 해당됩니다.

▶ 정답 : 1.① 2.④ 3.② 4.④

SECTION 055 교착 상태

1 교착 상태의 개요

교착 상태(Dead Lock)는 다중 프로그래밍 상에서 두 개의 프로세스가 실행중에 있을 때 각 프로세스는 자신이 필요한 자원을 가지고 실행하다가 서로 자신이 점유하고 있는 자원을 포기하지 않은 상태에서 다른 프로세스가 자원을 요구하여 두 프로세스 모두 실행을 할 수 없게 되는 현상을 의미한다.

- 아래 그림과 같이 자동차(프로세스)들이 현재 위치한 길(자원)을 점유함과 동시에 다른 차가 사용하는 길을 사용하려고 대기하고 있지만 다른 길을 사용할 수 없으며 현재 길에서도 벗어나지 못하는 상태이다.

교통의 교착 상태

전문가의 조언

중요해요! ★★★★★
그림을 통해 교착 상태의 개념을 숙지하고, 교착 상태 발생의 필요 조건 4가지를 꼭 암기하세요.

2 교착 상태 발생의 필요 충분 조건

교착 상태가 발생하기 위해서는 다음의 네 가지 조건이 충족되어야 하며, 이 네 가지 조건 중 하나라도 충족되지 않으면 교착 상태가 발생하지 않는다.

상호 배제(Mutual Exclusion)	한 번에 한 개의 프로세스만이 공유 자원을 사용할 수 있어야 한다.
점유와 대기(Hold and Wait)	최소한 하나의 자원을 점유하고 있으면서 다른 프로세스에 할당되어 사용되고 있는 자원을 추가로 점유하기 위해 대기하는 프로세스가 있어야 한다.
비선점(Non-preemption)	다른 프로세스에 할당된 자원은 사용이 끝날 때까지 강제로 빼앗을 수 없어야 한다.
환형 대기, 순환 대기 (Circular Wait)	공유 자원과 공유 자원을 사용하기 위해 대기하는 프로세스들이 원형으로 구성되어 있어 자신에게 할당된 자원을 점유하면서 앞이나 뒤에 있는 프로세스의 자원을 요구해야 한다.

기출문제 따라잡기

문제5 2605451

이전기출
1. 컴퓨터 시스템 내부에서 실행중인 프로그램을 정의하는 용어는?
① 인터럽트 ② 프로세스
③ 버퍼 ④ 커널

> 프로세스(Process)는 실행중인 프로그램을 의미하며, 작업(Job) 또는 태스크(Task)라고도 합니다.

이전기출
2. 준비 상태(Ready)에 있는 프로세스들 중에서 우선순위가 가장 높은 프로세스를 선택하여 CPU를 할당(Running 상태)하는 것을 무엇이라 하는가?
① 타이머 종료(Timer Run Out)
② 디스패치(Dispatch)
③ 사건 대기(Event Wait)
④ 깨어남(Wake Up)

> 디스패치(Dispatch)는 준비 상태에서 대기하고 있는 프로세스 중 우선순위가 가장 높은 프로세스가 CPU를 할당받아 실행 상태로 전이되는 과정입니다.

이전기출
3. 프로세스가 생성되어 실행될 때 필요한 시스템의 여러 자원을 해당 프로세스에게 할당하는 작업을 의미하는 것은?
① 운영체제(Operating System)
② 스케줄링(Scheduling)
③ 교착 상태(DeadLock)
④ 할당(Allocation)

> 시스템의 여러 자원을 해당 프로세스에게 할당하는 작업을 스케줄링(Scheduling)이라 하고, 이를 수행하는 것을 스케줄러(Scheduler)라고 합니다.

이전기출
4. CPU 스케줄링 알고리즘에서 규정 시간 또는 시간 조각(Slice)을 미리 정의하여 CPU 스케줄러가 준비상태 큐에서 정의된 시간만큼 각 프로세스에 CPU를 제공하는 시분할 시스템에 적절한 스케줄링 알고리즘은?
① RR(Round Robin)
② FCFS(First Come First Served)
③ SJF(Shortest Job First)
④ SRT(Shortest Remaining Time)

> '규정 시간 또는 시간 조각(Slice)'과 관련된 스케줄링 알고리즘은 '라운드 로빈(RR)'입니다.

이전기출
5. 프로세스 스케줄링 방법 중 가장 먼저 CPU를 요청한 프로세스에게 가장 먼저 CPU를 할당하여 실행할 수 있게 하는 방법은?
① FIFO ② LRU
③ LFU ④ FILO

> 가장 먼저 요청한 프로세스에게 가장 먼저 할당하는 기법은 FIFO(First In First Out, 먼저 들어간 것이 먼저 나옴)입니다.

이전기출
6. 비선점(Non-Preemptive) 프로세스 스케줄링 방식에 해당하는 것은?
① SJF, SRT
② SJF, FIFO
③ Round-Robin, SRT
④ Round-Robin, SJF

> • 비선점(Non-preemptive) 스케줄링 : FCFS(FIFO), SJF, HRN, 우선 순위
> • 선점(Preemptive) 스케줄링 : SRT, 라운드 로빈(RR: Round Robin), 다단계 큐, 다단계 피드백 큐

이전기출
7. 프로세스 스케줄링의 목적이 아닌 것은?
① 모든 작업에 대해 공평성을 유지해야 한다.
② 응답 시간을 최소화해야 한다.
③ 프로세스의 처리량을 최소화해야 한다.
④ 경과 시간의 예측이 가능하여야 한다.

> 프로세스의 처리량은 최대화해야 합니다.

이전기출
8. 프로세스 상태 전이 중 CPU를 할당받기만 하면 바로 실행할 수 있는 상태를 의미하는 것은?
① Waiting ② Running
③ Ready ④ Block

> CPU를 할당받기만 하면 바로 실행할 수 있는 상태를 의미하는 것은 준비(Ready)입니다.

▶ 정답 : 1.② 2.② 3.② 4.① 5.① 6.② 7.③ 8.③

- **디스패치(Dispatch)** : 준비 상태에서 대기하고 있는 프로세스 중 우선순위가 가장 높은 프로세스가 CPU를 할당받아 실행 상태로 전이되는 과정이다.
- **Wake Up** : 입·출력 작업이 완료되어 프로세스가 대기 상태에서 준비 상태로 전이되는 과정이다.

3 스케줄링

스케줄링(Scheduling)은 프로세스가 생성되어 실행될 때 필요한 시스템의 여러 자원을 해당 프로세스에게 할당하는 작업을 의미하며, 이를 수행하는 것을 스케줄러(Scheduler)라고 한다.

목적
- 모든 프로세스에 공정하게 할당한다.
- 단위 시간당 프로세스를 처리하는 비율을 증가시킨다.
- 응답 시간 및 반환 시간을 최소화한다.
- 경과 시간의 예측이 가능해야 한다.

종류
- **비선점(Non-preemptive) 스케줄링** : 이미 할당된 CPU를 다른 프로세스가 강제로 빼앗아 사용할 수 없는 스케줄링 기법이다.

FCFS = FIFO	준비상태 큐에 도착한 순서에 따라 차례로 CPU를 할당하는 기법이다.
SJF	준비상태 큐에서 기다리고 있는 프로세스들 중에서 실행 시간이 가장 짧은 프로세스에게 먼저 CPU를 할당하는 기법이다.
HRN	실행 시간이 긴 프로세스에 불리한 SJF 기법을 보완하기 위한 것으로, 대기 시간과 서비스(실행) 시간을 이용하는 기법이다.
우선 순위	준비상태 큐에서 기다리는 각 프로세스마다 우선 순위를 부여하여 그 중 가장 높은 프로세스에게 먼저 CPU를 할당하는 기법이다.

- **선점(Preemptive) 스케줄링** : 하나의 프로세스가 CPU를 할당받아 실행하고 있을 때 우선순위가 높은 다른 프로세스가 CPU를 강제로 빼앗아 사용할 수 있는 스케줄링 기법이다.

SRT	현재 실행중인 프로세스의 남은 시간과 준비상태 큐에 새로 도착한 프로세스의 실행 시간을 비교하여 가장 짧은 실행 시간을 요구하는 프로세스에게 CPU를 할당하는 기법이다.
라운드 로빈 (RR; Round Robin)	규정 시간 또는 시간 조각(Slice)을 미리 정의하여 CPU 스케줄러가 준비상태 큐에서 정의된 시간만큼 각 프로세스에 CPU를 제공하는 시분할 시스템에 적절한 스케줄링 기법이다.
다단계 큐	프로세스를 특정 그룹으로 분류할 수 있을 경우 그룹에 따라 각기 다른 준비상태 큐를 사용하는 기법이다.
다단계 피드백 큐	특정 그룹의 준비상태 큐에 들어간 프로세스가 다른 준비상태 큐로 이동할 수 없는 다단계 큐 기법을 준비상태 큐 사이를 이동할 수 있도록 개선한 기법이다.

SECTION 054 프로세스 관리 및 스케줄링

전문가의 조언
중요해요! ★★★★
다양하게 표현되는 프로세스의 정의를 모두 기억해 두세요.

1 프로세스의 정의

- 프로세스(Process)는 일반적으로 프로세서(처리기, CPU)에 의해 처리되는 사용자 프로그램, 즉 실행중인 프로그램을 의미하며, 작업(Job) 또는 태스크(Task)라고도 한다.
- 프로세스는 다음과 같이 여러 형태로 정의할 수 있다.
  - 실기억장치에 저장된 프로그램
  - 프로세서가 할당되는 실체
  - 운영체제가 관리하는 실행 단위
  - 실행중인 프로그램

전문가의 조언
중요해요! ★★★★
여러 단계로 구분되는 프로세스의 상태들을 기억하고, 어떤 상태를 말하는지 찾아낼 수 있도록 각각의 특징을 정리해 두세요.

2 프로세스 상태 전이

프로세스 상태 전이는 프로세스가 시스템 내에 존재하는 동안 프로세스의 상태가 변하는 것을 의미하며, 프로세스의 상태를 다음과 같이 상태 전이도로 표시할 수 있다.

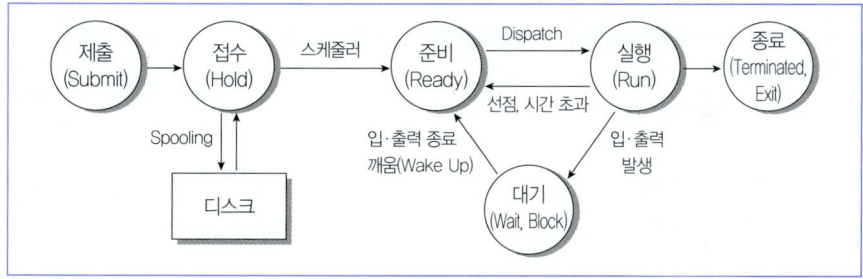

프로세스의 상태는 제출, 접수, 준비, 실행, 대기(보류) 상태로 나눌 수 있으며, 이 중 주요 세 가지 상태는 준비, 실행, 대기 상태이다.

- **제출(Submit)** : 작업을 처리하기 위해 사용자가 작업을 시스템에 제출한 상태이다.
- **접수(Hold)** : 제출된 작업이 스풀 공간인 디스크의 할당 위치에 저장된 상태이다.
- **준비(Ready)** : 프로세스가 CPU를 할당받기 위해 준비상태 큐*에서 실행을 준비하는 상태로, CPU를 할당받기만 하면 바로 실행할 수 있는 상태이다.
- **실행(Run)** : 준비상태 큐에 있는 프로세스가 CPU를 할당받아 실행되는 상태이다.
- **대기(Wait), 보류, 블록(Block)** : 프로세스에 입·출력 처리가 필요하면 현재 실행 중인 프로세스가 중단되고, 입·출력 처리가 완료될 때까지 대기하고 있는 상태이다.
- **종료(Terminated, Exit)** : 프로세서의 실행이 끝나고 프로세스 할당이 해제된 상태이다.

준비상태 큐
여러 프로세스가 CPU를 할당받기 위해 기다리는 장소입니다.

기출문제 따라잡기

이전기출

1. 처리할 데이터를 일정 양이나 일정 시간 동안 모았다가 한꺼번에 처리하는 방법을 무엇이라 하는가?

① 원격처리(Teleprocessing)
② 실시간 처리(Real Time Processing)
③ 일괄 처리(Batch Processing)
④ 온-라인 처리(On-Line processing)

> 처리할 데이터를 일정 양이나 일정 시간 동안 모았다가 한꺼번에 처리하는 방법은 일괄 처리(Batch Processing)입니다.

이전기출

2. 일괄 처리(Batch Processing) 방법에 속하지 않는 것은?

① 자료가 발생할 때마다 보조기억장치에 기억해 두었다가 필요 시에 처리하는 방식
② 자료가 일정량 수신되면 처리하는 방식
③ 자료를 일정 기간 단위로 처리하는 방식
④ 자료가 발생하는 즉시 필요한 처리를 하는 방식

> 자료가 발생하는 즉시 필요한 처리를 하는 방식은 실시간 처리 방식(Real Time Processing System)입니다.

이전기출

3. 단말장치 사용자가 일정한 시간 간격(Time Slice) 동안 CPU를 사용함으로써 단독으로 중앙처리장치를 이용하는 것과 같은 효과를 가지는 시스템은?

① 다중 프로그래밍 시스템
② 분산 데이터 처리 시스템
③ 시분할 처리 시스템
④ 병렬 처리 시스템

> 시간 간격(Time Slice)과 관련 있는 시스템은 시분할 처리 시스템입니다.

이전기출

4. 업무처리를 실시간 시스템(Real-time System)으로 처리할 필요가 없는 것은?

① 적의 공중 공격에 대비하여 동시에 여러 지점을 감시하는 시스템
② 가솔린 정련에서 온도가 너무 높이 올라가는 경우 폭발을 방지하기 위해 조치를 취하는 시스템
③ 고객명단 자료를 월 단위로 묶어 처리하는 시스템
④ 교통 관리, 비행조정 등과 같은 외부 상태에 대한 신속한 제어를 목적으로 하는 시스템

> 고객명단 자료를 월 단위로 묶어 처리하는 것은 일괄 처리 시스템(Batch Processing System)에 적합한 업무입니다.

이전기출

5. 다음 중 운영체제의 발달 순서를 올바르게 나열한 것은?

① 단일 처리 → 일괄 처리 → 다중 프로그래밍 → 다중 처리 → 분산 처리
② 단일 처리 → 일괄 처리 → 다중 처리 → 분산 처리 → 다중 프로그래밍
③ 일괄 처리 → 단일 처리 → 다중 프로그래밍 → 분산 처리 → 다중 처리
④ 단일 처리 → 다중 프로그래밍 → 일괄 처리 → 다중 처리 → 분산 처리

> 운영체제 운용 기법의 발달 과정은 '단일 처리 → 일괄 처리 → 다중 프로그래밍 → 시분할 처리 → 다중 처리 → 실시간 처리 → 분산 처리' 순입니다.

▶ 정답: 1.③ 2.④ 3.③ 4.③ 5.①

SECTION 053 운영체제의 운용 기법

전문가의 조언

중요해요! ★★★★★
운영체제를 운용하는 방식의 종류와 함께 각각을 구분할 수 있도록 특징을 파악해 두세요.

1 운영체제 운용 기법

일괄 처리(Batch Processing) 시스템	• 초기의 컴퓨터 시스템에서 사용된 형태로, 일정량 또는 일정 기간 동안 데이터를 모아서 한꺼번에 처리하는 방식이다. • 급여 계산, 지불 계산, 연말 결산 등의 업무에 사용한다.
다중 프로그래밍(Multi-Programming) 시스템	• 하나의 CPU와 주기억장치를 이용하여 여러 개의 프로그램을 동시에 처리하는 방식이다. • 하나의 주기억장치에 2개 이상의 프로그램을 기억시켜 놓고, 하나의 CPU와 대화하면서 동시에 처리한다.
시분할(Time Sharing) 시스템	• 단말장치 사용자가 일정한 시간 간격(Time Slice) 동안 CPU를 사용함으로써 단독으로 CPU를 사용하는 것과 같은 효과를 가지는 시스템으로, 라운드 로빈(Round Robin) 방식이라고도 한다. • 다중 프로그래밍 방식과 결합하여 모든 작업이 동시에 진행되는 것처럼 대화식 처리가 가능하다.
다중 처리(Multi-Processing) 시스템	• 여러 개의 CPU와 하나의 주기억장치를 이용하여 여러 개의 프로그램을 동시에 처리하는 방식이다. • 하나의 CPU가 고장나더라도 다른 CPU를 이용하여 업무를 처리할 수 있으므로 시스템의 신뢰성과 안정성이 높다.
실시간 처리(Real Time Processing) 시스템	• 데이터 발생 즉시, 또는 데이터 처리 요구가 있는 즉시 처리하여 결과를 산출하는 방식이다. • 우주선 운행이나 레이더 추적기, 핵물리학 실험 및 데이터 수집, 전화교환장치의 제어, 은행의 온라인 업무, 좌석 예약 업무, 인공위성, 군함 등의 제어 업무 등 시간에 제한을 두고 수행되어야 하는 작업에 사용된다.
다중 모드 처리(Multi-Mode Processing)	일괄 처리 시스템, 시분할 시스템, 다중 처리 시스템, 실시간 처리 시스템을 한 시스템에서 모두 제공하는 방식이다.
분산 처리(Distributed Processing) 시스템	• 여러 개의 컴퓨터(프로세서)를 통신 회선으로 연결하여 하나의 작업을 처리하는 방식이다. • 각 단말장치나 컴퓨터 시스템은 고유의 운영체제와 CPU, 메모리를 가지고 있다.

잠깐만요 운영체제 운용 기법의 발달 과정

1세대: 일괄 처리 시스템 → 2세대: 다중 프로그래밍 시스템 · 시분할 시스템 · 다중 처리 시스템 · 실시간 처리 시스템 → 3세대: 다중 모드 → 4세대: 분산 처리 시스템

전문가의 조언

중요해요! ★★★
운영체제 운용 기법의 발전 과정을 구분할 수 있을 정도로만 알아 두세요.

기출문제 따라잡기

이전기출
1. 운영체제를 제어 프로그램(Control Program)과 처리 프로그램(Processing Program)으로 분류했을 때 제어 프로그램에 해당하지 않는 것은?

① 작업 제어 프로그램(Job Control Program)
② 감시 프로그램(Supervisor Program)
③ 데이터 관리 프로그램(Data Management Program)
④ 문제 프로그램(Problem Program)

> 제어 프로그램은 '깜짝데(감시, 작업 관리, 데이터 관리 프로그램)이트'입니다.

이전기출
2. 운영체제의 기능상 분류에서 서비스 프로그램(Service Program)이 아닌 것은?

① 감시(Supervisor) 프로그램
② 연계 편집(Linkage Editor) 프로그램
③ 유틸리티(Utility) 프로그램
④ 라이브러리(Library) 프로그램

> 감시 프로그램(Supervisor Program)은 제어 프로그램에 해당합니다.

이전기출
3. 다음 중 언어 번역 프로그램(Language Translator)이 아닌 것은?

① Assembler   ② Interpreter
③ Loader   ④ Compiler

> 로더(Loader)는 컴퓨터 내부로 정보를 들여오거나 로드 모듈을 디스크 등의 보조기억장치로부터 주기억장치에 적재하는 프로그램입니다.

이전기출
4. 디스크에 저장된 목적 프로그램을 읽어서 주기억장치에 올린 다음 수행시키는 역할을 담당하는 프로그램은?

① 로더   ② 인터프리터
③ 컴파일러   ④ 에디터

> 프로그램을 주기억장치에 올리는 것은 로더(Loader)입니다.

이전기출
5. 로더(Loader)의 기능으로 옳지 않은 것은?

① 재배치(Relocation)   ② 할당(Allocation)
③ 링킹(Linking)   ④ 번역(Compile)

> 로더의 기능은 '할당 → 연결 → 재배치 → 적재'입니다.

이전기출
6. 프로그램의 실행을 위해서 메모리 내에 기억공간을 확보하는 작업을 무엇이라고 하는가?

① Linking   ② Compiling
③ Allocation   ④ Debugging

> 메모리 내에 기억공간을 확보하는 작업을 할당(Allocation)이라고 합니다.

이전기출
7. 운영체제를 기능상 분류했을 경우 다음 내용에 해당하는 프로그램은?

> 작업의 연속 처리를 위한 스케줄 및 시스템 자원 할당 등을 담당

① 작업 관리 프로그램
② 서비스 프로그램
③ 감시 프로그램
④ 데이터 관리 프로그램

> '작업 처리를 위한 스케줄'은 말 그대로 작업 관리 프로그램의 기능입니다.

이전기출
8. 로더(Loader)가 수행하는 기능으로 옳지 않은 것은?

① 재배치가 가능한 주소들을 할당된 기억장치에 맞게 변환한다.
② 프로그램의 수행 순서를 결정한다.
③ 로드 모듈을 주기억장치로 읽어 들인다.
④ 프로그램을 적재할 주기억장치 내의 공간을 할당한다.

> 프로그램의 수행 순서는 프로그램 속에 들어 있는 명령 코드에 따라 결정됩니다.

▶ 정답 : 1.④ 2.① 3.③ 4.① 5.④ 6.③ 7.① 8.②

| 잠깐만요 | 컴파일러와 인터프리터의 비교 | |

구분	컴파일러	인터프리터
번역 단위	전체	행(줄)
목적 프로그램	생성함	생성하지 않음
실행 속도	빠름	느림
번역 속도	느림	빠름

- 언어 번역 과정

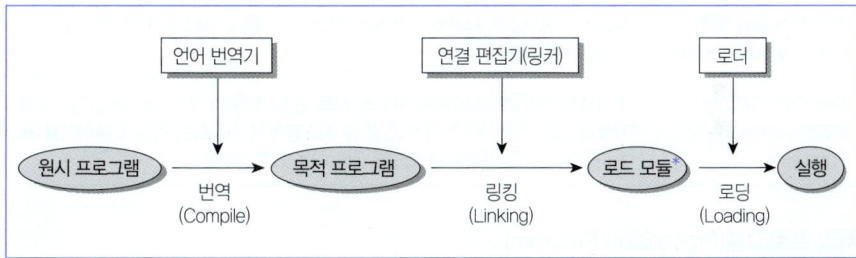

로드 모듈

로드 모듈은 즉시 실행 가능한 상태의 프로그램으로, 확장자가 .com 또는 .exe입니다.

전문가의 조언

중요해요! ★★★
로더의 4가지 기능과 각 기능의 의미를 잘 정리해 두세요.

③ 로더

로더(Loader, Module Loader)는 컴퓨터 내부로 정보를 들여오거나 로드 모듈을 디스크 등의 보조기억장치로부터 주기억장치에 적재하는 프로그램이다.

- 로더의 기능

할당(Allocation)	실행 프로그램을 실행시키기 위해 기억장치 내에 옮겨놓을 공간을 확보하는 기능이다.
연결(Linking)	부프로그램 호출 시 그 부프로그램이 할당된 기억장소의 시작 주소를 호출한 부분에 등록하여 연결하는 기능이다.
재배치(Relocation)	디스크 등의 보조기억장치에 저장된 프로그램이 사용하는 각 주소들을 할당된 기억장소의 실제 주소로 배치시키는 기능이다.
적재(Loading)	실행 프로그램을 할당된 기억공간에 실제로 옮기는 기능이다.

SECTION 052 운영체제의 구성

1 운영체제의 구성

운영체제는 기능별로 제어 프로그램과 처리 프로그램으로 분류할 수 있다.

제어 프로그램(Control Program)

감시 프로그램 (Supervisor Program)	각종 프로그램의 실행과 시스템 전체의 작동 상태를 감시·감독하는 프로그램이다.
작업 제어 프로그램 (Job Control Program)	작업이 정상적으로 처리될 수 있도록 작업의 스케줄과 시스템 자원 할당 등을 관리하는 프로그램이다.
자료 관리 프로그램 (Data Management Program)	주기억장치와 보조기억장치 사이의 자료 전송, 파일의 조작 및 처리, 입·출력 자료와 프로그램 간의 논리적 연결 등 시스템에서 취급하는 파일과 데이터를 표준적인 방법으로 처리할 수 있도록 관리하는 프로그램이다.

처리 프로그램(Processing Program)

언어 번역 프로그램 (Language Translate Program)	원시 프로그램(Source Program)*을 기계어 형태의 목적 프로그램(Object Program)으로 번역하는 프로그램이다.
서비스 프로그램 (Service Program)	사용자의 편의를 위해 시스템 제공자가 미리 작성하여 사용자에게 제공해주는 것으로, 사용 빈도가 높은 프로그램이다.
문제 프로그램 (Problem Program)	특정 업무 및 문제 해결을 위해 사용자가 작성한 프로그램이다.

2 언어 번역 프로그램

언어 번역 프로그램의 종류에는 어셈블러(Assembler), 컴파일러(Compiler), 인터프리터(Interpreter)가 있다.

어셈블러(Assembler)	어셈블리어*로 작성된 원시 프로그램을 기계어로 된 목적 프로그램으로 어셈블하는 언어 번역 프로그램이다.
컴파일러(Compiler)	• 고급 언어로 작성된 프로그램 전체를 목적 프로그램으로 번역한 후, 링킹 작업을 통해 컴퓨터에서 실행 가능한 실행 프로그램을 생성한다. • 컴파일러 언어 : FORTRAN, COBOL, PASCAL, C, C++, PL/1 등
인터프리터(Interpreter)	• 고급 언어나 코드화된 중간 언어를 입력받아 목적 프로그램 생성 없이 직접 기계어를 생성, 실행해주는 프로그램이다. • 인터프리터 언어 : BASIC, SNOBOL, LISP, APL 등

전문가의 조언

중요해요! ★★★★★
제어 프로그램과 처리 프로그램에 해당하는 프로그램들을 구분할 수 있도록 정리해 두세요.

운영체제의 구성
운영체제는 시스템 소프트웨어를 대표하는 프로그램입니다. 또한 특정 운영체제는 시스템 소프트웨어의 많은 기능을 포함하는 것도 있으므로 운영체제와 시스템 소프트웨어를 동일시하는 경향이 있습니다. 그러므로 운영체제의 구성은 시스템 소프트웨어의 구성과 같은 의미로 사용될 수 있습니다.

원시 프로그램
고급 언어나 어셈블리어로 작성되어 번역되기 전의 프로그램을 의미합니다.

전문가의 조언

중요해요! ★★★
언어 번역 프로그램의 종류 3가지를 정확히 숙지하고, 각각의 기능을 구분할 수 있도록 정리하세요.

어셈블리어
기계어와 1:1로 대응되는 기호로 이루어진 언어를 의미합니다.

기출문제 따라잡기

문제2 2605151

이전기출
1. 컴퓨터 시스템을 구성하고 있는 하드웨어 장치와 일반 컴퓨터 사용자 또는 컴퓨터에서 실행되는 응용 프로그램의 중간에 위치하여 사용자들이 보다 쉽고 간편하게 컴퓨터 시스템을 이용할 수 있도록 제어 관리하는 프로그램?

① 컴파일러　　　　② 운영체제
③ 스풀러　　　　　④ 매크로

> 운영체제(Operating System)는 사용자가 컴퓨터를 편리하고 효과적으로 사용할 수 있도록 환경을 제공하는 여러 프로그램의 모임입니다.

이전기출
2. 운영체제의 역할로서 거리가 먼 것은?

① 시스템의 효율적인 운영과 관리를 한다.
② 사용자 간의 데이터 호환을 가능하게 한다.
③ 하드웨어의 메모리 관리와 입·출력을 보조한다.
④ 원시 프로그램을 기계어로 번역한다.

> 원시 프로그램을 기계어로 번역하는 것은 언어 번역 프로그램의 역할입니다. 언어 번역 프로그램은 다음 섹션에서 자세히 다룹니다.

이전기출
3. 컴퓨터 시스템의 구성은 아래 그림과 같은 개념으로 설명될 수 있다. ( ) 안의 내용으로 가장 적절한 것은?

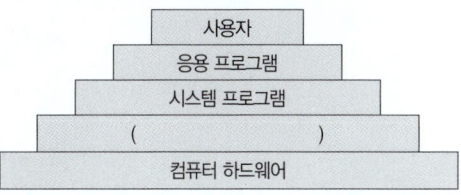

① Operating System　　② Application Program
③ Compiler　　　　　　④ Modem

> 하드웨어 장치와 사용자 사이, 하드웨어와 응용 프로그램 사이에 위치하는 것은 운영체제(Operating System)입니다.

이전기출
4. 시스템의 성능을 극대화하기 위한 운영체제의 목적이 아닌 것은?

① 처리 능력(Throughput) 향상
② 턴 어라운드 타임(Turn Around Time)의 증가
③ 사용 가능도(Availability)의 증대
④ 신뢰도(Reliability)의 향상

> 반환 시간(Turn Around Time)은 시스템에 작업을 제시하고 나서부터 결과를 받을 때까지의 경과 시간으로, 운영체제의 목적은 반환 시간의 단축입니다.

이전기출
5. 다음 중 운영체제에 해당하지 않은 것은?

① UNIX　　　　② LINUX
③ Intel　　　　　④ Windows

> 운영체제의 종류에는 Windows, UNIX, LINUX, MS-DOS 등이 있습니다.

이전기출
6. 운영체제의 성능 평가 요인으로 가장 거리가 먼 것은?

① Throughput
② Availability
③ Turn Around Time
④ Security

> 성능 평가 요인에는 처리 능력(Throughput), 반환 시간(Turn Around Time), 사용 가능도(Availability), 신뢰도(Reliability)가 있습니다.

이전기출
7. 컴퓨터 센터에 작업을 지시하고 나서부터 결과를 받을 때까지의 경과 시간은?

① 서치 시간(Search Time)
② 액세스 시간(Access Time)
③ 프로세스 시간(Process Time)
④ 턴 어라운드 시간(Turn Around Time)

> 컴퓨터 시스템에서 작업을 지시하고 나서부터 결과를 받을 때까지의 경과 시간을 반환 시간(Turn Around Time)이라고 합니다.

이전기출
8. 운영체제의 성능 평가에 대한 설명으로 옳지 않은 것은?

① 사용 가능도는 시스템을 얼마나 빨리 사용할 수 있는가의 정도를 나타낸다.
② 처리 능력은 수치가 높을수록 좋다.
③ 응답 시간은 수치가 높을수록 좋다.
④ 신뢰도는 시스템이 주어진 문제를 얼마나 정확하게 해결하는가를 나타내는 척도이다.

> 운영체제의 목적이나 성능 평가에 있어서 사용 가능도, 처리율 등은 높아야(증가) 좋고, 시간에 관련된 것은 낮아야(감소) 좋습니다.

▶ 정답 : 1.② 2.④ 3.① 4.② 5.③ 6.④ 7.④ 8.③

4 운영체제의 종류

운영체제의 종류에는 Windows, UNIX, LINUX, MS-DOS, MacOS 등이 있으며, 하나의 컴퓨터 시스템에서 수행할 수 있는 작업 수에 따라 다음과 같이 구분된다.

단일 작업 처리 시스템	DOS
다중 작업 처리 시스템	Windows, UNIX, LINUX, MacOS

잠깐만요   단일 / 다중 작업 처리 시스템

단일 작업 처리 시스템(Single Tasking System)
컴퓨터 시스템을 한 개의 작업이 독점하여 사용하는 방식으로, 예를 들어 DOS에서 워드 작업을 하다가 PC 통신을 하려면 워드 작업을 종료해야 하는 것을 의미합니다.

다중 작업 처리 시스템(Multi-Tasking System)
여러 개의 프로그램을 열어두고 다양한 작업을 동시에 진행하는 방식으로, 예를 들어 Windows에서 워드 작업을 하고 있는 상태에서 음악을 들으며 엑셀, 그림판 등의 프로그램을 실행시켜 놓고, 필요할 때마다 해당 프로그램으로 바로 바로 전환하여 사용할 수 있는 것을 의미합니다.

SECTION 051 운영체제의 개념

1 운영체제의 정의

운영체제(OS; Operating System)는 컴퓨터 하드웨어와 일반 컴퓨터 사용자 또는 컴퓨터에서 실행되는 응용 프로그램의 중간에 위치하여 사용자들이 보다 쉽고 간편하게 컴퓨터 시스템을 이용할 수 있도록 제어하는 시스템 소프트웨어의 일종이다.

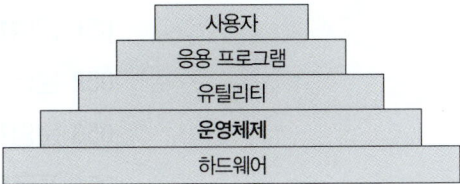

2 운영체제의 목적

운영체제의 목적에는 처리 능력 향상, 사용 가능도 향상, 신뢰도 향상, 반환 시간 단축 등이 있다. 처리 능력, 반환(응답) 시간, 사용 가능도, 신뢰도는 운영체제의 성능을 평가하는 기준이 된다.

처리 능력(Throughput)	일정 시간 내에 시스템이 처리하는 일의 양
반환 시간(Turn Around Time)	시스템에 작업을 제시하고 나서부터 결과를 받을 때까지의 경과 시간
사용 가능도(Availability)	시스템을 사용할 필요가 있을 때 즉시 사용 가능한 정도
신뢰도(Reliability)	시스템이 주어진 문제를 정확하게 해결하는 정도

3 운영체제의 기능

- 프로세서(처리기, Processor), 기억장치(주기억장치, 보조기억장치), 입출력장치, 파일 및 정보 등의 자원을 관리한다.
- 자원을 효율적으로 관리하기 위해 자원*의 스케줄링* 기능을 제공한다.
- 사용자와 시스템 간의 편리한 인터페이스를 제공한다.
- 시스템의 각종 하드웨어와 네트워크를 관리·제어한다.
- 데이터를 관리하고, 데이터 및 자원의 공유 기능을 제공한다.
- 시스템의 오류를 검사하고 복구한다.
- 자원 보호 기능을 제공한다.
- 입·출력에 대한 보조 기능을 제공한다.
- 가상 계산기 기능을 제공한다.

전문가의 조언

중요해요! ★★★★★
운영체제에 대한 기본적인 내용들입니다. 기초를 튼튼히 한다는 마음가짐으로 확실하게 숙지하고 넘어가세요.

자원
자원은 시스템에서 사용할 수 있는 CPU, 주기억장치, 보조기억장치, 프린터, 파일 및 정보 등을 의미합니다.

스케줄링
스케줄링은 어떤 자원을 누가, 언제, 어떤 방식으로 사용할지를 결정해 주는 것을 의미합니다.

3장 개발자 환경 구축

051 운영체제의 개념 Ⓐ등급
052 운영체제의 구성 Ⓐ등급
053 운영체제의 운용 기법 Ⓐ등급
054 프로세스 관리 및 스케줄링 Ⓐ등급
055 교착 상태 Ⓐ등급
056 기억장치 관리 전략 - 교체 전략 Ⓐ등급
057 WINDOWS Ⓒ등급
058 DOS Ⓑ등급
059 UNIX의 개요 Ⓐ등급
060 UNIX 명령어 Ⓐ등급

꼭 알아야 할 키워드 Best 10

1. 운영체제 2. 로더 3. 일괄 처리 시스템 4. 프로세스 5. 교착 상태 6. LRU 7. ATTRIB 8. 커널 9. 쉘 10. ls

❻ 혼합식 통합 테스트
하위 수준에서는 상향식 통합, 상위 수준에서는 하향식 통합을 사용하여 최적의 테스트를 지원하는 방식이다.

❼ 회귀 테스팅(Regression Testing)
이미 테스트된 프로그램의 테스팅을 반복하는 것으로, 통합 테스트로 인해 변경된 모듈이나 컴포넌트에 새로운 오류가 있는지 확인하는 테스트이다.

❼ 커뮤니케이션 및 협업
DevOps의 핵심적인 문화적 요소 중 하나로, 개발(Dev)팀과 운영(Ops)팀 간의 커뮤니케이션과 협업을 강화하여 효율적인 개발과 운영을 지원한다.

050 DevOps

❶ DevOps
소프트웨어의 개발(Development)과 운영(Operations)의 합성어로, 소프트웨어 개발 및 배포 과정을 자동화하고 효율화하기 위한 개발 방법론이다.

❷ 지속적인 통합(CI)
개발자가 작성한 코드를 중앙 저장소에 자주 통합하고, 코드가 통합될 때마다 자동으로 빌드와 테스트를 수행하는 개발 방식이다.

❸ 지속적인 배포(CD)
코드 변경 사항이 자동으로 빌드, 테스트되어 배포될 준비가 되도록 하는 개발 방식이다.

❹ 마이크로서비스(Microservices)
하나의 애플리케이션을 여러 개의 작은 독립적인 서비스로 나누어 구축하는 개발 방식이다.

❺ 코드형 인프라(IaC)
인프라를 수동으로 설정하는 대신 코드로 정의하고 관리하는 방식이다.

❻ 모니터링 및 로깅
시스템 지표와 로그를 수집 및 분석하여 애플리케이션과 인프라의 성능을 추적하는 활동이다.

2장 핵심요약

048 개발 단계에 따른 애플리케이션 테스트

❶ 개발 단계에 따른 애플리케이션 테스트
- 애플리케이션 테스트는 소프트웨어의 개발 단계에 따라 단위 테스트, 통합 테스트, 시스템 테스트, 인수 테스트로 분류된다.
- 소프트웨어 생명 주기의 V-모델

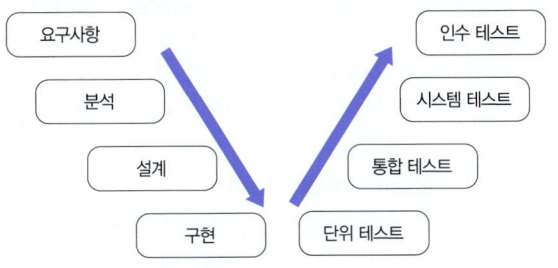

❷ 단위 테스트(Unit Test)
- 코딩 직후 소프트웨어 설계의 최소 단위인 모듈이나 컴포넌트에 초점을 맞춰 테스트하는 것이다.
- 단위 테스트로 발견 가능한 오류 : 알고리즘 오류에 따른 원치 않는 결과, 탈출구가 없는 반복문의 사용, 틀린 계산 수식에 의한 잘못된 결과

❸ 시스템 테스트(System Test)
- 개발된 소프트웨어가 해당 컴퓨터 시스템에서 완벽하게 수행되는가를 점검하는 테스트이다.
- 기능적 요구사항과 비기능적 요구사항으로 구분하여 각각을 만족하는지 테스트한다.

❹ 인수 테스트(Acceptance Test)
- 개발한 소프트웨어가 사용자의 요구사항을 충족하는지에 중점을 두고 테스트하는 방법이다.
- 인수 테스트는 개발한 소프트웨어를 사용자가 직접 테스트한다.
- 알파 테스트 : 개발자의 장소에서 사용자가 개발자 앞에서 행하는 테스트 기법
- 베타 테스트 : 선정된 최종 사용자가 여러 명의 사용자 앞에서 행하는 테스트 기법

049 통합 테스트

❶ 통합 테스트(Integration Test)
- 단위 테스트가 끝난 모듈을 통합하는 과정에서 발생하는 오류 및 결함을 찾는 테스트 기법이다.
- 비점진적 통합 방식 : 단계적으로 통합하는 절차 없이 모든 모듈이 미리 결합되어 있는 프로그램 전체를 테스트하는 방법으로, 빅뱅 통합 테스트 방식이 있음
- 점진적 통합 방식 : 모듈 단위로 단계적으로 통합하면서 테스트하는 방법으로, 하향식, 상향식, 혼합식 통합 방식이 있음

❷ 하향식 통합 테스트(Top Down Integration Test)
- 프로그램의 상위 모듈에서 하위 모듈 방향으로 통합하면서 테스트하는 기법이다.
- 깊이 우선 통합법이나 넓이 우선 통합법을 사용한다.

❸ 상향식 통합 테스트(Bottom Up Integration Test)
- 프로그램의 하위 모듈에서 상위 모듈 방향으로 통합하면서 테스트하는 기법이다.
- 스텁(Stub)은 필요하지 않지만 클러스터(Cluster)가 필요하다.

❹ 테스트 드라이버(Test Driver)
- 테스트 대상의 하위 모듈을 호출하는 도구로, 매개 변수(Parameter)를 전달하고, 모듈 테스트 수행 후의 결과를 도출한다.
- 상위 모듈 없이 하위 모듈이 있는 경우 하위 모듈을 구동한다.
- 상향식 통합 테스트에 사용된다.

❺ 테스트 스텁(Test Stub)
- 제어 모듈이 호출하는 타 모듈의 기능을 단순히 수행하는 도구로, 일시적으로 필요한 조건만을 가지고 있는 시험용 모듈이다.
- 상위 모듈은 있지만 하위 모듈이 없는 경우 하위 모듈을 대체한다.
- 하향식 통합 테스트에 사용된다.

- 구조(Structure) 테스트 : 소프트웨어 내부의 논리적인 경로, 소스 코드의 복잡도 등을 평가하는 테스트
- 회귀(Regression) 테스트 : 소프트웨어의 변경 또는 수정된 코드에 새로운 결함이 없음을 확인하는 테스트
- 병행(Parallel) 테스트 : 변경된 소프트웨어와 기존 소프트웨어에 동일한 데이터를 입력하여 결과를 비교하는 테스트

047 테스트 기법에 따른 애플리케이션 테스트

❶ 화이트박스 테스트(White Box Test)
- 모듈의 원시 코드를 오픈시킨 상태에서 원시 코드의 논리적인 모든 경로를 테스트하여 테스트 케이스를 설계하는 방법이다.
- 설계된 절차에 초점을 둔 구조적 테스트이다.
- 원시 코드(모듈)의 모든 문장을 한 번 이상 실행함으로써 수행된다.
- 프로그램의 제어 구조에 따라 선택, 반복 등의 분기점 부분들을 수행함으로써 논리적 경로를 제어한다.

❷ 화이트박스 테스트의 종류
- 기초 경로 검사(Base Path Testing) : 테스트 케이스 설계자가 절차적 설계의 논리적 복잡성을 측정할 수 있게 해주는 테스트 기법
- 제어 구조 검사(Control Structure Testing)
  - 조건 검사(Condition Testing) : 프로그램 모듈 내에 있는 논리적 조건을 테스트하는 테스트 케이스 설계 기법
  - 루프 검사(Loop Testing) : 프로그램의 반복(Loop) 구조에 초점을 맞춰 실시하는 테스트 케이스 설계 기법
  - 데이터 흐름 검사(Data Flow Testing) : 프로그램에서 변수의 정의와 변수 사용의 위치에 초점을 맞춰 실시하는 테스트 케이스 설계 기법

❸ 화이트박스 테스트의 검증 기준
- 문장 검증 기준(Statement Coverage) : 소스 코드의 모든 구문이 한 번 이상 수행되도록 테스트 케이스 설계
- 분기 검증 기준(Branch Coverage) : 소스 코드의 모든 조건문에 대해 조건이 True인 경우와 False인 경우가 한 번 이상 수행되도록 테스트 케이스 설계
- 조건 검증 기준(Condition Coverage) : 소스 코드의 조건문에 포함된 개별 조건식의 결과가 True인 경우와 False인 경우가 한 번 이상 수행되도록 테스트 케이스 설계
- 분기/조건 기준(Branch/Condition Coverage) : 분기 검증 기준과 조건 검증 기준을 모두 만족하는 설계로, 조건문이 True인 경우와 False인 경우에 따라 조건 검증 기준의 입력 데이터를 구분하는 테스트 케이스 설계

❹ 블랙박스 테스트(Black Box Test)
- 소프트웨어가 수행할 특정 기능을 알기 위해서 각 기능이 완전히 작동되는 것을 입증하는 테스트로, 기능 테스트라고도 한다.
- 사용자의 요구사항 명세를 보면서 테스트하는 것으로, 주로 구현된 기능을 테스트 한다.
- 소프트웨어 인터페이스에서 실시되는 테스트이다.

❺ 블랙박스 테스트의 종류
- 동치 분할 검사(Equivalence Partitioning Testing) : 프로그램의 입력 조건에 타당한 입력 자료와 타당하지 않은 입력 자료의 개수를 균등하게 하여 테스트 케이스를 정하고, 해당 입력 자료에 맞는 결과가 출력되는지 확인하는 기법
- 경계값 분석(Boundary Value Analysis) : 입력 조건의 중간값보다 경계값에서 오류가 발생될 확률이 높다는 점을 이용하여 입력 조건의 경계값을 테스트 케이스로 선정하여 검사하는 기법
- 원인-효과 그래프 검사(Cause-Effect Graphing Testing) : 입력 데이터 간의 관계와 출력에 영향을 미치는 상황을 체계적으로 분석한 다음 효용성이 높은 테스트 케이스를 선정하여 검사하는 기법
- 오류 예측 검사(Error Guessing) : 과거의 경험이나 확인자의 감각으로 테스트하는 기법
- 비교 검사(Comparison Testing) : 여러 버전의 프로그램에 동일한 테스트 자료를 제공하여 동일한 결과가 출력되는지 테스트하는 기법

2장 핵심요약

045 애플리케이션 테스트

❶ 애플리케이션 테스트의 개요
- 애플리케이션에 잠재되어 있는 결함을 찾아내는 일련의 행위 또는 절차이다.
- 애플리케이션 테스트는 개발된 소프트웨어가 고객의 요구사항을 만족시키는지 확인(Validation)하고 소프트웨어가 기능을 정확히 수행하는지 검증(Verification)한다.
- 확인(Validation) : 사용자의 입장에서 개발한 소프트웨어가 고객의 요구사항에 맞게 구현되었는지를 확인하는 것
- 검증(Verification) : 개발자의 입장에서 개발한 소프트웨어가 명세서에 맞게 만들어졌는지를 점검하는 것

❷ 애플리케이션 테스트의 기본 원리
- 소프트웨어의 잠재적인 결함을 줄일 수 있지만 소프트웨어에 결함이 없다고 증명할 수는 없다. 즉 완벽한 소프트웨어 테스팅은 불가능하다.
- 애플리케이션의 결함은 대부분 개발자의 특성이나 애플리케이션의 기능적 특징 때문에 특정 모듈에 집중되어 있다.
- 애플리케이션 테스트에서는 동일한 테스트 케이스로 동일한 테스트를 반복하면 더 이상 결함이 발견되지 않는 '살충제 패러독스' 현상이 발생한다.
- 소프트웨어의 결함을 모두 제거해도 사용자의 요구사항을 만족시키지 못하면 해당 소프트웨어는 품질이 높다고 말할 수 없다. 이것을 '오류-부재의 궤변'이라고 한다.

❸ 결함 집중(Defect Clustering)
대부분의 결함이 소수의 특정 모듈에 집중해서 발생하는 것을 의미한다.

❹ 파레토 법칙(Pareto Principle)
소프트웨어 테스트에서 오류의 80%는 전체 모듈의 20% 내에서 발견된다는 법칙이다.

❺ 살충제 패러독스(Pesticide Paradox)
살충제를 지속적으로 뿌리면 벌레가 내성이 생겨서 죽지 않는 현상을 의미한다.

046 애플리케이션 테스트의 분류

❶ 프로그램 실행 여부에 따른 테스트
- 정적 테스트 : 프로그램을 실행하지 않고 명세서나 소스 코드를 대상으로 분석하는 테스트로, 워크스루, 인스펙션, 코드 검사 등이 있음
- 동적 테스트 : 프로그램을 실행하여 오류를 찾는 테스트로, 블랙박스 테스트, 화이트박스 테스트가 있음

❷ 테스트 기반(Test Bases)에 따른 테스트
- 명세 기반 테스트 : 사용자의 요구사항에 대한 명세를 빠짐없이 테스트 케이스로 만들어 구현하고 있는지 확인하는 테스트로, 동등 분할, 경계 값 분석 등이 있음
- 구조 기반 테스트 : 소프트웨어 내부의 논리 흐름에 따라 테스트 케이스를 작성하고 확인하는 테스트로, 구문 기반, 결정 기반, 조건 기반 등이 있음
- 경험 기반 테스트 : 유사 소프트웨어나 기술 등에 대한 테스터의 경험을 기반으로 수행하는 테스트로, 에러 추정, 체크 리스트 등이 있음

❸ 시각에 따른 테스트
- 검증(Verification) 테스트 : 개발자의 시각에서 제품의 생산 과정을 테스트하는 것으로, 제품이 명세서대로 완성됐는지를 테스트함
- 확인(Validation) 테스트 : 사용자의 시각에서 생산된 제품의 결과를 테스트하는 것으로, 사용자가 요구한대로 제품이 완성됐는지, 제품이 정상적으로 동작하는지를 테스트함

❹ 목적에 따른 테스트
- 회복(Recovery) 테스트 : 시스템에 여러 가지 결함을 주어 실패하도록 한 후 올바르게 복구되는지를 확인하는 테스트
- 안전(Security) 테스트 : 시스템에 설치된 시스템 보호 도구가 불법적인 침입으로부터 시스템을 보호할 수 있는지를 확인하는 테스트
- 강도(Stress) 테스트 : 시스템에 과도한 정보량이나 빈도 등을 부과하여 과부하 시에도 소프트웨어가 정상적으로 실행되는지를 확인하는 테스트
- 성능(Performance) 테스트 : 소프트웨어의 실시간 성능이나 전체적인 효율성을 진단하는 테스트

6 모니터링 및 로깅

모니터링 및 로깅은 시스템 지표와 로그를 수집 및 분석하여 애플리케이션과 인프라의 성능을 추적하는 활동이다.
- 모니터링 및 로깅을 통해 서비스의 상태를 실시간으로 파악하고, 최종 사용자의 경험에 미치는 영향을 확인할 수 있다.

7 커뮤니케이션 및 협업

커뮤니케이션 및 협업은 DevOps의 핵심적인 문화적 요소 중 하나이다.
- 개발(Dev)팀과 운영(Ops)팀 간의 커뮤니케이션과 협업을 강화하여 효율적인 개발과 운영을 지원한다.

 기출문제 따라잡기

출제예상
1. 소프트웨어 개발 및 배포 과정을 자동화하고 효율화하기 위한 개발 방법론은?
① Prototyping
② Agile
③ DevOps
④ Waterfall

> DevOps는 소프트웨어 개발 및 배포 과정을 자동화하고 효율화하기 위한 개발 방법론을 의미합니다.

출제예상
2. 다음 중 DevOps의 특징에 대한 설명으로 옳지 않은 것은?
① 지속적인 배포(CD)는 코드 변경 사항이 자동으로 빌드, 테스트되어 배포될 준비가 되도록 하는 개발 방식이다.
② 마이크로서비스는 여러 개의 애플리케이션을 하나의 서비스로 통합하여 구축하는 개발 방식이다.
③ 지속적인 통합(CI)은 개발자가 작성한 코드를 중앙 저장소에 자주 통합하고 자동으로 빌드와 테스트를 수행하는 개발 방식이다.
④ 코드형 인프라는 인프라를 수동으로 설정하는 대신 코드로 정의하고 관리하는 방식이다.

> 마이크로서비스는 하나의 애플리케이션을 여러 개의 작은 독립적인 서비스로 나누어 구축하는 개발 방식입니다.

출제예상
3. 다음 중 지속적인 통합(CI)에 대한 설명으로 옳은 것은?
① 코드 변경 사항을 수동으로 통합하고, 배포 시에만 테스트를 수행한다.
② 개발자가 작성한 코드를 자주 통합하며, 통합 시 자동 빌드와 테스트가 수행된다.
③ 애플리케이션을 여러 개의 독립적인 서비스로 분리하여 개발하는 방식이다.
④ 인프라 환경을 코드로 정의하여 자동으로 배포하는 방식이다.

> 지속적인 통합은 개발자가 작성한 코드를 중앙 저장소에 자주 통합하고, 코드가 통합될 때마다 자동으로 빌드와 테스트를 수행하는 개발 방식입니다.

출제예상
4. 다음 중 DevOps의 특징이 아닌 것은?
① 지속적인 통합(CI)
② 지속적인 배포(CD)
③ 커뮤니케이션 및 협업
④ 수동적인 인프라 관리

> DevOps의 특징에는 지속적인 통합(CI), 지속적인 배포(CD), 마이크로서비스, 코드형 인프라(IaC), 모니터링 및 로깅, 커뮤니케이션 및 협업 등이 있습니다.

▶ 정답 : 1.③ 2.② 3.② 4.④

SECTION 050

DevOps

1 DevOps

DevOps는 소프트웨어의 개발(Development)과 운영(Operations)의 합성어로, 소프트웨어 개발 및 배포 과정을 자동화하고 효율화하기 위한 개발 방법론이다.

- DevOps는 소프트웨어 개발 조직과 운영 조직이 상호 협력하여 소프트웨어 제품과 서비스를 안정적이고 신속하게 개발 및 배포하는 것을 목표로 한다.
- DevOps의 특징에는 지속적인 통합(CI), 지속적인 배포(CD), 마이크로서비스(Microservices), 코드형 인프라(IaC), 모니터링 및 로깅, 커뮤니케이션 및 협업 등이 있다.

> **전문가의 조언**
> DevOps는 빠르고 안정적인 서비스 제공을 통해 비즈니스 가치를 높이고 시장 변화에 유연하게 대응할 수 있도록 하는 개발 방법론으로, 조직의 역량 강화를 위한 문화, 철학, 실천 방안 및 도구들의 총체적인 조합을 의미합니다. DevOps의 개념 및 특징을 정리해 두세요.

2 지속적인 통합(CI; Continuous Integration)

지속적인 통합은 개발자가 작성한 코드를 중앙 저장소에 자주 통합하고, 코드가 통합될 때마다 자동으로 빌드*와 테스트를 수행하는 개발 방식이다.

- 지속적인 통합을 통해 코드 충돌 등의 오류를 빠르게 발견할 수 있으며, 소프트웨어 품질을 지속적으로 유지할 수 있다.

> **빌드(Build)**
> 빌드는 소스 코드 파일들을 컴퓨터에서 실행할 수 있는 제품 소프트웨어로 변환하는 과정 또는 결과물을 말합니다.

3 지속적인 배포(CD; Continuous Delivery)

지속적인 배포는 코드 변경 사항이 자동으로 빌드 및 테스트되어 배포될 준비가 되도록 하는 개발 방식이다.

- 지속적인 배포를 통해 배포 과정이 안정적이고 신속하게 진행될 수 있다.

4 마이크로서비스(Microservices)

마이크로서비스는 하나의 애플리케이션을 여러 개의 작은 독립적인 서비스로 나누어 구축하는 개발 방식이다.

- 각 서비스는 자체적으로 개발, 배포, 운영될 수 있어 유연성이 높으며, 독립적으로 배포와 확장이 가능하다.

5 코드형 인프라(IaC; Infrastructure as Code)

코드형 인프라*는 인프라를 수동으로 설정하는 대신 코드로 정의하고 관리하는 방식이다.

- 소프트웨어 개발처럼 버전 관리와 자동화된 빌드를 활용할 수 있으며, 일관성 있는 인프라 운영이 가능하다.

> **인프라(Infrastructure)**
> 인프라는 소프트웨어 애플리케이션을 구동하는 데 필요한 서버, 네트워크 장비, 운영체제(OS), 미들웨어 등 모든 하드웨어 및 소프트웨어 구성 요소를 말합니다.

5 회귀 테스팅(Regression Testing)

회귀 테스트는 이미 테스트된 프로그램의 테스팅을 반복하는 것으로, 통합 테스트로 인해 변경된 모듈이나 컴포넌트에 새로운 오류가 있는지 확인하는 테스트이다.

- 회귀 테스트는 수정한 모듈이나 컴포넌트가 다른 부분에 영향을 미치는지, 오류가 생기지 않았는지 테스트하여 새로운 오류가 발생하지 않음을 보증하기 위해 반복 테스트한다.
- 회귀 테스트는 모든 테스트 케이스를 이용해 테스팅하는 것이 가장 좋지만 시간과 비용이 많이 필요하므로 기존 테스트 케이스 중 변경된 부분을 테스트할 수 있는 테스트 케이스만을 선정하여 수행한다.
- 회귀 테스트의 테스트 케이스 선정 방법
  - 모든 애플리케이션의 기능을 수행할 수 있는 대표적인 테스트 케이스를 선정한다.
  - 애플리케이션 기능 변경에 의한 파급 효과를 분석하여 파급 효과가 높은 부분이 포함된 테스트 케이스를 선정한다.
  - 실제 수정이 발생한 모듈 또는 컴포넌트에서 시행하는 테스트 케이스를 선정한다.

기출문제 따라잡기

이전기출
1. 테스트 드라이버(Test Driver)에 대한 설명으로 틀린 것은?
① 시험 대상 모듈을 호출하는 간이 소프트웨어이다.
② 필요에 따라 매개 변수를 전달하고 모듈을 수행한 후의 결과를 보여줄 수 있다.
③ 상향식 통합 테스트에서 사용된다.
④ 테스트 대상 모듈이 호출하는 하위 모듈의 역할을 한다.

> 비어있는 하위 모듈을 대체하는 것은 스텁(Stub), 상위 모듈을 대체하는 것은 드라이버(Driver)입니다.

이전기출
2. 통합 테스트(Integration Test)와 관련한 설명으로 틀린 것은?
① 시스템을 구성하는 모듈의 인터페이스와 결합을 테스트하는 것이다.
② 하향식 통합 테스트의 경우 넓이 우선(Breadth First) 방식으로 테스트를 할 모듈을 선택할 수 있다.
③ 상향식 통합 테스트의 경우 시스템 구조도의 최상위에 있는 모듈을 먼저 구현하고 테스트한다.
④ 모듈 간의 인터페이스와 시스템의 동작이 정상적으로 잘되고 있는지를 빨리 파악하고자 할 때 상향식 보다는 하향식 통합 테스트를 사용하는 것이 좋다.

> 상향식 통합 테스트는 프로그램의 하위 모듈에서 상위 모듈 방향으로 통합하면서 테스트하는 기법입니다.

이전기출
3. 하향식 통합에 있어서 모듈 간의 통합 시험을 위해 일시적으로 필요한 조건만을 가지고 임시로 제공되는 시험용 모듈을 무엇이라고 하는가?
① Stub   ② Driver
③ Procedure   ④ Function

> 하향식 통합 테스트에서 임시로 제공되는 시험용 모듈을 스텁(Stub)이라고 합니다.

이전기출
4. 다음아 설명하는 애플리케이션 통합 테스트 유형은?

> - 깊이 우선 방식 또는 너비 우선 방식이 있다.
> - 상위 컴포넌트를 테스트 하고 점증적으로 하위 컴포넌트를 테스트 한다.
> - 하위 컴포넌트 개발이 완료되지 않은 경우 스텁(Stub)을 사용하기도 한다.

① 하향식 통합 테스트   ② 상향식 통합 테스트
③ 회귀 테스트   ④ 빅뱅 테스트

> 상위 컴포넌트를 먼저 테스트하고 하위 컴포넌트를 테스트 한다는 것은 하향식으로 테스트를 수행한다는 의미입니다.

▶ 정답 : 1. ④ 2. ③ 3. ① 4. ①

- 상향식 통합 방법은 다음과 같은 절차로 수행된다.
  ❶ 하위 모듈들을 클러스터(Cluster)로 결합한다.
  ❷ 상위 모듈에서 데이터의 입·출력을 확인하기 위해 더미 모듈인 드라이버(Driver)를 작성한다.
  ❸ 통합된 클러스터 단위로 테스트한다.
  ❹ 테스트가 완료되면 클러스터는 프로그램 구조의 상위로 이동하여 결합하고 드라이버는 실제 모듈로 대체된다.

전문가의 조언
테스트 드라이버는 상향식 테스트, 테스트 스텁은 하향식 테스트라는 것을 염두에 두고 각각의 개념과 특징을 정리하세요.

잠깐만요 테스트 드라이버와 테스트 스텁의 차이점

구분	드라이버(Driver)	스텁(Stub)
개념	테스트 대상의 하위 모듈을 호출하는 도구로, 매개 변수(Parameter)를 전달하고, 모듈 테스트 수행 후의 결과를 도출합니다.	제어 모듈이 호출하는 타 모듈의 기능을 단순히 수행하는 도구로, 일시적으로 필요한 조건만을 가지고 있는 시험용 모듈입니다.
필요 시기	상위 모듈 없이 하위 모듈이 있는 경우 하위 모듈 구동	상위 모듈은 있지만 하위 모듈이 없는 경우 하위 모듈 대체
테스트 방식	상향식(Bottom Up) 테스트	하향식(Top-Down) 테스트
개념도	M1 → D1, D2 → M2, M3, M4, M5	M1 → M2, S3 → M4, S5, S6
공통점	소프트웨어 개발과 테스트를 병행할 경우 이용	
차이점	• 이미 존재하는 하위 모듈과 존재하지 않는 상위 모듈 간의 인터페이스 역할을 합니다. • 소프트웨어 개발이 완료되면 드라이버는 본래의 모듈로 교체됩니다.	• 일시적으로 필요한 조건만을 가지고 임시로 제공되는 가짜 모듈의 역할을 합니다. • 시험용 모듈이기 때문에 일반적으로 드라이버보다 작성하기 쉽습니다.

혼합식 통합 테스트

혼합식 통합 테스트는 하위 수준에서는 상향식 통합, 상위 수준에서는 하향식 통합을 사용하여 최적의 테스트를 지원하는 방식으로, 샌드위치(Sandwich)식 통합 테스트 방법이라고도 한다.

SECTION 049 통합 테스트

1 통합 테스트(Integration Test)

통합 테스트는 단위 테스트가 끝난 모듈을 통합하는 과정에서 발생하는 오류 및 결함을 찾는 테스트 기법이다.

- 통합 테스트 방법에는 비점진적 통합 방식과 점진적 통합 방식이 있다.

비점진적 통합 방식	• 단계적으로 통합하는 절차 없이 모든 모듈이 미리 결합되어 있는 프로그램 전체를 테스트하는 방법으로, 빅뱅 통합 테스트※ 방식이 있다. • 규모가 작은 소프트웨어에 유리하며 단시간 내에 테스트가 가능하다. • 전체 프로그램을 대상으로 하기 때문에 오류 발견 및 장애 위치 파악 및 수정이 어렵다.
점진적 통합 방식	• 모듈 단위로 단계적으로 통합하면서 테스트하는 방법으로, 하향식, 상향식, 혼합식 통합 방식이 있다. • 오류 수정이 용이하고, 인터페이스와 연관된 오류를 완전히 테스트할 가능성이 높다.

2 하향식 통합 테스트(Top Down Integration Test)

하향식 통합 테스트는 프로그램의 상위 모듈에서 하위 모듈 방향으로 통합하면서 테스트하는 기법이다.

- 주요 제어 모듈을 기준으로 하여 아래 단계로 이동하면서 통합하는데, 이때 깊이 우선 통합법※이나 넓이 우선 통합법※을 사용한다.
- 테스트 초기부터 사용자에게 시스템 구조를 보여줄 수 있다.
- 상위 모듈에서는 테스트 케이스를 사용하기 어렵다.
- 하향식 통합 방법은 다음과 같은 절차로 수행된다.
  ① 주요 제어 모듈은 작성된 프로그램을 사용하고, 주요 제어 모듈의 종속 모듈들은 스텁(Stub)으로 대체한다.
  ② 깊이 우선 또는 넓이 우선 등의 통합 방식에 따라 하위 모듈인 스텁들이 한 번에 하나씩 실제 모듈로 교체된다.
  ③ 모듈이 통합될 때마다 테스트를 실시한다.
  ④ 새로운 오류가 발생하지 않음을 보증하기 위해 회귀 테스트※를 실시한다.

3 상향식 통합 테스트(Bottom Up Integration Test)

상향식 통합 테스트는 프로그램의 하위 모듈에서 상위 모듈 방향으로 통합하면서 테스트하는 기법이다.

- 가장 하위 단계의 모듈부터 통합 및 테스트가 수행되므로 스텁(Stub)은 필요하지 않지만, 하나의 주요 제어 모듈과 관련된 종속 모듈의 그룹인 클러스터(Cluster)가 필요하다.

전문가의 조언

통합 테스트에서는 상향식 테스트와 하향식 테스트가 중요합니다. 어떤 테스트를 말하는지 구분할 수 있도록 각각의 특징을 잘 알아두세요.

빅뱅 통합 테스트

모듈 간의 상호 인터페이스를 고려하지 않고 단위 테스트가 끝난 모듈을 한꺼번에 결합시켜 테스트하는 방법입니다. 주로 소규모 프로그램이나 프로그램의 일부만을 대상으로 테스트 할 때 사용됩니다.

- **깊이 우선 통합법** : 주요 제어 모듈을 중심으로 해당 모듈에 종속된 모든 모듈을 통합하는 것으로, 다음 그림에 대한 통합 순서는 A1, A2, A3, A4, A5, A6, A7, A8, A9 순입니다.

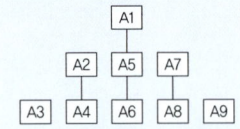

- **넓이 우선 통합법** : 구조의 수평을 중심으로 해당하는 모듈을 통합하는 것으로, 다음 그림에 대한 통합 순서는 A1, A2, A3, A4, A5, A6, A7, A8, A9 순입니다.

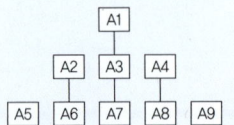

회귀 테스트

이미 테스트된 프로그램의 테스팅을 반복하는 것으로, 통합 테스트로 인해 변경된 모듈이나 컴포넌트에 새로운 오류가 있는지 확인하는 테스트입니다.

계약 인수 테스트	계약상의 인수/검수 조건을 준수하는지 여부를 확인한다.
규정 인수 테스트	소프트웨어가 정부 지침, 법규, 규정 등 규정에 맞게 개발되었는지 확인한다.
알파 테스트	• 개발자의 장소에서 사용자가 개발자 앞에서 행하는 테스트 기법이다. • 테스트는 통제된 환경에서 행해지며, 오류와 사용상의 문제점을 사용자와 개발자가 함께 확인하면서 기록한다.
베타 테스트	• 선정된 최종 사용자가 여러 명의 사용자 앞에서 행하는 테스트 기법으로, 필드 테스팅(Field Testing)이라고도 불린다. • 실업무를 가지고 사용자가 직접 테스트하는 것으로, 개발자에 의해 제어되지 않은 상태에서 테스트가 행해지며, 발견된 오류와 사용상의 문제점을 기록하고 개발자에게 주기적으로 보고한다.

기출문제 따라잡기

문제2 2405752

이전기출
1. 개별 모듈을 시험하는 것으로, 모듈이 정확하게 구현되었는지, 예정한 기능이 제대로 수행되는지를 점검하는 것이 주 목적인 테스트는?

① 통합 테스트(Integration Test)
② 단위 테스트(Unit Test)
③ 시스템 테스트(System Test)
④ 인수 테스트(Acceptance Test)

모듈이나 컴포넌트 단위로 기능을 확인하는 테스트는 단위 테스트(Unit Test)입니다.

이전기출
2. 다음 중 단위 테스트를 통해 발견할 수 있는 오류가 아닌 것은?

① 알고리즘 오류에 따른 원치 않는 결과
② 탈출구가 없는 반복문의 사용
③ 모듈 간의 비정상적 상호 작용으로 인한 원치 않는 결과
④ 틀린 계산 수식에 의한 잘못된 결과

모듈 간의 비정상적 상호 작용 오류 검사를 위해서는 통합 테스트를 수행해야 합니다.

이전기출
3. 검증(Validation) 검사 기법 중 개발자의 장소에서 사용자가 개발자 앞에서 행해지며, 오류와 사용상의 문제점을 사용자와 개발자가 함께 확인하면서 검사하는 기법은?

① 디버깅 검사
② 형상 검사
③ 자료 구조 검사
④ 알파 검사

사용자가 개발자 앞에서 행하는 검사는 알파 검사, 사용자가 여러 명의 사용자 앞에서 행하는 검사는 베타 검사입니다.

이전기출
4. 알파, 베타 테스트와 가장 밀접한 연관이 있는 테스트 단계는?

① 단위 테스트
② 인수 테스트
③ 통합 테스트
④ 시스템 테스트

알파 테스트와 베타 테스트는 인수 테스트의 한 종류입니다.

이전기출
5. 필드 테스팅(Field Testing)이라고도 불리며, 개발자 없이 고객의 사용 환경에 소프트웨어를 설치하여 검사를 수행하는 인수검사 기법은?

① 베타 검사
② 알파 검사
③ 형상 검사
④ 복구 검사

사용자가 여러 명의 사용자 앞에서 행하는 검사는 베타 검사, 사용자가 개발자 앞에서 행하는 검사는 알파 검사입니다.

이전기출
6. 개발한 소프트웨어가 사용자의 요구사항을 충족하는지에 중점을 두고 테스트하는 방법은?

① 단위 테스트
② 인수 테스트
③ 시스템 테스트
④ 통합 테스트

사용자의 요구사항에 중점을 두고 하는 테스트는 인수 테스트(Acceptance Test)입니다.

▶ 정답 : 1. ② 2. ③ 3. ④ 4. ② 5. ① 6. ②

테스트 방법	테스트 내용	테스트 목적
구조 기반 테스트	프로그램 내부 구조 및 복잡도를 검증하는 화이트박스(White Box) 테스트 시행	제어 흐름, 조건 결정
명세 기반 테스트	목적 및 실행 코드 기반의 블랙박스(Black Box) 테스트 시행	동등 분할, 경계 값 분석

③ 통합 테스트(Integration Test)

통합 테스트는 단위 테스트가 완료된 모듈들을 결합하여 하나의 시스템으로 완성시키는 과정에서의 테스트를 의미한다.
- 통합 테스트는 모듈 간 또는 통합된 컴포넌트 간의 상호 작용 오류를 검사한다.

전문가의 조언

통합 테스트는 다음 섹션에서 자세히 공부하니 여기에서는 통합 테스트가 무엇인지 정도만 알아두세요.

④ 시스템 테스트(System Test)

시스템 테스트는 개발된 소프트웨어가 해당 컴퓨터 시스템에서 완벽하게 수행되는가를 점검하는 테스트이다.
- 환경적인 장애 리스크*를 최소화하기 위해서는 실제 사용 환경과 유사하게 만든 테스트 환경에서 테스트를 수행해야 한다.
- 시스템 테스트는 기능적 요구사항과 비기능적 요구사항으로 구분하여 각각을 만족하는지 테스트한다.

환경적인 장애 리스크

환경적인 장애 리스크는 OS, DBMS, 시스템 운영 장비 등 테스트 시 사용할 물리적, 논리적 테스트 환경과 실제 소프트웨어를 사용할 환경이 달라서 발생할 수 있는 바람직하지 못한 결과를 의미합니다.

테스트 방법	테스트 내용
기능적 요구사항	요구사항 명세서, 비즈니스 절차, 유스케이스 등 명세서 기반의 블랙박스(Black Box) 테스트 시행
비기능적 요구사항	성능 테스트, 회복 테스트, 보안 테스트, 내부 시스템의 메뉴 구조, 웹 페이지의 네비게이션 등 구조적 요소에 대한 화이트박스(White Box) 테스트 시행

⑤ 인수 테스트(Acceptance Test)

인수 테스트는 개발한 소프트웨어가 사용자의 요구사항을 충족하는지에 중점을 두고 테스트하는 방법이다.
- 인수 테스트는 개발한 소프트웨어를 사용자가 직접 테스트한다.
- 인수 테스트에 문제가 없으면 사용자는 소프트웨어를 인수하게 되고, 프로젝트는 종료된다.
- 인수 테스트는 다음과 같이 6가지의 종류로 구분해서 테스트한다.

테스트 종류	설명
사용자 인수 테스트	사용자가 시스템 사용의 적절성 여부를 확인한다.
운영상의 인수 테스트	시스템 관리자가 시스템 인수 시 수행하는 테스트 기법으로, 백업/복원 시스템, 재난 복구, 사용자 관리, 정기 점검 등을 확인한다.

SECTION 048 개발 단계에 따른 애플리케이션 테스트

전문가의 조언

애플리케이션 테스트는 소프트웨어의 개발 과정과 함께 지속적으로 진행됩니다. 모듈을 개발하면 모듈에 대한 단위 테스트를 실행하고, 여러 개의 모듈을 결합하여 시스템으로 완성시키는 과정에서는 통합 테스트를, 그리고 설계된 소프트웨어가 시스템에서 정상적으로 수행되는지를 확인하기 위해서 시스템 테스트를 수행합니다. 최종적으로 소프트웨어가 완성되면 사용자에게 인도하기 전에 인수 테스트를 수행합니다. 이러한 과정을 염두에 두고 테스트 진행 순서와 각 테스트의 특징을 정리하세요.

테스트 단계

개발 단계에 따른 테스트들을 검증과 확인 테스트로 구분하면 다음과 같습니다.
- 검증(Verification) 테스트 : 개발자 기준의 테스트로, 단위 테스트, 통합 테스트, 시스템 테스트가 해당됨
- 확인(Validation) 테스트 : 사용자 기준의 테스트로, 인수 테스트가 해당됨

1 개발 단계에 따른 애플리케이션 테스트

애플리케이션 테스트는 소프트웨어의 개발 단계에 따라 단위 테스트, 통합 테스트, 시스템 테스트, 인수 테스트로 분류된다. 이렇게 분류된 것을 테스트 레벨이라고 한다.

- 애플리케이션 테스트는 소프트웨어의 개발 단계에서부터 테스트를 수행하므로 단순히 소프트웨어에 포함된 코드 상의 오류뿐만 아니라 요구 분석의 오류, 설계 인터페이스 오류 등도 발견할 수 있다.
- 애플리케이션 테스트와 소프트웨어 개발 단계를 연결하여 표현한 것을 V-모델이라 한다.

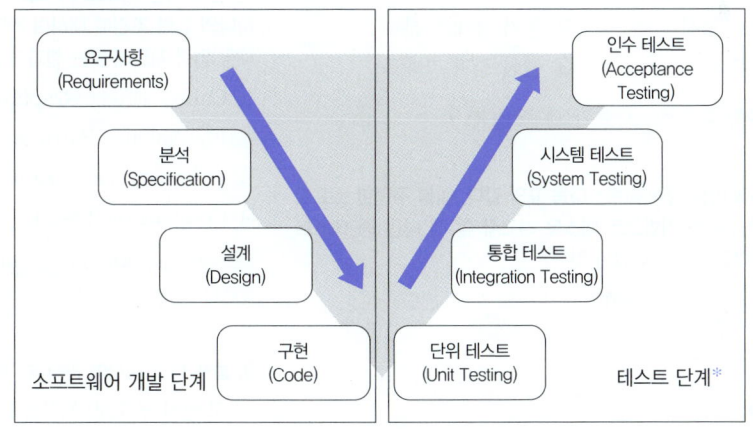

소프트웨어 생명 주기의 V-모델

2 단위 테스트(Unit Test)

단위 테스트는 코딩 직후 소프트웨어 설계의 최소 단위인 모듈이나 컴포넌트에 초점을 맞춰 테스트하는 것이다.

- 단위 테스트에서는 인터페이스, 외부적 I/O, 자료 구조, 독립적 기초 경로, 오류 처리 경로, 경계 조건 등을 검사한다.
- 단위 테스트는 사용자의 요구사항을 기반으로 한 기능성 테스트를 최우선으로 수행한다.
- 단위 테스트는 구조 기반 테스트와 명세 기반 테스트로 나뉘지만 주로 구조 기반 테스트를 시행한다.
- **단위 테스트로 발견 가능한 오류** : 알고리즘 오류에 따른 원치 않는 결과, 탈출구가 없는 반복문의 사용, 틀린 계산 수식에 의한 잘못된 결과

기출문제 따라잡기

이전기출
3. 블랙박스 테스트를 이용하여 발견할 수 있는 오류가 아닌 것은?
① 비정상적인 자료를 입력해도 오류 처리를 수행하지 않는 경우
② 정상적인 자료를 입력해도 요구된 기능이 제대로 수행되지 않는 경우
③ 반복 조건을 만족하는데도 루프 내의 문장이 수행되지 않는 경우
④ 경계값을 입력할 경우 요구된 출력 결과가 나오지 않는 경우

> 블랙박스 테스트는 수행할 기능을 알기 위한 테스트로, 루프 내의 문장 수행여부를 알수는 없습니다.

이전기출
4. 블랙박스 테스트 기법으로 거리가 먼 것은?
① 기초 경로 검사   ② 동치 클래스 분해
③ 경계값 분석   ④ 원인 결과 그래프

> 기초 경로 검사는 화이트박스 테스트 기법에 해당합니다.

이전기출
5. 평가점수에 따른 성적부여는 다음 표와 같다. 이를 구현한 소프트웨어를 경계값 분석 기법으로 테스트 하고자 할 때 다음 중 테스트 케이스의 입력값으로 옳지 않은 것은?

평가점수	성적
80~100	A
60~79	B
0~59	C

① 59   ② 80   ③ 90   ④ 101

> 경계값 분석 기법은 입력 조건의 경계값을 테스트 케이스로 선정하여 검사하는 기법으로, 성적이 분리되는 평가점수의 경계값인 101, 100, 80, 79, 60, 59, 0, -1이 적절한 입력값에 해당합니다.

이전기출
6. 화이트박스 검사 기법에 해당하는 것으로만 짝지어진 것은?

㉠ 데이터 흐름 검사	㉡ 루프 검사
㉢ 동등 분할 검사	㉣ 경계값 분석
㉤ 원인 결과 그래프 기법	㉥ 오류 예측 기법

① ㉠, ㉡   ② ㉠, ㉣
③ ㉡, ㉤   ④ ㉢, ㉥

> '데이터 흐름 검사'와 '루프 검사'는 화이트박스 테스트이고, 나머지는 블랙박스 테스트입니다.

이전기출
7. 화이트박스 테스트와 관련한 설명으로 틀린 것은?
① 화이트박스 테스트의 이해를 위해 논리 흐름도(Logic-Flow Diagram)를 이용할 수 있다.
② 테스트 데이터를 이용해 실제 프로그램을 실행함으로써 오류를 찾는 동적 테스트(Dynamic Test)에 해당한다.
③ 프로그램의 구조를 고려하지 않기 때문에 테스트 케이스는 프로그램 또는 모듈의 요구나 명세를 기초로 결정한다.
④ 테스트 데이터를 선택하기 위하여 검증 기준(Test Coverage)을 정한다.

> ③번은 블랙박스 테스트에 대한 설명입니다.

이전기출
8. 명세 기반 테스트 중 프로그램의 입력 조건에 중점을 두고, 어느 하나의 입력 조건에 대하여 타당한 값과 그렇지 못한 값을 설정하여 해당 입력 자료에 맞는 결과가 출력되는지 확인하는 테스트 기법은?
① Cause-Effect Graphing Testing
② Equivalence Partitioning Testing
③ Boundary Value Analysis
④ Comparison Testing

> 문제에 제시된 내용은 동치 분할 검사(Equivalence Partitioning Testing)에 대한 설명입니다.

이전기출
9. 블랙 박스 검사에 관하여 기술한 것 중 잘못된 것은?
① 모듈의 구조보다 기능을 검사한다.
② 동치 분할(Equivalence Partitioning)이라는 기법을 사용한다.
③ Nassi-Shneiderman 도표를 사용하여 검정 기준을 작성할 수 있다.
④ 원인-결과 그래프(Cause and Effect Graph)로 테스트 케이스를 작성할 수 있다.

> N-S 차트는 논리의 기술에 중점을 둔 도형을 이용한 표현 방법으로 화이트박스 테스트에서 사용됩니다.

▶ 정답 : 1.④ 2.① 3.③ 4.① 5.③ 6.① 7.③ 8.② 9.③

예제 A 애플리케이션에서 평가점수에 따른 성적부여 기준이 다음과 같을 때, 동치 분할 검사와 경계값 분석의 테스트 케이스를 확인하시오.

평가점수	성적
90~100	A
80~89	B
70~79	C
0~69	D

〈동치 분할 검사〉

테스트 케이스	1	2	3	4
입력값	60	75	82	96
예상 결과값	D	C	B	A
실제 결과값	D	C	B	A

해설 동치 분할 검사는 입력 자료에 초점을 맞춰 테스트 케이스를 만들어 검사하므로 평가점수를 입력한 후 점수에 맞는 성적이 출력되는지 확인한다.

〈경계값 분석〉

테스트 케이스	1	2	3	4	5	6	7	8	9	10
입력 값	-1	0	69	70	79	80	89	90	100	101
예상 결과 값	오류	D	D	C	C	B	B	A	A	오류
실제 결과 값	오류	D	D	C	C	B	B	A	A	오류

해설 경계값 분석은 입력 조건의 경계값을 테스트 케이스로 선정하여 검사하므로 평가점수의 경계값에 해당하는 점수를 입력한 후 올바른 성적이 출력되는지 확인한다.

기출문제 따라잡기

이전기출
1. 소프트웨어 테스트와 관련한 설명으로 틀린 것은?
① 화이트박스 테스트는 모듈의 논리적인 구조를 체계적으로 점검할 수 있다.
② 블랙박스 테스트는 프로그램의 구조를 고려하지 않는다.
③ 테스트 케이스에는 일반적으로 시험 조건, 테스트 데이터, 예상 결과가 포함되어야 한다.
④ 화이트박스 테스트에서 기본 경로(Basis Path)란 흐름 그래프의 시작 노드에서 종료 노드까지의 서로 독립된 경로로 싸이클을 허용하지 않는 경로를 말한다.

기본 경로(Basis Path)는 수행 가능한 모든 경로를 의미합니다.

이전기출
2. White Box Testing에 대한 설명으로 옳지 않은 것은?
① Base Path Testing, Boundary Value Analysis가 대표적인 기법이다.
② Source Code의 모든 문장을 한 번 이상 수행함으로써 진행된다.
③ 모듈 안의 작동을 직접 관찰할 수 있다.
④ 산출물의 각 기능별로 적절한 프로그램의 제어 구조에 따라 선택, 반복 등의 부분들을 수행함으로써 논리적 경로를 점검한다.

경계값 분석(Boundary Value Analysis)은 블랙박스 테스트 기법입니다.

조건 검증 기준 (Condition Coverage)	소스 코드의 조건문에 포함된 개별 조건식의 결과가 True인 경우와 False인 경우가 한 번 이상 수행되도록 테스트 케이스를 설계한다.
분기/조건 기준 (Branch/Condition Coverage)	분기 검증 기준과 조건 검증 기준을 모두 만족하는 설계로, 조건문이 True인 경우와 False인 경우에 따라 조건 검증 기준의 입력 데이터를 구분하는 테스트 케이스를 설계한다.

4 블랙박스 테스트(Black Box Test)

블랙박스 테스트는 소프트웨어가 수행할 특정 기능을 알기 위해서 각 기능이 완전히 작동되는 것을 입증하는 테스트로, 기능 테스트라고도 한다.

- 프로그램의 구조를 고려하지 않기 때문에 테스트 케이스는 프로그램 또는 모듈의 요구나 명세를 기초로 결정한다.
- 소프트웨어 인터페이스에서 실시되는 테스트이다.
- 부정확하거나 누락된 기능, 인터페이스 오류, 자료 구조나 외부 데이터베이스 접근에 따른 오류, 행위나 성능 오류, 초기화와 종료 오류 등을 발견하기 위해 사용되며, 테스트 과정의 후반부에 적용된다.
- 블랙박스 테스트의 종류에는 동치 분할 검사, 경계값 분석, 원인-효과 그래프 검사, 오류 예측 검사, 비교 검사 등이 있다.

전문가의 조언

- 블랙박스는 박스 안을 들여다 볼 수 없는 검은 상자입니다. 즉 블랙박스 안에서 어떤 일이 일어나는지 알 수는 없지만 입력된 데이터가 블랙박스를 통과하여 출력될 때 그 결과물이 정확한지를 검사하는 것입니다. 이런 블랙박스 테스트의 개념을 염두에 두고 개별적인 검사 기법을 잘 이해해 두세요. 블랙박스 테스트의 종류도 기억해야 합니다.
- Section 046에서 학습한 명세 기반 테스트, 경험 기반 테스트는 블랙박스 테스트, 구조 기반 테스트는 화이트박스 테스트에 해당합니다.

5 블랙박스 테스트의 종류

동치 분할 검사 (Equivalence Partitioning Testing, 동치 클래스 분해)	• 입력 자료에 초점을 맞춰 테스트 케이스(동치 클래스)를 만들고 검사하는 방법으로 동등 분할 기법이라고도 한다. • 프로그램의 입력 조건에 타당한 입력 자료와 타당하지 않은 입력 자료의 개수를 균등하게 하여 테스트 케이스를 정하고, 해당 입력 자료에 맞는 결과가 출력되는지 확인하는 기법이다.
경계값 분석 (Boundary Value Analysis)	• 입력 자료에만 치중한 동치 분할 기법을 보완하기 위한 기법이다. • 입력 조건의 중간값보다 경계값에서 오류가 발생될 확률이 높다는 점을 이용하여 입력 조건의 경계값을 테스트 케이스로 선정하여 검사하는 기법이다.
원인-효과 그래프 검사 (Cause-Effect Graphing Testing)	입력 데이터 간의 관계와 출력에 영향을 미치는 상황을 체계적으로 분석한 다음 효용성이 높은 테스트 케이스를 선정하여 검사하는 기법이다.
오류 예측 검사 (Error Guessing)	• 과거의 경험이나 확인자의 감각으로 테스트하는 기법이다. • 다른 블랙 박스 테스트 기법으로는 찾아낼 수 없는 오류를 찾아내는 일련의 보충적 검사 기법이며, 데이터 확인 검사라고도 한다.
비교 검사 (Comparison Testing)	여러 버전의 프로그램에 동일한 테스트 자료를 제공하여 동일한 결과가 출력되는지 테스트하는 기법이다.

SECTION 047 테스트 기법에 따른 애플리케이션 테스트

> **전문가의 조언**
> - 애플리케이션 테스트는 소프트웨어 내부 구조의 참조 여부에 따라 블랙박스 테스트와 화이트박스 테스트로 나뉩니다. 두 테스트의 개념, 차이점, 종류 등을 모두 숙지해 두세요.
> - 화이트박스 테스트의 의미는 '논리'라는 단어를 중심으로 알아두세요. 화이트박스 테스트는 투명한 박스라는 의미로 모듈 안의 내용을 볼 수 있어서 내부의 논리적인 경로를 테스트한다고 생각하면 됩니다.

1 화이트박스 테스트(White Box Test)

화이트박스 테스트는 모듈의 원시 코드를 오픈시킨 상태에서 원시 코드의 논리적인 모든 경로를 테스트하여 테스트 케이스를 설계하는 방법이다.

- 화이트박스 테스트는 설계된 절차에 초점을 둔 구조적 테스트로 프로시저 설계의 제어 구조를 사용하여 테스트 케이스를 설계하며, 테스트 과정의 초기에 적용된다.
- 모듈 안의 작동을 직접 관찰한다.
- 원시 코드(모듈)의 모든 문장을 한 번 이상 실행함으로써 수행된다.
- 프로그램의 제어 구조에 따라 선택, 반복 등의 분기점 부분들을 수행함으로써 논리적 경로를 제어한다.
- 화이트 박스 테스트의 종류에는 기초 경로 검사, 제어 구조 검사 등이 있다.

> **기초 경로**
> 기초 경로(Base Path = Basis Path)는 수행 가능한 모든 경로를 의미합니다.

2 화이트박스 테스트의 종류

기초 경로* 검사 (Base Path Testing)	• 대표적인 화이트박스 테스트 기법이다. • 테스트 케이스 설계자가 절차적 설계의 논리적 복잡성을 측정할 수 있게 해주는 테스트 기법으로, 테스트 측정 결과는 실행 경로의 기초를 정의하는 데 지침으로 사용된다.
제어 구조 검사 (Control Structure Testing)	• 조건 검사(Condition Testing) : 프로그램 모듈 내에 있는 논리적 조건을 테스트하는 테스트 케이스 설계 기법 • 루프 검사(Loop Testing) : 프로그램의 반복(Loop) 구조에 초점을 맞춰 실시하는 테스트 케이스 설계 기법 • 데이터 흐름 검사(Data Flow Testing) : 프로그램에서 변수의 정의와 변수 사용의 위치에 초점을 맞춰 실시하는 테스트 케이스 설계 기법

3 화이트박스 테스트의 검증 기준

화이트박스 테스트의 검증 기준은 테스트 케이스들이 테스트에 얼마나 적정한지를 판단하는 기준으로, 문장 검증 기준, 분기 검증 기준, 조건 검증 기준, 분기/조건 기준이 있다.

문장 검증 기준 (Statement Coverage)	소스 코드의 모든 구문이 한 번 이상 수행되도록 테스트 케이스를 설계한다.
분기 검증 기준 (Branch Coverage)	결정 검증 기준(Decision Coverage)이라고도 불리며, 소스 코드의 모든 조건문에 대해 조건이 True인 경우와 False인 경우가 한 번 이상 수행되도록 테스트 케이스를 설계한다.

4 목적에 따른 테스트

애플리케이션을 테스트 할 때 무엇을 목적으로 테스트를 진행하느냐에 따라 회복(Recovery), 안전(Security), 강도(Stress), 성능(Performance), 구조(Structure), 회귀(Regression), 병행(Parallel) 테스트로 나뉜다.

회복(Recovery) 테스트	시스템에 여러 가지 결함을 주어 실패하도록 한 후 올바르게 복구되는지를 확인하는 테스트이다.
안전(Security) 테스트	시스템에 설치된 시스템 보호 도구가 불법적인 침입으로부터 시스템을 보호할 수 있는지를 확인하는 테스트이다.
강도(Stress) 테스트	시스템에 과도한 정보량이나 빈도 등을 부과하여 과부하 시에도 소프트웨어가 정상적으로 실행되는지를 확인하는 테스트이다.
성능(Performance) 테스트	소프트웨어의 실시간 성능이나 전체적인 효율성을 진단하는 테스트로, 소프트웨어의 응답 시간, 처리량 등을 테스트한다.
구조(Structure) 테스트	소프트웨어 내부의 논리적인 경로, 소스 코드의 복잡도 등을 평가하는 테스트이다.
회귀(Regression) 테스트	소프트웨어의 변경 또는 수정된 코드에 새로운 결함이 없음을 확인하는 테스트이다.
병행(Parallel) 테스트	변경된 소프트웨어와 기존 소프트웨어에 동일한 데이터를 입력하여 결과를 비교하는 테스트이다.

 기출문제 따라잡기

이전기출
1. 테스트를 목적에 따라 분류했을 때, 강도(Stress) 테스트에 대한 설명으로 옳은 것은?
① 시스템에 고의로 실패를 유도하고 시스템이 정상적으로 복귀하는지 테스트한다.
② 시스템에 과다 정보량을 부과하여 과부하 시에도 시스템이 정상적으로 작동되는지를 테스트한다.
③ 사용자의 이벤트에 시스템이 응답하는 시간, 특정 시간 내에 처리하는 업무량, 사용자 요구에 시스템이 반응하는 속도 등을 테스트한다.
④ 부당하고 불법적인 침입을 시도하여 보안 시스템이 불법적인 침투를 잘 막아내는지 테스트한다.

강도(Stress) 테스트는 시스템에 과도한 정보량이나 빈도 등을 부과하여 과부하 시에도 소프트웨어가 정상적으로 실행되는지를 확인하는 테스트입니다.

출제예상
2. 다음 중 정적 테스트와 동적 테스트에 대한 설명으로 틀린 것은?
① 정적 테스트는 개발한 프로그램을 실행하지 않고 테스트한다.
② 동적 테스트는 개발한 프로그램을 직접 실행하면서 오류를 찾는 테스트이다.
③ 동적 테스트에는 워크스루, 인스펙션, 코드 검사 등이 있다.
④ 정적 테스트는 개발 초기에 결함을 발견함으로써 개발 비용을 낮추는데 도움이 된다.

워크스루, 인스펙션, 코드 검사는 정적 테스트입니다.

출제예상
3. 다음 중 확인(Validation) 테스트에 대한 설명으로 옳은 것은?
① 개발자의 시각에서 테스트를 진행한다.
② 제품이 올바르게 생산되고 있는가를 확인한다.
③ 소프트웨어가 명세서대로 만들어졌는지를 중점을 두고 테스트한다.
④ 소프트웨어가 사용자의 요구사항을 충족시키는가에 중점을 두고 테스트한다.

①, ②, ③번은 검증(Verification) 테스트에 대한 설명입니다.

▶ 정답 : 1. ② 2. ③ 3. ④

SECTION 046 애플리케이션 테스트의 분류

전문가의 조언

애플리케이션 테스트는 테스트 시 프로그램의 실행 여부 또는 진행 목적 등에 따라 다양하게 분류됩니다. 각각에 해당하는 테스트 종류를 서로 구분할 수 있을 정도로 정리해 두세요.

워크스루(Walkthrough, 검토 회의)
- 워크스루는 소프트웨어 개발자의 작업 내역을 개발자가 모집한 전문가들이 검토하는 것을 말합니다.
- 소프트웨어 검토를 위해 미리 준비된 자료를 바탕으로 정해진 절차에 따라 평가합니다.
- 오류의 조기 검출을 목적으로 하며 발견된 오류는 문서화합니다.

인스펙션(Inspection)
인스펙션은 워크스루를 발전시킨 형태로, 소프트웨어 개발 단계에서 산출된 결과물의 품질을 평가하며 이를 개선하기 위한 방법 등을 제시합니다.

테스트 케이스(Test Case)
테스트 케이스는 구현된 소프트웨어가 사용자의 요구사항을 정확하게 준수했는지를 확인하기 위해 설계된 입력 값, 실행 조건, 기대 결과 등으로 구성된 테스트 항목에 대한 명세서입니다.

1 프로그램 실행 여부에 따른 테스트

애플리케이션을 테스트 할 때 프로그램의 실행 여부에 따라 정적 테스트와 동적 테스트로 나뉜다.

정적 테스트	• 프로그램을 실행하지 않고 명세서나 소스 코드를 대상으로 분석하는 테스트이다. • 소프트웨어 개발 초기에 결함을 발견할 수 있어 소프트웨어의 개발 비용을 낮추는데 도움이 된다. • 종류 : 워크스루[*], 인스펙션[*], 코드 검사 등
동적 테스트	• 프로그램을 실행하여 오류를 찾는 테스트로, 소프트웨어 개발의 모든 단계에서 테스트를 수행할 수 있다. • 종류 : 블랙박스 테스트, 화이트박스 테스트

2 테스트 기반(Test Bases)에 따른 테스트

애플리케이션을 테스트 할 때 무엇을 기반으로 수행하느냐에 따라 명세 기반, 구조 기반, 경험 기반 테스트로 나뉜다.

명세 기반 테스트	• 사용자의 요구사항에 대한 명세를 빠짐없이 테스트 케이스[*]로 만들어 구현하고 있는지 확인하는 테스트이다. • 종류 : 동등 분할, 경계 값 분석 등
구조 기반 테스트	• 소프트웨어 내부의 논리 흐름에 따라 테스트 케이스를 작성하고 확인하는 테스트이다. • 종류 : 구문 기반, 결정 기반, 조건 기반 등
경험 기반 테스트	• 유사 소프트웨어나 기술 등에 대한 테스터의 경험을 기반으로 수행하는 테스트이다. • 경험 기반 테스트는 사용자의 요구사항에 대한 명세가 불충분하거나 테스트 시간에 제약이 있는 경우 수행하면 효과적이다. • 종류 : 에러 추정, 체크 리스트, 탐색적 테스팅

3 시각에 따른 테스트

애플리케이션을 테스트 할 때 누구를 기준으로 하느냐에 따라 검증(Verification) 테스트와 확인(Validation) 테스트로 나뉜다.

검증(Verification) 테스트	개발자의 시각에서 제품의 생산 과정을 테스트하는 것으로, 제품이 명세서대로 완성됐는지를 테스트한다.
확인(Validation) 테스트	사용자의 시각에서 생산된 제품의 결과를 테스트하는 것으로, 사용자가 요구한대로 제품이 완성됐는지, 제품이 정상적으로 동작하는지를 테스트한다.

- 테스트는 작은 부분에서 시작하여 점점 확대하며 진행해야 한다.
- 테스트는 개발자와 관계없는 별도의 팀에서 수행해야 한다.

> **잠깐만요** 결함 집중 / 파레토 법칙 / 살충제 패러독스
>
> - **결함 집중(Defect Clustering)** : 대부분의 결함이 소수의 특정 모듈에 집중해서 발생하는 것을 의미함
> - **파레토 법칙(Pareto Principle)**
>   - 상위 20% 사람들이 전체 부의 80%를 가지고 있다거나, 상위 20% 고객이 매출의 80%를 창출한다는 의미로, 이 법칙이 애플리케이션 테스트에도 적용된다는 것입니다.
>   - 즉 테스트로 발견된 80%의 오류는 20%의 모듈에서 발견되므로 20%의 모듈을 집중적으로 테스트하여 효율적으로 오류를 찾자는 것입니다.
> - **살충제 패러독스(Pesticide Paradox)** : 살충제를 지속적으로 뿌리면 벌레가 내성이 생겨서 죽지 않는 현상을 의미함

 ## 기출문제 따라잡기

이전기출

1. 소프트웨어 테스트에서 검증(Verification)과 확인(Validation)에 대한 설명으로 틀린 것은?

① 소프트웨어 테스트에서 검증과 확인을 구별하면 찾고자 하는 결함 유형을 명확하게 하는 데 도움이 된다.
② 검증은 소프트웨어 개발 과정을 테스트하는 것이고, 확인은 소프트웨어 결과를 테스트 것이다.
③ 검증은 작업 제품이 요구 명세의 기능, 비기능 요구사항을 얼마나 잘 준수하는지 측정하는 작업이다.
④ 검증은 작업 제품이 사용자의 요구에 적합한지 측정하며, 확인은 작업 제품이 개발자의 기대를 충족시키는지를 측정한다.

> 검증(Verification)은 개발자의 입장에서 개발한 소프트웨어가 명세서에 맞게 만들어졌는지를 점검하는 것이고, 확인(Validation)은 사용자의 입장에서 개발한 소프트웨어가 고객의 요구사항에 맞게 구현되었는지를 확인하는 것입니다.

이전기출

2. 다음 설명의 소프트웨어 테스트의 기본 원칙은?

- 파레토 법칙이 좌우한다.
- 애플리케이션 결함의 대부분은 소수의 특정한 모듈에 집중되어 존재한다.
- 결함은 발생한 모듈에서 계속 추가로 발생할 가능성이 높다.

① 살충제 패러독스
② 결함 집중
③ 오류 부재의 궤변
④ 완벽한 테스팅은 불가능

> 파레토 법칙과 같이 대부분의 결함이 소수의 특정 모듈에 집중해서 발생하는 현상을 결함 집중(Defect Clustering)이라고 합니다.

이전기출

3. 소프트웨어 테스트에서 오류의 80%는 전체 모듈의 20% 내에서 발견된다는 법칙은?

① Brooks의 법칙
② Boehm의 법칙
③ Pareto의 법칙
④ Jackson의 법칙

> 소프트웨어 테스트에서 오류의 80%는 전체 모듈의 20% 내에서 발견된다는 법칙은 파레토 법칙(Pareto Principle)입니다.

▶ 정답 : 1.④ 2.② 3.③

SECTION 045 애플리케이션 테스트

전문가의 조언

애플리케이션 테스트는 개발한 애플리케이션이 사용자의 요구를 만족시키는지, 기능이 정상적으로 작동하는지 등을 테스트하는 것입니다. 애플리케이션 테스트의 개념과 기본 원리를 정리해 두세요.

1 애플리케이션 테스트의 개요

애플리케이션 테스트는 애플리케이션에 잠재되어 있는 결함을 찾아내는 일련의 행위 또는 절차이다.

- 애플리케이션 테스트는 개발된 소프트웨어가 고객의 요구사항을 만족시키는지 확인(Validation)하고 소프트웨어가 기능을 정확히 수행하는지 검증(Verification)한다.
- 애플리케이션 테스트를 실행하기 전에 개발한 소프트웨어의 유형을 분류하고 특성을 정리해서 중점적으로 테스트할 사항을 정리해야 한다.

> **잠깐만요** 확인(Validation) / 검증(Verification)
>
> - **확인(Validation)** : 사용자의 입장에서 개발한 소프트웨어가 고객의 요구사항에 맞게 구현되있는지를 확인하는 것
> - **검증(Verification)** : 개발자의 입장에서 개발한 소프트웨어가 명세서에 맞게 만들어졌는지를 점검하는 것

2 애플리케이션 테스트의 기본 원리

- 애플리케이션 테스트는 소프트웨어의 잠재적인 결함을 줄일 수 있지만 소프트웨어에 결함이 없다고 증명할 수는 없다. 즉 완벽한 소프트웨어 테스팅은 불가능하다.
- 애플리케이션의 결함은 대부분 개발자의 특성이나 애플리케이션의 기능적 특징 때문에 특정 모듈에 집중되어 있다. 애플리케이션의 20%에 해당하는 코드에서 전체 80%의 결함이 발견된다고 하여 파레토 법칙을 적용하기도 한다.
- 애플리케이션 테스트에서는 동일한 테스트 케이스로 동일한 테스트를 반복하면 더 이상 결함이 발견되지 않는 '살충제 패러독스(Pesticide Paradox)' 현상이 발생한다. 살충제 패러독스를 방지하기 위해서 테스트 케이스를 지속적으로 보완 및 개선해야 한다.
- 애플리케이션 테스트는 소프트웨어 특징, 테스트 환경, 테스터 역량 등 정황(Context)에 따라 테스트 결과가 달라질 수 있으므로, 정황에 따라 테스트를 다르게 수행해야 한다.
- 소프트웨어의 결함을 모두 제거해도 사용자의 요구사항을 만족시키지 못하면 해당 소프트웨어는 품질이 높다고 말할 수 없다. 이것을 오류-부재의 궤변(Absence of Errors Fallacy)이라고 한다.
- 테스트와 위험은 반비례한다. 테스트를 많이 하면 할수록 미래에 발생할 위험을 줄일 수 있다.

2장 테스트 및 배포

045 애플리케이션 테스트 ⓒ등급
046 애플리케이션 테스트의 분류 Ⓑ등급
047 테스트 기법에 따른 애플리케이션 테스트 Ⓐ등급
048 개발 단계에 따른 애플리케이션 테스트 Ⓐ등급
049 통합 테스트 Ⓑ등급
050 DevOps Ⓑ등급

꼭 알아야 할 키워드 Best 10

1. 확인(Validation)/검증(Verification)   2. 파레토 법칙   3. 살충제 패러독스   4. 화이트박스 테스트   5. 블랙박스 테스트   6. 단위 테스트
7. 인수 테스트   8. 하향식 통합 테스트   9. 상향식 통합 테스트   10. DevOps

1장 핵심요약

④ 선호도 평가
- "A보다 B가 더 좋다"와 같이 선호도에 영향을 주는 속성들을 파악하고 예측하기 위한 기법이다.
- 사용자의 감성을 분석하기 위해 과학적인 시점에서 객관적으로 해석한다.

⑤ 성능 평가
개발의 마지막 단계에서 제품의 학습성, 효율성, 기억용이성, 오류, 만족도 등을 평가한 결과를 바탕으로 성능을 개선하는 기법이다.

044 UX

① UX의 개요
- 사용자가 시스템이나 서비스를 이용하면서 느끼고 생각하게 되는 총체적인 경험을 말한다.
- 단순히 기능이나 절차상의 만족뿐만 아니라 사용자가 참여, 사용, 관찰하고, 상호 교감을 통해서 알 수 있는 가치 있는 경험을 말한다.

② UX의 특징
- 주관성(Subjectivity) : 사람들의 개인적, 신체적, 인지적 특성에 따라 다르므로 주관적임
- 정황성(Contextuality) : 경험이 일어나는 상황 또는 주변 환경에 영향을 받음
- 총체성(Holistic) : 개인이 느끼는 총체적인 심리적, 감성적인 결과임

1장 핵심요약

042 사용자 인터페이스

❶ 사용자 인터페이스(UI)의 개요
사용자와 시스템 간의 상호작용이 원활하게 이뤄지도록 도와주는 장치나 소프트웨어를 의미한다.

❷ 사용자 인터페이스의 특징
- 사용자의 편리성과 가독성을 높임으로써 작업 시간을 단축시키고 업무에 대한 이해도를 높여준다.
- 최소한의 노력으로 원하는 결과를 얻을 수 있게 한다.
- 사용자 중심으로 설계되어 사용자 중심의 상호 작용이 되도록 한다.
- 수행 결과의 오류를 줄인다.

❸ 사용자 인터페이스의 구분
- CLI : 명령과 출력이 텍스트 형태로 이뤄지는 인터페이스
- GUI : 아이콘이나 메뉴를 마우스로 선택하여 작업을 수행하는 그래픽 환경의 인터페이스
- NUI : 사용자의 말이나 행동으로 기기를 조작하는 인터페이스
- VUI : 사람의 음성으로 기기를 조작하는 인터페이스
- OUI : 모든 사물과 사용자 간의 상호작용을 위한 인터페이스로, 소프트웨어가 아닌 하드웨어 분야에서 사물인터넷, 가상현실, 증강현실, 혼합현실 등과 함께 대두되고 있음

❹ 주요 모바일 제스처(Mobile Gesture)
- Tap(누르기)
- Double Tap(두 번 누르기)
- Drag(누른 채 움직임)
- Pan(누른 채 계속 움직임)
- Press(오래 누르기)
- Flick(빠르게 스크롤)
- Pinch(두 손가락으로 넓히기/좁히기)

❺ 사용자 인터페이스의 기본 원칙
- 직관성 : 누구나 쉽게 이해하고 사용할 수 있어야 함
- 유효성 : 사용자의 목적을 정확하고 완벽하게 달성해야 함
- 학습성 : 누구나 쉽게 배우고 익힐 수 있어야 함
- 유연성 : 사용자의 요구사항을 최대한 수용하고 실수를 최소화해야 함

❻ 사용자 인터페이스의 설계 지침
사용자 인터페이스를 설계할 때 고려할 사항은 사용자 중심, 사용성, 일관성, 단순성, 결과 예측 가능, 가시성, 심미성, 표준화, 접근성, 명확성, 오류 발생 해결 등이다.

❼ 사용자 인터페이스 개발 시스템의 기능
- 사용자의 입력을 검증할 수 있어야 한다.
- 에러 처리와 그와 관련된 에러 메시지를 표시할 수 있어야 한다.
- 도움과 프롬프트(Prompt)를 제공해야 한다.

043 UI 테스트 기법의 종류

❶ UI 테스트
- 구현된 UI의 사용성을 검증하기 위해 테스트를 수행하고, 결과에 따라 개선 및 결과 보고서를 작성하는 행위 또는 그 절차를 의미한다.
- 사용자 중심의 테스트이다.

❷ 휴리스틱 평가
- 최소 3명 이상의 디자인 전문가가 사전에 작성한 원칙에 따라 제품을 평가하는 기법이다.
- UI의 구현 정도에 관계없이 평가가 가능하다.

❸ 페이퍼 프로토타입
- 종이로 해당 서비스를 간단하게 만들어 실제 구현되는 것처럼 표현하고, 이를 이용하여 테스트하는 평가 방법이다.
- 프로토타입 작성 시 포함되어야 할 중요한 내용을 체크리스트로 작성한다.

SECTION 044

UX

 전문가의 조언

UX는 사용자가 서비스를 이용하면서 느끼는 총체적인 경험을 의미합니다. UX의 개념과 특징 세 가지를 정확히 숙지하세요.

1 UX의 개요

UX(User Experience)는 사용자가 시스템이나 서비스를 이용하면서 느끼고 생각하게 되는 총체적인 경험을 말한다. 단순히 기능이나 절차상의 만족뿐만 아니라 사용자가 참여, 사용, 관찰하고, 상호 교감을 통해서 알 수 있는 가치 있는 경험을 말한다.

- UX는 기술을 효용성 측면에서만 보는 것이 아니라 사용자의 삶의 질을 향상시키는 하나의 방향으로 보는 새로운 개념이다.
- UI가 사용성, 접근성, 편의성을 중시한다면 UX는 이러한 UI를 통해 사용자가 느끼는 만족이나 감정을 중시한다.

2 UX의 특징

UX의 특징에는 주관성, 정황성, 총체성이 있다.

- **주관성(Subjectivity)** : 사람들의 개인적, 신체적, 인지적 특성에 따라 다르므로 주관적이다.
- **정황성(Contextuality)** : 경험이 일어나는 상황 또는 주변 환경에 영향을 받는다.
- **총체성(Holistic)** : 개인이 느끼는 총체적인 심리적, 감성적인 결과이다.

기출문제 따라잡기

이전기출
1. 사용자가 시스템이나 서비스를 이용하면서 느끼고 생각하게 되는 총체적인 경험을 의미하는 것은?
① UI　　　　② UX
③ Use Case　④ Gesture

사용자가 시스템이나 서비스를 이용하면서 느끼고 생각하게 되는 총체적인 경험은 UX(User Experience)입니다.

이전기출
2. UX(User Experience)의 특징에 해당하지 않는 것은?
① 정황성　　② 총체성
③ 일관성　　④ 주관성

UX의 특징 세 가지는 정황성(Contextuality), 총체성(Holistic), 주관성(Subjectivity)입니다.

▶ 정답 : 1.② 2.③

기출문제 따라잡기

출제예상
1. 사용자 인터페이스(UI) 테스트에 대한 설명으로 옳지 않은 것은?
① 테스트 결과는 사용자 매뉴얼 작성에 도움을 준다.
② 개발자가 직접 테스트를 수행하는 개발자 중심의 테스트이다.
③ 미리 작성된 시나리오에 따라 직접 제품을 사용하며 테스트를 진행한다.
④ 사용자의 요구사항과 행동을 관찰할 수 있는 유용한 진단 방법이다.

> 사용자 인터페이스 테스트는 사용자가 직접 제품을 사용하며 진행하는 사용자 중심의 테스트입니다.

출제예상
2. UI 테스트 기법의 종류가 아닌 것은?
① 휴리스틱 평가
② 페이퍼 프로토타입
③ 비교 검사
④ 선호도 평가

> 비교 검사(Comparison Testing)는 UI 테스트 기법이 아니고 프로그램을 실행하여 오류를 찾는 동적 테스트에 해당합니다.

출제예상
3. 다음 설명에 해당하는 UI 테스트 기법은?

- 최소 3명 이상의 디자인 전문가가 사전에 작성한 원칙에 따라 제품을 평가하는 기법이다.
- UI의 구현 정도에 관계없이 평가가 가능하다.
- 전문가의 능력에 따라 평가 시간이나 수준이 달라진다.

① Heuristic Evaluation
② Paper Prototype
③ Preference Evaluation
④ Performance Evaluation

> 휴리스틱 평가(Heuristic Evaluation)는 디자인 전문가에 의해 수행되는 테스트 기법입니다.

출제예상
4. UI 테스트 기법 중 성능 평가 기법에서 사용하는 평가 항목이 아닌 것은?
① 학습성
② 기억용이성
③ 오류
④ 이식성

> 성능 평가 기법에서 사용하는 평가 항목에는 학습성, 효율성, 기억용이성, 오류, 만족도 등이 있습니다.

출제예상
5. 사용자 인터페이스(UI) 테스트에서 사용하는 페이퍼 프로토타입(Paper Prototype)에 대한 설명으로 옳지 않은 것은?
① 종이를 이용하여 구현한 UI의 모형으로 테스트를 수행한다.
② 체크리스트를 활용하여 수행한다.
③ UI 테스트 기법 중 가장 빠르게 수행할 수 있는 기법이다.
④ 개발의 마지막 단계에서 제품의 학습성, 효율성, 기억용이성 등을 체크한다.

> ④번은 성능 평가(PerformanceEvaluation)에 대한 내용입니다.

▶ 정답: 1.② 2.③ 3.① 4.④ 5.④

SECTION 043

UI 테스트 기법의 종류

 전문가의 조언

사용자 인터페이스(UI) 테스트는 일반 사용자를 대상으로 실제 시스템이나 소프트웨어에 구현된 사용자 인터페이스의 문제점을 발견하는 과정입니다. UI 테스트의 특징과 종류들을 정리해 두세요.

사용성(Usability)
사용성은 사용자와 컴퓨터 사이에 발생하는 어떠한 행위에 대하여 사용자가 쉽게 배우고 사용할 수 있으며, 향후 다시 사용하고 싶은 정도를 나타냅니다.

1 UI 테스트

UI 테스트는 구현된 UI의 사용성*을 검증하기 위해 테스트를 수행하고, 결과에 따라 개선 및 결과 보고서를 작성하는 행위 또는 그 절차를 의미한다.
- UI 테스트는 사용자가 미리 작성된 시나리오에 따라 직접 제품을 사용하면서 진행하는 사용자 중심의 테스트이다.
- UI 테스트는 사용자의 요구사항과 행동을 관찰할 수 있는 유용한 진단 방법이다.
- UI 테스트 중에 발생되는 산출물은 사용자 매뉴얼 작성 시 중요한 참고 자료가 된다.

2 UI 테스트 기법의 종류

휴리스틱 평가 (Heuristic Evaluation)	• 최소 3명 이상의 디자인 전문가가 사전에 작성한 원칙에 따라 제품을 평가하는 기법이다. • UI의 구현 정도에 관계없이 평가가 가능하다. • 전문가의 능력에 따라 평가 시간이나 수준이 달라진다. • 주로 Jakob Nielsen의 10개 원칙이 평가에 사용된다.
페이퍼 프로토타입 (Paper Prototype)	• 종이로 해당 서비스를 간단하게 만들어 실제 구현되는 것처럼 표현하고, 이를 이용하여 테스트하는 평가 방법이다. • 프로토타입 작성 시 포함되어야 할 중요한 내용을 체크리스트로 작성한다. • 테스트 기법 중 가장 빠른 방법으로, 제품의 전반적인 컨셉과 흐름을 보여준다. • 테스트 참가자들이 최종 제품에 대한 기대를 갖지 않고 더 자유롭게 의견을 내는 경향이 있다.
선호도 평가 (Preference Evaluation)	• "A보다 B가 더 좋다"와 같이 선호도에 영향을 주는 속성들을 파악하고 예측하기 위한 기법이다. • 사용자의 감성을 분석하기 위해 과학적인 시점에서 객관적으로 해석한다. • 자료의 특성에 따라 점수, 순위, 태도 기반 선호도, 속성 기반 선호도 중 알맞은 추정법을 적용하여 분석한다.
성능 평가 (Performance Evaluation)	개발의 마지막 단계에서 제품의 학습성, 효율성, 기억용이성, 오류, 만족도 등을 평가한 결과를 바탕으로 성능을 개선하는 기법이다. • 학습성 : 쉽게 배울 수 있는가? • 효율성 : 이용에 필요 이상의 노력이 필요하지는 않은가? • 기억용이성 : 사용했던 기능을 다시 사용하는데 어렵지는 않은가? • 오류 : 오류가 발생하거나, 발생했을 때 극복이 가능한가? • 만족도 : 사용에 불만족스러운 부분은 없었는가?

기출문제 따라잡기

이전기출

1. 사용자 인터페이스(User Interface)에 대한 설명으로 틀린 것은?

① 사용자와 시스템이 정보를 주고받는 상호작용이 잘 이루어지도록 하는 장치나 소프트웨어를 의미한다.
② 편리한 유지보수를 위해 개발자 중심으로 설계되어야 한다.
③ 배우기가 용이하고 쉽게 사용할 수 있도록 만들어져야 한다.
④ 사용자 요구사항이 UI에 반영될 수 있도록 구성해야 한다.

> 사용자 인터페이스(UI)는 사용자가 쉽게 이해하고 편리하게 사용할 수 있도록 사용자 중심으로 설계되어야 합니다.

이전기출

2. 사용자 인터페이스(UI)의 특징으로 틀린 것은?

① 구현하고자 하는 결과의 오류를 최소화한다.
② 사용자의 편의성을 높임으로써 작업 시간을 증가시킨다.
③ 막연한 작업 기능에 대해 구체적인 방법을 제시하여 준다.
④ 사용자 중심의 상호 작용이 되도록 한다.

> 사용자 인터페이스(UI)는 사용자의 편의성과 가독성을 높임으로써 작업 시간을 단축시키고 업무에 대한 이해도를 높여줍니다.

이전기출

3. UI의 종류로 멀티 터치(Multi-Touch), 동작 인식(Gesture Recognition) 등 사용자의 자연스러운 움직임을 인식하여 서로 주고받는 정보를 제공하는 사용자 인터페이스를 의미하는 것은?

① GUK(Graphical User Interface)
② OUI(Organic User Interface)
③ NUI(Natural User Interface)
④ CLK(Command Line Interface)

> 사용자의 자연스러운 움직임을 인식하여 서로 주고받는 정보를 제공하는 사용자 인터페이스는 NUI(Natural User Interface)입니다.

이전기출

4. 모바일 기기에서 사용하는 NUI 인터페이스에 속하지 않는 것은 무엇인가?

① Pinch
② Press
③ Flow
④ Flick

> 모바일 기기에서 사용하는 행동, 즉 제스처(Gesture)에는 Tap(누르기), Double Tap(두 번 누르기), Drag(누른 채 움직임), Pan(누른 채 계속 움직임), Press(오래 누르기), Flick(빠르게 스크롤), Pinch(두 손가락으로 넓히기/좁히기) 등이 있습니다.

이전기출

5. UI 설계 원칙 중 누구나 쉽게 이해하고 사용할 수 있어야 한다는 원칙은?

① 희소성
② 유연성
③ 직관성
④ 멀티운용성

> 보는 즉시 직접적으로 내용을 파악할 수 있어야 누구나 쉽게 이해하고 사용할 수 있습니다.

이전기출

6. UI의 설계 지침으로 틀린 것은?

① 이해하기 편하고 쉽게 사용할 수 있는 환경을 제공해야 한다.
② 주요 기능을 메인 화면에 노출하여 조작이 쉽도록 하여야 한다.
③ 치명적인 오류에 대한 부정적인 사항은 사용자가 인지할 수 없도록 한다.
④ 사용자의 직무, 연령, 성별 등 다양한 계층을 수용하여야 한다.

> 오류가 발생하면 사용자가 쉽게 인지할 수 있도록 설계해야 합니다.

이전기출

7. 소프트웨어의 사용자 인터페이스 개발 시스템(User Interface Development System)이 가져야 할 기능이 아닌 것은?

① 사용자 입력의 검증
② 에러 처리와 에러 메시지 처리
③ 도움과 프롬프트(prompt) 제공
④ 소스 코드 분석 및 오류 복구

> 소프트웨어의 사용자 인터페이스 개발 시스템이 가져야 할 기능에는 입력 검증, 에러 처리, 도움 제공이 있습니다.

▶ 정답 : 1.② 2.② 3.③ 4.③ 5.③ 6.③ 7.④

전문가의 조언

사용자 인터페이스의 설계 지침별 의미를 잘 정리해 두세요.

5 사용자 인터페이스의 설계 지침

사용자 인터페이스를 설계할 때 고려할 사항은 사용자 중심, 사용성, 일관성, 단순성, 결과 예측 가능, 가시성, 심미성, 표준화, 접근성, 명확성, 오류 발생 해결 등이다.

- **사용자 중심** : 사용자가 쉽게 이해하고 편리하게 사용할 수 있는 환경을 제공하며, 실사용자에 대한 이해가 바탕이 되어야 한다.
- **사용성** : 사용자가 소프트웨어를 얼마나 빠르고 쉽게 이해할 수 있는지, 얼마나 편리하고 효율적으로 사용할 수 있는지를 말하는 것으로, 사용자 인터페이스 설계 시 가장 우선적으로 고려해야 한다.
- **일관성** : 버튼이나 조작 방법 등을 일관성 있게 제공하므로 사용자가 쉽게 기억하고 습득할 수 있게 설계해야 한다.
- **단순성** : 조작 방법을 단순화시켜 인지적 부담을 감소시켜야 한다.
- **결과 예측 가능** : 작동시킬 기능만 보고도 결과를 미리 예측할 수 있게 설계해야 한다.
- **가시성** : 메인 화면에 주요 기능을 노출시켜 최대한 조작이 쉽도록 설계해야 한다.
- **심미성** : 디자인적으로 완성도 높은 글꼴, 색상을 적용하고 그래픽 요소를 배치하여 가독성을 높일 수 있도록 설계해야 한다.
- **표준화** : 기능 구조와 디자인을 표준화하여 한 번 학습한 이후에는 쉽게 사용할 수 있도록 설계해야 한다.
- **접근성** : 사용자의 연령, 성별, 인종 등 다양한 계층이 사용할 수 있도록 설계해야 한다.
- **명확성** : 사용자가 개념적으로 쉽게 인지할 수 있도록 설계해야 한다.
- **오류 발생 해결** : 오류가 발생하면 사용자가 쉽게 인지할 수 있도록 설계해야 한다.

전문가의 조언

사용자 인터페이스 개발 시스템이 가져야 할 기능 3가지를 잘 기억해 두세요.

6 사용자 인터페이스 개발 시스템의 기능

사용자 인터페이스 개발 시스템이 가져야 할 기능은 다음과 같다.
- 사용자의 입력을 검증할 수 있어야 한다.
- 에러 처리와 그와 관련된 에러 메시지를 표시할 수 있어야 한다.
- 도움과 프롬프트(Prompt)를 제공해야 한다.

- **OUI(Organic User Interface)** : 모든 사물과 사용자 간의 상호작용을 위한 인터페이스로, 소프트웨어가 아닌 하드웨어 분야에서 사물 인터넷(Internet of Things), 가상현실(Virtual Reality), 증강현실(Augmented Reality), 혼합현실(Mixed Reality) 등과 함께 대두되고 있음

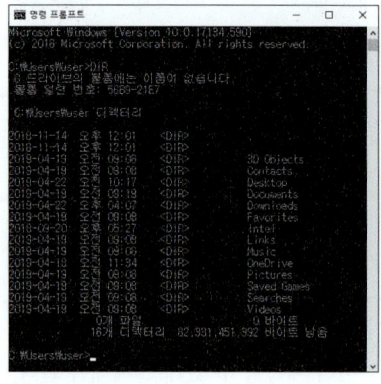
CLI

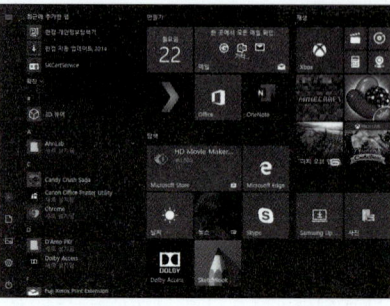
GUI

NUI

잠깐만요 주요 모바일 제스처(Mobile Gesture)

- **Tap(누르기)** : 화면을 가볍게 한 번 터치하는 동작
- **Double Tap(두 번 누르기)** : 화면을 빠르게 두 번 터치하는 동작
- **Drag(누른 채 움직임)** : 화면의 특정 위치에 손가락을 댄 상태에서 정해진 방향으로 움직인 후 손가락을 떼는 동작
- **Pan(누른 채 계속 움직임)** : 화면에 손가락을 댄 후 손가락을 떼지 않고 계속적으로 움직이는 동작으로, 움직이는 방향이나 시간에 제한이 없으며, 손가락을 뗄 때까지의 동작을 패닝(Panning)이라고 함
- **Press(오래 누르기)** : 화면의 특정 위치를 손가락으로 꾹 누르는 동작
- **Flick(빠르게 스크롤)** : 화면에 손가락을 터치하면서 수평 또는 수직으로 빠르게 드래그하는 동작
- **Pinch(두 손가락으로 넓히기/좁히기)** : 두 손가락으로 화면을 터치한 후 두 손가락을 서로 다른 방향으로 움직이는 동작

> **전문가의 조언**
> 모바일 제스처의 종류를 정확히 숙지하고 각각의 기능을 구분할 수 있도록 알아두세요.

4 사용자 인터페이스의 기본 원칙

사용자 인터페이스의 기본 원칙에는 직관성, 유효성, 학습성, 유연성이 있다.

- **직관성** : 누구나 쉽게 이해하고 사용할 수 있어야 한다.
- **유효성** : 사용자의 목적을 정확하고 완벽하게 달성해야 한다.
- **학습성** : 누구나 쉽게 배우고 익힐 수 있어야 한다.
- **유연성** : 사용자의 요구사항을 최대한 수용하고 실수를 최소화해야 한다.

> **전문가의 조언**
> 사용자 인터페이스의 기본 원칙 4가지의 종류와 각각의 의미를 명확히 기억해 두세요.

SECTION 042

사용자 인터페이스

 전문가의 조언

스마트 폰을 사용할 때는 화면을 손가락으로 터치하고 TV 채널을 변경할 때는 리모콘을 누르죠? 터치화면과 리모콘이 바로 인터페이스입니다. 이처럼 인터페이스는 사람이 기계나 프로그램을 편리하게 사용할 수 있도록 하는 연결점이라고 생각하면 됩니다. 사용자 인터페이스의 개념을 잘 정리해 두세요.

인터페이스(Interface)
인터페이스는 서로 다른 두 시스템이나 소프트웨어 등을 서로 이어주는 부분 또는 접속 장치를 의미합니다.

 전문가의 조언

사용자 인터페이스는 사용자를 중심으로 설계되어야 한다는 것을 중심으로 특징을 정리하세요.

1 사용자 인터페이스*(UI; User Interface)의 개요

사용자 인터페이스(UI)는 사용자와 시스템 간의 상호작용이 원활하게 이뤄지도록 도와주는 장치나 소프트웨어를 의미한다.
- 초기의 사용자 인터페이스는 단순히 사용자와 컴퓨터 간의 상호작용에만 국한되었지만 점차 사용자가 수행할 작업을 구체화시키는 기능 위주로 변경되었고, 최근에는 정보 내용을 전달하기 위한 표현 방법으로 변경되었다.
- **사용자 인터페이스의 세 가지 분야**
  - 정보 제공과 전달을 위한 물리적 제어에 관한 분야
  - 콘텐츠의 상세적인 표현과 전체적인 구성에 관한 분야
  - 모든 사용자가 편리하고 간편하게 사용하도록 하는 기능에 관한 분야

2 사용자 인터페이스(UI)의 특징

- 사용자의 만족도에 가장 큰 영향을 미치는 중요한 요소로, 소프트웨어 영역 중 변경이 가장 많이 발생한다.
- 사용자의 편리성과 가독성을 높임으로써 작업 시간을 단축시키고 업무에 대한 이해도를 높여준다.
- 최소한의 노력으로 원하는 결과를 얻을 수 있게 한다.
- 사용자 중심으로 설계되어 사용자 중심의 상호 작용이 되도록 한다.
- 수행 결과의 오류를 줄인다.
- 사용자의 막연한 작업 기능에 대해 구체적인 방법을 제시해 준다.
- 정보 제공자와 공급자 간의 매개 역할을 수행한다.
- 사용자 인터페이스를 설계하기 위해서는 소프트웨어 아키텍처를 반드시 숙지해야 한다.

 전문가의 조언

사용자 인터페이스의 종류별 특징을 서로 구분할 수 있도록 정리해 두세요.

3 사용자 인터페이스의 구분

사용자 인터페이스는 상호작용의 수단 및 방식에 따라 다음과 같이 구분된다.
- **CLI**(Command Line Interface) : 명령과 출력이 텍스트 형태로 이뤄지는 인터페이스
- **GUI**(Graphical User Interface) : 아이콘이나 메뉴를 마우스로 선택하여 작업을 수행하는 그래픽 환경의 인터페이스
- **NUI**(Natural User Interface) : 사용자의 말이나 행동으로 기기를 조작하는 인터페이스
- **VUI**(Voice User Interface) : 사람의 음성으로 기기를 조작하는 인터페이스

1장　UI 테스트

042　사용자 인터페이스　Ⓐ등급
043　UI 테스트 기법의 종류　Ⓑ등급
044　UX　Ⓒ등급

꼭 알아야 할 키워드　Best 10

1. 사용자 인터페이스　2. CLI　3. GUI　4. NUI　5. UI 테스트　6. 휴리스틱 평가　7. 페이퍼 프로토타입　8. 선호도 평가　9. 성능 평가　10. UX

4 과목

정보시스템 기초 기술

1장 UI 테스트

2장 테스트 및 배포

3장 개발자 환경 구축

4장 개발 환경 운영 지원

2장 핵심요약

문제1 테이블 〈중간〉과 〈기말〉에 대한 다음 SQL문의 실행 결과로 생성되는 튜플 수를 쓰시오.

```
SELECT 이름 FROM 중간
INTERSECT
SELECT 이름 FROM 기말
```

〈중간〉

이름	평균
임영우	80
최시아	90

〈기말〉

이름	평균
최시아	85
한정수	95

답 :

해설
INTERSECT는 두 SELECT문의 조회 결과 중 공통된 행만 출력합니다.

〈실행 결과〉

이름
최시아

문제2 다음은 〈판매〉 테이블에 있는 레코드(행)의 개수를 구하는 SQL문이다. 괄호 안에 들어갈 알맞은 그룹 함수를 쓰시오.

```
SELECT (      )(*) FROM 판매;
```

답 :

---

041 DML - JOIN

❶ JOIN의 개요
2개의 테이블에 대해 연관된 튜플들을 결합하여, 하나의 새로운 릴레이션을 반환한다.

❷ INNER JOIN
- EQUI JOIN
  - JOIN 대상 테이블에서 공통 속성을 기준으로 '=' (equal) 비교에 의해 같은 값을 가지는 행을 연결하여 결과를 생성하는 JOIN 방법이다.
  - EQUI JOIN에서 JOIN 조건이 '='일 때 동일한 속성이 두 번 나타나게 되는데, 이중 중복된 속성을 제거하여 같은 속성을 한 번만 표기하는 방법을 NATURAL JOIN이라고 한다.
- NON-EQUI JOIN : JOIN 조건에 '=' 조건이 아닌 나머지 비교 연산자, 즉 〉, 〈, 〈 〉, 〉=, 〈= 연산자를 사용하는 JOIN 방법

❸ OUTER JOIN
- 릴레이션에서 JOIN 조건에 만족하지 않는 튜플도 결과로 출력하기 위한 JOIN 방법이다.
- LEFT OUTER JOIN, RIGHT OUTER JOIN, FULL OUTER JOIN이 있다.

❹ SELF JOIN
같은 테이블에서 2개의 속성을 연결하여 EQUI JOIN을 하는 JOIN 방법이다.

정답 1. 1 2. COUNT

> **문제3** 상품명과 가격으로 이루어진 〈상품〉 테이블에서 가격을 기준으로 내림차순 정렬하여 검색하고자 한다. 괄호(①, ②) 안에 들어갈 알맞은 명령어를 쓰시오.
>
> SELECT 상품명, 가격 FROM 상품 (①) 가격 (②);
>
> 답
> ① :
> ② :

③ 집합 연산자를 이용한 통합 질의

집합 연산자를 사용하여 2개 이상의 테이블의 데이터를 하나로 통합한다.

집합 연산자	설명	집합 종류
UNION	• 두 SELECT문의 조회 결과를 통합하여 모두 출력함 • 중복된 행은 한 번만 출력함	합집합
UNION ALL	• 두 SELECT문의 조회 결과를 통합하여 모두 출력함 • 중복된 행도 그대로 출력함	합집합
INTERSECT	두 SELECT문의 조회 결과 중 공통된 행만 출력함	교집합
EXCEPT	첫 번째 SELECT문의 조회 결과에서 두 번째 SELECT문의 조회 결과를 제외한 행을 출력함	차집합

> **문제4** 테이블 〈서울〉과 〈경기〉에 대한 다음 SQL문의 실행 결과로 생성되는 튜플 수를 쓰시오.
>
> SELECT 제품 FROM 서울
> UNION ALL
> SELECT 제품 FROM 경기;

〈서울〉

제품	판매
냉장고	90
세탁기	80

〈경기〉

제품	판매
냉장고	75
세탁기	60

답 :

> **해설**
> UNION ALL은 두 SELECT문의 조회 결과를 통합하여 모두 출력하며, 중복된 행도 그대로 출력합니다.
>
> 〈실행 결과〉
>
> | 제품 |
> |---|
> | 냉장고 |
> | 세탁기 |
> | 냉장고 |
> | 세탁기 |

040 DML - SELECT-2

① 그룹 지정

• 특정 속성을 기준으로 그룹화하여 검색할 때 그룹화할 속성을 지정한다.

```
SELECT [테이블명.]속성명, [테이블명.]속성명, …
FROM 테이블명[, 테이블명, …]
[WHERE 조건]
[GROUP BY 속성명, 속성명, …]
[HAVING 조건];
```

• GROUP BY절
 – 특정 속성을 기준으로 그룹화하여 검색할 때 사용함
 – 일반적으로 GROUP BY절은 그룹 함수와 함께 사용됨
• HAVING절 : GROUP BY와 함께 사용되며, 그룹에 대한 조건을 지정함

② 그룹 함수

• COUNT(속성명) : 그룹별 튜플 수를 구하는 함수
• SUM(속성명) : 그룹별 합계를 구하는 함수
• AVG(속성명) : 그룹별 평균을 구하는 함수
• MAX(속성명) : 그룹별 최대값을 구하는 함수
• MIN(속성명) : 그룹별 최소값을 구하는 함수

정답 1. DISTINCT 2. ① * ② WHERE 3. ① ORDER BY ② DESC 4. 4

2장 핵심요약

039 DML - SELECT-1

❶ 일반 형식 및 기본 검색

SELECT [PREDICATE] [테이블명.]속성명1, [테이블명.]속성명2, …
FROM 테이블명[, 테이블명, …]

- SELECT절
  - PREDICATE : 불러올 튜플 수를 제한할 명령어를 기술함
    ▶ DISTINCT : 중복된 튜플이 있으면 그 중 첫 번째 한 개만 검색함
  - 속성명 : 검색하여 불러올 속성(열) 및 수식들을 지정함
- FROM절 : 질의에 의해 검색될 데이터들을 포함하는 테이블명을 기술함

❷ 조건 연산자

- 논리 연산자 : NOT, AND, OR
- LIKE 연산자 : 대표 문자를 이용해 지정된 속성의 값이 문자 패턴과 일치하는 튜플을 검색하기 위해 사용됨
  - * 또는 % : 모든 문자를 대표함
  - _ : 문자 하나를 대표함
  - # : 숫자 하나를 대표함

❸ 조건 지정 검색

SELECT [테이블명.]속성명1, [테이블명.]속성명2, …
FROM 테이블명[, 테이블명, …]
[WHERE 조건];

- WHERE 절에 조건을 지정하여 조건에 만족하는 튜플만 검색한다.
- NULL 값의 사용
  - 주소가 NULL인, 즉 주소가 입력되지 않은 자료만 검색함
    예 WHERE 주소 IS NULL
  - 주소가 NULL이 아닌, 즉 주소가 입력된 자료만 검색함
    예 WHERE 주소 IS NOT NULL
- BETWEEN 연산자의 사용
  - 생일이 '01/09/69'에서 '10/22/73' 사이인 자료만 검색함

  예 WHERE 생일 BETWEEN #01/09/69# AND #10/22/73#

❹ 정렬 검색

- ORDER BY 절에 특정 속성을 지정하여 지정된 속성으로 자료를 정렬하여 검색한다.

SELECT [테이블명.]속성명1, [테이블명.]속성명2, …
FROM 테이블명[, 테이블명, …]
[WHERE 조건];
[ORDER BY 속성명 [ASC | DESC]];

- 속성명 : 정렬의 기준이 되는 속성명을 기술함
- [ASC|DESC] : 정렬 방식으로서 'ASC'는 오름차순, 'DESC'는 내림차순이며, 생략하면 오름차순으로 지정됨

❺ 하위 질의

조건절에 주어진 질의를 먼저 수행하여 그 검색 결과를 조건절의 피연산자로 사용한다.

예 '취미'가 "나이트댄스"인 사원의 '이름'과 '주소'를 검색하시오.

SELECT 이름, 주소
FROM 사원
WHERE 이름 = (SELECT 이름 FROM 여가활동 WHERE 취미 = '나이트댄스');

문제1 다음은 〈사원〉 테이블에서 사원명을 중복되지 않게 검색하는 SQL문이다. 괄호 안에 들어갈 알맞은 명령어를 쓰시오.

SELECT (   ) 사원명 FROM 사원;

답 :

문제2 다음은 〈학생〉 테이블에서 학과가 "정보처리"인 학생의 모든 정보를 검색하는 SQL문이다. 괄호(①, ②) 안에 들어갈 알맞은 명령어를 쓰시오.

SELECT (①)
FROM 학생
(②) 학과 = '정보처리';

답
① :
② :

기출문제 따라잡기

이전기출

3. 다음 R1과 R2의 테이블에서 아래의 실행 결과를 얻기 위한 SQL 문은?

[R1] 테이블

학번	이름	학년	학과	주소
1000	홍길동	1	컴퓨터공학	서울
2000	김철수	1	전기공학	경기
3000	강남길	2	전자공학	경기
4000	오말자	2	컴퓨터공학	경기
5000	장미화	3	전자공학	서울

[R2] 테이블

학번	과목번호	과목이름	성적	주소
1000	C100	컴퓨터구조	A	91
2000	C200	데이터베이스	A+	99
3000	C100	컴퓨터구조	B+	89
3000	C200	데이터베이스	B	85
4000	C200	데이터베이스	A	93
4000	C300	운영체제	B+	88
5000	C300	운영체제	B	82

[실행결과]

과목번호	과목이름
C100	컴퓨터구조
C200	데이터베이스

① SELECT 과목번호, 과목이름 FROM R1, R2 WHERE R1.학번 = R2.학번 AND R1.학과 = '전자공학' AND R1.이름 = '강남길';

② SELECT 과목번호, 과목이름 FROM R1, R2 WHERE R1.학번 = R2.학번 OR R1.학과 = '전자공학' OR R1.이름 = '홍길동';

③ SELECT 과목번호, 과목이름 FROM R1, R2 WHERE R1.학번 = R2.학번 AND R1.학과 = '컴퓨터공학' AND R1.이름 = '강남길';

④ SELECT 과목번호, 과목이름 FROM R1, R2 WHERE R1.학번 = R2.학번 OR R1.학과 = '컴퓨터공학' OR R1.이름 = '홍길동';

- SELECT 과목번호, 과목이름 : '과목번호'와 '과목이름'을 표시합니다.
- FROM R1, R2 : 〈R1〉, 〈R2〉 테이블을 대상으로 검색합니다.
- WHERE R1.학번 = R2.학번 : 〈R1〉 테이블의 '학번'이 〈R2〉 테이블의 '학번'과 같고,
- AND R1.학과 = '전자공학' : 〈R1〉 테이블의 '학과'가 "전자공학"이고,
- AND R1.이름 = '강남길'; : 〈R1〉 테이블의 '이름'이 "강남길"인 튜플만을 대상으로 합니다.

이전기출

4. 다음 테이블 조인(JOIN)에 대한 설명으로 가장 적절한 것은?

- 가능한 모든 행들의 조합이 표시된다.
- 첫 번째 테이블의 모든 행들은 두 번째 테이블의 모든 행들과 조인된다.
- 첫 번째 테이블의 행수를 두 번째 테이블의 행수로 곱한 것만큼의 행을 반환한다.
- 조인 조건이 없는 조인이라고 할 수 있다.

① INNER JOIN ② LEFT JOIN
③ RIGHT JOIN ④ CROSS JOIN

두 테이블의 행수를 곱한 것만큼 행을 반환한다는 것은 두 테이블의 행을 서로 교차(CROSS)하여 조인을 수행한다는 의미입니다.

▶ 정답: 1. ④ 2. ① 3. ① 4. ④

〈결과〉

학번	이름	선배
17	김선달	고길동
19	아무개	이순신
37	박치민	김선달

> **잠깐만요** SELF 조인의 이해
>
> SELF 조인은 1개의 테이블을 2개의 이름으로 사용하므로 종종 결과가 혼동됩니다. 이럴 때는 같은 테이블을 2개 그려서 생각하면 쉽게 결과를 알아낼 수 있습니다. '학번', '이름', '선배' 필드만 사용하므로 3개의 필드만 가지고 생각해 봅시다.
>
> 〈A〉
>
> | 학번 | 이름 | 선배 |
> |---|---|---|
> | 15 | 고길동 | |
> | 16 | 이순신 | |
> | 17 | 김선달 | 15 |
> | 19 | 아무개 | 16 |
> | 37 | 박치민 | 17 |
>
> 〈B〉
>
> | 학번 | 이름 | 선배 |
> |---|---|---|
> | 15 | 고길동 | |
> | 16 | 이순신 | |
> | 17 | 김선달 | 15 |
> | 19 | 아무개 | 16 |
> | 37 | 박치민 | 17 |
>
> **해설**
>
> 〈A〉 테이블의 '선배'와 〈B〉 테이블의 '학번'이 같은 튜플을 조인하면 위 그림과 같이 연결됩니다. 여기서 두 테이블 간 조인된 튜플들만을 대상으로 〈A〉 테이블에서 '학번', '이름'을 표시하고, 〈B〉 테이블에서 이름을 출력하되 필드명을 '선배'로 하여 출력하면 위의 결과와 같이 됩니다.

기출문제 따라잡기

출제예상

1. 다음 중 조인(Join)에 대한 설명으로 옳지 못한 것은?

① 두 개 이상의 테이블로부터 원하는 데이터를 검색하는 방법이다.
② 조인에 사용되는 기준 필드는 동일하거나 호환되는 데이터 형식을 가져야 한다.
③ 조인되는 두 테이블의 필드 수가 동일할 필요는 없다.
④ 같은 테이블에서 2개의 속성을 연결하여 EQUI JOIN을 하는 방법을 CROSS JOIN이라고 한다.

> 같은 테이블에서 2개의 속성을 연결하는 조인은 SELF JOIN입니다.

출제예상

2. 다음 쿼리에서 두 테이블의 필드 값이 일치하는 레코드만 조인하기 위해 괄호 안에 넣어야 할 것으로 옳은 것은?

```
SELECT 필드목록
FROM 테이블1, 테이블2
WHERE 테이블1.필드 (    ) 테이블2.필드;
```

① = ② JOIN
③ + ④ −

> 조인된 필드의 값이 일치하는 행을 연결하여 결과를 생성하는 JOIN을 EQUI JOIN이라고 합니다.

예제 2 〈학생〉 테이블과 〈학과〉 테이블에서 '학과코드' 값이 같은 튜플을 JOIN하여 '학번', '이름', '학과코드', '학과명'을 출력하는 SQL문을 작성하시오. 이때, '학과코드'가 입력 안 된 학생이나 학생이 없는 '학과코드'도 모두 출력하시오.

```
SELECT 학번, 이름, 학과.학과코드, 학과명
FROM 학생 FULL OUTER JOIN 학과
ON 학생.학과코드 = 학과.학과코드;
```

해설 FULL OUTER JOIN을 하면 JOIN 구문으로 연결되지 않는 자료도 모두 출력된다. "박치민"은 '학과코드'가 없고, "eng"는 〈학생〉 테이블에 등록되지 않아서 연결고리가 없지만 FULL OUTER JOIN을 했으므로 모두 출력된다.

〈결과〉

학번	이름	학과코드	학과명
15	고길동	com	컴퓨터
16	이순신	han	국어
17	김선달	com	컴퓨터
19	아무개	han	국어
37	박치민		
		eng	영어

SELF JOIN

- SELF JOIN은 같은 테이블에서 2개의 속성을 연결하여 EQUI JOIN을 하는 JOIN 방법이다.
- 표기 형식

  - SELECT [별칭1.]속성명, [별칭1.]속성명, …
    FROM 테이블명1 [AS] 별칭1 JOIN 테이블명1 [AS] 별칭2
    ON 별칭1.속성명 = 별칭2.속성명;

  - SELECT [별칭1.]속성명, [별칭1.]속성명, …
    FROM 테이블명1 [AS] 별칭1, 테이블명1 [AS] 별칭2
    WHERE 별칭1.속성명 = 별칭2.속성명;

예제 〈학생〉 테이블을 SELF JOIN하여 선배가 있는 학생과 선배의 '이름'을 표시하는 SQL문을 작성하시오.

- SELECT A.학번, A.이름, B.이름 AS 선배
  FROM 학생 A JOIN 학생 B
  ON A.선배 = B.학번;

- SELECT A.학번, A.이름, B.이름 AS 선배
  FROM 학생 A , 학생 B
  WHERE A.선배 = B.학번;

 전문가의 조언

- 'B.이름 AS 선배'는 〈B〉 테이블의 '이름'을 출력하되 필드명을 '선배'로 표시하라는 의미입니다.
- '학생 A' 대신 '학생 AS A'로 써도 됩니다.
- **예제**를 252쪽의 테이블을 이용하여 풀어보세요.

- **FULL OUTER JOIN**
  - LEFT OUTER JOIN과 RIGHT OUTER JOIN을 합쳐 놓은 것이다.
  - INNER JOIN의 결과를 구한 후, 좌측 항의 릴레이션의 튜플들에 대해 우측 항의 릴레이션의 어떤 튜플과도 맞지 않는 튜플들에 NULL 값을 붙여서 INNER JOIN의 결과에 추가한다. 그리고 유사하게 우측 항의 릴레이션의 튜플들에 대해 좌측 항의 릴레이션의 어떤 튜플과도 맞지 않는 튜플들에 NULL 값을 붙여서 INNER JOIN의 결과에 추가한다.
  - 표기 형식

  > SELECT [테이블명1.]속성명, [테이블명2.]속성명, …
  > FROM 테이블명1 FULL OUTER JOIN 테이블명2
  > ON 테이블명1.속성명 = 테이블명2.속성명;

예제 1 〈학생〉 테이블과 〈학과〉 테이블에서 '학과코드' 값이 같은 튜플을 JOIN하여 '학번', '이름', '학과코드', '학과명'을 출력하는 SQL문을 작성하시오. 이때, '학과코드'가 입력되지 않은 학생도 출력하시오.

예제 1을 252쪽에 있는 테이블을 참조하여 풀어보세요.

- SELECT 학번, 이름, 학생.학과코드, 학과명
  FROM 학생 LEFT OUTER JOIN 학과
  ON 학생.학과코드 = 학과.학과코드;

- SELECT 학번, 이름, 학생.학과코드, 학과명
  FROM 학생, 학과
  WHERE 학생.학과코드 = 학과.학과코드(+);

해설 INNER JOIN을 하면 '학과코드'가 입력되지 않은 "박치민"은 출력되지 않는다. 그러므로 JOIN 구문을 기준으로 왼쪽 테이블, 즉 〈학생〉의 자료는 모두 출력되는 LEFT JOIN을 사용한 것이다. 다음과 같이 JOIN 구문을 기준으로 테이블의 위치를 교환하여 RIGHT JOIN을 사용해도 결과는 같다.

- SELECT 학번, 이름, 학생.학과코드, 학과명
  FROM 학과 RIGHT OUTER JOIN 학생
  ON 학과.학과코드 = 학생.학과코드;

- SELECT 학번, 이름, 학생.학과코드, 학과명
  FROM 학과, 학생
  WHERE 학과.학과코드(+) = 학생.학과코드;

- LEFT OUTER JOIN은 좌측 릴레이션을 기준으로 좌측 릴레이션에 있는 튜플은 모두 표시하고, 우측 릴레이션에서는 관련 있는 튜플만 표시했으므로 "박치민"의 '학과명'이 빈 자리로 표시됩니다.
- RIGHT OUTER JOIN은 테이블의 위치를 변경했으므로 LEFT OUTER JOIN의 결과와 같은 결과가 표시됩니다.

〈결과〉

학번	이름	학과코드	학과명
15	고길동	com	컴퓨터
16	이순신	han	국어
17	김선달	com	컴퓨터
19	아무개	han	국어
37	박치민		

〈결과〉

학번	이름	성적	등급
15	고길동	83	B
16	이순신	96	A
17	김선달	95	A
19	아무개	75	C
37	박치민	55	D

OUTER JOIN

OUTER JOIN은 릴레이션에서 JOIN 조건에 만족하지 않는 튜플도 결과로 출력하기 위한 JOIN 방법으로, LEFT OUTER JOIN, RIGHT OUTER JOIN, FULL OUTER JOIN이 있다.

- **LEFT OUTER JOIN** : INNER JOIN의 결과를 구한 후, 우측 항 릴레이션의 어떤 튜플과도 맞지 않는 좌측 항의 릴레이션에 있는 튜플들에 NULL 값을 붙여서 INNER JOIN의 결과에 추가한다.

  - 표기 형식

    - SELECT [테이블명1.]속성명, [테이블명2.]속성명, …
      FROM 테이블명1 LEFT OUTER JOIN 테이블명2
      ON 테이블명1.속성명 = 테이블명2.속성명;

    - SELECT [테이블명1.]속성명, [테이블명2.]속성명, …
      FROM 테이블명1, 테이블명2
      WHERE 테이블명1.속성명 = 테이블명2.속성명(+);

- **RIGHT OUTER JOIN** : INNER JOIN의 결과를 구한 후, 좌측 항 릴레이션의 어떤 튜플과도 맞지 않는 우측 항의 릴레이션에 있는 튜플들에 NULL 값을 붙여서 INNER JOIN의 결과에 추가한다.

  - 표기 형식

    - SELECT [테이블명1.]속성명, [테이블명2.]속성명, …
      FROM 테이블명1 RIGHT OUTER JOIN 테이블명2
      ON 테이블명1.속성명 = 테이블명2.속성명;

    - SELECT [테이블명1.]속성명, [테이블명2.]속성명, …
      FROM 테이블명1, 테이블명2
      WHERE 테이블명1.속성명(+) = 테이블명2.속성명;

 전문가의 조언

INNER JOIN은 두 릴레이션에서 관련이 있는 튜플만 표시하고, LEFT OUTER JOIN은 좌측 릴레이션이 기준이 되어 좌측 릴레이션에 있는 튜플은 모두 표시하고 우측 릴레이션에서는 관련이 있는 튜플만 표시합니다. 반대로 RIGHT OUTER JOIN은 우측 릴레이션이 기준이 되어 우측 릴레이션에 있는 튜플은 모두 표시하고 좌측 릴레이션에서는 연관된 튜플만 표시합니다.

 전문가의 조언

OUTER JOIN에서 '+'를 사용하면 INNER JOIN과 동일한 형식으로 사용할 수 있습니다. INNER JOIN 형식과 동일하게 작성하고 LEFT OUTER JOIN일 때는 조건문의 우측에, RIGHT OUTER JOIN일 때는 조건문의 좌측에 '+'를 붙입니다.

〈학생〉

학번	이름	학과코드	선배	성적
15	고길동	com		83
16	이순신	han		96
17	김선달	com	15	95
19	아무개	han	16	75
37	박치민		17	55

〈학과〉

학과코드	학과명
com	컴퓨터
han	국어
eng	영어

〈성적등급〉

등급	최저	최고
A	90	100
B	80	89
C	60	79
D	0	59

예제 1 〈학생〉 테이블과 〈학과〉 테이블에서 '학과코드' 값이 같은 튜플을 JOIN하여 '학번', '이름', '학과코드', '학과명'을 출력하는 SQL문을 작성하시오.

- SELECT 학번, 이름, 학생.학과코드, 학과명
  FROM 학생, 학과
  WHERE 학생.학과코드 = 학과.학과코드;

- SELECT 학번, 이름, 학생.학과코드, 학과명
  FROM 학생 NATURAL JOIN 학과;

- SELECT 학번, 이름, 학생.학과코드, 학과명
  FROM 학생 JOIN 학과 USING(학과코드);

〈결과〉

학번	이름	학과코드	학과명
15	고길동	com	컴퓨터
16	이순신	han	국어
17	김선달	com	컴퓨터
19	아무개	han	국어

- **NON-EQUI JOIN**
  - NON-EQUI JOIN은 JOIN 조건에 '=' 조건이 아닌 나머지 비교 연산자, 즉 >, <, <>, >=, <= 연산자를 사용하는 JOIN 방법이다.
  - 표기 형식

  > SELECT [테이블명1.]속성명, [테이블명2.]속성명, …
  > FROM 테이블명1, 테이블명2, …
  > WHERE (NON-EQUI JOIN 조건);

예제 2 〈학생〉 테이블과 〈성적등급〉 테이블을 JOIN하여 각 학생의 '학번', '이름', '성적', '등급'을 출력하는 SQL문을 작성하시오.

SELECT 학번, 이름, 성적, 등급
FROM 학생, 성적등급
WHERE 학생.성적 BETWEEN 성적등급.최저 AND 성적등급.최고;

전문가의 조언

두 테이블을 조인하여 사용할 때 한 테이블에만 있는 속성은 테이블명을 생략할 수 있지만 두 테이블에 모두 속해 있는 속성은 반드시 속성명을 테이블명과 함께 표시해야 합니다.

NATURAL JOIN
NATURAL JOIN은 조인할 속성을 지정하지 않기 때문에 조인하려는 두 테이블에는 이름과 도메인이 같은 속성이 반드시 존재해야 합니다. 〈학생〉 테이블과 〈학과〉 테이블에는 같은 이름의 속성과 범위가 같은 도메인을 갖는 '학과코드'가 있기 때문에 NATURAL JOIN이 가능한 것입니다.

전문가의 조언

데이터베이스 실무에서 주로 사용하는 대부분의 JOIN은 EQUI JOIN이고, NON-EQUI JOIN은 별로 사용하지 않습니다.

전문가의 조언

BETWEEN A AND B는 A에서 B 사이의 값을 말합니다. 예를 들어 〈성적등급〉 테이블의 '최저'가 80이고 '최고'가 89일 때, 'WHERE 학생.성적 BETWEEN 성적등급.최저 AND 성적등급.최고'는 〈학생〉 테이블의 '성적'이 80~89인 튜플을 〈성적등급〉 테이블의 '최저' 필드의 값이 80이고, '최고' 필드의 값이 89인 튜플과 조인하므로 등급은 B가 됩니다.

SECTION 041

DML - JOIN

1 JOIN의 개요

JOIN(조인)은 2개의 테이블에 대해 연관된 튜플들을 결합하여, 하나의 새로운 릴레이션을 반환한다.

- JOIN은 크게 INNER JOIN과 OUTER JOIN으로 구분된다.
- JOIN은 일반적으로 FROM절에 기술하지만, 릴레이션이 사용되는 어느 곳에서나 사용할 수 있다.

> **전문가의 조언**
> 관계형 데이터베이스의 특성상 정규화 과정을 거치게 되면 여러 개의 테이블로 분리되는데, 이들을 합쳐 사용하기 위해서는 조인 기능이 많이 사용됩니다. 예제를 보며 이해하면 쉬우니, 조인의 의미를 이해하고 구문을 꼭 암기하세요.

2 INNER JOIN

INNER JOIN은 일반적으로 EQUI JOIN과 NON-EQUI JOIN으로 구분된다.

- 조건이 없는 INNER JOIN을 수행하면 CROSS JOIN※과 동일한 결과를 얻을 수 있다.
- **EQUI JOIN**
  - EQUI JOIN은 JOIN 대상 테이블에서 공통 속성을 기준으로 '='(equal) 비교에 의해 같은 값을 가지는 행을 연결하여 결과를 생성하는 JOIN 방법이다.
  - EQUI JOIN에서 JOIN 조건이 '='일 때 동일한 속성이 두 번 나타나게 되는데, 이 중 중복된 속성을 제거하여 같은 속성을 한 번만 표기하는 방법을 NATURAL JOIN이라고 한다.
  - EQUI JOIN에서 연결 고리가 되는 공통 속성을 JOIN 속성이라고 한다.
  - WHERE절을 이용한 EQUI JOIN의 표기 형식

    > **SELECT** [테이블명1.]속성명, [테이블명2.]속성명, ···
    > **FROM** 테이블명1, 테이블명2, ···
    > **WHERE** 테이블명1.속성명 = 테이블명2.속성명;

  - NATURAL JOIN절을 이용한 EQUI JOIN의 표기 형식

    > **SELECT** [테이블명1.]속성명, [테이블명2.]속성명, ···
    > **FROM** 테이블명1 **NATURAL JOIN** 테이블명2;

  - JOIN ~ USING절을 이용한 EQUI JOIN의 표기 형식

    > **SELECT** [테이블명1.]속성명, [테이블명2.]속성명, ···
    > **FROM** 테이블명1 **JOIN** 테이블명2 **USING**(속성명);

> **CROSS JOIN(교차 조인)**
> - 교차 조인은 조인하는 두 테이블에 있는 튜플들의 순서쌍을 결과로 반환합니다.
> - 교차 조인의 결과로 반환되는 테이블의 행의 수는 두 테이블의 행 수를 곱한 것과 같습니다.

> **전문가의 조언**
> 실무에서 가장 흔히 사용되는 조인 형식은 WHERE절을 이용한 조인입니다. 교재에서도 특별한 경우를 제외하고는 WHERE절을 이용하여 조인하였습니다.

기출문제 따라잡기

이전기출
1. 다음 중 SQL의 집계 함수(Aggregation Function)가 아닌 것은?

① AVG ② COUNT
③ SUM ④ CREATE

> 집계(그룹) 함수에는 COUNT, SUM, AVG, MAX, MIN 등이 있습니다.

이전기출
2. 테이블 R과 S에 대한 SQL문이 실행되었을 때, 실행 결과로 옳은 것은?

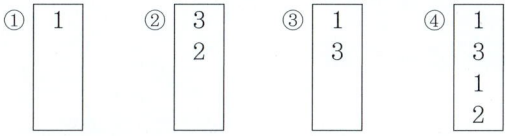

R	
A	B
1	A
3	B

S	
A	B
1	A
2	B

```
SELECT A FROM R
UNION ALL
SELECT A FROM S;
```

① 1
② 3
   2
③ 1
   3
④ 1
   3
   1
   2

> UNION ALL은 통합 질의로, 두 개의 테이블을 통합하여 표시하며, 중복된 레코드를 그대로 모두 표시합니다.

이전기출
3. 다음 SQL문에서 COUNT(*)의 기능은?

```
SELECT COUNT(*) FROM 영업부;
```

① 열들의 개수를 계산한다.
② 행들의 개수를 계산한다.
③ 영업부 테이블을 삭제한다.
④ 영업부 테이블을 생성한다.

> COUNT는 레코드(행)의 개수를 계산하는 함수로, '영업부' 테이블에 있는 레코드의 개수를 구합니다.

이전기출
4. SQL문의 GROUP BY 절에서 조건을 지정할 때 사용하는 예약어는?

① DISTINCT ② ORDER BY
③ HAVING   ④ WHERE

> GROUP BY 절에서 조건을 지정할 때 사용하는 예약어는 HAVING입니다.

이전기출
5. 테이블 R1, R2에 대하여 다음 SQL문의 결과는?

```
(SELECT 학번 FROM R1)
INTERSECT
(SELECT 학번 FROM R2)
```

[R1] 테이블

학번	학점 수
20201111	15
20202222	20

[R2] 테이블

학번	과목번호
20202222	CS200
20203333	CS300

①

학번	학점 수	과목번호
20202222	20	CS200

②

학번
20202222

③

학번
20201111
20202222
20203333

④

학번	학점 수	과목번호
20201111	15	NULL
20202222	20	CS200
20203333	NULL	CS300

> INTERSECT는 두 SELECT문의 조회 결과 중 공통된 행만 출력하는 집합 연산자입니다.

이전기출
6. 집합 연산자에 대한 설명으로 틀린 것은?

① UNION은 두 릴레이션의 교차곱을 수행하기 때문에 두 릴레이션의 공통 튜플 수와 관계가 없다.
② UNION ALL은 중복된 행을 포함하여 두 SELECT문의 조회 결과를 모두 출력한다.
③ 두 SELECT문의 조회 결과 중 공통된 행만 출력하는 집합 연산자는 INTERSECT이다.
④ EXCEPT는 두 릴레이션의 차집합 연산을 수행하기 때문에 첫 번째 릴레이션의 튜플보다 많은 수의 튜플이 출력될 수 없다.

> UNION은 두 릴레이션의 합집합을 수행하며, 두 릴레이션의 공통 튜플, 즉 중복되는 튜플은 한 번만 출력합니다.

▶ 정답: 1. ④ 2. ④ 3. ② 4. ③ 5. ② 6. ①

〈결과〉

사원	직급
김현천	이사
김형석	대리
류기선	부장
신원섭	이사
이성호	대리
홍영선	과장

예제 2 〈사원〉 테이블과 〈직원〉 테이블에 공통으로 존재하는 레코드만 통합하는 질의문을 작성하시오.

```
SELECT *
FROM 사원
INTERSECT
SELECT *
FROM 직원;
```

〈결과〉

사원	직급
류기선	부장
홍영선	과장

4 집합 연산자를 이용한 통합 질의

집합 연산자를 사용하여 2개 이상의 테이블의 데이터를 하나로 통합한다.

표기 형식

```
SELECT 속성명1, 속성명2, …
FROM 테이블명
UNION | UNION ALL | INTERSECT | EXCEPT
SELECT 속성명1, 속성명2, …
FROM 테이블명
[ORDER BY 속성명 [ASC | DESC]];
```

- 두 개의 SELECT문에 기술한 속성들은 개수와 데이터 유형이 서로 동일해야 한다.
- 집합 연산자의 종류(통합 질의의 종류)

집합 연산자	설명	집합 종류
UNION	• 두 SELECT문의 조회 결과를 통합하여 모두 출력한다. • 중복된 행은 한 번만 출력한다.	합집합
UNION ALL	• 두 SELECT문의 조회 결과를 통합하여 모두 출력한다. • 중복된 행도 그대로 출력한다.	합집합
INTERSECT	두 SELECT문의 조회 결과 중 공통된 행만 출력한다.	교집합
EXCEPT	첫 번째 SELECT문의 조회 결과에서 두 번째 SELECT문의 조회 결과를 제외한 행을 출력한다.	차집합

〈사원〉

사원	직급
김형석	대리
홍영선	과장
류기선	부장
김현천	이사

〈직원〉

사원	직급
신원섭	이사
이성호	대리
홍영선	과장
류기선	부장

예제 1 〈사원〉 테이블과 〈직원〉 테이블을 통합하는 질의문을 작성하시오. (단, 같은 레코드가 중복되어 나오지 않게 하시오.)

```
SELECT *
FROM 사원
UNION
SELECT *
FROM 직원;
```

〈결과〉

부서	상여내역	상여금합계
기획	야간근무	120
기획	연장근무	200
기획	특별근무	90
기획		410
편집	야간근무	210
편집	연장근무	40
편집	특별근무	80
편집		330
인터넷	연장근무	30
인터넷	특별근무	180
인터넷		210
		950

} 3레벨(부서별, 상여내역별 '상여금'의 합계)
→ 2레벨(부서별 '상여금'의 합계)
} 3레벨
→ 2레벨
} 3레벨
→ 2레벨
→ 1레벨(전체 '상여금'의 합계)

 전문가의 조언

ROLLUP 함수가 적용되는 속성이 2개이므로 집계되는 레벨 수는 2+1로 총 3레벨입니다. 가장 하위 레벨인 3레벨부터 표시됩니다. 3레벨은 부서별 상여내역별 '상여금'의 합계, 2레벨은 부서별 '상여금'의 합계, 1레벨은 전체 '상여금'의 합계가 표시됩니다. ROLLUP 함수는 표기된 속성의 순서에 따라 표시되는 집계 항목이 달라지므로 속성의 순서에 주의해야 합니다. ROLLUP(상여내역, 부서)로 지정하면 3레벨은 상여내역별 부서별 '상여금'의 합계, 2레벨은 상여내역별 '상여금'의 합계, 1레벨은 전체 '상여금'의 합계가 표시되므로 부서별 '상여금'의 합계는 확인할 수 없습니다.

예제 5 〈상여금〉 테이블의 '부서', '상여내역', 그리고 '상여금'에 대해 부서별 상여내역별 소계와 전체 합계를 검색하시오. (단, 속성명은 '상여금합계'로 하고, CUBE 함수를 사용할 것)

```
SELECT 부서, 상여내역, SUM(상여금) AS 상여금합계
FROM 상여금
GROUP BY CUBE(부서, 상여내역);
```

 전문가의 조언

CUBE 함수가 적용되는 속성이 2개이므로 집계되는 레벨 수는 2²로 총 4레벨입니다. CUBE 함수는 가장 상위 레벨인 1레벨부터 표시됩니다. 1레벨은 전체 '상여금'의 합계, 2레벨은 상여내역별 '상여금'의 합계, 3레벨은 부서별 '상여금'의 합계, 4레벨은 부서별 상여내역별 '상여금'의 합계가 표시됩니다. CUBE 함수는 ROLLUP 함수와 달리 인수로 주어진 속성을 대상으로 결합 가능한 모든 집계를 표시하므로 인수로 주어진 속성의 순서가 바뀌어도 표시 순서만 달라질 뿐 표시되는 집계 항목은 동일합니다.

〈결과〉

부서	상여내역	상여금합계
		950
	야간근무	330
	연장근무	270
	특별근무	350
기획		410
기획	야간근무	120
기획	연장근무	200
기획	특별근무	90
편집		330
편집	야간근무	210
편집	연장근무	40
편집	특별근무	80
인터넷		210
인터넷	연장근무	30
인터넷	특별근무	180

→ 1레벨(전체 '상여금'의 합계)
} 2레벨(상여내역별 '상여금'의 합계)
→ 3레벨(부서별 '상여금'의 합계)
} 4레벨(부서별, 상여내역별 '상여금'의 합계)
→ 3레벨
} 4레벨
→ 3레벨
} 4레벨

전문가의 조언

GROUP BY절이 그룹을 지정한다는 것과, 그룹에 대한 조건을 지정할 때는 WHERE가 아닌 HAVING을 사용한다는 것을 기억해 두세요.

Avg(상여금) As 평균
'상여금' 속성에 있는 값들의 평균을 구하되 '평균'이라는 속성명으로 표시합니다.

3 그룹 지정 검색

GROUP BY절에 지정한 속성을 기준으로 자료를 그룹화하여 검색한다.

예제 1 〈상여금〉 테이블에서 '부서'별 '상여금'의 평균을 구하시오.

```
SELECT 부서, AVG(상여금) AS 평균
FROM 상여금
GROUP BY 부서;
```

〈결과〉

부서	평균
기획	102.5
인터넷	70
편집	66

예제 2 〈상여금〉 테이블에서 부서별 튜플 수를 검색하시오.

```
SELECT 부서, COUNT(*) AS 사원수
FROM 상여금
GROUP BY 부서;
```

〈결과〉

부서	사원수
기획	4
인터넷	3
편집	5

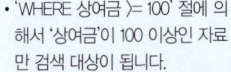

- 'WHERE 상여금 >= 100' 절에 의해서 '상여금'이 100 이상인 자료만 검색 대상이 됩니다.
- 'GROUP BY 부서' 절에 의해서 '상여금'이 100 이상인 자료에 대해서만 '부서별'로 그룹을 지정합니다.
- 'HAVING COUNT(*) >= 2' 절에 의해서 '부서'의 인원이 2 이상인 '부서'의 인원만 검색합니다.

예제 3 〈상여금〉 테이블에서 '상여금'이 100 이상인 사원이 2명 이상인 '부서'의 튜플 수를 구하시오.

```
SELECT 부서, COUNT(*) AS 사원수
FROM 상여금
WHERE 상여금 >= 100
GROUP BY 부서
HAVING COUNT(*) >= 2;
```

〈결과〉

부서	사원수
기획	3

예제 4 〈상여금〉 테이블의 '부서', '상여내역', 그리고 '상여금'에 대해 부서별 상여내역별 소계와 전체 합계를 검색하시오. (단, 속성명은 '상여금합계'로 하고, ROLLUP 함수를 사용할 것)

```
SELECT 부서, 상여내역, SUM(상여금) AS 상여금합계
FROM 상여금
GROUP BY ROLLUP(부서, 상여내역);
```

〈결과〉

상여내역	상여금	NO
야간근무	120	1
야간근무	80	2
야간근무	80	3
야간근무	50	4
연장근무	100	1
연장근무	100	2
연장근무	40	3
연장근무	30	4
특별근무	90	1
특별근무	90	2
특별근무	90	3
특별근무	80	4

예제 2 〈상여금〉 테이블에서 '상여내역'별로 '상여금'에 대한 순위를 구하시오. (단, 순서는 내림차순이며, 속성명은 '상여금순위'로 하고, RANK() 함수를 이용할 것)

```
SELECT 상여내역, 상여금,
   RANK( ) OVER (PARTITION BY 상여내역 ORDER BY 상여금 DESC) AS 상여금순위
FROM 상여금;
```

 전문가의 조언

RANK() 함수는 공동 순위가 있는 경우 공동 순위를 반영하여 다음 순위를 정합니다.

〈결과〉

상여내역	상여금	상여금순위
야간근무	120	1
야간근무	80	2
야간근무	80	2
야간근무	50	4
연장근무	100	1
연장근무	100	1
연장근무	40	3
연장근무	30	4
특별근무	90	1
특별근무	90	1
특별근무	90	1
특별근무	80	4

- ROLLUP(속성명, 속성명, …)
  - 인수로 주어진 속성을 대상으로 그룹별 소계를 구하는 함수입니다.
  - 속성의 개수가 n개이면, n+1 레벨까지, 하위 레벨에서 상위 레벨 순으로 데이터가 집계됩니다.
- CUBE(속성명, 속성명, …)
  - ROLLUP과 유사한 형태이나 CUBE는 인수로 주어진 속성을 대상으로 모든 조합의 그룹별 소계를 구합니다.
  - 속성의 개수가 n개이면, 2^n 레벨까지, 상위 레벨에서 하위 레벨 순으로 데이터가 집계됩니다.

WINDOW 함수

- GROUP BY절을 이용하지 않고 함수의 인수로 지정한 속성을 범위로 하여 속성의 값을 집계합니다.
- 함수의 인수로 지정한 속성이 대상 레코드의 범위가 되는데, 이를 윈도우(WINDOW)라고 부릅니다.
- WINDOW 함수
  - ROW_NUMBER( ) : 윈도우별로 각 레코드에 대한 일련 번호를 반환합니다.
  - RANK( ) : 윈도우별로 순위를 반환하며, 공동 순위를 반영합니다.
  - DENSE_RANK( ) : 윈도우별로 순위를 반환하며, 공동 순위를 무시하고 순위를 부여합니다.

WINDOW 함수 이용 검색

GROUP BY절을 이용하지 않고 함수의 인수로 지정한 속성을 범위로 하여 속성의 값을 집계한다.

〈상여금〉

부서	이름	상여내역	상여금
기획	홍길동	연장근무	100
기획	일지매	연장근무	100
기획	최준호	야간근무	120
기획	장길산	특별근무	90
인터넷	강건달	특별근무	90
인터넷	서국현	특별근무	90
인터넷	박인식	연장근무	30
편집	김선달	특별근무	80
편집	황종근	연장근무	40
편집	성춘향	야간근무	80
편집	임꺽정	야간근무	80
편집	황진이	야간근무	50

예제 1 〈상여금〉 테이블에서 '상여내역'별로 '상여금'에 대한 일련 번호를 구하시오. (단 순서는 내림차순이며 속성명은 'NO'로 할 것)

```
SELECT 상여내역, 상여금,
  ROW_NUMBER( ) OVER (PARTITION BY 상여내역 ORDER BY 상여금 DESC) AS NO
FROM 상여금;
```

SECTION 040 DML - SELECT-2

1 일반 형식

407601

```
SELECT [PREDICATE] [테이블명.]속성명 [AS 별칭][, [테이블명.]속성명, …]
[, 그룹함수(속성명) [AS 별칭]]
[, WINDOW함수 OVER (PARTITION BY 속성명1, 속성명2, …
              ORDER BY 속성명3, 속성명4, …) [AS 별칭]]
FROM 테이블명[, 테이블명, …]
[WHERE 조건]
[GROUP BY 속성명, 속성명, …]
[HAVING 조건]
[ORDER BY 속성명 [ASC | DESC]];
```

- **그룹함수** : GROUP BY절에 지정된 그룹별로 속성의 값을 집계할 함수를 기술한다.
- **WINDOW 함수** : GROUP BY절을 이용하지 않고 속성의 값을 집계할 함수를 기술한다.
  – PARTITION BY : WINDOW 함수가 적용될 범위*로 사용할 속성을 지정한다.
  – ORDER BY : PARTITION 안에서 정렬 기준으로 사용할 속성을 지정한다.
- **GROUP BY절** : 특정 속성을 기준으로 그룹화하여 검색할 때 사용한다. 일반적으로 GROUP BY절은 그룹 함수와 함께 사용된다.
- **HAVING절** : GROUP BY와 함께 사용되며, 그룹에 대한 조건을 지정한다.

> **잠깐만요** 그룹 함수 / WINDOW 함수  407631

그룹 함수
GROUP BY절에 지정된 그룹별로 속성의 값을 집계할 때 사용됩니다.
- **COUNT(속성명)** : 그룹별 튜플 수를 구하는 함수
- **SUM(속성명)** : 그룹별 합계를 구하는 함수
- **AVG(속성명)** : 그룹별 평균을 구하는 함수
- **MAX(속성명)** : 그룹별 최대값을 구하는 함수
- **MIN(속성명)** : 그룹별 최소값을 구하는 함수
- **STDDEV(속성명)** : 그룹별 표준편차를 구하는 함수
- **VARIANCE(속성명)** : 그룹별 분산을 구하는 함수

전문가의 조언

• 중요해요! ★★★
이번 섹션에서는 WINDOW 함수 이용 검색, 그룹 지정 검색, 집합 연산자를 이용한 통합질의에 대해 학습합니다. 각 절, 옵션의 기능까지 정확히 암기해 두세요. 나머지 중요한 요소는 그때그때 설명하겠습니다.

• SELECT문의 일반 형식에 포함된 내용이 길어 학습할 분량을 두 섹션으로 분리하였습니다. 흐리게 처리된 형식은 이전 섹션에서 학습한 내용입니다.

WINDOW 함수가 적용될 범위
GROUP BY 절에 지정한 속성이 그룹 함수의 범위로 사용되듯이 PARTITION BY 절에 지정한 속성이 WINDOW 함수의 범위로 사용됩니다.

기출문제 따라잡기

∴ 합치면 다음과 같습니다.

SELECT 상품명, 단가, 수량
FROM 상품
WHERE 단가 >= 50000;

이전기출
7. SQL의 SELECT문에서 특정 열의 값을 기준으로 정렬할 때 사용하는 절은?

① SORT BY절 ② ORDER BY절
③ ORDER TO절 ④ SORT절

조건을 지정할 때는 WHERE, 정렬할 때는 ORDER BY, 그룹을 지정할 때는 GROUP BY를 이용합니다.

이전기출
8. 다음 SQL문을 실행한 결과 검색되지 않는 주문수량은 얼마인가?

SELECT 종목명, 주문수량
FROM 주문내역
WHERE 주문수량 >= 150 AND 주문수량 <= 300;

① 150 ② 200
③ 350 ④ 300

SQL 구문을 절별로 분리하면 다음과 같습니다.
- SELECT 종목명, 주문수량 : 종목명, 주문수량 필드를 검색합니다.
- FROM 주문내역 : '주문내역' 테이블을 검색합니다.
- WHERE 주문수량 >= 150 AND 주문수량 <= 300 : 주문수량이 150 이상이고, 300 이하인 레코드만 검색합니다.

이전기출
9. SQL의 SELECT문에서 정렬과 관계 없는 것은?

① LIKE ② ORDER BY
③ DESC ④ ASC

특정 필드를 기준으로 레코드를 정렬하여 검색할 때는 ORDER BY문을 사용하며, 정렬 방식으로는 오름차순을 의미하는 ASC와 내림차순을 의미하는 DESC가 있습니다.

이전기출
10. SQL의 기본 검색문 형식으로 괄호 (㉠) ~ (㉣)의 내용이 옳게 짝지어진 것은?

SELECT (㉠)
FROM (㉡)
WHERE (㉢)
GROUP BY (㉣);

① (㉠) 열 이름 (㉡) 속성 (㉢) 테이블 (㉣) 조건
② (㉠) 열 이름 (㉡) 속성 (㉢) 조건 (㉣) 테이블
③ (㉠) 열 이름 (㉡) 테이블 (㉢) 조건 (㉣) 그룹
④ (㉠) 릴레이션 (㉡) 열 이름 (㉢) 조건 (㉣) 그룹

DML(데이터 조작어)의 그룹 지정 형식은 다음과 같습니다.

SELECT 필드(열) 이름
FROM 테이블 이름
WHERE 조건식
GROUP BY 필드(열) 이름
HAVING 그룹 조건식;

▶ 정답 : 7.② 8.③ 9.① 10.③

기출문제 따라잡기

이전기출
1. 다음 SQL 검색문의 의미로 가장 적절한 것은?

SELECT DISTINCT 학과명 FROM 학생;

① 학생 테이블의 학과명을 모두 검색하라.
② 학생 테이블의 학과명을 중복되지 않게 모두 검색하라.
③ 학생 테이블의 학과명 중에서 중복된 학과명을 모두 검색하라.
④ 학생 테이블을 학과명 구별하지 말고 모두 검색하라.

> SQL 구문을 절별로 분리하면 다음과 같습니다.
> • SELECT DISTINCT 학과명 : '학과명'을 표시하되 중복되는 레코드는 한 번만 표시합니다.
> • FROM 학생 : '학생' 테이블의 자료를 검색합니다.

이전기출
2. 다음 SQL 검색문의 의미로 옳은 것은?

SELECT * FROM 학생;

① 학생 테이블에서 첫 번째 레코드의 모든 필드를 검색하라.
② 학생 테이블에서 마지막 레코드의 모든 필드를 검색하라.
③ 학생 테이블에서 전체 레코드의 모든 필드를 검색하라.
④ 학생 테이블에서 "*" 값이 포함된 레코드의 모든 필드를 검색하라.

> '*'는 모든 필드를 의미합니다. SQL 구문을 절별로 분리하면 다음과 같습니다.
> • SELECT * : 모든 필드를 검색합니다.
> • FROM 학생 : '학생' 테이블을 검색합니다.
> • WHERE절이 없다는 것은 조건이 없다는 것으로 모든 레코드를 검색합니다.

이전기출
3. SQL문에서 검색 결과에 대한 레코드의 중복을 제거하기 위해 사용하는 명령은?

① DESC   ② DELETE
③ COUNT   ④ DISTINCT

> 레코드의 중복을 제거하기 위해 사용하는 명령은 DISTINCT입니다.

이전기출
4. 다음은 SQL 데이터 조작에서 테이블의 열 전체를 검색하는 방법이다. 빈 칸의 내용으로 알맞게 짝지어진 것은?

SELECT [㉠]
FROM STUDENT
[㉡] DEPT = "컴퓨터";

① ㉠ : TABLE, ㉡ : CONDITION
② ㉠ : ALL,   ㉡ : WHEN
③ ㉠ : *,   ㉡ : WHERE
④ ㉠ : *,   ㉡ : CONDITION

> 검색의 가장 기본 구문은 'SELETE ~ FROM ~ WHERE'이며, 테이블의 열 전체, 즉 모든 필드를 검색하려면 '*'을 사용해야 합니다.

이전기출
5. 상품(상품명, 단가, 수량) 테이블에 대하여 단가(1차 정렬키)는 오름차순, 수량(2차 정렬키)은 내림차순으로 검색하려고 한다. 이에 대한 SQL문의 표기가 옳은 것은?

① SELECT 상품명, 단가, 수량 FROM 상품 ORDER BY 단가 ASC, 수량 DESC;
② SELECT 상품명, 단가, 수량 FROM 상품 ORDER BY 단가 DESC, 수량 ASC;
③ SELECT 상품명, 단가, 수량 FROM 상품 ORDER BY 단가 ASC AND 수량 DESC;
④ SELECT 상품명, 단가, 수량 FROM 상품 ORDER TO 단가 DESC, 수량 ASC;

> SQL 구문은 절별로 분리해서 이해하면 쉽습니다.
> • SELECT 상품명, 단가, 수량 : 상품명, 단가, 수량 필드를 검색합니다.
> • FROM 상품 : '상품' 테이블을 검색합니다.
> • ORDER BY 단가 ASC, 수량 DESC : 단가 순으로 오름차순 정렬하여 표시하되, 단가가 같으면 수량 순으로 내림차순 정렬하여 표시합니다.

이전기출
6. 다음 질의를 SQL문으로 옳게 표기한 것은?

상품 테이블에서 단가가 50000 이상인 자료의 상품명, 단가, 수량을 검색하시오.

① SELECT 상품명, 단가, 수량 FROM 상품 WHERE 단가 >= 50000;
② SELECT 상품 FROM 상품명, 단가, 수량 WHERE 단가 >= 50000;
③ SELECT 상품명, 단가, 수량 FROM 상품 WHERE 수량 >= 50000;
④ SELECT 상품명, 단가, 수량 FROM 상품 IF 단가 >= 50000;

> • 상품명, 단가, 수량을 검색하려면 'SELECT 상품명, 단가, 수량'
> • '상품' 테이블에서 검색하려면 'FROM 상품'
> • 단가가 50000 이상인 자료만을 검색하려면 'WHERE 단가 >= 50000'

▶ 정답 : 1.② 2.③ 3.④ 4.③ 5.① 6.①

Not In ( )
Not In ( )은 포함되지 않는 데이터를 의미합니다. 즉 〈사원〉 테이블에서 모든 자료를 검색하는데, 〈여가활동〉 테이블에 '이름'이 있는 자료는 제외하고 검색합니다.

> **예제 2** 취미활동을 하지 않는 사원들을 검색하시오.

```
SELECT *
FROM 사원
WHERE 이름 NOT IN (SELECT 이름 FROM 여가활동) ;
```

〈결과〉

이름	부서	생일	주소	기본급
홍길동	기획	04/05/61	망원동	120
황진이	편집	07/21/75	합정동	100
장길산	편집	03/11/67	상암동	120
강건달	인터넷	12/11/80		90

> **예제 3** 취미활동을 하는 사원들의 부서를 검색하시오.

```
SELECT 부서
FROM 사원
WHERE EXISTS (SELECT 이름 FROM 여가활동 WHERE 여가활동.이름 = 사원.이름) ;
```

EXISTS ( )
EXISTS ( )는 하위 질의로 검색된 결과가 존재하는지 확인할 때 사용합니다. 즉 〈사원〉 테이블의 '이름'이 〈여가활동〉 테이블의 '이름'에도 있는지 확인합니다.

❶ SELECT 이름 FROM 여가활동 WHERE 여가활동.이름 = 사원.이름; : 〈여가활동〉과 〈사원〉 테이블에 공통으로 있는 '이름'을 〈여가활동〉 테이블에서 검색합니다. 결과는 "임꺽정", "김선달", "성춘향", "일지매"입니다.

❷ SELECT 부서 FROM 사원 WHERE EXISTS (❶) : '이름'이 "임꺽정", "김선달", "성춘향", "일지매"인 사람이 〈사원〉 테이블에 있는지 확인하여 해당 자료의 '부서'를 출력합니다. 결과는 "인터넷", "편집", "기획", "기획"입니다.

〈결과〉

부서
인터넷
편집
기획
기획

6 복수 테이블 검색

여러 테이블을 대상으로 검색을 수행한다.

> **예제** '경력'이 10년 이상인 사원의 '이름', '부서', '취미', '경력'을 검색하시오.

```
SELECT 사원.이름, 사원.부서, 여가활동.취미, 여가활동.경력
FROM 사원, 여가활동
WHERE 여가활동.경력 >= 10 AND 사원.이름 = 여가활동.이름 ;
```

〈결과〉

이름	부서	취미	경력
김선달	편집	당구	10
일지매	기획	태견	15

예제 1 〈사원〉 테이블에서 '주소'를 기준으로 내림차순 정렬시켜 상위 2개 튜플만 검색하시오.

```
SELECT TOP 2 *
FROM 사원
ORDER BY 주소 DESC;
```

〈결과〉

이름	부서	생일	주소	기본급
황진이	편집	07/21/75	합정동	100
일지매	기획	04/29/78	연남동	110

예제 2 〈사원〉 테이블에서 '부서'를 기준으로 오름차순 정렬하고, 같은 '부서'에 대해서는 '이름'을 기준으로 내림차순 정렬시켜서 검색하시오.

```
SELECT *
FROM 사원
ORDER BY 부서 ASC, 이름 DESC;
```

〈결과〉

이름	부서	생일	주소	기본급
홍길동	기획	04/05/61	망원동	120
일지매	기획	04/29/78	연남동	110
성춘향	기획	02/20/64	대흥동	100
임꺽정	인터넷	01/09/69	서교동	80
강건달	인터넷	12/11/80		90
황진이	편집	07/21/75	합정동	100
장길산	편집	03/11/67	상암동	120
김선달	편집	10/22/73	망원동	90

5 하위 질의

하위 질의는 조건절에 주어진 질의를 먼저 수행하여 그 검색 결과를 조건절의 피연산자로 사용한다.

예제 1 '취미'가 "나이트댄스"인 사원의 '이름'과 '주소'를 검색하시오.

```
SELECT 이름, 주소
FROM 사원
WHERE 이름 = (SELECT 이름 FROM 여가활동 WHERE 취미 = '나이트댄스');
```

〈결과〉

이름	주소
성춘향	대흥동

먼저 "SELECT 이름 FROM 여가활동 WHERE 취미 = '나이트댄스'"를 수행하여 〈여가활동〉 테이블에서 '성춘향'을 찾습니다. 그런 다음 하위 질의에 해당하는 피연산자의 자리에 '성춘향'을 대입하면 질의문은 "SELECT 이름, 주소 FROM 사원 WHERE 이름 = '성춘향'"과 같습니다.

〈결과〉

이름	부서	생일	주소	기본급
홍길동	기획	04/05/61	망원동	120
임꺽정	인터넷	01/09/69	서교동	80
성춘향	기획	02/20/64	대흥동	100
일지매	기획	04/29/78	연남동	110
강건달	인터넷	12/11/80		90

예제 4 〈사원〉 테이블에서 성이 '김'인 사람의 튜플을 검색하시오.

```
SELECT *
FROM 사원
WHERE 이름 LIKE "김%";
```

〈결과〉

이름	부서	생일	주소	기본급
김선달	편집	10/22/73	망원동	90

전문가의 조언

날짜 데이터는 숫자로 취급하지만 ' ' 또는 # #으로 묶어줍니다.

예제 5 〈사원〉 테이블에서 '생일'이 '01/01/69'에서 '12/31/73' 사이인 튜플을 검색하시오.

```
SELECT *
FROM 사원
WHERE 생일 BETWEEN #01/01/69# AND #12/31/73#;
```

〈결과〉

이름	부서	생일	주소	기본급
임꺽정	인터넷	01/09/69	서교동	80
김선달	편집	10/22/73	망원동	90

전문가의 조언

NULL이 아닌 값을 검색할 때는 IS NOT NULL을 사용합니다.

예 〈사원〉 테이블에서 '주소'가 NULL 이 아닌 튜플 검색

```
SELECT *
FROM 사원
WHERE 주소 IS NOT NULL;
```

예제 6 〈사원〉 테이블에서 '주소'가 NULL인 튜플을 검색하시오.

```
SELECT *
FROM 사원
WHERE 주소 IS NULL;
```

〈결과〉

이름	부서	생일	주소	기본급
강건달	인터넷	12/11/80		90

중요해요! ★★★★★

ORDER BY절이 정렬에 사용된다는 것과 정렬 방식인 'ASC', 'DESC'의 의미를 꼭 이해하세요.

4 정렬 검색

ORDER BY 절에 특정 속성을 지정하여 지정된 속성으로 자료를 정렬하여 검색한다.

〈결과〉

부서2	이름2	기본급2
기획부서의	홍길동의 월급	130
인터넷부서의	임꺽정의 월급	90
편집부서의	황진이의 월급	110
편집부서의	김선달의 월급	100
기획부서의	성춘향의 월급	110
편집부서의	장길산의 월급	130
기획부서의	일지매의 월급	120
인터넷부서의	강건달의 월급	100

3 조건 지정 검색

WHERE 절에 조건을 지정하여 조건에 만족하는 튜플만 검색한다.

예제 1 〈사원〉 테이블에서 '기획'부의 모든 튜플을 검색하시오.

```
SELECT *
FROM 사원
WHERE 부서 = '기획';
```

〈결과〉

이름	부서	생일	주소	기본급
홍길동	기획	04/05/61	망원동	120
성춘향	기획	02/20/64	대흥동	100
일지매	기획	04/29/78	연남동	110

예제 2 〈사원〉 테이블에서 "기획" 부서에 근무하면서 "대흥동"에 사는 사람의 튜플을 검색하시오.

```
SELECT *
FROM 사원
WHERE 부서 = '기획' AND 주소 = '대흥동';
```

〈결과〉

이름	부서	생일	주소	기본급
성춘향	기획	02/20/64	대흥동	100

예제 3 〈사원〉 테이블에서 '부서'가 "기획"이거나 "인터넷"인 튜플을 검색하시오.

```
SELECT *
FROM 사원
WHERE 부서 = '기획' OR 부서 = '인터넷';
```

전문가의 조언

중요해요! ★★★★★
기본적인 내용입니다. WHERE절에서 사용되는 AND, OR, LIKE, BETWEEN 등의 기능을 확실하게 숙지하세요.

예제3은 다음과 같이 검색해도 됩니다.

```
SELECT *
FROM 사원
WHERE 부서 IN ('기획', '인터넷');
```

2 기본 검색

SELECT 절에 원하는 속성을 지정하여 검색한다.

예제 1 〈사원〉 테이블의 모든 튜플을 검색하시오.

- SELECT * FROM 사원;
- SELECT 사원.* FROM 사원;
- SELECT 이름, 부서, 생일, 주소, 기본급 FROM 사원;
- SELECT 사원.이름, 사원.부서, 사원.생일, 사원.주소, 사원.기본급 FROM 사원;

※ 위의 SQL은 모두 보기에 주어진 〈사원〉 테이블 전체를 그대로 출력한다.

〈결과〉

이름	부서	생일	주소	기본급
홍길동	기획	04/05/61	망원동	120
임꺽정	인터넷	01/09/69	서교동	80
황진이	편집	07/21/75	합정동	100
김선달	편집	10/22/73	망원동	90
성춘향	기획	02/20/64	대흥동	100
장길산	편집	03/11/67	상암동	120
일지매	기획	04/29/78	연남동	110
강건달	인터넷	12/11/80		90

예제 2 〈사원〉 테이블에서 '주소'만 검색하되 같은 '주소'는 한 번만 출력하시오.

```
SELECT DISTINCT 주소
FROM 사원;
```

> **전문가의 조언**
> 중복을 제거하는 DISTINCT의 의미를 정확히 알아두세요.

〈결과〉

주소
대흥동
망원동
상암동
서교동
연남동
합정동

예제 3 〈사원〉 테이블에서 '기본급'에 특별수당 10을 더한 월급을 "XX부서의 XXX의 월급 XXX" 형태로 출력하시오.

```
SELECT 부서 + '부서의' AS 부서2, 이름 + '의 월급' AS 이름2, 기본급 + 10 AS 기본급2
FROM 사원;
```

> **부서+"부서의" AS 부서2**
> '부서'에 "부서의"를 연결하여 표시하되, '부서2'라는 속성명으로 표시합니다.

잠깐만요 | 조건 연산자 / 연산자 우선순위

407531

조건 연산자

- 비교 연산자

연산자	=	〈 〉	〉	〈	〉=	〈=
의미	같다	같지 않다	크다	작다	크거나 같다	작거나 같다

- 논리 연산자 : NOT, AND, OR
- LIKE 연산자 : 대표 문자를 이용해 지정된 속성의 값이 문자 패턴과 일치하는 튜플을 검색하기 위해 사용됩니다.

대표 문자	%	_	#
의미	모든 문자를 대표함	문자 하나를 대표함	숫자 하나를 대표함

연산자 우선순위

종류	연산자	우선순위
산술 연산자	×, /, +, −	왼쪽에서 오른쪽으로 갈수록 낮아집니다.
관계 연산자	=, 〈 〉, 〉, 〉=, 〈, 〈=	모두 같습니다.
논리 연산자	NOT, AND, OR	왼쪽에서 오른쪽으로 갈수록 낮아집니다.

※ 산술, 관계, 논리 연산자가 함께 사용되었을 때는 산술 〉 관계 〉 논리 연산자 순서로 연산자 우선순위가 정해집니다.

다음과 같은 기본 테이블에 대해 다음 예제의 결과를 확인하시오.

〈사원〉

이름	부서	생일	주소	기본급
홍길동	기획	04/05/61	망원동	120
임꺽정	인터넷	01/09/69	서교동	80
황진이	편집	07/21/75	합정동	100
김선달	편집	10/22/73	망원동	90
성춘향	기획	02/20/64	대흥동	100
장길산	편집	03/11/67	상암동	120
일지매	기획	04/29/78	연남동	110
강건달	인터넷	12/11/80		90

〈여가활동〉

이름	취미	경력
김선달	당구	10
성춘향	나이트댄스	5
일지매	태껸	15
임꺽정	씨름	8

 전문가의 조언
지금부터는 주어진 릴레이션을 보고 예제의 결과를 꼭 확인하세요.

SECTION 039 DML - SELECT-1

 전문가의 조언

• 중요해요! ★★★★
실무에서 가장 많이 사용되는 SQL 명령이 SELECT입니다. 이번 섹션에서는 SELECT문의 일반 형식, 기본 검색, 조건 지정 검색, 정렬 검색, 하위 질의, 복수 테이블 질의에 대해 학습합니다. 각 절, 옵션의 기능까지 정확히 암기해 두세요. 나머지 중요한 요소는 그때그때 설명하겠습니다.

**• SELECT문의 일반 형식에 포함된 내용이 길어 학습할 분량을 두 섹션으로 분리하였습니다. 흐리게 처리된 형식은 다음 섹션에서 학습할 내용입니다.

 일반 형식

```
SELECT [PREDICATE] [테이블명.]속성명 [AS 별칭][, [테이블명.]속성명, …]
    [, 그룹함수(속성명) [AS 별칭]]
    [, Window함수 OVER (PARTITION BY 속성명1, 속성명2, …
                        ORDER BY 속성명3, 속성명4, …)]
FROM 테이블명[, 테이블명, …]
[WHERE 조건]
[GROUP BY 속성명, 속성명, …]
[HAVING 조건]
[ORDER BY 속성명 [ASC | DESC]];
```

- **SELECT절**
  - PREDICATE : 불러올 튜플 수를 제한할 명령어를 기술한다.
    ▶ ALL : 모든 튜플을 검색할 때 지정하는 것으로, 주로 생략한다.
    ▶ DISTINCT : 중복된 튜플이 있으면 그 중 첫 번째 한 개만 검색한다.
    ▶ DISTINCTROW : 중복된 튜플을 제거하고 한 개만 검색하지만 선택된 속성의 값이 아닌, 튜플 전체를 대상으로 한다.
  - 속성명 : 검색하여 불러올 속성(열) 또는 속성을 이용한 수식을 지정한다.
    ▶ 기본 테이블을 구성하는 모든 속성을 지정할 때는 '*'를 기술한다.
    ▶ 두 개 이상의 테이블을 대상으로 검색할 때는 '테이블명.속성명'으로 표현한다.
  - AS : 속성 및 연산의 이름을 다른 제목으로 표시하기 위해 사용된다.
- **FROM절** : 질의에 의해 검색될 데이터들을 포함하는 테이블명을 기술한다.
- **WHERE절** : 검색할 조건을 기술한다.
- **ORDER BY절** : 특정 속성을 기준으로 정렬하여 검색할 때 사용한다.
  - 속성명 : 정렬의 기준이 되는 속성명을 기술한다.
  - [ASC | DESC] : 정렬 방식으로서 'ASC'는 오름차순, 'DESC'는 내림차순이다. 생략하면 오름차순으로 지정된다.

2장 고급 SQL 작성

039 DML - SELECT-1 Ⓐ등급
040 DML - SELECT-2 Ⓑ등급
041 DML - JOIN Ⓒ등급

꼭 알아야 할 키워드 Best 10

1. ORDER BY 2. ASC 3. DESC 4. DISTINCT 5. GROUP BY 6. HAVING 7. COUNT 8. UNION 9. UNION ALL 10. JOIN

038 DML - INSERT, DELETE, UPDATE

❶ DML(데이터 조작어)의 개요
- 데이터베이스 사용자가 응용 프로그램이나 질의어를 통해 저장된 데이터를 실질적으로 관리하는데 사용되는 언어이다.
- DML에는 SELECT, INSERT, DELETE, UPDATE 등이 있다.

❷ 삽입문(INSERT INTO~)
- 기본 테이블에 새로운 튜플을 삽입할 때 사용한다.
- 일반 형식

```
INSERT INTO 테이블명([속성명1, 속성명2,…])
VALUES (데이터1, 데이터2,… );
```

- 대응하는 속성과 데이터는 개수와 데이터 유형이 일치해야 한다.
- 기본 테이블의 모든 속성을 사용할 때는 속성명을 생략할 수 있다.
- SELECT문을 사용하여 다른 테이블의 검색 결과를 삽입할 수 있다.

❸ 삭제문(DELETE FROM~)
- 기본 테이블에 있는 튜플들 중에서 특정 튜플(행)을 삭제할 때 사용한다.
- 일반 형식

```
DELETE
FROM 테이블명
[WHERE 조건];
```

- 모든 레코드를 삭제할 때는 WHERE절을 생략한다.
- 모든 레코드를 삭제하더라도 테이블 구조는 남아 있기 때문에 디스크에서 테이블을 완전히 제거하는 DROP과는 다르다.

❹ 갱신문(UPDATE~ SET~)
- 기본 테이블에 있는 튜플들 중에서 특정 튜플의 내용을 변경할 때 사용한다.
- 일반 형식

```
UPDATE 테이블명
SET 속성명 = 데이터[, 속성명=데이터, …]
[WHERE 조건];
```

❺ 데이터 조작문의 네 가지 유형
- SELECT(검색) : SELECT~ FROM~ WHERE~
- INSERT(삽입) : INSERT INTO~ VALUES~
- DELETE(삭제) : DELETE~ FROM~ WHERE~
- UPDATE(변경) : UPDATE~ SET~ WHERE~

문제1 〈사원〉 테이블에 이름 "최시연", 부서 "홍보", 직위 "대리"인 사원 튜플을 삽입하는 SQL문을 작성하시오.

답 :

문제2 다음 문장을 만족하는 SQL문을 작성하시오.

> 학번이 25001인 학생의 튜플을 〈학생〉 테이블에서 삭제하시오.

답 :

문제3 다음은 〈사원〉 테이블에서 김요열 사원의 직위를 '부장'으로 수정하는 SQL문이다. 괄호 안에 들어갈 알맞은 명령어를 쓰시오.

```
UPDATE 사원 (      ) 직위 = '부장'
WHERE 이름 = '김요열';
```

답 :

정답 1. INSERT INTO 사원(이름, 부서, 직위) VALUES ('최시연', '홍보', '대리'); 2. DELETE FROM 학생 WHERE 학번 = 25001; 3. SET

4 DROP

- 스키마, 도메인, 기본 테이블, 뷰 테이블, 인덱스, 제약 조건 등을 제거하는 명령문이다.
- 표기 형식

```
DROP SCHEMA 스키마명 [CASCADE | RESTRICT];
DROP DOMAIN 도메인명 [CASCADE | RESTRICT];
DROP TABLE 테이블명 [CASCADE | RESTRICT];
DROP VIEW 뷰명 [CASCADE | RESTRICT];
DROP INDEX 인덱스명 [CASCADE | RESTRICT];
DROP CONSTRAINT 제약조건명;
```

- CASCADE : 제거할 요소를 참조하는 다른 모든 개체를 함께 제거함. 즉 주 테이블의 데이터 제거 시 각 외래키와 관계를 맺고 있는 모든 데이터를 제거하는 참조 무결성 제약 조건을 설정하기 위해 사용됨
- RESTRICT : 다른 개체가 제거할 요소를 참조중일 때는 제거를 취소함

문제1 다음은 〈사원〉 테이블과 이 테이블을 참조하는 다른 테이블도 함께 제거하는 SQL문이다. 괄호 안에 들어갈 알맞은 옵션을 쓰시오.

DROP TABLE 사원 (   );

답 :

문제2 다음은 〈상품〉 테이블이 다른 테이블에 의해 참조 중이면 제거하지 않는 SQL문이다. 괄호 안에 들어갈 알맞은 옵션을 쓰시오.

DROP TABLE 상품 (   );

답 :

037 DCL

1 DCL(데이터 제어어)의 개요

- 데이터의 보안, 무결성, 회복, 병행 제어 등을 정의하는 데 사용하는 언어이다.
- DCL에는 GRANT, REVOKE, COMMIT, ROLLBACK, SAVEPOINT 등이 있다.

2 GRANT / REVOKE

- GRANT : 권한 부여를 위한 명령어
- REVOKE : 권한 취소를 위한 명령어
- 테이블 및 속성에 대한 권한 부여 및 취소

- GRANT 권한_리스트 ON 개체 TO 사용자 [WITH GRANT OPTION];
- REVOKE [GRANT OPTION FOR] 권한_리스트 ON 개체 FROM 사용자 [CASCADE];

3 COMMIT

트랜잭션이 성공적으로 끝나면 데이터베이스가 새로운 일관성(Consistency) 상태를 가지기 위해 변경된 모든 내용을 데이터베이스에 반영하여야 하는데, 이때 사용하는 명령어이다.

4 ROLLBACK

아직 COMMIT되지 않은 변경된 모든 내용들을 취소하고 데이터베이스를 이전 상태로 되돌리는 명령어이다.

5 SAVEPOINT

트랜잭션 내에 ROLLBACK 할 위치인 저장점을 지정하는 명령어이다.

문제3 다음은 사용자 SNG에게 〈부서〉 테이블에 대한 검색 연산을 회수하는 SQL문이다. 괄호에 들어갈 알맞은 명령어를 쓰시오.

(   ) SELECT ON 부서 FROM SNG;

답 :

정답 1. CASCADE 2. RESTRICT 3. REVOKE

1장 핵심요약

035 SQL의 개념

❶ SQL의 개요
- 1974년 IBM 연구소에서 개발한 SEQUEL에서 유래한다.
- 질의어지만 질의 기능만 있는 것이 아니라 데이터 구조의 정의, 데이터 조작, 데이터 제어 기능을 모두 갖추고 있다.
- SQL은 기능에 따라 DDL(데이터 정의어), DML(데이터 조작어), DCL(데이터 제어어)로 나눈다.

❷ DDL(데이터 정의어)
- CREATE : 스키마, 도메인, 테이블, 뷰, 인덱스를 정의함
- ALTER : 테이블에 대한 정의를 변경함
- DROP : 스키마, 도메인, 테이블, 뷰, 인덱스를 삭제함

❸ DML(데이터 조작어)
- SELECT : 테이블에서 조건에 맞는 튜플을 검색함
- INSERT : 테이블에 새로운 튜플을 삽입함
- DELETE : 테이블에서 조건에 맞는 튜플을 삭제함
- UPDATE : 테이블에서 조건에 맞는 튜플의 내용을 변경함

❹ DCL(데이터 제어어)
- COMMIT : 명령에 의해 수행된 결과를 실제 물리적 디스크로 저장하고, 데이터베이스 조작 작업이 정상적으로 완료되었음을 관리자에게 알려줌
- ROLLBACK : 데이터베이스 조작 작업이 비정상적으로 종료되었을 때 원래의 상태로 복구함
- GRANT : 데이터베이스 사용자에게 사용 권한을 부여함
- REVOKE : 데이터베이스 사용자의 사용 권한을 취소함

036 DDL

❶ DDL(데이터 정의어)의 개요
- DB 구조, 데이터 형식, 접근 방식 등 DB를 구축하거나 수정할 목적으로 사용하는 언어이다.
- DDL에는 CREATE, ALTER, DROP 등이 있다.

❷ CREATE TABLE
- 테이블을 정의하는 명령문이다.
- 표기 형식

```
CREATE TABLE 테이블명
    (속성명 데이터_타입 [DEFAULT 기본값] [NOT NULL], …
    [, PRIMARY KEY(기본키_속성명, …)]
    [, UNIQUE(대체키_속성명, …)]
    [, FOREIGN KEY(외래키_속성명, …)]
        [REFERENCES 참조테이블(기본키_속성명, …)]
        [ON DELETE 옵션]
        [ON UPDATE 옵션]
    [, CONSTRAINT 제약조건명] [CHECK (조건식)]);
```

- 기본 테이블에 포함될 모든 속성에 대하여 속성명과 그 속성의 데이터 타입, 기본값, NOT NULL 여부를 지정한다.
- PRIMARY KEY : 기본키로 사용할 속성 또는 속성의 집합을 지정함
- CHECK : 속성 값에 대한 제약 조건을 정의함

❸ ALTER TABLE
- 테이블에 대한 정의를 변경하는 명령문이다.
- 표기 형식

```
ALTER TABLE 테이블명 ADD 속성명 데이터_타입 [DEFAULT '기본값'];
ALTER TABLE 테이블명 ALTER 속성명 [SET DEFAULT '기본값'];
ALTER TABLE 테이블명 DROP COLUMN 속성명 [CASCADE];
```

- ADD : 새로운 속성(열)을 추가할 때 사용함
- ALTER : 특정 속성의 Default 값을 변경할 때 사용함
- DROP COLUMN : 특정 속성을 삭제할 때 사용함

기출문제 따라잡기

이전기출

1. INSA(SNO, NAME) 테이블에서 SNO가 100인 튜플을 삭제하는 SQL문은?

① DELETE FROM INSA WHERE SNO = 100;
② REMOVE FROM INSA WHERE SNO = 100;
③ DROP TABLE INSA WHERE SNO = 100;
④ DESTROY INSA WHERE SNO = 100;

튜플(레코드)을 삭제하는 명령어는 DELETE이고, 테이블을 삭제하는 명령어는 DROP입니다.

이전기출

2. 하나의 테이블에 한 행의 데이터를 등록하는 방법으로 옳은 것은?

① INSERT INTO 고객(계좌번호, 이름, 금액) VALUES ('111', '홍길동', 5000);
② UPDATE 고객 SET 금액 = 10000 WHERE 이름 = '홍길동';
③ SELECT * FROM 고객;
④ CREATE TABLE 고객(계좌번호 NUMBER (3,0), 이름 VARCHAR2 (8), 금액 NUMBER (5,0));

테이블에 새로운 레코드(행)를 추가하는 명령은 INSERT입니다. ①, ②, ③번 질문의 의미는 다음과 같습니다.
① 고객 테이블의 계좌번호, 이름, 금액 필드에 각각 '111', '홍길동', 5000을 삽입합니다.
② 고객 테이블에서 이름 필드가 홍길동인 레코드의 금액을 10000으로 수정합니다.
③ 고객 테이블의 모든 필드를 검색합니다.

이전기출

3. 사원(사원번호, 이름) 테이블에서 '사원번호'가 200인 튜플을 삭제하는 SQL문은?

① REMOVE TABLE 사원 WHERE 사원번호 = 200;
② KILL 사원번호, 이름 FROM 사원 WHERE 사원번호 = 200;
③ DELETE FROM 사원 WHERE 사원번호 = 200;
④ DROP TABLE 사원 WHERE 사원번호 = 200;

레코드를 삭제하는 DELETE문의 구문은 'DELETE ~ FROM ~ WHERE ~' 입니다. DELETE문은 레코드 단위로 삭제하므로 속성(필드)을 기술하지 않습니다.

이전기출

4. 다음 SQL 문의 의미를 올바르게 설명한 것은?

DELETE FROM 학생
WHERE 번호 IN (5, 6);

① 번호가 5 또는 6인 레코드를 삭제한다.
② 번호가 5와 6을 포함하는 레코드를 삭제한다.
③ 번호가 5 또는 6이 아닌 레코드를 삭제한다.
④ 번호가 5와 6을 포함하지 않는 레코드를 삭제한다.

SQL 구문을 절별로 분리하면 다음과 같습니다.
• DELETE : 레코드를 삭제합니다.
• FROM 학생 : 〈학생〉 테이블의 자료를 대상으로 합니다.
• WHERE 번호 IN (5, 6); : 번호가 5 혹은 6인 레코드를 삭제합니다.

이전기출

5. SQL문의 형식 중 옳지 않은 것은?

① INSERT – SET – WHERE
② UPDATE – SET – WHERE
③ DELETE – FROM – WHERE
④ SELECT – FROM – WHERE

INSERT는 INTO와 VALUES를 사용합니다. 즉 'INSERT ~ INTO ~ VALUES'와 같이 써야 합니다.

이전기출

6. 삭제문(DELETE FROM)의 사용 형식으로 옳지 않은 것은?

① DELETE FROM 〈테이블명〉 WHERE 〈조건〉
② DELETE FROM 〈테이블명〉 〈조건〉
③ DELETE FROM 〈테이블명〉
④ DELETE FROM 〈테이블명〉 WHERE 〈중첩질의가 포함된 조건〉

삭제문에서 조건은 WHERE절에 입력해야 합니다.

이전기출

7. 다음 SQL문에서 빈 칸에 들어갈 내용으로 옳은 것은?

UPDATE 회원 (   ) 전화번호='010-14' WHERE 회원번호 ='N4';

① FROM   ② SET
③ INTO   ④ TO

갱신문의 문법은 'UPDATE ~ SET ~ WHERE'입니다.

▶ 정답 : 1.① 2.① 3.③ 4.① 5.① 6.② 7.②

UPDATE~ SET~ WHERE입니다.
기억하세요.

❹ 갱신문(UPDATE~ SET~)

갱신문은 기본 테이블에 있는 튜플들 중에서 특정 튜플의 내용을 변경할 때 사용한다.

일반 형식

```
UPDATE 테이블명
SET 속성명 = 데이터[, 속성명=데이터, …]
[WHERE 조건];
```

예제 1 〈사원〉 테이블에서 "홍길동"의 '주소'를 "수색동"으로 수정하시오.

```
UPDATE 사원
SET 주소 = '수색동'
WHERE 이름 = '홍길동';
```

예제 2 〈사원〉 테이블에서 "황진이"의 '부서'를 "기획부"로 변경하고 '기본급'을 5만 원 인상시키시오.

```
UPDATE 사원
SET 부서 = '기획', 기본급 = 기본급 + 5
WHERE 이름 = '황진이';
```

잠깐만요 데이터 조작문의 네 가지 유형

- **SELECT(검색)** : SELECT~ FROM~ WHERE~
- **INSERT(삽입)** : INSERT INTO~ VALUES~
- **DELETE(삭제)** : DELETE~ FROM~ WHERE~
- **UPDATE(변경)** : UPDATE~ SET~ WHERE~

예제 2 〈사원〉 테이블에 (장보고, 기획, 05/03/73, 홍제동, 90)을 삽입하시오.

INSERT INTO 사원 VALUES ('장보고', '기획', #05/03/73#, '홍제동', 90);

예제 3 〈사원〉 테이블에 있는 편집부의 모든 튜플을 편집부원(이름, 생일, 주소, 기본급) 테이블에 삽입하시오.

INSERT INTO 편집부원(이름, 생일, 주소, 기본급)
SELECT 이름, 생일, 주소, 기본급
FROM 사원
WHERE 부서 = '편집';

 전문가의 조언

날짜 데이터는 숫자로 취급하지만 ' ' 또는 # #으로 묶어줍니다.

3 삭제문(DELETE FROM~)

삭제문은 기본 테이블에 있는 튜플들 중에서 특정 튜플(행)을 삭제할 때 사용한다.

일반 형식

DELETE
FROM 테이블명
[WHERE 조건];

전문가의 조언

DELETE문은 테이블 구조나 테이블 자체는 그대로 남겨 두고, 테이블 내의 튜플들만 삭제합니다. 테이블을 완전히 제거하기 위해서는 DROP문을 사용해야 합니다.

- 모든 레코드를 삭제할 때는 WHERE절을 생략한다.
- 모든 레코드를 삭제하더라도 테이블 구조는 남아 있기 때문에 디스크에서 테이블을 완전히 제거하는 DROP과는 다르다.

예제 1 〈사원〉 테이블에서 "임꺽정" 사원에 대한 모든 튜플을 삭제하시오.

DELETE
FROM 사원
WHERE 이름 = '임꺽정';

예제 2 〈사원〉 테이블에서 "인터넷" 부서에 대한 모든 튜플을 삭제하시오.

DELETE
FROM 사원
WHERE 부서 = '인터넷';

예제 3 〈사원〉 테이블의 모든 튜플을 삭제하시오.

DELETE
FROM 사원;

SECTION 038 DML - INSERT, DELETE, UPDATE

전문가의 조언

중요해요! ★★★★★
DML의 네 가지 유형 중에서 INSERT, DELETE, UPDATE 명령문을 학습합니다. 세 가지 유형의 구문은 예제를 통해 사용법까지 꼭 암기하세요. SELECT 명령은 다음 섹션에서 학습합니다.

1 DML(Data Manipulation Language, 데이터 조작어)의 개요

DML(데이터 조작어)은 데이터베이스 사용자가 응용 프로그램이나 질의어를 통해 저장된 데이터를 실질적으로 관리하는데 사용되는 언어이다.

- DML은 데이터베이스 사용자와 데이터베이스 관리 시스템 간의 인터페이스를 제공한다.
- DML에는 SELECT, INSERT, DELETE, UPDATE 등이 있다.

2 삽입문(INSERT INTO~)

삽입문은 기본 테이블에 새로운 튜플을 삽입할 때 사용한다.

일반 형식

```
INSERT INTO 테이블명([속성명1, 속성명2,…])
VALUES (데이터1, 데이터2,… );
```

- 대응하는 속성과 데이터는 개수와 데이터 유형이 일치해야 한다.
- 기본 테이블의 모든 속성을 사용할 때는 속성명을 생략할 수 있다.
- SELECT문을 사용하여 다른 테이블의 검색 결과를 삽입할 수 있다.

〈사원〉

이름	부서	생일	주소	기본급
홍길동	기획	04/05/61	망원동	120
임꺽정	인터넷	01/09/69	성산동	80
황진이	편집	07/21/75	연희동	100
김선달	편집	10/22/73	망원동	90
성춘향	기획	02/20/64	망원동	100
장길산	편집	03/11/67	상암동	120
일지매	기획	04/29/78	합정동	110
강호동	인터넷	12/11/80		90

예제 1 〈사원〉 테이블에 (이름 – 홍승현, 부서 – 인터넷)을 삽입하시오.

INSERT INTO 사원(이름, 부서) VALUES ('홍승현', '인터넷');

기출문제 따라잡기

이전기출

1. 트랜잭션의 실행이 실패하였음을 알리는 연산자로 트랜잭션이 수행한 결과를 원래의 상태로 원상 복귀시키는 연산은?

① COMMIT 연산 ② BACKUP 연산
③ LOG 연산 ④ ROLLBACK 연산

> Commit은 작업의 성공, Rollback은 작업의 실패로 취소하는 연산입니다.

이전기출

2. DBA가 사용자 PARK에게 테이블 [STUDENT]의 데이터를 갱신할 수 있는 시스템 권한을 부여하고자 하는 SQL문을 작성하고자 한다. 다음에 주어진 SQL문의 빈 칸을 알맞게 채운 것은?

```
SQL> GRANT  ㉠   ㉡  STUDENT TO PARK;
```

① ㉠ INSERT ㉡ IN TO
② ㉠ ALTER ㉡ TO
③ ㉠ UPDATE ㉡ ON
④ ㉠ REPLACE ㉡ IN

> 데이터를 갱신하는 명령어는 UPDATE입니다.

이전기출

3. 사용자 X1에게 department 테이블에 대한 검색 연산을 회수하는 명령은?

① delete select on department to X1;
② remove select on department from X1;
③ revoke select on department from X1;
④ grant select on department from X1;

> 권한 부여는 GRANT, 권한 취소는 REVOKE입니다.

이전기출

4. SQL과 관련한 설명으로 틀린 것은?

① REVOKE 키워드를 사용하여 열 이름을 다시 부여할 수 있다.
② 데이터 정의어는 기본 테이블, 뷰 테이블 또는 인덱스 등을 생성, 변경, 제거하는데 사용되는 명령어이다.
③ DISTINCT를 활용하여 중복 값을 제거할 수 있다.
④ JOIN을 통해 여러 테이블의 레코드를 조합하여 표현할 수 있다.

> REVOKE는 데이터베이스 사용자의 사용 권한을 취소하는 기능입니다.

이전기출

5. SQL에서 변경된 내용을 데이터베이스에 저장할 때 사용되는 처리문은?

① ROLLBACK ② COMMIT
③ CROSS ④ CASCADE

> 명령어에 의해 수행된 결과를 실제 물리적 디스크에 저장하는 처리문은 COMMIT입니다.

▶ 정답 : 1. ④ 2. ③ 3. ③ 4. ① 5. ②

예제 5   SAVEPOINT 'S2'까지 ROLLBACK을 수행하시오.

ROLLBACK TO S2;

해설

ROLLBACK이 적용되는 시점을 'S2'로 지정했기 때문에 **예제 5** 의 ROLLBACK에 의해 〈사원〉 테이블의 상태는 **예제 4** 의 작업을 수행하기 전으로 되돌려진다.

〈사원〉 테이블 상태

사원번호	이름	부서
10	김기획	기획부

예제 6   SAVEPOINT 'S1'까지 ROLLBACK을 수행하시오.

ROLLBACK TO S1;

해설

ROLLBACK이 적용되는 시점을 'S1'로 지정했기 때문에 **예제 6** 의 ROLLBACK에 의해 〈사원〉 테이블의 상태는 **예제 3** 의 작업을 수행하기 전으로 되돌려진다.

〈사원〉 테이블 상태

사원번호	이름	부서
10	김기획	기획부
20	박인사	인사부

예제 7   SAVEPOINT 없이 ROLLBACK을 수행하시오.

ROLLBACK;

해설

'사원번호'가 40인 사원의 정보를 삭제한 후 COMMIT을 수행했으므로 **예제 7** 의 ROLLBACK이 적용되는 시점은 **예제 1** 의 COMMIT 이후 새롭게 작업이 수행되는 **예제 2** 의 작업부터이다.

〈사원〉 테이블 상태

사원번호	이름	부서
10	김기획	기획부
20	박인사	인사부
30	최재무	재무부

예제 1 〈사원〉 테이블에서 '사원번호'가 40인 사원의 정보를 삭제한 후 COMMIT을 수행하시오.

```
DELETE FROM 사원 WHERE 사원번호 = 40;
COMMIT;
```

해설
DELETE 명령을 수행한 후 COMMIT 명령을 수행했으므로 DELETE 명령으로 삭제된 레코드는 이후 ROLLBACK 명령으로 되돌릴 수 없다.

〈사원〉 테이블 상태

사원번호	이름	부서
10	김기획	기획부
20	박인사	인사부
30	최재무	재무부

> **DELETE문**
> DELETE문은 다음 섹션에서 자세히 공부합니다. 여기서는 DELETE문은 레코드를 삭제할 때 사용하는 명령어라는 것만 알아두세요.

예제 2 '사원번호'가 30인 사원의 정보를 삭제하시오.

```
DELETE FROM 사원 WHERE 사원번호 = 30;
```

해설
DELETE 명령을 수행한 후 COMMIT 명령을 수행하지 않았으므로 DELETE 명령으로 삭제된 레코드는 이후 ROLLBACK 명령으로 되돌릴 수 있다.

〈사원〉 테이블 상태

사원번호	이름	부서
10	김기획	기획부
20	박인사	인사부

예제 3 SAVEPOINT 'S1'을 설정하고 '사원번호'가 20인 사원의 정보를 삭제하시오.

```
SAVEPOINT S1;
DELETE FROM 사원 WHERE 사원번호 = 20;
```

해설

〈사원〉 테이블 상태

사원번호	이름	부서
10	김기획	기획부

예제 4 SAVEPOINT 'S2'를 설정하고 '사원번호'가 10인 사원의 정보를 삭제하시오.

```
SAVEPOINT S2;
DELETE FROM 사원 WHERE 사원번호 = 10;
```

해설

〈사원〉 테이블 상태

사원번호	이름	부서

전문가의 조언

COMMIT, ROLLBACK, SAVEPOINT는 트랜잭션을 제어하는 용도로 사용되므로 TCL(Transaction Control Language)로 분류하기도 합니다. 하지만 기능을 제어하는 명령어라는 공통점으로 DCL의 일부로 분류하기도 합니다.

트랜잭션(Transaction)

- 트랜잭션은 데이터베이스에서 하나의 논리적 기능을 수행하기 위한 일련의 연산 집합으로서 작업의 단위가 됩니다.
- 트랜잭션은 데이터베이스 관리 시스템에서 회복 및 병행 제어 시에 처리되는 작업의 논리적 단위입니다.
- 하나의 트랜잭션은 COMMIT 되거나 ROLLBACK 되어야 합니다.

COMMIT 명령 사용 여부

트랜잭션이 시작되면 데이터베이스의 데이터를 주기억장치에 올려 처리하다가 COMMIT 명령이 내려지면 그때서야 처리된 내용을 보조기억장치에 저장합니다. 그러니까 COMMIT 명령을 사용하지 않고 DBMS를 종료하면 그때까지 작업했던 모든 내용이 보조기억장치의 데이터베이스에 하나도 반영되지 않고 종료되는 것이지요. 이처럼 실수로 COMMIT 명령 없이 DBMS를 종료하는 것에 대비하여 대부분의 DBMS은 Auto Commit 기능을 제공하고 있습니다.

Auto Commit 설정 명령

- Oracle
  - 설정 : set autocommit on;
  - 해제 : set autocommit off;
  - 확인 : show autocommit;
- MySQL
  - 설정 : set autocommit = true;
  - 해제 : set autocommit = false;
  - 확인 : select @@autocommit;

전문가의 조언

COMMIT과 SAVEPOINT 명령의 수행 시점에 따라 ROLLBACK 명령이 적용되는 범위가 달라집니다. 이와 같이 COMMIT, ROLLBACK, SAVEPOINT 명령은 서로 연관되어 사용되므로 한꺼번에 실습하여 결과를 확인할 수 있도록 하였습니다.

— GRANT OPTION FOR : 다른 사용자에게 권한을 부여할 수 있는 권한을 취소함
— CASCADE : 권한 취소 시 권한을 부여받았던 사용자가 다른 사용자에게 부여한 권한도 연쇄적으로 취소함

예제 3 사용자 ID가 "NABI"인 사람에게 〈고객〉 테이블에 대한 모든 권한과 다른 사람에게 권한을 부여할 수 있는 권한까지 부여하는 SQL문을 작성하시오.

GRANT ALL ON 고객 TO NABI WITH GRANT OPTION;

예제 4 사용자 ID가 "STAR"인 사람에게 부여한 〈고객〉 테이블에 대한 권한 중 UPDATE 권한을 다른 사람에게 부여할 수 있는 권한만 취소하는 SQL문을 작성하시오.

REVOKE GRANT OPTION FOR UPDATE ON 고객 FROM STAR;

3 COMMIT

트랜잭션*이 성공적으로 끝나면 데이터베이스가 새로운 일관성(Consistency) 상태를 가지기 위해 변경된 모든 내용을 데이터베이스에 반영하여야 하는데, 이때 사용하는 명령이 COMMIT이다.

- COMMIT 명령을 실행하지 않아도* DML문이 성공적으로 완료되면 자동으로 COMMIT되고, DML이 실패하면 자동으로 ROLLBACK이 되도록 Auto Commit* 기능을 설정할 수 있다.

4 ROLLBACK

ROLLBACK은 아직 COMMIT되지 않은 변경된 모든 내용들을 취소하고 데이터베이스를 이전 상태로 되돌리는 명령어이다.

- 트랜잭션 전체가 성공적으로 끝나지 못하면 일부 변경된 내용만 데이터베이스에 반영되는 비일관성(Inconsistency)인 상태를 가질 수 있기 때문에 일부분만 완료된 트랜잭션은 롤백(Rollback)되어야 한다.

5 SAVEPOINT

SAVEPOINT는 트랜잭션 내에 ROLLBACK 할 위치인 저장점을 지정하는 명령어이다.

- 저장점을 지정할 때는 이름을 부여하며, ROLLBACK 시 지정된 저장점까지의 트랜잭션 처리 내용이 취소된다.

〈사원〉

사원번호	이름	부서
10	김기획	기획부
20	박인사	인사부
30	최재무	재무부
40	오영업	영업부

SECTION 037 DCL

1 DCL(Data Control Language, 데이터 제어어)의 개요

DCL(데이터 제어어)는 데이터의 보안, 무결성, 회복, 병행 제어 등을 정의하는 데 사용하는 언어이다.
- DCL은 데이터베이스 관리자(DBA)가 데이터 관리를 목적으로 사용한다.
- DCL에는 GRANT, REVOKE, COMMIT, ROLLBACK, SAVEPOINT 등이 있다.

2 GRANT / REVOKE

데이터베이스 관리자가 데이터베이스 사용자에게 권한을 부여하거나 취소하기 위한 명령어이다.
- **GRANT** : 권한 부여를 위한 명령어
- **REVOKE** : 권한 취소를 위한 명령어
- **사용자등급** 지정 및 해제

```
- GRANT 사용자등급 TO 사용자_ID_리스트 [IDENTIFIED BY 암호];
- REVOKE 사용자등급 FROM 사용자_ID_리스트;
```

예제 1 사용자 ID가 "NABI"인 사람에게 데이터베이스 및 테이블을 생성할 수 있는 권한을 부여하는 SQL문을 작성하시오.

`GRANT RESOURCE TO NABI;`

예제 2 사용자 ID가 "STAR"인 사람에게 단순히 데이터베이스에 있는 정보를 검색할 수 있는 권한을 부여하는 SQL문을 작성하시오.

`GRANT CONNECT TO STAR;`

- 테이블 및 속성에 대한 권한 부여 및 취소

```
- GRANT 권한_리스트 ON 개체 TO 사용자 [WITH GRANT OPTION];
- REVOKE [GRANT OPTION FOR] 권한_리스트 ON 개체 FROM 사용자 [CASCADE];
```

- 권한 종류 : ALL, SELECT, INSERT, DELETE, UPDATE, ALTER 등
- WITH GRANT OPTION : 부여받은 권한을 다른 사용자에게 다시 부여할 수 있는 권한을 부여함

전문가의 조언

중요해요! ★★★
DCL은 일반 사용자보다는 데이터베이스 관리자가 사용하는 명령입니다. GRANT, REVOKE, COMMIT, ROLLBACK, SAVEPOINT의 기능과 사용법을 숙지하세요.

사용자등급
- DBA : 데이터베이스 관리자
- RESOURCE : 데이터베이스 및 테이블 생성 가능자
- CONNECT : 단순 사용자

- **DROP CONSTRAINT** : 제약 조건을 제거한다.
- **CASCADE** : 제거할 요소를 참조하는 다른 모든 개체를 함께 제거한다. 즉 주 테이블의 데이터 제거 시 각 외래키와 관계를 맺고 있는 모든 데이터를 제거하는 참조 무결성 제약 조건을 설정하기 위해 사용된다.
- **RESTRICT** : 다른 개체가 제거할 요소를 참조중일 때는 제거를 취소한다.

예제 〈학생〉 테이블을 제거하되, 〈학생〉 테이블을 참조하는 모든 데이터를 함께 제거하시오.

DROP TABLE 학생 CASCADE;

기출문제 따라잡기

문제2 2603651

이전기출
1. 테이블 구조를 변경하는 데 사용하는 SQL 명령은?
① ALTER TABLE ② CREATE TABLE
③ DROP TABLE   ④ CREATE INDEX

테이블 구조를 변경할 때는 ALTER, 생성할 때는 CREATE, 삭제할 때는 DROP 명령문을 사용합니다.

이전기출
2. 다음 SQL 질의어의 의미로 가장 적절한 것은?

DROP TABLE 상품;

① 상품 테이블을 삭제하라.
② 상품 필드를 제거하라.
③ 상품 필드가 키인 인덱스를 제거하라.
④ 상품 테이블의 인덱스만을 제거하라.

DROP은 테이블, 뷰, 인덱스 등을 삭제하는 명령인데 'DROP TABLE 상품;'이라고 했으니 '상품' 테이블을 삭제하라는 의미가 됩니다.

이전기출
3. 학생 테이블에 데이터를 입력한 후, 주소 필드가 누락되어 이를 추가하려고 할 때의 적합한 SQL 명령은?
① CREATE TABLE ② ADD TABLE
③ ALTER TABLE   ④ MODIFY TABLE

필드 자체를 추가할 때는 ALTER, 레코드를 추가할 때는 INSERT 명령문을 사용합니다.

이전기출
4. SQL에서 DROP 문의 옵션(Option) 중 "RESTRICT"의 역할에 대한 설명으로 가장 적절한 것은?
① 제거할 요소들을 기록 후 제거한다.
② 제거할 요소가 참조 중일 경우에만 제거한다.
③ 제거할 요소들에 대한 예비조치(back up) 작업을 한다.
④ 제거할 요소가 참조 중이면 제거하지 않는다.

DROP은 테이블을 삭제하는 명령인데, 옵션으로 RESTRICT를 지정하면 삭제할 테이블을 다른 개체가 참조하고 있으면 삭제를 취소합니다.

이전기출
5. 다음 SQL 명령문의 의미로 가장 적절한 것은?

DROP TABLE 성적 CASCADE;

① 성적 테이블과 이 테이블을 참조하는 다른 테이블도 함께 제거하시오.
② 성적 테이블이 다른 테이블에 의해 참조 중이면 제거하지 마시오.
③ 성적 테이블만 제거 하시오.
④ 성적 테이블의 인덱스만 제거하시오.

"DROP TABLE 성적;"은 성적 테이블을 제거하는 명령문입니다. 옵션으로 CASCADE가 지정되었으므로 제거할 요소를 참조하는 다른 모든 개체를 함께 제거합니다.

▶ 정답 : 1.① 2.① 3.③ 4.④ 5.①

3 ALTER TABLE

ALTER TABLE은 테이블에 대한 정의를 변경하는 명령문이다.

표기 형식

```
ALTER TABLE 테이블명 ADD 속성명 데이터_타입 [DEFAULT '기본값'];
ALTER TABLE 테이블명 ALTER 속성명 [SET DEFAULT '기본값'];
ALTER TABLE 테이블명 DROP COLUMN 속성명 [CASCADE];
```

- **ADD** : 새로운 속성(열)을 추가할 때 사용한다.
- **ALTER** : 특정 속성의 Default 값을 변경할 때 사용한다.
- **DROP COLUMN** : 특정 속성을 삭제할 때 사용한다.

 〈학생〉 테이블에 최대 3문자로 구성되는 '학년' 속성 추가하시오.

```
ALTER TABLE 학생 ADD 학년 VARCHAR(3);
```

예제 2 〈학생〉 테이블의 '학번' 필드의 데이터 타입과 크기를 VARCHAR(10)으로 하고 NULL 값이 입력되지 않도록 변경하시오.

```
ALTER TABLE 학생 ALTER 학번 VARCHAR(10) NOT NULL;
```

4 DROP

DROP은 스키마, 도메인, 기본 테이블, 뷰 테이블, 인덱스, 제약 조건 등을 제거하는 명령문이다.

표기 형식

```
DROP SCHEMA 스키마명 [CASCADE | RESTRICT];
DROP DOMAIN 도메인명 [CASCADE | RESTRICT];
DROP TABLE 테이블명 [CASCADE | RESTRICT];
DROP VIEW 뷰명 [CASCADE | RESTRICT];
DROP INDEX 인덱스명 [CASCADE | RESTRICT];
DROP CONSTRAINT 제약조건명;
```

- **DROP SCHEMA** : 스키마를 제거한다.
- **DROP DOMAIN** : 도메인을 제거한다.
- **DROP TABLE** : 테이블을 제거한다.
- **DROP VIEW** : 뷰를 제거한다.
- **DROP INDEX** : 인덱스를 제거한다.

전문가의 조언

중요해요! ★★★★★
DDL에서는 DROP 명령이 중요합니다. DROP 명령의 표기 형식을 기억하고, 특히 CASCADE와 RESTRICT에 대해 정확하게 숙지하세요.

- ▶ NO ACTION : 참조 테이블에 변화가 있어도 기본 테이블에는 아무런 조취를 취하지 않는다.
- ▶ CASCADE : 참조 테이블의 튜플이 삭제되면 기본 테이블의 관련 튜플도 모두 삭제되고, 속성이 변경되면 관련 튜플의 속성 값도 모두 변경된다.
- ▶ SET NULL : 참조 테이블에 변화가 있으면 기본 테이블의 관련 튜플의 속성 값을 NULL로 변경한다.
- ▶ SET DEFAULT : 참조 테이블에 변화가 있으면 기본 테이블의 관련 튜플의 속성 값을 기본값으로 변경한다.
- ON UPDATE 옵션 : 참조 테이블의 참조 속성 값이 변경되었을 때 기본 테이블에 취해야 할 사항을 지정한다. 옵션에는 NO ACTION, CASCADE, SET NULL, SET DEFAULT가 있다.

- **CONSTRAINT** : 제약 조건의 이름을 지정한다. 이름을 지정할 필요가 없으면 CHECK절만 사용하여 속성 값에 대한 제약 조건을 명시한다.
- **CHECK** : 속성 값에 대한 제약 조건을 정의한다.

예제 '이름', '학번', '전공', '성별', '생년월일'로 구성된 〈학생〉 테이블을 정의하는 SQL 문을 작성하시오. 단, 제약 조건은 다음과 같다.

- '이름'은 NULL이 올 수 없고, '학번'은 기본키이다.
- '전공'은 〈학과〉 테이블의 '학과코드'를 참조하는 외래키로 사용된다.
- 〈학과〉 테이블에서 삭제가 일어나면 관련된 튜플들의 전공 값을 NULL로 만든다.
- 〈학과〉 테이블에서 '학과코드'가 변경되면 전공 값도 같은 값으로 변경한다.
- '생년월일'은 1980-01-01 이후의 데이터만 저장할 수 있다.
- 제약 조건의 이름은 '생년월일제약'으로 한다.
- 각 속성의 데이터 타입은 적당하게 지정한다. 단 '성별'은 도메인 'SEX'를 사용한다.

CHAR과 VARCHAR
CHAR은 항상 지정된 크기만큼 기억 장소가 확보되고, VARCHAR은 기억 장소의 크기가 지정되어도 필드에 저장된 데이터만큼만 기억 장소가 확보됩니다. 예를 들어 '이름' 속성의 자료형을 CHAR(15)로 지정하면 '이름'에 한 글자가 저장되어도 항상 15바이트가 기억 장소로 확보되지만, VARCHAR(15)로 지정하면 저장된 한 글자 크기만큼만 기억 장소가 확보됩니다.

CREATE TABLE 학생	〈학생〉 테이블을 생성한다.
(이름 VARCHAR(15) NOT NULL,	'이름' 속성은 최대 문자 15자로 NULL 값을 갖지 않는다.
학번 CHAR(8),	'학번' 속성은 문자 8자이다.
전공 CHAR(5),	'전공' 속성은 문자 5자이다.
성별 SEX,	'성별' 속성은 'SEX' 도메인을 자료형으로 사용한다.
생년월일 DATE,	'생년월일' 속성은 DATE 자료형을 갖는다.
PRIMARY KEY(학번),	'학번'을 기본키로 정의한다.
FOREIGN KEY(전공) REFERENCES 학과(학과코드)	'전공' 속성은 〈학과〉 테이블의 '학과코드' 속성을 참조하는 외래키이다.
ON DELETE SET NULL	〈학과〉 테이블에서 튜플이 삭제되면 관련된 모든 튜플의 '전공' 속성의 값을 NULL로 변경한다.
ON UPDATE CASCADE,	〈학과〉 테이블에서 '학과코드'가 변경되면 관련된 모든 튜플의 '전공' 속성의 값도 같은 값으로 변경한다.
CONSTRAINT 생년월일제약 CHECK(생년월일>='1980-01-01'));	'생년월일' 속성에는 1980-01-01 이후의 값만 저장할 수 있으며, 이 제약 조건의 이름은 '생년월일제약'이다.

SECTION 036 DDL

1 DDL(Data Define Language, 데이터 정의어)의 개요

DDL(데이터 정의어)는 DB 구조, 데이터 형식, 접근 방식 등 DB를 구축하거나 수정할 목적으로 사용하는 언어이다.
- DDL은 번역한 결과가 데이터 사전(Data Dictionary)이라는 특별한 파일에 여러 개의 테이블로서 저장된다.
- DDL에는 CREATE SCHEMA, CREATE DOMAIN, CREATE TABLE, CREATE VIEW, CREATE INDEX, ALTER TABLE, DROP 등이 있다.

2 CREATE TABLE

CREATE TABLE은 테이블*을 정의하는 명령문이다.

표기 형식

```
CREATE TABLE 테이블명
      (속성명 데이터_타입 [DEFAULT 기본값] [NOT NULL], …
      [, PRIMARY KEY(기본키_속성명, …)]
      [, UNIQUE(대체키_속성명, …)]
      [, FOREIGN KEY(외래키_속성명, …)]
            [REFERENCES 참조테이블(기본키_속성명, …)]
            [ON DELETE 옵션]
            [ON UPDATE 옵션]
      [, CONSTRAINT 제약조건명] [CHECK (조건식)]);
```

- 기본 테이블에 포함될 모든 속성에 대하여 속성명과 그 속성의 데이터 타입, 기본값, NOT NULL* 여부를 지정한다.
- PRIMARY KEY : 기본키로 사용할 속성 또는 속성의 집합을 지정한다.
- UNIQUE : 대체키로 사용할 속성 또는 속성의 집합을 지정하는 것으로 UNIQUE로 지정한 속성은 중복된 값을 가질 수 없다.
- FOREIGN KEY ~ REFERENCES ~
  - 참조할 다른 테이블과 그 테이블을 참조할 때 사용할 외래키 속성을 지정한다.
  - 외래키가 지정되면 참조 무결성의 CASCADE 법칙*이 적용된다.
  - ON DELETE 옵션 : 참조 테이블의 튜플이 삭제되었을 때 기본 테이블에 취해야 할 사항을 지정한다. 옵션에는 NO ACTION, CASCADE, SET NULL, SET DEFAULT가 있다.

전문가의 조언

중요해요! ★★★★
DDL 구문을 모두 외울 필요는 없습니다. 각 명령어의 역할을 숙지하고, 구문을 보면 무엇을 의미하는지 이해할 수 있을 정도로만 정리해 두세요.

테이블(Table)
테이블은 데이터베이스의 설계 단계에서는 테이블을 주로 릴레이션(Relation)이라 부르고, 조작이나 검색 시에는 테이블이라고 부릅니다. 그러나 대부분은 테이블과 릴레이션을 구분 없이 사용하니 두 의미가 같다는 것만 알아두세요.

NOT NULL
NULL이란 모르는 값 또는 적용할 수 없는 값을 의미하는 것으로, NOT NULL은 특정 속성이 데이터 없이 비어 있어서는 안 된다는 것을 지정할 때 사용합니다.

참조 무결성의 CASCADE 법칙
참조 무결성 제약이 설정된 기본 테이블의 어떤 데이터를 삭제할 경우, 그 데이터와 밀접하게 연관되어 있는 다른 테이블의 데이터들도 도미노처럼 자동으로 삭제됩니다. 이러한 법칙을 '계단식', '연속'이라는 사전적 의미를 가진 CASCADE 법칙이라고 합니다.

기출문제 따라잡기

1. 1974년 IBM 연구소에서 개발한 것으로, 데이터 구조의 정의, 데이터 조작, 데이터 제어 기능을 갖추고 있는 질의어는?

① SGML ② XML
③ UML   ④ SQL

> 데이터 구조의 정의, 데이터 조작, 데이터 제어 기능을 갖추고 있는 질의어는 SQL입니다.

2. 다음 중 데이터 정의어(DDL)가 아닌 것은?

① CREATE ② DROP
③ SELECT ④ ALTER

> • 데이터 정의어(DDL) : CREATE, ALTER, DROP
> • 데이터 조작어(DML) : SELECT, INSERT, DELETE, UPDATE
> • 데이터 제어어(DCL) : COMMIT, ROLLBACK, GRANT, REVOKE

3. SQL의 데이터 조작문(DML)에 해당하지 않는 것은?

① UPDATE ② DROP
③ INSERT ④ SELECT

> DROP은 데이터 정의어(DDL)입니다.

4. 데이터베이스에서 생성된 테이블을 삭제할 때 사용하는 SQL 명령문은?

① DROP   ② CLEAR
③ DEL   ④ DELETE

> DROP은 테이블을 삭제, DELETE는 레코드를 삭제하는 명령문입니다.

5. 다음 SQL 명령어 중 자료를 갱신하는 명령은?

① CREATE ② SELECT
③ UPDATE ④ DELETE

> 자료를 갱신하는 명령은 UPDATE입니다.

6. SQL에서 기본 테이블을 생성하는 명령은?

① CREATE ② SELECT
③ DROP   ④ UPDATE

> CREATE는 테이블, 인덱스, 도메인 등을 생성하는 명령어입니다.

7. 데이터베이스 제어어(DCL) 중 사용자에게 조작에 대한 권한을 부여하는 명령어는?

① OPTION ② REVOKE
③ GRANT   ④ VALUES

> 조작에 대한 권한을 부여하는 명령어는 GRANT, 권한을 취소하는 명령어는 REVOKE입니다.

8. 테이블을 생성한 후 필드 수정을 위해 사용하는 SQL 명령어는?

① DROP   ② CREATE
③ ALTER   ④ UPDATE

> 필드 수정을 위해 사용하는 SQL 명령어는 ALTER입니다.

▶ 정답 : 1.④ 2.③ 3.② 4.① 5.③ 6.① 7.③ 8.③

❸ DML(Data Manipulation Language, 데이터 조작어)

- DML은 데이터베이스 사용자가 응용 프로그램이나 질의어를 통하여 저장된 데이터를 실질적으로 처리하는 데 사용되는 언어이다.
- 데이터베이스 사용자와 데이터베이스 관리 시스템 간의 인터페이스를 제공한다.
- DML(데이터 조작어)의 네 가지 유형

명령어	기능
SELECT	테이블에서 조건에 맞는 튜플을 검색한다.
INSERT	테이블에 새로운 튜플을 삽입한다.
DELETE	테이블에서 조건에 맞는 튜플을 삭제한다.
UPDATE	테이블에서 조건에 맞는 튜플의 내용을 변경한다.

❹ DCL(Data Control Language, 데이터 제어어)

- DCL은 데이터의 보안, 무결성, 회복, 병행 수행 제어 등을 정의하는 데 사용되는 언어이다.
- 데이터베이스 관리자가 데이터 관리를 목적으로 사용한다.
- DCL(데이터 제어어)의 종류

명령어	기능
COMMIT	명령에 의해 수행된 결과를 실제 물리적 디스크로 저장하고, 데이터베이스 조작 작업이 정상적으로 완료되었음을 관리자에게 알려준다.
ROLLBACK	데이터베이스 조작 작업이 비정상적으로 종료되었을 때 원래의 상태로 복구한다.
GRANT	데이터베이스 사용자에게 사용 권한을 부여한다.
REVOKE	데이터베이스 사용자의 사용 권한을 취소한다.

SECTION 035 SQL의 개념

전문가의 조언

중요해요! ★★★
SQL은 관계형 데이터베이스의 표준 질의어로 정의, 조작, 제어 기능이 있습니다. 간단하게 개념을 숙지하세요.

질의어(Query Language)
질의어는 데이터베이스 파일과 범용 프로그래밍 언어를 정확히 알지 못하는 단말 사용자들이 단말기를 통해서 대화식으로 쉽게 DB를 이용할 수 있도록 되어 있는 비절차어의 일종입니다.

전문가의 조언

중요해요! ★★★★★
SQL은 사용 용도에 따라 DDL(데이터 정의어), DML(데이터 조작어), DCL(데이터 제어어)로 구분됩니다. 종류별로 어떠한 명령어들이 있는지 암기하세요. 각 명령어의 기능은 다음 섹션부터 배웁니다.

1 SQL(Structured Query Language)의 개요

- 1974년 IBM 연구소에서 개발한 SEQUEL에서 유래한다.
- 국제 표준 데이터베이스 언어이며, 많은 회사에서 관계형 데이터베이스(RDB)를 지원하는 언어로 채택하고 있다.
- 관계대수와 관계해석을 기초로 한 혼합 데이터 언어이다.
- 질의어*지만 질의 기능만 있는 것이 아니라 데이터 구조의 정의, 데이터 조작, 데이터 제어 기능을 모두 갖추고 있다.
- SQL은 기능에 따라 DDL(데이터 정의어), DML(데이터 조작어), DCL(데이터 제어어)로 나눈다.

2 DDL(Data Define Language, 데이터 정의어)

- DDL은 SCHEMA, DOMAIN, TABLE, VIEW, INDEX를 정의하거나 변경 또는 삭제할 때 사용하는 언어이다.
- 논리적 데이터 구조와 물리적 데이터 구조의 사상을 정의한다.
- 데이터베이스 관리자나 데이터베이스 설계자가 사용한다.
- DDL(데이터 정의어)의 세 가지 유형

명령어	기능
CREATE	SCHEMA, DOMAIN, TABLE, VIEW, INDEX를 정의한다.
ALTER	TABLE에 대한 정의를 변경하는 데 사용한다.
DROP	SCHEMA, DOMAIN, TABLE, VIEW, INDEX를 삭제한다.

1장 기본 SQL 작성

035 SQL의 개념 Ⓐ등급
036 DDL Ⓐ등급
037 DCL Ⓑ등급
038 DML - INSERT, DELETE, UPDATE Ⓐ등급

꼭 알아야 할 키워드 Best 10

1. CREATE 2. ALTER 3. DROP 4. SELECT 5. INSERT 6. DELETE 7. UPDATE 8. GRANT 9. REVOKE 10. CASCADE

3 과목

SQL 활용

1장 기본 SQL 작성

2장 고급 SQL 작성

034 검색 - 이분 검색

1 이분 검색(이진 검색)

- 전체 파일을 두 개의 서브파일로 분리해 가면서 Key 레코드를 검색하는 방식이다.
- 반드시 순서화(정렬)된 파일이어야 검색할 수 있다.
- 비교 횟수를 거듭할 때마다 검색 대상이 되는 데이터의 수가 절반으로 줄어든다.
- 탐색 효율이 좋고 탐색 시간이 적게 소요된다.
- 중간 레코드 번호(M) : $\dfrac{F + L}{2}$

  (단, F : 첫 번째 레코드 번호, L : 마지막 레코드 번호)

문제1 다음과 같이 레코드가 구성되어 있을 때, 이진 검색 방법으로 F를 찾을 경우 비교되는 횟수를 쓰시오.

A B C D E F G H I J K L M N

답 : 　　회

해설

A~N을 1~14로 가정하고 이진 검색 방법으로 F(6)를 찾습니다.

❶ 첫 번째 값과 마지막 값을 이용하여 중간 값 M을 구한 후 찾으려는 값과 비교합니다.
   M(중간값) : 7은 찾으려는 값 6보다 크므로 찾는 값은 1~6에 있습니다. ← 1회 비교

❷ F = 1, L = 6, M = (1+6) / 2 = 3.5 : 3은 찾으려는 값 6보다 작으므로 찾는 값은 4~6에 있습니다. ← 2회 비교

❸ F = 4, L = 6, M = (4+6) / 2 = 5 : 5는 찾으려는 값 6보다 작으므로 찾는 값은 6에 있습니다. ← 3회 비교

❹ F = 6, L = 6, M = (6+6) / 2 = 6 : 6은 찾는 값입니다.
   ← 4회 비교

문제1 다음 자료에 대하여 삽입(Insertion) 정렬을 이용하여 오름차순 정렬할 경우 1회전 후의 결과를 쓰시오.

| 5, 4, 3, 2, 1 |

답 :

해설
- 1회전 : | 5 | 4 | 3 | 2 | 1 | → | 4 | 5 | 3 | 2 | 1 |
  두 번째 값 4를 첫 번째 값과 비교하여 첫 번째 자리에 삽입하고 5를 한 칸 뒤로 이동시킵니다.
- 2회전 : | 4 | 5 | 3 | 2 | 1 | → | 3 | 4 | 5 | 2 | 1 |
  세 번째 값 3을 첫 번째, 두 번째 값과 비교하여 4자리에 삽입하고 4, 5는 한 칸씩 뒤로 이동시킵니다.
- 3회전 : | 3 | 4 | 5 | 2 | 1 | → | 2 | 3 | 4 | 5 | 1 |
  네 번째 값 2를 첫 번째, 두 번째, 세 번째 값과 비교하여 3자리에 삽입하고 3, 4, 5는 한 칸씩 뒤로 이동시킵니다.
- 4회전 : | 2 | 3 | 4 | 5 | 1 | → | 1 | 2 | 3 | 4 | 5 |
  다섯 번째 값 1을 처음부터 비교하여 2자리에 삽입하고 나머지를 한 칸씩 뒤로 이동시킵니다.

문제2 다음 자료에 대하여 선택(Selection) 정렬을 이용하여 오름차순 정렬할 경우 1회전 후의 결과를 쓰시오.

| 8, 3, 4, 9, 7 |

답 :

해설
- 1회전 : | 8 | 3 | 4 | 9 | 7 | → | 3 | 8 | 4 | 9 | 7 |
  첫 번째부터 마지막 값 중 최소값 3을 찾아 첫 번째 값 8과 위치를 교환합니다.
- 2회전 : | 3 | 8 | 4 | 9 | 7 | → | 3 | 4 | 8 | 9 | 7 |
  두 번째부터 마지막 값 중 최소값 4를 찾아 두 번째 값 8과 위치를 교환합니다.
- 3회전 : | 3 | 4 | 8 | 9 | 7 | → | 3 | 4 | 7 | 9 | 8 |
  세 번째부터 마지막 값 중 최소값 7을 찾아 세 번째 값 8과 위치를 교환합니다.
- 4회전 : | 3 | 4 | 7 | 9 | 8 | → | 3 | 4 | 7 | 8 | 9 |
  네 번째부터 마지막 값 중 최소값 8을 찾아 네 번째 값 9와 위치를 교환합니다.

문제3 다음 자료에 대하여 버블(Bubble) 정렬을 이용하여 오름차순 정렬할 경우 1회전 후의 결과를 쓰시오.

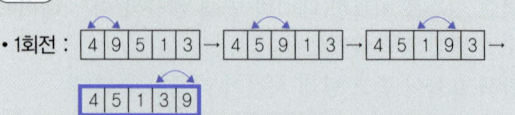

답 :

해설
- 1회전 : | 4 | 9 | 5 | 1 | 3 | → | 4 | 5 | 9 | 1 | 3 | → | 4 | 5 | 1 | 9 | 3 | →
  | 4 | 5 | 1 | 3 | 9 |
- 2회전 : | 4 | 5 | 1 | 3 | 9 | → | 4 | 1 | 5 | 3 | 9 | → | 4 | 1 | 3 | 5 | 9 |
- 3회전 : | 1 | 4 | 3 | 5 | 9 | → | 1 | 3 | 4 | 5 | 9 |
- 4회전 : | 1 | 3 | 4 | 5 | 9 |

문제4 이진 트리의 레코드 R = (88, 74, 63, 55, 37, 25, 33, 19, 26, 14, 9)에 대하여 힙(Heap)으로 구성했을 때, 37의 왼쪽과 오른쪽의 자노드(Child Node)의 값을 쓰시오.

답 :

해설

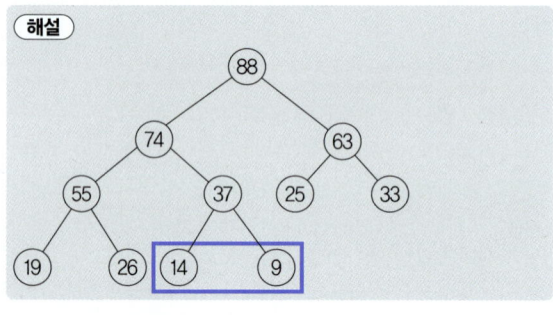

정답 1. 4, 5, 3, 2, 1 2. 3, 8, 4, 9, 7 3. 4, 5, 1, 3, 9 4. 14, 9

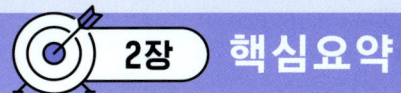

033 정렬(Sort)

❶ 삽입 정렬(Insertion Sort)
두 번째 키와 첫 번째 키를 비교해 순서대로 나열(1회전)하고, 이어서 세 번째 키를 첫 번째, 두 번째 키와 비교해 순서대로 나열(2회전)하고, 계속해서 n번째 키를 앞의 n-1개의 키와 비교하여 알맞은 순서에 삽입하여 정렬한다.

예 8, 5, 6, 2, 4를 삽입 정렬로 정렬하시오.

- 초기 상태 : 8 5 6 2 4

- 1회전 : 8 5 6 2 4 → 5 8 6 2 4
두 번째 값 5를 첫 번째 값과 비교하여 첫 번째 자리에 삽입하고 8을 한 칸 뒤로 이동시킨다.

- 2회전 : 5 8 6 2 4 → 5 6 8 2 4
세 번째 값 6을 첫 번째, 두 번째 값과 비교하여 8자리에 삽입하고 8을 한 칸 뒤로 이동시킨다.

- 3회전 : 5 6 8 2 4 → 2 5 6 8 4
네 번째 값 2를 처음부터 비교하여 맨 처음에 삽입하고 나머지를 한 칸씩 뒤로 이동시킨다.

- 4회전 : 2 5 6 8 4 → 2 4 5 6 8
다섯 번째 값 4를 처음부터 비교하여 5자리에 삽입하고 나머지를 한 칸씩 뒤로 이동시킨다.

❷ 선택 정렬(Selection Sort)
n개의 레코드 중에서 최소값을 찾아 첫 번째 레코드 위치에 놓고, 나머지 (n-1)개 중에서 다시 최소값을 찾아 두 번째 레코드 위치에 놓는 방식을 반복하여 정렬한다.

예 8, 5, 6, 2, 4를 선택 정렬로 정렬하시오.

- 초기 상태 : 8 5 6 2 4

- 1회전 : 8 5 6 2 4 → 2 5 6 8 4
첫 번째부터 마지막 값 중 최소값 2를 찾아 첫 번째 값 8과 위치를 교환한다.

- 2회전 : 2 5 6 8 4 → 2 4 6 8 5
두 번째부터 마지막 값 중 최소값 4를 찾아 두 번째 값 5와 위치를 교환한다.

- 3회전 : 2 4 6 8 5 → 2 4 5 8 6
세 번째부터 마지막 값 중 최소값 5를 찾아 세 번째 값 6과 위치를 교환한다.

- 4회전 : 2 4 5 8 6 → 2 4 5 6 8
네 번째부터 마지막 값 중 최소값 6을 찾아 네 번째 값 8과 위치를 교환환다.

❸ 버블 정렬(Bubble Sort)
주어진 파일에서 인접한 두 개의 레코드 키 값을 비교하여 그 크기에 따라 레코드 위치를 서로 교환한다.

예 8, 5, 6, 2, 4를 버블 정렬로 정렬하시오.

- 초기 상태 : 8 5 6 2 4

- 1회전 : 5 8 6 2 4 → 5 6 8 2 4
→ 5 6 2 8 4 → 5 6 2 4 8

- 2회전 : 5 6 2 4 8 → 5 2 6 4 8
→ 5 2 4 6 8

- 3회전 : 2 5 4 6 8 → 2 4 5 6 8

- 4회전 : 2 4 5 6 8

❹ 퀵 정렬(Quick Sort)
- 레코드의 많은 자료 이동을 없애고 하나의 파일을 부분적으로 나누어 가면서 정렬하는 방법이다.
- 분할(Divide)과 정복(Conquer)을 통해 자료를 정렬한다.
- 피벗(pivot)을 사용하며, 최악의 경우 $\frac{n(n-1)}{2}$ 회의 비교를 수행한다.

❺ 힙 정렬(Heap Sort)
- 완전 이진 트리를 이용한 정렬 방식이다.
- 평균과 최악 모두 시간 복잡도는 $O(n\log_2 n)$이다.

∴ 방문 순서 : HDIBEAFCG

Postorder의 방문 순서

① Postorder는 Left → Right → Root이므로 13A가 된다.
② 1은 2EB이므로 2EB3A가 된다.
③ 2는 HID이므로 HIDEB3A가 된다.
④ 3은 FGC이므로 HIDEBFGCA가 된다.

∴ 방문 순서 : HIDEBFGCA

❸ 수식의 표기법(Infix → Postfix)

Infix로 표기된 수식에서 연산자를 해당 피연산자 두 개의 뒤(오른쪽)에 오도록 이동하면 Postfix가 된다.

| X = A / B * (C + D) + E → X A B / C D + * E + = |

① 연산 우선순위에 따라 괄호로 묶는다.
  (X = (((A / B) * (C + D)) + E))
② 연산자를 해당 괄호의 뒤로 옮긴다.
  X = (((A / B) * (C + D)) + E))
  (X (((AB) / (CD) +) * E) +) =
③ 괄호를 제거한다.
  X A B / C D + * E + =

문제 2 다음 트리의 차수(Degree)와 단말 노드(Terminal Node)의 수를 계산하시오.

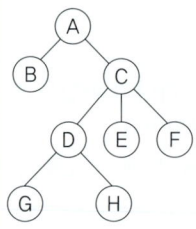

답 :
① 차수 :
② 단말 노드 :

해설
- 트리의 차수(Degree)는 가장 차수가 많은 노드의 차수이고, 단말 노드(Terminal Node)는 자식이 하나도 없는 노드입니다.
- C의 차수가 가장 많으므로 트리의 차수는 3입니다.
- 자식이 하나도 없는 노드는 B, E, F, G, H로 총 5개입니다.

문제 3 다음 트리를 Preorder 운행법으로 운행할 경우 다섯 번째로 탐색되는 것을 쓰시오.

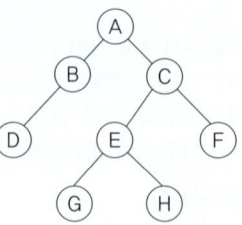

답 :

해설

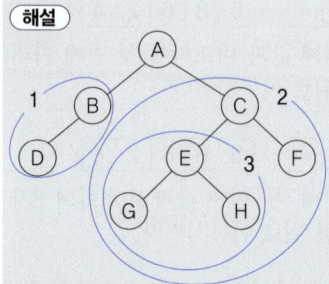

먼저 서브트리를 하나의 노드로 생각할 수 있도록 서브트리 단위로 묶습니다.
❶ Preorder는 Root → Left → Right 이므로 A12입니다.
❷ 1은 BD이므로 ABD2입니다.
❸ 2는 C3F이므로 ABDC3F입니다.
❹ 3은 EGH이므로 ABDCEGHF입니다.

문제 4 다음 중위 표기법(Infix)의 수식을 후위 표기법(Postfix)으로 표기하시오.

| (A+B)*C+(D+E) |

답 :

해설
❶ 연산 우선순위에 따라 괄호로 묶습니다.
  (((A + B) * C) + (D + E))
❷ 연산자를 해당 괄호의 뒤로 옮깁니다.
  (((A + B) * C) + (D + E))
  (((A B) + C) * (D E) +) +
❸ 괄호를 제거합니다.
  A B + C * D E + +

정답 1. BDCA 2. ① ③ ⑤ 3. E 4. A B + C * D E + +

2장 핵심요약

- 큐는 가장 먼저 삽입된 자료가 가장 먼저 삭제되는 선입선출(FIFO) 방식으로 처리한다.

7 데크(Deque)
- 삽입과 삭제가 리스트의 양쪽 끝에서 모두 발생할 수 있는 자료 구조이다.
- 입력이 한쪽에서만 발생하고 출력은 양쪽에서 일어날 수 있는 입력 제한과, 입력은 양쪽에서 일어나고 출력은 한 곳에서만 이루어지는 출력 제한이 있다.

8 그래프(Graph)
- 그래프 G는 정점 V(Vertex)와 간선 E(Edge)의 두 집합으로 이루어진다.
- 방향/무방향 그래프의 최대 간선 수 : n개의 정점으로 구성된 무방향 그래프에서 최대 간선 수는 n(n-1)/2 이고, 방향 그래프에서 최대 간선 수는 n(n-1)임

> **문제1** 스택(Stack)에서 순서가 A, B, C, D로 정해진 입력 자료를, push → push → pop → push → push → pop → pop → pop으로 연산 했을 때 출력 결과를 쓰시오.
>
> 답 :
>
> **해설**
> PUSH는 스택에 자료를 입력하는 명령이고, POP은 스택에서 자료를 출력하는 명령입니다. 문제에 제시된 대로 PUSH와 POP을 수행하면 다음의 순서로 입출력이 발생합니다.

032 트리(Tree)

1 트리의 개요
트리는 정점(Node)과 선분(Branch)을 이용하여 사이클을 이루지 않도록 구성한 그래프의 특수한 형태이다.

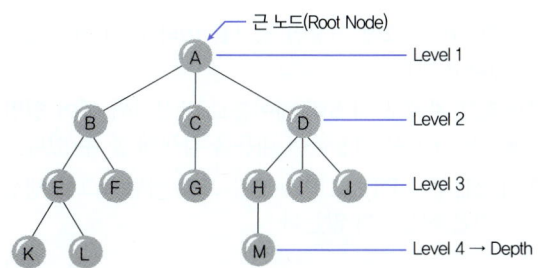

- **노드(Node)** : 트리의 기본 요소로서 자료 항목과 다른 항목에 대한 가지(Branch)를 합친 것
- **디그리(Degree, 차수)** : 각 노드에서 뻗어나온 가지의 수
  - 예 A = 3, B = 2, C = 1, D = 3
- **단말 노드(Terminal Node)** : 자식이 하나도 없는 노드, 즉 디그리가 0인 노드
  - 예 K, L, F, G, M, I, J
- **트리의 디그리** : 노드들의 디그리 중에서 가장 많은 수
  - 예 노드 A나 D가 3개의 디그리를 가지므로 트리의 디그리는 3임

2 트리의 운행법
예 다음 트리를 Inorder, Preorder, Postorder 방법으로 운행했을 때 각 노드를 방문한 순서는?

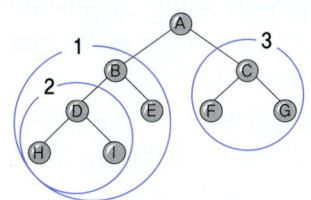

Preorder 운행법의 방문 순서
① Preorder는 Root → Left → Right이므로 A13이 된다.
② 1은 B2E이므로 AB2E3이 된다.
③ 2는 DHI이므로 ABDHIE3이 된다.
④ 3은 CFG이므로 ABDHIECFG가 된다.
∴ 방문 순서 : ABDHIECFG

Inorder 운행법의 방문 순서
① Inorder는 Left → Root → Right이므로 1A3이 된다.
② 1은 2BE이므로 2BEA3이 된다.
③ 2는 HDI이므로 HDIBEA3이 된다.
④ 3은 FCG이므로 HDIBEAFCG가 된다.

- 시스템 카탈로그에 저장된 정보를 메타 데이터(Meta-Data)라고 한다.
- 카탈로그 자체도 시스템 테이블로 구성되어 있어 일반 이용자도 SQL을 이용하여 내용을 검색해 볼 수 있다.
- INSERT, DELETE, UPDATE문으로 카탈로그를 갱신하는 것은 허용되지 않는다.

❷ 뷰(View)
사용자에게 접근이 허용된 자료만을 제한적으로 보여주기 위해 하나 이상의 기본 테이블로부터 유도된, 이름을 가지는 가상 테이블이다.

030 트랜잭션

❶ 트랜잭션(Transaction)
데이터베이스의 상태를 변환시키는 하나의 논리적 기능을 수행하기 위한 작업의 단위 또는 한꺼번에 모두 수행되어야 할 일련의 연산들을 의미한다.

❷ 트랜잭션의 특성
- Atomicity(원자성) : 트랜잭션의 연산은 데이터베이스에 모두 반영되도록 완료(Commit)되든지 아니면 전혀 반영되지 않도록 복구(Rollback)되어야 함
- Consistency(일관성) : 트랜잭션이 그 실행을 성공적으로 완료하면 언제나 일관성 있는 데이터베이스 상태로 변환함
- Isolation(독립성) : 둘 이상의 트랜잭션이 동시에 병행 실행되는 경우 어느 하나의 트랜잭션 실행 중에 다른 트랜잭션의 연산이 끼어들 수 없음
- Durability(영속성) : 성공적으로 완료된 트랜잭션의 결과는 시스템이 고장나더라도 영구적으로 반영되어야 함

031 자료 구조

❶ 자료 구조의 분류
- 선형 구조 : 배열, 선형 리스트, 스택, 큐, 데크
- 비선형 구조 : 트리, 그래프

❷ 선형 리스트(Linear List)
- 일정한 순서에 의해 나열된 자료 구조이다.
- 연속 리스트 : 배열과 같이 연속되는 기억장소에 저장되는 자료 구조
- 연결 리스트 : 자료들을 반드시 연속적으로 배열시키지는 않고 임의의 기억공간에 기억시키되, 자료 항목의 순서에 따라 노드의 포인터 부분을 이용하여 서로 연결시킨 자료 구조

❸ 스택(Stack)
- 리스트의 한쪽 끝으로만 자료의 삽입, 삭제 작업이 이루어지는 자료 구조이다.
- 스택은 가장 나중에 삽입된 자료가 가장 먼저 삭제되는 후입선출(LIFO) 방식으로 자료를 처리한다.

❹ 스택의 응용 분야
- 함수 호출의 순서 제어
- 인터럽트의 처리
- 수식 계산 및 수식 표기법
- 컴파일러를 이용한 언어 번역
- 부 프로그램 호출 시 복귀 주소 저장
- 서브루틴 호출 및 복귀 주소 저장

❺ 스택의 삽입(Push)과 삭제(Pop)
PUSH는 스택에 자료를 입력하는 명령이고, POP은 스택에서 자료를 출력하는 명령이다.

예 순서가 A, B, C, D로 정해진 입력 자료를 스택에 입력하였다가 B, C, D, A 순서로 출력하는 과정을 나열하시오.

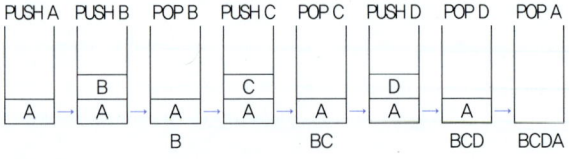

❻ 큐(Queue)
- 리스트의 한쪽에서는 삽입 작업이 이루어지고 다른 한쪽에서는 삭제 작업이 이루어지도록 구성한 자료 구조이다.

2장 핵심요약

❷ 튜플(Tuple)
- 릴레이션을 구성하는 각각의 행이다.
- 튜플의 수 = 카디널리티(Cardinality) = 기수 = 대응수

❸ 속성(Attribute)
- 데이터베이스를 구성하는 가장 작은 논리적 단위이다.
- 속성의 수 = 디그리(Degree) = 차수

❹ 도메인(Domain)
하나의 애트리뷰트가 취할 수 있는 같은 타입의 원자(Atomic)값들의 집합이다.

❺ 외래키(Foreign Key)
- 다른 릴레이션의 기본키를 참조하는 속성 또는 속성들의 집합을 의미한다.
- 한 릴레이션에 속한 속성 A와 참조 릴레이션의 기본키인 B가 동일한 도메인 상에서 정의되었을 때의 속성 A를 외래키라고 한다.

❻ 널값(NULL Value)
데이터베이스에서 아직 알려지지 않거나 모르는 값으로서 '해당 없음' 등의 이유로 정보 부재를 나타내기 위해 사용하는, 이론적으로 아무것도 없는 특수한 데이터를 말한다.

027 키의 개념 및 종류

❶ 후보키(Candidate Key)
- 릴레이션을 구성하는 속성들 중에서 튜플을 유일하게 식별하기 위해 사용하는 속성들의 부분집합이다.
- 릴레이션에 있는 모든 튜플에 대해서 유일성과 최소성을 만족시켜야 한다.

❷ 기본키(Primary Key)
- 후보키 중에서 특별히 선정된 주키(Main Key)로 중복된 값을 가질 수 없다.
- 한 릴레이션에서 특정 튜플을 유일하게 구별할 수 있는 속성이다.

❸ 대체키(Alternate Key)
후보키가 둘 이상일 때 기본키를 제외한 나머지 후보키를 의미하며, 보조키라고도 한다.

❹ 슈퍼키(Super Key)
- 한 릴레이션 내에 있는 속성들의 집합으로 구성된 키이다.
- 릴레이션을 구성하는 모든 튜플에 대해 유일성은 만족시키지만, 최소성은 만족시키지 못한다.

028 무결성의 개념 및 종류

❶ 개체 무결성(Entity Integrity)
기본 테이블의 기본키를 구성하는 어떤 속성도 Null 값이나 중복값을 가질 수 없다는 규정이다.

❷ 도메인 무결성(Domain Integrity)
주어진 속성 값이 정의된 도메인에 속한 값이어야 한다는 규정이다.

❸ 참조 무결성(Referential Integrity)
외래키 값은 Null이거나 참조 릴레이션의 기본키 값과 동일해야 한다. 즉 릴레이션은 참조할 수 없는 외래키 값을 가질 수 없다는 규정이다.

❹ 사용자 정의 무결성(User-Defined Integrity)
속성 값들이 사용자가 정의한 제약 조건에 만족해야 한다는 규정이다.

029 시스템 카탈로그

❶ 시스템 카탈로그(System Catalog)
- 시스템 그 자체에 관련이 있는 다양한 객체에 관한 정보를 포함하는 시스템 데이터베이스이다.
- 좁은 의미로는 데이터 사전(Data Dictionary)이라고도 한다.

④ 논리적 설계(데이터 모델링)

- 현실 세계에서 발생하는 자료를 컴퓨터가 이해하고 처리할 수 있는 물리적 저장장치에 저장할 수 있도록 변환하기 위해 특정 DBMS가 지원하는 논리적 자료 구조로 변환(mapping)시키는 과정이다.
- 개념 스키마를 평가 및 정제하고 DBMS에 따라 서로 다른 논리적 스키마를 설계한다.
- 트랜잭션의 인터페이스를 설계한다.

⑤ 물리적 설계(데이터 구조화)

- 논리적 설계 단계에서 논리적 구조로 표현된 데이터를 디스크 등의 물리적 저장장치에 저장할 수 있는 물리적 구조의 데이터로 변환하는 과정이다.
- 데이터베이스 파일의 저장 구조 및 액세스 경로를 결정한다.
- 저장 레코드의 양식, 순서, 접근 경로, 조회가 집중되는 레코드와 같은 정보를 사용하여 데이터가 컴퓨터에 저장되는 방법을 묘사한다.

⑥ 데이터베이스 구현

- 논리적 설계 단계와 물리적 설계 단계에서 도출된 데이터베이스 스키마를 파일로 생성하는 과정이다.
- 빈 데이터베이스 파일을 생성한다.
- 응용 프로그램을 위한 트랜잭션을 작성한다.

024 E-R(개체-관계) 모델

① E-R 모델의 개요

- 개념적 데이터 모델의 가장 대표적인 것으로, 1976년 피터 첸(Peter Chen)에 의해 제안되고 기본적인 구성 요소가 정립되었다.
- 개체 타입(Entity Type)과 이들 간의 관계 타입(Relationship Type)을 이용해 현실 세계를 개념적으로 표현한다.
- E-R 모델에서는 데이터를 개체(Entity), 관계(Relationship), 속성(Attribute)으로 묘사한다.

② E-R 다이어그램(Entity-Relationship Diagram)

기호	기호 이름	의미
□	사각형	개체(Entity) 타입
◇	마름모	관계(Relationship) 타입
○	타원	속성(Attribute)
◎	이중 타원	다중값 속성(복합 속성)
—	선, 링크	개체 타입과 속성을 연결

025 데이터베이스의 종류

① 관계형 데이터베이스(RDB)

계층 구조가 아닌 2차원적인 표(Table)를 이용하여 데이터의 상호관계를 정의하는 DB 구조로, 가장 널리 사용되고 있다.

② 계층형 데이터베이스(HDB)

트리(Tree) 구조를 이용해서 데이터 상호관계를 계층적으로 정의한 DB 구조이다.

③ 네트워크(망)형 데이터베이스(NDB)

그래프(Graph) 구조를 이용해서 데이터 상호관계를 계층적으로 정의한 DB 구조이다.

④ 객체 지향형 데이터베이스(Object Oriented DB)

객체(Object)의 개념을 데이터베이스에 도입한 DB 구조이다.

026 관계형 데이터베이스의 구조

① 릴레이션(Relation)

데이터들을 표(Table)의 형태로 표현한 것으로 구조를 나타내는 릴레이션 스키마와 실제 값들인 릴레이션 인스턴스로 구성된다.

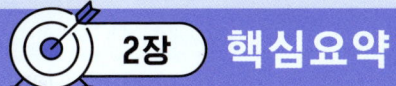

022 데이터베이스 개요

❶ 데이터베이스의 정의 및 특징
- 특정 조직의 기능을 수행하는 데 필요한 상호 관련된 데이터들의 모임이다.
- 특징 : 실시간 접근성, 계속적인 변화, 동시 공유, 내용에 의한 참조

❷ 데이터베이스의 장·단점

장점	단점
• 데이터의 중복성 최소화 • 데이터의 공유 • 데이터의 일관성 유지 • 데이터의 무결성 유지 • 데이터 보안성 유지	• 전산화 비용 증가 • 데이터 유실 시 파일 회복이 어려움 • 시스템의 복잡화 • 처리 속도가 느림

❸ DBMS(데이터베이스 관리 시스템)
- 사용자와 데이터베이스 사이에 위치하여 데이터베이스를 관리하고, 사용자의 요구에 따라 정보를 생성해 주는 소프트웨어를 말한다.
- 정의 기능 : 데이터베이스에 저장될 데이터의 타입과 구조에 대한 정의와 데이터를 이용하는 방식을 정의하는 기능
- 조작 기능 : 데이터의 검색, 갱신, 삽입, 삭제 등을 체계적으로 처리하기 위해 데이터 접근 수단을 정의하는 기능으로, 사용자와 데이터베이스 사이의 인터페이스를 위한 수단을 제공함
- 제어 기능 : 데이터의 정확성과 보안성을 유지하기 위한 무결성, 보안 및 권한 검사, 병행 제어 등의 기능을 정의하는 기능

❹ 스키마(Schema)
- 데이터베이스를 구성하는 개체, 속성, 관계 등 구조에 대한 정의와 이에 대한 제약 조건 등을 기술하는 것을 말한다.
- 외부 스키마 : 일반 사용자나 응용 프로그래머의 관점에서 본 스키마
- 개념 스키마 : 기관이나 조직체의 관점에서 본 스키마로, 데이터베이스 접근 권한, 보안 정책, 무결성 규칙에 대한 정의를 포함
- 내부 스키마 : 시스템 프로그래머나 시스템 설계자의 관점에서 본 스키마

❺ 데이터베이스 관리자(DBA)
- 데이터베이스 시스템을 관리하고 운영에 관한 모든 것을 책임지는 사람이나 그룹을 말한다.
- 데이터베이스의 스키마 정의·생성·삭제
- 데이터 사전의 유지 관리 및 보안 조치
- 저장 구조와 접근방법 선정, 시스템의 성능 분석 및 감시
- 무결성 제약 조건 및 데이터 액세스 권한 지정
- 시스템 문서화의 표준 지정
- 복구 절차와 무결성 유지를 위한 대책 수립

023 데이터베이스 설계

❶ 데이터베이스 설계 순서
요구 조건 분석 → 개념적 설계 → 논리적 설계 → 물리적 설계 → 구현

❷ 요구 조건 분석
- 데이터베이스를 사용할 사람들로부터 필요한 용도를 파악하는 것이다.
- 수집된 정보를 바탕으로 요구 조건 명세를 작성한다.

❸ 개념적 설계(정보 모델링, 개념화)
- 정보의 구조를 얻기 위하여 현실 세계의 무한성과 계속성을 이해하고, 다른 사람과 통신하기 위하여 현실 세계에 대한 인식을 추상적 개념으로 표현하는 과정이다.
- 개념 스키마 모델링과 트랜잭션 모델링을 병행 수행한다.
- 요구 조건 명세를 DBMS에 독립적인 E-R 다이어그램으로 작성한다.

기출문제 따라잡기

이전기출

1. 이진 검색 알고리즘에 대한 설명으로 틀린 것은?
① 탐색 효율이 좋고 탐색 시간이 적게 소요된다.
② 검색할 데이터가 정렬되어 있어야 한다.
③ 피보나치 수열에 따라 다음에 비교할 대상을 선정하여 검색한다.
④ 비교 횟수를 거듭할 때마다 검색 대상이 되는 데이터의 수가 절반으로 줄어든다.

> 이분 검색은 피보나치 수열을 이용하지 않습니다. 이분 검색은 파일을 둘로 나눠 가면서 Key 레코드와 비교하는 방법을 사용합니다.

이전기출

2. 다음과 같이 레코드가 구성되어 있을 때, 이진 검색 방법으로 14를 찾을 경우 비교되는 횟수는?

| 1 2 3 4 5 6 7 8 9 10 11 12 13 14 15 |

① 2   ② 3
③ 4   ④ 5

> ❶ 첫 번째 값(F)과 마지막 값(L)을 이용하여 중간 값 M을 구한 후 찾으려는 값과 비교합니다.
> M = (1+15) / 2 = 8, 8이 찾으려는 값인지 확인합니다. 8은 찾으려는 값 14보다 작으므로 찾는 값은 9~15에 있습니다. ← 1회 비교
> ❷ F = 9, L = 15, M = (9+15) / 2 = 12, 12가 찾으려는 값인지 확인합니다. 12는 찾으려는 값 14보다 작으므로 찾는 값은 13~15에 있습니다. ← 2회 비교
> ❸ F = 13, L = 15, M = (13+15) / 2 = 14, 14가 찾으려는 값인지 비교합니다. 14는 찾는 값입니다. ← 3회 비교

이전기출

3. 이진 검색(Binary Search) 기법을 적용하기 위한 선행 조건은?
① 자료의 개수가 짝수이어야 한다.
② 자료가 반드시 정렬되어야 한다.
③ 자료의 구성은 비순차적이어야 한다.
④ 자료의 구성은 홀수, 짝수 순으로 이루어져야 한다.

> 이진 검색은 자료가 반드시 정렬되어 있어야 검색할 수 있습니다.

▶ 정답 : 1.③ 2.② 3.②

SECTION 034 검색 - 이분 검색

전문가의 조언

이분 검색은 찾고자 하는 값을 파일의 중간값과 비교하면서 검색을 반복한다는 것을 염두에 두고 특징을 기억하고, 예제를 통해 알고리즘의 원리를 이해하세요.

1 이분 검색

- 이분 검색(이진 검색, Binary Search)은 전체 파일을 두 개의 서브파일로 분리해 가면서 Key 레코드를 검색하는 방식이다.
- 이분 검색은 반드시 순서화된 파일이어야 검색할 수 있다.
- 찾고자 하는 Key 값을 파일의 중간 레코드 Key 값과 비교하면서 검색한다.
- 비교 횟수를 거듭할 때마다 검색 대상이 되는 데이터의 수가 절반으로 줄어듦으로 탐색 효율이 좋고 탐색 시간이 적게 소요된다.
- 중간 레코드 번호 $M = \frac{(F + L)}{2}$ (단, F : 첫 번째 레코드 번호, L : 마지막 레코드 번호)

예제 1~100까지의 숫자 중 15를 찾는 데 걸리는 횟수는?

❶ 첫 번째 값(F)과 마지막 값(L)을 이용하여 중간값 M을 구하여 찾으려는 값과 비교한다.

$M = \frac{1+100}{2} = 50.5 \rightarrow 50$(정수만 취한다.)

❷ 50이 찾으려는 값과 같은지, 아니면 작은지, 아니면 큰지를 확인한다. 50은 찾으려는 값보다 크다. 그러므로 찾으려는 값은 1~49 사이에 있다. → 1회 비교

❸ 이제 첫 번째 값은 1이고 마지막 값은 49이다. 찾으려는 값이 50 사이에 있지만 50은 아니므로 49가 마지막 값이 된다. 다시 중간값을 구한다.

$M = \frac{1+49}{2} = 25 \rightarrow$ 2회 비교

❹ 25는 찾으려는 값보다 크다. 그러므로 찾으려는 값은 1~24 사이에 있다. 다시 중간값을 계산한다.

$M = \frac{1+24}{2} = 12.5 \rightarrow 12 \rightarrow$ 3회 비교

❺ 12는 찾으려는 값보다 작다. 그러므로 찾으려는 값은 13~24 사이에 있다.

$M = \frac{13+24}{2} = 18.5 \rightarrow 18 \rightarrow$ 4회 비교

❻ 18은 찾으려는 값보다 크다. 그러므로 찾으려는 값은 13~17 사이에 있다.

$M = \frac{13+17}{2} = 15 \rightarrow$ 5회 비교

❼ 15는 찾으려는 값과 같다.

※ 총 비교 횟수는 5회이다.

기출문제 따라잡기

문제1 2403851 　문제2 2403852 　문제3 2403853

이전기출

1. 다음 자료에 대하여 선택(Selection) 정렬을 이용하여 오름차순으로 정렬하고자 한다. 3회전 후의 결과로 옳은 것은?

37, 14, 17, 40, 35

① 14, 17, 37, 40, 35
② 14, 37, 17, 40, 35
③ 17, 14, 37, 35, 40
④ 14, 17, 35, 40, 37

- 1회전 : 37 14 17 40 35 → 14 37 17 40 35
  첫 번째부터 마지막 값 중 최소값 14를 찾아 첫 번째 값 37과 위치를 교환합니다.
- 2회전 : 14 37 17 40 35 → 14 17 37 40 35
  두 번째부터 마지막 값 중 최소값 17을 찾아 두 번째 값 37과 위치를 교환합니다.
- 3회전 : 14 17 37 40 35 → **14 17 35 40 37**
  세 번째부터 마지막 값 중 최소값 35를 찾아 세 번째 값 37과 위치를 교환합니다.
- 4회전 : 14 17 35 40 37 → 14 17 35 37 40
  네 번째부터 마지막 값 중 최소값 37을 찾아 네 번째 값 40과 위치를 교환합니다.

이전기출

2. 다음 초기 자료에 대하여 삽입 정렬(Insertion Sort)을 이용하여 오름차순 정렬할 경우 1회전 후의 결과는?

초기 자료 : 8, 3, 4, 9, 7

① 3, 4, 8, 7, 9
② 3, 4, 9, 7, 8
③ 7, 8, 3, 4, 9
④ 3, 8, 4, 9, 7

- 1회전 : 8 3 4 9 7 → **3 8 4 9 7**
  두 번째 값 3을 첫 번째 값과 비교하여 첫 번째 자리에 삽입하고 8을 한 칸 뒤로 이동시킵니다.
- 2회전 : 3 8 4 9 7 → 3 4 8 9 7
  세 번째 값 4를 첫 번째, 두 번째 값과 비교하여 8자리에 삽입하고 8을 한 칸 뒤로 이동시킵니다.
- 3회전 : 3 4 8 9 7 → 3 4 8 9 7
  네 번째 값 9를 첫 번째, 두 번째, 세 번째 값과 비교한 후 삽입할 곳이 없으면 다음 회전으로 넘어갑니다.
- 4회전 : 3 4 8 9 7 → 3 4 7 8 9
  다섯 번째 값 7을 처음부터 비교하여 8자리에 삽입하고 나머지를 한 칸씩 뒤로 이동시킵니다.

이전기출

3. 다음 자료를 버블 정렬을 이용하여 오름차순으로 정렬할 경우 PASS 2의 결과는?

9, 6, 7, 3, 5

① 3, 5, 6, 7, 9
② 6, 7, 3, 5, 9
③ 3, 5, 9, 6, 7
④ 6, 3, 5, 7, 9

- 1회전 : 6 9 7 3 5 → 6 7 9 3 5 → 6 7 3 9 5 → 6 7 3 5 9
- 2회전 : 6 7 3 5 9 → 6 3 7 5 9 → **6 3 5 7 9**
- 3회전 : 3 6 5 7 9 → 3 5 6 7 9
- 4회전 : 3 5 6 7 9

이전기출

4. 다음 설명에 해당하는 정렬(Sort)은?

- 레코드의 많은 자료 이동을 없애고 하나의 파일을 부분적으로 나누어 가면서 정렬하는 방법이다.
- 분할(Divide)과 정복(Conquer)을 통해 자료를 정렬한다.
- 피봇(pivot)을 사용하며, 최악의 경우 n(n-1)/2회의 비교를 수행해야 한다.

① 힙 정렬
② 퀵 정렬
③ 선택 정렬
④ 버블 정렬

하나의 파일을 부분적으로 나누어 가면서 정렬하는 방법은 퀵 정렬(Quick Sort)입니다.

이전기출

5. 힙 정렬(Heap Sort)에 대한 설명으로 틀린 것은?

① 정렬할 입력 레코드들로 힙을 구성하고 가장 큰 키 값을 갖는 루트 노드를 제거하는 과정을 반복하여 정렬하는 기법이다.
② 평균 수행 시간은 $O(n\log_2 n)$이다.
③ 완전 이진 트리(Complete Binary Tree)로 입력자료의 레코드를 구성한다.
④ 최악의 수행 시간은 $O(2n^4)$이다.

평균과 최악 수행 시간이 $O(n\log_2 n)$으로 같은 정렬은 힙 정렬과 2-Way 합병 정렬 잊지마세요.

▶ 정답 : 1.④ 2.④ 3.④ 4.② 5.④

전문가의 조언

퀵 정렬의 키워드는 '하나의 파일을 부분적으로 나누어…'입니다.

4 퀵 정렬(Quick Sort)

퀵 정렬은 레코드의 많은 자료 이동을 없애고 하나의 파일을 부분적으로 나누어 가면서 정렬하는 방법으로 키를 기준으로 작은 값은 왼쪽에, 큰 값은 오른쪽 서브파일로 분해시키는 방식으로 정렬한다.

- 위치에 관계없이 임의의 키를 분할 원소로 사용할 수 있다.
- 정렬 방식 중에서 가장 빠른 방식이다.
- 프로그램에서 되부름을 이용하기 때문에 스택(Stack)이 필요하다.
- 분할(Divide)과 정복(Conquer)을 통해 자료를 정렬한다.
  - 분할(Divide) : 기준값인 피봇(Pivot)을 중심으로 정렬할 자료들을 2개의 부분집합으로 나눈다.
  - 정복(Conquer) : 부분집합의 원소들 중 피봇(Pivot)보다 작은 원소들은 왼쪽, 피봇(Pivot)보다 큰 원소들은 오른쪽 부분집합으로 정렬한다.
  - 부분집합의 크기가 더 이상 나누어질 수 없을 때까지 분할과 정복을 반복 수행한다.
- 평균 수행 시간 복잡도는 $O(nlog_2 n)$이고, 최악의 수행 시간 복잡도는 $O(n^2)$이다.

전문가의 조언

힙 정렬의 키워드는 '완전 이진 트리(Complete Binary Tree)…'입니다.

5 힙 정렬(Heap Sort)

힙 정렬은 완전 이진 트리(Complete Binary Tree)를 이용한 정렬 방식이다.
- 구성된 완전 이진 트리를 Heap Tree로 변환하여 정렬한다.
- 평균과 최악 모두 시간 복잡도는 $O(nlog_2 n)$이다.

예제 17, 14, 13, 15, 16, 19, 11, 18, 12를 Heap 트리로 구성하시오.

❶ 주어진 파일의 레코드들을 완전 이진 트리로 구성한다.

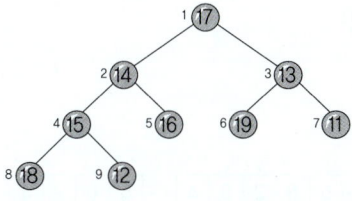

❷ 완전 이진 트리의 노드의 역순으로 자식 노드와 부모 노드를 비교하여 큰 값을 위로 올린다.

❸ 교환된 노드들을 다시 검토하여 위의 과정을 반복한다.

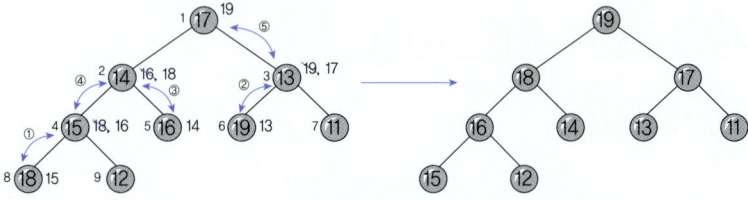

2 선택 정렬(Selection Sort)

선택 정렬은 n개의 레코드 중에서 최소값을 찾아 첫 번째 레코드 위치에 놓고, 나머지 (n-1)개 중에서 다시 최소값을 찾아 두 번째 레코드 위치에 놓는 방식을 반복하여 정렬하는 방식이다.

- 평균과 최악 모두 수행 시간 복잡도는 $O(n^2)$이다.

예제 8, 5, 6, 2, 4를 선택 정렬로 정렬하시오.

- 초기 상태 : | 8 | 5 | 6 | 2 | 4 |

- 1회전 : | 8 | 5 | 6 | 2 | 4 | → | 8 | 5 | 6 | 2 | 4 | → | 2 | 5 | 6 | 8 | 4 |
  첫 번째부터 마지막 값 중 최소값 2를 찾아 첫 번째 값 8과 위치를 교환한다.

- 2회전 : | 2 | 5 | 6 | 8 | 4 | → | 2 | 5 | 6 | 8 | 4 | → | 2 | 4 | 6 | 8 | 5 |
  두 번째부터 마지막 값 중 최소값 4를 찾아 두 번째 값 5와 위치를 교환한다.

- 3회전 : | 2 | 4 | 6 | 8 | 5 | → | 2 | 4 | 6 | 8 | 5 | → | 2 | 4 | 5 | 8 | 6 |
  세 번째부터 마지막 값 중 최소값 5를 찾아 세 번째 값 6과 위치를 교환한다.

- 4회전 : | 2 | 4 | 5 | 8 | 6 | → | 2 | 4 | 5 | 8 | 6 | → | 2 | 4 | 5 | 6 | 8 |
  네 번째부터 마지막 값 중 최소값 6을 찾아 네 번째 값 8과 위치를 교환한다.

> **전문가의 조언**
> 선택 정렬의 키워드는 'n개의 레코드 중에서 최소값을 찾아서…'입니다.

3 버블 정렬(Bubble Sort)

- 버블 정렬은 주어진 파일에서 인접한 두 개의 레코드 키 값을 비교하여 그 크기에 따라 레코드 위치를 서로 교환하는 정렬 방식이다.
- 계속 정렬 여부를 플래그 비트(f)로 결정한다.
- 평균과 최악 모두 수행 시간 복잡도는 $O(n^2)$이다.

예제 8, 5, 6, 2, 4를 버블 정렬로 정렬하시오.

- 초기 상태 : | 8 | 5 | 6 | 2 | 4 |

- 1회전 : | 5 | 8 | 6 | 2 | 4 | → | 5 | 6 | 8 | 2 | 4 | → | 5 | 6 | 2 | 8 | 4 | → | 5 | 6 | 2 | 4 | 8 |

- 2회전 : | 5 | 6 | 2 | 4 | 8 | → | 5 | 2 | 6 | 4 | 8 | → | 5 | 2 | 4 | 6 | 8 |

- 3회전 : | 2 | 5 | 4 | 6 | 8 | → | 2 | 4 | 5 | 6 | 8 |

- 4회전 : | 2 | 4 | 5 | 6 | 8 |

> **전문가의 조언**
> 버블 정렬의 키워드는 '인접한 두 개의 레코드…'입니다.

SECTION 033 정렬(Sort)

> **전문가의 조언**
> 각 정렬 방식의 주요 특징을 암기하고 삽입, 선택, 버블 정렬은 정렬 방식을 이해해야 합니다. 삽입 정렬의 키워드는 "이미 순서화된 파일에…, n번째 키를 앞의 n-1개의 키와 비교…"입니다.

1 삽입 정렬(Insertion Sort)

삽입 정렬은 가장 간단한 정렬 방식으로 이미 순서화된 파일에 새로운 하나의 레코드를 순서에 맞게 삽입시켜 정렬한다.

- 두 번째 키와 첫 번째 키를 비교해 순서대로 나열(1회전)하고, 이어서 세 번째 키를 첫 번째, 두 번째 키와 비교해 순서대로 나열(2회전)하고, 계속해서 n번째 키를 앞의 n-1개의 키와 비교하여 알맞은 순서에 삽입하여 정렬하는 방식이다.
- 평균과 최악 모두 수행 시간 복잡도는 $O(n^2)$이다.

예제 8, 5, 6, 2, 4를 삽입 정렬로 정렬하시오.

- 초기 상태 : | 8 | 5 | 6 | 2 | 4 |

- 1회전 : | 8 | 5 | 6 | 2 | 4 | → | 5 | 8 | 6 | 2 | 4 |

  두 번째 값을 첫 번째 값과 비교하여 5를 첫 번째 자리에 삽입하고 8을 한 칸 뒤로 이동시킨다.

- 2회전 : | 5 | 8 | 6 | 2 | 4 | → | 5 | 6 | 8 | 2 | 4 |

  세 번째 값을 첫 번째, 두 번째 값과 비교하여 6을 8자리에 삽입하고 8은 한 칸 뒤로 이동시킨다.

- 3회전 : | 5 | 6 | 8 | 2 | 4 | → | 2 | 5 | 6 | 8 | 4 |

  네 번째 값 2를 처음부터 비교하여 맨 처음에 삽입하고 나머지를 한 칸씩 뒤로 이동시킨다.

- 4회전 : | 2 | 5 | 6 | 8 | 4 | → | 2 | 4 | 5 | 6 | 8 |

  다섯 번째 값 4를 처음부터 비교하여 5자리에 삽입하고 나머지를 한 칸씩 뒤로 이동시킨다.

기출문제 따라잡기

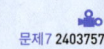

먼저 서브트리를 하나의 노드로 생각할 수 있도록 서브트리 단위로 묶습니다.
❶ Inorder는 Left → Root → Right 이므로 1A2가 됩니다.
❷ 1은 DB이므로 DBA2가 됩니다.
❸ 2는 ECF이므로 DBAECF가 됩니다.

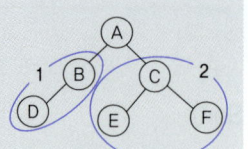

이전기출
6. 다음 Postfix 연산식에 대한 연산 결과로 옳은 것은?

3 4 * 5 6 * +

① 35 ② 42
③ 77 ④ 360

후위 표기(Postfix)란 연산자가 해당 피연산자 2개의 뒤(오른쪽)에 표기되어 있는 것을 말합니다. 그러므로 피연산자 2개와 연산자를 묶은 후 연산자를 피연산자 사이에 옮겨 놓고 계산하면 됩니다.

((3 4 *) (5 6 *) +) → ((3 * 4) + (5 * 6)) = 12 + 30 = 42

이전기출
7. 다음 전위식(Prefix)을 후위식(Postfix)으로 옳게 표현한 것은?

− / * A + B C D E

① A B C + D / * E −
② A B * C D / + E −
③ A B * C + D / E −
④ A B C + + * D / E −

인접한 피연산자 두 개와 왼쪽의 연산자를 괄호로 묶고 해당 괄호의 뒤(오른쪽)로 연산자를 옮깁니다.
(− (/ (* A (+ B C)) D) E)

이전기출
8. 다음과 같이 주어진 후위 표기 방식의 수식을 중위 표기 방식으로 나타낸 것은?

A B C − / D E F + * +

① A / (B − C) + F * E + D
② A / (B − C) + D * (E + F)
③ A / (B − C) + D + E * F
④ A / (B − C) * D + E + F

Postfix는 Infix로 표기된 것에서 연산자를 해당 피연산자 두 개의 뒤(오른쪽)로 이동한 것이므로 연산자를 다시 해당 피연산자 두 개의 가운데로 옮기면 됩니다.

이전기출
9. 중위 표기법(Infix)의 수식 (A + B) * C + (D + E)를 후위 표기법(Postfix)으로 옳게 표기한 것은?

① A B + C D E * + +
② A B + C * D E + +
③ + A B * C + D E +
④ + * + A B C + D E

연산자의 우선순위에 따라 괄호로 묶고 해당 괄호의 뒤(오른쪽)로 연산자를 옮깁니다.
(((A + B) * C) + (D + E))

이전기출
10. 아래 이진 트리를 후위 순서(Postorder)로 운행한 결과는?

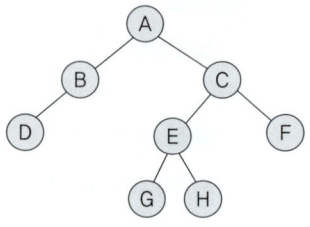

① ABCDEFGH ② DBGHEFCA
③ ABDCEGHF ④ BDGHEFAC

먼저 서브트리를 하나의 노드로 생각할 수 있도록 서브트리 단위로 묶습니다.
❶ Postorder는 Left → Right → Root이므로 12A가 됩니다.
❷ 1은 DB이므로 DB2A가 됩니다.
❸ 2는 3FC이므로 DB3FCA가 됩니다.
❹ 3은 GHE이므로 DBGHEFCA가 됩니다.

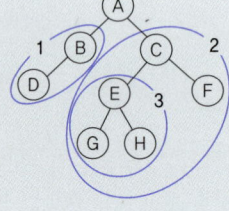

이전기출
11. 그래프의 특수한 형태로, 노드(Node)와 선분(Branch)으로 되어 있고, 정점 사이에 사이클(Cycle)이 형성되어 있지 않으며, 자료 사이의 관계성이 계층 형식으로 나타나는 비선형 구조는?

① Tree ② Network
③ Stack ④ Distributed

자료 사이의 관계성이 계층 형식으로 나타나는 비선형 구조는 트리(tree)입니다.

▶ 정답 : 1.② 2.① 3.④ 4.① 5.① 6.② 7.④ 8.② 9.② 10.② 11.①

기출문제 따라잡기

이전기출
1. 다음 트리의 차수(Degree)와 단말 노드(Terminal Node)의 수는?

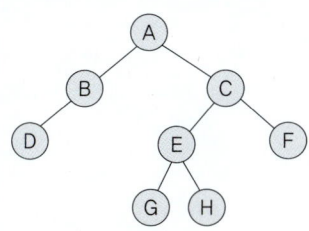

① 차수 : 4, 단말 노드 : 4
② 차수 : 2, 단말 노드 : 4
③ 차수 : 4, 단말 노드 : 8
④ 차수 : 2, 단말 노드 : 8

> 트리의 차수(Degree)는 가장 차수가 많은 노드의 차수이고, 단말 노드(Terminal Node)는 자식이 하나도 없는 노드입니다.

이전기출
2. 이진 트리의 특성으로 틀린 것은? (단, n_0 : 단말 노드 수, n_1 : 차수 1인 노드 수, n_2 : 차수 2인 노드 수, n : 노드 총 수, e : 간선 총 수)

① $n_0 = n_2 + 2$ ② $e = n_1 + 2n_2$
③ $n = e + 1$ ④ $n = n_0 + n_1 + n_2$

> 다음 트리를 예로들어 값을 구해보도록 하겠습니다.
> - n_0 : 단말 노드의 수는 3(D, E, F)입니다.
> - n_1 : 차수가 1인 노드의 수는 1(B)입니다.
> - n_2 : 차수가 2인 노드의 수는 2(A, C)입니다.
> - n : 노드의 총수는 6(A~F)입니다.
> - e : 간선의 총수는 5입니다.
> ① $n_0 = n_2 + 2 : 3 \neq 2 + 2$
> ② $e = n_1 + 2n_2 : 5 = 1 + 4(2 \times 2)$
> ③ $n = e + 1 : 6 = 5 + 1$
> ④ $n = n_0 + n_1 + n_2 : 6 = 3 + 1 + 2$

이전기출
3. 다음 트리를 전위 순회(Preorder Traversal)한 결과는?

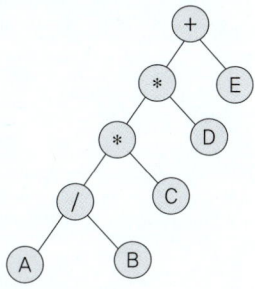

① + * A B / * C D E
② A B / C * D * E +
③ A / B * C * D + E
④ + * * / A B C D E

> 먼저 서브트리를 하나의 노드로 생각할 수 있도록 서브트리 단위로 묶습니다.
> ❶ Preorder는 Root → Left → Right 이므로 +1E입니다.
> ❷ 1은 *2D이므로 +*2DE입니다.
> ❸ 2는 *3C이므로 +**3CDE입니다.
> ❹ 3은 /AB이므로 +**/ABCDE입니다.

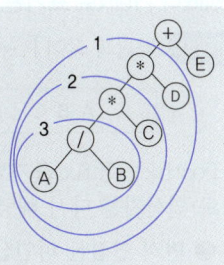

이전기출
4. 다음 트리를 Preorder 운행법으로 운행할 경우 가장 먼저 탐색되는 것은?

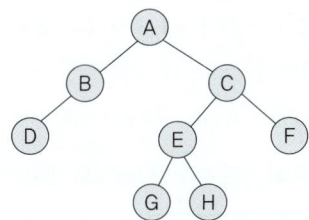

① A   ② B
③ D   ④ G

> 먼저 서브트리를 하나의 노드로 생각할 수 있도록 서브트리 단위로 묶습니다.
> ❶ Preorder는 Root → Left → Right 이므로 A12가 됩니다.
> ❷ 1은 BD이므로 ABD2가 됩니다.
> ❸ 2는 C3F이므로 ABDC3F가 됩니다.
> ❹ 3은 EGH이므로 ABDCEGHF가 됩니다.

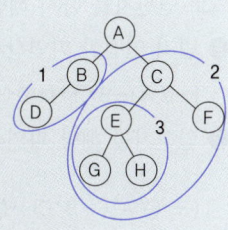

이전기출
5. 다음 트리에 대한 INORDER 운행 결과는?

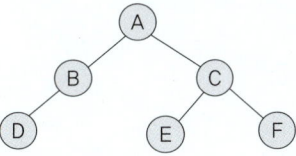

① D B A E C F   ② A B D C E F
③ D B E C F A   ④ A B C D E F

❷ 연산자를 해당 괄호의 뒤(오른쪽)로 옮긴다.

$(X = (((A / B) * (C + D)) + E)) \rightarrow (X(((AB)/(CD)+)*E)+)=$

❸ 필요없는 괄호를 제거한다.

Postfix 표기 : X A B / C D + * E + =

Postfix나 Prefix로 표기된 수식을 Infix로 바꾸기

예제 2 다음과 같이 Postfix로 표기된 수식을 Infix로 변환하시오.

A B C – / D E F + * +

- Postfix는 Infix 표기법에서 연산자를 해당 피연산자 두 개의 뒤로 이동한 것이므로 연산자를 다시 해당 피연산자 두 개의 가운데로 옮기면 된다.

❶ 먼저 인접한 피연산자 두 개와 오른쪽의 연산자를 괄호로 묶는다.

((A (B C –) /) (D (E F +) *) +)

❷ 연산자를 해당 피연산자의 가운데로 이동시킨다.

((A (B C –) /) (D (E F +) *) +) → ((A /(B – C)) + (D * (E + F)))

❸ 필요 없는 괄호를 제거한다.

((A / (B – C)) + (D * (E + F))) → A / (B – C) + D * (E + F)

예제 3 다음과 같이 Prefix로 표기된 수식을 Infix로 변환하시오.

+ / A – B C * D + E F

- Prefix는 Infix 표기법에서 연산자를 해당 피연산자 두 개의 앞으로 이동한 것이므로 연산자를 다시 해당 피연산자 두 개의 가운데로 옮기면 된다.

❶ 먼저 인접한 피연산자 두 개와 왼쪽의 연산자를 괄호로 묶는다.

(+ (/ A (– B C)) (* D (+ E F)))

❷ 연산자를 해당 피연산자 사이로 이동시킨다.

(+ (/ A (– B C)) (* D (+ E F))) → ((A/(B–C)) + (D * (E+F)))

❸ 필요 없는 괄호를 제거한다.

((A/(B–C)) + (D*(E+F))) → A/(B–C)+D*(E+F)

Postorder

❶ Postorder는 Left → Right → Root이므로 13A가 된다.
❷ 1은 2EB이므로 **2EB**3A가 된다.
❸ 2는 HID이므로 **HID**EB3A가 된다.
❹ 3은 FGC이므로 HIDEB**FGC**A가 된다.
• 방문 순서 : HIDEBFGCA

③ 수식의 표기법

산술식을 계산하기 위해 기억공간에 기억시키는 방법으로 이진 트리를 많이 사용한다. 이진 트리로 만들어진 수식을 인오더, 프리오더, 포스트오더로 운행하면 각각 중위(Infix), 전위(Prefix), 후위(Postfix) 표기법이 된다.

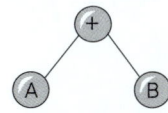

- **전위 표기법(PreFix)** : 연산자 → Left → Right, +AB
- **중위 표기법(InFix)** : Left → 연산자 → Right, A+B
- **후위 표기법(PostFix)** : Left → Right → 연산자, AB+

Infix 표기를 Postfix나 Prefix로 바꾸기

• Postfix나 Prefix는 스택을 이용하여 처리하므로 Infix는 Postfix나 Prefix로 바꾸어 처리한다.

예제 1 다음과 같이 Infix로 표기된 수식을 Prefix와 Postfix로 변환하시오.

$$X = A / B * (C + D) + E$$

- **Prefix로 변환하기**
  ❶ 연산 우선순위에 따라 괄호로 묶는다.
     (X = (((A / B) * (C + D)) + E))
  ❷ 연산자를 해당 괄호의 앞(왼쪽)으로 옮긴다.
     (X = (((A / B) * (C + D)) + E)) → = (X + (* (/ (AB) + (CD)) E))
  ❸ 필요없는 괄호를 제거한다.
     prefix 표기 : = X + * / A B + C D E

- **Postfix로 변환하기**
  ❶ 연산 우선순위에 따라 괄호로 묶는다.
     (X = (((A / B) * (C + D)) + E))

> **전문가의 조언**
> 중위식에서 후위식, 전위식 또는 반대의 관계로 변환할 수 있도록 연습하세요.

2 트리의 운행법

트리를 구성하는 각 노드들을 찾아가는 방법을 운행법(Traversal)이라 한다.

- 이진 트리를 운행하는 방법은 산술식의 표기법과 연관성을 갖는다.
- 이진 트리의 운행법*은 다음 세 가지가 있다.

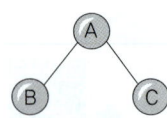

- **Preorder 운행** : Root → Left → Right 순으로 운행한다. A, B, C
- **Inorder 운행** : Left → Root → Right 순으로 운행한다. B, A, C
- **Postorder 운행** : Left → Right → Root 순으로 운행한다. B, C, A

예제 다음 트리를 Inorder, Preorder, Postorder 방법으로 운행했을 때 각 노드를 방문한 순서는?

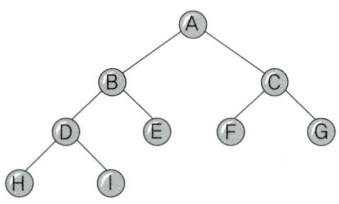

Preorder 운행법의 방문 순서

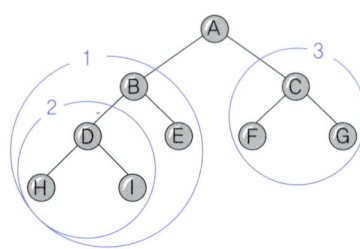

※ 서브트리를 하나의 노드로 생각할 수 있도록 그림과 같이 서브트리 단위로 묶는다. Preorder, Inorder, Postorder 모두 공통으로 사용한다.

❶ Preorder는 Root → Left → Right이므로 A13이 된다.
❷ 1은 B2E이므로 A**B2E**3이 된다.
❸ 2는 DHI이므로 AB**DHI**E3이 된다.
❹ 3은 CFG이므로 ABDHIE**CFG**가 된다.
- 방문 순서 : ABDHIECFG

Inorder 운행법의 방문 순서

❶ Inorder는 Left → Root → Right이므로 1A3이 된다.
❷ 1은 2BE이므로 **2BE**A3이 된다.
❸ 2는 HDI이므로 **HDI**BEA3이 된다.
❹ 3은 FCG이므로 HDIBEA**FCG**가 된다.
- 방문 순서 : HDIBEAFCG

전문가의 조언

예제를 통하여 트리의 운행법을 확실하게 숙지하세요.

이진 트리 운행법
이진 트리 운행법의 이름은 Root의 위치가 어디 있느냐에 따라 정해진 것입니다. 즉 Root가 앞(Pre)에 있으면 Preorder, 안(In)에 있으면 Inorder, 뒤(Post)에 있으면 Postorder입니다.

SECTION 032 트리(Tree)

 전문가의 조언

트리 관련 용어는 트리를 배우는 동안 계속 사용되니 주어진 예를 통하여 확실히 숙지하세요.

1 트리의 개요

트리는 정점(Node, 노드)과 선분(Branch, 가지)을 이용하여 사이클을 이루지 않도록 구성한 그래프(Graph)의 특수한 형태이다.

- 트리는 하나의 기억 공간을 노드(Node)라고 하며, 노드와 노드를 연결하는 선을 링크(Link)라고 한다.
- 트리는 가족의 계보(족보), 조직도 등을 표현하기에 적합하다.
- 트리 관련 용어

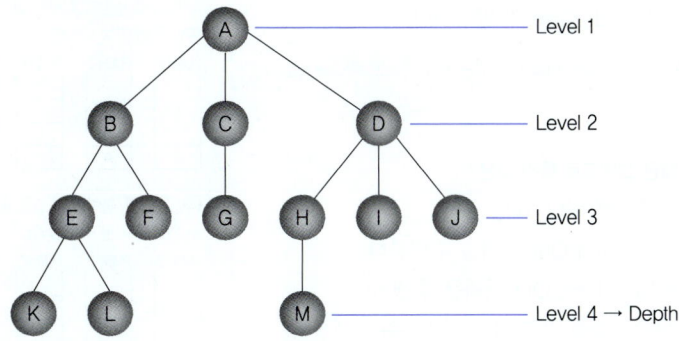

- 노드(Node) : 트리의 기본 요소로서 자료 항목과 다른 항목에 대한 가지(Branch)를 합친 것
  - 예 A, B, C, D, E, F, G, H, I, J, K, L, M
- 근 노드(Root Node) : 트리의 맨 위에 있는 노드
  - 예 A
- 디그리(Degree, 차수) : 각 노드에서 뻗어 나온 가지의 수
  - 예 A = 3, B = 2, C = 1, D = 3
- 단말 노드(Terminal Node) = 잎 노드(Leaf Node) : 자식이 하나도 없는 노드, 즉 디그리가 0인 노드
  - 예 K, L, F, G, M, I, J
- 자식 노드(Son Node) : 어떤 노드에 연결된 다음 레벨의 노드들
  - 예 D의 자식 노드 : H, I, J
- 부모 노드(Parent Node) : 어떤 노드에 연결된 이전 레벨의 노드들
  - 예 E, F의 부모 노드 : B
- 형제 노드(Brother Node, Sibling) : 동일한 부모를 갖는 노드들
  - 예 H의 형제 노드 : I, J
- 트리의 디그리 : 노드들의 디그리 중에서 가장 많은 수
  - 예 노드 A나 D가 3개의 디그리를 가지므로 트리의 디그리는 3이다.

기출문제 따라잡기

이전기출
1. 다음 중 선형 구조로만 묶인 것은?
① 스택, 트리
② 큐, 데크
③ 큐, 그래프
④ 리스트, 그래프

> 비선형 구조는 트리와 그래프뿐입니다.

이전기출
2. 스택에 대한 설명으로 틀린 것은?
① 입출력이 한쪽 끝으로만 제한된 리스트이다.
② Head(front)와 Tail(rear)의 2개 포인터를 갖고 있다.
③ LIFO 구조이다.
④ 더 이상 삭제할 데이터가 없는 상태에서 데이터를 삭제하면 언더플로(Underflow)가 발생한다.

> Head(front)와 Tail(rear)의 2개 포인터를 갖고 있는 자료 구조는 큐(Queue)입니다.

이전기출
3. 자료 구조에 대한 설명으로 틀린 것은?
① 큐는 비선형 구조에 해당한다.
② 큐는 First In – First Out 처리를 수행한다.
③ 스택은 Last In – First Out 처리를 수행한다.
④ 스택은 서브루틴 호출, 인터럽트 처리, 수식 계산 및 수식 표기법에 응용된다.

> 큐(Queue)는 선형 구조입니다.

이전기출
4. 다음 설명이 의미하는 것은?
- 삽입과 삭제가 리스트의 양쪽 끝에서 발생할 수 있는 형태이다.
- 입력이 한쪽에서만 발생하고 출력은 양쪽에서 일어날 수 있는 입력 제한과, 입력은 양쪽에서 일어나고 출력은 한 곳에서만 이루어지는 출력 제한이 있다.

① 스택
② 큐
③ 다중 스택
④ 데크

> 삽입과 삭제가 리스트의 양쪽 끝에서 발생할 수 있는 자료 구조는 데크(Deque)입니다.

이전기출
5. n개의 노드로 구성된 무방향 그래프의 최대 간선 수는?
① n-1
② n/2
③ n(n-1)/2
④ n(n+1)

> n개의 정점으로 구성된 무방향 그래프에서 최대 간선 수는 n(n-1)/2이고, 방향 그래프에서 최대 간선 수는 n(n-1)입니다.

이전기출
6. 순서가 A, B, C, D로 정해진 입력 자료를 스택에 입력한 후 출력한 결과로 불가능한 것은?
① D, C, B, A
② B, C, D, A
③ C, B, A, D
④ D, B, C, A

> A, B, C, D 순으로 입력된 상태에서는 D, B, C, A 순으로 출력할 수 없습니다.
> ①번을 먼저 살펴볼께요.
>
> PUSH A → PUSH B → PUSH C → PUSH D → POP D → POP C → POP B → POP A
> 결과: D, DC, DCB, DCBA
>
> ④번은 D를 출력한 후 B를 출력해야 하는데, C를 출력하지 않고는 B를 출력할 수 없으므로 불가능합니다.
>
> PUSH A → PUSH B → PUSH C → PUSH D → POP D → POP B(불가능)
>
> ②, ③번도 위와 같은 방법으로 스택에 자료를 넣었다 꺼내보면서 출력이 될 수 있는지 확인해 보세요.

▶ 정답 : 1.② 2.② 3.① 4.④ 5.③ 6.④

- **프런트(F, Front) 포인터** : 가장 먼저 삽입된 자료의 기억 공간을 가리키는 포인터로, 삭제 작업을 할 때 사용한다.
- **리어(R, Rear) 포인터** : 가장 마지막에 삽입된 자료가 위치한 기억 공간을 가리키는 포인터로, 삽입 작업을 할 때 사용한다.
- 큐는 운영체제의 작업 스케줄링에 사용한다.

6 데크(Deque)

- 삽입과 삭제가 리스트의 양쪽 끝에서 모두 발생할 수 있는 자료 구조이다.
- Double Ended Queue의 약자이다.
- Stack과 Queue의 장점만 따서 구성한 것이다.

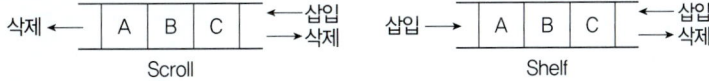

- 입력이 한쪽에서만 발생하고 출력은 양쪽에서 일어날 수 있는 입력 제한과, 입력은 양쪽에서 일어나고 출력은 한 곳에서만 이루어지는 출력 제한이 있다.
- **입력 제한 데크** : Scroll
- **출력 제한 데크** : Shelf

7 그래프(Graph)

그래프 G는 정점 V(Vertex)와 간선 E(Edge)의 두 집합으로 이루어진다.
- 간선의 방향성 유무에 따라 방향 그래프와 무방향 그래프로 구분된다.
- 통신망(Network), 교통망, 이항관계, 연립방정식, 유기화학 구조식, 무향선분 해법 등에 응용된다.
- 트리(Tree)는 사이클이 없는 그래프(Graph)이다.

> **잠깐만요** 방향/무방향 그래프의 최대 간선 수
>
> n개의 정점으로 구성된 무방향 그래프에서 최대 간선 수는 n(n-1)/2이고, 방향 그래프에서 최대 간선 수는 n(n-1)입니다.
> **예** 정점이 4개인 경우 무방향 그래프와 방향 그래프의 최대 간선 수는 다음과 같습니다.
>
>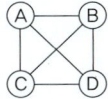
>
> - 무방향 그래프의 최대 간선 수 : 4(4-1)/2 = 6
>
>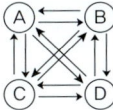
>
> - 방향 그래프의 최대 간선 수 : 4(4-1) = 12

- **연결 리스트**(Linked List) : 자료들을 반드시 연속적으로 배열시키지는 않고 임의의 기억공간에 기억시키되, 자료 항목의 순서에 따라 노드*의 포인터* 부분을 이용하여 서로 연결시킨 자료 구조이다.

4 스택(Stack)

스택은 리스트의 한쪽 끝으로만 자료의 삽입, 삭제 작업이 이루어지는 자료 구조이다.

- 스택은 가장 나중에 삽입된 자료가 가장 먼저 삭제되는 후입선출(LIFO; Last In First Out) 방식으로 자료를 처리한다.
- **Stack의 응용 분야** : 함수 호출의 순서 제어, 인터럽트의 처리, 수식 계산 및 수식 표기법, 컴파일러를 이용한 언어 번역, 부 프로그램 호출 시 복귀 주소 저장, 서브루틴 호출 및 복귀 주소 저장
- 스택의 모든 기억 공간이 꽉 채워져 있는 상태에서 데이터가 삽입되면 오버플로(Overflow)가 발생하며, 더 이상 삭제할 데이터가 없는 상태에서 데이터를 삭제하면 언더플로(Underflow)가 발생한다.

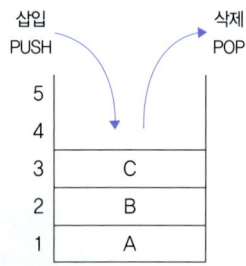

예제   순서가 A, B, C, D로 정해진 입력 자료를 스택에 입력하였다가 B, C, D, A 순서로 출력하는 과정을 나열하시오.

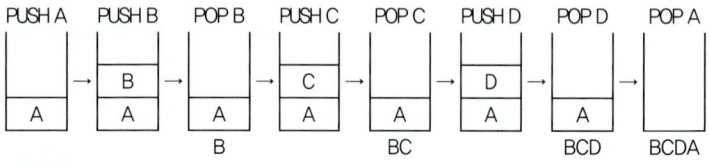

5 큐(Queue)

큐는 리스트의 한쪽에서는 삽입 작업이 이루어지고 다른 한쪽에서는 삭제 작업이 이루어지도록 구성한 자료 구조이다.

- 큐는 가장 먼저 삽입된 자료가 가장 먼저 삭제되는 선입선출(FIFO; First In First Out) 방식으로 처리한다.
- 큐는 시작과 끝을 표시하는 두 개의 포인터가 있다.

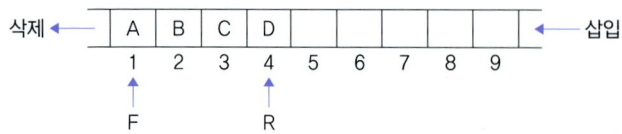

노드(Node)

| Data 부분 | Link 부분 |

노드는 자료를 저장하는 데이터 부분과 다음 노드를 가리키는 포인터인 링크 부분으로 구성된 기억 공간입니다.

포인터(Pointer)

포인터는 현재의 위치에서 다음 노드의 위치를 알려주는 요소입니다.

전문가의 조언

중요해요! ★★★
한쪽으로만 입·출력이 가능한 스택의 개념을 숙지하고, 스택의 응용 분야를 알아두세요.

전문가의 조언

한쪽으로는 입력만, 다른 한쪽으로는 출력만 가능한 큐의 개념을 숙지하세요.

SECTION 031 자료 구조

> **전문가의 조언**
> 자료 구조를 선형 구조와 비선형 구조로 구분할 수 있도록 확실히 기억하고, 각 자료 구조의 특징을 학습하세요.

1 자료 구조의 정의

효율적인 프로그램을 작성할 때 가장 우선적인 고려사항은 저장 공간의 효율성과 실행시간의 신속성이다. 자료 구조는 프로그램에서 사용하기 위한 자료를 기억장치의 공간 내에 저장하는 방법과 저장된 그룹 내에 존재하는 자료 간의 관계, 처리 방법 등을 연구 분석하는 것을 말한다.

- 자료 구조의 분류

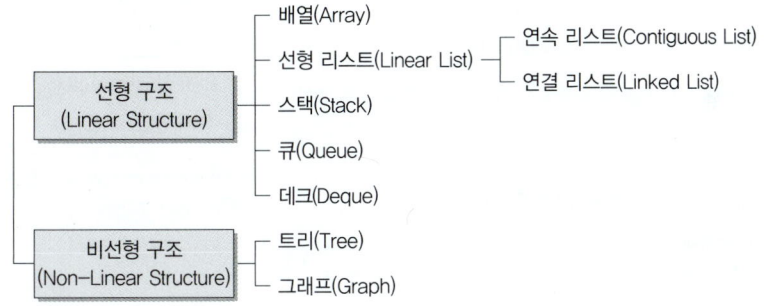

2 배열(Array)

배열은 동일한 자료형의 데이터들이 같은 크기로 나열되어 순서를 갖고 있는 집합이다.
- 배열은 정적인 자료 구조로 기억장소의 추가가 어렵고, 데이터 삭제 시 데이터가 저장되어 있던 기억장소는 빈 공간으로 남아있어 메모리의 낭비가 발생한다.
- 배열은 첨자를 이용하여 데이터에 접근한다.
- 배열은 반복적인 데이터 처리 작업에 적합한 구조이다.
- 배열은 데이터마다 동일한 이름의 변수를 사용하여 처리가 간편하다.
- 배열은 사용한 첨자의 개수에 따라 n차원 배열이라고 부른다.

> **전문가의 조언**
> 선형 리스트는 빈 공간 없이 차례차례 데이터가 저장된다는 것을 염두에 두고 특징을 정리하세요.

3 선형 리스트(Linear List)

선형 리스트는 일정한 순서에 의해 나열된 자료 구조이다.
- 선형 리스트는 배열을 이용하는 연속 리스트(Contiguous List)와 포인터를 이용하는 연결 리스트(Linked List)로 구분된다.
- **연속 리스트(Contiguous List)** : 배열과 같이 연속되는 기억장소에 저장되는 자료 구조이다.

기출문제 따라잡기

이전기출
1. 다음 중 트랜잭션의 특성인 ACID에 속하지 않는 것은?

① Atomicity　　② Consistency
③ Isolation　　④ Detection

> 트랜잭션의 특성은 **A**tomicity(원자성), **C**onsistency(일관성), **I**solation(독립성), **D**urability(영속성)입니다.

이전기출
2. 트랜잭션은 자기의 연산에 대하여 전부(All) 또는 전무(Nothing) 실행만이 존재하며, 일부 실행으로는 트랜잭션의 기능을 가질 수 없다는 트랜잭션의 특성은?

① Consistency　　② Atomicity
③ Isolation　　④ Durability

> 원자성(Atomicity)은 All Or Nothing, 즉 전부가 아니면 아무것도 아니라는 뜻입니다.

이전기출
3. 다음에 해당하는 트랜잭션(ACID)의 특성은?

> 둘 이상의 트랜잭션이 동시에 병행 실행되는 경우 어느 하나의 트랜잭션 실행 중에 다른 트랜잭션의 연산이 끼어들 수 없다.

① Atomicity　　② Consistency
③ Isolation　　④ Durability

> 어느 하나의 트랜잭션 실행 중에 다른 트랜잭션의 연산이 끼어들 수 없다는 것을 의미하는 트랜잭션의 특성은 Isolation(독립성)입니다.

이전기출
4. 트랜잭션(Transaction)의 특성에 대한 설명으로 옳지 않은 것은?

① 원자성(Atomicity)은 트랜잭션의 일부만 수행된 상태로 종료될 수 있다는 특성을 의미한다.
② 일관성(Consistency)은 시스템의 고정 요소는 트랜잭션 수행 전과 수행 완료 후에 같아야 한다는 특성을 의미한다.
③ 고립성(Isolation)은 트랜잭션이 실행될 때마다 다른 트랜잭션의 간섭을 받지 않아야 한다는 성질을 의미한다.
④ 지속성(Duration)은 트랜잭션의 완료 결과가 데이터베이스에 영구히 기억되는 성질을 의미한다.

> 원자성(Atomicity)은 트랜잭션의 연산은 데이터베이스에 모두 반영되도록 완료(Commit)되든지 아니면 전혀 반영되지 않도록 복구(Rollback)되어야 한다는 특성을 의미합니다.

이전기출
5. 데이터베이스에서 하나의 논리적 기능을 수행하기 위한 작업의 단위 또는 한꺼번에 모두 수행되어야 할 일련의 연산들을 의미하는 것은?

① 트랜잭션　　② 뷰
③ 튜플　　④ 카디널리티

> 하나의 논리적 기능을 수행하기 위한 작업의 단위 또는 한꺼번에 모두 수행되어야 할 일련의 연산을 트랜잭션(Transaction)이라고 합니다.

이전기출
6. 다음과 같은 트랙잭션의 특성은?

> 시스템이 가지고 있는 고정 요소는 트랜잭션 수행 전과 트랜잭션 수행 완료 후의 상태가 같아야 한다.

① 원자성(atomicity)　　② 일관성(consistency)
③ 격리성(isolation)　　④ 영속성(durability)

> 트랜잭션 수행 전과 후가 일관성 있게 동일해야 한다는 특성은 일관성(Consistency)입니다.

▶ 정답 : 1.④　2.②　3.③　4.①　5.①　6.②

SECTION 030 트랜잭션

> **전문가의 조언**
> 트랜잭션의 특성을 영어 앞글자만 모아서 ACID라고 합니다. 트랜잭션의 특성 네 가지의 의미를 정확히 기억하세요.

1 트랜잭션

트랜잭션(Transaction)은 데이터베이스의 상태를 변환시키는 하나의 논리적 기능을 수행하기 위한 작업의 단위 또는 한꺼번에 모두 수행되어야 할 일련의 연산들을 의미한다.

- 다음은 데이터의 무결성(Integrity)을 보장하기 위하여 DBMS의 트랜잭션이 가져야 할 특성이다.

Atomicity(원자성)	• 트랜잭션의 연산은 데이터베이스에 모두 반영되도록 완료(Commit)되든지 아니면 전혀 반영되지 않도록 복구(Rollback)되어야 한다. • 트랜잭션 내의 모든 명령은 반드시 완벽히 수행되어야 하며, 모두가 완벽히 수행되지 않고 어느 하나라도 오류가 발생하면 트랜잭션 전부가 취소되어야 한다.
Consistency (일관성)	• 트랜잭션이 그 실행을 성공적으로 완료하면 언제나 일관성 있는 데이터베이스 상태로 변환한다. • 시스템이 가지고 있는 고정 요소는 트랜잭션 수행 전과 트랜잭션 수행 완료 후의 상태가 같아야 한다.
Isolation (독립성, 격리성, 순차성)	• 둘 이상의 트랜잭션이 동시에 병행 실행되는 경우 어느 하나의 트랜잭션 실행 중에 다른 트랜잭션의 연산이 끼어들 수 없다. • 수행중인 트랜잭션은 완전히 완료될 때까지 다른 트랜잭션에서 수행 결과를 참조할 수 없다.
Durability (영속성, 지속성)	성공적으로 완료된 트랜잭션의 결과는 시스템이 고장나더라도 영구적으로 반영되어야 한다.

기출문제 따라잡기

이전기출
1. 시스템 카탈로그에 대한 설명으로 틀린 것은?
① 시스템 자신이 필요로 하는 스키마 및 여러 가지 객체에 관한 정보를 포함하고 있는 시스템 데이터베이스이다.
② 시스템 카탈로그에 저장되는 내용을 메타 데이터라고 한다.
③ 데이터 사전이라고도 한다.
④ 일반 사용자는 시스템 테이블의 내용을 검색할 수 없다.

> 시스템 카탈로그 자체도 테이블로 구성되어 있어 일반 사용자도 SQL을 이용하여 내용을 검색해 볼 수 있습니다. 단, 수정은 불가능합니다.

이전기출
2. 시스템 카탈로그에 대한 설명으로 옳지 않은 것은?
① 시스템 카탈로그는 DBMS가 스스로 생성하고 유지하는 데이터베이스 내의 특별한 테이블들의 집합체이다.
② 시스템 카탈로그는 데이터베이스 구조에 관한 메타 데이터를 포함한다.
③ 일반 사용자들도 SQL을 이용하여 시스템 카탈로그를 직접 갱신할 수 있다.
④ 데이터베이스 구조가 변경될 때마다 DBMS는 자동적으로 시스템 카탈로그 테이블들의 행을 삽입, 삭제, 수정 한다.

> 사용자가 시스템 카탈로그 내용을 검색할 수는 있지만 갱신할 수는 없습니다.

이전기출
3. 다음은 무엇에 대한 설명인가?

> • 기본 테이블로부터 유도되어 만들어지며 독자적으로 존재하지 못하는 가상 테이블이다.
> • 필요한 데이터만 정의해서 처리할 수 있기 때문에 관리가 용이하고 명령문이 간단해진다.

① VIEW   ② TUPLE
③ CARDINALITY   ④ DOMAIN

> 하나 이상의 기본 테이블로부터 유도되어 만들어지는 가상 테이블을 뷰(VIEW)라고 합니다.

이전기출
4. 다음 중 자료 사전(Data Dictionary)에 대한 설명으로 옳지 않은 것은?
① 메타 데이터(Meta Data)라고 한다.
② 모든 데이터 개체들에 대한 정보를 유지, 관리하는 시스템이다.
③ 일반 이용자도 SQL을 이용하여 내용을 검색해 볼 수 있다.
④ 자료 사전에 대한 갱신은 데이터베이스의 무결성 유지를 위해 이용자가 직접 갱신해야 한다.

> 자료 사전은 시스템 카탈로그를 의미합니다. 시스템 카탈로그는 시스템 테이블로 구성되어 있어 일반 이용자도 SQL을 이용하여 내용을 검색할 수는 있지만 갱신은 할 수 없습니다.

이전기출
5. 데이터베이스에 포함되는 모든 데이터 객체들에 대한 정의나 명세에 관한 정보를 유지 관리하는 시스템을 무엇이라 하는가?
① 데이터 디렉터리   ② 데이터 사전
③ 저장 시스템   ④ 메타 시스템

> 데이터 사전(Data Dictionary)은 시스템 카탈로그를 의미합니다.

이전기출
6. 시스템 카탈로그에 대한 설명으로 옳지 않은 것은?
① 시스템 자체에 관련 있는 다양한 객체에 관한 정보를 포함하는 시스템 데이터베이스이다.
② 데이터베이스 시스템에 따라 상이한 구조를 가진다.
③ 사용자도 SQL을 이용하여 검색할 수 있다.
④ 사용자가 직접 시스템 카탈로그를 추가, 수정하여 관리한다.

> 사용자가 시스템 카탈로그 내용을 검색할 수는 있지만 추가하거나 수정할 수는 없습니다.

▶ 정답 : 1.④ 2.③ 3.① 4.④ 5.② 6.④

SECTION 029

시스템 카탈로그

1 시스템 카탈로그

시스템 카탈로그(System Catalog)는 시스템 그 자체에 관련이 있는 다양한 객체에 관한 정보를 포함하는 시스템 데이터베이스이다.

- 시스템 카탈로그 내의 각 테이블은 사용자를 포함하여 DBMS에서 지원하는 모든 데이터 객체에 대한 정의나 명세에 관한 정보를 유지 관리하는 시스템 테이블이다.
- 데이터 정의어의 결과로 구성되는 기본 테이블, 뷰*, 인덱스, 패키지, 접근 권한 등의 데이터베이스 구조 및 통계 정보를 저장한다.
- 카탈로그들이 생성되면 자료 사전(Data Dictionary)에 저장되기 때문에 좁은 의미로는 카탈로그를 자료 사전이라고도 한다.
- 카탈로그에 저장된 정보를 메타 데이터(Meta-Data)라고 한다.
- 카탈로그 자체도 시스템 테이블로 구성되어 있어 일반 이용자도 SQL을 이용하여 내용을 검색해 볼 수 있다.
- INSERT, DELETE, UPDATE문으로 카탈로그를 갱신하는 것은 허용되지 않는다.
- 데이터베이스 시스템에 따라 상이한 구조를 갖는다.
- 카탈로그는 DBMS가 스스로 생성하고 유지한다.
- 카탈로그는 사용자가 SQL문을 실행시켜 기본 테이블, 뷰, 인덱스 등에 변화를 주면 시스템이 자동으로 갱신한다.

 전문가의 조언

사용자는 시스템 카탈로그를 검색할 수는 있지만 갱신할 수는 없다는 것을 중심으로 시스템 카탈로그의 의미와 특징을 정리해 두세요.

뷰(View)
뷰는 사용자에게 접근이 허용된 자료만을 제한적으로 보여주기 위해 하나 이상의 기본 테이블로부터 유도된, 이름을 가지는 가상 테이블입니다.

4 도메인 무결성(Domain Integrity, 영역 무결성)

도메인 무결성은 주어진 속성 값이 정의된 도메인*에 속한 값이어야 한다는 규정이다.

 〈수강〉 릴레이션의 '과목명' 속성에는 영어, 수학, 전산 세 가지만 입력되도록 유효값이 지정된 경우 반드시 해당 값만 입력해야 한다.

도메인(Domain)
도메인은 하나의 애트리뷰트가 취할 수 있는 같은 타입의 원자(Atomic)값들의 집합입니다.

5 사용자 정의 무결성(User-Defined Integrity)

사용자 정의 무결성은 속성 값들이 사용자가 정의한 제약조건에 만족해야 한다는 규정이다.

 기출문제 따라잡기

이전기출
1. 데이터 무결성 제약 조건 중 "개체 무결성 제약" 조건에 대한 설명으로 맞는 것은?
① 릴레이션 내의 튜플들이 각 속성의 도메인에 지정된 값만을 가져야 한다.
② 기본키에 속해 있는 애트리뷰트는 널 값이나 중복 값을 가질 수 없다.
③ 릴레이션은 참조할 수 없는 외래키 값을 가질 수 없다.
④ 외래키 값은 참조 릴레이션의 기본키 값과 동일해야 한다.

①번은 도메인 무결성, ③, ④번은 참조 무결성에 대한 설명입니다.

이전기출
2. 릴레이션 R1에 속한 애튜리뷰트의 조합인 외래키를 변경하려면 이를 참조하고 있는 릴레이션 R2의 기본키도 변경해야 하는데 이를 무엇이라 하는가?
① 정보 무결성   ② 고유 무결성
③ 널 제약성   ④ 참조 무결성

외래키 변경을 위해서는 참조 릴레이션의 기본키도 변경해야 한다는 내용은 참조 무결성에 대한 설명입니다.

이전기출
3. 주어진 속성의 값이 하나의 속성이 취할 수 있는 같은 타입의 모든 원자값들의 집합에 속한 값이어야 한다는 제약 조건은?
① 기본키 제약 조건   ② 외래키 제약 조건
③ 도메인 제약 조건   ④ 키 제약 조건

도메인(Domain)은 하나의 속성이 취할 수 있는 같은 타입의 모든 원자값들의 집합을 의미합니다.

이전기출
4. 데이터베이스 무결성에 관한 설명으로 옳은 것은?
① 개체 무결성 규정은 한 릴레이션의 기본키를 구성하는 어떠한 속성값도 널(NULL) 값이나 중복값을 가질 수 없음을 규정하는 것이다.
② 참조 무결성 규정은 속성 값들이 사용자가 정의한 제약 조건에 만족해야 한다는 규정이다.
③ 도메인 무결성 규정은 외래키 값은 Null이거나 참조 릴레이션의 기본키 값과 동일해야 한다는 규정이다.
④ 사용자 정의 무결성 규정은 주어진 튜플의 값이 그 튜플이 정의된 도메인에 속한 값이어야 한다는 것을 규정하는 것이다.

② 참조 무결성은 외래키 값은 Null이거나 참조 릴레이션의 기본키 값과 동일해야 하고, 릴레이션은 참조할 수 없는 외래키 값을 가질 수 없다는 규정입니다.
③ 도메인 무결성은 주어진 속성 값이 정의된 도메인에 속한 값이어야 한다는 규정입니다.
④ 사용자 정의 무결성은 속성 값들이 사용자가 정의한 제약조건에 만족해야 한다는 규정입니다.

▶ 정답 : 1. ② 2. ④ 3. ③ 4. ①

SECTION 028 무결성의 개념 및 종류

전문가의 조언

무결성이란 쉽게 말해 저장된 데이터베이스에 잘못된 데이터가 없다는 것을 의미합니다. 보기로 주어진 〈학생〉 릴레이션과 〈수강〉 릴레이션은 '학번'을 기준으로 일 대 다(1:N)의 관계를 맺고 있습니다. 〈학생〉 릴레이션과 〈수강〉 릴레이션을 통해 무결성 종류를 확실하게 이해하세요.

1 무결성(Integrity)의 개요

무결성이란 데이터베이스에 저장된 데이터 값과 그것이 표현하는 현실 세계의 실제 값이 일치하는 정확성을 의미한다.

- 무결성 제약 조건은 데이터베이스에 들어 있는 데이터의 정확성을 보장하기 위해 부정확한 자료가 데이터베이스 내에 저장되는 것을 방지하기 위한 제약 조건을 말한다.
- 무결성의 종류에는 개체 무결성, 도메인 무결성, 참조 무결성, 사용자 정의 무결성 등이 있다.

〈학생〉 릴레이션

학번	주민번호	성명
1001	010429-3******	김상욱
1002	000504-3******	임선호
1003	011215-3******	김한순
1004	001225-4******	이다해

〈수강〉 릴레이션

학번	과목명
1001	영어
1001	전산
1002	영어
1003	수학
1004	영어
1004	전산

2 개체 무결성(Entity Integrity, 실체 무결성)

개체 무결성은 기본 테이블의 기본키*를 구성하는 어떤 속성도 Null 값이나 중복값을 가질 수 없다는 규정이다.

> 예 〈학생〉 릴레이션에서 '학번'이 기본키로 정의되면 튜플을 추가할 때 '주민번호'나 '성명' 필드에는 값을 입력하지 않아도 되지만 '학번' 속성에는 반드시 값을 입력해야 한다. 또한 '학번' 속성에는 이미 한 번 입력한 속성 값을 중복하여 입력할 수 없다.

기본키(Primary Key)
기본키는 한 릴레이션에서 특정 튜플을 유일하게 구별할 수 있는 속성입니다.

3 참조 무결성(Referential Integrity)

참조 무결성은 외래키* 값은 Null이거나 참조 릴레이션의 기본키 값과 동일해야 한다. 즉 릴레이션은 참조할 수 없는 외래키 값을 가질 수 없다는 규정이다.

- 외래키와 참조하려는 테이블의 기본키는 도메인과 속성 개수가 같아야 한다.

> 예 〈수강〉 릴레이션의 '학번' 속성에는 〈학생〉 릴레이션의 '학번' 속성에 없는 값은 입력할 수 없다.

> 예 〈수강〉 릴레이션의 '학번'과 〈학생〉 릴레이션의 '학번' 속성에는 같은 종류의 데이터가 입력되어 있어야 하며, 〈학생〉 릴레이션의 기본키가 '학번'+'이름'이었다면 〈수강〉 릴레이션의 외래키도 '학번'+'이름'으로 구성되어져야 한다.

외래키(Foreign Key)
외래키는 다른 릴레이션의 기본키를 참조하는 속성 또는 속성들의 집합을 의미합니다.

기출문제 따라잡기

이전기출

1. 테이블에서 각 레코드를 식별할 수 있는 유일한 값을 갖는 필드를 무엇이라 하는가?

① 기본키 ② 레코드
③ 블록 ④ 파일

> 기본키(Primary Key)는 후보키 중에서 선택한 주 키로, 한 릴레이션에서 특정 레코드를 유일하게 구별할 수 있는 속성을 의미합니다.

이전기출

2. 기본키(Primary Key)에 대한 설명 중 옳지 않은 것은?

① 테이블의 레코드를 고유하게 식별할 수 있도록 하는 표시이다.
② 한 릴레이션은 여러 개의 후보키를 포함할 수 있지만, 기본키는 정확하게 하나만 존재한다.
③ 기본키는 필요에 따라 없어도 사용 가능하며, 중복될 수 있다.
④ 보통 일련번호를 기본키로 사용한다.

> 기본키는 특정 레코드를 유일하게 구별할 수 있는 속성으로 절대 중복될 수 없습니다.

이전기출

3. 윈도우용 PC 데이터베이스의 테이블에서 기본키로 사용하기에 가장 부적당한 항목은?

① 학번 ② 계좌번호
③ 제품 가격 ④ 주민등록번호

> 기본키로 정의된 속성에는 동일한 값이 중복되어 저장될 수 없으므로 중복된 데이터가 발생할 가능성이 있는 항목은 기본키로 지정할 수 없습니다. 보기 중 중복된 값이 나올 수 있는 것은 '제품 가격'뿐입니다.

이전기출

4. 데이터베이스에서 정보 부재를 명시적으로 표시하기 위해 사용하는 특수한 데이터 값은?

① 공백(blank) ② 영(zero)
③ 널(null) ④ 샵(#)

> 정보 부재를 나타내기 위해 사용하는, 이론적으로 아무것도 없는 값을 널 값(Null Value)이라고 합니다.

이전기출

5. 후보키(Candidate Key)가 만족해야 할 두 가지 성질로 가장 타당한 것은?

① 유일성과 최소성 ② 유일성과 무결성
③ 독립성과 최소성 ④ 독립성과 무결성

> 후보키는 하나의 키 값으로 하나의 튜플만을 유일하게 식별할 수 있어야 하고, 모든 레코드들을 유일하게 식별하는 데 꼭 필요한 속성으로만 구성되어야 합니다.

이전기출

6. 다른 릴레이션의 기본키를 참조하는 키를 의미하는 것은?

① 필드키 ② 슈퍼키
③ 외래키 ④ 후보키

> 다른 릴레이션의 기본키를 참조하는 키는 외래키(Foreign Kery)입니다.

이전기출

7. 릴레이션에 있는 모든 튜플에 대해 유일성은 만족시키지만 최소성은 만족시키지 못하는 키는?

① 후보키 ② 슈퍼키
③ 기본키 ④ 외래키

> 유일성은 만족시키지만 최소성은 만족시키지 못하는 키는 슈퍼키(Super Key)입니다.

▶ 정답: 1.① 2.③ 3.③ 4.③ 5.① 6.③ 7.②

- 기본키는 NULL 값*을 가질 수 없다. 즉 튜플에서 기본키로 설정된 속성에는 NULL 값이 있어서는 안 된다.

> **널 값(NULL Value)**
> 데이터베이스에서 아직 알려지지 않거나 모르는 값으로서 '해당 없음' 등의 이유로 정보 부재를 나타내기 위해 사용하는. 이론적으로 아무것도 없는 특수한 데이터를 말합니다.

예 〈학생〉 릴레이션에서는 '학번'이나 '주민번호'가 기본키가 될 수 있고, 〈수강〉 릴레이션에서는 '학번'+'과목명'으로 조합해야 기본키가 만들어진다.

예 '학번'이 〈학생〉 릴레이션의 기본키로 정의되면 이미 입력된 '1001'은 다른 튜플의 '학번' 속성의 값으로 입력할 수 없다.

4 대체키(Alternate Key)

대체키는 후보키가 둘 이상일 때 기본키를 제외한 나머지 후보키를 의미한다.
- 보조키라고도 한다.

예 〈학생〉 릴레이션에서 '학번'을 기본키로 정의하면 '주민번호'는 대체키가 된다.

5 슈퍼키(Super Key)

슈퍼키는 한 릴레이션 내에 있는 속성들의 집합으로 구성된 키로서 릴레이션을 구성하는 모든 튜플들 중 슈퍼키로 구성된 속성의 집합과 동일한 값은 나타나지 않는다.
- 슈퍼키는 릴레이션을 구성하는 모든 튜플에 대해 유일성은 만족시키지만, 최소성*은 만족시키지 못한다.

> **최소성**
> '학번'+'주민번호'를 사용하여 슈퍼키를 만들면 다른 튜플들과 구분할 수 있는 유일성은 만족하지만, '학번'이나 '주민번호' 하나만 가지고도 다른 튜플들을 구분할 수 있으므로 최소성은 만족시키지 못합니다.

예 〈학생〉 릴레이션에서는 '학번', '주민번호', '학번'+'주민번호', '주민번호'+'성명', '학번'+'주민번호'+'성명' 등으로 슈퍼키를 구성할 수 있다.

6 외래키(Foreign Key)

외래키는 다른 릴레이션의 기본키를 참조하는 속성 또는 속성들의 집합을 의미한다.
- 외래키는 참조되는 릴레이션*의 기본키와 대응되어 릴레이션 간에 참조 관계를 표현하는데 중요한 도구이다.
- 한 릴레이션에 속한 속성 A와 참조 릴레이션의 기본키인 B가 동일한 도메인 상에서 정의되었을 때의 속성 A를 외래키라고 한다.
- 외래키로 지정되면 참조 릴레이션의 기본키에 없는 값은 입력할 수 없다.

> **참조 릴레이션**
> 외래키를 포함하는 릴레이션이 참조하는 릴레이션이고, 대응되는 기본키를 포함하는 릴레이션이 참조 릴레이션입니다. 여기서는 〈수강〉 릴레이션이 참조하는 릴레이션이고, 〈학생〉 릴레이션이 참조 릴레이션입니다.

예 〈수강〉 릴레이션이 〈학생〉 릴레이션을 참조하고 있으므로 〈학생〉 릴레이션의 '학번'은 기본키이고, 〈수강〉 릴레이션의 '학번'은 외래키이다.

예 〈수강〉 릴레이션의 '학번'에는 〈학생〉 릴레이션의 '학번'에 없는 값은 입력할 수 없다.

SECTION 027 키의 개념 및 종류

1 키(Key)의 개념

키는 데이터베이스에서 조건에 만족하는 튜플을 찾거나 순서대로 정렬할 때 튜플들을 서로 구분할 수 있는 기준이 되는 속성(Attribute)을 말한다.

〈학생〉 릴레이션

학번	주민번호	성명
1001	010429-3******	김상욱
1002	000504-3******	임선호
1003	011215-3******	김한순
1004	001225-4******	이다해

〈수강〉 릴레이션

학번	과목명
1001	영어
1001	전산
1002	영어
1003	수학
1004	영어
1004	전산

전문가의 조언

중요해요! ★★★★★
보기로 주어진 〈학생〉 릴레이션과 〈수강〉 릴레이션은 '학번'을 기준으로 '일 대 다(1:N)'의 관계를 맺고 있습니다. 〈학생〉 릴레이션과 〈수강〉 릴레이션을 통해 키의 개념과 종류를 확실하게 이해하세요.

- 키의 종류에는 후보키, 기본키, 대체키, 슈퍼키, 외래키 등이 있다.

2 후보키(Candidate Key)

후보키는 릴레이션을 구성하는 속성들 중에서 튜플을 유일하게 식별하기 위해 사용하는 속성들의 부분집합, 즉 기본키로 사용할 수 있는 속성들을 말한다.

- 하나의 릴레이션내에서는 중복된 튜플들이 있을 수 없으므로 모든 릴레이션에는 반드시 하나 이상의 후보키가 존재한다.
- 후보키는 릴레이션에 있는 모든 튜플에 대해서 유일성과 최소성을 만족시켜야 한다.
  - 유일성(Unique) : 하나의 키 값으로 하나의 튜플만을 유일하게 식별할 수 있어야 한다.
  - 최소성(Minimality) : 모든 레코드들을 유일하게 식별하는 데 꼭 필요한 속성으로만 구성되어야 한다.

예 〈학생〉 릴레이션에서 '학번'이나 '주민번호'는 다른 레코드를 유일하게 구별할 수 있는 기본키로 사용할 수 있으므로 후보키이다.

3 기본키(Primary Key)

기본키는 후보키 중에서 특별히 선정된 주키(Main Key)로 중복된 값을 가질 수 없다.

- 한 릴레이션에서 특정 튜플을 유일하게 구별할 수 있는 속성이다.
- 기본키는 후보키의 성질을 갖는다. 즉, 유일성과 최소성을 가지며 튜플을 식별하기 위해 반드시 필요한 키이다.

기출문제 따라잡기

문제5 2408453

이전기출
1. 관계 데이터베이스에서 하나의 애트리뷰트가 취할 수 있는 같은 타입의 모든 원자값들의 집합을 무엇이라고 하는가?

① 튜플(Tuple) ② 도메인(Domain)
③ 스키마(Schema) ④ 인스턴스(Instance)

> 도메인(Domain)이란 학년은 1~4, 성별은 '남', '여'처럼 속성에서 지정할 수 있는 값의 범위입니다.

이전기출
2. 관계형 데이터베이스에서 튜플(Tuple)의 수를 의미하는 것은?

① 카디널리티(Cardinality)
② 도메인(Domain)
③ 차수(Degree)
④ 릴레이션(Relation)

> 튜플(Tuple)의 개수는 기수(Cardinality), 속성(Attribute)의 개수는 차수(Degree)입니다.

이전기출
3. 데이터베이스의 기본 구성 요소로 특정 항목에 대한 데이터의 집합이며, 행과 열로 구성되어 있는 것은 어느 것인가?

① 필드 ② 레코드
③ 테이블 ④ 매크로

> 열은 필드(Field), 행은 레코드(Record), 행과 열로 구성되어 있는 것은 테이블(Table)입니다.

이전기출
4. 어떤 릴레이션 R의 정의에서 애트리뷰트의 수를 무엇이라 하는가?

① 개체(Entity) ② 뷰(View)
③ 차수(Degree) ④ 기수(Cardinality)

> 속성(Attribute)의 개수는 차수(Degree), 튜플(Tuple)의 개수는 기수(Cardinality)입니다.

이전기출
5. 다음 관계형 데이터 모델에 대한 설명으로 옳은 것은?

고객ID	고객이름	거주도시
S1	홍길동	서울
S2	이정재	인천
S3	신보라	인천
S4	김흥국	서울
S5	도요새	용인

① Relation 3개, Attribute 3개, Tuple 5개
② Relation 3개, Attribute 5개, Tuple 3개
③ Relation 1개, Attribute 5개, Tuple 3개
④ Relation 1개, Attribute 3개, Tuple 5개

> Relation은 테이블, Attribute는 테이블의 열, Tuple은 테이블의 행을 의미하므로, 위의 표는 한 개의 릴레이션(Relation), 3개의 속성(Attribute), 5개의 튜플(Tuple)을 표현하고 있습니다.

▶ 정답 : 1.② 2.① 3.③ 4.③ 5.④

SECTION 026 관계형 데이터베이스의 구조

1 관계형 데이터베이스의 릴레이션 구조

릴레이션(Relation)은 데이터들을 표(Table)의 형태로 표현한 것으로 구조를 나타내는 릴레이션 스키마와 실제 값들인 릴레이션 인스턴스* 로 구성된다.

〈학생〉 릴레이션

학번	이름	학년	신장	학과
19001	김예소	2	170	CD
20002	고강민	1	169	CD
19012	이향기	2	180	ID
17032	김동준	4	174	ED

- 속성 → 릴레이션 스키마
- 튜플 ↓
- 릴레이션 인스턴스
- 릴레이션
- 학년의 도메인

튜플(Tuple)*

- 튜플은 릴레이션을 구성하는 각각의 행을 말한다.
- 튜플은 속성의 모임으로 구성된다.
- 파일 구조에서 레코드(Record)와 같은 의미이다.
- 튜플의 수를 카디널리티(Cardinality) 또는 기수, 대응수라고 한다.

속성(Attribute)*

- 속성은 데이터베이스를 구성하는 가장 작은 논리적 단위이다.
- 파일 구조상의 데이터 항목 또는 데이터 필드(Data Field)에 해당된다.
- 속성은 개체의 특성을 기술한다.
- 속성의 수를 디그리(Degree) 또는 차수라고 한다.

도메인(Domain)*

- 도메인은 하나의 애트리뷰트가 취할 수 있는 같은 타입의 원자(Atomic)값들의 집합이다.
- 도메인은 실제 애트리뷰트 값이 나타날 때 그 값의 합법 여부를 시스템이 검사하는데에도 이용된다.
  - 예 성별 애트리뷰트의 도메인은 '남'과 '여'로, 그 외의 값은 입력될 수 없다.

전문가의 조언

중요해요! ★★★★★
릴레이션, 튜플, 속성, 도메인 등 관계형 데이터베이스에서 사용하는 용어의 의미에 대해 알아두세요. 특히 테이블 = 릴레이션, 튜플 = 레코드, 속성 = 필드가 같은 의미로 사용된다는 것을 꼭 기억하세요.

릴레이션 인스턴스
데이터 개체를 구성하고 있는 속성들에 데이터 타입이 정의되어 구체적인 데이터 값을 갖고 있는 것을 말합니다.
예 〈학생〉 릴레이션의 인스턴스

튜플
- 〈학생〉 릴레이션에서 카디널리티는 4입니다.
- 카디널리티 = 튜플의 수 = 기수 = 대응수

속성
- 〈학생〉 릴레이션에서 디그리는 5입니다.
- 디그리 = 속성의 수 = 차수

도메인
〈학생〉 릴레이션에서 '학년'의 도메인은 1~4입니다.

기출문제 따라잡기

문제1 2602551

이전기출
1. 아래 보기에서 설명하는 내용과 가장 가까운 데이터베이스는?

- 개체를 중심으로 이들 사이의 관련성을 표현하는 개체로서 널리 활용되고 있다.
- 데이터베이스를 구성하는 정보 단위는 개체가 된다.
- 개체들 사이에 존재하는 관련성을 효과적으로 표현함으로써 데이터베이스를 구성하는 정보 간의 의미를 용이하게 파악할 수 있다.
- 일반 사용자로 하여금 데이터베이스가 릴레이션, 즉 테이블의 집합으로 되어 있다고 생각하게 한다.

① 관계형 데이터베이스
② 네트워크형 데이터베이스
③ 객체 지향 데이터베이스
④ 계층형 데이터베이스

데이터베이스가 릴레이션, 즉 테이블의 집합으로 되어 있는 것은 관계형 데이터베이스(RDB)입니다.

이전기출
2. 다음의 특징을 갖고 있는 데이터베이스는?

- 테이블을 이용하여 데이터 상호관계로 정의한다.
- 개체 집합은 공통 속성으로 만들어진다.
- 해당 데이터 모델링의 대표적인 언어는 SQL이다.

① 계층형 데이터베이스
② 네트워크형 데이터베이스
③ 관계형 데이터베이스
④ 개체-관계 데이터베이스

관계형 데이터베이스(RDB)는 테이블을 이용하여 데이터 상호관계를 정의하는 DB 구조를 말합니다.

이전기출
3. 트리(Tree) 구조를 이용해서 데이터 상호관계를 계층적으로 정의한 데이터베이스는?

① 네트워크형 데이터베이스
② 객체 지향 데이터베이스
③ 관계형 데이터베이스
④ 계층형 데이터베이스

트리(Tree) 구조를 이용하는 데이터베이스는 계층형 데이터베이스(HDB)입니다.

출제예상
4. 다음에서 설명하고 있는 데이터베이스는?

- 그래프(Graph) 구조를 이용해서 데이터 상호관계를 정의한다.
- 상위와 하위 레코드가 다 대 다의 대응관계로 이루어진 구조이다.

① 계층형 데이터베이스
② 네트워크형 데이터베이스
③ 객체 지향 데이터베이스
④ 관계형 데이터베이스

그래프(Graph) 구조를 이용하는 데이터베이스는 네트워크형 데이터베이스(NDB)입니다.

▶ 정답 : 1.① 2.③ 3.④ 4.②

SECTION 025 데이터베이스의 종류

1 관계형 데이터베이스(RDB; Relational DB)

관계형 데이터베이스는 계층 구조가 아닌 2차원적인 표(Table)를 이용하여 데이터의 상호관계를 정의하는 DB 구조로, 가장 널리 사용되고 있다.

- 계층 모델과 망 모델의 복잡한 구조를 단순화 시킨 모델이다.
- 데이터베이스를 구성하는 정보 단위는 개체이다.
- 관계형 모델의 대표적인 언어는 SQL이다.
- 일 대 일(1:1), 일 대 다(1:N), 다 대 다(N:M) 관계를 자유롭게 표현할 수 있다.

전문가의 조언

중요해요! ★★★
데이터베이스의 종류를 구분할 수 있도록 개념을 정리하세요. 특히 관계형 데이터베이스에 대해서는 개념, 특징, 구성 요소 모두를 확실하게 숙지하세요.

2 계층형 데이터베이스(HDB; Hierarchical DB)

계층형 데이터베이스는 트리(Tree) 구조를 이용해서 데이터 상호관계를 계층적으로 정의한 DB 구조이다.

- 상위와 하위 레코드가 일 대 다(1:N)의 대응관계로 이루어진 구조이다.

계층형 데이터베이스

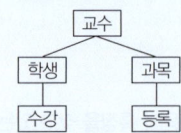

3 네트워크(망)형 데이터베이스(NDB; Network DB)

네트워크형 데이터베이스는 그래프(Graph) 구조를 이용해서 데이터 상호관계를 계층적으로 정의한 DB 구조이다.

- 상위와 하위 레코드가 다 대 다(N:M)의 대응관계로 이루어진 구조이다.

네트워크형 데이터베이스

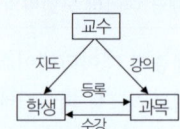

4 객체 지향형 데이터베이스(Object Oriented DB)

객체 지향형 데이터베이스는 객체(Object)*의 개념을 데이터베이스에 도입한 DB 구조이다.

- 공학 분야 또는 멀티미디어 데이터와 같이 복잡한 관계를 가진 데이터들을 표현하는 데 효과적이다.

객체(Object)
객체는 차량, 교수, 학생처럼 현실 세계에서 인간이 인식할 수 있는 실체를 말합니다.

기출문제 따라잡기

  문제3 2408253  문제5 2408255

이전기출
1. 개체-관계(E-R) 모델에 대한 설명으로 잘못된 것은?

① E-R 다이어그램으로 표현하며 P. Chen이 제안했다.
② 일 대 일(1:1) 관계 유형만을 표현할 수 있다.
③ 개체 타입과 이들 간의 관계 타입을 이용해 현실 세계를 개념적으로 표현한 방법이다.
④ E-R 다이어그램은 E-R 모델을 그래프 방식으로 표현한 것이다.

> E-R 모델은 특정 DBMS에 맞게 작성하는 것이 아니므로 나타낼 수 있는 관계의 유형은 일 대 일, 일 대 다, 다 대 다입니다.

이전기출
2. 개체-관계 모델(E-R Model)에 대한 설명으로 옳지 않은 것은?

① 개체 타입과 이들 간의 관계 타입을 기본 요소로 이용하여 현실 세계를 개념적으로 표현한다.
② E-R 다이어그램에서 개체 타입은 사각형으로 나타낸다.
③ E-R 다이어그램에서 속성은 타원으로 나타낸다.
④ 오너-멤버(Owner-Member) 관계라고도 한다.

> 오너-멤버(Owner-Member) 관계는 망형 데이터 모델의 특징입니다.

이전기출
3. 개체-관계(E-R) 모델에 대한 설명으로 잘못된 것은?

① 특정 DBMS를 고려하여 제작하지 않는다.
② 개체는 마름모, 속성은 사각형을 이용하여 표현한다.
③ 개념적 데이터베이스 단계에서 제작된다.
④ E-R 모델의 기본적인 아이디어를 시각적으로 가장 잘 나타낸 것이 E-R 다이어그램이다.

> 개체 타입은 사각형, 관계 타입은 마름모, 속성은 타원으로 표현합니다.

이전기출
4. E-R 모델에서 다중값 속성의 표기법은?

> 속성은 타원, 다중값 속성은 이중 타원으로 표현합니다.

이전기출
5. 개체-관계 모델의 E-R 다이어그램에서 사용되는 기호와 그 의미의 연결이 틀린 것은?

① 사각형 – 개체 타입
② 삼각형 – 속성
③ 선 – 개체 타입과 속성을 연결
④ 마름모 – 관계 타입

> 속성은 타원으로 표시합니다.

▶ 정답 : 1.② 2.④ 3.② 4.③ 5.②

2 E-R 다이어그램(Entity-Relationship Diagram)

E-R 다이어그램*은 E-R 모델의 기본 아이디어를 시각적으로 표현하기 위한 그림으로, 실체 간의 관계는 물론 조직, 사용자, 프로그램, 데이터 등 시스템 내에서 역할을 가진 모든 실체들을 표현한다.

기호	기호 이름	의미
□	사각형	개체(Entity) 타입
◇	마름모	관계(Relationship) 타입
○	타원	속성(Attribute)
◎	이중 타원	다중값 속성(복합 속성)
⊖	밑줄 타원	기본키 속성
○○	복수 타원	복합 속성 예 성명은 성과 이름으로 구성
□─N◇M─□	관계	1:1, 1:N, N:M 등의 개체 간 관계에 대한 대응수를 선 위에 기술함
───	선, 링크	개체 타입과 속성을 연결

예제 다음은 고객과 주문서 간의 관계를 나타낸 E-R 다이어그램이다.

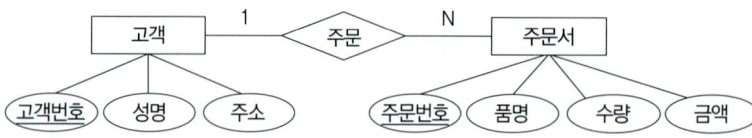

해설
- **개체** : 고객, 주문서
- **속성**
  - 고객의 속성 : 고객번호, 성명, 주소
  - 주문서의 속성 : 주문번호, 품명, 수량, 금액
- **관계** : '고객'과 '주문서'의 '주문' 관계는 일 대 다의 관계, 즉 한 사람의 고객이 다수의 주문을 할 수 있고 주문서 1개는 특정인의 주문서로 되어 있다.
- 밑줄친 속성은 기본키*를 나타낸다.

전문가의 조언

E-R 다이어그램에서 사용되는 기호를 정확히 암기해 두세요.

E-R 다이어그램 표기법
E-R 다이어그램 표기법에는 피터 첸 표기법, 정보 공학 표기법, 바커 표기법 등이 있으며, 왼쪽의 표는 피터 첸 표기법입니다.

기본키(Primary Key)
기본키는 개체 인스턴스들을 서로 구분할 수 있는 유일한 속성을 말합니다.

2장 데이터베이스 기초 **171**

SECTION 024 E-R(개체-관계) 모델

전문가의 조언

E-R 모델은 특정 DBMS를 고려하지 않으며, 개념적 설계 단계에서 제작된다는 것을 중심으로 특징을 정리하세요.

1 E-R(Entity-Relationship, 개체-관계) 모델의 개요

E-R 모델은 개념적 데이터 모델의 가장 대표적인 것으로, 1976년 피터 첸(Peter Chen)에 의해 제안되고 기본적인 구성 요소가 정립되었다.

- E-R 모델은 개체와 개체 간의 관계를 기본 요소로 이용하여 현실 세계의 무질서한 데이터를 개념적인 논리 데이터로 표현하기 위한 방법으로 많이 사용되고 있다.
- E-R 모델은 개체 타입(Entity Type)과 이들 간의 관계 타입(Relationship Type)을 이용해 현실 세계를 개념적으로 표현한다.
- E-R 모델에서는 데이터를 개체(Entity), 관계(Relationship), 속성(Attribute)으로 묘사한다.
- E-R 모델은 특정 DBMS를 고려한 것은 아니다.
- E-R 다이어그램으로 표현하며, 1:1, 1:N, N:M 등의 관계 유형을 제한 없이 나타낼 수 있다.
- 최초에는 개체, 관계, 속성과 같은 개념들로 구성되었으나 나중에는 일반화 계층 같은 복잡한 개념들이 첨가되어 확장된 모델로 발전했다.

잠깐만요 개체, 관계, 속성

- **개체(Entity)** : 학생, 교수, 자동차 등과 같이 실세계에서 개념적 또는 물리적으로 존재하는 실제 사용을 의미함
- **관계(Relationship)** : 교수 개체는 학생 개체를 지도하는 관계인 것처럼 다른 개체 타입에 속한 개체 사이의 관계를 표현함
- **속성(Attribute)** : 학생의 이름, 주소 등과 같이 개체를 묘사하는 데 사용될 수 있는 특성을 의미함

기출문제 따라잡기

이전기출
1. 데이터베이스 설계 단계를 순서대로 기술한 것은
① 개념적 설계 → 물리적 설계 → 논리적 설계
② 개념적 설계 → 논리적 설계 → 물리적 설계
③ 논리적 설계 → 개념적 설계 → 물리적 설계
④ 논리적 설계 → 물리적 설계 → 개념적 설계

데이터베이스 설계 순서는 '개념적 → 논리적 → 물리적' 순입니다.

이전기출
2. 데이터베이스에서 개념적 설계 단계에 대한 설명으로 틀린 것은?
① 산출물로 E-R Diagram을 만들 수 있다.
② DBMS에 독립적인 개념 스키마를 설계한다.
③ 트랜잭션 인터페이스를 설계 및 작성한다.
④ 논리적 설계 단계의 앞 단계에서 수행된다.

트랜잭션 인터페이스를 설계 및 작성하는 단계는 논리적 설계 단계입니다.

이전기출
3. 데이터베이스의 논리적 설계(Logical Design) 단계에서 수행하는 작업이 아닌 것은?
① 레코드 집중의 분석 및 설계
② 논리적 데이터베이스 구조로 매핑(mapping)
③ 트랜잭션 인터페이스 설계
④ 스키마의 평가 및 정제

레코드 집중의 분석 및 설계는 물리적 설계 단계에서 수행하는 작업입니다.

이전기출
4. 데이터베이스 설계 시 물리적 설계 단계에서 수행하는 사항이 아닌 것은?
① 저장 레코드 양식 설계
② 레코드 집중의 분석 및 설계
③ 접근 경로 설계
④ 목표 DBMS에 맞는 스키마 설계

목표 DBMS에 맞는 스키마 설계는 논리적 설계 단계에서 수행합니다.

이전기출
5. 물리적 데이터베이스 설계에 대한 설명으로 거리가 먼 것은?
① 물리적 설계의 목적은 효율적인 방법으로 데이터를 저장하는 것이다.
② 트랜잭션 처리량과 응답시간, 디스크 용량 등을 고려해야 한다.
③ 저장 레코드의 형식, 순서, 접근 경로와 같은 정보를 사용하여 설계한다.
④ 트랜잭션의 인터페이스를 설계하며, 데이터 타입 및 데이터 타입들 간의 관계로 표현한다.

트랜잭션의 인터페이스를 설계하고 데이터 타입 및 타입들 간의 관계 표현은 논리적 설계에서 수행합니다.

이전기출
6. 물리적 데이터베이스 구조의 기본 데이터 단위인 저장 레코드의 양식을 설계할 때 고려 사항이 아닌 것은?
① 데이터 타입
② 데이터 값의 분포
③ 트랜잭션 모델링
④ 접근 빈도

트랜잭션 모델링은 개념적 설계 단계에서 수행합니다.

▶ 정답 : 1.② 2.③ 3.① 4.④ 5.④ 6.③

5 논리적 설계(데이터 모델링)

논리적 설계 단계란 현실 세계에서 발생하는 자료를 컴퓨터가 이해하고 처리할 수 있는 물리적 저장장치에 저장할 수 있도록 변환하기 위해 특정 DBMS가 지원하는 논리적 자료 구조로 변환(mapping)시키는 과정이다.

- 개념 세계의 데이터를 필드로 기술된 데이터 타입과 이 데이터 타입들 간의 관계로 표현되는 논리적 구조의 데이터로 모델화한다.
- 개념적 설계가 개념 스키마를 설계하는 단계라면 논리적 설계에서는 개념 스키마를 평가 및 정제하고 DBMS에 따라 서로 다른 논리적 스키마를 설계하는 단계이다.
- 트랜잭션의 인터페이스를 설계한다.
- 관계형 데이터베이스라면 테이블을 설계하는 단계이다.

6 물리적 설계(데이터 구조화)

물리적 설계란 논리적 설계 단계에서 논리적 구조로 표현된 데이터를 디스크 등의 물리적 저장장치에 저장할 수 있는 물리적 구조의 데이터로 변환하는 과정이다.

- 물리적 설계 단계에서는 다양한 데이터베이스 응용에 대해 처리 성능을 얻기 위해 데이터베이스 파일의 저장 구조 및 액세스 경로를 결정한다.
- 저장 레코드의 양식*, 순서, 접근 경로, 조회가 집중되는 레코드와 같은 정보를 사용하여 데이터가 컴퓨터에 저장되는 방법을 묘사한다.
- **물리적 설계 시 고려할 사항** : 트랜잭션 처리량, 응답 시간, 디스크 용량, 저장 공간의 효율화 등

7 데이터베이스 구현

데이터베이스 구현 단계란 논리적 설계 단계와 물리적 설계 단계에서 도출된 데이터베이스 스키마를 파일로 생성하는 과정이다.

- 사용하려는 특정 DBMS의 DDL(데이터 정의어)을 이용하여 데이터베이스 스키마를 기술한 후 컴파일하여 빈 데이터베이스 파일을 생성한다.
- 생성된 빈 데이터베이스 파일에 데이터를 입력한다.
- 응용 프로그램을 위한 트랜잭션을 작성한다.
- 데이터베이스 접근을 위한 응용 프로그램을 작성한다.

> **저장 레코드 양식**
> 물리적 데이터베이스 구조의 기본 데이터 단위인 저장 레코드의 양식을 설계할 때는 데이터 타입, 데이터 값의 분포, 접근 빈도 등을 고려해야 합니다.

SECTION 023 데이터베이스 설계

1 데이터베이스 설계의 개념

데이터베이스 설계란 사용자의 요구를 분석하여 그것들을 컴퓨터에 저장할 수 있는 데이터베이스의 구조에 맞게 변형한 후 특정 DBMS로 데이터베이스를 구현하여 일반 사용자들이 사용하게 하는 것이다.

전문가의 조언

데이터베이스 설계에서는 설계 순서와 각 단계별 특징이 중요합니다. 데이터베이스 설계 순서 및 각 단계에서 대표적으로 수행해야 할 작업을 중심으로 학습하세요.

2 데이터베이스 설계 순서

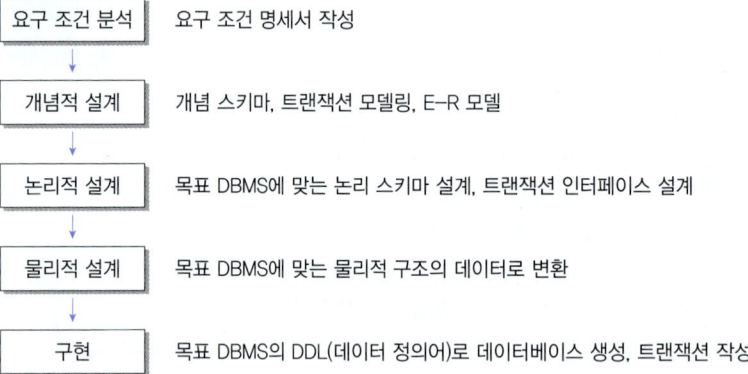

요구 조건 분석	요구 조건 명세서 작성
개념적 설계	개념 스키마, 트랜잭션 모델링, E-R 모델
논리적 설계	목표 DBMS에 맞는 논리 스키마 설계, 트랜잭션 인터페이스 설계
물리적 설계	목표 DBMS에 맞는 물리적 구조의 데이터로 변환
구현	목표 DBMS의 DDL(데이터 정의어)로 데이터베이스 생성, 트랜잭션 작성

3 요구 조건 분석

요구 조건 분석은 데이터베이스를 사용할 사람들로부터 필요한 용도를 파악하는 것이다.
- 데이터베이스 사용자에 따른 수행 업무와 필요한 데이터의 종류, 용도, 처리 형태, 흐름, 제약 조건 등을 수집한다.
- 수집된 정보를 바탕으로 요구 조건 명세를 작성한다.

4 개념적 설계(정보 모델링, 개념화)

개념적 설계란 정보의 구조를 얻기 위하여 현실 세계의 무한성과 계속성을 이해하고, 다른 사람과 통신하기 위하여 현실 세계에 대한 인식을 추상적 개념으로 표현하는 과정이다.
- 개념적 설계 단계에서는 개념 스키마 모델링과 트랜잭션 모델링을 병행 수행한다.
- 개념적 설계 단계에서는 요구 분석 단계에서 나온 결과인 요구 조건 명세를 DBMS에 독립적인 E-R 다이어그램으로 작성한다.
- DBMS에 독립적인 개념 스키마를 설계한다.

기출문제 따라잡기

이전기출
1. 데이터베이스를 사용하는 경우의 장점이 아닌 것은?
① 데이터 중복의 최대화
② 데이터의 무결성 유지
③ 데이터의 공용 사용
④ 데이터의 일관성 유지

> 데이터베이스의 장점 중 하나는 데이터 중복의 최소화입니다.

이전기출
2. 데이터베이스 관리 시스템의 필수 기능 중 사용자와 데이터베이스 사이의 인터페이스를 위한 수단을 제공하는 기능에 해당하는 것은?
① 조작 기능
② 정의 기능
③ 제어 기능
④ 통제 기능

> 조작 기능은 말 그대로 검색, 갱신, 삽입, 삭제 등 데이터베이스를 조작하는 기능으로, 이는 사용자와 데이터베이스 사이의 인터페이스를 위한 수단을 제공하는 기능입니다.

이전기출
3. DBMS의 필수 기능 중 다음 설명에 해당하는 것은?

데이터의 정확성과 보안성을 유지하기 위한 무결성, 보안 및 권한 검사, 병행 제어 등의 기능을 정의

① 정의 기능
② 제어 기능
③ 조작 기능
④ 관리 기능

> 무결성, 보안 및 권한 검사, 병행 제어 등의 기능을 정의하는 DBMS 기능은 제어 기능입니다.

이전기출
4. DBMS의 필수 기능으로 거리가 먼 것은?
① 정의 기능
② 조작 기능
③ 제어 기능
④ 연산 기능

> DBMS의 필수 기능 3가지는 '**정**의·**조**작·**제**어' 기능입니다.

이전기출
5. 데이터베이스 시스템의 구성 요소로 가장 적절한 것은?
① 개념 스키마, 핵심 스키마, 구체적 스키마
② 외부 스키마, 핵심 스키마, 내부 스키마
③ 개념 스키마, 구체적 스키마, 응용 스키마
④ 외부 스키마, 개념 스키마, 내부 스키마

> 스키마의 종류 3가지는 '**개**념, **외**부, **내**부' 스키마입니다.

이전기출
6. 데이터베이스 관리자(DBA)의 설명으로 가장 적합한 것은?
① 데이터베이스의 운용을 원활하게 하기 위해 설계된 데이터베이스 기계
② 데이터 조작어를 이용하여 데이터베이스의 응용이 가능한 사람
③ 데이터베이스 관리 시스템의 관리 및 운영을 책임지는 사람
④ 단말기에서 질의어를 이용하여 데이터베이스를 이용하는 사람

> 데이터베이스 관리자(DBA)는 이름에서도 알 수 있듯이 데이터베이스를 관리하는 사람입니다. ②번은 응용 프로그래머, ④번은 일반 사용자에 대한 설명입니다.

이전기출
7. DBA의 역할로 거리가 먼 것은?
① 스키마 정의
② 데이터 사전의 유지 관리
③ 저장 구조와 접근 방법 선정
④ 응용 프로그램의 설계 및 개발

> 응용 프로그램의 설계 및 개발은 응용 프로그래머의 역할입니다.

이전기출
8. 데이터베이스를 구성하는 개체, 속성, 관계 등 구조에 대한 정의와 이에 대한 제약 조건 등을 기술한 것은?
① 스키마
② 도메인
③ 튜플
④ 기본 키

> 구조에 대한 정의와 이에 대한 제약 조건 등을 기술한 것을 스키마(Schema)라고 합니다.

▶ 정답 : 1.① 2.① 3.② 4.④ 5.④ 6.③ 7.④ 8.①

조작 기능	• 데이터의 검색, 갱신, 삽입, 삭제 등을 체계적으로 처리하기 위해 데이터 접근 수단을 정의하는 기능이다. • 사용자와 데이터베이스 사이의 인터페이스를 위한 수단을 제공한다.
제어 기능	데이터의 정확성과 보안성을 유지하기 위한 무결성, 보안 및 권한 검사, 병행 제어 등의 기능을 정의하는 기능이다.

DBMS 운용 시 고려사항

- 다수 사용자의 이용에 따른 시스템의 보안기능을 확보한다.
- 다양한 장애에 대비한 백업 파일을 확보한다.
- 효율적 검색지원을 위하여 데이터 구조의 표준화를 적극 추진한다.
- 효율적 운영 및 성능 최적화를 위한 관련 전문가를 확보해야 한다.

5 스키마(외부, 개념, 내부)

- 스키마(Schema)는 데이터베이스를 구성하는 개체, 속성, 관계 등 구조에 대한 정의와 이에 대한 제약 조건 등을 기술하는 것을 말한다.
- 스키마는 사용자의 관점에 따라 외부 스키마, 개념 스키마, 내부 스키마로 나뉜다.

외부 스키마(External Schema)	일반 사용자나 응용 프로그래머의 관점에서 본 스키마이다.
개념 스키마(Conceptual Schema)	• 기관이나 조직체의 관점에서 본 스키마이다. • 데이터베이스 접근 권한, 보안 정책, 무결성 규칙에 대한 정의를 포함한다.
내부 스키마(Internal Schema)	시스템 프로그래머나 시스템 설계자의 관점에서 본 스키마이다.

전문가의 조언

중요해요! ★★★
스키마는 외부, 개념, 내부 스키마로 나뉜다는 것을 기억하고, 각각의 특징은 서로 구분할 수 있을 정도로만 알아두세요.

6 데이터베이스 사용자

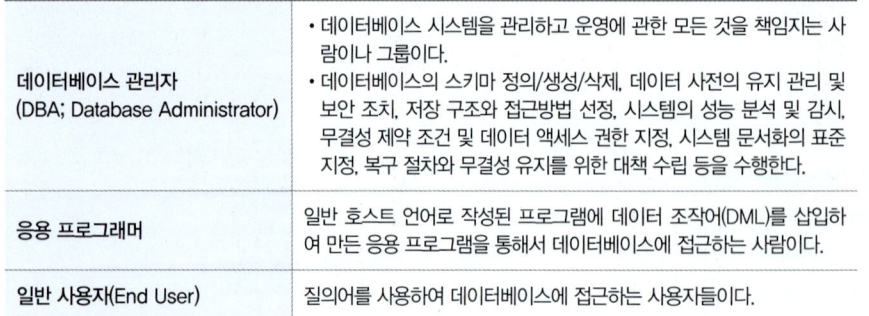

전문가의 조언

중요해요! ★★★★
DBA의 역할을 중심으로 공부하되, 객관식 문제인 만큼 DBA의 역할을 모두 외우기보다는 DBA와 응용 프로그래머, 일반 사용자의 역할을 구분할 수 있을 정도로 학습해 두세요.

SECTION 022

데이터베이스 개요

 전문가의 조언

데이터베이스에 대한 기초적인 내용이므로 정의 및 특징, 장·단점에 대해 간단히 정리하고 넘어가세요.

데이터베이스의 정의
- 통합된 데이터(Integrated Data)
- 저장된 데이터(Stored Data)
- 운영 데이터(Operational Data)
- 공유된 데이터(Shared Data)

1 데이터베이스의 정의*

- 데이터베이스는 특정 조직의 기능을 수행하는 데 필요한 상호 관련된 데이터들의 모임이다.
- 여러 사람에 의해 공동으로 사용될 데이터를 중복을 최소화하여 통합하고, 쉽게 접근하여 처리할 수 있도록 저장장치에 저장하여 항상 사용할 수 있도록 운영하는 운영 데이터이다.

2 데이터베이스의 특징

- **실시간 접근성** : 데이터 조작 및 검색을 요구하는 질의에 대해 실시간 응답이 가능하다.
- **계속적인 변화** : 데이터의 삽입, 삭제, 갱신으로 항상 최신의 데이터를 유지한다.
- **동시 공유** : 여러 사용자가 동시에 자기가 원하는 데이터에 접근하여 이용할 수 있다.
- **내용에 의한 참조** : 데이터베이스의 데이터는 주소나 위치에 의해서가 아니라 사용자가 요구하는 데이터의 내용에 의해 접근한다.

 전문가의 조언

중요해요! ★★★★★
데이터베이스의 장·단점은 무작정 암기하려 하지 말고 데이터베이스의 정의나 특징을 유지하면서 기존 파일 시스템의 문제점을 해결한 시스템이라는 것을 염두에 두고 이해하세요.

무결성
데이터의 무결성(Integrity)이란 데이터의 중복이나 훼손 없이 정확성이 보장된 상태, 즉 정확성을 의미한다고 보면 됩니다.

3 데이터베이스의 장·단점

장점	단점
• 데이터의 중복성 최소화 • 데이터의 공유 • 데이터의 일관성 유지 • 데이터의 무결성* 유지 • 데이터의 논리적·물리적 독립성 유지 • 데이터 저장공간의 절약	• 전산화 비용 증가 • 데이터 유실 시 파일 회복이 어려움 • 시스템의 복잡화 • 처리 속도가 느림

 전문가의 조언

중요해요! ★★★★★
DBMS의 기능에는 정의 기능, 조작 기능, 제어 기능이 있다는 것을 기억하고, 각 기능을 구분할 수 있도록 정리하세요.

4 DBMS

DBMS(Database Management System, 데이터베이스 관리 시스템)는 사용자와 데이터베이스 사이에 위치하여 데이터베이스를 관리하고, 사용자의 요구에 따라 정보를 생성해 주는 소프트웨어이다.

DBMS의 필수 기능

정의 기능	데이터베이스에 저장될 데이터의 타입과 구조에 대한 정의와 데이터를 이용하는 방식을 정의하는 기능이다.

2장 데이터베이스 기초

022 데이터베이스 개요 Ⓐ등급
023 데이터베이스 설계 Ⓐ등급
024 E-R(개체-관계) 모델 Ⓑ등급
025 데이터베이스의 종류 Ⓑ등급
026 관계형 데이터베이스의 구조 Ⓐ등급
027 키의 개념 및 종류 Ⓐ등급
028 무결성의 개념 및 종류 Ⓑ등급
029 시스템 카탈로그 Ⓒ등급
030 트랜잭션 Ⓑ등급
031 자료 구조 Ⓐ등급
032 트리(Tree) Ⓐ등급
033 정렬(Sort) Ⓐ등급
034 검색 - 이분 검색 Ⓒ등급

꼭 알아야 할 키워드 Best 10

1. DBMS 2. 스키마 3. 데이터베이스 설계 순서 4. 관계형 데이터베이스 5. 속성 6. 도메인 7. 기본키 8. 스택 9. 트리 10. 삽입 정렬

1장 핵심요약

❹ 전송 계층의 주요 프로토콜

TCP	• 양방향 연결형 서비스를 제공함 • 스트림 위주의 전달(패킷 단위)을 함 • 신뢰성 있는 경로를 확립하고 메시지 전송을 감독함 • 순서 제어, 오류 제어, 흐름 제어 기능을 함
UDP	• 데이터 전송 전에 연결을 설정하지 않는 비연결형 서비스를 제공함 • 오버헤드가 적고, 흐름 제어나 순서 제어가 없어 전송 속도가 빠름 • 실시간 전송에 유리하며, 신뢰성보다는 속도가 중요시되는 네트워크에서 사용됨
RTCP	• RTP 패킷의 전송 품질을 제어하기 위한 제어프로토콜 • 세션(Session)에 참여한 각 참여자들에게 주기적으로 제어 정보를 전송함 • 하위 프로토콜은 데이터 패킷과 제어 패킷의 다중화(Multiplexing)를 제공함

❺ 인터넷 계층의 주요 프로토콜

IP	• 전송할 데이터에 주소를 지정하고, 경로를 설정하는 기능을 함 • 비연결형인 데이터그램 방식을 사용하는 것으로 신뢰성이 보장되지 않음 • 패킷의 분해/조립, 주소 지정, 경로 선택 기능을 제공함
ICMP	IP와 조합하여 통신중에 발생하는 오류의 처리와 전송 경로 변경 등을 위한 제어 메시지를 관리하는 역할을 함
IGMP	멀티캐스트를 지원하는 호스트나 라우터 사이에서 멀티캐스트 그룹 유지를 위해 사용됨
ARP	호스트의 IP 주소를 호스트와 연결된 네트워크 접속 장치의 물리적 주소(MAC Address)로 바꿈
RARP	ARP와 반대로 물리적 주소를 IP 주소로 변환하는 기능을 함

❻ 네트워크 액세스 계층의 주요 프로토콜

Ethernet(IEEE 802.3)	CSMA/CD 방식의 LAN
IEEE 802	LAN을 위한 표준 프로토콜
HDLC	비트 위주의 데이터 링크 제어 프로토콜
X.25	패킷 교환망을 통한 DTE와 DCE 간의 인터페이스를 제공하는 프로토콜
RS-232C	공중 전화 교환망(PSTN)을 통한 DTE와 DCE 간의 인터페이스를 제공하는 프로토콜

❼ LAN(근거리 통신망, Local Area Network)

학교, 회사, 연구소 등 한 건물이나 일정 지역 내에서 컴퓨터나 단말장치들을 고속 전송 회선으로 연결하여 프로그램 파일 또는 주변장치를 공유할 수 있도록 한 네트워크 형태를 말한다.

❽ HDLC 프레임 구조

• 플래그 → 주소부 → 제어부 → 정보부 → FCS → 플래그
• 제어부 : 프레임의 종류를 식별하기 위해 사용하며, 프레임 종류를 I 프레임, S 프레임, U 프레임으로 구별함

④ 네트워크 계층(Network Layer, 망 계층)
- 개방 시스템들 간의 네트워크 연결을 관리하는 기능과 데이터의 교환 및 중계 기능을 한다.
- 경로 설정(Routing), 데이터 교환 및 중계, 트래픽 제어, 패킷 정보 전송을 수행한다.
- X.25, IP 등의 표준이 있다.

⑤ 전송 계층(Transport Layer)
- 논리적 안정과 균일한 데이터 전송 서비스를 제공함으로써 종단 시스템(End-to-End) 간에 투명한 데이터 전송을 가능하게 한다.
- 주소 설정, 다중화(분할 및 재조립), 오류 제어, 흐름 제어를 수행한다.
- TCP, UDP 등의 표준이 있다.

⑥ 세션 계층(Session Layer)
- 송 · 수신 측 간의 관련성을 유지하고 대화 제어를 담당한다.
- 대화(회화) 구성 및 동기 제어, 데이터 교환 관리 기능을 한다.
- 송 · 수신 측 간의 데이터 전송, 연결 해제, 동기 처리 등의 대화를 관리하기 위해 토큰(Token)이 사용된다.

⑦ 표현 계층(Presentation Layer)
- 응용 계층으로부터 받은 데이터를 세션 계층에 보내기 전에 통신에 적당한 형태로 변환하고, 세션 계층에서 받은 데이터는 응용 계층에 맞게 변환하는 기능을 한다.
- 코드 변환, 데이터 암호화, 데이터 압축, 구문 검색, 정보 형식(포맷) 변환, 문맥 관리 기능을 한다.

⑧ 응용 계층(Application Layer)
- 사용자(응용 프로그램)가 OSI 환경에 접근할 수 있도록 서비스를 제공한다.
- 응용 프로세스 간의 정보 교환, 전자 사서함(SMPT), 파일 전송(FTP), 원격 접속(TELNET) 등의 서비스를 제공한다.

021 TCP/IP

❶ TCP/IP의 개요
인터넷에 연결된 서로 다른 기종의 컴퓨터들이 데이터를 주고받을 수 있도록 하는 표준 프로토콜이다.

❷ TCP/IP의 구조

응용 계층	• 응용 프로그램 간의 데이터 송 · 수신 제공함 • TELNET, FTP, SMTP, SNMP, DNS, HTTP 등
전송 계층	• 호스트들 간의 신뢰성 있는 통신 제공함 • TCP, UDP
인터넷 계층	• 데이터 전송을 위한 주소 지정, 경로 설정을 제공함 • IP, ICMP, IGMP, ARP, RARP
네트워크 액세스 계층	• 실제 데이터(프레임)를 송 · 수신하는 역할을 함 • Ethernet, IEEE 802, HDLC, X.25, RS-232C, ARQ 등

❸ 응용 계층의 주요 프로토콜

FTP	컴퓨터와 컴퓨터 또는 컴퓨터와 인터넷 사이에서 파일을 주고받을 수 있도록 하는 원격 파일 전송 프로토콜
SMTP	전자 우편을 전송하는 프로토콜
TELNET	멀리 떨어져 있는 컴퓨터에 접속하여 자신의 컴퓨터처럼 사용할 수 있도록 해주는 가상 터미널(Virtual Terminal) 기능을 수행함
SNMP	TCP/IP의 네트워크 관리 프로토콜로, 라우터나 허브 등 네트워크 기기의 네트워크 정보를 네트워크 관리 시스템에 보내는 데 사용되는 표준 통신 규약
DNS	도메인 네임을 IP 주소로 매핑(Mapping)하는 시스템
HTTP	월드 와이드 웹(WWW)에서 HTML 문서를 송수신 하기 위한 표준 프로토콜
MQTT	발행-구독 기반의 메시징 프로토콜로, IoT 환경에서 자주 사용됨

1장 핵심요약

018 인터넷

❶ 인터넷의 개요
- TCP/IP 프로토콜을 기반으로 하여 전 세계 수많은 컴퓨터와 네트워크들이 연결된 광범위한 컴퓨터 통신망이다.
- 인터넷은 미 국방성의 ARPANET에서 시작되었다.
- 인터넷에 연결된 모든 컴퓨터는 고유한 IP 주소를 갖는다.

❷ IP 주소
- 인터넷에 연결된 모든 컴퓨터의 자원을 구분하기 위한 고유한 주소이다.
- 숫자로 8비트씩 4부분, 총 32비트로 구성되어 있다.
- 각 부분은 점(.)으로 구분한다.
- A~E 클래스까지 총 5단계로 구성되어 있다.

❸ IPv6 주소
- 현재 사용하고 있는 IP 주소 체계인 IPv4의 주소 부족 문제를 해결하기 위해 개발되었다.
- 16비트씩 8부분, 총 128비트로 구성되어 있다.
- 각 부분을 16진수로 표현하고, 콜론(:)으로 구분한다.
- 유니캐스트, 멀티캐스트, 애니캐스트의 세 가지 주소 체계로 나누어진다.

019 통신 프로토콜

❶ 통신 프로토콜의 개요
서로 다른 기기들 간의 데이터 교환을 정확하고 원활하게 수행할 수 있도록 표준화한 통신 규약이다.

❷ 통신 프로토콜의 기본 요소
- 구문(Syntax) : 전송하고자 하는 데이터의 형식, 부호화, 신호 레벨 등을 규정
- 의미(Semantics) : 두 기기 간의 효율적이고 정확한 정보 전송을 위한 협조 사항과 오류 관리를 위한 제어 정보를 규정
- 시간(Timing) : 두 기기 간의 통신 속도, 메시지의 순서 제어 등을 규정

❸ 네트워크 설치 구조

성형(Star)	중앙에 중앙 컴퓨터가 있고, 이를 중심으로 단말장치들이 연결되는 중앙 집중식의 네트워크 구성 형태
링형(Ring)	컴퓨터와 단말장치들을 서로 이웃하는 것끼리 포인트 투 포인트(Point-to-Point) 방식으로 연결시킨 형태
버스형(Bus)	한 개의 통신 회선에 여러 대의 단말장치가 연결되어 있는 형태
계층형(Tree)	중앙 컴퓨터와 일정 지역의 단말장치까지는 하나의 통신 회선으로 연결시키고, 이웃하는 단말장치는 일정 지역 내에 설치된 중간 단말장치로부터 다시 연결시키는 형태
망형(Mesh)	• 모든 지점의 컴퓨터와 단말장치를 서로 연결한 형태 • 모든 노드를 망형으로 연결하려면 노드의 수가 n개일 때, $\frac{n(n-1)}{2}$ 개의 회선이 필요함

020 OSI 참조 모델

❶ OSI 참조 모델의 개요
- 다른 시스템 간의 원활한 통신을 위해 ISO(국제표준화기구)에서 제안한 통신 규약(Protocol)이다.
- 하위 계층 : 물리 계층 → 데이터 링크 계층 → 네트워크 계층
- 상위 계층 : 전송 계층 → 세션 계층 → 표현 계층 → 응용 계층

❷ 물리 계층(Physical Layer)
- 전송에 필요한 두 장치 간의 실제 접속과 절단 등 기계적, 전기적, 기능적, 절차적 특성에 대한 규칙을 정의한다.
- RS-232C, X.21 등의 표준이 있다.

❸ 데이터 링크 계층(Data Link Layer)
- 두 개의 인접한 개방 시스템들 간에 신뢰성 있고 효율적인 정보 전송을 할 수 있도록 시스템 간 연결 설정과 유지 및 종료를 담당한다.
- 흐름 제어, 동기화, 오류 제어, 순서 제어 등의 기능을 제공한다.
- HDLC, LAPB, LLC, MAC, LAPD, PPP 등의 표준이 있다.

기출문제 따라잡기

이전기출

1. IP 프로토콜의 주요 특징에 해당하지 않는 것은?
① 체크섬(Checksum) 기능으로 데이터 체크섬(Data Checksum)만 제공한다.
② 패킷을 분할, 병합하는 기능을 수행하기도 한다.
③ 비연결형 서비스를 제공한다.
④ Best Effort 원칙에 따른 전송 기능을 제공한다.

> IP 헤더에서 제공되는 Checksum은 Header Checksum입니다.

이전기출

2. TCP/IP에서 사용되는 논리(IP) 주소를 물리(MAC) 주소로 변환시켜주는 프로토콜은?
① TCP   ② ARP
③ RARP   ④ IP

> ARP는 '논리 주소 → 물리 주소', RARP는 '물리 주소 → 논리 주소'로 변환합니다.

이전기출

3. UDP 프로토콜의 특징이 아닌 것은?
① 비연결형 서비스를 제공한다.
② 단순한 헤더 구조로 오버헤드가 적다.
③ 주로 주소를 지정하고, 경로를 설정하는 기능을 한다.
④ TCP와 같이 트랜스포트 계층에 존재한다.

> 주소 지정과 경로 선택은 IP(Internet Protocol)의 기능입니다.

이전기출

4. TCP에 대한 설명으로 옳지 않은 것은?
① 프레임을 전송 단위로 사용한다.
② 요청과 응답을 동시에 주고 받는 양방향 연결 방식을 사용한다.
③ 순서 제어, 오류 제어, 흐름 제어 기능을 제공한다.
④ 투명성이 보장되는 통신을 제공한다.

> TCP 프로토콜은 패킷 단위의 스트림(Stream) 전송 기능을 제공합니다.

이전기출

5. HDLC(High-level Data Link Control) 프레임을 구성하는 순서로 바르게 열거한 것은?
① 플래그, 주소부, 정보부, 제어부, 검색부, 플래그
② 플래그, 주소부, 제어부, 정보부, 검색부, 플래그
③ 플래그, 검색부, 주소부, 정보부, 제어부, 플래그
④ 플래그, 제어부, 주소부, 정보부, 검색부, 플래그

> HDLC 프레임 구성 순서는 '주소부, 제어부, 정보부, 검색부'입니다.

이전기출

6. HDLC(High-level Data Link Control)의 제어부에 속한 프레임의 종류가 아닌 것은?
① I 프레임   ② S 프레임
③ U 프레임   ④ C 프레임

> HDLC의 제어부에 속한 프레임에는 I, S, U가 있습니다.

이전기출

7. 다음 중 LAN의 특징이 아닌 것은?
① 광대역 통신 매체의 사용으로 고속 통신이 가능하다.
② 광역 공중망의 통신에 적합하다.
③ 정보처리기기의 재배치 및 확장성이 뛰어나다.
④ 다양한 디지털 정보 전송이 가능하다.

> LAN은 광역 공중망이 아닌 제한된 지역 내에서 운영되는 소단위 고속 정보 통신망입니다.

▶ 정답 : 1.① 2.② 3.③ 4.① 5.② 6.④ 7.②

⑤ 인터넷 계층의 주요 프로토콜

IP(Internet Protocol)	• 전송할 데이터에 주소를 지정하고, 경로를 설정하는 기능을 한다. • 비연결형인 데이터그램 방식을 사용하는 것으로 신뢰성이 보장되지 않는다*.
ICMP(Internet Control Message Protocol, 인터넷 제어 메시지 프로토콜)	IP와 조합하여 통신중에 발생하는 오류의 처리와 전송 경로 변경 등을 위한 제어 메시지를 관리하는 역할을 하며, 헤더는 8Byte로 구성된다.
IGMP(Internet Group Management Protocol, 인터넷 그룹 관리 프로토콜)	멀티캐스트를 지원하는 호스트나 라우터 사이에서 멀티캐스트 그룹 유지를 위해 사용된다.
ARP(Address Resolution Protocol, 주소 분석 프로토콜)	호스트의 IP 주소를 호스트와 연결된 네트워크 접속 장치의 물리적 주소*(MAC Address)로 바꾼다.
RARP(Reverse Address Resolution Protocol)	ARP와 반대로 물리적 주소를 IP 주소로 변환하는 기능을 한다.

⑥ 네트워크 액세스 계층의 주요 프로토콜

Ethernet(IEEE 802.3)	CSMA/CD 방식의 LAN*
IEEE 802	LAN을 위한 표준 프로토콜
HDLC	비트 위주의 데이터 링크 제어 프로토콜
X.25	패킷 교환망을 통한 DTE와 DCE 간의 인터페이스를 제공하는 프로토콜
RS-232C	공중 전화 교환망(PSTN)을 통한 DTE와 DCE 간의 인터페이스를 제공하는 프로토콜

잠깐만요 HDLC(High-level Data Link Control) 프레임의 구조

← 헤더 →			← 텍스트 →	← 트레일러 →	
8Bit	8Bit(확장 가능)	8Bit	임의Bit	16/32Bit	8Bit
플래그	주소부	제어부*	정보부	FCS	플래그

IP의 비신뢰성
비신뢰성이란 패킷이 목적지에 성공적으로 도달하는 것을 보장하지 않는다는 의미입니다. IP는 최선의 서비스를 목적으로 하는 프로토콜로, 신뢰성에 대한 요구는 TCP와 같은 상위 계층에서 제공합니다.

물리적 주소(MAC Address)
물리적 주소는 랜카드 제작사에서 랜 카드(네트워크 접속장치)에 부여한 고유 번호입니다.

LAN(근거리 통신망, Local Area Network)
LAN은 학교, 회사, 연구소 등 한 건물이나 일정 지역 내에서 컴퓨터나 단말장치들을 고속 전송 회선으로 연결하여 프로그램 파일 또는 주변 장치를 공유할 수 있도록 한 네트워크 형태를 말합니다.

전문가의 조언

중요해요! ★★★
HDLC의 프레임 구조를 순서대로 정확히 기억하고, 프레임의 종류에는 I, S, U 프레임이 있다는 것을 기억하세요.

제어부
제어부는 프레임의 종류를 식별하기 위해 사용하며, 제어부의 첫 번째, 두 번째 비트를 사용하여 프레임 종류를 I 프레임, S 프레임, U 프레임으로 구별합니다.

③ 응용 계층의 주요 프로토콜

FTP(File Transfer Protocol)	컴퓨터와 컴퓨터 또는 컴퓨터와 인터넷 사이에서 파일을 주고받을 수 있도록 하는 원격 파일 전송 프로토콜이다.
SMTP(Simple Mail Transfer Protocol)	전자 우편을 전송하는 프로토콜이다.
TELNET	멀리 떨어져 있는 컴퓨터에 접속하여 자신의 컴퓨터처럼 사용할 수 있도록 해주는 가상의 터미널(Virtual Terminal) 기능을 수행한다.
SNMP(Simple Network Management Protocol)	TCP/IP의 네트워크 관리 프로토콜로, 라우터나 허브 등 네트워크 기기의 네트워크 정보를 네트워크 관리 시스템에 보내는 데 사용되는 표준 통신 규약이다.
DNS(Domain Name System)	도메인 네임을 IP 주소로 매핑(Mapping)하는 시스템이다.
HTTP(HyperText Transfer Protocol)	월드 와이드 웹(WWW)에서 HTML 문서를 송수신 하기 위한 표준 프로토콜이다.
MQTT(Message Queuing Telemetry Transport)	발행–구독 기반*의 메시징 프로토콜로, IoT 환경에서 자주 사용된다.

발행–구독(Publish–Subscribe) 기반
예를 들어, 유튜브의 채널 운영자가 새로운 메시지를 발행하면, 유튜브 사용자 전체가 아닌 해당 채널 구독자만을 대상으로 메시지가 전달되도록 운영되는 구조를 의미합니다.

④ 전송 계층의 주요 프로토콜

TCP(Transmission Control Protocol)*	• 양방향 연결(Full Duplex Connection)형 서비스를 제공한다. • 가상 회선 연결(Virtual Circuit Connection) 형태의 서비스를 제공한다. • 스트림 위주의 전달(패킷 단위)을 한다. • 신뢰성 있는 경로를 확립하고 메시지 전송을 감독한다. • 순서 제어, 오류 제어, 흐름 제어 기능을 한다. • 패킷의 분실, 손상, 지연이나 순서가 틀린 것 등이 발생할 때 투명성이 보장되는 통신을 제공한다. • TCP 프로토콜의 헤더는 기본적으로 20Byte에서 60Byte까지 사용할 수 있는데, 선택적으로 40Byte를 더 추가할 수 있으므로 최대 100Byte까지 크기를 확장할 수 있다. • TCP 헤더에서 윈도우의 최대 크기는 65,535($2^{16}-1$)Byte이다.
UDP(User Datagram Protocol)	• 데이터 전송 전에 연결을 설정하지 않는 비연결형 서비스를 제공한다. • TCP에 비해 상대적으로 단순한 헤더 구조를 가지므로, 오버헤드가 적고, 흐름 제어나 순서 제어가 없어 전송 속도가 빠르다. • 고속의 안정성 있는 전송 매체를 사용하여 빠른 속도를 필요로 하는 경우, 동시에 여러 사용자에게 데이터를 전달할 경우, 정기적으로 반복해서 전송할 경우에 사용한다. • 실시간 전송에 유리하며, 신뢰성보다는 속도가 중요시되는 네트워크에서 사용된다. • UDP 헤더에는 Source Port Number, Destination Port Number, Length, Checksum 등이 포함된다.
RTCP(Real-Time Control Protocol)	• RTP(Real-time Transport Protocol) 패킷의 전송 품질을 제어하기 위한 제어 프로토콜이다. • 세션(Session)에 참여한 각 참여자들에게 주기적으로 제어 정보를 전송한다. • 하위 프로토콜은 데이터 패킷과 제어 패킷의 다중화(Multiplexing)를 제공한다. • 데이터 전송을 모니터링하고 최소한의 제어와 인증 기능만을 제공한다. • RTCP 패킷은 항상 32비트의 경계로 끝난다.

TCP를 사용하는 서비스
FTP, SMTP, TELNET, HTTP 등

SECTION 021

TCP/IP

전문가의 조언

TCP와 IP의 기능, TCP/IP를 구성하는 계층을 구분할 수 있어야 합니다. TCP와 IP의 기능과 TCP/IP의 계층이 OSI 7계층의 어느 계층에 대응되는지를 잘 알아두세요. 또한 TCP/IP의 4계층은 꼭 외우세요.

1 TCP/IP의 개요

TCP/IP(Transmission Control Protocol/Internet Protocol)는 인터넷에 연결된 서로 다른 기종의 컴퓨터들이 데이터를 주고받을 수 있도록 하는 표준 프로토콜이다.

- TCP/IP는 1960년대 말 ARPA에서 개발하여 ARPANET(1972)에서 사용하기 시작했다.
- TCP/IP는 UNIX의 기본 프로토콜로 사용되었고, 현재 인터넷 범용 프로토콜로 사용된다.
- TCP/IP는 다음과 같은 기능을 수행하는 TCP 프로토콜과 IP 프로토콜이 결합된 것을 의미한다.

TCP(Transmission Control Protocol)	• OSI 7계층의 전송 계층에 해당한다. • 신뢰성 있는 연결형* 서비스를 제공한다. • 패킷의 다중화, 순서 제어, 오류 제어, 흐름 제어 기능을 제공한다. • 스트림(Stream) 전송 기능 제공한다. • TCP 헤더에는 Source/Destination Port Number, Sequence Number, Acknowledgment Number, Checksum 등이 포함된다.
IP (Internet Protocol)	• OSI 7계층의 네트워크 계층에 해당한다. • 데이터그램을 기반으로 하는 비연결형* 서비스를 제공한다. • Best Effort* 원칙에 따른 전송 기능을 제공한다. • 패킷의 분해/조립, 주소 지정, 경로 선택 기능을 제공한다. • 헤더의 길이는 최소 20Byte에서 최대 60Byte이다. • IP 헤더에는 Version, Header Length, Total Packet Length, Header Checksum, Source IP Address, Destination IP Address 등이 포함된다.

연결형(접속) 통신

연결형 통신은 송·수신 측 간을 논리적으로 연결한 후 데이터를 전송하는 방식으로, 가상 회선 방식이 대표적입니다. 데이터 전송의 안정성과 신뢰성이 보장되지만, 연결 설정 지연이 일어나며, 회선 이용률이 낮아질 수 있습니다.

비연결형(비접속) 통신

비연결형 통신은 송·수신 측 간에 논리적 연결 없이 데이터를 독립적으로 전송하는 방식으로, 데이터그램 방식이 대표적입니다.

Best Effort

최선의 노력은 하지만 전송 결과는 보장하지 않는다는 의미로, 비신뢰성 전송을 의미합니다.

TCP/IP 계층 구조

네트워크 액세스 계층을 물리 계층과 데이터 링크 계층으로 세분화하여 물리 계층, 데이터 링크 계층, 인터넷 계층, 전송 계층, 응용 계층 이렇게 5층으로 구분하기도 합니다.

2 TCP/IP의 구조

TCP/IP는 응용 계층, 전송 계층, 인터넷 계층, 네트워크 액세스 계층으로 이루어져 있다.*

OSI	TCP/IP	기능
응용 계층 표현 계층 세션 계층	응용 계층	• 응용 프로그램 간의 데이터 송·수신 제공한다. • TELNET, FTP, SMTP, SNMP, DNS, HTTP 등
전송 계층	전송 계층	• 호스트들 간의 신뢰성 있는 통신 제공한다. • TCP, UDP
네트워크 계층	인터넷 계층	• 데이터 전송을 위한 주소 지정, 경로 설정을 제공한다. • IP, ICMP, IGMP, ARP, RARP
데이터 링크 계층 물리 계층	네트워크 액세스 계층	• 실제 데이터(프레임)를 송·수신하는 역할을 한다. • Ethernet, IEEE 802, HDLC, X.25, RS-232C, ARQ 등

기출문제 따라잡기

이전기출

1. OSI 7계층 참조 모델에서 코드 변환, 암호화, 해독 등을 주로 담당하는 계층은?

① 응용 계층 ② 표현 계층
③ 세션 계층 ④ 트랜스포트 계층

> 코드 변환, 암호화, 해독 등은 통신에 적당한 형태로 변환하는 과정입니다. 형태 변환이 주요 기능인 계층은 표현 계층(Presentation Layer)입니다.

이전기출

2. OSI 7계층 참조 모델에서 하위 계층에 속하지 않는 것은?

① 물리 계층 ② 데이터 링크 계층
③ 네트워크 계층 ④ 트랜스포트 계층

> OSI 7계층은 하위 계층(물리, 데이터 링크, 네트워크 계층)과 상위 계층(전송, 세션, 표현, 응용 계층)으로 구분됩니다..

이전기출

3. OSI 7계층 중 논리 링크 제어(LLC), 매체 접근 제어(MAC)와 관계된 계층은?

① 물리 계층 ② 데이터 링크 계층
③ 네트워크 계층 ④ 응용 계층

> 논리 링크 제어(LLC), 매체 접근 제어(MAC)와 관계된 계층은 데이터 링크 계층(Data Link Layer)입니다.

이전기출

4. 개방형 시스템(OSI) 7계층 모형에서 네트워크 구조에 대한 기능 계층 순서가 맞는 것은?

① 물리 계층 → 데이터 링크 계층 → 네트워크 계층 → 트랜스포트 계층 → 프레젠테이션 계층 → 세션 계층 → 응용 계층
② 물리 계층 → 네트워크 계층 → 데이터 링크 계층 → 트랜스포트 계층 → 세션 계층 → 프레젠테이션 계층 → 응용 계층
③ 물리 계층 → 네트워크 계층 → 트랜스포트 계층 → 데이터 링크 계층 → 세션 계층 → 프레젠테이션 계층 → 응용 계층
④ 물리 계층 → 데이터 링크 계층 → 네트워크 계층 → 트랜스포트 계층 → 세션 계층 → 프레젠테이션 계층 → 응용 계층

> OSI 7 계층은 '물 → 데 → 네 → 전(트랜스포트) → 세 → 표(프레젠테이션) → 응'입니다.

이전기출

5. FTP(File Transfer Protocol)는 OSI 7계층 중 어느 계층에 속하는가?

① 데이터 링크 계층 ② 네트워크 계층
③ 세션 계층 ④ 응용 계층

> FTP, TELNET, SMTP 등은 응용 계층(Application Layer)에서 제공하는 서비스입니다.

이전기출

6. OSI 7계층 중 TCP, UDP 등의 프로토콜을 사용하며, 신뢰성 있는 데이터의 전송을 위해 오류 검출, 흐름 제어, 혼잡 제어 등의 기능을 제공하는 계층은?

① 세션 계층 ② 전송 계층
③ 물리 계층 ④ 응용 계층

> TCP, UDP, 오류 검출, 흐름 제어, 혼잡 제어 등과 관련된 계층은 전송 계층(Transport Layer)입니다.

▶ 정답 : 1.② 2.④ 3.② 4.④ 5.④ 6.②

세션(Session)
세션이란 두 이용자 사이의 연결을 의미합니다. 세션 계층은 연결을 원하는 두 이용자 사이의 세션 설정 및 유지를 가능하게 해 줌으로써 두 이용자 간의 대화를 관리하고, 파일 복구 등의 기능을 지원합니다.

소동기점(Minor Synchronization Point)
소동기점은 하나의 대화 단위 내에서 데이터의 전달을 제어하는 역할을 하며, 수신 측으로부터 확인 신호(ACK)를 받지 않습니다.

대동기점(Major Synchronization Point)
대동기점은 전송하는 각 데이터의 처음과 끝에 사용하여 전송하는 데이터 단위를 대화 단위로 구성하는 역할을 하며, 수신 측으로부터 반드시 전송한 데이터에 대한 확인 신호(ACK)를 받습니다.

6 세션 계층

세션* 계층(Session Layer)은 송·수신 측 간의 관련성을 유지하고 대화 제어를 담당한다.
- 대화(회화) 구성 및 동기 제어, 데이터 교환 관리 기능을 한다.
- 송·수신 측 간의 데이터 전송, 연결 해제, 동기 처리 등의 대화를 관리하기 위해 토큰이 사용된다.
- 송·수신 측 간의 대화 동기를 위해 전송하는 정보의 일정한 부분에 체크점을 두어 정보의 수신 상태를 체크하며, 이때의 체크점을 동기점(Synchronization Point)이라고 한다.
- 동기점은 오류가 있는 데이터의 회복을 위해 사용하는 것으로, 종류에는 소동기점*과 대동기점*이 있다.

7 표현 계층

표현 계층(Presentation Layer)은 응용 계층으로부터 받은 데이터를 세션 계층에 보내기 전에 통신에 적당한 형태로 변환하고, 세션 계층에서 받은 데이터는 응용 계층에 맞게 변환하는 기능을 한다.
- 서로 다른 데이터 표현 형태를 갖는 시스템 간의 상호 접속을 위해 필요한 계층이다.
- 코드 변환, 데이터 암호화, 데이터 압축, 구문 검색, 정보 형식(포맷) 변환, 문맥 관리 기능을 한다.

8 응용 계층

응용 계층(Application Layer)은 사용자(응용 프로그램)가 OSI 환경에 접근할 수 있도록 서비스를 제공한다.
- 응용 프로세스 간의 정보 교환, 전자 사서함(SMTP), 파일 전송(FTP), 원격 접속(TELNET) 등의 서비스를 제공한다.

③ 데이터 링크 계층

데이터 링크 계층(Data Link Layer)은 두 개의 인접한 개방 시스템들 간에 신뢰성 있고 효율적인 정보 전송을 할 수 있도록 시스템 간 연결 설정과 유지 및 종료를 담당한다.

- 송신 측과 수신 측의 속도 차이를 해결하기 위한 흐름 제어 기능을 한다.
- 프레임의 시작과 끝을 구분하기 위한 프레임의 동기화 기능을 한다.
- 오류의 검출과 회복을 위한 오류 제어 기능을 한다.
- 프레임의 순서적 전송을 위한 순서 제어 기능을 한다.
- HDLC, LAPB, LLC, MAC, LAPD, PPP 등의 표준이 있다.
- 관련 장비 : 랜카드, 브리지, 스위치

④ 네트워크 계층

네트워크 계층(Network Layer, 망 계층)은 개방 시스템들 간의 네트워크 연결을 관리하는 기능과 데이터의 교환 및 중계 기능을 한다.

- 네트워크 연결을 설정, 유지, 해제하는 기능을 한다.
- 발신지와 목적지의 논리 주소가 추가된 패킷을 최종 목적지까지 전달하는 책임을 진다.
- 경로 설정(Routing), 데이터 교환 및 중계, 트래픽 제어, 패킷 정보 전송을 수행한다.
- X.25, IP 등의 표준이 있다.
- 관련 장비 : 라우터

⑤ 전송 계층

전송 계층(Transport Layer)*은 논리적 안정과 균일한 데이터 전송 서비스를 제공함으로써 종단 시스템(End-to-End) 간에 투명한 데이터 전송을 가능하게 한다.

- OSI 7계층 중 하위 3계층과 상위 3계층의 인터페이스(Interface)를 담당한다.
- 종단 시스템(End-to-End) 간의 전송 연결 설정, 데이터 전송, 연결 해제 기능을 한다.
- 주소 설정, 다중화(분할 및 재조립), 오류 제어, 흐름 제어를 수행한다.
- TCP, UDP 등의 표준이 있다.
- 관련 장비 : 게이트웨이

전송 계층의 서비스 등급
전송 계층은 네트워크의 형(Type)을 A형, B형, C형의 3개로 나누고, 서비스의 등급(Class)을 0~4까지 5등급으로 나누어, 네트워크형에 따라 다양한 서비스의 품질(QoS)을 제공합니다.

SECTION 020

OSI 참조 모델

전문가의 조언

중요해요! ★★★★★

OSI 7계층의 전체적인 순서와 하위 계층 또는 상위 계층을 구분할 수 있어야 합니다. 꼭 외우세요. 하위 계층부터 '물 → 데 → 네 → 전 → 세 → 표 → 응'

OSI 참조 모델의 기본 개념

OSI 참조 모델은 특정 시스템에 대한 프로토콜의 의존도를 줄이고, 장래의 기술 진보 등에 따른 프로토콜의 확장성을 고려해 보편적인 개념과 용어를 사용하여 컴퓨터 통신망의 논리 구조를 규정하고 있습니다. 이 개념에 따라 OSI 참조 모델은 통신 회선(물리 매체)에 결합된 하나 이상의 개방형 시스템이, 통신망 상에서 특정한 업무를 분산하여 수행하기 위한 시스템 간의 협동적인 동작에 대하여 규정하고 있습니다. 이 협동적인 동작에는 프로세스 간의 통신, 데이터의 기억, 프로세스 및 자원의 관리, 안전 보호 및 프로그램의 지원 등이 있습니다.

❶ OSI(Open System Interconnection) 참조 모델의 개요

OSI 참조 모델*은 다른 시스템 간의 원활한 통신을 위해 ISO(국제표준화기구)에서 제안한 통신 규약(Protocol)이다.

- 개방형 시스템(Open System) 간의 데이터 통신 시 필요한 장비 및 처리 방법 등을 7단계로 표준화하여 규정했다.
- OSI 7계층은 1~3 계층을 하위 계층, 4~7 계층을 상위 계층이라고 한다.
  - 하위 계층 : 물리 계층 → 데이터 링크 계층 → 네트워크 계층
  - 상위 계층 : 전송 계층 → 세션 계층 → 표현 계층 → 응용 계층

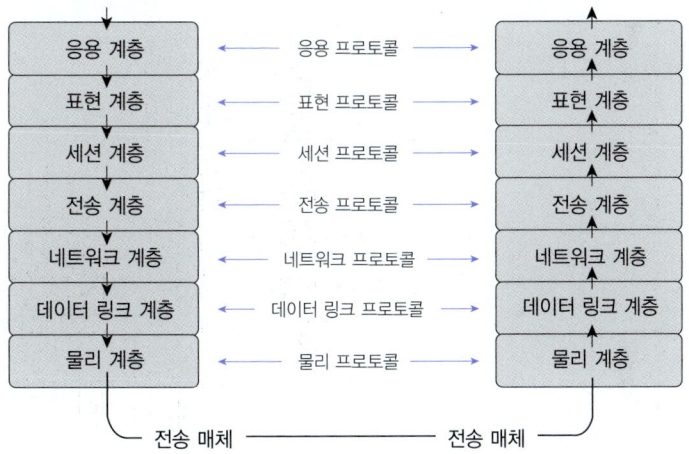

전문가의 조언

중요해요! ★★★★★

OSI 7계층 가운데 어떤 계층을 설명한 것인지 구분할 수 있도록 주요 기능과 관련 표준 프로토콜을 암기하세요.

❷ 물리 계층

물리 계층(Physical Layer)은 전송에 필요한 두 장치 간의 실제 접속과 절단 등 기계적, 전기적, 기능적, 절차적 특성에 대한 규칙을 정의한다.

- 물리적 전송 매체와 전송 신호 방식을 정의하며, RS-232C, X.21 등의 표준이 있다.
- **관련 장비** : 리피터, 허브

기출문제 따라잡기

이전기출

1. 컴퓨터 간이나 컴퓨터와 단말장치 사이에 효율적이며, 신뢰성 있는 정보를 주고받기 위해 미리 정보의 송·수신 측 사이에 일상 언어의 문법과 같이 설정한 법칙이나 규범은?

① 트렁크(Trunk)
② 네트워크(Network)
③ 프로토콜(Protocol)
④ 아키텍처(Architecture)

> 컴퓨터와 단말장치 사이의 효율적인 정보 전송을 위한 약속이나 규범을 프로토콜(Protocol)이라고 합니다.

이전기출

2. 프로토콜의 기본적인 요소가 아닌 것은?

① 구문   ② 의미
③ 타이밍   ④ 처리

> 통신 프로토콜의 3요소는 구문(Syntax), 의미(Semantics), 시간(Timing)입니다.

이전기출

3. 중앙에 컴퓨터가 있고 이를 중심으로 터미널이 연결되어 있는 네트워크 형태는?

① 그물(Mesh)형   ② 스타(Star)형
③ 트리(Tree)형   ④ 링(Ring)형

> 중앙에 컴퓨터와 터미널(단말장치)들이 연결된 형태는 성형(Star)입니다.

이전기출

4. 10개국을 서로 망형 통신망으로 구성 시 요구되는 통신 회선 수는?

① 15   ② 25
③ 35   ④ 45

> 망형 구성 시 필요한 회선 수는 노드의 수가 n개일 때 $\frac{n(n-1)}{2}$ 이므로 $\frac{10(10-1)}{2}$ = 45개입니다.

▶ 정답 : 1.③ 2.④ 3.② 4.④

SECTION 019 통신 프로토콜

전문가의 조언

중요해요! ★★★
프로토콜의 정의를 확실히 숙지하고, 기본 요소 세 가지를 외워두세요.

1 통신 프로토콜의 개요

통신 프로토콜(Communication Protocol)은 서로 다른 기기들 간의 데이터 교환을 정확하고 원활하게 수행할 수 있도록 표준화한 통신 규약이다.

- 통신을 제어하기 위한 표준 규칙과 절차의 집합으로 하드웨어와 소프트웨어, 문서를 모두 규정한다.
- **프로토콜의 기능** : 단편화와 재결합, 캡슐화, 흐름 제어, 오류 제어, 동기화, 순서 제어, 주소 지정, 다중화, 경로 제어, 전송 서비스

2 통신 프로토콜의 기본 요소

- **구문(Syntax)** : 전송하고자 하는 데이터의 형식, 부호화, 신호 레벨 등을 규정한다.
- **의미(Semantics)** : 두 기기 간의 효율적이고 정확한 정보 전송을 위한 협조 사항과 오류 관리를 위한 제어 정보를 규정한다.
- **시간(Timing)** : 두 기기 간의 통신 속도, 메시지의 순서 제어 등을 규정한다.

전문가의 조언

중요해요! ★★★★
망의 구성 형태를 서로 구분할 수 있도록 각 형태의 특징을 정리하고, 망형 망의 회선 수를 구하는 공식을 숙지해 두세요.

> **잠깐만요** **네트워크 설치 구조**
>
> 통신망(Communication Network)은 정보를 전달하기 위해서 통신 규약에 의해 연결한 통신 설비의 집합입니다. 네트워크 설치 구조는 통신망을 구성하는 요소들을 공간적으로 배치하는 방법, 즉 장치들의 물리적 위치에 따라서 성형, 링형, 버스형, 계층형, 망형으로 나누어집니다.
>
> | | |
> |---|---|
> | 성형
(Star) | • 중앙에 중앙 컴퓨터가 있고, 이를 중심으로 단말장치들이 연결되는 중앙 집중식의 네트워크 구성 형태임
• 포인트 투 포인트(Point-to-Point) 방식으로 회선을 연결함 |
> | 링형
(Ring) | • 컴퓨터와 단말장치들을 서로 이웃하는 것끼리 포인트 투 포인트(Point-to-Point) 방식으로 연결시킨 형태임
• 단말장치의 추가/제거 및 기밀 보호가 어려움 |
> | 버스형
(Bus) | • 한 개의 통신 회선에 여러 대의 단말장치가 연결되어 있는 형태임
• 물리적 구조가 간단하고, 단말장치의 추가와 제거가 용이함 |
> | 계층형
(Tree) | • 중앙 컴퓨터와 일정 지역의 단말장치까지는 하나의 통신 회선으로 연결시키고, 이웃하는 단말장치는 일정 지역 내에 설치된 중간 단말장치로부터 다시 연결시키는 형태임
• 분산 처리 시스템을 구성하는 방식임 |
> | 망형
(Mesh) | • 모든 지점의 컴퓨터와 단말장치를 서로 연결한 형태로, 노드의 연결성이 높음
• 모든 노드를 망형으로 연결하려면 노드의 수가 n개일 때, $\frac{n(n-1)}{2}$ 개의 회선이 필요함 |

- 기본 헤더 뒤에 확장 헤더를 더함으로써 더욱 다양한 정보의 저장이 가능해져 네트워크 기능 확장이 용이하다.
- 유니캐스트(Unicast), 멀티캐스트(Multicast), 애니캐스트(Anycast)의 세 가지 주소 체계로 나누어진다.

기출문제 따라잡기

이전기출

1. 인터넷에 연결되어 있는 수많은 컴퓨터의 주소는 일정한 규칙에 따라 지어진다. 210.103.4.1과 같이 4개의 필드로 끊어서, 점(.)으로 분리하여 나타내는 컴퓨터 주소는?

① 개인 ID ② 전자 우편 ID
③ IP 주소 ④ 도메인 주소

> 숫자로 8비트씩 4부분, 총 32비트로 구성되어 있으며, 각 부분은 점(.)으로 구분하는 주소는 IP 주소입니다.

이전기출

2. IPv6 주소에 대한 설명으로 틀린 것은?

① 주소의 확장성, 융통성, 연동성이 뛰어나다.
② 8비트씩 나누어 10진수로 표현하며 각각을 콜론으로 구분한다.
③ Traffic Class, Flow Label을 이용하여 등급별, 서비스별로 패킷을 구분할 수 있어 품질 보장이 용이하다.
④ IPv4와 호환성이 뛰어나다.

> IPv6는 16비트씩 8부분, 총 128비트로 구성되며, 각 부분을 16진수로 표현하고 콜론(:)으로 구분합니다.

이전기출

3. IPv6는 몇 비트로 구성되어 있는가?

① 8   ② 16
③ 128 ④ 25

> IPv6는 16비트씩 8부분, 총 128비트로 구성됩니다.

▶ 정답 : 1. ③ 2. ② 3. ③

SECTION 018 인터넷

전문가의 조언
인터넷에 대한 기본적인 내용입니다. 간단히 읽어보고 넘어가세요.

① 인터넷의 개요

인터넷(Internet)이란 TCP/IP 프로토콜을 기반으로 하여 전 세계 수많은 컴퓨터와 네트워크들이 연결된 광범위한 컴퓨터 통신망이다.

- 인터넷은 미 국방성의 ARPANET에서 시작되었다.
- 인터넷은 유닉스 운영체제를 기반으로 한다.
- 통신망과 컴퓨터가 있는 곳이라면 시간과 장소에 구애받지 않고 정보를 교환할 수 있다.
- 인터넷에 연결된 모든 컴퓨터는 고유한 IP 주소를 갖는다.
- 컴퓨터 또는 네트워크를 서로 연결하기 위해서는 브리지, 라우터, 게이트웨이가 사용된다.

전문가의 조언
중요해요! ★★★
IPv4와 IPv6의 크기를 중심으로 서로 구분할 수 있도록 각각의 특징을 정리하세요.

② 인터넷의 주소 체계

IP 주소

IP 주소(Internet Protocol Address)는 인터넷에 연결된 모든 컴퓨터의 자원을 구분하기 위한 고유한 주소이다.

- 숫자로 8비트씩 4부분, 총 32비트로 구성되어 있으며, 각 부분은 점(.)으로 구분한다.
- IP 주소는 네트워크 부분의 길이에 따라 A 클래스에서 E 클래스까지 총 5단계로 구성되어 있다.

IPv6 주소

IPv6(Internet Protocol version 6)은 현재 사용하고 있는 IP 주소 체계인 IPv4의 주소 부족 문제를 해결하기 위해 개발되었다.

- 16비트씩 8부분, 총 128비트로 구성되어 있다.
- 각 부분을 16진수로 표현하고, 콜론(:)으로 구분한다.
- IPv4에 비해 자료 전송 속도가 빠르다.
- 인증성, 기밀성, 데이터 무결성의 지원으로 보안 문제를 해결할 수 있다.
- IPv4와 호환성이 뛰어나다.
- 주소의 확장성, 융통성, 연동성이 뛰어나다.
- 실시간 흐름 제어로 향상된 멀티미디어 기능을 지원한다.
- Traffic Class, Flow Label을 이용하여 등급별, 서비스별로 패킷을 구분할 수 있어 품질 보장이 용이하다.

1장 네트워크 기초

018 인터넷 Ⓐ등급
019 통신 프로토콜 Ⓐ등급
020 OSI 참조 모델 Ⓐ등급
021 TCP/IP Ⓑ등급

꼭 알아야 할 키워드 Best 10

1. IPv6 2. 프로토콜 3. 성형 4. 망형 5. OSI 7계층 6. TCP 7. IP 8. UDP 9. ARP 10. HDLC

2 과목

응용 SW 기초기술

1장 운영체제 기초
2장 데이터베이스 기초

2 과목

응용 SW 기초 기술

1장 네트워크 기초

2장 데이터베이스 기초

2장 핵심요약

- 입력 대화상자

prompt(내용, 기본값);	• 대화상자 본문에 '내용'이 표시되고, '내용' 아래에 '기본값'이 입력된 텍스트 상자가 표시된다. • 대화상자 아래쪽에 〈확인〉과 〈취소〉 단추가 표시된다.

❸ 배열(Array)의 주요 메소드
- pop( ) : 배열의 마지막 요소를 제거함
- push( ) : 배열의 마지막에 요소를 추가함
- join( ) : 배열의 모든 요소를 하나의 문자열로 변환함
- shift( ) : 배열의 첫 번째 요소를 제거함
- unshift( ) : 배열의 맨 앞에 요소를 추가함
- splice( ) : 배열에서 지정한 범위의 요소를 제거한 후 제거된 위치에 지정한 값을 저장함

문제 1 다음 JavaScript 프로그램을 실행 때의 결과를 쓰시오.

```
var a = [ "산소", "수소", "질소", "칼슘" ];
a.shift( );
a.unshift("탄소");
a.push("염소");
document.write(a);
```

답 :

해설
사용된 코드의 의미는 다음과 같습니다.
- ❶ var a = ["산소", "수소", "질소", "칼슘"];
- ❷ a.shift( );
- ❸ a.unshift("탄소");
- ❹ a.push("염소");
- ❺ document.write(a);

❶ 4개의 요소를 갖는 배열 a를 선언하고 초기화합니다.

	[0]	[1]	[2]	[3]
a	"산소"	"수소"	"질소"	"칼슘"

❷ a 배열의 첫 번째 요소를 삭제합니다.

	[0]	[1]	[2]
a	"수소"	"질소"	"칼슘"

❸ a 배열의 맨 앞에 "탄소"를 추가합니다.

	[0]	[1]	[2]	[3]
a	"탄소"	"수소"	"질소"	"칼슘"

❹ a 배열의 맨 뒤에 "염소"를 추가합니다.

	[0]	[1]	[2]	[3]	[4]
a	"탄소"	"수소"	"질소"	"칼슘"	"염소"

❺ a 배열을 출력합니다.
결과: 탄소, 수소, 질소, 칼슘, 염소

017 예외 처리

❶ 예외 처리의 개요
- 프로그램의 정상적인 실행을 방해하는 조건이나 상태를 예외(Exception)라고 한다.
- 예외가 발생했을 때 프로그래머가 해당 문제에 대비해 작성해 놓은 처리 루틴을 수행하도록 하는 것을 예외 처리라고 한다.

❷ JAVA의 예외 처리
- JAVA에서는 try ~ catch 문을 이용해 예외를 처리한다.
- try 블록 코드를 수행하다 예외가 발생하면 예외를 처리하는 catch 블록으로 이동하여 예외 처리 코드를 수행하므로 예외가 발생한 이후의 코드는 실행되지 않는다.
- catch 블록에서 선언한 변수는 해당 catch 블록에서만 유효하다.
- try ~ catch 문 안에 또 다른 try ~ catch 문을 포함할 수 있다.
- try ~ catch 문 안에서는 실행 코드가 한 줄이라도 중괄호({ })를 생략할 수 없다.

❸ JAVA의 주요 예외 객체
- ClassNotFoundException : 클래스를 찾지 못한 경우
- NoSuchMethodException : 메소드를 찾지 못한 경우
- FileNotFoundException : 파일을 찾지 못한 경우
- InterruptedIOException : 입·출력 처리가 중단된 경우
- ArithmeticException : 0으로 나누는 등의 산술 연산에 대한 예외가 발생한 경우

정답 1. 탄소, 수소, 질소, 칼슘, 염소

⑪ **〈input〉 태그**
- 데이터 입력에 사용할 요소를 생성한다.
- 관련 속성
  - type : 요소의 종류를 지정함
    - ▶ text : 텍스트 상자를 의미하는 속성값
    - ▶ password : 텍스트 상자에 입력되는 내용을 '*'로 표시함
    - ▶ radio : 라디오 버튼을 지정하는 속성값
    - ▶ checkbox : 확인란을 지정하는 속성값
    - ▶ submit : 폼에 입력된 데이터를 전송하라는 의미의 속성값
  - name : 데이터를 참조할 때 사용할 이름을 지정함
  - value : 기본값을 지정함
  - checked : type이 radio 또는 checkbox일 때 기본으로 선택되어야 할 항목을 지정함
  - required : 반드시 입력되어야 하는 요소를 지정함

⑫ **기타 태그**
- 〈mark〉 : 태그 안의 내용을 형광펜으로 칠한 것처럼 표시함
- 〈small〉 : 태그 안의 내용을 일반 텍스트 크기보다 작은 크기로 표시함
- 〈sub〉 : 태그 사이에 입력된 내용을 아래첨자로 표시함
- 〈cite〉 : 태그 안의 내용을 기울림꼴 서체로 표시하는 것으로, 책이나 음악, 영화, 그림 등의 창작물의 제목 표시에 사용함
- 〈link〉 : 외부 스타일 시트 파일을 연결할 때 사용함
- 〈nav〉 : 다른 페이지나 현재 페이지의 다른 부분과 연결되는 링크의 집합을 정의하는 것으로, 메뉴 목차, 인덱스 작성에 사용함

016 웹 프로그래밍 언어 - JavaScript

❶ **JavaScript의 기본 문법**
- 객체지향의 스크립트 언어로, 주로 웹 페이지의 동작을 구현한다.
- 변수는 자료형에 관계없이 'var' 예약어를 사용하여 선언한다.
- 코드 입력
  - 방법1 : 〈script〉와 〈/script〉 태그 사이에 코드를 직접 입력함
  - 방법2 : 〈script〉 태그 내부에 코드가 저장된 파일명(.js)을 입력함

```
〈html〉
  〈head〉
    〈script〉
      ❶ var sum = 0;
      ❷ for (var i = 1; i <= 10; i++)
      ❸ sum = sum + i;
      ❹ document.write(sum);
    〈/script〉
  〈/head〉
  〈body〉 〈/body〉
〈/html〉
```

❶ 변수 sum을 선언하고 0으로 초기화한다.
❷ 반복 변수 i가 1부터 1씩 증가하면서 10보다 작거나 같은 동안 ❸번을 반복 수행한다.
❸ sum에 i의 값을 누적시킨다.
❹ sum의 값을 출력한다.
- document.write( ) : 인수로 주어진 값을 출력하는 메소드

결과 | 55

❷ **대화상자**
- 알림 대화상자

  $alert(내용);$ 대화상자 본문에 '내용'이 표시되고, 아래쪽에 〈확인〉 단추가 표시된다.

- 확인 대화상자

  $confirm(내용);$ 대화상자 본문에 '내용'이 표시되고, 아래쪽에 〈확인〉과 〈취소〉 단추가 표시된다.

2장 핵심요약

❺ 프레임(Frame)의 주요 태그

⟨frameset⟩ 태그
- 화면을 분할한다.
- ⟨frameset⟩…⟨/frameset⟩ 태그 사이에는 분할한 프레임의 개수만큼 ⟨frame⟩ 태그를 사용한다.

⟨frame⟩ 태그
- 분할한 각각의 프레임에 표시할 HTML 문서를 지정한다.
- ⟨frameset⟩으로 분할한 영역에 ⟨frame⟩ 태그가 적용되는 순서는 다음과 같다.
  - 화면이 가로로 분할한 경우 : 위쪽 → 아래쪽
  - 화면이 세로로 분할한 경우 : 왼쪽 → 오른쪽
- 분할한 프레임의 개수는 ⟨frameset⟩의 rows 또는 cols 속성으로 알 수 있다.
  - 예 rows="20%,*" → 2개, cols="200, *, 500" → 3개

❻ 테이블(Table)의 주요 태그
- ⟨table⟩ : 테이블에 관한 세부사항을 설정함
- ⟨thead⟩ : 테이블의 머리글 부분을 정의함
- ⟨tbody⟩ : 테이블의 본문 부분을 정의함
- ⟨tfoot⟩ : 테이블의 바닥글 부분을 정의함
- ⟨tr⟩ : 행을 만듦
- ⟨td⟩ : 셀을 만듦
  - colspan : 가로 방향으로 셀을 병합함
  - rowspan : 세로 방향으로 셀을 병합함
- ⟨th⟩ : 셀을 만들면서 제목 스타일을 적용함

❼ ⟨style⟩ 태그
- 서식을 지정하는 태그로, ⟨head⟩ 부분에 지정하면 테이블 전체에 공통으로 적용된다.
- 서식 지정 형식

  요소이름:선택자 { 속성1:속성값1; 속성2:속성값2; …
                  속성n:속성값n }

  - 요소이름 : 태그 이름에서 '⟨'와 '⟩'를 제외하고 입력함
  - 선택자 : 요소 중 일부에만 서식을 지정할 때 사용하는 옵션으로, 생략이 가능함
    - ▶ first-child : 첫 번째 요소에 적용
    - ▶ last-child : 마지막 요소에 적용
    - ▶ nth-child(N) : N번째 요소마다 적용
  - 속성:속성값 : 요소에 적용할 속성과 속성값을 입력함. 2개 이상의 속성을 지정할 때는 세미콜론(;)을 이용하여 구분함
    - ▶ color : 글자 색상을 지정함
    - ▶ border : 외곽선을 지정하는 속성으로, 두께, 스타일, 색상 순으로 지정함
    - ▶ border-radius : 외곽선 모서리의 곡률을 지정함
    - ▶ font-weight : 글꼴의 굵기를 지정함
    - ▶ background-color : 배경색을 지정함
    - ▶ padding : 안쪽 여백을 지정함
    - ▶ margin : 바깥쪽 여백을 지정함
    - ▶ text-align : 정렬 방식을 지정함
    - ▶ letter-spacing : 글자 사이 간격을 지정함
    - ▶ word-spacing : 단어 사이 간격을 지정함

❽ border 속성의 스타일 종류
- solid : 실선
- dashed : 파선
- dotted : 점선
- double : 이중 실선
- none : 테두리 없음
- hidden : 테두리 숨김

❾ text-align 속성의 정렬 방식
- center : 가운데 정렬
- left : 왼쪽 정렬
- right : 오른쪽 정렬
- justify : 양쪽 정렬

❿ ⟨form⟩ 태그
- 사용자로부터 정보를 입력받는 틀을 정의한다.
- 관련 속성
  - method : 데이터 전송 방식을 지정함
    - ▶ get : 입력받은 데이터를 URL에 첨부하여 전송함
    - ▶ post : 입력받은 데이터를 메시지 형식으로 전송함
  - action : 데이터를 전송할 URL을 지정함

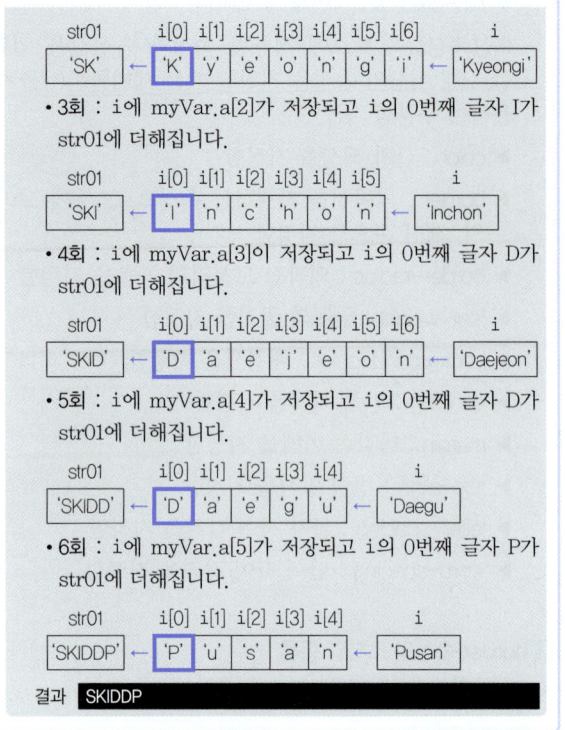

- 3회 : i에 myVar.a[2]가 저장되고 i의 0번째 글자 I가 str01에 더해집니다.
- 4회 : i에 myVar.a[3]이 저장되고 i의 0번째 글자 D가 str01에 더해집니다.
- 5회 : i에 myVar.a[4]가 저장되고 i의 0번째 글자 D가 str01에 더해집니다.
- 6회 : i에 myVar.a[5]가 저장되고 i의 0번째 글자 P가 str01에 더해집니다.

결과 SKIDDP

015 웹 프로그래밍 언어 - HTML

❶ HTML의 개요
- 인터넷 표준 문서인 하이퍼텍스트 문서를 만들 때 사용하는 마크업 언어이다.
- 웹 브라우저에 표시되는 화면이 바로 HTML로 작성된 문서이다.
- 태그로 구성되는데, 상위 태그 아래에 여러 개의 하위 태그가 있는 트리 구조이다.

❷ HTML의 기본 구조
❶ 〈html〉
❷ 　〈head〉
❸ 　　〈title〉Gilbut Sinagong〈/title〉
❹ 　〈/head〉
❺ 　〈body〉
❻ 　　Hello! Students!
❼ 　〈/body〉
❽ 〈/html〉

- ❶, ❽ 〈html〉 … 〈/html〉 : HTML 문서의 시작과 끝을 의미하는 태그이다.
- ❷, ❹ 〈head〉 … 〈/head〉
  - 머리 부분의 시작과 끝을 정의하는 태그이다.
  - 문서의 제목, 스타일, 스크립트 등을 정의한다.
- ❸ 〈title〉 … 〈/title〉
  - 제목의 시작과 끝을 정의하는 태그이다.
  - 여기서는 웹 브라우저 제목 탭에 Gilbut Sinagong을 표시한다.
- ❺, ❼ 〈body〉 … 〈/body〉
  - 본문의 시작과 끝을 정의하는 태그이다.
  - 문서의 본문에 표시할 내용을 입력한다.
- ❻ Hello! Students!가 그대로 표시된다.

❸ 기본 태그
- 〈img〉 : 이미지 파일을 표시함
  - src : 이미지 파일이 저장된 경로와 파일 이름을 지정함
  - width, height : 이미지의 너비와 높이를 지정함
  - title : 이미지 위에 마우스를 놓으면 표시될 텍스트를 지정함
- 〈h1〉…〈h6〉 : 입력된 내용에 제목 스타일을 적용, 숫자가 클수록 글자 크기가 작아짐
- 〈br〉 : 커서를 다음 줄로 이동함
- 〈p〉 : 입력된 내용을 하나의 문단(Paragraph)으로 지정함
- 〈a〉 : 텍스트나 이미지를 클릭했을 때 연결할 URL을 설정함
  - href : 연결할 URL을 지정함
  - target : 웹 페이지가 열리는 방식을 지정함

❹ 목록 태그
- 〈ul〉 : 순서 없는 목록을 표시함
- 〈ol〉 : 순서 있는 목록을 표시함
- 〈li〉 : 목록의 내용을 표시함
- 〈dl〉 : 제목 있는 목록을 표시함
- 〈dt〉 : 제목 있는 목록에서 제목 형태로 표시함
- 〈dd〉 : 제목 있는 목록에서 제목의 하위 내용을 표시함

정답 1. SKIDDP

2장 핵심요약

④ 클래스

클래스를 사용하려면 클래스 이름을 정하고 객체 생성을 위한 속성과 메소드(함수)를 정의한 후, 객체를 선언하면 된다.

예제 다음 Python으로 구현된 프로그램의 출력 결과를 확인하시오.

```
    class Cls:
        x = 10
❹       def add(self, a):
❺           return a + self.x
❶   a = Cls( )
❷   a.x = 5
❸❻  print(a.add(5))
```

❶ Cls 클래스의 객체 a를 생성한다.
❷ 객체 a의 변수 x에 5를 저장한다. (a.x = 5)
❸ 5를 인수로 a 객체의 add( ) 메소드를 호출한 후 돌려받은 값을 출력한다.
❹ add( ) 메소드의 시작점이다. ❸번에서 전달받은 5를 a가 받는다.
❺ a와 객체의 변수 x를 더한 값 10을 메소드를 호출했던 ❻번으로 반환한다.
❻ ❺번에서 돌려받은 값 10을 출력한다.

결과 `10`

⑤ 클래스 없는 메소드의 사용

클래스 없이 메소드만 단독으로 사용할 수 있다.

예제 다음 Python으로 구현된 프로그램의 출력 결과를 확인하시오.

```
❸   def calc(x, y):
❹       x *= y
❺       return x
❶   a, b = 3, 4
❷   a = calc(a, b)
❻   print(a, b)
```

❶ 변수 a와 b에 3과 4를 저장한다.
❷ a, b 즉 3과 4를 인수로 하여 calc 메소드를 호출한 결과를 a에 저장한다.
❸ calc( ) 메소드의 시작점이다. ❷번에서 전달받은 3과 4를 x와 y가 받는다.
❹ x = x * y이므로 x는 12가 된다.
❺ x의 값을 반환한다. x의 값 12를 ❷번의 a에 저장한다.

결과 `12 4`

문제1 다음 Python 프로그램이 실행되었을 때의 출력 결과를 쓰시오.

```
class CharClass:
    a = [ 'Seoul', 'Kyeongi', 'Inchon', 'Daejeon', 'Daegu',
          'Pusan'];
myVar = CharClass()
str01 = ' '
for i in myVar.a:
    str01 = str01 + i[0]
print(str01)
```

답 :

해설

```
class CharClass:         클래스 CharClass를 정의합니다.
    a = ['Seoul', 'Kyeongi', 'Inchon', 'Daejeon',
         'Daegu', 'Pusan'];
                         클래스의 속성 a에 6개의 요소를 리스트로 저장합니다.
❶ myVar = CharClass( )
❷ str01 = ' '
❸ for i in myVar.a:
❹     str01 = str01 + i[0]
❺ print(str01)
```

❶ CharClass의 객체 변수 myVar를 선언합니다.

	myVar.a[0]	myVar.a[1]	myVar.a[2]	myVar.a[3]	myVar.a[4]	myVar.a[5]
myVar.a	'Seoul'	'Kyeongi'	'Inchon'	'Daejeon'	'Daegu'	'Pusan'

❷ 변수 str01을 선언하고, 작은 따옴표 두 개를 이어붙인 빈 문자열을 저장합니다.

※ Python은 자료형을 별도로 선언하지 않으므로, 이와 같은 방식으로 해당 변수가 어떤 형식으로 사용될 것인지 지정할 수 있습니다. 여기서는 ❹번의 연산에서 + 기호로 문자 더하기 연산을 수행하기 위해 지정하였습니다.

❸ 객체 변수 myVar의 리스트 a의 요소 수만큼 ❹번 문장을 반복 수행합니다. 리스트 a는 6개의 요소를 가지므로 각 요소를 i에 할당하면서 다음 문장을 6회 수행합니다.

❹ str01과 i에 저장된 문자열의 첫 번째 글자(i[0])를 더하여 str01에 저장합니다. 즉 str01에 저장된 문자 뒤에 i에 저장된 문자열의 첫 번째 글자가 덧붙여집니다.

• 1회 : i에 myVar.a[0]이 저장되고 i의 0번째 글자 S가 str01에 저장됩니다.

str01		i[0]	i[1]	i[2]	i[3]	i[4]		i
'S'	←	'S'	'e'	'o'	'u'	'l'	←	'Seoul'

• 2회 : i에 myVar.a[1]이 저장되고 i의 0번째 글자 K가 str01에 더해집니다.

⑧ 슬라이스(Slice)

문자열이나 리스트와 같은 순차형 객체에서 일부를 잘라(slicing) 반환하는 기능이다.

예 a = ['a', 'b', 'c', 'd', 'e'] 일때

  a[1:3] → ['b', 'c']

  a[0:5:2] → ['a', 'c', 'e']

  a[3:] → ['d', 'e']

  a[:3] → ['a', 'b', 'c']

  a[::3] → ['a', 'd']

⑨ 딕셔너리(Dictionary)

- 연관된 값을 묶어서 저장하는 용도로 딕셔너리를 사용한다.
- 리스트가 저장된 요소에 접근하기 위한 키로 위치값인 0, 1, 2 등의 숫자를 사용했다면, 딕셔너리에서는 사용자가 원하는 키를 직접 지정한 후 사용한다.
- 딕셔너리에 접근할 때는 딕셔너리 뒤에 대괄호([ ])를 사용하며, 대괄호([ ]) 안에 키를 지정한다.

  예1 방법1 : a = {'이름':'홍길동', '나이':25, '주소':'서울'}

  방법2 : a = dict({'이름':'홍길동', '나이':25, '주소':'서울'})

		a['이름']	a['나이']	a['주소']
결과	리스트 a	'홍길동'	25	'서울'

  예2 a['이름'] = '이순신' → 딕셔너리 a의 '이름' 위치에 '이순신'을 저장한다.

		a['이름']	a['나이']	a['주소']
결과	리스트 a	'이순신'	25	'서울'

문제1 다음 Python 프로그램이 실행되었을 때의 출력 결과를 쓰시오.

```
a = "REMEMBER NOVEMBER"
b = a[0:3] + a[12:16]
c = "R AND %s" % "STR"
print(b + c)
```

답 :

해설
- ❶ a = "REMEMBER NOVEMBER"
- ❷ b = a[0:3] + a[12:16]
- ❸ c = "R AND %s" % "STR"
- ❹ print(b + c)

정답 1. REMEMBER AND STR

---

❶ 변수 a를 선언하고 "REMEMBER NOVEMBER"로 초기화합니다.

❷ a에 저장된 문자열의 0부터 2번째 위치까지의 문자열과 12부터 15번째 위치까지의 문자열을 합쳐 b에 저장합니다.

	[0]	[1]	[2]	[3]	[4]	[5]	[6]	[7]	[8]	[9]	[10]	[11]	[12]	[13]	[14]	[15]	[16]
a	R	E	M	E	M	B	E	R		N	O	V	E	M	B	E	R

b = REMEMBE

❸ c에 "R AND STR"을 저장합니다. %s는 서식 문자열로, % 뒤쪽의 "STR"이 대응됩니다.
  - "R AND %s" % "STR"

❹ b와 c에 저장된 문자열을 합쳐 출력합니다.

  결과 : REMEMBER AND STR

014 Python의 활용

❶ if문

예
```
if (a == b)
    print("참");
else
    print("거짓");
```

a와 b가 같으면 **참**을 출력하고, 아니면 **거짓**을 출력한다.

❷ for문

- range를 이용하는 방식

  예
  ```
  for i in range(1, 11):
      sum = sum + i
  ```

  i에 1부터 10까지 순서대로 저장하며 sum에 i의 값을 누적시키는 실행문을 반복 수행한다.

- 리스트(List)를 이용하는 방식

  예
  ```
  a = [ 1, 2, 3, 4, 5, 6, 7, 8, 9, 10 ]
  for i in a:
      sum = sum + i
  ```

  a 리스트에 저장된 10개의 요소를 i에 순서대로 저장하며 sum에 i의 값을 누적시키는 실행문을 반복 수행한다.

❸ while문

예
```
while i <= 10:
    i = i + 1
```

i가 10보다 작거나 같은 동안 i의 값을 1씩 누적시킨다.

2장 핵심요약

- if나 for와 같이 코드 블록을 포함하는 명령문을 작성할 때 코드 블록은 콜론(:)과 여백으로 구분한다.
- 문자열을 표현할 때 작은따옴표(' '), 큰따옴표(" ")를 모두 사용할 수 있으며, 문자열에 따옴표가 포함되는 경우 다른 따옴표를 이용하여 문자열을 묶어줘야 한다.

  예 ' She said "I like it" '

❷ input( ) 함수
- Python의 표준 입력 함수로, 키보드로 입력받아 변수에 저장하는 함수이다.
- 입력되는 값은 문자열로 취급되어 저장된다.

  예 `a = input('입력하세요.')`

  – **입력하세요.**가 출력되고 커서가 깜빡거리며 입력을 기다린다.
  – 키보드로 값을 입력하면 변수 a에 저장된다.

❸ 입력 값의 형변환
- input( ) 함수는 입력되는 값을 무조건 문자열로 저장하므로 숫자로 사용하기 위해서는 형을 변환해야 한다.
- 변환할 데이터가 1개일 때

  예 `a = int(input( ))`

  input( )으로 입력받은 값을 정수로 변환하여 변수 a에 저장한다.

- 변환할 데이터가 2개 이상일 때

  예 `a, b = map(int, input( ).split( ))`

  input( ).split( )로 입력받은 2개의 값을 정수로 변환하여 변수 a, b에 저장한다.

❹ print( ) 함수
인수로 주어진 값을 화면에 출력하는 함수이다.

  예 `print(82, 24, sep = '-', end = ',')`

  82와 24 사이에 분리문자 '-'가 출력되고, 마지막에 종료문자 ','가 출력된다.

  결과 `82-24,`

❺ Python의 문자열
- 작은따옴표(' '), 큰따옴표(" "), 3개의 작은따옴표(''' '''), 3개의 큰따옴표(""" """)로 묶어서 표현할 수 있다.
- 문자열 내에서 작은따옴표가 문자로 사용될 경우 큰따옴표로 전체 문자열을 묶고, 큰따옴표가 문자로 사용될 경우 작은따옴표로 전체 문자열을 묶는다.
- 3개의 따옴표를 사용하는 경우 문자열 내에서 작은따옴표와 큰따옴표를 자유롭게 문자로 사용할 수 있다.

❻ 리스트(List)
- 리스트는 필요에 따라 개수를 늘리거나 줄일 수 있기 때문에 리스트를 선언할 때 크기를 적지 않는다.
- 배열과 달리 하나의 리스트에 정수, 실수, 문자열 등 다양한 자료형을 섞어서 저장할 수 있다.
- 리스트의 위치는 0부터 시작한다.

  예1 방법1 : `a = [ 10, 'mike', 23.45 ]`
   방법2 : `a = list([ 10, 'mike', 23.45 ])`

  결과 리스트 a

	a[0]	a[1]	a[2]
	10	mike	23.45

  예2 `a[0] = 1` → a[0]에 1을 저장한다.

  결과 리스트 a

	a[0]	a[1]	a[2]
	1	mike	23.45

❼ Range
연속된 숫자를 생성하는 것으로, 리스트, 반복문 등에서 많이 사용된다.

  예1 `a = list(range(5))`

  0에서 4까지 연속된 숫자를 리스트 a로 저장한다.

  리스트 a

0	1	2	3	4

  예2 `b = list(range(4, 9))`

  4에서 8까지 연속된 숫자를 리스트 b로 저장한다.

  리스트 b

4	5	6	7	8

  예3 `c = list(range(1, 15, 3))`

  1에서 14까지 3씩 증가하는 숫자들을 리스트 c로 저장한다.

  리스트 c

1	4	7	10	13

문제 2 다음 JAVA 프로그램이 실행되었을 때의 출력 결과를 쓰시오.

```java
class A {
    int a;
    int b;
}
public class Test {
    static void func1(A m) {
        m.a *= 10;
    }
    static void func2(A m) {
        m.a += m.b;
    }
    public static void main(String args[ ]) {
        A m = new A( );
        m.a = 100;
        func1(m);
        m.b = m.a;
        func2(m);
        System.out.printf("%d", m.a);
    }
}
```

답 :

해설

```
class A {           클래스 A를 정의한다.
    int a;          클래스 A에는 정수형 변수 a와 b가 선언되어
    int b;          있다.
}
public class Test {
❹  static void func1(A m) {
❺      m.a *= 10;
    }
❽  static void func2(A m) {
❾      m.a += m.b;
    }
    public static void main(String args[ ]) {
❶      A m = new A( );
❷      m.a = 100;
❸      func1(m);
❻      m.b = m.a;
❼      func2(m);
❿      System.out.printf("%d", m.a);
    }
}
```

모든 Java 프로그램은 반드시 main( ) 메소드에서 시작합니다.

❶ 클래스 A의 객체 변수 m을 선언합니다.

	int a	int b
객체 변수 m		

❷ 객체 변수 m의 변수 a에 100을 저장합니다.

	int a	int b
객체 변수 m	100	

❸ 객체 변수 m의 시작 주소를 인수로 하여 func1 메소드를 호출합니다.

❹ 반환값이 없는 func1( ) 메소드의 시작점입니다. ❸번에서 전달받은 객체 변수의 주소는 m이 받습니다.

※ 객체 변수나 배열의 이름은 객체 변수나 배열의 시작 주소를 가리키므로, 인수로 전달하는 경우 메소드에서 변경된 값이 main( )의 객체 변수나 배열에도 적용된다는 점을 염두에 두세요.

❺ 'm.a = m.a * 10;'과 동일합니다. m.a에 10을 곱한 값을 m.a에 저장합니다. 메소드가 종료되었으므로 메소드를 호출했던 ❸번의 다음 줄인 ❻번으로 이동합니다.

	int a	int b
객체 변수 m	1000	

❻ m.b에 m.a의 값 1000을 저장합니다.

	int a	int b
객체 변수 m	1000	1000

❼ 객체 변수 m의 시작 주소를 인수로 하여 func2 메소드를 호출합니다.

❽ 반환값이 없는 func2( ) 메소드의 시작점입니다. ❼번에서 전달받은 객체 변수의 주소는 m이 받습니다.

❾ 'm.a = m.a + m.b;'와 동일합니다. m.a와 m.b를 합한 값을 m.a에 저장합니다. 메소드가 종료되었으므로 메소드를 호출했던 ❼번의 다음 줄인 ❿번으로 이동합니다.

	int a	int b
객체 변수 m	2000	1000

❿ m.a의 값 2000을 정수로 출력합니다.

결과 `2000`

013 Python의 기본 문법

① Python의 기본 문법

- 변수의 자료형에 대한 선언이 없다.
- 변수에 연속하여 값을 저장하는 것이 가능하다.

  예 x, y, z = 10, 20, 30

2장 핵심요약

④ JAVA의 문자열
- JAVA에서는 String 클래스를 이용해 생성한 객체 변수에 문자열을 저장하여 처리할 수 있다.
- String 클래스는 배열 형태로 관리된다.

예)
```
String c = "GILBUT"
```

문자열 변수 c를 선언하면서 초기값으로 "GILBUT"을 할당한다.

문제 1 다음 JAVA 프로그램이 실행되었을 때의 출력 결과를 쓰시오.

```
public class Main {
    public static void main(String[ ] args) {
        int[ ][ ] a = {{10, 30, 50, 70}, {20, 40, 60, 80}};
        System.out.println(a[1][3]);
    }
}
```

답 :

해설

```
public class Main {
    public static void main(String[ ] args) {
❶      int[ ][ ] a = {{10, 30, 50, 70}, {20, 40, 60, 80}};
❷      System.out.println(a[1][3]);
    }
}
```

❶ 2행 4열의 정수형 배열 a를 선언한 후 값을 할당합니다.

배열 a	a[0][0]	a[0][1]	a[0][2]	a[0][3]
	10	30	50	70
	20	40	60	80
	a[1][0]	a[1][1]	a[1][2]	a[1][3]

❷ a[1][3]의 값 80을 출력합니다.

결과 `80`

012　Java의 클래스

❶ Java의 클래스 활용
클래스는 객체 생성을 위한 필드(속성)와 메소드(함수)를 정의하는 설계도로, Java는 아무리 작은 프로그램이라도 클래스를 만들어서 사용해야 한다.

```
class ClassA {
    int a = 10;
❹   int funcAdd(int x, int y) {
❺       return x + y + a;
    }
}

public class Test {
    public static void main(String[ ] args) {
❶       int x = 3, y = 6, r;
❷       ClassA cal = new ClassA( );
❸❻      r = cal.funcAdd(x, y);
❼       System.out.print(r);
    }
}
```

모든 Java 프로그램은 반드시 main( ) 함수에서 시작한다.

❶ 정수형 변수 x, y, r을 선언하고, x와 y를 각각 3과 6으로 초기화한다.

❷ ClassA cal = new ClassA( );
ClassA 클래스의 객체 변수 cal을 선언한다.
- ClassA : 클래스의 이름이다. 앞에서 정의한 클래스의 이름을 그대로 적어준다.
- cal : 객체 변수의 이름이다. 사용자가 원하는 이름을 적으면 된다.
- new : 객체 생성 예약어다. 그대로 적어준다.
- ClassA( ) : 생성자이다.

❸ x와 y의 값 3과 6을 인수로 cal의 funcAdd( ) 메소드를 호출하여 반환받은 값을 r에 저장한다. cal은 ClassA의 객체 변수이므로 ClassA의 funcAdd( ) 메소드인 ❹번이 호출된다.

❹ 정수를 반환하는 funcAdd 메소드의 시작점이다. 호출문으로부터 정수형 인수 2개를 전달받아 각각 x와 y에 저장한다. ❸번에서 호출할 때 3과 6을 전달했으므로 x는 3, y는 6이다.

❺ x + y + a를 연산한 후 메소드를 호출했던 ❻번으로 결과를 반환한다. x + y의 값은 9이고, a는 메소드에 없으므로 소속된 클래스에서 찾는다. ClassA의 a의 값이 10이므로 x + y + a(3 + 6 + 10)의 값은 19가 된다.

❻ ❺번에서 19가 반환되었으므로 r에 19를 저장한다.
❼ r의 값 19를 출력한다.

결과 `19`

해설

```
public class Test{
  public static void main(String[ ] args){
❶  int a = 0, sum = 0;
❷  while (a < 10) {
❸    a++;
❹    if (a % 2 == 1)
❺      continue;
❻    sum += a;
   }
❼  System.out.println(sum);
  }
}
```

❶ 정수형 변수 a와 sum을 선언하고 각각 0으로 초기화합니다.
❷ a가 10보다 작은 동안 ❸~❻번을 반복 수행합니다.
❸ 'a = a + 1;'과 동일합니다. a의 값에 1을 누적시킵니다.
❹ a%2 즉 a를 2로 나눈 나머지가 1이면 ❺번을 수행하고, 아니면 ❻번으로 이동합니다.
❺ while문의 시작점인 ❷번으로 제어를 이동시킵니다.
❻ 'sum = sum + a;'와 동일합니다. sum에 a의 값을 누적시킵니다.

반복문 실행에 따른 변수들의 변화는 다음과 같습니다.

a	sum
0	0
1	
2	2
3	
4	6
5	
6	12
7	
8	20
9	
10	30

❼ sum의 값을 출력한 후 커서가 다음 줄의 처음으로 이동됩니다.
결과 30

011 배열과 문자열

❶ 1차원 배열
변수들을 일직선상의 개념으로 조합한 배열이다.

예1
```
char[ ] a = new char[3];
a[0] = 'A';
a[1] = 'B';
a[2] = 'C';
```

예2
```
char[ ] a = { 'A', 'B', 'C' };
```

3개의 요소를 갖는 문자형 배열 a를 선언한다.

배열 a	A	B	C
	a[0]	a[1]	a[2]

❷ 2차원 배열
변수들을 평면, 즉 행과 열로 조합한 배열이다.

예1
```
int[ ][ ] b = new int[2][3];
b[0] = new int[ ] {11, 22, 33};
b[1] = new int[ ] {44, 55, 66};
```

예2
```
int[ ][ ] b =
    { {11, 22, 33}, {44, 55, 66} };
```

2개의 행과 3개의 열을 갖는 정수형 배열 b를 선언한다.

	a[0][0]	a[0][1]	a[0][2]
배열 b	11	22	33
	44	55	66
	a[1][0]	a[1][1]	a[1][2]

❸ 배열의 초기화
- 배열 선언 시 초기값을 지정할 수 있으며, 초기값을 지정하는 경우 'new' 명령을 생략할 수 있다.
- 배열 선언 시 초기값을 지정할 때는 자료형 뒤에 대괄호 [ ]를 붙이고, 배열의 크기는 생략한다.

정답 1. 30

2장 핵심요약

❸ c의 값을 0으로 치환합니다. → c = 0
❹ 'c = c + 3'과 동일합니다. c의 값에 3을 더합니다. → c = 3
❺ 'c = c - 10'과 동일합니다. c의 값에서 10을 뺍니다.
  → c = -7
❻ 'c = c - 1'과 동일합니다. c의 값에서 1을 뺍니다.
  → c = -8
❼ c의 값을 정수형으로 출력합니다.
결과 -8

010 반복문

❶ for문
- 초기값, 최종값, 증가값을 지정하는 수식을 이용해 정해진 횟수를 반복하는 제어문이다.
- 초기값, 최종값, 증가값을 모두 생략하면 실행할 문장이 무한 반복된다.

예
```
for (i = 1; i <= 10 ; i++)
    sum = sum + i;
```

반복 변수 i가 1부터 1씩 증가하면서 10보다 작거나 같은 동안 sum에 i의 값을 누적시킨다.

❷ JAVA의 향상된 for문
배열의 모든 요소를 순차적으로 탐색할 때 사용되는 간결한 형태의 반복문이다.

예
```
int[ ] a = {1,2,3,4,5};
int hap = 0;
for (int i : a)
    hap = hap + i;
```

a 배열의 요소가 5개이므로, 'hap=hap+i;'가 5번 수행되는 동안 hap에는 1, 2, 3, 4, 5가 차례로 누적되며, 최종적으로 hap에는 15가 저장된다.

❸ while문
- 조건이 참인 동안 실행할 문장을 반복 수행하는 제어문이다.
- while문은 조건이 처음부터 거짓이면 한 번도 수행하지 않는다.

예
```
while (i <= 10)
    i = i + 1;
```

i가 10보다 작거나 같은 동안 i의 값을 1씩 누적시킨다.

❹ do~while문
- 조건이 참인 동안 정해진 문장을 반복 수행하다가 조건이 거짓이면 반복문을 벗어난다.
- 실행할 문장을 무조건 한 번 실행한 다음 조건을 판단하여 탈출 여부를 결정한다.

예
```
do
    i = i + 1;
while (i <= 10);
```

i가 10보다 작거나 같은 동안 i의 값을 1씩 누적시킨다.

❺ break, continue
- switch문이나 반복문의 실행을 제어하기 위해 사용되는 예약어이다.
- break : switch문이나 반복문 안에서 break가 나오면 블록을 벗어남
- continue
  - continue 이후의 문장을 실행하지 않고 제어를 반복문의 처음으로 옮긴다.
  - 반복문에서만 사용된다.

문제 1 다음 JAVA 프로그램이 실행되었을 때의 출력 결과를 쓰시오.

```
public class Test{
    public static void main(String[ ] args){
        int a = 0, sum = 0;
        while (a < 10) {
            a++;
            if (a % 2 == 1)
                continue;
            sum += a;
        }
        System.out.println(sum);
    }
}
```

답 :

- 조건이 참일 때와 거짓일 때 실행할 문장이 다른 경우

  예
  ```
  if (a > b)
      System.out.printf("참");
  else
      System.out.printf("거짓");
  ```

  a가 b보다 크면 **참**을 출력하고, 아니면 **거짓**을 출력한다.

❷ 다중 if문
조건이 여러 개일 때 사용하는 제어문이다.

예
```
if (score >= 90)
    System.out.printf("우수");
else if (score < 40)
    System.out.printf("불량");
else
    System.out.printf("일반");
```

- score의 값이 90 이상이면 **우수**를 출력한다.
- score의 값이 40 미만이면 **불량**을 출력한다.
- score의 값이 90 이상도, 40 미만도 아니면 **일반**을 출력한다.

❸ switch문
- 조건에 따라 분기할 곳이 여러 곳인 경우 간단하게 처리할 수 있는 제어문이다.
- break문이 생략되면 수식과 값이 일치할 때 실행할 문장부터 break문 또는 switch문이 종료될 때까지 모든 문장이 실행된다.

예
```
switch(a) {
case 1:
    System.out.printf("바나나");
    break;
case 2:
    System.out.printf("딸기");
    break;
default:
    System.out.printf("없음");
}
```

- a가 10이면 **바나나**를 출력하고 switch문을 탈출한다.
- a가 2면 **딸기**를 출력하고 switch문을 탈출한다.
- a가 10이나 2가 아니면 **없음**을 출력하고 switch문을 탈출한다.

문제 2 다음 JAVA 프로그램이 실행되었을 때의 출력 결과를 쓰시오.

```
public class Main {
    public static void main(String[ ] args) {
        int c = 1;
        switch (3) {
            case 1: c += 3;
            case 2: c++;
            case 3: c = 0;
            case 4: c += 3;
            case 5: c -= 10;
            default: c--;
        }
        System.out.printf("%d", c);
    }
}
```

답 :

해설

```
public class Main {
    public static void main(String[ ] args) {
❶      int c = 1;
❷      switch (3) {
            case 1: c += 3;
            case 2: c++;
❸          case 3: c = 0;
❹          case 4: c += 3;
❺          case 5: c -= 10;
❻          default: c--;
        }
❼      System.out.printf("%d", c);
    }
}
```

모든 case문에 break문이 생략되었으므로, switch문의 인수와 일치하는 'case 3' 문장부터 switch문이 종료될 때까지 모든 문장이 실행됩니다.

❶ 정수형 변수 c를 선언하고 1로 초기화합니다. → c = 1
❷ 3에 해당하는 숫자를 찾아갑니다. 'case 3' 문장으로 이동합니다.

정답 1. ① 0 ② 1 2. −8

2장 핵심요약

문제1 다음 연산식의 결과를 적으시오(단, 정수형 변수 a=2, b=3, c=4, d=6으로 선언되었다고 가정한다.).

번호	연산식
①	a * b + c >= d && d / a - b != 0
②	d % b + ++a * c-- || c - --a >= 10

답

① :

② :

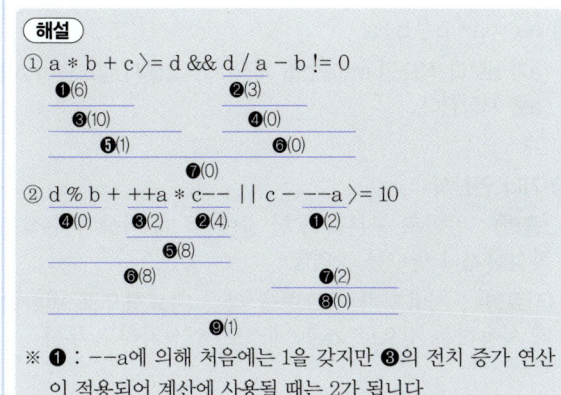

※ ❶ : --a에 의해 처음에는 1을 갖지만 ❸의 전치 증가 연산이 적용되어 계산에 사용될 때는 2가 됩니다.

008 데이터 입·출력

❶ JAVA의 표준 입·출력 함수의 개요
키보드로 입력받아 화면으로 출력할 때 사용하는 함수로, System.in은 표준 입력을, System.out은 표준 출력을 담당한다.

❷ JAVA에서의 표준 입력

예
```
Scanner scan01 = new Scanner(System.in);
inNum = scan01.nextInt( );
```

- Scanner 클래스의 객체 변수 scan01을 키보드로 입력받을 수 있도록 생성한다.
- 키보드로부터 정수형 값을 입력받아 inNum에 저장한다.

❸ JAVA에서의 표준 출력
- printf( )

  예 System.out.printf("%d", r);

  r의 값을 10진수 정수로 출력한다.

- print( )

  예 System.out.print(r + s);

  r과 s를 더한 값을 출력한다.

- println( )

  예 System.out.println(r + "은(는) 소수");

  r의 값과 은(는) 소수를 출력한 후, 커서를 다음 줄의 처음으로 옮긴다.

❹ 주요 서식 문자열
- %d : 정수형 10진수를 출력하기 위해 지정함
- %c : 문자를 출력하기 위해 지정함
- %s : 문자열을 출력하기 위해 지정함
- %f : 소수점을 포함하는 실수를 출력하기 위해 지정함
- %b : 논리값을 출력하기 위해 지정함

❺ 주요 제어문자
- \n : 커서를 다음 줄 앞으로 이동함
- \b : 커서를 왼쪽으로 한 칸 이동함
- \t : 커서를 일정 간격 띄움
- \r : 커서를 현재 줄의 처음으로 이동함

009 제어문

❶ 단순 if문
- 조건이 한 개일 때 사용하는 제어문이다.
- 조건이 참일 때만 실행하는 경우

  예
  ```
  if (a > b)
      System.out.printf("Gilbut");
  ```

  a가 b보다 크면 Gilbut을 출력하고, 아니면 if문을 벗어난다.

007　연산자

❶ 산술 연산자

연산자	의미	비고
%	나머지	정수만 연산할 수 있으며, 실수를 사용하면 오류가 발생함
++	증가	• 전치 : 변수 앞에 증감 연산자가 오는 형태로 먼저 변수의 값을 증감시킨 후 변수를 연산에 사용함(++a, --a).
--	감소	• 후치 : 변수 뒤에 증감 연산자가 오는 형태로 먼저 변수를 연산에 사용한 후 변수의 값을 증감시킴(a++, a--).

❷ 관계 연산자

연산자	의미	연산자	의미
==	같다	!=	같지 않다
〉	크다	〉=	크거나 같다
〈	작다	〈=	작거나 같다

❸ 비트 연산자

- & (and) : 모든 비트가 1일 때만 1
- ^ (xor) : 모든 비트가 같으면 0, 하나라도 다르면 1
- | (or) : 모든 비트 중 한 비트라도 1이면 1
- ~ (not) : 각 비트의 부정, 0이면 1, 1이면 0
- 〈〈 (왼쪽 시프트) : 비트를 왼쪽으로 이동, 2^n을 곱한 것과 같음
- 〉〉 (오른쪽 시프트) : 비트를 오른쪽으로 이동, 2^n으로 나눈 것과 같음

❹ 논리 연산자

- ! (not) : 부정
- && (and) : 모두 참이면 참
- || (or) : 하나라도 참이면 참

❺ 대입 연산자

연산자	예	의미
+=	a += 1	a = a + 1
%=	a %= 1	a = a % 1
〈〈=	a 〈〈 1	a = a 〈〈 1

❻ 조건 연산자

조건 연산자는 조건에 따라 서로 다른 수식을 수행한다.

예 mx = a 〈 b ? b : a;

　a가 b보다 작으면 mx에 b를 저장하고 그렇지 않으면 mx에 a를 저장한다.

❼ 기타 연산자

- ,(콤마) : 콤마로 구분하여 한 줄에 두 개 이상의 수식을 작성하거나 변수를 정의함
- (자료형) : 사용자가 자료형을 다른 자료형으로 변환할 때 사용하는 것으로, cast(캐스트) 연산자라고 부름

❽ 연산자 우선순위

대분류	중분류	연산자	결합규칙	우선 순위
단항 연산자	단항 연산자	! ~ ++ -- sizeof	←	높음 ↑
이항 연산자	산술 연산자	* / % + -	→	
	시프트 연산자	〈〈 〉〉	→	
	관계 연산자	〈 〈= 〉= 〉 == !=	→	
	비트 연산자	& ^ |	→	
	논리 연산자	&& ||	→	
삼항 연산자	조건 연산자	? :	→	
대입 연산자	대입 연산자	= += -= *= /= %= 〈〈= 〉〉= 등	←	
순서 연산자	순서 연산자	,	→	낮음 ↓

2장 핵심요약

005 데이터 타입

❶ 데이터 타입
- 변수에 저장될 데이터의 형식을 나타내는 것이다.
- **정수 타입** : 정수, 즉 소수점이 없는 숫자를 저장할 때 사용함
- **부동 소수점 타입** : 소수점 이하가 있는 실수를 저장할 때 사용함
- **문자 타입** : 한 문자를 저장할 때 사용하며, 작은따옴표(' ') 안에 표시함
- **문자열 타입** : 문자열을 저장할 때 사용하며, 큰따옴표(" ") 안에 표시함
- **불린 타입** : 조건의 참(True), 거짓(False) 여부를 판단하여 저장할 때 사용함
- **배열 타입** : 같은 타입의 데이터 집합을 만들어 저장할 때 사용함

❷ JAVA/Python의 자료형

종류	JAVA	Python
문자	char(1Byte)	str(무제한)
정수	int(4Byte)	int(무제한)
	long(4Byte)	
실수	float(4Byte)	float(8Byte)
논리	boolean(1Byte)	

❸ Python의 시퀀스 자료형의 종류
- **리스트(List)** : 다양한 자료형의 값을 연속적으로 저장하며, 필요에 따라 개수를 늘리거나 줄일 수 있음
- **튜플(Tuple)** : 리스트처럼 요소를 연속적으로 저장하지만, 요소의 추가, 삭제, 변경은 불가능함
- **range** : 연속된 숫자를 생성하는 것으로, 리스트, 반복문 등에서 많이 사용됨

006 변수

❶ 변수의 개요
컴퓨터가 명령을 처리하는 도중 발생하는 값을 저장하기 위한 공간이다.

❷ 변수명 작성 규칙
- 영문자, 숫자, _(under bar)를 사용할 수 있다.
- 첫 글자는 영문자나 _(under bar)로 시작해야 하며, 숫자는 올 수 없다.
- 글자 수에 제한이 없다.
- 공백이나 *, +, -, / 등의 특수문자를 사용할 수 없다.
- 대 · 소문자를 구분한다.
- 예약어를 변수명으로 사용할 수 없다.
- 변수 선언 시 문장 끝에 반드시 세미콜론(;)을 붙여야 한다.

❸ JAVA의 예약어
- **제어문** : do, for, while, if, else, switch, break, continue 등
- **자료형** : int, float, double, char, boolean 등
- **객체** : class, extends, public, static, new 등
- **기타** : import, package 등

❹ 변수를 상수로 만들어 사용하기
- 변수에 저장된 값을 프로그램이 종료될 때까지 변경되지 않도록 상수로 만들어 사용할 수 있다.
- JAVA에서는 final이라는 예약어를 사용한다.
  - 예 final float PI = 3.1415927; → PI는 프로그램 안에서 3.1415927이란 값으로 고정되어 사용된다.

❺ 변수의 선언
  - 예 int a = 5;
    - int : 자료의 형식을 정수형으로 지정한다.
    - a : 변수명을 a로 지정한다.
    - 5 : 변수 a를 선언하면서 초기값으로 5를 저장한다.

기출문제 따라잡기

문제 3 07230269

```
        catch (Exception e) {
            System.out.print('D');
        }
      }
    }
}
```

① A ② B
③ C ④ D

사용된 코드의 의미는 다음과 같습니다.

```
public class Test {
  public static void main(String[ ] args) {
❶   try {
❷     int a = 32, b = 0;
❸     double c = a / b;
      System.out.print('A');
    }
❹   catch (ArithmeticException e) {
❺     System.out.print('B');
    }
    catch (NumberFormatException e) {
      System.out.print('C');
    }
    catch (Exception e) {
      System.out.print('D');
    } ❻
  }
}
```

❶ 예외 구문의 시작입니다.
❷ 정수형 변수 a와 b를 선언하고, 각각 32와 0으로 초기화합니다.
❸ • 실수형 변수 c를 선언하고 32/0의 결괏값으로 초기화합니다.
   • 어떤 수를 0으로 나누는 연산은 수학적 오류를 유발하므로, 해당 오류를 처리하는 ArithmeticException의 catch문으로 이동합니다.
   ※ ArithmeticException : 0으로 나누는 등의 산술 연산에 대한 예외가 발생한 경우 사용하는 예외 객체
❹ ArithmeticException에 해당하는 예외를 다루는 catch문의 시작입니다.
❺ 화면에 B를 출력합니다. try문이 종료되었으므로 ❻번으로 이동하여 프로그램을 종료합니다.

결과 B

이전기출
3. 다음은 DivideByZero에 대한 예외처리 구문을 JAVA 프로그램으로 구현한 것이다. 프로그램이 실행되었을 때의 결과는?

```
public class Test {
  static void div(int a, int b) {
    try {
```

```
      System.out.print(a / b + " ");
    } catch(ArithmeticException e1) {
      System.out.print("DivideByZero ");
    } finally {
      System.out.print("Done");
    }
  }
  public static void main(String[ ] args) {
    div(5,5);
  }
}
```

① 1 ② 1 DivideByZero
③ DivideByZero Done ④ 1 Done

사용된 코드의 의미는 다음과 같습니다.

```
public class Test {
❷ static void div(int a, int b) {
❸   try {
❹     System.out.print(a / b + " ");
    } catch(ArithmeticException e1) {
      System.out.print("DivideByZero ");
❺   } finally {
❻     System.out.print("Done");
    }
  }
  public static void main(String[ ] args) {
❶   div(5,5);
  } ❼
}
```

모든 Java 프로그램은 반드시 main( ) 메소드에서 시작합니다.
❶ 두 개의 5를 인수로 div( ) 메소드를 호출합니다.
❷ 값을 반환하지 않는 div( ) 메소드의 시작점입니다. ❶번에서 전달받은 두 개의 5는 각각 a와 b가 받습니다.
❸ 예외 구문의 시작입니다.
❹ a를 b로 나눈 값 1(5/5)과 공백 한 칸을 출력합니다.

결과 1

try문이 종료되었으므로 ❺번으로 이동합니다.
❺ try문이 모두 종료되면 실행되는 finally문의 시작입니다.
❻ Done을 출력합니다.

결과 1 Done

div( ) 메소드가 종료되었으므로 메소드를 호출했던 ❶번의 다음 줄인 ❼번으로 이동하여 프로그램을 종료합니다.

▶ 정답 : 1.① 2.② 3.④

전문가의 조언

일반적으로 예외가 발생한 경우에는 'try문 → 해당 예외 catch문 → finally문' 순으로 진행되며, 예외가 발생하지 않은 경우에는 'try문 → finally문' 순으로 진행됩니다. finally문은 예외 발생과 관계없이 무조건 수행되는 블록으로 생략이 가능합니다.

전문가의 조언

중요해요! ★★★
JAVA에서 취급되는 주요 예외 객체별 발생 원인을 정리하고 넘어가세요.

```
catch (Exception 매개변수) {
    예외객체1~n에 해당하지 않는 예외 발생 시 처리 코드;
}
finally {
    예외의 발생 여부와 관계없이 무조건 처리되는 코드;
}
```

③ JAVA의 주요 예외 객체

401803

예외 객체	발생 원인
ClassNotFoundException	클래스를 찾지 못한 경우
NoSuchMethodException	메소드를 찾지 못한 경우
FileNotFoundException	파일을 찾지 못한 경우
InterruptedIOException	입·출력 처리가 중단된 경우
ArithmeticException	0으로 나누는 등의 산술 연산에 대한 예외가 발생한 경우
IllegalArgumentException	잘못된 인자를 전달한 경우
NumberFormatException	숫자 형식으로 변환할 수 없는 문자열을 숫자 형식으로 변환한 경우
ArrayIndexOutOfBoundsException	배열의 범위를 벗어난 접근을 시도한 경우
NegativeArraySizeException	0보다 작은 값으로 배열의 크기를 지정한 경우
NullPointerException	존재하지 않는 객체를 참조한 경우

기출문제 따라잡기

문제1 2414752

이전기출
1. JAVA의 예외(exception)와 관련한 설명으로 틀린 것은?

① 문법 오류로 인해 발생한 것
② 오동작이나 결과에 악영향을 미칠 수 있는 실행 시간 동안에 발생한 오류
③ 배열의 인덱스가 그 범위를 넘어서는 경우 발생하는 오류
④ 존재하지 않는 파일을 읽으려고 하는 경우에 발생하는 오류

> JAVA는 잘못된 동작이나 결과에 영향을 줄 수 있는 예외를 객체로 취급하며, 예외와 관련된 예외 객체를 제공합니다. ③번은 ArrayIndexOutOfBoundsException, ④번은 NullPointerException 객체가 사용되는 원인이 됩니다.

이전기출
2. 다음 JAVA 프로그램의 결과로 옳은 것은?

```java
public class Test {
    public static void main(String[ ] args) {
        try {
            int a = 32, b = 0;
            double c = a / b;
            System.out.print('A');
        }
        catch (ArithmeticException e) {
            System.out.print('B');
        }
        catch (NumberFormatException e) {
            System.out.print('C');
        }
    }
}
```

SECTION 017 예외 처리

1 예외 처리의 개요

프로그램의 정상적인 실행을 방해하는 조건이나 상태를 예외(Exception)라고 하며, 이러한 예외가 발생했을 때 프로그래머가 해당 문제에 대비해 작성해 놓은 처리 루틴을 수행하도록 하는 것을 예외 처리(Exception Handling)라고 한다.

- 예외가 발생했을 때 일반적인 처리 루틴은 프로그램을 종료시키거나 로그를 남기도록 하는 것이다.
- C++, Ada, JAVA, 자바스크립트와 같은 언어에는 예외 처리 기능이 내장되어 있으며, 그 외의 언어에서는 필요한 경우 조건문을 이용해 예외 처리 루틴을 작성한다.
- 예외의 원인에는 컴퓨터 하드웨어 문제, 운영체제의 설정 실수, 라이브러리 손상, 사용자의 입력 실수, 받아들일 수 없는 연산, 할당하지 못하는 기억장치 접근 등 다양하다.

전문가의 조언

중요해요! ★★★
예외 처리의 개념, 그리고 JAVA에서의 예외 처리 방법과 JAVA의 주요 예외 처리 객체들의 개별적인 예외 발생 원인을 파악해 두세요.

2 JAVA의 예외 처리

JAVA는 잘못된 동작이나 결과에 영향을 줄 수 있는 예외를 객체로 취급하며, 예외와 관련된 클래스를 java.lang 패키지에서 제공한다.

- JAVA에서는 try ~ catch 문을 이용해 예외를 처리한다.
- try 블록 코드를 수행하다 예외가 발생하면 예외를 처리하는 catch 블록으로 이동하여 예외 처리 코드를 수행하므로 예외가 발생한 이후의 코드는 실행되지 않는다.
- catch 블록에서 선언한 변수는 해당 catch 블록에서만 유효하다.
- try ~ catch 문 안에 또 다른 try ~ catch 문을 포함할 수 있다.
- try ~ catch 문 안에서는 실행 코드가 한 줄이라도 중괄호({ })를 생략할 수 없다.

전문가의 조언

중요해요! ★★★
try 블록 코드를 수행하다 예외가 발생하면 예외를 처리하는 catch 블록으로 이동하여 예외 처리 코드를 수행하므로 예외가 발생한 이후의 코드는 실행되지 않는다는 것을 중심으로 특징을 정리하세요.

기본 형식

```
try {
    예외가 발생할 가능성이 있는 코드;
}
catch ( 예외객체1 매개변수 ) {
    예외객체1에 해당하는 예외 발생 시 처리 코드;
}
catch ( 예외객체2 매개변수 ) {
    예외객체2에 해당하는 예외 발생 시 처리 코드;
}
catch ( 예외객체n 매개변수) {
    예외객체n에 해당하는 예외 발생 시 처리 코드;
}
```

기출문제 따라잡기

❸ r에 i의 값을 누적시킵니다.
반복문 실행에 따른 변수의 변화는 다음과 같습니다.

i	r
1	0
2	1
3	3
4	6
5	10
6	15
7	21
8	28
9	36
10	45
11	55

❹ r의 값 55를 출력합니다.

결과 55

이전기출
9. JavaScript에서 변수를 선언할 때 사용하는 예약어는?

① dim   ② int
③ var   ④ scr

> JavaScript에서 변수를 선언할 때 사용하는 예약어는 var입니다.

이전기출
10. JavaScript에서 배열의 맨 끝에 데이터를 추가하는 데 사용하는 메소드는?

① push( )   ② pop( )
③ shift( )   ④ unshift( )

> • 배열의 맨 끝에 데이터를 추가하는 메소드는 push입니다.
> • pop은 맨 끝의 데이터를 삭제, shift는 맨 처음의 데이터를 삭제, unshift는 맨 처음에 데이터를 추가합니다.

이전기출
11. HTML에 JavaScript를 삽입하는 방법으로 옳지 않은 것은?

① HTML에 직접 입력 - ⟨script⟩ document.write(100) ⟨/script⟩
② 외부 파일 호출 - ⟨script src="abc.js"⟩⟨/script⟩
③ 내부 코드 삽입 - ⟨input type="button" value="click" onclick="msg(100)"⟩
④ HTML에 직접 입력 - ⟨javascript⟩ document.write(100) ⟨/javascript⟩

> HTML에 JavaScript 코드를 삽입할 때는 ①번과 같이 ⟨script⟩와 ⟨/script⟩ 태그 사이에 코드를 직접 입력합니다.

이전기출
12. 다음 JavaScript 프로그램을 실행 때의 결과는?

```
var a = [ "사과", "포도", "자두", "배" ];
a.shift( );
a.unshift("레몬");
a.push("수박");
document.write(a);
```

① 사과,포도,자두,레몬,수박
② 레몬,포도,자두,배,수박
③ 사과,포도,자두,배,레몬,수박
④ 레몬,사과,포도,자두,수박

> 사용된 코드의 의미는 다음과 같습니다.
> ❶ var a = ["사과", "포도", "자두", "배"];
> ❷ a.shift( );
> ❸ a.unshift("레몬");
> ❹ a.push("수박");
> ❺ document.write(a);
>
> ❶ 4개의 요소를 갖는 배열 a를 선언하고 초기화합니다.
>
> | | [0] | [1] | [2] | [3] |
> |---|---|---|---|---|
> | a | "사과" | "포도" | "자두" | "배" |
>
> ❷ a 배열의 첫 번째 요소를 삭제합니다.
>
> | | [0] | [1] | [2] |
> |---|---|---|---|
> | a | "포도" | "자두" | "배" |
>
> ❸ a 배열의 맨 앞에 "레몬"을 추가합니다.
>
> | | [0] | [1] | [2] | [3] |
> |---|---|---|---|---|
> | a | "레몬" | "포도" | "자두" | "배" |
>
> ❹ a 배열의 맨 뒤에 "수박"을 추가합니다.
>
> | | [0] | [1] | [2] | [3] | [4] |
> |---|---|---|---|---|---|
> | a | "레몬" | "포도" | "자두" | "배" | "수박" |
>
> ❺ a 배열을 출력합니다.
>
> 결과 레몬,포도,자두,배,수박

▶ 정답 : 9.③ 10.① 11.④ 12.②

기출문제 따라잡기

문제8 2601652

사용된 코드의 의미는 다음과 같습니다.

```
…생략…
<script>
❶ var r = 0, i = 0;
❷ do {
❸     i = i + 1;
❹     if (i%7 == 0) {
❺         r = r + i;
       }
❻ } while (i < 1000);
❼ console.log(r);
</script>
…생략…
```

❶ 변수 r과 i를 선언하고 모두 0으로 초기화합니다.
❷ do~while 반복문의 시작점입니다. ❸~❺번 문장을 반복 수행합니다.
❸ i의 값을 1씩 증가시킵니다.
❹ i를 7로 나눈 나머지가 0이면 ❺번으로 이동하고, 아니면 ❻번으로 이동합니다.
❺ r에 i의 값을 누적시킵니다.
❻ i가 1000보다 작은 동안 ❸~❺번 문장을 반복 수행합니다. 반복문 실행에 따른 변수들의 값의 변화는 다음과 같습니다.

i	r
0	0
1	
2	
⋮	⋮
6	
7	7
8	
⋮	⋮
14	21
⋮	⋮
994	71071
995	
996	
997	
998	
999	
1000	

❼ 개발자 도구 창의 콘솔 탭에 r의 값을 출력합니다.

결과 71071

이전기출
5. HTML이 호출될 때 자바스크립트를 이용하여 안내 문구를 전달하고 싶은 경우 사용할 수 있는 메소드는?

① alert ② prompt
③ input ④ scan

안내 문구를 전달할 때는 알림(alert) 대화상자를 표시하면 됩니다.

이전기출
6. 자바스크립트에서 배열에 데이터를 입력하고자 할 때 사용하는 메소드는?

① push ② add
③ pop   ④ shift

배열에 요소를 추가하는 메소드는 unshift와 push가 있습니다. 맨 앞이면 unshift, 맨 뒤면 push입니다.

이전기출
7. JavaScript에서 다음 그림과 같은 창을 띄우기 위해 사용한 명령어로 옳은 것은?

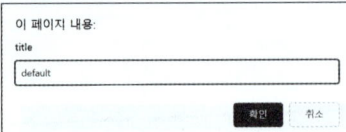

① alert("title", "default")
② prompt("title", "default")
③ alert("default", "title")
④ prompt("default", "title")

입력은 'prompt'이고, prompt 메소드의 인수는 prompt(내용, 기본값)입니다.

이전기출
8. 다음 JavaScript 프로그램이 실행되었을 때, 실행 결과는?

```
<script>
    var r = 0;
    for (var i =1; i <=10; i++)
        r = r + i;
    document.write(r);
</script>
```

① 10   ② 45
③ 55   ④ 66

사용된 코드의 의미는 다음과 같습니다.

```
<script>
❶ var r = 0;
❷ for (var i =1; i <=10; i++)
❸     r = r + i;
❹ document.write(r);
</script>
```

❶ 변수 r을 선언하고 0으로 초기화합니다.
❷ 반복 변수 i가 1부터 1씩 증가하면서 10보다 작거나 같은 동안 ❸번을 반복 수행합니다.

▶ 정답 : 1.③ 2.② 3.① 4.① 5.① 6.① 7.② 8.③

예8 설명
a[2]부터 a[3]까지의 요소인 123과 false를 추출한 후 b에 저장합니다. b에 추출한 내용이 저장되므로 2개의 요소를 갖는 새로운 배열이 생성됩니다.

예8 var b = a.slice(2, 4); → 배열 a

	a[0]	a[1]	a[2]	a[3]	a[4]
	'a'	true	123	false	

배열 b

	b[0]	b[1]
	123	false

예9 설명
• a 배열의 요소들을 '-'으로 구분한 a-true-123-false-를 콘솔 탭에 출력합니다.
• 정의되지 않은(undefined) 요소를 단독으로 지정하여 console.log(a[4]);와 같이 작성하면 화면에 undefined가 표시되지만, 예9와 같이 다른 요소들과 함께 출력할 때는 아무것도 출력되지 않습니다.

• 배열 요소를 문자열로 변환

배열명.join(구분자);   배열의 요소들을 '구분자'로 구분된 하나의 문자열로 변환한다.

예9 console.log(a.join('-')); → 배열 a

	a[0]	a[1]	a[2]	a[3]	a[4]
	'a'	true	123	false	

기출문제 따라잡기

문제4 2601651

이전기출
1. 자바스크립트에서 배열의 속성과 메소드에 대한 설명으로 옳지 않은 것은?

① pop( ) : 배열의 맨 끝의 값을 삭제한다.
② join( ) : 배열의 요소들을 구분자로 구분하는 하나의 문자열로 반환한다.
③ splice( ) : 배열에서 지정한 범위의 데이터를 가져온다.
④ length : 배열의 길이를 반환한다.

slice( )는 지정한 부분을 가져오기만 하고, splice( )는 지정한 부분을 삭제한 후 그 자리에 새로운 값을 입력합니다.

이전기출
2. JavaScript에서 화면에 숫자 100을 출력하는 명령문으로 올바른 것은?

① write(100)
② document.write(100)
③ print(100)
④ console.print(100)

write( ) 메소드는 document 객체의 메소드입니다. 그러므로 반드시 객체명과 함께 작성해야 합니다.

이전기출
3. 자바스크립트의 window 객체에서 사용자로부터 데이터를 입력받을 수 있는 메소드는?

① prompt
② alert
③ confirm
④ messagebox

alert는 알림, confirm은 확인, prompt는 입력입니다.

이전기출
4. 다음은 1000까지의 7의 배수를 모두 합하는 JavaScript 코드이다. 괄호(㉠, ㉡)에 들어갈 알맞은 예약어는?

```
…생략…
<script>
    var r = 0, i = 0;
    ( ㉠ ) {
        i = i + 1;
        if (i%7 == 0) {
            r = r + i;
        }
    } ( ㉡ ) (i < 1000);
    console.log(r);
</script>
…생략…
```

① ㉠-do, ㉡-while
② ㉠-do, ㉡-loop
③ ㉠-while, ㉡-do
④ ㉠-loop, ㉡-do

• 형식

```
var 변수명 = [ 값1, 값2, … ];
var 변수명 = Array( 값1, 값2, … );
var 변수명 = new Array( 값1, 값2, … );
```

예1 var a = ['a', 3.14, "시나공"];
　　var a = Array('a', 3.14, "시나공");
　　var a = new Array('a', 3.14, "시나공");

〈결과〉

	a[0]	a[1]	a[2]
배열 a	'a'	3.14	"시나공"

예1 설명
3가지 방법에 대한 결과는 동일합니다.

• 배열 요소의 추가

배열명.unshift(값);　　배열의 맨 앞에 '값'을 추가한다.
배열명.push(값);　　　배열의 맨 뒤에 '값'을 추가한다.
배열명[위치] = 값;*　　배열의 '위치'에 '값'을 추가한다.

배열명[위치] = 값;
JAVA에서는 초기에 만들어진 배열의 요소에만 값을 저장할 수 있지만, JavaScript에서는 배열의 크기를 벗어난 요소를 지정하면 해당 요소만큼 배열의 크기가 커지면서 값이 저장됩니다.

예2 a.unshift(true); → 배열 a

a[0]	a[1]	a[2]	a[3]
true	'a'	3.14	"시나공"

예3 a.push(false); → 배열 a

a[0]	a[1]	a[2]	a[3]	a[4]
true	'a'	3.14	"시나공"	false

예4 a[6] = 10; → 배열 a

a[0]	a[1]	a[2]	a[3]	a[4]	a[5]*	a[6]
true	'a'	3.14	"시나공"	false		10

예4 설명
a배열에 a[6]이 없으므로 새 요소를 생성한 후 값을 저장합니다.

값이 정의되지 않은 요소
a[5]는 a[6]에 값을 저장하는 과정에서 자동으로 생성되었지만 값은 저장되지 않았습니다. 이와 같이 변수의 선언이나 배열 요소의 생성 등으로 인해 메모리에 영역은 할당되었지만 값이 정의되지 않은 경우 JavaScript에서는 **undefined**로 처리합니다. a[5] 요소를 출력하면, 화면에 **undefined**가 표시됩니다.

• 배열 요소의 삭제

배열명.shift( );　　배열의 첫 번째 요소를 삭제한다.
배열명.pop( );　　배열의 마지막 요소를 반환한 후 삭제한다.
배열명.splice(위치, 개수, 값1, 값2, …)　　배열의 '위치'에서 '개수'만큼 요소를 삭제한 후 '값1, 값2, …'를 저장한다.

예5 a.shift( ); → 배열 a

a[0]	a[1]	a[2]	a[3]	a[4]	a[5]
'a'	3.14	"시나공"	false		10

예6 console.log(a.pop( )); → 배열 a

a[0]	a[1]	a[2]	a[3]	a[4]
'a'	3.14	"시나공"	false	

예6 설명
콘솔 탭에 **10**을 출력하고 a[5]를 삭제합니다.

예7 a.splice(1, 2, true, 123); → 배열 a

a[0]	a[1]	a[2]	a[3]	a[4]
'a'	true	123	false	

예7 설명
a[1]부터 2개의 요소, 즉 a[1]과 a[2]를 삭제한 후, a[1]에 true를 a[2]에 123을 저장합니다.

• 배열의 일부 요소 추출

배열명.slice(초기위치:최종위치);　　배열의 '초기위치'부터 '최종위치'-1까지의 요소들을 추출한다.
배열명.slice(최종위치);　　'초기위치'가 없으면 첫 번째 요소부터 '최종위치'-1까지의 요소들을 추출한다.

- **형식3 – 입력 대화상자**

prompt(내용, 기본값);
- 대화상자 본문에 '내용'이 표시되고, '내용' 아래에 '기본값'이 입력된 텍스트 상자가 표시된다.
- 대화상자 아래쪽에 〈확인〉과 〈취소〉 단추가 표시된다.
- 〈확인〉 단추를 클릭하면 텍스트 상자에 입력된 데이터를 반환하고, 〈취소〉 단추를 클릭하면 null을 반환한다.

예 prompt("이름을 입력하세요.", "홍길동");   〈결과〉

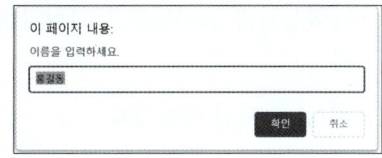

콘솔(Console)
- 콘솔은 개발자 도구*의 콘솔 탭의 기능을 사용할 수 있게 하는 전역 객체이다.
- 웹 브라우저에서 개발자 도구 창*의 콘솔 탭에서 결과를 확인할 수 있다.
- 콘솔의 출력 메소드에는 log( ), info( ), warn( ), error( )가 있으며 사용 형식은 모두 같다.

- **형식**

console.log(내용);   개발자 도구 창의 콘솔 탭에 '내용'을 표시한다.

예 console.log("Sinagong");   〈결과〉

개발자 도구
개발자들이 웹 브라우저에서 코드 분석, 디버깅, 성능 확인, 트래픽 분석, 보안 등의 기능을 구현할 수 있도록 제공하는 툴입니다.

개발자 도구 창 표시하기
웹 브라우저를 실행시킨 후 키보드의 F12나 Ctrl+Shift+I를 누르면 개발자 도구 창이 표시됩니다. 표시된 개발자 도구 창의 '콘솔(Console)' 탭을 클릭한 후 메소드들의 실행 결과를 확인해 보세요.

콘솔의 출력 메소드 4가지 사용 예

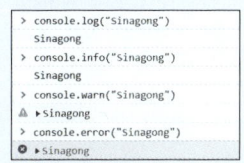

전문가의 조언

중요해요! ★★★
- pop, join, splice를 중심으로 각각의 기능을 기억하고 예를 통해 사용 방법을 파악해 두세요.
- 예1부터 예9까지는 결과가 계속 이어지는 예제입니다.

③ 배열(Array)

배열은 여러 개의 데이터를 하나의 이름으로 정의하여 사용하는 데이터의 집합이다.
- 동일한 자료형만 저장할 수 있는 C나 Java의 배열과 달리 다양한 자료형을 저장할 수 있다.
- 변수 선언시 자료형에 관계없이 'var' 예약어를 사용한다.
- 변수명은 사용할 배열의 이름으로 사용자가 임의로 지정한다.
- 초기값으로 지정한 개수대로 배열의 요소가 생성된다.

2 JavaScript의 입·출력

대화상자

- 대화상자는 화면에서 데이터를 입력받거나 내용을 표시하는 용도로 사용하는 창이다.
- 관련된 메소드는 window 객체*에 정의되어 있으며, 메소드 사용 시 객체명은 생략*할 수 있다.
- 대화상자가 표시되면 대화상자를 종료할 때까지 웹 페이지를 조작할 수 없다.

- **형식1** – 알림 대화상자

alert(내용);	• 대화상자 본문에 '내용'이 표시되고, 아래쪽에 〈확인〉 단추가 표시된다. • '내용'만 표시하는 대화상자로 반환 값이 없다.

예제 1 알림 대화상자를 화면에 표시하시오.

```html
<html>
  <body>
    <script>
      alert("안녕하세요! 시나공입니다.");
    </script>
  </body>
</html>
```

〈결과〉

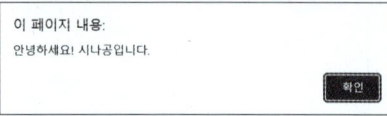

- **형식2** – 확인 대화상자

confirm(내용);	• 대화상자 본문에 '내용'이 표시되고, 아래쪽에 〈확인〉과 〈취소〉 단추가 표시된다. • 〈확인〉 단추를 클릭하면 **true**를, 〈취소〉 단추를 클릭하면 **false**를 반환한다.

예 confirm("시나공 사이트에 방문하시겠습니까?");   〈결과〉

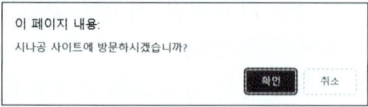

전문가의 조언

중요해요! ★★★
입·출력 메소드의 종류를 기억하고 각각의 예제를 통해 사용법을 파악해 두세요.

window 객체
window 객체는 웹 브라우저에 관련된 모든 요소를 정의하는 최상위 객체로, 어디서든 접근할 수 있어 '전역 객체'라고 불립니다. 원칙적으로 객체에 속한 메소드는 window.alert( )와 같이 객체명과 메소드를 함께 작성해야 하지만 window 객체에 한해서는 alert( )와 같이 객체명을 생략할 수 있습니다.

전문가의 조언

- 대화상자의 모든 인수는 생략할 수 있습니다.
- 대화상자의 모양은 웹 브라우저의 종류에 따라 다르게 표시될 수 있습니다. 교재에 수록된 대화상자 화면은 크롬(Chrome) 브라우저를 기준으로 한 것입니다.
- 대화상자를 화면에 표시하려면 예제1 과 같이 HTML 문서의 〈script〉 태그 안에 코드를 입력해야 합니다. 이후 진행되는 예에서는 HTML 문서의 태그를 생략하고 대화상자 표시 코드만 표기합니다.

SECTION 016

웹 프로그래밍 언어 – JavaScript

전문가의 조언

이번 섹션은 앞에서 언어 관련 내용을 충분히 학습하였다는 전제하에 진행됩니다. 학습에 어려움을 느끼면 앞의 섹션들을 먼저 공부한 후 본 섹션을 공부하는 것이 좋습니다.

객체지향 프로그래밍 언어는 Section 003을, 스크립트 언어는 Section 004를 참조하세요.

1 JavaScript의 기본 문법

JavaScript는 객체지향의 스크립트 언어*로, 주로 웹 페이지의 동작을 구현한다.

- 변수는 자료형에 관계없이 'var' 예약어를 사용하여 선언한다.

  예   var a = 3.14   – 변수 a를 선언하고 3.14로 초기화한다.

- 코드 입력
  - 방법1 : 〈script〉와 〈/script〉 태그 사이에 코드를 직접 입력한다.
  - 방법2 : 〈script〉 태그 내부에 코드가 저장된 파일명(.js)을 입력한다.

예제 1 코드 직접 입력

```
<html>
  <head>
    <script>
❶     var sum = 0;
❷     for (var i = 1; i <= 10; i++)
❸         sum = sum + i;
❹     document.write(sum);
    </script>
  </head>
  <body> </body>
</html>
```

예제 2 파일 호출

```
<html>
  <head>
    <script src=test.js*> </script>
  </head>
  <body> </body>
</html>
```

test.js 파일

예제 2 는 다음의 코드가 저장된 test.js 파일을 호출하여 실행합니다.

```
var sum = 0;
for (var i = 1; i <= 10; i++)
    sum = sum + i;
document.write(sum);
```

코드 해설

❶ 변수 sum을 선언하고 0으로 초기화한다.
❷ 반복 변수 i가 1부터 1씩 증가하면서 10보다 작거나 같은 동안 ❸번을 반복 수행한다.
❸ sum에 i의 값을 누적시킨다.
❹ sum의 값을 출력한다.
  - document.write( ) : 인수로 주어진 값을 출력하는 메소드이다.

결과   55

기출문제 따라잡기

이전기출

5. HTML의 태그 중 책이나 음악, 영화 등의 제목을 정의할 때 사용하는 태그는?

① mark　　　　　② small
③ sub　　　　　　④ cite

> 태그 안의 내용을 기울림꼴 서체로 표시하는 것으로, 책이나 음악, 영화, 그림 등 창작물의 제목 표시에 사용하는 태그는 〈cite〉입니다.

이전기출

6. HTML5에서 메뉴, 목차, 인덱스와 같이 내부 페이지 및 외부 페이지에 대한 탐색 링크들을 정의할 때 사용하는 태그는?

① 〈lib〉　　　　　② 〈link〉
③ 〈nav〉　　　　　④ 〈index〉

> 다른 페이지나 현재 페이지의 다른 부분과 연결되는 링크의 집합을 정의하는 것으로, 메뉴나 목차, 인덱스 작성에 사용하는 태그는 〈nav〉입니다.

이전기출

7. 다음 HTML 코드로 구현한 표에서 2번 째 행에 만들어지는 셀을 3개 공간을 차지하는 병합된 셀로 만들고자 할 때 괄호에 들어갈 알맞은 속성은?

```
<table>
  <tr>
    <td>a</td>
    <td>b</td>
    <td>c</td>
  </tr>
  <td (    )="3"> def</td>
</table>
```

① rows　　　　　② rowspan
③ cols　　　　　　④ colspan

> 한 행에 3개의 셀을 만들면 아래와 같이 가로 방향으로 셀이 만들어집니다.
>
> 가로 방향의 셀을 병합할 때 사용하는 속성은 colspan입니다.
> 〈결과화면〉
> ※ 원할한 구분을 위해 테이블과 셀에 테두리를 추가한 화면입니다.
>
> | a | b | c |
> | def | | |

이전기출

8. 다음 중 CSS의 속성 중 사각형 테두리를 둥글게 만드는 속성은?

① border-radius　　② square-round
③ border-round　　④ square-radius

> 사각형 테두리를 둥글게 만드는 CSS 속성은 border-radius입니다.

이전기출

9. 다음과 같이 HTML 문서에서 CSS를 이용하여 문장을 가운데 정렬하고 자간을 조정하였다. 이때 괄호에 들어갈 적합한 코드는?

```
<html>
  <style>
    (        )
  </style>
  <body>
    <p id='first'>hello CSS world!</p>
</html>
```

① #first { text-align: center; letter-spacing: 5px }
② first { letter-align: center; text-spacing: 5px }
③ #first { letter-align: center; letter-spacing: 5px }
④ first { text-align: center; text-spacing: 5px }

> • 정렬 방식을 지정하는 속성은 text-align, 글자 사이 간격을 지정하는 속성은 letter-spacing입니다.
> • 〈body〉 태그 안에 정의한 id에 스타일을 지정할 때는 id 앞에 #을 붙입니다.

이전기출

10. 〈p〉 태그에 대해 안쪽 여백을 50, 외곽선의 종류를 점선, 외곽선의 색을 빨간색으로 지정하는 코드로 올바른 것은?

① p { padding : 50; border-style : dotted; border-color : red }
② p { margin : 50; border-style : dotted; border-color : red }
③ p { space : 50; border-style : dashed; border-color : red }
④ p { blank : 50; border-style : ridge; border-color : red }

> 안쪽 여백을 지정하는 속성은 padding, 외곽선 스타일을 지정하는 속성은 border-style, 외곽선 색상을 지정하는 속성은 border-color입니다.

▶ 정답: 3.③ 4.② 5.④ 6.③ 7.④ 8.① 9.① 10.①

기출문제 따라잡기

문제4 2601552

① 1행　　　② 2행
③ 3행　　　④ 4행

사용된 코드의 의미는 다음과 같습니다.

```
〈html〉
❶ 〈style〉
❷     tr:nth-child(even) { background-color:yellow; }
    〈/style〉
    〈body〉
❸     〈table〉
❹         〈thead〉
❺             〈tr〉
❻                 〈th〉〈/th〉
              〈/tr〉
          〈/thead〉
❼         〈tfoot〉
❽             〈tr〉
❾                 〈td〉〈/td〉
              〈/tr〉
          〈/tfoot〉
❿         〈tbody〉
⓫             〈tr〉
⓬                 〈td〉〈/td〉
              〈/tr〉
⓭             〈tr〉
⓮                 〈td〉〈/td〉
              〈/tr〉
          〈/tbody〉
      〈/table〉
    〈/body〉
〈/html〉
```

❶ 테이블에 공통으로 적용될 서식을 CSS 형식으로 정의합니다.
❷ 〈tr〉 태그로 만들어진 행 중 짝수 행에만 배경색이 노랑으로 지정되도록 설정합니다.
❸ 테이블을 만들기 위한 시작점입니다.
❹ 테이블 머리글의 시작으로, 테이블의 가장 윗부분에 표시됩니다.
❺ 머리글의 첫 번째 행을 만듭니다.
❻ 제목 스타일이 적용된 1개의 셀을 만듭니다.

　– ❹~❻에 정의된 테이블 머리글의 첫 행

❼ 테이블 바닥글의 시작으로, 테이블의 가장 아랫부분에 표시됩니다.
❽ 바닥글의 첫 번째 행을 만듭니다.
❾ 1개의 셀을 만듭니다.

　– ❹~❻에 정의된 테이블 머리글의 첫 행
　– ❼~❾에 정의된 테이블 바닥글의 첫 행

❿ 테이블 본문의 시작으로, 테이블의 머리글과 바닥글 사이에 표시됩니다.
⓫ 본문의 첫 번째 행을 만듭니다.
⓬ 1개의 셀을 만듭니다.

　– ❹~❻에 정의된 테이블 머리글의 첫 행
　– ❿~⓬에 정의된 테이블 본문의 첫 행
　– ❼~❾에 정의된 테이블 바닥글의 첫 행

⓭ 본문의 두 번째 행을 만듭니다. 이 행은 두 번째 행, 즉 짝수 요소에 해당되므로 ❷번에서 정의한 서식이 적용됩니다. 이후 이 행에 만들어지는 셀에는 배경색이 노랑으로 표시됩니다.
⓮ 1개의 셀을 만듭니다. 만들어진 셀은 배경색이 노랑으로 표시됩니다.

　– ❹~❻에 정의된 테이블 머리글의 첫 행
　– ❿~⓬에 정의된 테이블 본문의 첫 행
　– ⓭~⓮에 정의된 테이블 본문의 두 번째 행
　– ❼~❾에 정의된 테이블 바닥글의 첫 행

이전기출

4. HTML에서 다음과 같이 frameset 태그를 사용했을 때 나타나는 결과로 올바른 것은?

```
〈FRAMESET cols="50%, 50%"〉
    〈FRAMESET rows="50%, 50%"〉
    〈/FRAMESET〉
〈/FRAMESET〉
```

① ②
③ ④

사용된 코드의 의미는 다음과 같습니다.

❶ 〈FRAMESET cols="50%, 50%"〉
❷ 　〈FRAMESET rows="50%, 50%"〉
　　〈/FRAMESET〉
　〈/FRAMESET〉

• 〈frameset〉으로 분할한 영역에 〈frame〉 태그가 적용되는 순서는 다음과 같습니다.
　– 화면을 가로로 분할한 경우 : 위쪽 → 아래쪽
　– 화면을 세로로 분할한 경우 : 왼쪽 → 오른쪽

❶ 〈FRAMESET cols="50%, 50%"〉 : 화면을 세로 기준 50:50으로 분할하여 2개의 프레임으로 만듭니다.

❷ 〈FRAMESET rows="50%, 50%"〉 : 화면을 가로 기준 50:50으로 분할하여 2개의 프레임으로 만듭니다. ❶번에서 화면이 세로로 분할되었으므로 ❷번 작업은 왼쪽 프레임에서 수행됩니다.

⟨nav⟩	다른 페이지나 현재 페이지의 다른 부분과 연결되는 링크의 집합을 정의하는 것으로, 메뉴나 목차, 인덱스 작성에 사용한다. **예** ⟨nav⟩ 　　⟨a href="test/com1"⟩컴활1급⟨/a⟩ 　　⟨a href="test/comt2"⟩컴활2급⟨/a⟩ 　　⟨a href="test/info1"⟩정보처리산업기사⟨/a⟩ ⟨/nav⟩ ⟨p⟩ 원하는 종목을 상단 링크 모음에서 선택하세요. ⟨/p⟩ → 컴활1급 컴활2급 정보처리산업기사 　　원하는 종목을 상단 링크 모음에서 선택하세요.

기출문제 따라잡기

문제1 2601551

이전기출
1. 다음은 아이디와 암호를 입력하는 로그인 창을 JavaScript로 구현한 것이다. 괄호(㉠~㉣)에 들어갈 적합한 속성은?

```
⟨html⟩
  ⟨body⟩
    ⟨( ㉠ ) ( ㉡ )="post" ( ㉢ )="log01.jsp"⟩
      ⟨p⟩아이디⟨input type="text" name="id"⟩⟨/p⟩
      ⟨p⟩암호⟨input type="password" name="pw"⟩⟨/p⟩
    ⟨( ㉣ )⟩
  ⟨/body⟩
⟨/html⟩
```

① ㉠ form, ㉡ action, ㉢ method, ㉣ /form
② ㉠ form, ㉡ method, ㉢ action, ㉣ /form
③ ㉠ function, ㉡ form, ㉢ method, ㉣ /function
④ ㉠ function, ㉡ action, ㉢ form, ㉣ /function

사용된 코드의 의미는 다음과 같습니다.

```
⟨html⟩
  ⟨body⟩
❶ ⟨form method="post" action="log01.jsp"⟩
❷   ⟨p⟩아이디⟨input type="text" name="id"⟩⟨/p⟩
❸   ⟨p⟩암호⟨input type="password" name="pw"⟩⟨/p⟩
  ⟨/form⟩
  ⟨/body⟩
⟨/html⟩
```

❶ ❷~❸번에서 입력받은 데이터를 'log01.jsp'에 메시지 형태로 전송합니다.
❷ 아이디를 표시한 후 텍스트 상자를 표시합니다.
❸ 암호를 표시한 후 텍스트 상자를 표시합니다.

⟨실행 화면⟩
아이디 [　　　　]
암호　 [　　　　]

이전기출
2. 다음 중 목록을 생성하는 HTML 태그가 아닌 것은?
① ⟨ul⟩　② ⟨li⟩　③ ⟨ol⟩　④ ⟨el⟩

⟨el⟩은 목록에 사용하는 태그가 아닙니다. 목록을 생성하는 태그에는 ⟨ul⟩, ⟨ol⟩, ⟨li⟩, ⟨dl⟩, ⟨dt⟩, ⟨dd⟩가 있습니다.

이전기출
3. 다음과 같이 HTML 문서를 작성했을 때 노란색 배경을 갖는 셀의 위치는?

```
⟨html⟩
  ⟨style⟩
    tr:nth-child(even) { background-color:yellow; }
  ⟨/style⟩
  ⟨body⟩
    ⟨table⟩
      ⟨thead⟩
        ⟨tr⟩
          ⟨th⟩⟨/th⟩
        ⟨/tr⟩
      ⟨/thead⟩
      ⟨tfoot⟩
        ⟨tr⟩
          ⟨td⟩⟨/td⟩
        ⟨/tr⟩
      ⟨/tfoot⟩
      ⟨tbody⟩
        ⟨tr⟩
          ⟨td⟩⟨/td⟩
        ⟨/tr⟩
        ⟨tr⟩
          ⟨td⟩⟨/td⟩
        ⟨/tr⟩
      ⟨/tbody⟩
    ⟨/table⟩
  ⟨/body⟩
⟨/html⟩
```

▶ 정답 : 1.② 2.④

〈결과 화면〉

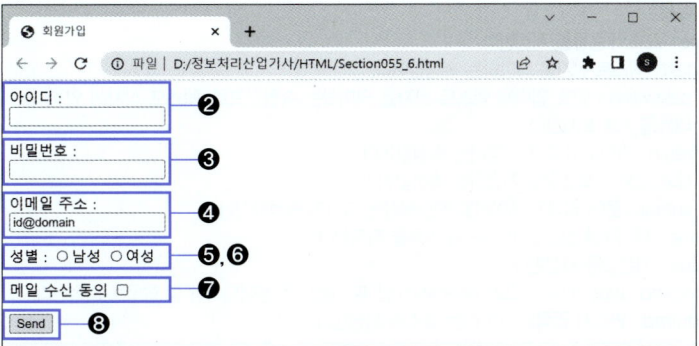

코드 해설

❶ 폼 태그의 시작으로, ❷~❽번에서 입력받은 데이터를 'log01.jsp'에 메시지 형태로 전송한다.
❷ 아이디 : 를 표시한 후 다음 줄에 텍스트 상자(Text Box)를 표시한다.
❸ 비밀번호 : 를 표시한 후 다음 줄에 텍스트 상자를 표시한다.
❹ • 이메일 주소 : 를 표시한 후 다음 줄에 텍스트 상자를 표시한다.
　• 텍스트 상자에는 기본값(value)으로 지정한 id@domain이 표시된다.
❺ • 성별 : 을 표시한 후 라디오 버튼(Radio Button)과 남성을 표시한다.
　• 이 라디오 버튼이 선택되면, 기본값으로 지정한 "male"이 전송된다.
❻ • 라디오 버튼(Radio Button)과 여성을 표시한다.
　• 이 라디오 버튼※이 선택되면, 기본값으로 지정한 "female"이 전송된다.
❼ 메일 수신 동의 : 를 표시하고 확인란(Check Box)을 표시한다.
❽ • Send가 입력된 단추를 표시한다.
　• 단추를 클릭하면 〈form〉 태그 안에 입력된 모든 데이터를 ❶번에서 지정한 'log01.jsp'로 전송한다.

radio 요소

radio 요소는 여러 항목 중 하나만 선택할 수 있으므로 'gender'라는 이름으로 참조되는 radio 요소는 "male"과 "female" 중 하나의 값만 가질 수 있습니다. 즉 둘 중 하나만 선택할 수 있습니다.

 전문가의 조언

중요해요! ★★★

cite는 음악, 영화 등 창작물의 제목을, nav는 목차, 인덱스와 같은 탐색 링크를 표시할 때 사용한다는 것을 중심으로 기타 태그들의 기능을 정리하세요.

❽ 기타 태그

태그	의미
〈mark〉	태그 안의 내용을 형광펜으로 칠한 것처럼 표시한다. 예 〈p〉 수험서는 〈mark〉시나공〈/mark〉으로 공부하세요.〈/p〉 → 수험서는 시나공으로 공부하세요.
〈small〉	태그 안의 내용을 일반 텍스트 크기보다 작은 크기로 표시한다. 예 〈p〉크기가 〈small〉작은 텍스트〈/small〉입니다.〈/p〉 → 크기가 작은 텍스트입니다.
〈sub〉	태그 사이에 입력된 내용을 아래첨자로 표시한다. 예 〈p〉물 분자 화학식은 H〈sub〉2〈/sub〉O입니다.〈/p〉 → 물 분자 화학식은 H_2O입니다.
〈cite〉	태그 안의 내용을 기울림꼴 서체로 표시하는 것으로, 책이나 음악, 영화, 그림 등 창작물의 제목 표시에 사용한다. 예 〈p〉이 글은 아래의 도서를 참고하였습니다.〈/p〉 　〈p〉〈cite〉2024년 시나공 정보처리산업기사 필기 기본서〈/cite〉〈/p〉 → 이 글은 아래의 도서를 참고하였습니다. 　*2024년 시나공 정보처리산업기사 필기 기본서*
〈link〉	외부 스타일 시트 파일을 연결할 때 사용한다. 예 〈link rel="stylesheet" type="text/css" href="test/test_style.css"〉

⟨input⟩	• 데이터 입력에 사용할 요소를 생성한다. • 관련 속성 　- type : 요소의 종류를 지정한다. 　　▶ text : 텍스트 상자를 의미하는 속성값이다. 　　▶ password : 암호 입력용 텍스트 상자를 의미하는 속성값으로, 텍스트 상자에 입력되는 내용을 '*'로 표시한다. 　　▶ radio : 라디오 버튼을 지정하는 속성값이다. 　　▶ checkbox : 확인란을 지정하는 속성값이다. 　　▶ submit : 폼에 입력된 데이터를 전송하라는 의미의 속성값이다. 　- name : 데이터를 참조할 때 사용할 이름을 지정한다. 　- value : 기본값을 지정한다. 　- checked : type이 radio 또는 checkbox일 때 기본으로 선택되어야 할 항목을 지정한다. 　- required : 반드시 입력되어야 하는 요소를 지정한다.

예제 다음은 사용자로부터 회원가입을 위한 데이터를 입력받는 HTML 문서이다. 코드를 확인하시오.

⟨코드⟩

```
           <html>
              <head>
                 <title>회원가입</title>
              </head>
              <body>
❶               <form method="post" action="log01.jsp">
❷                  <p>아이디 : <br><input type="text" name="id"></p>
❸                  <p>비밀번호 : <br><input type="password" name="pw"></p>
❹                  <p>이메일 주소 : <br><input type="text" name="mail" value="id@domain"></p>
❺                  <p>성별 : <input type="radio" name="gender" value="male">남성
❻                     <input type="radio" name="gender" value="female">여성</p>
❼                  <p>메일 수신 동의 <input type="checkbox" name="ad"></p>
❽                  <p><input type="submit" value="Send"></p>
                 </form>
              </body>
           </html>
```

❽ 테이블 본문의 시작으로, 테이블의 머리글과 바닥글 사이에 표시된다.
❾ 두 번째 행을 만든다.

(0,0)	(0,1)	(0,2)

❿ • 3개의 셀을 만들고, 각 셀에 (1, 0), (1, 1), (1, 2)를 표시한다.
  • (1, 0)과 (1, 2) 셀은 〈td〉 태그로 만들어진 셀 중 홀수 번째 셀이므로 ❸번에서 정의한 서식이 적용되어 글꼴이 굵게 표시된다.

(0,0)	(0,1)	(0,2)
(1,0)	(1,1)	(1,2)

⓫ • 테이블 바닥글의 시작으로, 테이블의 가장 아랫부분에 표시된다.
  • 테이블 바닥글 요소들의 배경색이 노란색으로 지정된다.
⓬ 세 번째 행을 만든다.

(0,0)	(0,1)	(0,2)
(1,0)	(1,1)	(1,2)

⓭ • 3개의 셀을 만들고, 각 셀에 (2, 0), (2, 1), (2, 2)를 표시한다.
  • 각 셀은 ⓫번에서 정의한 노란색 배경이 적용되고, (2, 0)과 (2, 2) 셀은 〈td〉 태그로 만들어진 셀 중 홀수 번째 셀이므로 ❸번에서 정의한 서식이 적용되어 글꼴이 굵게 표시된다.

(0,0)	(0,1)	(0,2)
(1,0)	(1,1)	(1,2)
(2,0)	(2,1)	(2,2)

❼ 폼(Form)

폼은 사용자로부터 정보를 입력받고 입력받은 데이터를 서버로 전송하기 위해 사용하는 틀을 의미한다.

• **주요 태그 및 속성**

태그	의미
〈form〉	• 사용자로부터 정보를 입력받는 틀을 정의한다. • 관련 속성 　− method : 데이터 전송 방식을 지정한다. 　　▶ get : 입력받은 데이터를 URL에 첨부하여 전송한다.* 　　▶ post : 입력받은 데이터를 메시지 형식으로 전송한다.* 　− action : 데이터를 전송할 URL을 지정한다.

전문가의 조언

중요해요! ★★★
주어진 예제 를 통해 코드에 사용된 태그나 속성을 확실히 이해하고 넘어가세요.

get / post 방식
get 방식으로 데이터를 전송하면 입력된 데이터가 URL에 노출되기 때문에, 검색이나 조회 등 노출되어도 상관없는 데이터 전송에 주로 사용됩니다. 반면 post 방식은 데이터가 메시지 형태로 전송되어 외부로 노출되지 않으므로 로그인이나 회원가입 등 보안이 필요한 데이터의 전송에 주로 사용됩니다.

get 방식으로 인해 비밀번호가 노출된 URL

```
❽          <tbody>
❾              <tr>
❿                  <td>(1, 0)</td><td>(1, 1)</td><td>(1, 2)</td>
               </tr>
           </tbody>
⓫          <tfoot style="background-color: yellow">
⓬              <tr>
⓭                  <td>(2, 0)</td><td>(2, 1)</td><td>(2, 2)</td>
               </tr>
           </tfoot>
       </table>
   </body>
</html>
```

예제 의 테이블 작성 과정

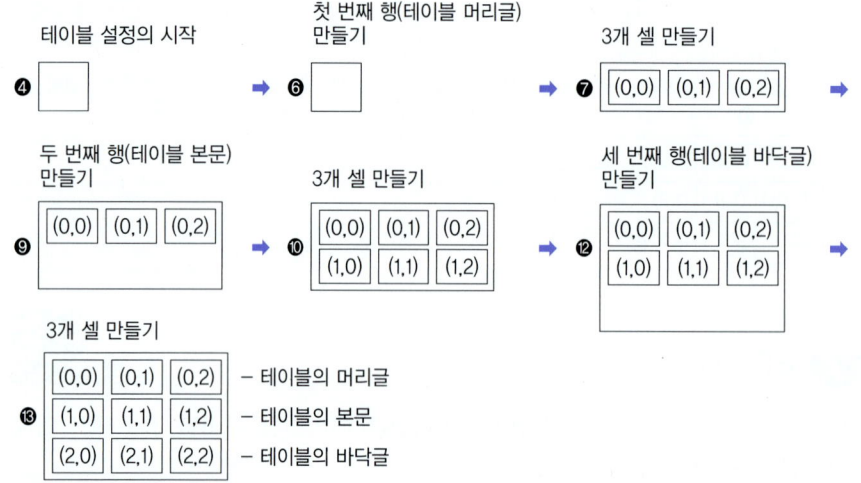

전문가의 조언

⟨thead⟩, ⟨tbody⟩, ⟨tfoot⟩은 테이블의 구역을 나누기 위해 사용하는 태그입니다. 예제 의 코드를 ⟨thead⟩, ⟨tbody⟩, ⟨tfoot⟩ 태그 없이 ⟨table⟩ 안에만 작성해도 결과는 다르지 않습니다.

코드 해설

❶ 테이블에 공통으로 적용될 서식을 CSS* 형식으로 정의한다.
❷ ⟨table⟩, ⟨th⟩, ⟨td⟩ 태그로 만들어진 요소들에 두께 1픽셀, 실선, 검정색이 지정되도록 설정한다.
❸ ⟨td⟩ 태그로 만들어진 셀 중 홀수 셀에만 글꼴을 굵게 지정한다.
❹ 테이블 생성의 시작으로, ❷번에서 정의한 대로 두께 1픽셀, 실선의 테이블이 만들어진다.
❺ 테이블 머리글의 시작으로, 테이블의 가장 윗부분에 표시되다.
❻ • 첫 번째 행을 만든다.
  • 아직 행 안에 셀이 없어 테이블 전체의 크기에는 변화가 없지만, 셀이 만들어지면 셀의 크기에 맞게 행의 크기가 자동으로 커지고 테이블의 전체 크기도 변한다.

❼ 제목 스타일*이 적용된 3개의 셀을 만들고*, 각 셀에 (0, 0), (0, 1), (0, 2)를 표시한다.
   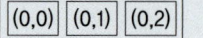

CSS(Cascading Style Sheets)

CSS는 HTML 문서에 적용할 수 있는 다양한 스타일을 미리 정의해 둔 스타일 시트로, CSS에 정의된 속성들을 이용해 HTML 문서에 레이아웃이나 서식 등을 쉽게 지정할 수 있습니다.

제목 스타일

⟨th⟩ 태그가 적용되면 글꼴이 굵게 표시되고 셀의 가운데로 정렬됩니다.

셀의 크기

셀의 크기를 지정하지 않으면, 너비는 셀에 입력된 전체 글자의 너비에 맞게, 높이는 셀 안에 표시되는 글자 중 가장 큰 글자의 높이에 맞게 자동으로 셀의 크기가 지정됩니다.

⟨tfoot⟩	테이블의 바닥글 부분을 정의한다.	
⟨tr⟩	행을 만든다.	
⟨td⟩	• 셀을 만든다. • colspan : 가로 방향으로 셀을 병합함 • rowspan : 세로 방향으로 셀을 병합함	
⟨th⟩	셀을 만들면서 제목 스타일*을 적용한다.	
⟨style⟩	• 서식을 지정하는 태그로, ⟨head⟩ 부분에 지정하면 테이블 전체에 공통으로 적용된다. • 서식 지정 형식 　　요소이름:선택자 { 속성1:속성값1; 속성2:속성값2; … 속성n:속성값n } 　− 요소이름 : 태그 이름에서 '⟨'와 '⟩'를 제외하고 입력한다. 　− 선택자 : 요소 중 일부에만 서식을 지정할 때 사용하는 옵션으로, 생략이 가능하다. 　　▶ first-child : 첫 번째 요소에 적용 　　▶ last-child : 마지막 요소에 적용 　　▶ nth-child(N*) : N번째 요소마다 적용 　− 속성:속성값 : 요소에 적용할 속성과 속성값을 입력한다. 2개 이상의 속성을 지정할 때는 세미콜론(;)을 이용하여 구분함 　　▶ color : 글자 색상을 지정함 　　▶ border : 외곽선을 지정하는 속성으로, 두께, 스타일*, 색상* 순으로 지정함 　　▶ border-radius : 외곽선 모서리의 곡률을 지정함 　　▶ font-weight : 글꼴의 굵기*를 지정함 　　▶ background-color : 배경색을 지정함 　　▶ padding : 안쪽 여백을 지정함 　　▶ margin : 바깥쪽 여백을 지정함 　　▶ text-align : 정렬 방식*을 지정함 　　▶ letter-spacing : 글자 사이 간격을 지정함 　　▶ word-spacing : 단어 사이 간격을 지정함 • 테이블의 특정 부분에만 별도의 서식을 지정할 때는 'style' 속성을 이용함 　예 ⟨tfoot style="background-color: yellow"⟩ 　→ 테이블의 바닥글 요소들의 배경색이 노란색으로 지정된다.	

제목 스타일
⟨th⟩ 태그가 적용되면 글꼴이 굵게 표시되고 셀의 가운데로 정렬됩니다.

N번째 요소의 예
- nth-child(1) : 첫 번째 요소
- nth-child(n) : 모든 요소
- nth-child(n+3) : 세 번째부터 모든 요소
- nth-child(2n) : 두 번째 요소마다
- nth-child(even) : 짝수 번째 요소마다
- nth-child(odd) : 홀수 번째 요소마다

border 속성의 스타일 종류
- solid : 실선
- dashed : 파선
- dotted : 점선
- double : 이중 실선
- none : 테두리 없음
- hidden : 테두리 숨김

border 속성의 색상 지정법
- 방법1 : black, blue, red, yellow 등 영문으로 표기
- 방법2 : rgb(0,0,0), rgb(0,128,0) 등 RGB로 표기
- 방법3 : #0000FF, #006600 등 16진수로 표기

글꼴의 굵기
- 방법1 : lighter, normal, bold, bolder 중 하나를 입력함
- 방법2 : 100~900 사이의 숫자를 입력함

정렬 방식
center(가운데 정렬), left(왼쪽 정렬), right(오른쪽 정렬), justify(양쪽 정렬) 중 하나를 입력합니다.

예제 다음은 3행 3열의 테이블을 표시하는 HTML 문서이다. 결과를 확인하시오.

⟨코드⟩

```
⟨html⟩
    ⟨head⟩
❶       ⟨style⟩
❷           table, th, td { border: 1px solid black }
❸           td:nth-child(odd) { font-weight: bold }
        ⟨/style⟩
    ⟨/head⟩
    ⟨body⟩
❹       ⟨table⟩
❺           ⟨thead⟩
❻               ⟨tr⟩
❼                   ⟨th⟩(0, 0)⟨/th⟩⟨th⟩(0, 1)⟨/th⟩⟨th⟩(0, 2)⟨/th⟩
                ⟨/tr⟩
            ⟨/thead⟩
```

예제 다음은 화면을 4개의 프레임으로 분할하는 HTML 문서이다. 결과를 확인하시오.

〈코드〉

```
<html>
❶  <frameset rows="100,*">        ← 2개로 분할(위, 아래)
❷      <frame src="top.html">
❸      <frameset cols="25%,*,25%">
❹          <frame src="left.html">
❺          <frame src="center.html">
❻          <frame src="right.html">
        </frameset>
    </frameset>
</html>
                                   3개로 분할
                                   (왼쪽, 중앙, 오른쪽)
```

〈결과 화면〉

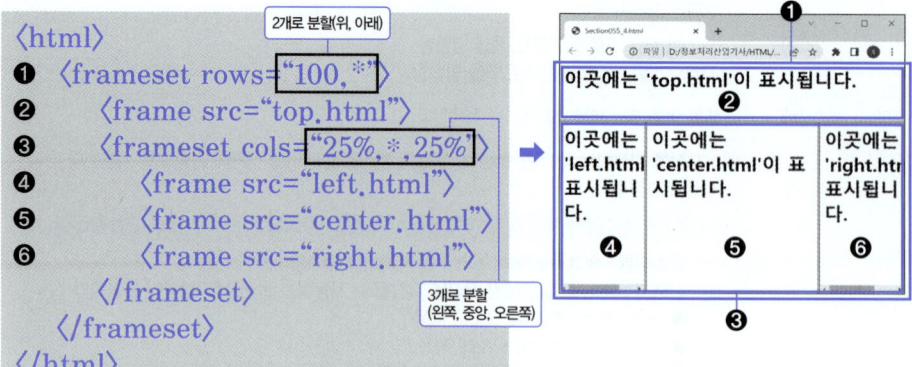

〈결과 화면〉의 각 프레임에 표시될 HTML 문서
현재 작성중인 HTML 문서와 같은 위치에 저장되어 있으므로 src 속성에는 경로를 생략하고 파일 이름만 지정했습니다.

• top.html
```
<html>
  <body>
    <h1>이곳에는 'top.html'이
    표시됩니다.</h1>
  </body>
</html>
```

• left.html
```
<html>
  <body>
    <h1>이곳에는 'left.html'이
    표시됩니다.</h1>
  </body>
</html>
```

• center.html
```
<html>
  <body>
    <h1>이곳에는 'center.html'
    이 표시됩니다..</h1>
  </body>
</html>
```

• right.html
```
<html>
  <body>
    <h1>이곳에는 'right.html'이
    표시됩니다.</h1>
  </body>
</html>
```

코드 해설

❶ • 화면을 가로 기준 2개의 프레임으로 분할한다.
  • 위쪽 프레임의 높이는 100픽셀, 아래쪽 프레임의 높이는 화면 전체에서 100픽셀을 제외한 크기로 지정한다.

❷ 가로로 분할한 프레임 중 위쪽 프레임에 'top.html' 문서의 내용을 표시한다.
❸ • ❶번에서 분할한 프레임 중 아래쪽 프레임을 세로 기준 3개로 분할한다.
  • 왼쪽과 오른쪽 프레임의 크기는 각각 전체 화면 기준으로 25%이고, 가운데 프레임의 크기는 왼쪽과 오른쪽 프레임의 크기를 제외한 나머지 50%이다.

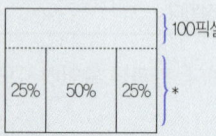

❹ 왼쪽 프레임에 'left.html' 문서의 내용을 표시한다.
❺ 가운데 프레임에 'center.html' 문서의 내용을 표시한다.
❻ 오른쪽 프레임에 'right.html' 문서의 내용을 표시한다.

6 테이블(Table)

2505705

전문가의 조언

중요해요! ★★★★
주어진 예제를 통해 사용된 태그와 속성의 사용법을 확실히 이해하고 넘어가세요.

HTML에서 테이블은 행과 열로 이루어진 표를 말한다.

• 주요 태그 및 속성

태그	의미
⟨table⟩	테이블에 관한 세부사항을 설정한다.
⟨thead⟩	테이블의 머리글 부분을 정의한다.
⟨tbody⟩	테이블의 본문 부분을 정의한다.

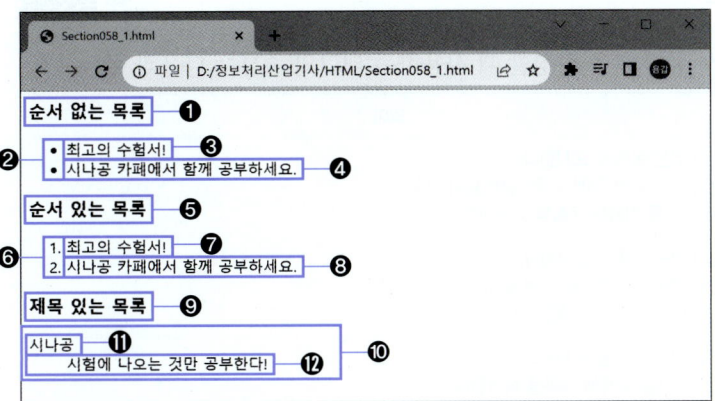

> **코드 해설**
> ① 태그 사이에 입력된 내용에 제목 스타일 h3을 적용한다.
> ② ③~④번 내용을 순서 없는 목록으로 표시한다.
> ③ 최고의 수험서!를 표시하고 다음 줄로 이동한다.
> ④ 시나공 카페에서 함께 공부하세요.를 표시하고 다음 줄로 이동한다.
> ⑤ 태그 사이에 입력된 내용에 제목 스타일 h3을 적용한다.
> ⑥ ⑦~⑧번 내용을 순서 있는 목록으로 표시한다.
> ⑦ 최고의 수험서!를 표시하고 다음 줄로 이동한다.
> ⑧ 시나공 카페에서 함께 공부하세요.를 표시하고 다음 줄로 이동한다.
> ⑨ 태그 사이에 입력된 내용에 제목 스타일 h3을 적용한다.
> ⑩ ⑪~⑫번 내용을 제목 있는 목록으로 표시한다.
> ⑪ 태그 사이에 입력된 내용을 제목 형태로 표시하고 다음 줄로 이동한다.
> ⑫ 태그 사이에 입력된 내용을 표시하고 다음 줄로 이동한다.

 **전문가의 조언**

중요해요! ★★★
주어진 예제를 통해 코드에 사용된 태그나 속성에 따라 화면이 어떻게 분할되는지 확실히 이해하고 넘어가세요.

크기 지정
rows와 cols의 크기 단위로 정수, 백분율(%), * 중 하나를 사용할 수 있습니다.
• 정수 : 입력된 값이 픽셀의 개수로 인식되어 프레임의 크기가 결정됨
• 백분율(%) : 입력된 값이 비율로 인식되어 프레임의 크기가 결정됨
• * : 다른 영역의 크기를 제외한 나머지 크기로 프레임의 크기가 결정됨

⑤ 프레임(Frame)

프레임은 화면을 몇 개의 영역으로 분할했을 때 분할된 각각의 영역을 말한다.

• 주요 태그 및 속성

태그	의미
⟨frameset⟩	• 화면을 분할한다. • ⟨frameset⟩…⟨/frameset⟩ 태그 사이에는 분할한 프레임의 개수만큼 ⟨frame⟩ 태그를 사용한다.

⟨frame⟩	• 분할한 각각의 프레임에 표시할 HTML 문서를 지정한다.
	• ⟨frameset⟩으로 분할한 영역에 ⟨frame⟩ 태그가 적용되는 순서는 다음과 같다.
	  – 화면을 가로로 분할한 경우 : 위쪽 → 아래쪽
	  – 화면을 세로로 분할한 경우 : 왼쪽 → 오른쪽
	• 분할한 프레임의 개수는 ⟨frameset⟩의 rows 또는 cols 속성으로 알 수 있다.
	  예 rows="20%, *" → 2개, cols="200, *, 500" → 3개
	• 관련 속성
	  – rows
	    ▶ 화면을 가로로 분할한다.
	    ▶ 분할할 프레임들의 크기*를 쉼표(,)로 구분하여 지정한다.
	  – cols : 화면을 세로로 분할한다.

④ 목록 태그

HTML 문서에서 글 목록을 작성할 때 사용하는 태그의 종류는 다음과 같다.

태그	의미
⟨ul⟩	• 순서 없는 목록을 표시한다. • 순서 없이 항목 앞에 ·을 붙여 표시한다. • ⟨li⟩ 태그를 이용해 목록을 작성한다.
⟨ol⟩	• 순서 있는 목록을 표시한다. • 항목 앞에 일련번호를 붙여 표시한다. • ⟨li⟩ 태그를 이용해 목록을 작성한다.
⟨dl⟩	• 제목 있는 목록을 표시한다. • ⟨dt⟩ 태그를 이용해 제목을 작성한다. • ⟨dd⟩ 태그를 이용해 제목의 하위 내용을 작성한다.

예제 다음은 목록 작성에 사용되는 태그를 활용한 HTML 문서이다. 사용된 코드를 확인하시오.

⟨코드⟩

```
    ⟨html⟩
       ⟨body⟩
❶         ⟨h3⟩ 순서 없는 목록 ⟨/h3⟩
❷          ⟨ul⟩
❸             ⟨li⟩최고의 수험서!⟨/li⟩
❹             ⟨li⟩시나공 카페에서 함께 공부하세요.⟨/li⟩
           ⟨/ul⟩
❺         ⟨h3⟩ 순서 있는 목록 ⟨/h3⟩
❻          ⟨ol⟩
❼             ⟨li⟩최고의 수험서!⟨/li⟩
❽             ⟨li⟩시나공 카페에서 함께 공부하세요.⟨/li⟩
           ⟨/ol⟩
❾         ⟨h3⟩ 제목 있는 목록 ⟨/h3⟩
❿          ⟨dl⟩
⓫             ⟨dt⟩시나공⟨/dt⟩
⓬             ⟨dd⟩시험에 나오는 것만 공부한다!⟨/dd⟩
           ⟨/dl⟩
       ⟨/body⟩
    ⟨/html⟩
```

전문가의 조언

중요해요! ★★★
목록 태그의 종류와 함께 예제를 통해 코드에 사용된 태그가 화면에 어떻게 표시되는지 확인하고 넘어가세요.

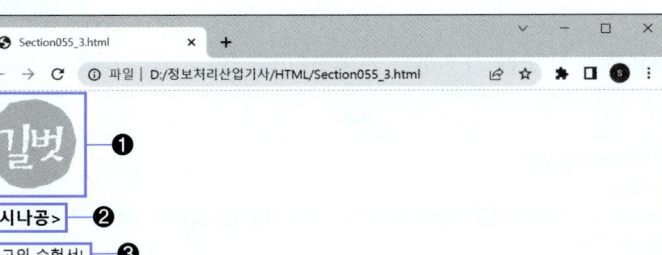

코드 해설

❶ 'logo.jpg' 파일을 가로(100) × 세로(100) 픽셀※의 크기로 표시하며, 이미지 위에 마우스를 놓으면 "길벗로고"라는 글자가 나타난다.
❷ 태그 사이에 입력된 내용에 제목 스타일 h3을 적용한다.
 • <, > : 특수 문자를 표시하기 위한 예약어로, '<'는 "〈"를, '>'는 "〉"를 의미한다.
❸ 최고의 수험서를 표시하고 다음 줄로 이동한다.
❹ 입력된 문장을 하나의 문단으로 표시한다.※
❺ "시나공 홈페이지"를 클릭하면 "https://sinagong.gilbut.co.kr/it/"로 이동하여 새로운 창에 해당 내용을 표시한다.

잠깐만요 특수 문자 예약어

HTML 문서에서 〈, 〉, ", ' 등의 특수 문자는 태그나 속성을 구분하는 문자로 사용됩니다. 이러한 특수 문자가 포함된 문자열을 표시하려면 다음의 예약어를 사용해야 합니다.

특수 문자	예약어
(공백 한 칸)※	
〈	&lt;
〉	&gt;
&	&amp;
"	&quot;
'	&apos;

픽셀(Pixcel)
모니터 화면을 구성하는 가장 작은 단위입니다. 보통 화면 해상도가 3840×2160이라고 하면, 가로 3840개, 세로 2160의 픽셀로 화면을 표시한다는 의미입니다.

〈p〉와 〈br〉 태그의 차이점
〈br〉 태그가 단순히 줄 나눔이라면, 〈p〉 태그를 사용하여 입력한 내용은 위·아래 여백이나 색상, 정렬 기준 등의 서식을 지정할 수 있습니다.

공백 표시
문자 사이의 공백 한 칸은 특수 문자 예약어를 사용하지 않고 직접 입력해도 되지만, 2개 이상의 공백이나 문장 앞뒤의 공백은 반드시 예약어를 사용해야 합니다.

③ 기본 태그

HTML 문서로 내용을 표시할 때 사용하는 기본적인 태그의 종류는 다음과 같다.

태그	의미
〈img〉	• 이미지 파일을 표시한다. • 관련 속성 　− src : 이미지 파일이 저장된 경로※와 파일 이름을 지정하는 것으로, 경로의 구분자로 '/'를 사용한다. 　− width, height 　　▶ 이미지의 너비와 높이를 지정한다. 　　▶ 정수를 입력하면 픽셀 단위로 지정되고, 백분율(%)을 입력하면 입력한 비율대로 너비와 높이가 지정된다.※ 　− title : 이미지 위에 마우스를 놓으면 표시될 텍스트를 지정한다.
〈h1〉…〈h6〉	• 입력된 내용에 제목 스타일을 적용한다. • 제목 스타일※은 h1부터 h6까지 있으며, 'h' 뒤에 붙는 숫자가 클수록 글자 크기가 작아진다.
〈br〉	• 커서를 다음 줄로 이동한다. • 키보드의 Enter와 같은 의미이다.
〈p〉	• 입력된 내용을 하나의 문단(Paragraph)으로 지정한다. • 문단으로 지정되면 출력된 내용의 위와 아래에 여백이 삽입된다.
〈a〉	• 텍스트나 이미지를 클릭했을 때 연결할 URL※을 설정한다. • 관련 속성 　− href : 연결할 URL을 지정한다. 　− target 　　▶ 웹 페이지가 열리는 방식을 지정한다. 　　▶ 생략하거나 "_self"를 입력하면 현재 창에, "_blank"를 입력하면 새로운 창에 연결된 웹 페이지가 표시된다.

예제 다음은 이미지, 텍스트 서식, 링크 태그를 활용한 HTML 문서이다. 사용된 코드를 확인하시오.

〈코드〉

```
  〈html〉
    〈body〉
❶   〈img src="logo.jpg" width="100" height="100" title="길벗로고"〉
❷   〈h3〉&lt;시나공&gt;〈/h3〉
❸   최고의 수험서!〈br〉
❹   〈p〉시나공 카페에서 함께 공부하세요.〈/p〉
❺   지금 〈a href="https://sinagong.gilbut.co.kr/it/" target="_blank"〉시나공 홈페이지〈/a〉에 접속하세요!
    〈/body〉
  〈/html〉
```

경로 지정 방식
경로 지정 방식에는 절대 경로 방식, 상대 경로 방식이 있습니다. 웹에 저장된 이미지를 가져와 표시할 때는 절대 경로 방식을, 내 컴퓨터에 저장된 이미지를 가져와 표시할 때는 상대 경로 방식을 사용합니다. 현재 작성 중인 HTML 문서와 같은 폴더에 저장된 이미지를 가져올 때는 예제의 ❶번과 같이 경로 없이 파일 이름만 입력합니다.

> 'images' 폴더에 있는 'sample.jpg' 파일을 가져오는 경우
> • 절대 경로 : https://사이트 주소/images/sample.jpg
> • 상대 경로 : images/sample.jpg

백분율(%)로 이미지의 너비 지정
이미지의 너비를 50%로 지정한다는 것은 이미지의 원래 크기를 기준으로 50%, 즉 절반으로 가로의 크기를 줄여서 표시한다는 것이 아니라 화면 전체 너비를 기준으로 50%, 즉 화면의 절반을 차지하도록 이미지의 너비를 지정한다는 의미입니다.

제목 스타일
〈h1〉…〈h6〉 태그가 적용되면 글꼴이 커지고, 굵어지며, 위·아래에 여백이 지정됩니다.

URL(Uniform Resource Locater)
URL은 인터넷상에 존재하는 각종 자원이 있는 위치를 나타내는 표준 주소 체계입니다.

> https://google.com/

SECTION 015

웹 프로그래밍 언어 – HTML

전문가의 조언

메모장에 HTML 코드를 작성하고 파일 형식을 html로 저장하면 웹 브라우저에서 해당 파일을 불러와 결과를 확인할 수 있습니다. 눈으로 읽기만 하면 이해하기 어려운 내용도 있으니 코드를 직접 작성한 후 결과를 확인해 보세요. 생각보다 쉽게 이해할 수 있습니다.

마크업 언어(Markup Language)
마크업 언어는 다른 문서의 처리를 위해 문서의 논리 구조나 체계를 정의하는 언어입니다.

태그(Tag)
태그는 어떤 기능이나 모양 등을 정의하기 위한 '꼬리표'를 의미합니다. 예를 들어 제목(title)에 '시나공'을 표시하고 싶다면, 〈title〉시나공〈/title〉로 작성할 수 있습니다. '〈title〉'은 시작 태그, '/'가 들어간 '〈/title〉'은 종료 태그입니다.

❸, ❻
결과 화면에 표시된 ❸, ❻은 코드 번호로, 번호에 해당하는 코드와 실행 결과를 비교할 수 있도록 표시한 것입니다.

❶ HTML의 개요

HTML(HyperText Markup Language)은 인터넷 표준 문서인 하이퍼텍스트 문서를 만들 때 사용하는 마크업 언어*이다.
- 웹 브라우저에 표시되는 화면이 바로 HTML로 작성된 문서이다.
- HTML은 태그*로 구성되는데, 상위 태그 아래에 여러 개의 하위 태그가 있는 트리 구조이다.
- 태그는 속성(Attribute)을 사용하여 기능을 구체화할 수 있으며, 대·소문자를 구분하지 않는다.
- 속성에 값을 지정할 때는 일반적으로 큰따옴표(" ")로 묶는다.
- 값을 작은따옴표(' ')로 묶거나 그냥 값만 입력할 수도 있지만, 값에 띄어쓰기가 포함된 경우에는 반드시 따옴표로 묶어야 한다.

❷ HTML의 기본 구조

예제 다음은 제목과 간단한 내용을 표시하는 기본적인 HTML 문서이다. HTML 문서의 기본 구조를 파악하시오.

〈코드〉   〈결과 화면〉

```
❶ <html>
❷     <head>
❸         <title>Gilbut Sinagong</title>
❹     </head>
❺     <body>
❻         Hello! Students!
❼     </body>
❽ </html>
```

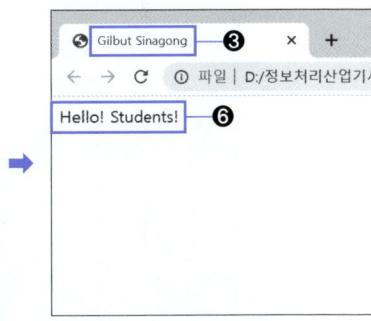

코드 해설

❶, ❽ 〈html〉 … 〈/html〉 : HTML 문서의 시작과 끝을 의미하는 태그이다.

❷, ❹ 〈head〉 … 〈/head〉
- 머리 부분의 시작과 끝을 정의하는 태그이다.
- 문서의 제목, 스타일, 스크립트 등을 정의한다.

❸ 〈title〉 … 〈/title〉
- 제목의 시작과 끝을 정의하는 태그이다.
- 여기서는 웹 브라우저 제목 탭에 Gilbut Sinagong을 표시한다.

❺, ❼ 〈body〉 … 〈/body〉
- 본문의 시작과 끝을 정의하는 태그이다.
- 문서의 본문에 표시할 내용을 입력한다.

❻ Hello! Students!가 그대로 표시된다.

기출문제 따라잡기

이전기출
4. 다음 Python 프로그램이 실행되었을 때의 결과는?

```
def func(n):
    sum = 0
    for i in range(n+1):
        sum = sum + i
    return sum
r = func(11)
print(r)
```

① 45
② 55
③ 66
④ 78

사용된 코드의 의미는 다음과 같습니다.

❷ def func(n):
❸   sum = 0
❹   for i in range(n+1):
❺   sum = sum + i
❻   return sum
❶❼ r = func(11)
❽ print(r)

func( ) 메소드를 정의하는 부분의 다음 줄부터 시작합니다.
❶ 11을 인수로 func( ) 메소드를 호출한 후 돌려받은 값을 r에 저장합니다.
❷ func( ) 메소드의 시작점입니다. ❶번에서 전달받은 11을 n이 받습니다.
❸ sum을 선언하고 0으로 초기화합니다.
❹ 반복 변수 i가 0부터 1씩 증가하면서 n+1보다 작은 동안 ❺번을 반복 수행합니다.
❺ sum에 i의 값을 누적시킵니다.
반복문 실행에 따른 변수들의 변화는 다음과 같습니다.

i	sum
	0
0	0
1	1
2	3
3	6
4	10
5	15
6	21
7	28
8	36
9	45
10	55
11	66

❻ sum의 값 66을 메소드를 호출했던 ❼번으로 반환합니다.
❼ r에 ❻번에서 돌려받은 66을 저장합니다.
❽ r의 값 66을 출력합니다.

결과 `66`

이전기출
5. 다음은 파이썬으로 만들어진 반복문 코드이다. 이 코드의 결과는?

```
>> while(True) :
    print('A')
    print('B')
    print('C')
    continue
    print('D')
```

① A, B, C 출력이 반복된다.
② A, B, C
③ A, B, C, D 출력이 반복된다.
④ A, B, C, D 까지만 출력된다.

while(True)는 조건이 항상 참이므로 블록 내의 코드들을 무한 반복시키며, continue는 이후 코드를 수행하지 않고 반복문의 처음으로 돌아가는 예약어입니다. 따라서 화면에는 D를 제외한 A, B, C 출력이 반복됩니다.

▶ 정답 : 2.② 3.④ 4.③ 5.①

기출문제 따라잡기

문제3 2414152

이전기출

2. 다음 Python 프로그램이 실행되었을 때, 실행 결과는?

```
a = ["대", "한", "민", "국"]
for i in a:
    print(i)
```

① 대한민국
② 대
　한
　민
　국
③ 대
④ 대대대대

사용된 코드의 의미는 다음과 같습니다.

❶ a = ["대", "한", "민", "국"]
❷ for i in a:
❸ 　print(i)

❶ 4개의 요소를 갖는 리스트 a를 선언하고 초기화합니다.

	[0]	[1]	[2]	[3]
a	"대"	"한"	"민"	"국"

❷ 반복 변수 i에 a의 각 요소들을 순서대로 저장하며 ❸번 문장을 반복 수행합니다.
❸ i의 값을 출력하고 커서를 다음 줄의 처음으로 옮깁니다. 반복문 실행에 따른 변수의 변화는 다음과 같습니다.

반복 횟수	i	출력
1	"대"	대
2	"한"	대 한
3	"민"	대 한 민
4	"국"	대 한 민 국

이전기출

3. 다음 파이썬(Python) 프로그램이 실행되었을 때의 결과는?

```
class FourCal:
    def setdata(sel, fir, sec):
        sel.fir = fir
        sel.sec = sec
    def add(sel):
        result = sel.fir + sel.sec
        return result
a = FourCal( )
a.setdata(4, 2)
print(a.add( ))
```

① 0　　　　　　　　② 2
③ 4　　　　　　　　④ 6

사용된 코드의 의미는 다음과 같습니다.

ⓐ　　class FourCal:
ⓑ❸　　　def setdata(sel, fir, sec):
　❹　　　　sel.fir = fir
　❺　　　　sel.sec = sec
ⓒ❼　　　def add(sel):
　❽　　　　result = sel.fir + sel.sec
　❾　　　　return result
　❶　　a = FourCal( )
　❷　　a.setdata(4, 2)
　❻❿　print(a.add( ))

ⓐ 클래스 FourCal을 정의합니다.
ⓑ 2개의 인수를 받는 메소드 setdata( )를 정의합니다.
ⓒ 메소드 add( )를 정의합니다.
※ 모든 Python 프로그램은 반드시 클래스 정의부가 종료된 이후의 코드에서 시작합니다.
❶ FourCal 클래스의 객체변수 a를 선언합니다.
❷ 4와 2를 인수로 a 객체의 setdata 메소드를 호출합니다.
❸ setdata 메소드의 시작점입니다. ❷번에서 전달받은 4와 2를 fir과 sec가 받습니다.
　• sel : 메소드에서 자기 클래스에 속한 변수에 접근할 때 사용하는 명칭으로, 일반적으로 self를 사용하지만 여기서의 sel과 같이 사용자가 임의로 지정해도 됩니다.
❹ a 객체에 변수 fir를 선언하고, fir의 값 4로 초기화합니다.
❺ a 객체에 변수 sec를 선언하고, sec의 값 2로 초기화합니다. 메소드가 종료되었으므로 메소드를 호출했던 ❷번의 다음 줄인 ❻번으로 이동합니다.
❻ a 객체의 add 메소드를 호출하고 반환받은 값을 출력합니다.
❼ add 메소드의 시작점입니다.
❽ result를 선언하고, a 객체의 변수 fir와 sec를 더한 값 6(4+2)으로 초기화합니다.
❾ result의 값 6을 메소드를 호출했던 곳으로 반환합니다.
❿ ❾번에서 반환받은 값 6을 출력합니다.

결과　6

잠깐만요 클래스 없는 메소드의 사용

클래스 없이 메소드만 단독으로 사용할 수 있습니다.

예제 다음 프로그램의 실행 결과를 확인하시오.

```
def calc(x, y):          ❸
    x *= 3               ❹
    y /= 3               ❺
    print(x, y)          ❻
    return x             ❼

a, b = 3, 12             ❶
a = calc(a, b)           ❷
print(a, b)              ❽
```

❸ 메소드 calc의 시작점이다. ❷번에서 calc(a, b)라고 했으므로 x는 a의 값 3을 받고, y는 b의 값 12를 받는다.
❹ x = x * 3이므로 x는 9가 된다.
❺ y = y / 3이므로 y는 4가 된다.
❻ 결과 : 9 4.0
❼ x의 값을 반환한다. x의 값 9를 ❷번의 a에 저장한 후 제어를 ❽번으로 옮긴다.
❶ 변수 a와 b에 3과 12를 저장한다.
❷ a, b 즉 3과 12를 인수로 하여 calc 메소드를 호출한 결과를 a에 저장한다. ❸번으로 이동한다.
❽ 결과 :
9 4.0
9 12

전문가의 조언

중요해요! ★★★
클래스 정의만 없을뿐 앞서 학습한 메소드를 정의하고 호출하는 과정은 크게 다르지 않습니다. 복습한다는 생각으로 주어진 예제를 읽어보세요.

Python에서는 나눗셈을 할 때 자동으로 자료형이 float로 변환되기 때문에 y /= 3의 결과로 4가 아닌 4.0이 출력됩니다.

기출문제 따라잡기

문제1 2414151

이전기출
1. 다음 Python 프로그램의 실행 결과가 [실행결과]와 같을 때, 빈칸에 적합한 것은?

```
x = 20
if x == 10:
    print('10')
(    ) x == 20:
    print('20')
else:
    print('other')
```

[실행결과]

```
20
```

① either   ② elif   ③ else if   ④ else

Python에서 if문에 조건을 추가할 때 사용하는 예약어는 elif입니다. 사용된 코드의 의미는 다음과 같습니다.

```
❶ x = 20
❷ if x == 10:
❸     print('10')
❹ elif x == 20:
❺     print('20')
❻ else:
❼     print('other')
```

❶ 변수 x에 20을 저장합니다.
❷ x가 10이면 ❸번으로 이동하고, 아니면 ❹번으로 이동합니다. x의 값은 10이 아니므로 ❹번으로 이동합니다.
❹ x가 20이면 ❺번으로 이동하고, 아니면 ❻번의 다음 줄인 ❼번으로 이동합니다. x의 값은 20이므로 ❺번으로 이동합니다.
❺ 화면에 20을 출력합니다.
결과 : 20

▶ 정답 : 1. ②

❸ a 객체의 메소드 chg를 호출한다. ❹번으로 이동한다.
- 객체와 메소드는 .(마침표)로 연결한 후 괄호( )를 붙여 적는다.

❹ a 객체의 메소드 chg의 시작점이다. 별도로 사용되는 인수가 없으므로 괄호( )에는 self만 적는다.

❺ a 객체의 속성 x의 값을 temp에 저장한다.
- self : 메소드 안에서 사용되는 self는 자신이 속한 클래스를 의미한다.
- self.x : a.x와 동일하다.

❻ a 객체의 속성 y의 값을 a 객체의 속성 x에 저장한다.

❼ temp의 값을 a 객체의 속성 y에 저장한다. 메소드 chg가 종료되었으므로 메소드를 호출한 다음 문장인 ❽번으로 제어를 옮긴다.

❽ a 객체의 속성 x와 y를 출력한다.

결과
```
10 20
20 10
```

예제 2 다음은 0부터 10까지 더하는 프로그램을 Python으로 구현한 것이다.

디버깅	
i	hap
0	0
1	1
2	3
3	6
⋮	⋮
8	36
9	45
10	55

```
class Cls:
    def rep(self, r):    ❸
        hap = 0    ❹
        for i in range(r + 1):    ❺
            hap += i    ❻
        return hap    ❼
a = Cls( )    ❶
b = a.rep(10)    ❷
print(b)    ❽
```

Cls 클래스의 시작점이다.
rep 메소드의 시작점이다. ❷번에서 a.rep(10)이라고 했으므로, r은 10을 받는다.
hap을 0으로 초기화한다.
i에 0부터 r까지의 숫자를 순서대로 저장하며 ❻번 문장을 반복 수행한다.
i의 값을 hap에 누적한다.
hap의 값을 반환한다. hap의 값 55를 ❷번의 b에 저장한 후 제어를 ❽번으로 옮긴다.
Cls 클래스의 객체 a를 생성한다.
10을 인수로 객체 a의 메소드 rep를 수행한 결과를 b에 저장한다. 메소드의 수행을 위해 ❸번으로 이동한다.

결과 55

4 클래스

• 정의 형식

```
class 클래스명:          class는 예약어로, 그대로 입력하고 클래스명은 사용자가 임의로 지정한다.
    실행할 문장
    def 메소드명(self, 인수):    • def는 메소드를 정의하는 예약어로, 그대로 입력하고, 메
                                소드명은 사용자가 임의로 지정한다.
                              • self는 클래스에 속한 메소드에 반드시 포함되어야 하는
                                예약어로, 그대로 적는다.
                              • '인수'는 메소드를 호출하는 곳에서 보낸 값을 저장할 변
                                수로, 사용자가 임의로 지정한다.
        실행할 문장
        return 값           • return은 메소드를 호출한 위치로 값을 돌려주기 위해 사용하는 예약
                              어로, 그대로 입력한다. return 값이 없는 경우에는 생략할 수 있다.
                            • '값'에는 변수, 객체, 계산식 등이 올 수 있다.
```

전문가의 조언

클래스는 객체 생성을 위한 속성과 메소드를 정의하는 설계도입니다. 클래스를 사용하려면 클래스 이름을 정하고 객체 생성을 위한 속성과 메소드를 정의한 후, 객체를 선언하면 됩니다. 이때 선언된 객체는 클래스에서 정의한 속성과 메소드를 자유롭게 사용할 수 있습니다.

• 객체의 선언 형식

```
변수명 = 클래스명( )     변수명은 사용자가 임의로 지정하고, 사전에 정의한 클래스명과 괄
                        호( )를 적는다.
```

예제 1 다음은 두 수를 교환하는 프로그램을 Python으로 구현한 것이다.

```
    class Cls:            Cls 클래스 정의부의 시작점이다. 여기서부터 ❼번까지가 클래스 정의부에 해당한다.
        x, y = 10, 20     Cls 클래스의 변수(속성) x와 y를 선언하고, 각각 10과 20으로 초기화한다.
❹       def chg(self):
❺           temp = self.x
❻           self.x = self.y
❼           self.y = temp
❶ a = Cls( )
❷ print(a.x, a.y)
❸ a.chg( )
❽ print(a.x, a.y)
```

코드 해설

❶ Cls 클래스의 객체 a를 생성한다. 객체 a는 Cls의 속성 x, y와 메소드 chg( )를 갖는다.
  • a : 사용자 정의 변수다. 사용자가 임의로 지정한다.
  • Cls( ) : 클래스의 이름이다. 괄호( )를 붙여 그대로 적는다.

	a.x	a.y
a	10	20

❷ a 객체의 속성 x와 y를 출력한다.
  • 객체와 속성은 .(마침표)로 연결한다.
  결과 10 20

코드 해설

① 리스트 a를 선언하면서 초기값을 지정한다.

	a[0]	a[1]	a[2]	a[3]	a[4]
리스트 a	35	55	65	84	45

② 총점을 저장할 변수 hap을 0으로 초기화한다.

③ for문의 시작이다. 리스트 a의 요소 수만큼 ④번을 반복 수행한다.

④ i의 값을 hap에 누적한다. i는 리스트 a의 각 요소의 값을 차례대로 받는다. 변수의 변화는 다음과 같다.

첫 번째 수행 : 리스트 a의 첫 번째 값이 i를 거쳐 hap에 누적된다.

hap	i	리스트 a				
35	35	35	55	65	84	45

두 번째 수행 : 리스트 a의 두 번째 값이 i를 거쳐 hap에 누적된다.

hap	i	리스트 a				
90	55	35	55	65	84	45

⋮

이런 방식으로 리스트 a의 요소 수만큼 반복한다.

⑤ hap을 리스트 a의 요소 수로 나눈 후 결과를 avg에 저장한다.
- len(리스트) : 리스트의 요소 수를 구한다. len(a)는 5다.

⑥ 결과 284 56.8

③ while문

• 형식

while 조건:	• while은 예약어로, 그대로 입력한다.
	• 참이나 거짓을 결과로 갖는 수식을 조건에 입력한다. 참(1 또는 True)을 직접 입력할 수도 있다.
실행할 문장	조건이 참인 동안 반복 수행할 문장을 적는다.

예제 다음은 1~5까지의 합을 구하는 프로그램을 Python으로 구현한 것이다.

```
i, hap = 0, 0      ①   i와 hap을 0으로 초기화한다.
while i < 5:       ②   i가 5보다 작은 동안 ③, ④번 문장을 반복하여 수행한다.
    i += 1         ③   i의 값을 1씩 증가시킨다.
    hap += i       ④   i의 값을 hap에 누적시킨다.
print(hap)         ⑤   결과  15
```

전문가의 조언

주어진 예제를 통해 while문의 반복 과정을 확실히 이해하고 넘어가세요.

while문 무한 반복

while 1 또는 while True와 같이 무조건 참이 되도록 조건을 지정하면 while문은 무한 반복합니다.

디버깅

i	hap
0	0
1	1
2	3
3	6
4	10
5	15

전문가의 조언

Python에서도 반복문의 실행을 제어하는 break와 continue를 JAVA와 동일하게 사용할 수 있습니다. break와 continue에 대한 자세한 설명은 Section 010을 참조하세요.

```
       else:  ❹                ❷번의 조건식이 거짓일 경우 ❺번을 실행한다.
           print('a : 짝수, b : 홀수')  ❺  a : 짝수, b : 홀수를 출력하고, if문을 빠져나간다.
else:  ❻                        ❶번의 조건식이 거짓일 경우 실행할 문장의 시작점이다.
    if b % 2 == 0:  ❼          b를 2로 나눈 나머지가 0이면 ❽번을 실행하고, 아니면 ❾번으로 이동
                                한다.
        print('a : 홀수, b : 짝수')  ❽  a : 홀수, b : 짝수를 출력하고, if문을 빠져나간다.
    else:  ❾                    ❼번의 조건식이 거짓일 경우 실행할 문장의 시작점이다.
        print('모두 홀수')  ❿      모두 홀수를 출력하고, if문을 빠져나간다.
                                결과    a : 홀수, b : 짝수
```

2 for문

- **형식1** : range를 이용하는 방식이다.

```
for 변수 in range(최종값):      0에서 '최종값'-1까지 연속된 숫자를 순서대로 변수에 저장
    실행할 문장                 하며 '실행할 문장'을 반복 수행한다.
                              반복 수행할 문장을 적는다.
```

예1 for i in range(10):   →   • i에 0에서 9까지 순서대로 저장하며 실행할 문장을 반복 수행한다.
         sum += i   • i의 값을 sum에 누적한다. sum에는 0부터 9까지의 합 45가 저장된다.

예2 for i in range(11, 20): → • i에 11에서 19까지 순서대로 저장하며 실행할 문장을 반복 수행한다.
         sum += i   • i의 값을 sum에 누적한다. sum에는 11부터 19까지의 합 135가 저장된다.

예3 for i in range(-10, 20, 2): → • i에 -10에서 19까지 2씩 증가하는 숫자를 순서대로 저장하며 실행
         sum += i   할 문장을 반복 수행한다.
                                   • i의 값을 sum에 누적한다. sum에는 -10, -8, -6, …, 16, 18의 합
                                     60이 저장된다.

- **형식2** : 리스트(List)를 이용하는 방식이다.

```
for 변수 in 리스트:              리스트의 0번째 요소에서 마지막 요소까지 순서대로 변수에 저장하
    실행할 문장                 며 '실행할 문장'을 반복 수행한다.
                              반복 수행할 문장을 적는다.
```

예제 다음은 리스트 a에 저장된 요소들의 합과 평균을 구하는 프로그램을 Python으로 구현한 것이다.

```
❶ a = [ 35, 55, 65, 84, 45 ]
❷ hap = 0
❸ for i in a:
❹     hap += i
❺ avg = hap / len(a)
❻ print(hap, avg)
```

예제 4의 JAVA 코드

```
int a = 21, b = 10;
if (a % 2 == 0)
    if (b % 2 == 0)
        System.out.printf("모두 짝수");
    else
        System.out.printf("a : 짝수, b :
        홀수");
else
    if (b % 2 == 0)
        System.out.printf("a : 홀수, b :
        짝수");
    else
        System.out.printf("모두 홀수");
```

 전문가의 조언

중요해요! ★★★

먼저 두 가지 for문 형식을 이해하고, 주어진 예제를 통해 for문의 반복 과정을 확실히 이해하고 넘어가세요.

 전문가의 조언

형식1은 range로 생성된 연속된 숫자를 차례대로 변수에 저장하면서 반복 수행하는 형태입니다. range의 다양한 사용법을 그대로 활용할 수 있습니다. range에 대한 자세한 설명은 Section 013을 참조하세요.

 전문가의 조언

예1 ~ 예3은 'sum = 0'과 같이 sum 변수를 먼저 초기화하고 실행해야 정상적인 결과가 산출됩니다.

 전문가의 조언

for문의 형식2는 JAVA의 향상된 for문과 동작 방식이 동일합니다. 향상된 for문에 대한 자세한 설명은 Section 010을 참조하세요.

- **형식3** : 조건이 여러 개이고, 조건마다 실행할 문장이 다르다.

```
if 조건1:
    실행할 문장1        조건1이 참일 경우 실행할 문장을 적는다.
elif 조건2:
    실행할 문장2        조건2가 참일 경우 실행할 문장을 적는다.
elif 조건3:
    실행할 문장3        조건3이 참일 경우 실행할 문장을 적는다.
        ⋮
else:
    실행할 문장4        앞의 조건이 모두 거짓일 경우 실행할 문장을 적는다.
```

예제 3 점수에 따라 등급 표시하기

예제 3의 JAVA 코드
```
int jum = 85;
if (jum >= 90)
   System.out.printf("학점은 A입니다.");
else if (jum >= 80)
   System.out.printf("학점은 B입니다.");
else if (jum >= 70)
   System.out.printf("학점은 C입니다.");
else
   System.out.printf("학점은 F입니다.");
```

```
jum = 85
if jum >= 90:              ❶
                                    jum이 90 이상이면 ❷번을 실행하고, 아니면 ❸번으로 이동한다.
    print('학점은 A입니다.')   ❷
                                    학점은 A입니다.를 출력하고, if문을 빠져나간다.
elif jum >= 80:            ❸
                                    jum이 80 이상이면 ❹번을 실행하고, 아니면 ❺번으로 이동한다.
    print('학점은 B입니다.')   ❹
                                    학점은 B입니다.를 출력하고, if문을 빠져나간다.
elif jum >= 70:            ❺
                                    jum이 70 이상이면 ❻번을 실행하고, 아니면 ❼번으로 이동한다.
    print('학점은 C입니다.')   ❻
                                    학점은 C입니다.를 출력하고, if문을 빠져나간다.
else:                      ❼
                                    ❺번의 조건식이 거짓일 경우 실행할 문장의 시작점이다. ❽번을 실행한다.
    print('학점은 F입니다.')   ❽
                                    학점은 F입니다.를 출력하고, if문을 빠져나간다.
```
결과 학점은 B입니다.

- **형식4** : if문 안에 if문이 포함된다.

```
if 조건1:
    if 조건2:
        실행할 문장1       조건1과 조건2가 참일 경우 실행할 문장을 적는다.
    else:
        실행할 문장2       조건1이 참이고, 조건2가 거짓일 경우 실행할 문장을 적는다.
else:
    실행할 문장3           조건1이 거짓일 경우 실행할 문장을 적는다.
```

예제 4 홀수, 짝수 판별하기

```
a, b = 21, 10
if a % 2 == 0:             ❶
                                    a를 2로 나눈 나머지가 0이면 ❷번을 실행하고, 아니면 ❻번으로 이동한다.
    if b % 2 == 0:         ❷
                                    b를 2로 나눈 나머지가 0이면 ❸번을 실행하고, 아니면 ❹번으로 이동한다.
        print('모두 짝수')    ❸
                                    모두 짝수를 출력하고, if문을 빠져나간다.
```

SECTION 014

Python의 활용

1 if문

- **형식1** : 조건이 참일 때만 실행한다.

```
if 조건:
    실행할 문장
```
예약어 if와 참 또는 거짓이 결과로 나올 수 있는 조건을 입력한 후 끝에 콜론(:)을 붙여준다.
조건이 참일 경우 실행할 문장을 적는다.

예제 1 a가 10보다 크면 a에서 10을 빼기

```
a = 15
if a > 10:      ❶
    a = a - 10  ❷
print(a)        ❸
```

❶ a가 10보다 크면 ❷번 문장을 실행하고, 아니면 ❸번 문장으로 이동해서 실행을 계속한다.
❷ ❶번의 조건식이 참일 경우 실행할 문장이다. a는 5가 된다.
❸ 여기서는 ❶번의 조건식이 거짓일 경우 실행할 문장이 없다. if문을 벗어나면 무조건 ❸번으로 온다.

결과 `5`

- **형식2** : 조건이 참일 때와 거짓일 때 실행할 문장이 다르다.

```
if 조건:
    실행할 문장1
else:
    실행할 문장2
```
조건이 참일 경우 실행할 문장을 적는다.
조건이 거짓일 경우 실행할 문장을 적는다.

예제 2 a가 b보다 크면 a − b, 아니면 b − a를 수행하기

```
a, b = 10, 20
if a > b:          ❶
    cha = a - b    ❷
    print(cha)     ❸
else:              ❹
    cha = b - a    ❺
    print(cha)     ❻
```

❶ a가 b보다 크면 ❷, ❸번 문장을 실행하고, 아니면 ❹번의 다음 문장인 ❺, ❻번 문장을 실행한다.
❷ ❶번의 조건식이 참일 경우 실행할 문장이다. 참이 아니기 때문에 초기화 시키지 않은 cha에는 알 수 없는 값이 그대로 있게 된다.
❸ ❷번과 동일하게 ❶번의 조건식이 참이 아니기 때문에 cha는 출력되지 않는다.
❹ ❶번의 조건식이 거짓일 경우 실행할 문장의 시작점이다.
❺ ❶번의 조건식이 거짓일 경우 실행할 실제 처리문이다. cha는 10이 된다.

결과 `10`

전문가의 조언

중요해요! ★★★

- 앞에서 배운 JAVA와 비교하여 Python은 어떤 점이 다른지 확실히 파악하고 넘어가세요. 본 문에 수록된 내용들은 JAVA를 충분히 학습하였다는 전제하에 진행되는 것이므로 학습에 어려움을 느끼는 수험생들은 앞의 JAVA 섹션들을 먼저 공부한 후 본 섹션의 학습을 진행하는 것이 좋습니다.

- 조건이 여러 개일 때 두 번째 조건부터는 if가 아닌 elif를 사용한다는 것을 기억하고 예제를 통해 if문의 다양한 형식을 확실히 이해하고 넘어가세요.

전문가의 조언

Python의 if문은 블록을 구분할 때 중괄호 대신 여백과 콜론(:)을 사용한다는 점, else if 대신 elif를 사용한다는 점을 제외하고는 JAVA와 형식이 동일합니다.

예제 1의 JAVA 코드
```
int a = 15;
if (a > 10)
    a = a - 10;
System.out.printf("%d", a);
```

예제 2의 JAVA 코드
```
int a = 10, b = 20, cha;
if (a > b) {
    cha = a - b;
    System.out.printf("%d", cha);
}
else {
    cha = b - a;
    System.out.printf("%d", cha);
}
```

기출문제 따라잡기

문제8 2414054

이전기출

7. 다음 Python 프로그램이 실행되었을 때, 실행 결과는?

```
a = 100
list_data = ['a','b','c']
dict_data = {'a':90, 'b':95}
print(list_data[0])
print(dict_data['a'])
```

① a
   90

② 100
     90

③ 100
     100

④ a
   a

사용된 코드의 의미는 다음과 같습니다.

❶ a = 100
❷ list_data = ['a','b','c']
❸ dict_data = {'a':90, 'b':95}
❹ print(list_data[0])
❺ print(dict_data['a'])

❶ a에 100을 저장합니다.
❷ 3개의 요소를 갖는 리스트 list_data를 선언하고 초기화합니다.

	[0]	[1]	[2]
list_data	'a'	'b'	'c'

❸ 2개의 요소를 갖는 딕셔너리 dict_data를 선언하고 초기화합니다.

	['a']	['b']
dict_data	90	95

❹ list_data[0]의 값 **a**를 출력한 후 커서를 다음 줄의 처음으로 옮깁니다.

결과   `a`

❺ dict_data['a']의 값 **90**을 출력하고 커서를 다음 줄의 처음으로 옮깁니다.

결과   `a`
          `90`

이전기출

8. 다음 파이썬 코드에서 '53t44'를 입력했을 때 출력 결과는?

```
a, b = map(int, input( ).split("t"));
print(a, b)
```

① 53 t 44
② 53t44
③ 53 44
④ 53, 44

사용된 코드의 의미는 다음과 같습니다.

❶ a, b = map(int, input( ).split("t"));
❷ print(a, b)

❶ input( ) 메소드로 입력받은 값을 't'를 구분자로 하여 분리한 후 정수로 변환하여 a, b에 저장합니다. 문제에서 **53t44**를 입력하였으므로, 't'를 구분자로 53과 44가 분리된 후 정수로 변환되어 각각 a와 b에 저장됩니다.
- map( ) : 2개 이상의 값을 원하는 자료형으로 변환할 때 사용하는 함수
- input( ).split('분리문자')
  - 입력받은 값을 '분리문자'로 구분하여 반환합니다.
  - '분리문자'를 생략하면 공백으로 값을 구분합니다.

❷ a와 b를 출력합니다. Python의 print( ) 메소드에서 2개 이상의 값을 출력할 때, sep 속성값을 정의하지 않으면 공백으로 값을 구분하므로 다음과 같이 출력됩니다.

결과   `53 44`

▶ 정답 : 7.①   8.③

기출문제 따라잡기

이전기출

1. Python에서 문자열을 표현하는 방법으로 옳지 않은 것은?

① 'I don't like it'
② "I don't like it"
③ "Hello World"
④ 'Hello World'

> 문장 전체를 묶는 따옴표와 문장에 포함되는 따옴표가 같으면 프로그램은 문자열의 범위를 정상적으로 인식하지 못합니다.

이전기출

2. Python에서 연속된 숫자를 생성하는 기능으로, 리스트의 생성 시나 반복문에 주로 활용되는 것은?

① Goto
② Range
③ Slice
④ Set

> 지정한 범위(Range)에서 연속된 숫자를 생성하는 기능의 예약어는 Range입니다.

이전기출

3. Python에서 문자열이나 리스트와 같은 순차형 객체에서 일부를 잘라 반환하는 기능은?

① Goto
② Range
③ Slice
④ Set

> 순차형 객체에서 일부를 잘라 반환하는 기능은 Slice입니다.

이전기출

4. 다음 Python 프로그램이 실행되었을 때, 실행 결과는?

```
a = "11"
b = '"11"'
print(a * 2 + b)
```

① 2211
② 112"11"
③ 111111
④ 1111"11"

> 사용된 코드의 의미는 다음과 같습니다.
> ❶ a = "11"
> ❷ b = '"11"'
> ❸ print(a * 2 + b)
>
> ❶ a에 문자열 11을 저장합니다.
> ❷ b에 문자열 "11"을 저장합니다.
> ❸ a의 값 11을 2번 반복하여 출력한 후, b의 값 "11"을 출력합니다.
> 결과 1111"11"

이전기출

5. 다음 파이썬으로 구현된 프로그램의 실행 결과로 옳은 것은?

```
>>> a = [0,10,20,30,40,50,60,70,80,90]
>>> a[ : 7 : 2]
```

① [20, 60]
② [60, 20]
③ [0, 20, 40, 60]
④ [10, 30, 50, 70]

> a[:7:2]는 배열 a의 0번째부터 6번째 위치까지 2씩 증가하면서 해당 위치의 요소를 출력하라는 의미입니다.

이전기출

6. 다음은 사용자로부터 입력받은 문자열에서 처음과 끝의 3글자를 추출한 후 합쳐서 출력하는 파이썬 코드이다. ㉠에 들어갈 내용은?

```
String = input("7문자 이상 문자열을 입력하시오 :")
m = (    ㉠    )
print(m)
```

① string[1:3]+string[−3:]
② string[:3]+string[−3:−1]
③ string[0:3]+string[−3:]
④ string[0:]+string[−1]

> 보기의 코드들은 '객체명[초기위치:최종위치]'로 기본 형식에서 '증가값'이 생략된 경우입니다. '증가값'이 생략된 경우에는 '초기위치'부터 '최종위치−1'까지 1씩 증가하면서 요소들을 가져옵니다.
>
> 변수 String에 "sinagong"이 입력되었다고 가정한 경우 각 보기의 결과는 다음과 같습니다.
>
> ```
>           0  1  2  3  4  5  6  7
> String    S  i  n  a  g  o  n  g
>          -8 -7 -6 -5 -4 -3 -2 -1
> ```
>
> ① string[1:3]+string[−3:] : 1, 2번째 위치의 2글자와 −3, −2, −1번째 위치의 3글자를 가져옵니다.
> 결과 inong
>
> ② string[:3]+string[−3:−1] : 0, 1, 2번째 위치의 3글자와 −3, −2번째 위치의 2글자를 가져옵니다.
> 결과 Sinon
>
> ③ string[0:3]+string[−3:] : 0, 1, 2번째 위치의 3글자와 −3, −2, −1번째 위치의 3글자를 가져옵니다.
> 결과 Sinong
>
> ④ string[0:]+string[−1] : 0부터 마지막 위치까지의 모든 글자와, 첫 위치부터 −2까지의 모든 글자를 가져옵니다.
> 결과 SinagongSinagon

▶ 정답 : 1.① 2.② 3.③ 4.④ 5.③ 6.③

예 a = ['a', 'b', 'c', 'd', 'e']일 때
　　a[1:3] → ['b', 'c']
　　a[0:5:2] → ['a', 'c', 'e']
　　a[3:] → ['d', 'e']
　　a[:3] → ['a', 'b', 'c']
　　a[::3] → ['a', 'd']

 전문가의 조언

각 객체의 첫 번째 요소는 위치가 0이고, range와 slice의 최종값이나 최종위치는 증가값에 따라 1 감소하거나 1 증가한 후 계산해야 한다는 것을 잊지마세요.

예제 객체에 저장된 값을 코드와 같이 수행했을 때의 결과를 쓰시오.

번호	객체	코드	결과
①	a = 'sinagong'	print(a[3:7])	
②	a = list(range(10))	print(a[:7:2])	
③	a = 'hello, world'	print(a[7:])	
④	a = list(range(5, 22, 2))	print(a[::3])	
⑤	a = list(range(8))	print(a[2::2])	
⑥	a = list(range(8, 3, −1))	print(a[:3])	

① 3번째 위치에서 6번째 위치까지의 요소들을 출력합니다.
② 0부터 9까지의 숫자가 저장된 리스트 a가 생성되며, 0부터 6번째 위치까지 2씩 증가하면서 해당 위치의 요소들을 출력합니다(a [0 | 1 | 2 | 3 | 4 | 5 | 6 | 7 | 8 | 9]).
③ 7번째 위치에서 마지막 위치까지의 요소들을 출력합니다.
④ 50에서 21까지 2씩 증가하는 숫자가 저장된 리스트 a가 생성되며, 0번째 위치에서 마지막 위치까지 3씩 증가하면서 해당 위치의 요소들을 출력합니다(a [5 | 7 | 9 | 11 | 13 | 15 | 17 | 19 | 21]).
⑤ 0에서 7까지의 숫자를 저장한 리스트 a가 생성되며, 2번째 위치에서 마지막 위치까지 2씩 증가하면서 해당 위치의 요소들을 출력합니다(a [0 | 1 | 2 | 3 | 4 | 5 | 6 | 7]).
⑥ 8에서 4까지 −1씩 감소하는 숫자를 저장한 리스트 a가 생성되며, 0번째 위치에서 2번째 위치까지의 요소들을 출력합니다(a [8 | 7 | 6 | 5 | 4]).

결과 ① agon　② [0, 2, 4, 6]　③ world　④ [5, 11, 17]
　　　 ⑤ [2, 4, 6]　⑥ [8, 7, 6]

6 Range

Range는 연속된 숫자를 생성하는 것으로, 리스트, 반복문 등에서 많이 사용된다.

- **형식**

range(최종값)	0에서 '최종값'-1까지 연속된 숫자를 생성한다.
range(초기값, 최종값)	'초기값'에서 '최종값'-1까지 연속된 숫자를 생성한다.
range(초기값, 최종값, 증가값)	• '초기값'에서 '최종값'-1까지 '증가값'만큼 증가하면서 숫자를 생성한다. • '증가값'이 음수인 경우 '초기값'에서 '최종값'+1까지 '증가값'만큼 감소하면서 숫자를 생성한다.

예1 a = list(range(5)) → 0에서 4까지 연속된 숫자를 리스트 a로 저장한다.

리스트 a	0	1	2	3	4

예2 a = list(range(4, 9)) → 4에서 8까지 연속된 숫자를 리스트 a로 저장한다.

리스트 a	4	5	6	7	8

예3 a = list(range(1, 15, 3)) → 1에서 14까지 3씩 증가하는 숫자들을 리스트 a로 저장한다.

리스트 a	1	4	7	10	13

예4 a = list(range(9, 4, -1)) → 9에서 5까지 -1씩 감소하는 숫자들을 리스트 a로 저장한다.

리스트 a	9	8	7	6	5

> **전문가의 조언**
> Range를 반복문에서 사용하는 예제는 다음 섹션에서 자세하게 설명합니다.

7 슬라이스(Slice)

슬라이스는 문자열이나 리스트와 같은 순차형 객체*에서 일부를 잘라(slicing) 반환하는 기능이다.

- **형식**

객체명[초기위치:최종위치]	'초기위치'에서 '최종위치'-1까지의 요소들을 가져온다.
객체명[초기위치:최종위치:증가값]	• '초기위치'에서 '최종위치'-1까지 '증가값'만큼 증가하면서 해당 위치의 요소들을 가져온다. • '증가값'이 음수인 경우 '초기위치'에서 '최종위치'+1까지 '증가값' 만큼 감소하면서 해당 위치의 요소들을 가져온다.

- 슬라이스는 일부 인수를 생략하여 사용할 수 있다.

객체명[:] 또는 객체명[::]	객체의 모든 요소를 반환한다.
객체명[초기위치:]	객체의 '초기위치'에서 마지막 위치까지의 요소들을 반환한다.
객체명[:최종위치]	객체의 0번째 위치에서 '최종위치'-1까지의 요소들을 반환한다.
객체명[::증가값]	객체의 0번째 위치에서 마지막 위치까지 '증가값'만큼 증가하면서 해당 위치의 요소들을 반환한다.

> **전문가의 조언**
>
> **중요해요!** ★★★
> 먼저 슬라이스의 개념을 이해하고, 예제를 통해 슬라이스의 적용 형식을 확실히 파악해 두세요.
>
> **순차형 객체(Sequential Object)**
> 문자열이나 리스트와 같이 메모리에 순차적으로 데이터가 저장되는 자료 구조의 객체를 의미합니다.

> **전문가의 조언**
> 인수를 생략하는 방식은 더 다양한 방식으로 사용할 수 있습니다. 초기위치와 증가값만을 사용하거나, 최종위치와 증가값만을 사용하는 방식도 그 중 하나입니다. 예제를 통해 슬라이스의 다양한 사용 방법을 확실히 알아 두세요.

2차원 리스트

2차원 리스트는 리스트에 리스트를 저장하는 방식으로 구현한다.

- 형식1

리스트명 = [[값1, 값2, 값3],
　　　　　[값4, 값5, 값6]]

- 형식2

리스트A = [값1, 값2, 값3]
리스트B = [값4, 값5, 값6]
리스트명 = [리스트A, 리스트B]

예1 b = [[1,2,3], ['a','b','c']]

결과　리스트 b

b[0][0]	b[0][1]	b[0][2]
1	2	3
a	b	c
b[1][0]	b[1][1]	b[1][2]

예2 b[1][1] = 'f' → b[1][1]의 위치에 'f'를 저장한다.

결과　리스트 b

b[0][0]	b[0][1]	b[0][2]
1	2	3
a	f	c
b[1][0]	b[1][1]	b[1][2]

5 딕셔너리(Dictionary)

- 딕셔너리는 연관된 값을 묶어서 저장하는 용도로 사용한다.
- 리스트는 저장된 요소에 접근하기 위한 키로 위치에 해당하는 0, 1, 2 등의 숫자를 사용하지만 딕셔너리는 사용자가 원하는 값을 키로 지정해 사용한다.
- 딕셔너리에 접근할 때는 딕셔너리 뒤에 대괄호([ ])를 사용하며, 대괄호([ ]) 안에 키를 지정한다.

- 형식

딕셔너리명 = { 키1:값1, 키2:값2, … }
딕셔너리명 = dict({ 키1:값1, 키2:값2, … })

> 딕셔너리명은 사용자가 임의로 지정하며, 딕셔너리를 의미하는 중괄호 사이에 저장할 값들을 쉼표로 구분하여 입력한다.

예1 방법1 : a = {'이름':'홍길동', '나이':25, '주소':'서울'}
　　　방법2 : a = dict({'이름':'홍길동', '나이':25, '주소':'서울'})

결과　리스트 a

a['이름']	a['나이']	a['주소']
'홍길동'	25	'서울'

예2 a['이름'] = '이순신' → 딕셔너리 a의 '이름' 위치에 '이순신'을 저장한다.

결과　리스트 a

a['이름']	a['나이']	a['주소']
'이순신'	25	'서울'

전문가의 조언

딕셔너리에 저장된 요소에 접근할 때는 사용자가 지정한 키를 사용합니다. 예를 통해 딕셔너리에 저장된 요소에 접근하는 방법을 확실히 이해하고 넘어가세요.

4 리스트(List)

- Java에서는 여러 요소들을 한 개의 이름으로 처리할 때 배열을 사용했는데 Python에서는 리스트를 사용한다.
- 리스트는 필요에 따라 개수를 늘이거나 줄일 수 있기 때문에 리스트를 선언할 때 크기를 적지 않는다.
- 배열과 달리 하나의 리스트에 정수, 실수, 문자열 등 다양한 자료형을 섞어서 저장할 수 있다.
- Python에서 리스트의 위치는 0부터 시작한다.

1차원 리스트

- **형식**

리스트명 = [값1, 값2, …]
리스트명 = list([값1, 값2, …])

리스트명은 사용자가 임의로 지정하며, 리스트를 의미하는 대괄호 사이에 저장할 값들을 쉼표(,)로 구분하여 입력한다.

예1 방법1 : a = [10, 'mike', 23.45]
방법2 : a = list([10, 'mike', 23.45])

결과 리스트 a

a[0]	a[1]	a[2]
10	mike	23.45

※ 두 방법에 대한 결과는 같습니다.

예2 a[0] = 1 → a[0]에 1을 저장한다.

결과 리스트 a

a[0]	a[1]	a[2]
1	mike	23.45

- **추가** : 리스트의 마지막에 값을 추가할 때는 append 메소드를 이용한다.

예3 a.append('B Class') → a 리스트의 마지막에 'B Class'를 추가한다.

결과 리스트 a

a[0]	a[1]	a[2]	a[3]
1	mike	23.45	B Class

- **삽입** : 리스트의 중간에 값을 삽입할 때는 insert 메소드를 사용한다.

예4 a.insert(1, 'Brown') → a 리스트의 두 번째(a[1]) 자리에 요소를 하나 삽입하여 "Brown"을 저장하고 그 이후의 요소들을 하나씩 뒤로 이동시킨다.

결과 리스트 a

a[0]	a[1]	a[2]	a[3]	a[4]
1	Brown	mike	23.45	B Class

- **삭제** : 리스트의 위치를 기준으로 요소를 삭제할 때는 del 명령어를, 값을 기준으로 요소를 삭제할 때는 remove 메소드를 사용한다.

예5 del a[3] → a 리스트의 네 번째 요소(23.45)를 삭제하고, 그 이후의 요소들을 하나씩 앞으로 이동시킨다.

결과 리스트 a

a[0]	a[1]	a[2]	a[3]
1	Brown	mike	B Class

예6 a.remove('mike') → a 리스트에서 "mike"를 찾아 해당 요소를 삭제하고, 이후의 요소들을 하나씩 앞으로 이동시킨다.

결과 리스트 a

a[0]	a[1]	a[2]
1	Brown	B Class

전문가의 조언

중요해요! ★★★★★
리스트에 저장된 요소에 접근할 때는 위치값을 사용합니다. **예**를 통해 리스트에 저장된 요소에 접근하는 방법을 확실히 이해하고 넘어가세요.

전문가의 조언

Python은 기본적인 자료형으로 배열(Array)을 제공하지 않습니다.

전문가의 조언

예1부터 결과가 계속 이어지는 예제입니다.

전문가의 조언

del 명령어는 변수나 객체를 삭제하는 명령어로, 리스트 자체를 삭제할 수도 있습니다.
예 del a

전문가의 조언

문자열 표현 방법 세 가지만 가볍게 정리해 두세요.

3 Python의 문자열

- Python에서 문자열은 작은따옴표(' '), 큰따옴표(" "), 3개의 작은따옴표(''' '''), 3개의 큰따옴표(""" """)로 묶어서 표현할 수 있다.
- 하나의 문자를 표현하기 위해 작은따옴표를 사용하는 Java와 달리, 하나의 문자를 지정하는 char 자료형이 없는 Python에서는 작은따옴표와 큰따옴표를 자유롭게 사용할 수 있다.
- 문자열 내에서 작은따옴표가 문자로 사용될 경우 큰따옴표로 전체 문자열을 묶고, 큰따옴표가 문자로 사용될 경우 작은따옴표로 전체 문자열을 묶는다.

  예1 x = 'gilbut's new book' → 문자열이 정상적으로 묶여지지 않아 오류가 발생한다.

  예2 x = "gilbut's new book" → 작은따옴표가 포함된 문자열이 정상적으로 저장된다.

- 3개의 따옴표를 사용하는 경우 문자열 내에서 작은따옴표와 큰따옴표를 자유롭게 문자로 사용할 수 있다.

  예 x = '''gilbut's "SINAGONG"''' → 작은따옴표와 큰따옴표가 모두 포함된 문자열이 저장된다.

- 제어문자*를 사용할 수 있다.

제어문자

커서의 이동이나 탭(Tab), 줄 나눔 등을 표현하는 문자로, 제어문자에 대한 자세한 설명은 Section 008을 참조하세요.

잠깐만요 **문자열 formatting**

문자열 formatting은 변수에 저장된 값을 기존의 문자열에 삽입하여 문자열을 조작하는 것입니다. 다양한 방법이 있지만 간단하게 사용할 수 있는 방법을 예제를 통해 알아보겠습니다.

예제 변수 name, num에 저장된 값에 따라 변수 x에 저장되는 문자열이 달라지는 프로그램이다. 다음 프로그램의 결과를 확인하시오.

❶ name = 'mike'
❷ num = 10
❸ x = f"hello {name}, you're {num}th user"
❹ print(x)

코드 해설

❶, ❷는 이름과 순번이 저장되는 변수 name과 num이며, 이 변수들을 이용해 문자열을 저장하는 변수는 ❸의 변수 x입니다. formatting은 문자열을 묶는 따옴표 앞에 'f'를 적어주고, 변수의 값이 들어갈 위치에 '{변수명}'을 적어주면 됩니다. 문자열 내에 작은따옴표가 있으므로 큰따옴표를 사용하여 문자열을 묶어야 합니다. ❹의 결과로 **hello mike, you're 10th user**가 출력됩니다.

print( ) 함수

- 형식1

> print(출력값1, 출력값2, …, sep = 분리문자, end = 종료문자)
> - '출력값'에는 숫자, 문자, 문자열, 변수 등 다양한 값이나 식이 올 수 있다.
> - 'sep'는 여러 값을 출력할 때 값과 값 사이를 구분하기 위해 출력하는 문자로, 생략할 경우 기본값은 공백 한 칸(' ')이다.
> - 'end'는 맨 마지막에 표시할 문자로, 생략할 경우 기본값은 줄 나눔이다.

예 print(82, 24, sep = '-', end = ',') → 82와 24 사이에 분리문자 '-'가 출력되고, 마지막에 종료문자 ','가 출력된다.

결과 `82-24,`

- 형식2

> print(서식 문자열* % (출력값1, 출력값2, …))
> - Java에서 사용했던 서식 문자열이 동일하게 적용된다.
> - 출력값이 한 개일 경우 출력값에 대한 괄호를 생략할 수 있다.

예 print('%-8.2f' % 200.20) → `2 0 0 . 2 0    `

- ▶ % : 서식 문자임을 지정
- ▶ - : 왼쪽부터 출력
- ▶ 8 : 출력 자릿수를 8자리로 지정
- ▶ 2 : 소수점 이하를 2자리로 지정
- ▶ f : 실수로 출력

서식 문자열
출력값의 서식을 지정하는 문자열로, 서식 문자열에 대한 자세한 설명은 Section 008을 참조하세요.

예제 2 print( ) 함수를 이용하여 다음과 같이 데이터를 출력할 경우 결과를 쓰시오.

번호	코드	결과
①	print(12, 34, 56)	
②	print('gilbut', 'sinagong', sep = '-')	
③	print('help') print('me')	
④	print('help', end = ' ') print('me')	
⑤	print('%3d' % 15)	
⑥	print('%.3s%8.2f' % ('help me', 245.2555))	

① 분리문자를 지정하지 않으므로 출력값들을 공백 한 칸으로 구분하여 출력한 후 다음 줄로 이동합니다.
② 출력값들을 '-'으로 구분하여 출력한 후 다음 줄로 이동합니다.
③ help를 출력한 후 다음 줄로 이동하고, me를 출력한 후 다음 줄로 이동합니다.
④ help를 출력한 후 종료문자인 공백을 한 칸 출력합니다. 이어서 me를 출력한 후 다음 줄로 이동합니다.
⑤ 전체 3자리를 확보한 후 오른쪽부터 출력한 후 다음 줄로 이동합니다.
⑥ "help me"는 왼쪽을 기준으로 3자리만 출력하고, 245.2555는 전체 8자리를 확보한 후 소수점과 소수점 이하 2자리를 출력하고 남은 5자리에 정수 부분을 출력합니다. 이어서 다음 줄로 이동합니다.

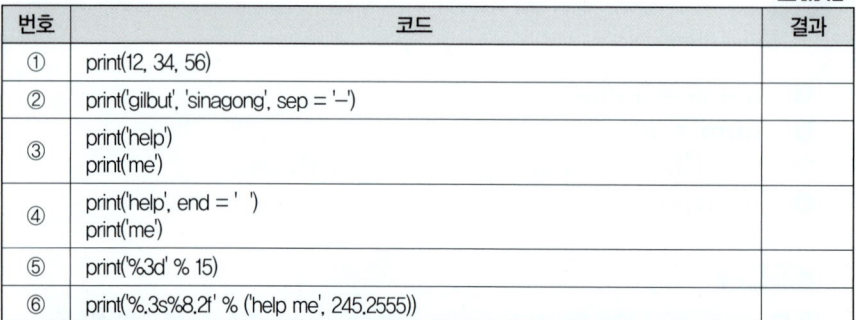

전문가의 조언

변수 하나에 input( ).split( )을 사용하는 경우 리스트 형태로 저장됩니다. 리스트에 대한 설명은 섹션 후반부에 있습니다.

잠깐만요 입력 데이터가 여러 개인 경우

```
입력문                    입력 데이터
x, y, z = input( ).split('-')   ←   80-AEB-3.145623
```

※ 입력하는 값에 분리문자가 반드시 포함되어야 합니다.

잠깐만요 입력 값의 형변환(Casting)

input( ) 함수는 입력되는 값을 무조건 문자열로 저장하므로 숫자로 사용하기 위해서는 형을 변환해야 합니다.

- 변환할 데이터가 1개일 때

$$\text{변수} = \text{int(input( ))} \quad \text{정수로 변환 시}$$
$$\text{변수} = \text{float(input( ))} \quad \text{실수로 변환 시}$$

예 a = int(input( )) → input( )으로 입력받은 값을 정수로 변환하여 변수 a에 저장한다.

- 변환할 데이터가 2개 이상일 때

$$\text{변수1, 변수2, } \cdots = \text{map*(int, input( ).split( ))} \quad \text{정수로 변환 시}$$
$$\text{변수1, 변수2, } \cdots = \text{map(float, input( ).split( ))} \quad \text{실수로 변환 시}$$

예 a, b = map(int, input( ).split( )) → input( ).split( )으로 입력받은 2개의 값을 정수로 변환하여 변수 a, b에 저장한다.

map( ) 함수

map( ) 함수는 input( ).split( )을 통해 입력받은 2개 이상의 값을 원하는 자료형으로 변환할 때 사용하는 함수입니다.

- map(자료형, input( ).split( ))
  - 자료형 : 변환할 자료형 입력
  - input( ).split( ) : 2개 이상의 값을 분리하여 입력받기 위해 split( )와 input( ) 함수 사용

예제 1 input( ) 함수를 이용하여 다음과 같이 데이터를 입력할 경우 변수에 기억되는 값을 쓰시오.

번호	코드	입력 데이터	결과
①	a, b = input( ).split( )	12 34	
②	a = int(input('입력하세요.'))	123	
③	a, b = input( ).split('34')	123456	
④	a, b, c = map(int, input('전화번호는?').split('-'))	010-234-5678	
⑤	a, b = input( ).split('&')	Black&White	
⑥	a, b = map(float, input( ).split('*'))	3.45*2.62E-6	

① 공백으로 입력 데이터를 구분하여 a, b에 문자열로 저장됩니다.
② 화면에 **입력하세요.**가 출력되고, a에 정수로 저장됩니다.
③ '34'로 입력 데이터를 구분하여 a, b에 문자열로 저장됩니다.
④ 화면에 **전화번호는?**이 출력되고, '-'로 입력 데이터를 구분하여 a, b, c에 정수로 저장됩니다.
  ※ 정수에서 맨 앞자리 0은 의미가 없으므로 제거됩니다.
⑤ '&'로 입력 데이터를 구분하여 a, b에 문자열로 저장됩니다.
⑥ '*'로 입력 데이터를 구분하여 a, b에 실수로 저장됩니다.

결과 ① a : 12, b : 34   ② a : 123   ③ a : 12, b : 56
④ a : 10, b : 234, c : 5678   ⑤ a : Black, b : White   ⑥ a : 3.45, b : 2.62e-06

전문가의 조언

한글 입·출력이 원활히 되지 않는다면 코드 상단에 "# -*- Encoding:UTF-8 -*- #"를 입력하여 인코딩 방식을 UTF-8로 바꿔주세요.

SECTION 013 Python의 기본 문법

1 Python의 기본 문법

- 변수의 자료형에 대한 선언이 없다.
- 문장의 끝을 의미하는 세미콜론(;)을 사용할 필요가 없다.
- 변수에 연속하여 값을 저장하는 것이 가능하다.
  예 x, y, z = 10, 20, 30
- if나 for와 같이 코드 블록을 포함하는 명령문을 작성할 때 코드 블록은 콜론(:)과 여백으로 구분한다. *
- 여백은 일반적으로 4칸 또는 한 개의 탭만큼 띄워야 하며, 같은 수준의 코드들은 반드시 동일한 여백을 가져야 한다.
- 문자열을 표현할 때 작은따옴표(' '), 큰따옴표(" ")를 모두 사용할 수 있으며, 문자열에 따옴표가 포함되는 경우 다른 따옴표를 이용하여 문자열을 묶어줘야 한다.
  예 ' She said "I like it" '

2 Python의 데이터 입·출력 함수

input( ) 함수

- input( ) 함수는 Python의 표준 입력 함수로, 키보드로 입력받아 변수에 저장하는 함수이다.
- 입력되는 값은 문자열로 취급되어 저장된다.
- 형식1

  변수 = input(출력문자)
  - '출력문자'는 생략이 가능하며, '변수'는 사용자가 임의로 지정할 수 있다.
  - 값을 입력하고 Enter를 누르면, 입력한 값이 '변수'에 저장된다.

  예 a = input('입력하세요.') → 화면에 **입력하세요.**가 출력되고 그 뒤에서 커서가 깜빡거리며 입력을 기다린다. 키보드로 값을 입력하면 변수 a에 저장된다.

- 형식2

  변수1, 변수2, ⋯ = input(출력문자).split(분리문자)
  - 화면에 '출력문자'가 표시되고 입력받은 값을 '분리문자'로 구분하여 각각 변수1, 변수2, ⋯에 저장한다.
  - '분리문자'를 생략하면 공백으로 값들을 구분한다.

  예 x, y = input().split('-') → "gilbut-sinagong"을 입력할 경우, 분리문자 '-'를 기준으로 "gilbut"은 변수 x에 저장되고, "sinagong"은 변수 y에 저장된다.

전문가의 조언

중요해요! ★★★★
기본 문법과 데이터 입·출력 함수는 Python 학습을 위한 기본 내용입니다. 확실히 숙지해 두세요. 특히 본문에 수록된 내용들은 JAVA를 충분히 학습하였다는 전제하에 진행되므로 학습에 어려움을 느끼는 수험생들은 앞의 JAVA 섹션들을 먼저 공부한 후 본 섹션의 학습을 진행하는 것이 좋습니다.

전문가의 조언

Python은 변수에 저장되는 값에 따라 자동으로 자료형이 지정되므로 변수에 대한 자료형을 선언할 필요가 없습니다.

전문가의 조언

Python에서 한 줄에 여러 문장을 쓸 때는 세미콜론을 이용하여 문장을 구분하여 입력합니다.
예 a=1; print(a)

코드 블록 구분
명령문에서 코드의 블록을 지정할 때 JAVA에서는 중괄호({ })를 사용하지만 Python에서는 여백을 통해 코드 블록을 지정합니다('∨'는 빈 칸을 의미합니다.).
예 Python
if a > b:
∨∨∨∨print('a is big')
∨∨∨∨print('b is small')
else:
∨∨∨∨print('a is small')
∨∨∨∨print('b is big')

기출문제 따라잡기

```
❹    cls o2 = new cls("ab", "bb");
❽    System.out.print("a" + o1.b + o2.a + "b");
    }
}
```

모든 Java 프로그램의 실행은 반드시 main( ) 메소드에서 시작합니다.
❶ cls 클래스의 객체 변수 o1을 선언합니다.
❷ o1.a에 문자열 "ba"를 저장합니다.
❸ o1.b에 문자열 "aa"를 저장합니다.

	String a	String b
객체 변수 o1	"ba"	"aa"

❹ cls 클래스의 객체 변수 o2를 선언하고, "ab"와 "bb"를 인수로 생성자 cls( )를 호출합니다.
❺ 문자열 두 개를 인수로 받는 생성자 cls( )의 시작점입니다. ❹번에서 전달받은 문자열을 각각 x와 y로 받습니다.
❻ a에 x의 값 "ab"를 저장합니다.
❼ b에 y의 값 "bb"를 저장합니다. 생성자가 종료되었으므로 생성자를 호출했던 ❹번의 다음 줄인 ❽번으로 이동합니다.

	String a	String b
객체 변수 o2	"ab"	"bb"

❽ a를 출력한 후 o1.b의 값 aa를 출력합니다. 이어서 o2.a의 값 ab를 출력한 후 b를 출력합니다.

결과 `aaaabb`

이전기출

3. 다음 JAVA 프로그램이 실행되었을 때, 실행 결과는?

```java
class p {
    p( ) {
        System.out.print("1 ");
    }
    p(int t) {
        System.out.print("2 ");
    }
}
class c extends p {
    c( ) {
        System.out.print("3 ");
    }
    c(int t) {
        System.out.print("4 ");
    }
}
public class Test {
    public static void main(String[ ] args) {
        c obj = new c(100);
    }
}
```

① 3   ② 4
③ 1 3   ④ 1 4

사용된 코드의 의미는 다음과 같습니다.

```java
class p {
❸   p( ) {
❹       System.out.print("1 ");
    }
    p(int t) {
        System.out.print("2 ");
    }
}
class c extends p {
    c( ) {
        System.out.print("3 ");
    }
❷   c(int t) {
❺       System.out.print("4 ");
    }
}
public class Test {
    public static void main(String[ ] args) {
❶       c obj = new c(100);
    } ❻
}
```

모든 Java 프로그램의 실행은 반드시 main( ) 메소드에서 시작합니다.
❶ c 클래스의 객체 변수 obj를 선언하고, 100을 인수로 생성자를 호출합니다.
❷ 정수를 인수로 받는 c( ) 생성자의 시작점입니다. 상속하는 부모 클래스가 존재하는 경우 생성자의 시작점에는 super( )가 생략되어 있습니다. 그러므로 부모 클래스의 생성자 p( )로 이동합니다.
 • super( ) : 부모 클래스의 생성자를 호출합니다.
❸ p( ) 생성자의 시작점입니다.
❹ 화면에 1과 공백 한 칸을 출력합니다. 생성자가 종료되었으므로 생성자를 호출했던 ❷번의 다음 줄인 ❺번으로 이동합니다.

결과 `1`

❺ 화면에 4와 공백 한 칸을 출력합니다. 생성자가 종료되었으므로 생성자를 호출했던 ❶번의 다음 줄인 ❻번으로 이동하여 프로그램을 종료합니다.

결과 `1 4`

▶ 정답 : 3.④

기출문제 따라잡기

문제1 2601251

이전기출
1. 다음 JAVA 프로그램이 실행되었을 때, 실행 결과는?

```java
public class Test {
    public static void main(String[ ] args) {
        func( );
        int a = 20;
        System.out.print(a + " ");
        func( );
    }
    static void func( ) {
        int a = 10;
        System.out.print(a++ + " ");
        System.out.print(a++ + " ");
    }
}
```

① 10 11 20 10 11   ② 11 12 21 11 12
③ 10 10 20 11 11   ④ 10 10 20 12 12

사용된 코드의 의미는 다음과 같습니다.

```
public class Test {
    public static void main(String[] args) {
❶       func( );
❻       int a = 20;
❼       System.out.print(a + " ");
❽       func( );
        } ⓭
❷❾ static void func( ) {
❸⓾      int a = 10;
❹⓫      System.out.print(a++ + " ");
❺⓬      System.out.print(a++ + " ");
        }
}
```

모든 Java 프로그램은 반드시 main( ) 메소드에서 시작합니다.
❶ func( ) 메소드를 호출합니다.
❷ 반환값이 없는 func( ) 메소드의 시작점입니다.
❸ 정수형 변수 a를 선언하고 10으로 초기화합니다.
❹ a의 값 10과 공백 한 칸을 출력합니다. a는 후치 증가 연산이므로 출력 후 값이 증가하여 11이 됩니다.

결과 `10`

❺ a의 값 11과 공백 한 칸을 출력합니다. a는 후치 증가 연산이므로 출력 후 값이 증가하여 12가 됩니다. 메소드가 종료되었으므로 메소드를 호출했던 ❶번의 다음 줄인 ❻번으로 이동합니다.

결과 `10 11`

❻ 정수형 변수 a를 선언하고 20으로 초기화합니다.
❼ a의 값 20과 공백 한 칸을 출력합니다.

결과 `10 11 20`

❽ func( ) 메소드를 호출합니다.
❾ 반환값이 없는 func( ) 메소드의 시작점입니다.
⓾ 정수형 변수 a를 선언하고 10으로 초기화합니다.
⓫ a의 값 10과 공백 한 칸을 출력합니다. a는 후치 증가 연산이므로 출력 후 값이 증가하여 11이 됩니다.

결과 `10 11 20 10`

⓬ a의 값 11과 공백 한 칸을 출력합니다. a는 후치 증가 연산이므로 출력 후 값이 증가하여 12가 됩니다. 메소드가 종료되었으므로 메소드를 호출했던 ❽번의 다음 줄인 ⓭번으로 이동하여 프로그램을 종료합니다.

결과 `10 11 20 10 11`

이전기출
2. 다음 JAVA 프로그램이 실행되었을 때, 실행 결과는?

```java
class cls {
    String a, b;
    cls( ) { }
    cls(String x, String y) {
        a = x;
        b = y;
    }
}

public class Test {
    public static void main(String[] args) {
        cls o1 = new cls( );
        o1.a = "ba";
        o1.b = "aa";
        cls o2 = new cls("ab", "bb");
        System.out.print("a" + o1.b + o2.a + "b");
    }
}
```

① abaabb   ② ababbb
③ aaaabb   ④ aaabbb

사용된 코드의 의미는 다음과 같습니다.

```
class cls {
    String a, b;
    cls( ) { }
❺   cls(String x, String y) {
❻       a = x;
❼       b = y;
    }
}

public class Test {
    public static void main(String[] args) {
❶       cls o1 = new cls( );
❷       o1.a = "ba";
❸       o1.b = "aa";
```

▶ 정답 : 1.① 2.③

2장 프로그래밍 언어 응용 **85**

Ⓓ class ClassB extends ClassA {
　ClassB를 클래스 정의하고 부모 클래스로 ClassA를 지정하면서 ClassA에 속한 변수와 메소드를 상속받는다. ClassB 클래스는 ClassA의 변수와 메소드를 사용할 수 있게 된다. Ⓔ~Ⓖ가 클래스의 범위이다.
　• extends [클래스명] : 클래스 정의 시 상속받을 클래스를 추가하는 예약어

Ⓔ ClassB( ) {
　ClassB 클래스에 속한 ClassB( ) 메소드를 정의한다. ClassB( ) 메소드도 ClassB 클래스와 이름이 동일하므로 객체 변수 생성 시 자동으로 실행되는 생성자이다.

Ⓕ void prn( ) {
　반환값 없는 메소드 prn( )을 정의한다. Ⓓ에서 ClassB 클래스는 ClassA 클래스의 메소드를 사용할 수 있다고 했으므로 ClassB 클래스에는 이름이 같은 메소드(Ⓒ, Ⓕ) prn( )이 두 개 존재하게 된다. 이와 같이 상속으로 인해 동일한 이름의 메소드가 여러 개인 경우, 부모 클래스에서 정의된 prn( ) 메소드(Ⓒ)는 자식 클래스의 prn( ) 메소드(Ⓕ)에 의해 재정의되어 자식 클래스의 prn 메소드(Ⓕ)만 사용되는데, 이를 메소드 오버라이딩 또는 메소드 재정의라고 한다.

Ⓖ void prn(int x) {
　반환값 없는 메소드 prn(int x)를 정의한다. 메소드의 이름이 Ⓒ, Ⓕ와 같지만 '인수를 받는 자료형과 개수'가 다르므로 서로 다른 메소드이다. 즉 prn( )과 prn(int x)는 다른 메소드라는 것이다. 이렇게 이름은 같지만 인수를 받는 자료형과 개수를 달리하여 여러 기능을 정의하는 것을 오버로딩(Overloading)이라고 한다.

모든 Java 프로그램의 실행은 반드시 main( ) 메소드에서 시작한다.

❶ 정수형 변수 x를 선언하고 7로 초기화한다.

❷ ClassB cal = new ClassB( );
　ClassB 클래스의 객체 변수 cal을 선언하고 ClassB 클래스의 생성자를 호출한다. ClassB 클래스에는 클래스명과 동일한 생성자가 정의되어 있으므로 생성자를 실행하기 위해 ❸번으로 이동한다.
　• ClassB : 클래스의 이름이다. 앞에서 정의한 클래스의 이름을 그대로 적어준다.
　• cal : 객체 변수의 이름이다. 사용자가 원하는 이름을 적으면 된다.
　• new : 객체 생성 예약어. 그대로 적어준다.
　• ClassB( ) : 클래스와 이름이 동일한 메소드로, 생성자이다.

❸ ClassB 클래스의 생성자인 ClassB( ) 메소드의 시작점이다. 지금처럼 클래스 안에 생성자를 정의하는 문장이 있을 경우 객체가 생성될 때 자동으로 호출되어 실행된다.

❹ 부모 클래스의 생성자인 ClassA( ) 메소드를 호출한다. ❺번으로 이동한다.
　※ super( ) : 부모 클래스의 생성자를 호출한다.

❺ ClassA 클래스의 생성자 ClassA( ) 메소드의 시작점이다.

❻ A를 출력한다.
　결과　A

❼ 자신이 속한 ClassA 클래스의 prn( ) 메소드를 호출한다. ClassA 클래스의 prn( ) 메소드는 ClassB 클래스의 prn( ) 메소드에 의해 재정의되었으므로 ❽번으로 이동한다.

❽ 반환값 없는 prn( ) 메소드의 시작점이다.

❾ E를 출력한 후 메소드가 종료되면 호출했던 ❼번의 다음 줄인 ❿번으로 이동한다.
　결과　AE

❿ ClassA( ) 메소드가 종료되었으므로 호출했던 ❹번의 다음 줄인 ⓫번으로 이동한다.

⓫ D를 출력한 후 ClassB( ) 메소드가 종료되면 호출했던 ❷번의 다음 줄인 ⓬번으로 이동한다
　결과　AED

⓬ x의 값 7을 인수로 cal의 prn(int x) 메소드를 호출한다.※ ⓭번으로 이동한다.

⓭ 반환값 없는 prn(int x) 메소드의 시작점이다. ⓬번에서 전달한 7을 x가 받는다.

⓮ x의 값 7을 출력한 후 prn(int x) 메소드가 종료되면 호출했던 ⓬번의 다음 줄인 ⓯번으로 이동하여 프로그램을 종료한다.
　결과　AED7

전문가의 조언

객체 변수의 선언
• 객체 변수를 선언한다는 것은 클래스를 사용하기 위해 객체 변수를 생성하고 생성된 객체가 있는 곳의 주소를 객체 변수에 저장하는 것입니다.
• 기본 형식

클래스명 객체변수명 = new 생성자( )

• super : 상속한 부모 클래스를 가리키는 예약어
• this : 현재 실행중인 메소드가 속한 클래스를 가리키는 예약어

전문가의 조언

ClassB( ) 클래스 안에는 prn( )과 prn(int x) 메소드가 있습니다. 메소드의 이름이 동일해도 '인수의 자료형과 개수'가 다르면 서로 다른 메소드입니다. 그러므로 ⓬번에서 호출되는 메소드는 ❽번의 prn( ) 메소드가 아닌 ⓭번의 pm(int x) 메소드입니다. 동일한 이름으로 인수만 달리하여 여러 기능을 정의하는 것을 오버로딩(Overloading)이라고 합니다.

예제 2 다음 JAVA 프로그램은 상속 관계에 있는 메소드들의 실행 과정을 구현한 코드이다. 실행 과정을 확인하시오.

```
A  class ClassA {
B  ❺    ClassA( ) {
   ❻        System.out.print('A');
   ❼        this.prn( );
   ❿    }
C      void prn( ) {
           System.out.print('B');
       }
   }
D  class ClassB extends ClassA {
E  ❸    ClassB( ) {
   ❹        super( );
   ⓫        System.out.print('D');
       }
F  ❽    void prn( ) {
   ❾        System.out.print('E');
       }
G  ⓭    void prn(int x) {
   ⓮        System.out.print(x);
       }
   }
   public class Main {
       public static void main(String[ ] args) {
   ❶        int x = 7;
   ❷        ClassB cal = new ClassB( );
   ⓬        cal.prn(x);
   ⓯    }
   }
```

전문가의 조언

예제는 여러 메소드에 포함된 출력문을 실행하는 문제입니다. 이 문제에서 새롭게 학습하는 내용은 상속, 메소드 재정의(오버라이딩), 오버로딩입니다. 상속 관계에 있는 클래스 사이에서 메소드가 재정의되는 과정과 super나 this 예약어의 의미를 상세하게 설명했습니다. 코드를 한줄 한줄 짚어가면서 상황에 따라 달리 호출되는 메소드를 확실히 파악해 두세요.

[코드 수행 과정]
왼쪽의 코드는 다음과 같은 과정으로 AED7을 화면에 출력하는 코드입니다.
1. 부모 클래스와 부모 클래스에서 사용할 메소드를 정의합니다.
2. 자식 클래스와 자식 클래스에서 사용할 메소드를 정의하고 부모 클래스와 상속 관계를 설정합니다.
3. 부모 클래스에서 A를 출력합니다.
4. 자식 클래스에서 E를 출력합니다.
5. 자식 클래스에서 D를 출력합니다.
6. 자식 클래스에서 7을 출력합니다.

코드 해설

A class ClassA {
ClassA 클래스를 정의한다. **B**~**C**가 클래스의 범위이다.

B ClassA( ) {
ClassA 클래스에 속한 ClassA( ) 메소드를 정의한다. ClassA( ) 메소드는 클래스와 이름이 동일하다. 이와 같이 클래스와 이름이 동일한 메소드는 해당 클래스의 객체 변수 생성 시 자동으로 실행되는데, 이러한 메소드를 생성자(Constructor)라고 한다.

C void prn( ) {{
반환값 없는 메소드 prn( )을 정의한다.

생성자(Constructor)

생성자는 객체 변수 생성에 사용되는 메소드로, 객체 변수를 생성하면서 초기화를 수행합니다. 클래스 안에 생성자를 정의하는 문장이 있다면 문장에 적힌 대로 객체 변수를 초기화하면서 생성하지만, 없으면 그냥 객체 변수만 생성하고 제어가 다음 줄로 넘어갑니다.

코드 해설

A class ClassA {
  ClassA 클래스를 정의한다. **B** ~ **C**가 클래스의 범위이다.
  - class : 클래스를 정의하는 명령어로, 꼭 써야 하는 예약어이다. 같은 파일에서 클래스를 정의할 때는 public을 두 번 사용하지 못한다. 실행 클래스에서 사용하므로 여기서는 사용할 수 없다. 그렇다는 것이다. 외우지는 마라.
  - ClassA : 클래스 이름으로, 사용자가 원하는 이름을 임의로 지정할 수 있다. 단 첫 글자는 관례상 대문자로 지정한다.

B 정수형 변수 a를 선언하고 10으로 초기화한다. Java에서는 클래스 안에 선언하는 변수를 클래스의 속성이라고 부른다.

C int funcAdd(int x, int y) {
  정수를 반환하는 funcAdd(int x, int y) 메소드를 정의한다. 호출문으로부터 정수형 인수 2개를 전달받아 각각 x와 y에 저장한다.
  - int : 메소드의 반환값이 정수임을 알려준다.
  - funcAdd : 메소드의 이름이다.
  - (int x, int y) : 호출하는 곳에서 보내준 인수를 저장할 변수이다. 호출하는 곳에서 보내준 인수의 개수와 자료형이 일치해야 한다.

D Test 클래스를 정의한다. 실행 클래스의 시작점으로 Java 프로그램은 아무리 작은 프로그램이라도 클래스를 만들어서 클래스 안에 실행문과 메소드(함수)를 만들고 실행해야 한다. 그리고 클래스 중에는 반드시 main( ) 메소드를 담고 있는 실행 클래스가 있어야 한다.

E main( ) 메소드의 시작점이다. 여기서부터 실제 프로그램이 시작된다.

❶ 정수형 변수 x, y, r을 선언하고, x와 y를 각각 3과 6으로 초기화한다.

❷ ClassA cal = new ClassA( );
  ClassA 클래스의 객체 변수 cal을 선언한다.
  - ClassA : 클래스의 이름이다. 앞에서 정의한 클래스의 이름을 그대로 적어준다.
  - cal : 객체 변수의 이름이다. 사용자가 원하는 이름을 적으면 된다.
  - new : 객체 생성 예약어. 그대로 적어준다.
  - ClassA( ) : 생성자*이다.

❸ x와 y의 값 3과 6을 인수로 cal의 funcAdd( ) 메소드를 호출하여 반환받은 값을 r에 저장한다.
  cal은 ClassA 클래스의 객체 변수이므로 ClassA의 funcAdd( ) 메소드인 ❹번이 호출된다.

❹ 정수를 반환하는 funcAdd 메소드의 시작점이다. 호출문으로부터 정수형 인수 2개를 전달받아 각각 x와 y에 저장한다. ❸번에서 호출할 때 3과 6을 전달했으므로 x는 3, y는 6이다.

❺ x + y + a를 연산한 후 메소드를 호출했던 ❻번으로 결과를 반환한다. x + y의 값은 9이고, a는 메소드에 없으므로 소속된 클래스에서 찾는다. ClassA의 a의 값이 10이므로 x + y + a(3 + 6 + 10)의 값은 19가 된다.

❻ ❺번에서 19가 반환되었으므로 r에 19를 저장한다.

❼ r의 값 19를 출력한다.

결과 19

③ JAVA 상속 예제

상속은 이미 정의된 상위 클래스(부모 클래스)의 모든 속성과 연산을 하위 클래스(자식 클래스)가 물려받는 것이다.

SECTION 012

JAVA의 클래스

클래스는 객체 생성을 위한 필드(속성)와 메소드(함수)를 정의하는 설계도로, JAVA는 아무리 작은 프로그램이라도 클래스를 만들어서 사용해야 한다.

1 JAVA 클래스의 개요

클래스를 만들어 사용하는 순서는 다음과 같다.

1. 클래스 이름을 정하고 객체 생성을 위한 필드와 메소드를 정의한다. 마치 자동차를 만들기 위한 설계도와 같다. 이때 사용하는 명령이 class이다.
2. 객체를 생성한다. 자동차 설계도로 자동차를 만들어야 사용할 수 있듯이 클래스를 이용해 객체를 생성해야 프로그램에서 사용할 수 있다. 이때 사용하는 명령이 new이다.
3. 생성된 객체들을 이용하여 프로그램을 코딩하면 된다.

2 JAVA 클래스 예제

예제 1 다음은 JAVA에서 클래스를 만들고 객체를 생성해서 사용하는 간단한 프로그램이다. 어떤 일을 수행하는지 확인하시오.

```
Ⓐ  class ClassA {
Ⓑ      int a = 10;
Ⓒ  ❹  int funcAdd(int x, int y) {
    ❺      return x + y + a;
        }
    }
Ⓓ  public class Test {
Ⓔ      public static void main(String[ ] args) {
    ❶      int x = 3, y = 6, r;
    ❷      ClassA cal = new ClassA( );
    ❸❻     r = cal.funcAdd(x, y);
    ❼      System.out.print(r);
        }
    }
```

전문가의 조언

예제는 실행에 앞서 번역 과정(Ⓐ~Ⓔ)을 통해 클래스나 메소드 등이 먼저 정의되고 이후에 실행 과정(❶~❼)을 통해 실제 작업을 위한 코드가 실행됩니다. 번역 과정은 컴퓨터 내부적으로 진행되기 때문에 진행 과정이 눈으로 확인되지는 않습니다. 다만 우리는 클래스와 메소드가 정의되는 과정을 이해함으로써 코드의 전체적인 구조를 파악하고, 실행 코드를 살펴볼 것입니다.

기출문제 따라잡기

문제1 2413851

이전기출
1. 다음 JAVA 프로그램이 실행되었을 때의 결과는?

```
public class ovr {
    public static void main(String[ ] args) {
        int arr[ ];
        int i = 0;
        arr = new int[10];
        arr[0] = 0;
        arr[1] = 1;
        while(i < 8) {
            arr[i + 2] = arr[i + 1] + arr[i];
            i++;
        }
        System.out.println(arr[9]);
    }
}
```

① 13   ② 21
③ 34   ④ 55

반복문을 수행한 결과는 다음과 같습니다.

반복횟수	i	arr [0]	[1]	[2]	[3]	[4]	[5]	[6]	[7]	[8]	[9]
	0	0	1								
1회	1	0	1	1							
2회	2	0	1	1	2						
3회	3	0	1	1	2	3					
4회	4	0	1	1	2	3	5				
5회	5	0	1	1	2	3	5	8			
6회	6	0	1	1	2	3	5	8	13		
7회	7	0	1	1	2	3	5	8	13	21	
8회	8	0	1	1	2	3	5	8	13	21	34

❾ arr[9]의 값을 출력합니다.
결과 `34`

사용된 코드의 의미는 다음과 같습니다.

```
public class ovr {
    public static void main(String[ ] args) {
❶       int arr[ ];
❷       int i = 0;
❸       arr = new int[10];
❹       arr[0] = 0;
❺       arr[1] = 1;
❻       while(i < 8) {
❼           arr[i + 2] = arr[i + 1] + arr[i];
❽           i++;
        }
❾       System.out.println(arr[9]);
    }
}
```

❶ 정수형 배열 arr을 선언합니다.
❷ 정수형 변수 i를 선언하고 0으로 초기화합니다.
❸ arr에 10개의 요소를 할당합니다.
❹ arr[0]에 0을 저장합니다.
❺ arr[1]에 1을 저장합니다.
❻ i가 8보다 작은 동안 ❼, ❽번을 반복 수행합니다.
❼ arr[i+2]에 arr[i+1]과 arr[i]를 더한 값을 누적합니다.
❽ 'i = i + 1;'과 동일합니다. i에 1씩 누적시킵니다.

출제예상
2. 다음 JAVA 프로그램이 실행되었을 때의 실행 결과는?

```
public class Problem {
    public static void main(String[ ] args){
        String str;
        str = "Power overwhelming!";
        System.out.printf("%8.4s\n", str);
    }
}
```

① Power ov   ② Power overwh
③   Powe   ④   Power ov

사용된 코드의 의미는 다음과 같습니다.

```
public class Problem {
    public static void main(String[ ] args){
❶       String str;
❷       str = "Power overwhelming!";
❸       System.out.printf("%8.4s\n", str);
    }
}
```

❶ 문자열 변수 str을 선언합니다.
❷ str 변수에 "Power overwhelming!"를 저장합니다.
❸ %s는 문자열을 출력하는 서식 문자열이고, %8.4s는 8자리를 확보한 다음 str에 저장된 문자열 "Power overwhelming!" 중 앞의 4글자를 오른쪽에서부터 출력하므로 결과는 앞에 4칸 공백이 있는 "   Powe"가 됩니다.
결과 `    Powe`

▶ 정답 : 1.③ 2.③

코드 해설

❶ 문자열 변수 str을 선언하면서 초기값으로 "Information!"을 할당한다. 객체 변수를 생성할 때는 예약어 new를 입력해야 하지만 문자열 변수는 초기값을 이용해 new 없이 바로 생성할 수 있다.

❷ 문자열 클래스에서 length( ) 메소드는 해당 문자열의 길이를 반환한다. 즉 정수형 변수 n에 str에 저장된 문자열의 길이인 12가 저장된다.

❸ JAVA에서는 배열도 클래스이므로 생성할 때는 new를 사용해야 한다. n에 12가 저장되어 있으므로 st는 12개의 요소를 갖는 문자 배열로 생성된다.

- char[ ] st : 문자 배열이고 배열 이름은 st이다. 'char st[ ]'처럼 입력해도 된다. st만 임의로 입력하고 나머지는 그대로 적어준다.
- new : 객체 변수를 생성하는 예약어. 그대로 입력한다.
- char [n] : 문자 배열의 크기를 지정하므로 12개 요소를 갖는 문자 배열이 생성된다. n을 제외한 나머지는 항상 그대로 입력한다.

❹ 12개짜리 배열이지만 배열의 첨자는 0부터 시작하여 11까지 사용하기 때문에 첨자로 사용할 변수의 값을 1 감소시킨다.

n = 11

	st[0]	st[1]	st[2]	st[3]	st[4]	st[5]	st[6]	st[7]	st[8]	st[9]	st[10]	st[11]
st												

❺ 정수형 변수 k를 반복 변수로 선언하면서 초기값으로 11을 갖고, 1씩 감소시키면서 0보다 크거나 같은 동안 **❻**번을 반복 실행한다. 실행할 문장이 한 개이므로 **❺**, **❼**번의 중괄호는 없애도 된다. 반복 변수 k는 for문 안에서 선언한 지역 변수이기 때문에 for문을 벗어나면 소멸된다.

❻ charAt( ) 메소드는 해당 문자열에서 인수에 해당하는 위치의 문자열을 반환한다.

첫 번째 수행

- k = 11, n = 11이므로 str.charAt(k)는 '!'를 반환한다. '!'을 st[n-k]번째, 즉 st[0]번째에 저장한다.

st[0]	st[1]	st[2]	st[3]	st[4]	st[5]	st[6]	st[7]	st[8]	st[9]	st[10]	st[11]
!											

두 번째 수행

k = 10, n = 11이므로 str.charAt(k)는 'n'을 반환한다. 'n'을 st[1]에 저장한다.

st[0]	st[1]	st[2]	st[3]	st[4]	st[5]	st[6]	st[7]	st[8]	st[9]	st[10]	st[11]
!	n										

위와 같은 작업을 반복수행하다가 k = 0일 때, 'I'를 st[11]에 저장한 다음 k는 -1이 되어 반복문을 벗어난다.

st[0]	st[1]	st[2]	st[3]	st[4]	st[5]	st[6]	st[7]	st[8]	st[9]	st[10]	st[11]
!	n	o	i	t	a	m	r	o	f	n	I

❽ 향상된 반복문이다. st 배열의 각 요소를 처음부터 차례대로 문자 변수 k에 옮기면서 st 배열의 개수, 즉 **❾**번을 12회 반복 수행한다.

❾ k에는 st 배열 각 요소의 값이 할당되므로 12회 수행을 마치면 출력 결과는 다음과 같다. 서식 문자열에 '\n'이 없으므로 한 줄에 붙여 출력한다.

결과 !noitamrofnI

전문가의 조언

주어진 예제를 통해 문자열이 저장되고 처리되는 과정을 이해하고 넘어가세요.

5 JAVA의 문자열

- JAVA에서는 String 클래스를 이용해 생성한 객체 변수에 문자열을 저장하여 처리할 수 있다.
- String 클래스는 배열 형태로 관리된다.
- **형식**

> String 변수 = "문자열";

예제 1 다음의 출력 결과를 확인하시오.

```java
public class Main {
   public static void main(String[ ] args) {
      char a = 'A';        // 문자형 변수 a에 문자 'A'를 저장한다.
                           // • 문자형 변수에는 한 글자만 저장되며, 저장될 때는 아스키 코드값으로 변경되어 정수로 저장된다.
                           // • a가 저장하고 있는 값을 문자로 출력하면 'A'가 출력되지만 숫자로 출력하면 'A'에 대한 아스키 코드 65가 출력된다.
      String b = "SINAGONG";  // 문자열 변수 b를 선언하면서 초기값으로 "SINAGONG"을 저장한다.
                              // • 객체 변수를 생성할 때는 예약어 new를 입력해야 하지만 초기값을 지정할 때는 new 없이 바로 생성할 수 있다.
      System.out.printf("%c\n", a);  // 변수 a의 값을 문자로 출력한다.
      System.out.printf("%s\n", b);  // 변수 b의 값을 문자열로 출력한다.
   }
}
```

결과
```
A
SINAGONG
```

예제 2 다음은 문자열을 거꾸로 출력하는 JAVA 프로그램이다. 결과를 확인하시오.

```java
public class Main {
    public static void main(String[] args){
❶       String str = "Information!";
❷       int n = str.length();
❸       char[] st = new char [n];
❹       n--;
❺       for (int k = n; k >= 0; k--) {
❻           st[n-k] = str.charAt(k);
❼       }
❽       for (char k : st) {
❾           System.out.printf("%c", k);
        }
    }
}
```

예 1차원 배열 초기화

방법 1	방법 2
char[ ] a = new char[3]; a[0] = 'A'; a[1] = 'B'; a[2] = 'C';	char[ ] a = { 'A', 'B', 'C' };

배열 a

A	B	C
a[0]	a[1]	a[2]

예 2차원 배열 초기화

방법 1	int[ ][ ] a = new int[2][4]; a[0] = new int[ ] {10, 20, 30, 40}; a[1] = new int[ ] {50, 60, 70, 80};
방법 2	int[ ][ ] a = { {10, 20, 30, 40}, {50, 60, 70, 80} };

배열 a

a[0][0]	a[0][1]	a[0][2]	a[0][3]
10	20	30	40
50	60	70	80
a[1][0]	a[1][1]	a[1][2]	a[1][3]

예제 2차원 배열에 다음과 같이 초기화 한 후 a[0][0]과 a[1][1]의 값 출력하기

배열 a

10	20	30	40
50	60	70	80

```java
public class Main {
  public static void main(String[ ] args) {
    int[ ][ ] a = new int[2][4];       // 2행 4열의 정수형 배열 a를 선언한다.
    a[0] = new int[ ] {10, 20, 30, 40}; // 1행을 10, 20, 30, 40으로 초기화한다.
    a[1] = new int[ ] {50, 60, 70, 80}; // 2행을 50, 60, 70, 80으로 초기화한다.

    System.out.printf("%d ", a[0][0]);   // a[0][0]의 값 10을 출력한다.
    System.out.printf("%d\n", a[1][1]);  // a[1][1]의 값 60을 출력한다. '\n'으로 인해 커서는 다음 줄로 이동한다.
  }
}
```

배열 a

a[0][0]	a[0][1]	a[0][2]	a[0][3]
10	20	30	40
50	60	70	80
a[1][0]	a[1][1]	a[1][2]	a[1][3]

📘 int b[ ] = new int[3][3]; → 3개의 행과 3개의 열을 갖는 정수형 배열 b

배열 b

	0, 0	0, 1	0, 2
	1, 0	1, 1	1, 2
	2, 0	2, 1	2, 2

열 ↔, 행 ↕, 0, 2 → b[0][2]

b[0][2] : b는 배열의 이름이고, 0은 행 첨자, 2는 열 첨자로서 배열 b에서의 위치를 나타낸다.

예제 3행 4열의 배열에 다음과 같이 숫자 저장하기

배열 a

1	2	3	4
5	6	7	8
9	10	11	12

```java
public class Main {
   public static void main(String[ ] args){
      int a[ ][ ] = new int[3][4];   3행 4열의 크기를 갖는 정수형 배열 a를 선언한다.
      int i, j, k = 0;               정수형 변수 i, j, k를 선언하고 k를 0으로 초기화한다.
      for (i = 0; i < 3; i++) ❶     반복 변수 i가 0에서 시작하여 1씩 증가하면서 3보다 작은 동
                                     안 ❷~❽번을 반복하여 수행한다. 결국 ❸번 문장을 3회 반복
                                     한다.
      { ❷                            ❷~❽이 ❶번 반복문의 반복 범위이지만 실제 실행할 문장은
                                     ❸번 하나이다.
         for (j = 0; j < 4; j++) ❸  반복 변수 j가 0에서 시작하여 1씩 증가하면서 4보다 작은 동안
                                     ❹~❼번을 반복하여 수행한다.
                                     • i가 0일 때 j는 0에서 3까지 4회 반복
                                     • i가 1일 때 j는 0에서 3까지 4회 반복
                                     • i가 2일 때 j는 0에서 3까지 4회 반복 수행하므로 ❺, ❻번
                                       을 총 12회 수행한다.
         { ❹                         ❹~❼이 ❸번 반복문의 반복 범위이다.
            k++; ❺                   k를 1씩 증가시킨다. k는 총 12회 증가하므로 1~12까지 변한다.
            a[i][j] = k; ❻           배열 a의 i행 j열에 k를 기억시킨다. a[0][0]~a[2][3]까지 1~12
                                     가 저장된다.
         } ❼                         ❹번의 짝이다.
      } ❽                            ❷번의 짝이다.
   }
}
```

전문가의 조언

예제를 통해 배열을 초기화하는 방법을 확실히 이해하고 넘어가세요.

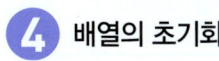 **4 배열의 초기화**

- 배열 선언 시 초기값을 지정할 수 있으며, 초기값을 지정하는 경우 'new' 명령을 생략할 수 있다.
- 배열 선언 시 초기값을 지정할 때는 자료형 뒤에 대괄호 [ ]를 붙이고, 배열의 크기는 생략한다.

> **코드 해설**

❶ 배열을 선언하면서 초기값을 지정한다. 개수를 정하지 않으면 초기값으로 지정된 수만큼 배열의 요소가 만들어진다.

	a[0]	a[1]	a[2]	a[3]	a[4]	a[5]	a[6]
배열 a	90	100	80	70	60	50	30

❷ 총점을 구하기 위해 정수형 변수 hap을 선언하고 초기값으로 0을 할당한다.
❸ 평균을 구하기 위해 실수형 변수 avg를 선언한다.
❹ 향상된 반복문이다. a 배열의 요소 수만큼 ❺번을 반복 수행한다.
  • int i : a 배열의 각 요소가 일시적으로 저장될 변수를 선언한다. a 배열과 형이 같아야 한다. a 배열이 정수면 정수, 문자면 문자여야 한다.
  • a : 배열의 이름을 입력한다. a 배열이 7개의 요소를 가지므로 각 요소를 i에 저장하면서 ❺번을 7번 수행한다.
❺ i의 값을 hap에 누적한다. i는 a 배열 각 요소의 값을 차례로 받는다.
변수의 변화는 다음과 같다.

첫 번째 수행 : a 배열의 첫 번째 값이 i를 거쳐 hap에 누적된다.

hap	i	a						
90	90	90	100	80	70	60	50	30

두 번째 수행 : a 배열의 두 번째 값이 i를 거쳐 hap에 누적된다.

hap	i	a						
190	100	90	100	80	70	60	50	30

세 번째 수행 : a 배열의 세 번째 값이 i를 거쳐 hap에 누적된다.

hap	i	a						
270	80	90	100	80	70	60	50	30

이런 방식으로 a 배열의 요소 수만큼 반복한다.

❻ 총점이 저장되어 있는 hap을 실수형으로 변환한 후 a 배열의 요소 수로 나눠 평균을 구한다.
  • length : 클래스에는 클래스의 속성과 수행해야 할 메소드가 포함되어 있다. length는 배열 클래스의 속성으로 배열 요소의 개수가 저장되어 있다. a 배열은 7개의 요소를 가지므로 a.length는 7을 가지고 있다.
  • a.length : 개체 변수의 이름과 메소드는 .(마침표)로 연결하여 사용한다.
❼ 결과 480, 68.57

③ 2차원 배열

• 2차원 배열은 변수들을 평면, 즉 행과 열로 조합한 배열이다.
• **형식**

자료형 변수명[ ] = new 자료형[행개수][열개수]	• **자료형** : 배열에 저장할 자료의 형을 지정한다. • **변수명** : 사용할 배열의 이름으로, 사용자가 임의로 지정한다. • **new** : 객체 변수 선언 명령어이다. • **행개수** : 배열의 행 크기를 지정한다. • **열개수** : 배열의 열 크기를 지정한다.

예제 1 1차원 배열 a의 각 요소에 10, 11, 12, 13, 14를 저장한 후 출력하기

```java
public class Main {
  public static void main(String[ ] args){
    int a[ ] = new int[5];
```
5개의 요소를 갖는 정수형 배열 a를 선언한다. 선언할 때는 사용할 개수를 선언하고, 사용할 때는 첨자를 0부터 사용하므로 주의해야 한다.
- int a[ ] : a는 정수 배열 변수라는 의미이다. JAVA에서는 'int[ ] a'와 같이 대괄호를 자료형 바로 뒤에 적는 것을 선호한다.
- new int[5] : 5개짜리 정수 배열을 생성한다.

	첫 번째	두 번째	세 번째	네 번째	다섯 번째
배열 a	a[0]	a[1]	a[2]	a[3]	a[4]

```java
    int i;
    for (i = 0; i < 5; i++)
```
정수형 변수 i를 선언한다
반복 변수 i가 0에서 시작하여 1씩 증가하면서 5보다 작은 동안 ❶번 문장을 반복하여 수행한다. 그러니까 ❶번 문장을 5회 반복하는 것이다.

```java
      a[i] = i + 10;  ❶
```
배열 a의 i번째에 i+10을 저장시킨다. i는 0~4까지 변하므로 배열 a에 저장된 값은 다음과 같다.

배열 a	10	11	12	13	14
	a[0]	a[1]	a[2]	a[3]	a[4]

```java
    for (i = 0; i < 5; i++)
```
반복 변수 i가 0에서 시작하여 1씩 증가하면서 5보다 작은 동안 ❷번 문장을 반복하여 수행한다.

```java
      System.out.printf("%d ", a[i]);  ❷
```
배열 a의 i번째를 출력한다. i는 0~4까지 변하므로 출력 결과는 다음과 같다. 서식 문자열에 '\n'이 없기 때문에 한 줄에 붙여서 출력한다.

결과 `10 11 12 13 14`

```java
  }
}
```

예제 2 다음은 JAVA에서 향상된 for문을 사용한 예제이다. 결과를 확인하시오.

```java
public class Main {
  public static void main(String[ ] args) {
❶  int[ ] a = {90,100,80,70,60,50,30};
❷  int hap = 0;
❸  float avg;
❹  for (int i : a)
❺    hap = hap + i;
❻  avg = (float)hap / a.length;
❼  System.out.printf("%d, %.2f", hap, avg);
  }
}
```

SECTION 011 배열과 문자열

1 배열의 개념

배열은 동일한 데이터 유형을 여러 개 사용해야 할 경우 이를 손쉽게 처리하기 위해 여러 개의 변수들을 조합해서 하나의 이름으로 정의해 사용하는 것을 말한다.

- 배열은 하나의 이름으로 여러 기억장소를 가리키기 때문에 배열에서 개별적인 요소들의 위치는 첨자를 이용하여 지정한다.
- 배열의 위치는 0부터 시작된다.
- 배열은 행 우선으로 데이터가 기억장소에 할당된다.
- JAVA에서 배열을 선언하고 초기화하지 않으면, 정수형 배열*에는 기본값으로 0이 저장된다.

전문가의 조언

배열은 편리하고 유용한 자료 구조지만 확실하게 이해하지 못하면 효율적으로 사용하기 힘든 자료 구조이므로 학습 유도를 위해 자주 출제될 것으로 예상됩니다. 예제를 통해 배열의 사용법과 특징을 확실히 이해하고 넘어가세요.

JAVA에서 선언된 배열의 기본값
- 정수형 : 0
- 실수형 : 0.0
- 문자형 : Null 문자
- 논리형 : false

2 1차원 배열

- 1차원 배열은 변수들을 일직선상의 개념으로 연결한 개념이다.
- JAVA에서 배열은 객체로 취급되므로, 객체 변수 선언 명령인 'new'를 이용해 생성한다.
- **형식**

  자료형 변수명[ ] = new 자료형[개수]

  - **자료형** : 배열에 저장할 자료의 형을 지정한다.
  - **변수명** : 사용할 배열의 이름으로, 사용자가 임의로 지정한다.
  - **new** : 객체 변수* 선언 명령어이다.
  - **개수** : 배열의 크기를 지정하는 것으로, 생략할 수 있다.

전문가의 조언

주어진 예제를 통해 배열에 값이 저장되고 처리되는 과정을 확실히 이해하고 넘어가세요.

객체 변수

객체 변수, 정확히 말하면 heap 영역에 객체를 생성하고 생성된 객체가 있는 곳의 주소를 객체 변수에 저장하는 것입니다. JAVA에서는 주소를 제어할 수 없으므로 그냥 객체 변수를 생성한다고 이해해도 됩니다.

예 int a[ ] = new int[5]; → 5개의 요소를 갖는 정수형 배열 a

	첫 번째	두 번째	세 번째	네 번째	다섯 번째
배열 a	a[0]	a[1]	a[2]	a[3]	a[4]

※ a[3] : a는 배열의 이름이고, 3은 첨자로서 배열 a에서의 위치를 나타낸다. a[3]에 4를 저장시키려면 'a[3] = 4'와 같이 작성한다.

기출문제 따라잡기

문제7 2413753

이전기출

6. 다음 JAVA 프로그램이 실행되었을 때의 결과는?

```java
public static void main(String[ ] args) {
    int sum = 0;
    for (int i = 0; i <= 10; i++) {
        if (i % 2 == 0)
            continue;
        sum = sum + i;
    }
    System.out.printf("%d", sum);
}
```

① 20
② 25
③ 30
④ 55

사용된 코드의 의미는 다음과 같습니다.

```java
public static void main(String[ ] args) {
❶  int sum = 0;
❷  for (int i = 0; i <= 10; i++) {
❸      if (i % 2 == 0)
❹          continue;
❺      sum = sum + i;
    }
❻  System.out.printf("%d", sum);
}
```

❶ 정수형 변수 sum을 선언하고 0으로 초기화합니다.
❷ 반복 변수 i가 1씩 증가하면서 10보다 작거나 같은 동안 ❸~❺번을 반복 수행합니다.
❸ i를 2로 나눈 나머지가 0이면 ❹번으로 이동하고, 아니면 ❺번으로 이동합니다.
❹ 반복문의 처음인 ❷번으로 이동합니다.
❺ sum에 i의 값을 누적시킵니다.

반복문 실행에 따른 변수들의 변화는 다음과 같습니다.

i	i%2	sum
		0
0	0	
1	1	1
2	0	
3	1	4
4	0	
5	1	9
6	0	
7	1	16
8	0	
9	1	25
10	0	
11		

❻ sum의 값을 출력합니다.
결과 25

이전기출

7. 다음 JAVA 프로그램이 실행되었을 때의 결과는?

```java
public class array1 {
    public static void main(String[ ] args) {
        int cnt = 0;
        do {
            cnt++;
        } while (cnt < 0);
        if(cnt == 1)
            cnt++;
        else
            cnt = cnt + 3;
        System.out.printf("%d", cnt);
    }
}
```

① 2
② 3
③ 4
④ 5

사용된 코드의 의미는 다음과 같습니다.

```java
public class array1 {
    public static void main(String[ ] args) {
❶      int cnt = 0;
❷      do {
❸          cnt++;
❹      } while (cnt < 0);
❺      if(cnt == 1)
❻          cnt++;
        else
            cnt = cnt + 3;
❼      System.out.print("%d", cnt);
    }
}
```

❶ 정수형 변수 cnt를 선언하고 0으로 초기화합니다. (cnt=0)
❷ do~while 반복문의 시작점입니다. ❸번을 반복 수행합니다.
❸ 'cnt = cnt + 1;'과 동일합니다. cnt의 값을 1씩 누적합니다. (cnt=1)
❹ cnt가 0보다 작은 동안 ❸번을 반복 수행합니다.
  • do~while문은 조건이 거짓이라도 실행할 문장을 한 번은 실행하므로, cnt가 1이 된 후 do~while문을 빠져나오게 됩니다.
❺ cnt가 1이면 ❻번을 수행하고, 아니면 else의 다음 문장을 수행합니다. cnt가 1이므로 ❻번으로 이동합니다.
❻ 'cnt = cnt + 1;'과 동일합니다. cnt의 값 1에 1을 누적시킵니다. (cnt=2)
❼ cnt의 값을 정수로 출력합니다.
결과 2

▶ 정답 : 6.② 7.①

기출문제 따라잡기

문제4 2601051

이전기출

3. 다음 JAVA 프로그램이 실행되었을 때의 결과는?

```
public static void main(String[ ] args) {
    int a = 4527;
    int r = 0;
    while (a != 0) {
        r = r + (a % 10);
        a = a / 10;
    }
    System.out.printf("%d", r);
}
```

① 18 ② 17 ③ 4527 ④ 7254

사용된 코드의 의미는 다음과 같습니다.

```
public static void main(String[ ] args) {
❶  int a = 4527;
❷  int r = 0;
❸  while (a != 0) {
❹      r = r + (a % 10);
❺      a = a / 10;
    }
❻  System.out.printf("%d", r);
}
```

❶ 정수형 변수 a를 선언하고 4527로 초기화합니다.
❷ 정수형 변수 r을 선언하고 0으로 초기화합니다.
❸ a가 0이 아닌 동안 ❹, ❺번을 반복 수행합니다.
❹ a를 10으로 나눈 나머지를 r에 누적시킵니다.
❺ a를 10으로 나눕니다.

a	a%10	r
4527		0
452	7	7
45	2	9
4	5	14
0	4	18

❻ r의 값을 출력합니다.
결과 `18`

이전기출

4. 다음 JAVA 프로그램이 실행되었을 때, 실행 결과는?

```
public static void main(String[ ] args) {
    int i = 0;
    while (true) {
        if (i == 4) {
            break;
        }
        ++i;
    }
    System.out.printf("i = %d", i);
}
```

① i = 0 ② i = 1
③ i = 3 ④ i = 4

사용된 코드의 의미는 다음과 같습니다.

```
public static void main(String[ ] args) {
❶  int i = 0;
❷  while (true) {
❸      if (i == 4) {
❹          break;
        }
❺      ++i;
    }
❻  System.out.printf("i = %d", i);
}
```

❶ 정수형 변수 i를 선언하고 0으로 초기화합니다.
❷ 조건이 참(true)이므로 ❸~❺번을 무한 반복합니다.
❸ i의 값이 4이면 ❹번으로 이동하고, 아니면 ❺번으로 이동합니다.
❹ 반복문을 탈출하여 ❻번으로 이동합니다.
❺ 'i=i+1;'과 동일합니다. i의 값을 1 증가시킵니다. 반복문 실행에 따른 변수의 변화는 다음과 같습니다.

반복횟수	i
0	0
1	1
2	2
3	3
4	4
5	

❻ i = 을 출력한 후 이어서 i의 값을 정수로 출력합니다.
결과 `i = 4`

이전기출

5. 다음 중 출력문이 무한히 반복되는 코드를 올바르게 구현한 것은?

① do { System.out.printf("무한반복"); } while (false);

② while(false) System.out.printf("무한반복");

③ for(;;) System.out.printf("무한반복");

④ for(1;1) System.out.printf("무한반복");

① while(false);의 false는 거짓을 의미합니다. do~while문은 내부 코드를 1회 수행한 후 조건을 비교하므로, 화면에 "무한반복"을 1회 출력하고 코드가 종료됩니다.
② while문의 조건이 false이므로 화면에 아무것도 출력하지 않고 코드가 종료됩니다.
③ for문은 초기값, 최종값, 증가값이 모두 생략되면, 내부 코드를 무한히 반복하여 실행합니다. 화면에 "무한반복"이 끊임없이 출력됩니다.
④ for문의 형식은 for(식1; 식2; 식3)입니다. 세미콜론이 1개만 있으므로 잘못된 문법으로 인해 코드가 실행되지 않습니다.

▶ 정답 : 1.③ 2.③ 3.① 4.④ 5.③

반복문 실행에 따른 변수 a와 hap의 변화

a	hap
0	0
1	1
2	
3	4
4	
5	9
6	

```java
public class Main {
  public static void main(String[ ] args)
  {
    int a = 0, hap = 0;
    while(true)     ❶
    { ❷
      a++;          ❸
      if(a > 5)     ❹
        break;      ❺
      if (a % 2 == 0) ❻
        continue;   ❼
      hap += a;     ❽
    } ❾
    System.out.printf("%d, %d\n", a, hap); ❿    결과  6, 9
  }
}
```

❶ 조건이 참(true)이므로 무한 반복한다. 중간에 반복을 끝내는 문장이 반드시 있어야 한다.
❷ ❷~❾번까지가 반복문의 범위이다.
❸ 'a = a + 1;'과 동일하다. a의 값을 1씩 증가시킨다.
❹ a가 5보다 크면 ❺번 문장을 수행하고, 아니면 ❻번 문장을 수행한다.
❺ 반복문을 탈출하여 ❿번으로 이동한다.
❻ a를 2로 나눈 나머지가 0이면, 즉 a가 2의 배수이면 ❼번 문장을 수행하고, 아니면 ❽번 문장으로 이동한다.
❼ 이후의 문장, 즉 ❽번을 생략하고 반복문의 처음인 ❶번으로 이동한다. 2의 배수는 hap에 누적되지 않는다.
❽ 'hap = hap + a'와 동일하다. a의 값을 hap에 누적시킨다.
❾ 반복문의 끝이다.

기출문제 따라잡기

이전기출
1. 다음 JAVA 프로그램의 결과 값은?

```java
public static void main(String[ ] args) {
  int i;
  int sum = 0;
  for(i = 1; i <= 10; i = i + 2)
    sum = sum + i;
  System.out.printf("%d", sum);
}
```

① 15 ② 19 ③ 25 ④ 27

사용된 코드의 의미는 다음과 같습니다.

```
public static void main(String[ ] args){
❶ int i;
❷ int sum = 0;
❸ for(i = 1; i <= 10; i = i + 2)
❹   sum = sum + i;
❺ System.out.printf("%d", sum);
}
```

❶ 정수형 변수 i를 선언합니다.
❷ 정수형 변수 sum을 선언한 후 0으로 초기화합니다.
❸ 반복 변수 i가 1에서 시작하여 2씩 증가하면서 10보다 작거나 같은 동안 ❹번을 반복하여 수행합니다.
❹ i의 값을 sum에 누적시킵니다.
❺ sum의 값을 정수형 10진수로 출력합니다. 반복문 실행에 따른 변수의 변화는 다음과 같습니다.

반복횟수	i	sum
		0
1	1	1
2	3	4
3	5	9
4	7	16
5	9	25
	11	

이전기출
2. JAVA에서 현재 수행중인 반복문을 빠져나갈 때 사용하는 명령문은?

① continue   ② escape
③ break   ④ exit

JAVA에서 현재 반복문을 빠져나갈 때 사용하는 명령문은 break입니다.

do~while문의 동작 과정

- 형식

do	do는 do~while문에 사용되는 예약어로, do~while의 시작 부분에 그대로 입력한다.
실행할 문장;	조건이 참인 동안 실행할 문장을 입력한다. 문장이 두 문장 이상인 경우 { }를 입력하고 그 사이에 실행할 문장들을 입력한다.
while(조건);	• while은 do~while문에 사용되는 예약어로, do~while의 끝 부분에 그대로 입력한다. • (조건) : 참이나 거짓을 결과로 갖는 수식을 '조건'에 입력한다. 참(true)을 직접 입력할 수도 있다.

예제 다음은 1부터 10까지 홀수의 합을 더하는 프로그램이다. 결과를 확인하시오.

```
public class Main {
  public static void main(String[ ] args)
  {
    int a = 1, hap = 0;
    do ❶              do~while 반복문의 시작점이다. ❷~❺번 사이의 문장을 반복하여 수행한다.
    { ❷              ❷~❺번까지가 반복문의 범위이다.
      hap += a; ❸    'hap = hap + a'와 동일하다. a의 값을 hap에 누적시킨다.
      a += 2; ❹      'a = a + 2'와 동일하다. a의 값을 2씩 증가시킨다.
    } while(a < 10); ❺  a가 10보다 작은 동안 ❷~❺번 사이의 문장을 반복하여 수행한다.
    System.out.printf("%d, %d\n", a, hap); ❻  결과  11, 25
                     a가 9가 되었을 때 9를 hap에 누적한 다음 a
                     에 2를 더해 a가 11이 되었을 때 do~while문을
                     벗어나기 때문에 a는 11로 끝난다.
  }
}
```

반복문 실행에 따른 변수 hap과 a의 변화

hap	a
0	1
1	3
4	5
9	7
16	9
25	11

❺ break, continue

switch문이나 반복문의 실행을 제어하기 위해 사용되는 예약어이다.

- **break** : switch문이나 반복문 안에서 break가 나오면 블록을 벗어난다.
- **continue**
  - continue 이후의 문장을 실행하지 않고 제어를 반복문의 처음으로 옮긴다.
  - 반복문에서만 사용된다.

예제 다음은 1~5까지의 합을 더하되 2의 배수는 배제하는 프로그램이다. 결과를 확인하시오.

전문가의 조언

중요해요! ★★★★
주어진 예제를 통해 break의 역할을 확실히 이해하고 넘어가세요.

중요해요! ★★★★★
주어진 예제를 통해 while문의 동작 과정을 확실히 이해하고 넘어가세요.

③ while문

while문은 조건이 참인 동안 실행할 문장을 반복 수행하는 제어문이다.

- while문은 조건이 참인동안 실행할 문장을 반복 수행하다가 조건이 거짓이면 while문을 끝낸 후 다음 코드를 실행한다.
- while문은 조건이 처음부터 거짓(false)이면 한 번도 수행하지 않는다.

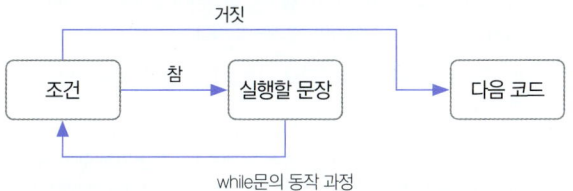

while문의 동작 과정

- 형식

while(조건)	• while은 반복문에 사용되는 예약어로 그대로 입력한다. • (조건) : 참이나 거짓을 결과로 갖는 수식을 '조건'에 입력한다. 참(true)을 직접 입력할 수도 있다.
실행할 문장;	조건이 참인 동안 실행할 문장을 입력한다. 문장이 두 문장 이상인 경우 { }를 입력하고 그 사이에 처리할 문장들을 입력한다.

예제 다음은 1~5까지의 합을 더하는 프로그램이다. 결과를 확인하시오.

```
public class Main {
    public static void main(String[ ] args)
    {
        int a = 0, hap = 0;
        while (a < 5)   ❶
        {   ❷
            a++;   ❸
            hap += a;   ❹
        }   ❺
        System.out.printf("%d, %d\n", a, hap);   ❻   결과 5, 15
    }
}
```

❶ a가 5보다 작은 동안 ❷~❺번 문장을 반복하여 수행한다.
❷~❺번까지가 반복문의 범위이다. 반복문에서 실행할 문장이 하나인 경우는 { }를 생략해도 된다.
❸ 'a = a + 1;'과 동일하다. a의 값을 1씩 증가시킨다.
❹ 'hap = hap + a'와 동일하다. a의 값을 hap에 누적시킨다.
❺ 반복문의 끝이다.
❻ a가 5가 되었을 때 5를 hap에 누적한 다음 while 문을 벗어나기 때문에 a는 5로 끝난다.

while(true)와 같이 조건을 true로 지정하면 while문을 무한 반복합니다.

반복문 실행에 따른 변수 a와 hap의 변화

a	hap
0	0
1	1
2	3
3	6
4	10
5	15

중요해요! ★★★★
주어진 예제를 통해 do~while문의 동작 과정을 확실히 이해하고 넘어가세요.

④ do~while문

do~while문은 조건이 참인 동안 정해진 문장을 반복 수행하다가 조건이 거짓이면 반복문을 벗어나는 while문과 같은 동작을 하는데, 다른 점은 do~while문은 실행할 문장을 무조건 한 번 실행한 다음 조건을 판단하여 탈출 여부를 결정한다는 것이다.

- do~while문은 실행할 문장을 우선 실행한 후 조건을 판별하여 조건이 참이면 실행할 문장을 계속 반복 수행하고, 거짓이면 do~while문을 끝낸 후 다음 코드를 실행한다.

- 문자도 for문을 수행할 수 있다.

  예 for(char a = 'A'; a <= 'Z'; a++) → a에 'A, B, C ~ X, Y, Z' 순으로 저장함

예제 for문을 이용하여 1~5까지의 합을 더하는 다양한 방법이다.

코드	설명

int a, hap = 0;
for (a = 1; a <= 5; a++)※
　hap += a; ❶
	반복 변수 a가 1에서 시작(초기값)하여 1씩 증가(증가값)하면서 5보다 작거나 같은 동안(최종값) ❶번을 반복하여 수행한다. 그러니까 'hap += a'를 5회 실행하며, 결과는 15이다.

int a, hap = 0; for (a = 0; a < 5; a++, hap += a);	for문의 마지막에 ';'이 있으므로 실행할 문장 없이 for문만 반복 수행한다.

int a = 1, hap = 0;
for (; a <= 5; a++)
　hap += a; ❶
	초기값을 지정하지 않았지만 변수 a 선언 시 1로 초기화 했기 때문에 a가 1부터 5보다 작거나 같은 동안 ❶번을 반복하여 수행한다.

int a, hap = 0;
for (a = 0; a++ < 5;)
　hap += a; ❶
	증가값을 지정하지 않았지만 최종값에서 'a++;'를 수행하기 때문에 a가 0부터 5보다 작은 동안 ❶번을 반복하여 수행한다.

int a = 1, hap = 0;
for (; a <= 5;)
{ ❶
　hap += a;
　a++; ❷
} ❸
	초기값과 증가값을 지정하지 않았지만 변수 a 선언 시 1로 초기화 했고, ❷번을 수행하면서 a가 1씩 증가하기 때문에 a가 1부터 5보다 작거나 같은 동안 ❶~❸번 사이의 실행할 문장을 반복하여 수행한다. 실행할 문장이 2개 이상인 경우 중괄호({ })로 묶어준다.

잠깐만요 JAVA의 향상된 for문

JAVA의 향상된 for문은 배열의 모든 요소를 순차적으로 탐색할 때 사용되는 간결한 형태의 반복문입니다.

형식

for(변수 : 배열명)

　실행할 문장;

- 변수
  - 배열의 각 요소가 일시적으로 저장될 변수를 선언합니다.
  - 배열과 형이 같아야 합니다.
  - 배열이 정수면 정수, 문자면 문자여야 합니다.
- 배열명
  - 배열의 이름을 입력합니다.
  - 배열이 5개의 요소를 갖는다면, 각 요소를 변수에 저장하면서 실행할 문장을 5번 수행합니다.

예제

코드	설명

int[ ] a = {1,2,3,4,5};
int hap = 0;
for (int i : a)
　hap = hap + i;
	5개의 요소를 갖는 정수형 배열 a를 선언하고, 초기화합니다.
	정수형 변수 hap을 선언하고, 0으로 초기화합니다.
	a 배열의 각 요소를 정수형 변수 i에 저장하면서, hap에 i를 누적합니다.
	a 배열의 요소가 5개이므로, 'hap=hap+i;'가 5번 수행되는 동안 hap에는 1, 2, 3, 4, 5가 차례로 누적되며, 최종적으로 hap에는 15가 저장됩니다.

예의 이해

반복 변수 a가 A부터 시작(초기값)하여 a = a+1, 즉 오름차순(A, B, C, …)으로 증가(증가값)하면서 Z일때까지(최종값) 실행할 문장을 반복하여 수행합니다.

※ 한 글자만 저장하는 문자형 변수는 실제로 해당 문자를 저장하는 것이 아니라 해당 문자의 아스키 코드를 저장합니다. 아스키 코드에서 65 = A, 66 = B, … 90 = Z이므로, 1씩 더한다는 것은 다음 문자를 가리키는 것과 동일합니다.

for문으로 실행할 문장이 한 줄인 경우 다음과 같이 입력해도 됩니다.

for(a = 1; a <= 5; a++) hap += a;

SECTION 010 반복문

 전문가의 조언

반복문에는 for, while, do~while문 등이 있습니다. for문은 초기값, 최종값, 증가값을 이용하고, while문과 do~while문은 조건이 참인 동안 반복문을 실행한다는 것을 기억하세요. 그리고 반복문을 제어하는 break와 continue의 기능도 정리하세요.

 전문가의 조언

중요해요! ★★★★★
주어진 예제를 통해 for문의 동작 과정을 확실히 이해하고 넘어가세요.

1 반복문의 개요

반복문은 제어문의 한 종류로 일정한 횟수를 반복하는 명령문을 말한다. 보통 변수의 값을 일정하게 증가시키면서 정해진 수가 될 때까지 명령이나 명령 그룹을 반복 수행한다.

• 반복문에는 for, while, do~while문이 있다.

2 for문

for문은 초기값, 최종값, 증가값을 지정하는 수식을 이용해 정해진 횟수를 반복하는 제어문이다.

• for문은 초기값을 정한 다음 최종값에 대한 조건이 참이면 실행할 문장을 실행한 후 초기값을 증가값 만큼 증가시키면서 최종값에 대한 조건이 참인 동안 실행할 문장을 반복 수행한다.

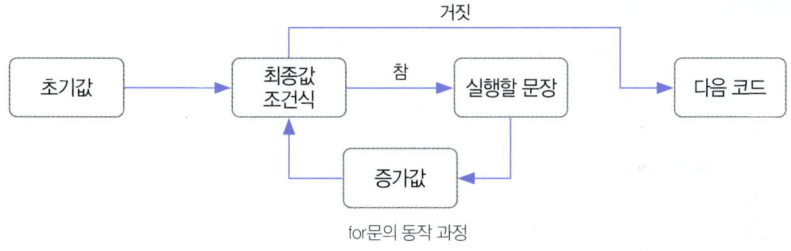

for문의 동작 과정

• 형식

> for(식1; 식2; 식3)
>
>   실행할 문장;
>
> • for는 반복문을 의미하는 예약어로 그대로 입력한다.
> • 식1 : 초기값을 지정할 수식을 입력한다.
> • 식2 : 최종값을 지정할 수식을 입력한다.
> • 식3 : 증가값으로 사용할 수식을 입력한다.
> 식2가 참일 동안 실행할 문장을 입력한다. 실행할 문장이 두 문장 이상일 경우 { }를 입력하고 그 사이에 처리할 문장들을 입력한다.

• 초기값, 최종값, 증가값 중 하나 이상을 생략할 수 있고, 초기값을 제외한 요소에 여러 개의 수식을 지정할 수도 있다.

예1 for(a = 1; sum <= 30;) sum += a; → 증가값을 생략하고 실행할 문장에서 증가값을 만듦

예2 for(a = 0; sum <= 10; a++, sum += a) → 증가값(a++, sum += a)을 두 개 지정함

예3 for(; ;) → 초기값, 최종값, 증가값을 모두 생략하면 실행할 문장이 무한 반복됨

• for(; ;)와 같이 조건에 참여하는 수식을 모두 생략하면 for문은 무한 반복한다.

• for문은 처음부터 최종값에 대한 조건식을 만족하지 못하면 한 번도 수행하지 않는다.

예1의 이해
반복 변수 a가 1에서 시작(초기값)하여 sum이 30보다 작거나 같은 동안(최종값) Sum += a를 반복하여 수행합니다.

예2의 이해
반복 변수 a가 0에서 시작(초기값)하여 a = a+1, sum = sum+a로 증가(증가값)하면서 sum이 10보다 작거나 같은 동안(최종값) 실행할 문장을 반복하여 수행합니다.

기출문제 따라잡기

출제예상
3. 다음 JAVA 프로그램의 실행 결과는?

```
public class Main {
  public static void main(String[ ] args) {
    int a = 10;
    if (a == 10)
      System.out.printf("a는");
      System.out.printf("%d입니다.", a);
    else
      System.out.printf("a는");
      System.out.printf("%d이 아닙니다.", a);
  }
}
```

① a는 10입니다.
② error 발생
③ a는 10이 아닙니다.
④ 10입니다.

> if문에서 조건이 참이거나 거짓일 때 실행할 문장이 두 문장 이상이면 중괄호({ })를 입력하고 그 사이에 실행할 문장을 입력해야 하는데 중괄호({ }) 없이 두 문장을 입력했으므로 error가 발생합니다.

▶ 정답 : 1.① 2.③ 3.②

기출문제 따라잡기

문제2 2600951

이전기출

1. 다음은 키보드로 숫자를 입력받아 홀수인지 짝수인지 판별하여 출력하는 코드를 JAVA로 구현한 것이다. 괄호(①, ②)에 순서대로 들어갈 내용으로 알맞은 것은?

```
import java.util.Scanner;

public class Main {
    public static void main(String[ ] args) {
        Scanner sc = new Scanner(System.in);
        int num = sc.nextInt( );

        if (num ( ① ) 2 == 1) {
            System.out.printf("홀수입니다.\n");
        }
        ( ② ) {
            System.out.printf("짝수입니다.\n");
        }
    }
}
```

① %, else   ② %, else if
③ /, else   ④ /, else if

사용된 코드의 의미는 다음과 같습니다.

```
import java.util.Scanner;   // Scanner( ) 메소드가 정의되어 있는 헤더 파
                              일입니다.
public class Main {
    public static void main(String[ ] args) {
❶      Scanner sc = new Scanner(System.in);
❷      int num = sc.nextInt( );

❸      if (num % 2 == 1) {
❹          System.out.printf("홀수입니다.\n");
        }
❺      else {
❻          System.out.printf("짝수입니다.\n");
        }
    }
}
```

❶ Scanner 클래스의 객체 변수 sc를 키보드로 입력받을 수 있도록 생성합니다. System.in은 표준 입력장치, 즉 키보드를 의미합니다.
❷ 키보드로부터 정수형 값을 입력받아 num에 저장합니다.
❸ num을 2로 나눈 나머지가 1이면 ❹번을 수행하고 아니면 ❺번으로 이동합니다.
❹ 홀수입니다.를 출력한 후 커서를 다음 줄의 처음으로 이동합니다.
❺ ❸번 조건이 거짓일 경우 실행할 문장의 시작점입니다.
❻ 짝수입니다.를 출력한 후 커서를 다음 줄의 처음으로 이동합니다.

이전기출

2. 다음 JAVA 프로그램의 실행 결과는?

```
public class Main {
    public static void main(String[ ] args) {

        char ch = 'c';
        switch (ch) {
        case 'a':
            System.out.printf("one ");
        case 'b':
            System.out.printf("two ");
        case 'c':
            System.out.printf("three ");
            break;
        case 'd':
            System.out.printf("four ");
            break;
        }
    }
}
```

① one   ② one two
③ three   ④ one two three four

사용된 코드의 의미는 다음과 같습니다.

```
public class Main {
    public static void main(String[ ] args) {
❶      char ch = 'c';
❷      switch (ch) {
        case 'a':
            System.out.printf("one ");
        case 'b':
            System.out.printf("two ");
❸      case 'c':
❹          System.out.printf("three ");
❺          break;
        case 'd':
            System.out.printf("four ");
            break;
        } ❻
    }
}
```

❶ 문자형 변수 ch를 선언하고, 'c'로 초기화합니다.
❷ ch의 값 'c'에 해당하는 case를 찾아갑니다. ❸번으로 이동합니다.
❸ case 'c'의 시작점입니다.
❹ 화면에 three와 공백 한 칸을 출력합니다.

결과 three

❺ switch문을 벗어나 ❻번으로 이동합니다.
❻ main( ) 함수가 끝났으므로 프로그램을 종료합니다.

예 switch (2)

{ case 3: System.out.printf("1");

　case 2: System.out.printf("2");

　case 1: System.out.printf("3");

} → 결과 23

예제 점수(jum)에 따라 등급 표시하기

```
public class Main {
  public static void main(String[ ] args)
  {
    int jum = 85;
    switch (jum / 10)
    { ❶
      case 10:

      case 9: ❷
        System.out.printf("학점은 A입니다.\n"); ❸
        break; ❹
      case 8: ❺
        System.out.printf("학점은 B입니다.\n"); ❻
        break; ❼
      case 7:
        System.out.printf("학점은 C입니다.\n");
        break;
      case 6:
        System.out.printf("학점은 D입니다.\n");
        break;
      default:
        System.out.printf("학점은 F입니다.\n");
    } ❽
  } ❾
}
```

jum을 10으로 나눠 결과에 해당하는 숫자를 찾아간다. 85/10은 8.5지만 JAVA에서 정수 나눗셈은 결과도 정수이므로 결과는 8이다. 8에 해당하는 ❺번으로 이동하여 ❻, ❼번을 실행한다.

❶~❽번까지가 switch 조건문의 범위이다.

100점일 경우 'jum/10'의 결과인 10이 찾아오는 곳이지만 할 일은 'case 9:'와 같으므로 아무것도 적지 않는다. 아무것도 적지 않으면 다음 문장인 ❷번으로 이동한다.

'jum/10'이 9일 경우 찾아오는 곳이다. ❸, ❹번을 실행한다.

"학점은 A입니다."를 출력한다.

break를 만나면 switch문을 탈출하여 ❾번으로 이동한다.

'jum/10'이 8일 경우 찾아오는 곳이다. ❻, ❼번을 실행한다.

"학점은 B입니다."를 출력한다.

switch문을 탈출하여 ❾번으로 이동한다.

case 10~6에 해당되지 않는 경우, 즉 jum이 59 이하인 경우 찾아오는 곳이다.

"학점은 F입니다."를 출력한다.

결과 학점은 B입니다.

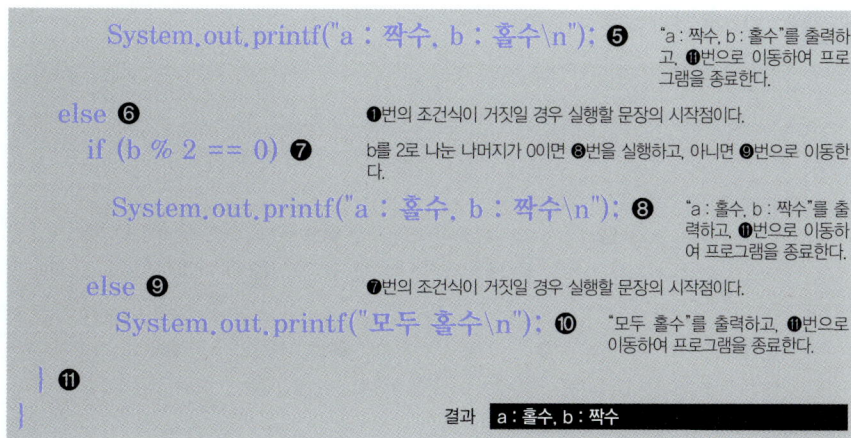

4 switch문

switch문은 조건에 따라 분기할 곳이 여러 곳인 경우 간단하게 처리할 수 있는 제어문이다.

• 형식

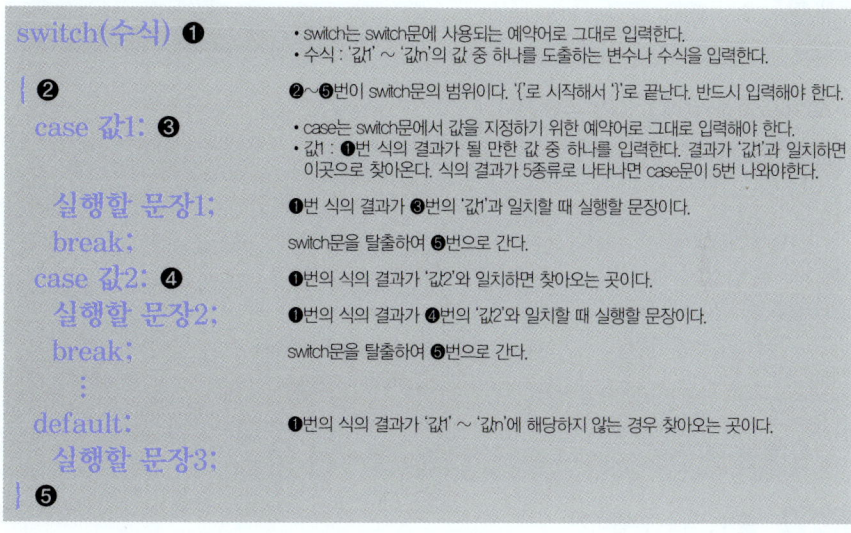

- case문의 값에는 한 개의 상수만 지정할 수 있으며, int, char, enum형의 상수만 가능하다.
- case문의 값에는 변수를 지정할 수 없다.
- break문은 생략이 가능하지만 break문이 생략되면 수식과 값이 일치할 때 실행할 문장부터 break문 또는 switch문이 종료될 때까지 모든 문장이 실행된다.

 전문가의 조언

중요해요! ★★★
주어진 예제를 통해 조건에 따라 분기하는 switch문의 원리를 확실히 이해하고 넘어가세요.

 전문가의 조언

if문은 조건이 참과 거짓인 경우의 두 가지만 판별하여 제어를 이동해야 하므로 분기할 문장이 여러 곳일 경우 if문을 여러 번 중첩해 사용해야 하는 불편함이 있었습니다. 이때 switch문을 사용하면 간단하게 해결할 수 있습니다. switch문은 구조도 간단해 예제를 보면 의미를 쉽게 이해할 수 있습니다. 문법도 같이 기억해 두세요.

 전문가의 조언

default는 가장 마지막에 사용되어 다음 문장에서 바로 종료되기 때문에 break를 사용할 필요가 없습니다.

예제 1 점수에 따라 등급 표시하기

```java
public class Main {
  public static void main(String[ ] args)
  {
    int jum = 85;
    if (jum >= 90)  ❶          jum이 90 이상이면 ❷번을 실행하고, 아니면 ❸번으로 이동한다.
       System.out.printf("학점은 A입니다.\n");  ❷    "학점은 A입니다."를 출력하고,
                                                   ❾번으로 이동하여 프로그램
                                                   을 종료한다.
    else if (jum >= 80)  ❸     jum이 80 이상이면 ❹번을 실행하고, 아니면 ❺번으로 이동한다.
       System.out.printf("학점은 B입니다.\n");  ❹    "학점은 B입니다."를 출력하고,
                                                   ❾번으로 이동하여 프로그램
                                                   을 종료한다.
    else if (jum >= 70)  ❺     jum이 70 이상이면 ❻번을 실행하고, 아니면 ❼번으로 이동한다.
       System.out.printf("학점은 C입니다.\n");  ❻    "학점은 C입니다."를 출력하고, ❾
                                                   번으로 이동하여 프로그램을 종료
                                                   한다.
    else  ❼                    ❺번의 조건식이 거짓일 경우 ❽번을 실행한다.
       System.out.printf("학점은 F입니다.\n");  ❽    "학점은 F입니다."를 출력하고, ❾
                                                   번으로 이동하여 프로그램을 종료
                                                   한다.
  }  ❾
}
```

결과 학점은 B입니다.

- **형식2** : if문 안에 if문이 포함된다.

```
if(조건1)
   {                         조건1이 참일 경우 실행할 문장의 시작점이다.
     if(조건2)
        실행할 문장1;         조건2가 참일 경우 실행할 문장을 적는다.
     else
        실행할 문장2;         조건2가 거짓일 경우 실행할 문장을 적는다.
   }
else
   실행할 문장3;              조건1이 거짓일 경우 실행할 문장을 적는다.
```

예제 2 홀수, 짝수 판별하기

```java
public class Main {
  public static void main(String[ ] args)
  {
    int a = 21, b = 10;
    if (a % 2 == 0)  ❶         a를 2로 나눈 나머지가 0이면 ❷번을 실행하고, 아니면 ❻번으로 이동한
                               다.
       if (b % 2 == 0)  ❷      b를 2로 나눈 나머지가 0이면 ❸번을 실행하고, 아니면 ❹번으로 이동한
                               다.
          System.out.printf("모두 짝수\n");  ❸    "모두 짝수"를 출력하고, ⓫번으로 이
                                                 동하여 프로그램을 종료한다.
       else  ❹                 ❷번의 조건식이 거짓일 경우 ❺번을 실행한다.
```

```
System.out.printf("%d\n", b); ❸
    }
}
```
여기서는 ❶번의 조건식이 거짓일 경우 실행할 문장이 없다. 조건 판단문을 벗어나면 무조건 ❸번으로 온다.

결과 5

- **형식2** : 조건이 참일 때와 거짓일 때 실행할 문장이 다르다.

```
if(조건)
    실행할 문장1;
```
조건이 참일 경우 실행할 문장을 적는다. 참일 경우 실행할 문장이 두 문장 이상이면 { }를 입력하고 그 사이에 문장을 적는다.

```
else
    실행할 문장2;
```
조건이 거짓일 경우 실행할 문장을 적는다. 두 문장 이상인 경우 { }를 입력하고 그 사이에 문장을 적는다.

예제 2 a가 b보다 크면 'a-b', 아니면 'b-a'를 수행하기

```
public class Main {
    public static void main(String[ ] args)
    {
        int a = 10, b = 20, cha = 0;
        if (a > b)  ❶
            cha = a - b;  ❷
        else  ❸
            cha = b - a;  ❹
        System.out.printf("%d\n", cha);
    }
}
```

❶ a가 b보다 크면 ❷번 문장을 실행하고, 아니면 ❸번의 다음 문장인 ❹번 문장을 실행한다.

❷ ❶번의 조건식이 참일 경우 실행할 문장이다. 참이 아니기 때문에 초기화 시키지 않은 cha에는 알 수 없는 값이 그대로 있게 된다.

❸ ❶번의 조건식이 거짓일 경우 실행할 문장의 시작점이다.

❹ ❶번의 조건식이 거짓일 경우 실행할 실제 처리문이다. cha는 10이 된다.

결과 10

❸ 다중 if문

다중 if문은 조건이 여러 개 일 때 사용하는 제어문이다.

- **형식1**

```
if(조건1)
    실행할 문장1;
```
조건1이 참일 경우 실행할 문장을 적는다.

```
else if(조건2)
    실행할 문장2;
```
조건2가 참일 경우 실행할 문장을 적는다.

```
else if(조건3)
    실행할 문장3;
        ⋮
```
조건3이 참일 경우 실행할 문장을 적는다.

```
else
    실행할 문장4;
```
앞의 조건이 모두 거짓일 경우 실행할 문장을 적는다.

SECTION 009 제어문

1 제어문의 개념

컴퓨터 프로그램은 명령어가 서술된 순서에 따라 무조건 위에서 아래로 실행되는데, 조건을 지정해서 진행 순서를 변경할 수 있다. 이렇게 프로그램의 순서를 변경할 때 사용하는 명령문을 제어문이라고 한다.

- 제어문의 종류에는 if문, 다중 if문, switch문, 반복문* 등이 있다.

> **전문가의 조언**
>
> **중요해요! ★★★★★**
> 형식별로 주어진 예제를 확실히 이해하고 넘어가세요.
>
> **반복문**
> 반복문은 일정한 횟수를 반복하는 명령문으로 다음 섹션에서 자세히 공부합니다.

2 단순 if문

if문은 조건에 따라서 실행할 문장을 달리하는 제어문이며, 단순 if문은 조건이 한 개일 때 사용하는 제어문이다.

- 조건이 참일 때만 실행할 문장을 지정할 수도 있고, 참과 거짓에 대해 각각 다른 실행문을 지정할 수도 있다.
- **형식1** : 조건이 참일 때만 실행한다.
  - 조건이 참일 때 실행할 문장이 하나인 경우

```
if(조건)        if는 조건 판단문에 사용되는 예약어이므로 그대로 적는다.
                조건은 참(true) 또는 거짓(false)이 결과로 나올 수 있는 수식을 ( ) 안에 입력
                한다.
    실행할 문장;   조건이 참일 경우 실행할 문장을 적는다.
```

  - 조건이 참일 때 실행할 문장이 두 문장 이상인 경우

```
if(조건)
{
    실행할 문장1;    { } 사이에 조건이 참일 경우 실행할 문장을 적는다.
    실행할 문장2;
        ⋮
}
```

예제 1 a가 10보다 크면 a에서 10을 빼기

```
public class Main {
    public static void main(String[ ] args)
    {
        int a = 15, b = 0;
        if (a > 10)  ❶    a가 10보다 크면 ❷번 문장을 실행하고, 아니면 ❸번 문장으로 이동해서 실행
                          을 계속한다.
            b = a - 10;  ❷    ❶번의 조건식이 참일 경우 실행할 문장이다. b는 5가 된다.
```

기출문제 따라잡기

이전기출
1. Java에서 사용되는 출력 함수가 아닌 것은?

① System.out.print( )
② System.out.println( )
③ System.out.printing( )
④ System.out.printf( )

> JAVA에서 사용하는 출력 형식 3가지는 메소드의 이름과 기능을 연관지어 기억해 두면 좋습니다. 기본 출력에 사용되는 print, 출력 후 줄 나눔을 수행하는 println에서 'ln'은 줄(line)의 약어, 형식에 맞게 출력하는 printf에서 'f'는 형식(format)의 약어입니다.

이전기출
2. 다음 JAVA 코드 출력문의 결과는?

```
..생략..
System.out.println("5 + 2 = " + 3 + 4);
System.out.println("5 + 2 = " + (3 + 4));
..생략..
```

① 5 + 2 = 34
   5 + 2 = 34

② 5 + 2 + 3 + 4
   5 + 2 = 7

③ 7 = 7
   7 + 7

④ 5 + 2 = 34
   5 + 2 = 7

> Java의 print( ) 또는 println( ) 사용시 '숫자 + 숫자'는 연산의 결과를 숫자로, '문자 + 숫자'는 두 값을 붙여서 출력합니다.
>
> ❶ System.out.println("5 + 2 = " + 3 + 4);
> ❷ System.out.println("5 + 2 = " + (3 + 4));
>
> ❶ (("5+2=" + 3) + 4)의 순서로 수행되며, ("5+2=" + 3)는 문자+숫자이므로 값을 붙여서 5 + 2 = 3으로, ("5+2=3"+ 4) 또한 문자+숫자이므로 값을 붙여서 5 + 2 = 34로 출력됩니다.
> ❷ ("5+2=" + (3+4))의 순서로 수행되며, 3+4는 숫자+숫자이므로 값이 계산되어 7로, ("5+2="+ 7)은 문자+숫자이므로 값을 붙여서 5 + 2 = 7로 출력됩니다.

▶ 정답 : 1.③ 2.④

⑩	System.out.printf("%.3s", "help me");	
⑪	System.out.printf("%3s", "help me");	
⑫	System.out.printf("%8.6s", "help me");	
⑬	System.out.printf("%-8.6s", "help me");	
⑭	System.out.printf("250은 10진수로 %d\t 8진수로 %o\n", 250, 250);	
⑮	System.out.printf("a=%8.2f\t b=%e\n", 125.23f, 3141.592e-1);	

① 정수형으로 출력합니다.
② 전체 3자리를 확보한 후 오른쪽부터 출력하는데, 출력할 값이 지정한 자릿수보다 큰 경우에는 자릿수를 무시하고 모두 출력합니다.
③ 전체 6자리를 확보한 후 오른쪽부터 출력합니다.
④ 전체 6자리를 확보한 후 왼쪽부터 출력합니다.
⑤ 전체 6자리를 확보한 후 오른쪽부터 출력하되 왼쪽의 공백은 0으로 채워 출력합니다.
⑥ 자릿수가 지정되지 않았으므로 정수 부분은 모두 출력하고 소수점 이하는 기본적으로 6자리로 출력됩니다.
⑦ 정수 부분은 모두 출력하고 소수점 이하 4자리에서 반올림하여 3자리까지만 출력합니다.
⑧ 전체 8자리를 확보한 후 소수점과 소수점 이하 2자리를 출력하고 남은 5자리에 정수 부분을 출력합니다.
⑨ 25.43을 정수 부분이 한 자리만 남도록 정규화하여 출력합니다.
⑩ 왼쪽을 기준으로 3글자만 출력합니다.
⑪ 전체 3자리를 확보한 후 출력하는데, 출력할 값이 지정한 자릿수보다 큰 경우에는 자릿수를 무시하고 모두 출력합니다.
⑫ 전체 8자리를 확보한 후 오른쪽부터 6글자만 출력합니다.
⑬ 전체 8자리를 확보한 후 왼쪽부터 6글자만 출력합니다.
⑭ "250은 10진수로 "를 그대로 출력하고 서식 문자열 '%d'에 대응하는 정수 값 250을 10진수로 출력하고 제어문자 '\t'로 인해 4칸을 띈 다음 서식 문자열의 공백만큼 한 칸을 띕니다. 이어서 "8진수로 "를 출력하고 서식 문자열 '%o'에 대응하는 정수 값 250을 8진수로 출력합니다. '\n'으로 인해 커서는 다음 줄로 이동합니다.
⑮ "a="을 그대로 출력하고 서식 문자열 '%8.2f'에 대응하는 실수 값 125.23을 전체 8자리를 확보하여 오른쪽부터 소수점과 소수점 이하 2자리를 출력하고 남은 5자리에 정수 125를 출력합니다. 그리고 제어문자 '\t'로 인해 4칸을 띈 다음 서식 문자열의 공백만큼 한 칸을 띕니다. 이어서 "b="을 출력하고 서식 문자열 '%e'에 대응하는 지수 값 3141.592e-1을 소수점 이상 한 자리만 표시하는 지수 형태로 출력합니다. '\n'으로 인해 커서는 다음 줄로 이동합니다.

결과 ① 2543 ② 2543 ③ ∨∨2543 ④ 2543∨∨ ⑤ 002543 ⑥ 245.255500 ⑦ 245.256
⑧ ∨∨245.26 ⑨ 2.543000e+01 ⑩ hel ⑪ help me ⑫ ∨∨help m ⑬ help m∨∨
⑭ 250은 10진수로 250   8진수로 372 ⑮ a=∨∨125.23   b=3.141592e+02

잠깐만요 출력 데이터가 여러 개인 경우

System.out.printf("250은 10진수로 %d\t 8진수로 %o\n", 250, 250); → 250은 10진수로 250   8진수로 372

전문가의 조언

먼저 %d, %c, %s, %f만 기억해 두세요. 나머지는 다시 나올 때 그때 기억하면 됩니다. d는 decimal(10진수)의 약자, c는 character(문자)의 약자, s는 string(문자열)의 약자, f는 float(실수)의 약자라는 것을 알면 훨씬 쉽게 기억됩니다.

전문가의 조언

중요해요! ★★★★

Java 코드 문제에 printf( ) 메소드가 자주 사용되는데, 대부분 서식 제어문자가 포함되어 있습니다. '\n'의 기능을 중심으로 주요 서식 제어문자의 기능을 정리하세요.

서식 문자열

서식 문자열	의미
%d	정수형 10진수를 출력하기 위해 지정한다.
%o	정수형 8진수를 출력하기 위해 지정한다.
%x	정수형 16진수를 출력하기 위해 지정한다.
%c	문자를 출력하기 위해 지정한다.
%s	문자열을 출력하기 위해 지정한다.
%f	소수점을 포함하는 실수를 출력하기 위해 지정한다.
%e	지수형 실수를 출력하기 위해 지정한다.
%b	boolean형 논리값을 출력하기 위해 지정한다.

주요 제어문자

제어문자란 입력 혹은 출력 내용을 제어하는 문자이다.

문자	의미	기능
\n	new line	커서를 다음 줄 앞으로 이동한다.
\b	backspace	커서를 왼쪽으로 한 칸 이동한다.
\t	tab	커서를 일정 간격 띄운다.
\r	carriage return	커서를 현재 줄의 처음으로 이동한다.
\'	single quote	작은따옴표를 출력한다.
\"	double quote	큰따옴표를 출력한다.
\\	backslash	역 슬래시를 출력한다.
\f	form feed	한 페이지를 넘긴다.

예 System.out.printf("%d\n", a); → a의 값을 정수형 10진수로 출력한 후 다음 줄로 이동한다.

문제 1 System.out.printf( )를 이용하여 다음과 같이 데이터를 출력할 경우 결과를 쓰시오. (∨는 빈칸을 의미함)

번호	코드	결과
①	System.out.printf("%d", 2543);	
②	System.out.printf("%3d", 2543);	
③	System.out.printf("%6d", 2543);	
④	System.out.printf("%-6d", 2543);	
⑤	System.out.printf("%06d", 2543);	
⑥	System.out.printf("%f", 245.2555);	
⑦	System.out.printf("%.3f", 245.2555);	
⑧	System.out.printf("%8.2f", 245.2555);	
⑨	System.out.printf("%e", 25.43);	

③ JAVA에서의 표준 출력

JAVA에서 값을 화면에 출력할 때는 System 클래스의 서브 클래스인 out 클래스의 메소드 print( ), println( ), printf( ) 등을 사용하여 출력한다.

형식 1 : 서식 문자열에 맞게 변수의 내용을 출력한다.

System.out.printf(서식 문자열, 변수)	• 서식 문자열 : 입력받을 데이터의 자료형을 지정한다. • 변수 : 데이터를 입력받을 변수를 적는다.

예 System.out.printf("%-8.2f", 200.2);

(∨는 빈 칸을 의미함)

`200.20∨ ∨`

▶ % : 서식 문자임을 지정
▶ – : 왼쪽부터 출력
▶ 8 : 출력 자릿수를 8자리로 지정
▶ 2 : 소수점 이하를 2자리로 지정
▶ f : 실수로 출력

형식 2 : 값이나 변수의 내용을 형식없이 출력한다.

System.out.print( )	• 문자열을 출력할 때는 큰따옴표로 묶어줘야 한다. • 문자열 또는 문자열 변수를 연속으로 출력할 때는 +를 이용한다. • '숫자+숫자'는 두 숫자를 합한 값을 출력하지만, '문자열+숫자' 또는 '숫자+문자열'과 같이 문자열과 숫자가 섞인 경우에는 모두 문자열로 인식되므로 값이 붙어서 출력된다.

예1 System.out.print("abc123" + "def");

`abc123def`

예2 System.out.print("abc" + 12 + 34);

`abc1234`

예3 System.out.print("abc" + (12 + 34));

`abc46`

형식 3 : 값이나 변수의 내용을 형식없이 출력한 후 커서를 다음 줄의 처음으로 이동한다.

System.out.println( )	출력 후 다음 줄로 이동한다는 것을 제외하면 print( ) 메소드와 사용법이 동일하다.

예 System.out.print("abc123" + "def");

`abc123def`
`|`

 커서의 위치

 전문가의 조언

중요해요! ★★★
3가지 표준 출력 형식을 숙지하고 예를 통해 출력 원리를 확실히 이해하고 넘어가세요. 특히 데이터를 입력하거나 출력할 때 지정하는 서식 문자열의 지정 방법을 확실히 기억하고 넘어가세요.

 전문가의 조언

• 예2와 예3의 결과가 다른 이유는 연산의 순서가 다르기 때문입니다.
• 예2 : 먼저 "abc"+12는 문자열+숫자이므로 값이 붙어서 **abc12**로, 이어서 "abc12"+34도 문자열+숫자이므로 값이 붙어서 **abc1234**로 출력됩니다.
• 예3 : 괄호로 인해 (12+34)가 먼저 계산되는데, 숫자+숫자이므로 값이 계산되어 **46**이고, 이어서 "abc"+46은 문자열+숫자이므로 값이 붙어서 **abc46**으로 출력됩니다.

SECTION 008 데이터 입·출력

전문가의 조언

데이터 표준 입·출력 함수들의 기능과 형식을 기억하세요.

❶ JAVA의 표준 입·출력 함수의 개요

표준 입·출력 함수(Input-Output Functions)란 키보드로 입력받아 화면으로 출력할 때 사용하는 함수로, System.in은 표준 입력을, System.out은 표준 출력을 담당한다.

❷ JAVA에서의 표준 입력

JAVA에서 키보드로 입력받은 값을 변수에 저장하려면 먼저 Scanner 클래스를 이용해 키보드로부터 값을 입력받는 객체 변수를 생성한 후 이를 사용해야 한다.

형식

> ❶ Scanner scan01 = new Scanner(System.in);
> ❷ inNum = scan01.nextInt( );

❶ 객체 변수 생성
- **Scanner** : 입력에 사용할 객체 변수를 생성할 때 사용하는 클래스 이름이다. 그대로 적어준다.
- **scan01** : 객체 변수명이다. 사용자 임의로 적어준다.
- **new** : 객체 생성 예약어이다. 그대로 적어준다.
- **Scanner( )** : 클래스의 이름이다. ( )를 붙여 그대로 적어준다.
- **System.in** : 표준 입력장치, 즉 키보드를 의미한다. 키보드로부터 값을 입력받는 객체 변수를 생성할 것이므로 그대로 적어준다.

❷ 객체 변수 활용
- **inNum** : 입력받은 값을 저장할 변수이다. 이 변수는 미리 선언되어 있어야 한다.
- **scan01.nextInt( )**
  - **scan01** : 입력에 사용할 객체 변수 이름이다. 객체 변수 생성 시 사용한 객체 변수 이름과 동일해야 한다.
  - **nextInt( )** : 입력받은 값을 정수형으로 반환*한다.

Scanner 클래스의 입력 메소드
- next( ) : 입력값을 문자열로 반환
- nextLine( ) : 입력받은 라인 전체를 문자열로 반환
- nextInt( ) : 입력값을 정수형으로 반환
- nextFloat( ) : 입력값을 실수형으로 반환

기출문제 따라잡기

이전기출

7. 다음 JAVA 프로그램에서 밑줄 친 부분의 의미를 올바르게 설명한 것은?

```
r = r << n;
```

① $r * 2^n$을 의미한다.
② $r + 2^n$을 의미한다.
③ r의 최댓값을 의미한다.
④ r의 최솟값을 의미한다.

> <<는 왼쪽 쉬프트 연산자로, r << n은 r에 저장된 값을 왼쪽으로 n비트 이동시키라는 의미를 가집니다. n비트 왼쪽으로 이동시키면 기본값에 2^n을 곱한 것과 같고, 오른쪽으로 이동시키면 기본값을 2^n으로 나눈 것과 같습니다. 그러므로 지문에서 밑줄 친 부분을 간단히 식으로 표현하면 $r * 2^n$이 됩니다.

이전기출

8. 자바에서 두 개의 논리 값을 연산하여 하나라도 참(true)이면 참을 반환하고, 둘 모두 거짓(false)이어야 거짓을 반환하는 연산을 수행하는 연산자는?

① ==   ② &&
③ || ④ +=

> 하나라도 참이면 참을 반환하고, 둘 모두 거짓이어야 거짓을 반환하는 논리 연산자는 ||(논리 or)입니다.

이전기출

9. 다음 자바 프로그램 조건문에 대해 삼항 조건 연산자를 사용하여 옳게 나타낸 것은?

```
int i = 7, j = 9;
int k;
if (i > j)
    k = i - j;
else
    k = i + j;
```

① int i = 7, j = 9;
   int k;
   k = (i > j) ? (i - j) : (i + j);

② int i = 7, j = 9;
   int k;
   k = (i < j) ? (i - j) : (i + j);

③ int i = 7, j = 9;
   int k;
   k = (i > j) ? (i + j) : (i - j);

④ int i = 7, j = 9;
   int k;
   k = (i < j) ? (i + j) : (i - j);

> 삼항 조건 연산자의 형식은 '조건 ? 참일 때 수식 : 거짓일 때 수식'이며, 문제의 코드에서 조건은 'i > j'이고, 조건이 참일 때 수행할 수식은 'k = i - j'이고, 거짓일 때 수행할 수식은 'k = i + j'입니다. 즉 문제의 코드에 삼항 조건 연산자를 적용하여 변경하면 다음과 같습니다.
>
> ❶ int i = 7, j = 9;
> ❷ int k;
> ❸ k = (i > j) ? (i - j) : (i + j);
>
> ❶ 정수형 변수 i와 j를 선언하고, 각각 7과 9로 초기화합니다.
> ❷ 정수형 변수 k를 선언합니다.
> ❸ i의 값이 j의 값보다 크면 k에 i-j의 값을 저장하고, 작거나 같으면 k에 i+j의 값을 저장합니다.

이전기출

10. 다음 JAVA 프로그램이 실행되었을 때의 결과는?

```
public class Operator {
    public static void main(String[ ] args) {
        int x=5, y=0, z=0;
        y = x++;
        z = --x;
        System.out.print(x + ", " + y +", " +z);
    }
}
```

① 5, 5, 5   ② 5, 6, 5
③ 6, 5, 5   ④ 5, 6, 4

> 사용된 코드의 의미는 다음과 같습니다.
>
> ```
> public class Operator {
>     public static void main(String[ ] args) {
> ❶     int x=5, y=0, z=0;
> ❷     y = x++;
> ❸     z = --x;
> ❹     System.out.print(x + ", " + y +", " +z);
>     }
> }
> ```
>
> ❶ 정수형 변수 x, y, z를 선언하고, 각각 5, 0, 0으로 초기화합니다. (x=5, y=0, z=0)
> ❷ x는 후치 증가 연산자이므로, x의 값 5를 y에 저장한 후 x의 값을 1 증가시킵니다. (x=6, y=5, z=0)
> ❸ x는 전치 감소 연산자이므로, x의 값을 1 감소시킨 후 x의 값 5를 z에 저장합니다. (x=5, y=5, z=5)
> ❹ x, y, z의 값을 ","으로 구분하여 출력합니다.
>
> 결과 5, 5, 5

▶ 정답 : 1.④ 2.④ 3.① 4.② 5.③ 6.② 7.① 8.③ 9.① 10.①

기출문제 따라잡기

문제5 2413458

이전기출

1. JAVA에서 산술 연산자가 아닌 것은?

① %   ② *
③ /   ④ =

=는 대입 연산자입니다.

이전기출

2. 다음 중 JAVA에서 우선순위가 가장 낮은 연산자는?

① --   ② %
③ &   ④ =

--는 단항, %는 이항, &는 비트, =는 대입 연산자이고, 낮은 것에서 높은 순으로 나열하면 '대입 → 비트 → 이항 → 단항' 순입니다.

이전기출

3. JAVA에서 연산자 우선순위가 높은 것에서 낮은 것으로 바르게 나열된 것은?

| ㉠ ( ) | ㉡ == | ㉢ < |
| ㉣ << | ㉤ \|\| | ㉥ / |

① ㉠, ㉥, ㉣, ㉢, ㉡, ㉤
② ㉠, ㉣, ㉥, ㉢, ㉡, ㉤
③ ㉠, ㉣, ㉥, ㉢, ㉤, ㉡
④ ㉠, ㉥, ㉣, ㉢, ㉤, ㉡

지문에 제시된 연산자를 우선순위대로 나열하면, 괄호( )가 가장 높고 산술 → 시프트 → 관계 → 논리 연산자 순입니다.

이전기출

4. JAVA에서 비트 논리 연산자에 해당하지 않는 것은?

① ^   ② ?   ③ &   ④ ~

비트 논리 연산자에는 비트 not(~), 비트 and(&), 비트 xor(^), 비트 or(|)가 있습니다.

이전기출

5. 다음 JAVA 프로그램이 실행되었을 때의 결과는?

```
public class ovr {
    public static void main(String[ ] args) {
        int a = 1, b = 2, c = 3, d = 4;
        int mx, mn;
        mx = a < b ? b : a;
        if (mx == 1) {
            mn = a > mx ? b : a;
        }
        else {
            mn = b < mx ? d : c;
        }
        System.out.println(mn);
    }
}
```

① 1   ② 2
③ 3   ④ 4

사용된 코드의 의미는 다음과 같습니다.

```
public class ovr {
    public static void main(String[ ] args) {
❶      int a = 1, b = 2, c = 3, d = 4;
❷      int mx, mn;
❸      mx = a < b ? b : a;
❹      if (mx == 1) {
❺          mn = a > mx ? b : a;
        }
        else {
❻          mn = b < mx ? d : c;
        }
❼      System.out.println(mn);
    }
}
```

❶ 정수형 변수 a, b, c, d를 선언하고, 각각 1, 2, 3, 4로 초기화합니다.
❷ 정수형 변수 mx, mn을 선언합니다.
❸ a가 b보다 작으면 mx에 b의 값을 저장하고, 아니면 a의 값을 저장합니다. a의 값 1은 b의 값 2보다 작으므로 mx에는 b의 값 2가 저장됩니다. (mx = 2)
❹ mx가 1이면 ❺번으로 이동하고, 아니면 ❻번으로 이동합니다. mx의 값은 2이므로 ❻번으로 이동합니다.
❻ b가 mx보다 작으면 mn에 d의 값을 저장하고, 아니면 c의 값을 저장합니다. b의 값 2는 mx의 값 2보다 작지 않으므로 mn에는 c의 값 3이 저장됩니다. (mn = 3)
❼ mn의 값 3을 출력하고 커서를 다음 줄의 처음으로 옮깁니다.

결과 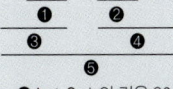 3

이전기출

6. JAVA에서 정수 변수 a, b에 각각 1, 2가 저장되어 있을 때 다음 식의 연산 결과로 옳은 것은?

$$a < b + 2 \;\&\&\; a << 1 <= b$$

① 0   ② 1
③ 3   ④ 5

우선순위에 따라 문제의 식을 풀면 다음과 같습니다.

```
a < b + 2 && a << 1 <= b
    ❶         ❷
  ❸         ❹
        ❺
```

- ❶ b + 2 : b의 값은 2이므로 결과는 4입니다.
- ❷ a << 1 : 왼쪽 시프트(<<)는 왼쪽으로 1비트 시프트 할 때마다 2배씩 증가하므로, a의 값 1을 왼쪽으로 1비트 시프트한 결과는 2입니다.
- ❸ a < ❶ → a < 4 : a의 값 1은 4보다 작으므로 결과는 1(참)입니다.
- ❹ ❷ <= b → 2 <= b : b의 값 2는 2와 같으므로 결과는 1(참)입니다.
- ❺ ❸ && ❹ → 1 && 1 : &&은 모두 참일 때만 참이므로 결과는 1(참)입니다.

문제 다음 연산식의 결과를 적으시오(단 정수형 변수 a=3, b=4, c=5, d=6로 선언되었다고 가정한다.).

번호	연산식	결과
①	a * b + c >= d && d / a − b != 0	
②	d % b + ++a * c−− || c −−−a >= 10	

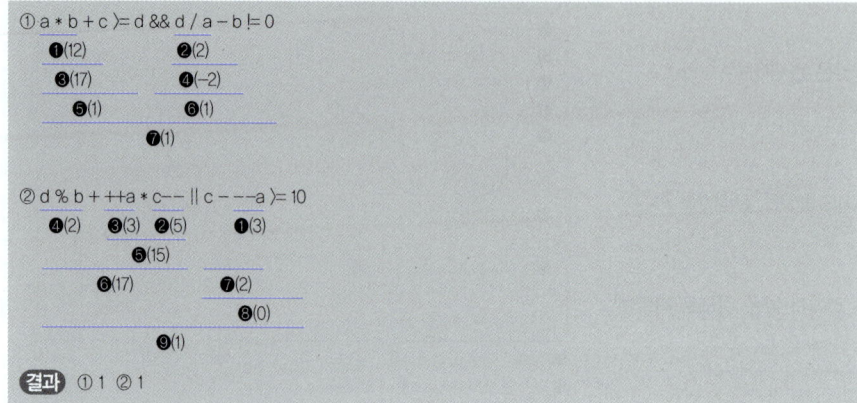

결과 ① 1 ② 1

전문가의 조언

• ❶ : −−a에 의해 처음에는 2를 갖지만 ❸의 전치 증가 연산이 적용되어 계산에 사용될 때는 3이 됩니다.

⑥ a += ++a % b++ ? c * d : b / c;
            ❶
  ❷

- ❶ : a는 10이고 b는 20이므로 '++a % b++'은 '2 % 2'로 0이 됩니다. 조건에서 0은 거짓과 같으므로 'b / c'의 결과가 사용됩니다. 조건에서의 b++에 의해 후치 증가 연산이 적용되므로 b는 3이 되어 'b / c'의 결과는 1이 됩니다.
- ❷ : a = a + 1 = 2 + 1

결과 ① 4 ② 4 ③ 1 ④ 5 ⑤ 2 ⑥ 3

7 기타 연산자

연산자	의미
, (콤마)	• 콤마로 구분하여 한 줄에 두 개 이상의 수식을 작성하거나 변수를 정의한다. • 왼쪽에서 오른쪽으로 순서대로 수행되며, 순서 연산자라 부르기도 한다.
(자료형)	• 사용자가 자료형을 다른 자료형으로 변환할 때 사용하는 것으로, cast(캐스트) 연산자라고 부른다. • 변환할 자료형을 괄호 안에 넣어서 변환할 값이나 변수명 앞에 놓는다. 예 a = (int)1.3 + (int)1.4; 1.3을 정수형으로 변환한 값 1과 1.4를 정수형으로 변환한 값 1이 더해진 2가 a에 저장된다.

8 연산자 우선순위

- 한 개의 수식에 여러 개의 연산자가 사용되면 기본적으로 아래 표의 순서대로 처리된다.
- 아래 표의 한 줄에 가로로 나열된 연산자는 우선순위가 같기 때문에 결합규칙에 따라 ←는 오른쪽에 있는 연산자부터, →는 왼쪽에 있는 연산자부터 차례로 계산된다.

대분류	중분류	연산자	결합규칙	우선 순위
단항 연산자	단항 연산자	!(논리 not) ~(비트 not) ++(증가) --(감소) sizeof(기타)	←	높음 ↑
이항 연산자	산술 연산자	* / %(나머지) + -	→	
	시프트 연산자	<< >>		
	관계 연산자	< <= >= > ==같다 !=같지 않다		
	비트 연산자	&(비트 and) ^(비트 xor) |(비트 or)		
	논리 연산자	&&(논리 and) ||(논리 or)		
삼항 연산자	조건 연산자	? :	→	
대입 연산자	대입 연산자	= += -= *= /= %= <<= >>= 등	←	↓ 낮음
순서 연산자	순서 연산자	,	→	

6 조건 연산자

조건 연산자는 조건에 따라 서로 다른 수식을 수행한다.

형식

조건 ? 수식1 : 수식2; '조건'의 수식이 참이면 '수식1'을, 거짓이면 '수식2'를 실행한다.

문제 다음 조건 연산식의 결과를 적으시오(단 정수형 변수 a=1, b=2, c=3, d=4와 같이 선언되었다고 가정한다.).

번호	조건 연산식	결과
①	b *= a > b ? a : b;	
②	c -= a < b ? a - b : b - a;	
③	d %= c < d ? c++ : d++;	
④	c += b < b ? ++a : b++;	
⑤	d /= d % 3 ? a * b : d % c;	
⑥	a += ++a % b++ ? c * d : b / c;	

> **전문가의 조언**
>
> **중요해요!** ★★★
> 조건 연산자의 사용 형식을 기억하고 문제를 통해 연산 원리를 확실히 이해하고 넘어가세요.

① b *= a > b ? a : b;
- ❶: a는 1이고 b는 2이므로 조건(a>b)이 거짓이 되어 b 값이 사용됩니다.
- ❷: b = b * b = 4

② c -= a < b ? a - b : b - a;
- ❶: a는 1이고 b는 2이므로 조건(a<b)이 참이 되어 'a - b'의 결과인 -1이 사용됩니다.
- ❷: c = c - (-1) = 3 + 1

③ d %= c < d ? c++ : d++;
- ❶: c는 3이고 d는 4이므로 조건(c<d)이 참이 되어 c++의 결과인 3이 사용됩니다.
- ❷: d = d % 3 = 4 % 3

④ c += b < b ? ++a : b++;
- ❶: b는 2이므로 조건(b<b)이 거짓이 되어 b++의 결과인 2가 사용됩니다.
- ❷: c = c + 2 = 3 + 2

⑤ d /= d % 3 ? a * b : d % c;
- ❶: d는 4이므로 'd % 3'은 1이 됩니다. 조건에서 1은 참과 같으므로 'a * b'의 결과인 2가 사용됩니다.
- ❷: d = d / 2 = 4 / 2

전문가의 조언

연산자 우선 순위(높음 → 낮음)
증감 연산자 → 산술 연산자(* / %) → 산술 연산자(+ -) → 시프트 연산자 → 관계 연산자(< <= > >=) → 관계 연산자(== !=) → 비트 연산자(& → ^ → |) → 논리 연산자(&& → ||) → 조건 연산자 → 대입 연산자 → 순서 연산자

문제 다음 대입 연산식의 결과를 적으시오(단 정수형 변수 a=2, b=3, c=4, d=5로 선언되었다고 가정한다.).

번호	대입 연산식	결과
①	a += 3;	
②	b *= 3;	
③	c %= 3;	
④	d >>= 1;	
⑤	c += 10 + ++a;	
⑥	d *= 10 - b++;	
⑦	a += b += c;	
⑧	d += b *= c /= a;	
⑨	a -= ++d / b--;	
⑩	b += c *= a << 2;	
⑪	a %= c	b & d - b;	
⑫	c *= d <<= (b == ++a);	

전문가의 조언

⑩ a << 2
부호를 제외한 전체 비트를 왼쪽으로 2비트 이동시킵니다. 부호는 맨 왼쪽의 0이고, 양수에 대한 패딩 비트에는 0이 들어옵니다.
2 = …00000010
     ↓
8 = …00001000

⑪
• 3 & 2
&(비트 and)는 두 비트가 모두 1일 때만 1이 되는 비트 연산자입니다.
  3 = …0000 0011
  2 = …0000 0010
  & …0000 0010 (2)

• 4 | 2
|(비트 or)는 두 비트 중 한 비트라도 1이면 1이 되는 비트 연산자입니다.
  4 = …0000 0100
  2 = …0000 0010
  | …0000 0110 (6)

⑫ 5 << 1
부호를 제외한 전체 비트를 왼쪽으로 1비트 이동시킵니다. 부호는 맨 왼쪽의 0이고, 양수에 대한 패딩 비트에는 0이 들어옵니다.
5 = …0000 0101
     ↓
10 = …0000 1010

④ 4바이트에 5를 이진수로 표현하면 다음과 같습니다.

32	31	30	…	20	…	16	15	14	13	12	11	10	9	8	7	6	5	4	3	2	1
5	0	0	0	…	0	…	0	0	0	0	0	0	0	0	0	0	0	0	0	1	0	1

• 부호를 제외한 전체 비트를 오른쪽으로 1비트 이동시킵니다. 부호는 맨 왼쪽의 0이고, 양수에 대한 패딩 비트에는 0이 들어옵니다.

32	31	30	…	20	…	16	15	14	13	12	11	10	9	8	7	6	5	4	3	2	1
2	0	0	0	…	0	…	0	0	0	0	0	0	0	0	0	0	0	0	0	0	1	0

• 이것을 10진수로 변환하면 2입니다.

⑤ c += 10 + ++a → c = c + (10 + ++a) → c = c + (10 + 3) → c = c + 13 → c = 4 + 13
⑥ d *= 10 - b++ → d = d * (10 - b++) → d = d * (10 - 3) → d = d * 7 → d = 5 * 7
⑦ a += b += c → a = a + (b += c) → a = a + (b = b + c) → a = a + (b = 3 + 4) → a = a + 7 → a = 2 + 7
⑧ d += b *= c /= a → d = d + (b *= (c = c / a)) → d = d + (b *= (c = 4 / 2)) → d = d + (b *= 2) → d = d + (b = b * 2) → d = d + (b = 3 * 2) → d = d + 6 → d = 5 + 6
⑨ a -= ++d / b-- → a = a - (++d / b--) → a = a - (6 / 3) → a = a - 2 → a = 2 - 2
⑩ b += c *= a << 2 → b = b + (c = c * (a << 2)) → b = b + (c = c * 8) → b = b + (c = 4 * 8) → b = b + 32 → b = 3 + 32
⑪ a %= c | b & d - b → a = a % (c | b & d - b) → a = a % (c | b & 5 - 3) → a = a % (c | b & 2) → a = a % (c | 3 & 2) → a = a % (c | 2) → a = a % (4 | 2) → a = a % 6 → a = 2 % 6
⑫ c *= d <<= (b == ++a) → c = c * (d <<= (b == ++a)) → c = c * (d <<= (3 == 3)) → c = c * (d <<= 1) → c = c * (d = 5 << 1) → c = c * 10 → c = 4 * 10

결과 ① 5 ② 9 ③ 1 ④ 2 ⑤ 17 ⑥ 35 ⑦ 9 ⑧ 11 ⑨ 0 ⑩ 35 ⑪ 2 ⑫ 40

② a 〉 3 || b 〉 2
　　❶　　❷
　　　❸

- ❶ : a는 2이므로 a 〉 3은 거짓(false)입니다.
- ❷ : b는 30이므로 b 〉 2는 참(false)입니다.
- ❸ : ||는 하나라도 참이면 참이므로 결과는 참(true)입니다. 참은 1입니다.

③ c는 0이고 !c는 c의 부정이므로 결과는 1입니다.

④ a == 2 && b != 3
　　❶　　　❷
　　　❸

- ❶ : a는 2이므로 a == 2는 참(true)입니다.
- ❷ : b는 30이므로 b != 3은 거짓(false)입니다.
- ❸ : &&는 모두 참일 때만 참이므로 결과는 거짓(false)입니다.

⑤ a & b && c
　　❶
　　　❷

- ❶ &(비트 and)는 두 비트가 모두 1일 때만 1이 되는 비트 연산자입니다. JAVA에서 정수형 변수는 4바이트(32비트)이므로 각 변수의 값을 4바이트 이진수로 변환한 다음 비트별로 연산합니다.

　　2 = 0000 0000 0000 0000 0000 0000 0000 0010
　　3 = 0000 0000 0000 0000 0000 0000 0000 0011
　　& 　0000 0000 0000 0000 0000 0000 0000 0010

　　0000 0000 0000 0000 0000 0000 0000 0010은 십진수로 2입니다.
- ❷ : ❶ && c = 2 && 0 = 0

⑥ ++d && --e
　　❶　　❷
　　　❸

- ❶ : d의 초기값이 1이고 ❶이 전치 증가 연산자이므로 연산 전에 값이 증가하여 2가 됩니다.
- ❷ : e의 초기값이 1이고 ❷가 전치 감소 연산자이므로 연산 전에 값이 감소하여 0이 됩니다.
- ❸ : ❶ && ❷ = 2 && 0 = 0

결과 ① 0　② 1　③ 1　④ 0　⑤ 0　⑥ 0

5 대입 연산자

연산 후 결과를 대입하는 연산식을 간략하게 입력할 수 있도록 대입 연산자를 제공한다. 대입 연산자는 산술, 관계, 비트, 논리 연산자에 모두 적용할 수 있다.

> **전문가의 조언**
> 대입 연산자들의 개별적인 의미를 이해하고, 문제 를 통해 연산 원리를 확실히 파악해 두세요.

연산자	예	의미
+=	a += 1	a = a + 1
-=	a -= 1	a = a - 1
*=	a *= 1	a = a * 1
/=	a /= 1	a = a / 1
%=	a %= 1	a = a % 1
〈〈=	a 〈〈= 1	a = a 〈〈 1
〉〉=	a 〉〉= 1	a = a 〉〉 1

⑥ <<는 왼쪽 시프트 연산자이므로, b에 저장된 값을 왼쪽으로 3비트 이동시킨 다음 그 값을 다시 b에 저장시킵니다. 정수형 변수는 4바이트이므로 4바이트 이진수로 변환하여 계산하면 됩니다.

• 4바이트에 7을 이진수로 표현하면 다음과 같습니다.

• 부호를 제외한 전체 비트를 왼쪽으로 3비트 이동시킵니다. 부호는 맨 왼쪽의 0입니다. 양수이므로 빈 자리(패딩 비트)에는 0이 들어오면 됩니다.

이것을 10진수로 변환하면 56(32+16+8)입니다.

결과 ① 5 ② 7 ③ 2 ④ -8 ⑤ 2 ⑥ 56

4 논리 연산자

논리 연산자는 두 개의 논리 값을 연산하여 참(true) 또는 거짓(false)을 결과로 얻는 연산자이다. 관계 연산자와 마찬가지로 거짓은 0, 참은 1이다.

연산자	의미	비고
!	not	부정
&&	and	모두 참이면 참
||	or	하나라도 참이면 참

문제 다음 논리 연산식의 결과를 적으시오(단 정수형 변수 a=2, b=3, c=0, d=1, e=1로 선언되었다고 가정한다.).

번호	논리 연산식	결과
①	a > 3 && b > 2	
②	a > 3 || b > 2	
③	!c	
④	a == 2 && b != 3	
⑤	a & b && c	
⑥	++d && --e	

① a > 3 && b > 2
   ❶   ❷
      ❸

• ❶ : a는 2이므로 a > 3은 거짓(false)입니다.
• ❷ : b는 3이므로 b > 2는 참(false)입니다.
• ❸ : &&는 모두 참일 때만 참이므로 결과는 거짓(false)입니다. 거짓은 0입니다.

중요해요! ★★★★
논리 연산자의 종류와 개별적인 의미를 기억하고, 문제를 통해 계산 방법을 확실히 숙지하고 넘어가세요.

연산자 우선 순위(높은 → 낮음)
증감 연산자 → 산술 연산자(* / %) → 산술 연산자(+ -) → 시프트 연산자 → 관계 연산자(< > >=) → 관계 연산자(== !=) → 비트 연산자(& → ^ → |) → 논리 연산자(&& → ||) → 조건 연산자 → 대입 연산자 → 순서 연산자

《	왼쪽 시프트	비트를 왼쪽으로 이동
》	오른쪽 시프트	비트를 오른쪽으로 이동

문제 다음 비트 연산식의 결과를 적으시오(단 정수형 변수 a=5, b=7으로 선언되었다고 가정한다.).

번호	비트 연산식	결과
①	a & b	
②	a | b	
③	a ^ b	
④	~b	
⑤	a 》 1	
⑥	b 《 3	

① &(비트 and)는 두 비트가 모두 1일 때만 1이 되는 비트 연산자입니다.
JAVA에서 정수형 변수는 4바이트(32비트)이므로 각 변수의 값을 4바이트 이진수로 변환한 다음 비트별로 연산합니다.

```
5 = 0000 0000 0000 0000 0000 0000 0000 0101
7 = 0000 0000 0000 0000 0000 0000 0000 0111
&   0000 0000 0000 0000 0000 0000 0000 0101
```
0000 0000 0000 0000 0000 0000 0000 0101은 십진수로 5입니다.

② |(비트 or)는 두 비트 중 한 비트라도 1이면 1이 되는 비트 연산자입니다.

```
5 = 0000 0000 0000 0000 0000 0000 0000 0101
7 = 0000 0000 0000 0000 0000 0000 0000 0111
|   0000 0000 0000 0000 0000 0000 0000 0111
```
0000 0000 0000 0000 0000 0000 0000 0111은 십진수로 7입니다.

③ ^(비트 xor)는 두 비트가 모두 같으면 0, 서로 다르면 1이 되는 연산자입니다.

```
5 = 0000 0000 0000 0000 0000 0000 0000 0101
7 = 0000 0000 0000 0000 0000 0000 0000 0111
^   0000 0000 0000 0000 0000 0000 0000 0010
```
0000 0000 0000 0000 0000 0000 0000 0010은 십진수로 2입니다.

④ ~(비트 not)는 각 비트의 부정을 만드는 연산자입니다.

```
7 = 0000 0000 0000 0000 0000 0000 0000 0111
~   1111 1111 1111 1111 1111 1111 1111 1000
```
부호화 2의 보수법을 사용하는 JAVA에서는 맨 왼쪽의 비트는 부호 비트로, 0이면 양수이고 1이면 음수입니다. 원래의 값을 알기 위해서는 …1111 1000에 대한 2의 보수를 구합니다. …0000 1000은 십진수로 8이고 원래 음수였으므로 − 를 붙이면 −8입니다.

⑤ 》는 오른쪽 시프트 연산자이므로, a에 저장된 값을 오른쪽으로 1비트 이동시킨 다음 그 값을 다시 a에 저장시킵니다. int는 4바이트이므로 4바이트 이진수로 변환하여 계산하면 됩니다.

- 4바이트에 5를 이진수로 표현하면 다음과 같습니다.

32	31	30	…	20	…	10	15	14	13	12	11	10	9	8	7	6	5	4	3	2	1
0	0	0	…	0	…	0	0	0	0	0	0	0	0	0	0	0	0	0	1	0	1
															2^8	2^7	2^6	2^5	2^4	2^3	2^2	2^1	2^0
															256	128	64	32	16	8	4	2	1

부호 비트

- 부호를 제외한 전체 비트를 오른쪽으로 1비트 이동시킵니다. 부호는 맨 왼쪽의 0이고, 양수에 대한 패딩 비트에는 0이 들어옵니다.

32	31	30	…	20	…	16	15	14	13	12	11	10	9	8	7	6	5	4	3	2	1
0	0	0	…	0	…	0	0	0	0	0	0	0	0	0	0	0	0	0	0	1	0
															2^8	2^7	2^6	2^5	2^4	2^3	2^2	2^1	2^0
															256	128	64	32	16	8	4	2	1

부호 비트 패딩 비트

- 이것을 10진수로 변환하면 2입니다.

패딩 비트
Shift에서 자리를 이동한 후 생기는 왼쪽이나 오른쪽 끝의 빈 자리에 채워지는 비트를 말합니다. JAVA는 부호화 2의 보수법을 사용하기 때문에 부호화 2의 보수법의 음수에 대한 패딩 비트만 알아두면 됩니다. 양수는 항상 빈 자리에 0이 채워지기 때문에 신경쓰지 않아도 됩니다.

- 양수 : Shift Left, Shift Right 모두 0이 채워집니다.
- 음수
  - Shift Left : 왼쪽으로 이동하므로 오른쪽의 빈 자리에는 0이 채워집니다.
  - Shift Right : 오른쪽으로 이동하므로 맨 왼쪽의 부호 비트를 제외한 빈 자리에 1이 채워집니다.

전문가의 조언

관계 연산자의 종류와 연산자들의 개별적인 의미를 확실히 암기하세요.

관계 연산자는 왼쪽을 기준으로 "왼쪽이 크다", "왼쪽이 크거나 같다"로 해석하면 됩니다.

2 관계 연산자

관계 연산자는 두 수의 관계를 비교하여 참(true) 또는 거짓(false)을 결과로 얻는 연산자이다.

• 거짓은 0, 참은 1로 사용되지만 0외의 모든 숫자도 참으로 간주된다.

연산자	의미
==	같다
!=	같지 않다
>	크다*
>=	크거나 같다
<	작다
<=	작거나 같다

문제 다음 관계 연산식의 결과를 적으시오(단 정수형 변수 a=5, b=10으로 선언되었다고 가정한다.).

번호	관계 연산식	결과
①	a == 10	
②	b != 10	
③	a > 10	
④	b >= 10	
⑤	a < 10	
⑥	b <= 10	

① a는 5이므로 a == 10은 거짓(false)입니다. 거짓은 0입니다.
② b는 10이므로 b != 10은 거짓(false)입니다.
③ a는 5이므로 a > 10은 거짓(false)입니다.
④ b는 10이므로 b >= 10은 참(true)입니다. 참은 1입니다.
⑤ a는 5이므로 a < 10은 참(true)입니다.
⑥ b는 10이므로 b <= 10은 참(true)입니다.

결과 ① 0 ② 0 ③ 0 ④ 1 ⑤ 1 ⑥ 1

전문가의 조언

중요해요! ★★★
먼저 비트 연산자의 종류를 기억하세요. 그리고 문제를 통해 계산 방법을 확실히 숙지하고 넘어가세요.

비트 연산자 "|"는 키보드에서 엔터 키 위쪽의 \ 를 Shift와 같이 누르면 입력되는 글자입니다.

3 비트 연산자

비트 연산자는 비트별(0, 1)로 연산하여 결과를 얻는 연산자이다.

연산자	의미	비고
&	and	모든 비트가 1일 때만 1
^	xor	모든 비트가 같으면 0, 하나라도 다르면 1
|*	or	모든 비트 중 한 비트라도 1이면 1
~	not	각 비트의 부정, 0이면 1, 1이면 0

문제 2 다음에 제시된 산술 연산식의 결과를 적으시오(단 정수형 변수 a=2, b=3, c=4, d=5와 같이 선언되었다고 가정한다.).

번호	산술 연산식	결과
①	b = ++b - --c;	
②	c = ++b / b++;	
③	d = 10 % c++;	
④	b = 10 + ++a;	
⑤	c = 10 - --d;	
⑥	c = ++a * b++;	

전문가의 조언

연산자 우선 순위(높은 → 낮음)
증감 연산자 → 산술 연산자(* / %) → 산술 연산자(+ -) → 시프트 연산자 → 관계 연산자(< <= >= >) → 관계 연산자(== !=) → 비트 연산자(& → ^ → |) → 논리 연산자(&& → ||) → 조건 연산자 → 대입 연산자 → 순서 연산자

① b = ++b - --c;

- ❶ : b의 초기값이 30이고 ❶이 전치 증가 연산자이므로 연산 전에 값이 증가하여 4가 됩니다.
- ❷ : c의 초기값이 40이고 ❷가 전치 감소 연산자이므로 연산 전에 값이 감소하여 3이 됩니다.
- ❸ : ❶-❷이므로 4-3의 결과인 1이 b에 저장됩니다.

② c = ++b / b++;

- ❶ : b의 초기값이 30이고 ❶이 전치 증가 연산자이므로 연산 전에 값이 증가하여 4가 됩니다.
- ❷ : ❷가 후치 증가 연산자이므로 연산에 사용되는 b는 ❶에서 증가한 4가 됩니다.
- ❸ : ❸을 수행하기 전에 b는 4가 된 상태이고 ❸의 연산은 b/b와 같으므로 4/4의 결과인 1이 c에 저장됩니다.

③ d = 10 % c++;

- ❶ : c의 초기값이 40이고 ❶이 후치 증가 연산자이므로 연산에 사용되는 c는 4가 됩니다.
- ❷ : 10 % 4의 결과인 2가 d에 저장됩니다.

④ b = 10 + ++a;

- ❶ : a의 초기값이 20이고 ❶이 전치 증가 연산자이므로 연산 전에 값이 증가하여 3이 됩니다.
- ❷ : 10 + ❶ = 10 + 3 = 13

⑤ c = 10 - --d;

- ❶ : d의 초기값이 50이고 ❶이 전치 감소 연산자이므로 연산 전에 값이 감소하여 4가 됩니다.
- ❷ : 10 - ❶ = 10 - 4 = 6

⑥ c = ++a * b++;

- ❶ : a의 초기값이 20이고 ❶이 전치 증가 연산자이므로 연산 전에 값이 증가하여 3이 됩니다.
- ❷ : b의 초기값이 30이고 ❷가 후치 증가 연산자이므로 연산에 사용되는 b는 초기값인 3이 됩니다.
- ❸ : ❶ * ❷ = 3 × 3 = 9

결과 ① 1 ② 1 ③ 2 ④ 13 ⑤ 6 ⑥ 9

전문가의 조언

연산이 종료된 후 ❷에 의해 후치 증가 연산이 적용되어 b는 5가 됩니다.

SECTION 007 연산자

전문가의 조언

중요해요! ★★★★★
먼저 산술 연산자의 종류를 기억하세요. 그리고 문제 를 통해 증가 연산자와 감소 연산자의 연산 원리를 확실히 이해하고 넘어가세요.

1 산술 연산자

산술 연산자는 가, 감, 승, 제 등의 산술 계산에 사용되는 연산자를 말한다.

• 산술 연산자에는 일반 산술식과 달리 한 변수의 값을 증가하거나 감소시키는 증감 연산자가 있다.

연산자	의미	비고
+	덧셈	
−	뺄셈	
*	곱셈	
/	나눗셈	
%	나머지	
++	증가 연산자	• **전치** : 변수 앞에 증감 연산자가 오는 형태로 먼저 변수의 값을 증감시킨 후 변수를 연산에 사용한다(++a, --a).
--	감소 연산자	• **후치** : 변수 뒤에 증감 연산자가 오는 형태로 먼저 변수를 연산에 사용한 후 변수의 값을 증감시킨다(a++, a--).

 문제 1 다음에 제시된 산술 연산식의 결과를 적으시오.

번호	산술 연산식	결과
①	10 + 15	
②	15 − 10	
③	3 * 5	
④	15 / 3	
⑤	15 % 2	
⑥	3 − 7 % 8 + 5	
⑦	−4 * 3 % −5 / 2	

전문가의 조언

• **산술 연산자의 연산 우선 순위 (높음 → 낮음)** : 증감 연산자 → 산술 연산자(* / %) → 산술 연산자(+ −)
• 산술 연산자 중 * / %는 우선순위가 같아 왼쪽에서 오른쪽 방향으로 놓인 순서대로 계산합니다.

```
⑥ 3 − 7 % 8 + 5
       ❶(7)
       ❷(−4)
       ❸(1)
⑦ −4 * 3 % −5 / 2
   ❶(−12)
       ❷(−2)
       ❸(−1)
```
결과 ① 25 ② 5 ③ 15 ④ 5 ⑤ 1 ⑥ 1 ⑦ −1

기출문제 따라잡기

이전기출
1. JAVA에서 사용할 수 없는 변수명은?
① student2019 ② text-color
③ _korea ④ amount

> 변수명의 첫 글자는 영문자나 _(under bar)로 시작해야 하며, 공백이나 특수문자는 사용할 수 없습니다.

이전기출
2. 파이썬의 변수 작성 규칙 설명으로 옳지 않은 것은?
① 첫 자리에 숫자를 사용할 수 없다.
② 영문 대문자/소문자, 숫자, 밑줄(_)의 사용이 가능하다.
③ 변수 이름의 중간에 공백을 사용할 수 있다.
④ 이미 사용되고 있는 예약어는 사용할 수 없다.

> 파이썬도 JAVA와 변수 작성 규칙이 동일합니다. 변수명에 공백이나 특수문자는 사용할 수 없습니다.

이전기출
3. JAVA에서의 변수 선언으로 틀린 것은?
① int else; ② int Test2;
③ int pc; ④ int True;

> else는 if문에서 사용하는 예약어이므로, 변수의 이름으로는 사용할 수 없습니다.

이전기출
4. JAVA에서 변수로 사용할 수 없는 것은?
① data02 ② int01
③ _sub ④ short

> short는 2Byte 정수 자료형을 의미하는 예약어이므로 변수의 이름으로 사용할 수 없습니다.

이전기출
5. JAVA의 변수명 작성 규칙에 대한 설명으로 옳지 않은 것은?
① 변수명에 $를 사용할 수 있다.
② 첫 자리에 숫자를 사용할 수 있다.
③ 예약어는 변수명으로 사용할 수 없다.
④ 대·소문자를 구분한다.

> 변수명의 첫 자리에는 숫자를 사용할 수 없습니다.

▶ 정답 : 1.② 2.③ 3.① 4.④ 5.②

char bb = '1';	문자 변수 bb에 '1'을 저장한다. 숫자를 작은따옴표로 묶을 경우 문자로 인식된다.
short si = 32768;	짧은 정수형 변수 si에 32767을 넘어가는 값을 저장했기 때문에 오버플로가 발생한다.
int in = 32768;	정수형 변수 in에 32768이 저장된다.
float fl = 24.56f;	단정도* 실수형 변수 fl에 실수 24.56을 저장한다.
double dfl = 24.5678;	배정도* 실수형 변수 dfl에 24.5678을 저장한다.
double c = 1.23e−2;	배정도 실수형 변수 c에 1.23e−2*를 저장한다.

단정도 / 배정도
float 자료형은 '단정도형', double과 long double 자료형은 '배정도형'이라고 표현합니다.

1.23e−2
1.23e−2에서 e는 10의 지수승을 의미하므로 1.23×10⁻², 즉 0.0123을 의미합니다.

실수 자료형에 따른 실수형 상수 입력 방법
실수형 상수는 기본적으로 double형으로 인식되기 때문에 double형은 실수를 그냥 입력하고, float형으로 입력하려면 실수 뒤에 "f" 또는 "F"를, long double형으로 입력하려면 실수 뒤에 "l" 또는 "L"을 붙여 입력해야 합니다.

문자열 선언 방법
Java에서 문자열을 선언할 때는 String 클래스를 사용해야 합니다. 문자열 선언에 대한 자세한 내용은 'Section 011 배열과 문자열'에서 학습합니다.

예제 2 다음과 같이 변수를 선언할 때 잘못된 이유를 확인하시오.

변수 선언	설명	올바른 변수 선언
char a = 1.2345e−3;	배정도 실수형 상수를 char형으로 선언했기 때문에 오류가 발생한다.	double a = 1.2345e−3;
short a = 1.5e3f;*	단정도 실수형 상수를 short형으로 선언했기 때문에 오류가 발생한다.	float a = 1.5e3f;
int a = '1';	문자형 상수를 int로 선언했기 때문에 오류가 발생한다.	char a = '1';
float a = 'A';	문자형 상수를 float로 선언했기 때문에 오류가 발생한다.	char a = 'A';
double a = "hello";	문자열 상수를 double로 선언했기 때문에 오류가 발생한다.	String* a = "hello";
long long a = 1.5784E300L;*	배정도 실수형 상수를 long long형으로 선언했기 때문에 오류가 발생한다.	long double a = 1.5784E300L;
char a = 10;	정수형 상수를 char형으로 선언했기 때문에 오류가 발생한다.	int a = 10;

예제 다음의 변수명을 JAVA의 변수명으로 사용할 수 있는지 여부를 쓰시오.

변수명	설명
2abc	변수명의 첫 글자를 숫자로 시작하여 사용할 수 없다.
sum*	특수문자 '*'를 변수명에 사용할 수 없다.
for	예약어를 변수명으로 사용할 수 없다.
ha p	변수명 중간에 공백을 사용할 수 없다.
Kim, kim	JAVA는 대소문자를 구분하기 때문에 Kim과 kim은 서로 다른 변수로 사용할 수 있다.

잠깐만요 변수를 상수로 만들어 사용하기

- 변수는 프로그램을 실행하는 도중 발생한 값을 저장하기 위한 공간으로, 변수의 값은 변경될 수 있습니다. 하지만 변수에 저장된 값을 프로그램이 종료될 때까지 변경되지 않도록 상수로 만들어 사용할 수 있는데, 이런 경우 JAVA에서는 final이라는 예약어를 사용합니다.
- 변수처럼 상수에 이름을 붙여 기호화하여 사용한다고 하여 심볼릭(Symbolic) 상수라고도 합니다.
  예 final float PI = 3.1415927;
  - final : 변수를 상수로 변경하는 예약어입니다.
  - float PI : 실수형으로 변수 PI를 선언하지만 final 예약어로 인해 PI는 상수가 됩니다.
  - 3.1415927 : 저장되는 값 그 자체로, 리터럴(Literal)이라고 합니다.
  ∴ 이렇게 선언되면 PI는 변수가 아닌 상수이므로, 이후 PI는 프로그램 안에서 3.1415927이란 값으로 고정되어 사용됩니다.

> **상수(Constant)**
> 1, 2, 'a', "Hello"와 같이 프로그램이 시작되어 값이 한 번 결정되면 프로그램이 종료될 때까지 변경되지 않는 정보를 의미합니다.

3 변수의 선언

변수는 일반적으로 다음과 같은 형식으로 선언한다.

자료형 변수명 = 값;	• **자료형** : 변수에 저장될 자료의 형식을 지정한다. • **변수명** : 사용자가 원하는 이름을 임의로 지정한다. 단 변수명 작성 규칙에 맞게 지정해야 한다. • **값** : 변수를 선언하면서 초기화할 값을 지정한다. 단 값은 지정하지 않아도 된다.

예 int a = 5;
- int : 자료의 형식을 정수형으로 지정한다.
- a : 변수명을 a로 지정한다.
- 5 : 변수 a를 선언하면서 초기값으로 5를 저장한다.

예제 1 다음과 같이 변수를 선언할 때 변수에 저장되는 값을 확인하시오.

변수 선언	설명
char aa = 'A';	문자형 변수 aa에 문자 'A'를 저장한다. 문자형 변수에는 한 글자만 저장되며, 저장될 때는 아스키 코드값으로 변경되어 정수로 저장된다. aa가 저장하고 있는 값을 문자로 출력하면 'A'가 출력되지만 숫자로 출력하면 'A'에 대한 아스키 코드 65가 출력된다.

SECTION 006 변수

전문가의 조언

수학에서 변수(變數)는 임의의 값을 대입할 수 있는 문자로, 값이 언제라도 변할 수 있기 때문에 변수라고 합니다.

전문가의 조언

중요해요! ★★★★★
변수명 작성 규칙은 언어에 따라 다를 수 있으며, 여기서는 Java를 기준으로 설명하였습니다. 변수명에 공백이나 예약어를 사용할 수 없다는 것을 중심으로 변수명 작성 규칙을 정리하세요.

헝가리안 표기법(Hungarian Notation)
변수의 자료형을 알 수 있도록 자료형을 암시하는 문자를 포함하여 작성하는 방법입니다. 예를 들어 정수형 변수라는 것을 알 수 있도록 변수명에 int를 의미하는 i를 덧붙여 iValue라고 하는 것처럼 말이죠.

예 int iValue : 정수형 변수
　　double dblNum : 더블형 변수
　　char chType : 문자형 변수

① 변수의 개요

변수(Variable)는 컴퓨터가 명령을 처리하는 도중 발생하는 값을 저장하기 위한 공간으로, 변할 수 있는 값을 의미한다.
- 변수는 저장하는 값에 따라 정수형, 실수형, 문자형, 포인터형 등으로 구분한다.

② 변수명 작성 규칙

- 영문자, 숫자, _(under bar)를 사용할 수 있다.
- 첫 글자는 영문자나 _(under bar)로 시작해야 하며, 숫자는 올 수 없다.
- 글자 수에 제한이 없다.
- 공백이나 *, +, -, / 등의 특수문자를 사용할 수 없다.
- 대·소문자를 구분한다.
- 예약어를 변수명으로 사용할 수 없다.
- 변수 선언 시 문장 끝에 반드시 세미콜론(;)을 붙여야 한다.
- 변수 선언 시 변수명에 데이터 타입을 명시하는 것을 헝가리안 표기법(Hungarian Notation)*이라고 한다.

잠깐만요   예약어

예약어는 정해진 기능을 수행하도록 이미 용도가 정해져 있는 단어로, 변수 이름이나 다른 목적으로 사용할 수 없습니다.
- JAVA에는 다음과 같은 예약어가 있습니다.

구분		예약어
제어문	반복	do, for, while
	선택	case, default, if, else, switch
	분기	break, continue, return
자료형		int, float, double, char, boolean, byte, short, long, void 등
객체형		class, interface, extends, implements, public, private, protected, static, abstract, this, super, new 등
예외 처리		try, catch, finally, throw, throws 등
기타		import, package, final 등

3 Python의 데이터 타입 크기 및 기억 범위

종류	데이터 타입	크기	기억 범위
문자	str	무제한*	무제한
정수	int	무제한	무제한
실수	float	8Byte	$4.9 \times 10^{-324} \sim 1.8 \times 10^{308}$
	complex*	16Byte	$4.9 \times 10^{-324} \sim 1.8 \times 10^{308}$

전문가의 조언

Python에서 사용하는 데이터 타입의 종류를 기억해 두세요.

무제한
데이터 타입의 크기 및 기억 범위의 '무제한'은 프로그램에 배정된 메모리의 한계까지 얼마든지 저장할 수 있음을 의미합니다.

complex
complex는 복소수(complex number)를 의미하며, 복소수는 실수(8Byte)와 허수(8Byte)의 합으로 이루어진 숫자 표현을 가리킵니다.

잠깐만요 — Python의 시퀀스 자료형

시퀀스 자료형(Sequence Type)이란 리스트(List), 튜플(Tuple), range, 문자열처럼 값이 연속적으로 이어진 자료형을 말합니다.
- 리스트(List) : 다양한 자료형의 값을 연속적으로 저장하며, 필요에 따라 개수를 늘리거나 줄일 수 있음
- 튜플(Tuple) : 리스트처럼 요소를 연속적으로 저장하지만, 요소의 추가, 삭제, 변경은 불가능함
- range : 연속된 숫자를 생성하는 것으로, 리스트, 반복문 등에서 많이 사용됨

기출문제 따라잡기

이전기출
1. JAVA에서 정수 자료형으로 옳은 것은?
① int ② float ③ char ④ double

'정수'를 영어로 'integer'라고 합니다.

이전기출
2. Python 데이터 타입 중 시퀀스(Sequence) 데이터 타입에 해당하며 다양한 데이터 타입들을 주어진 순서에 따라 저장할 수 있으나 저장된 내용을 변경할 수 없는 것은?
① 복소수(complex) 타입 ② 리스트(list) 타입
③ 사전(dict) 타입 ④ 튜플(tuple) 타입

Python의 시퀀스 자료형에는 List, Tuple, range가 있습니다. 이중 List와 비슷하지만 요소의 추가, 삭제, 변경이 불가능한 자료형은 튜플(Tuple)입니다.

이전기출
3. JAVA에서 변수와 자료형에 대한 설명으로 틀린 것은?
① 변수는 어떤 값을 주기억장치에 기억하기 위해서 사용하는 공간이다.
② 변수의 자료형에 따라 저장할 수 있는 값의 종류와 범위가 달라진다.
③ char 자료형은 나열된 여러 개의 문자를 저장하고자 할 때 사용한다.
④ boolean 자료형은 조건이 참인지 거짓인지 판단하고자 할 때 사용한다.

char 자료형은 문자 한 글자를 저장할 때 사용하는 자료형이며, 여러 개의 문자를 저장할 때는 배열 또는 String 객체를 이용해야 합니다.

이전기출
4. JAVA의 자료형이 아닌 것은?
① int ② float ③ char ④ temp

JAVA의 자료형에 temp라는 것은 없습니다. JAVA의 기본 자료형에는 char, short, int, long, float, double, boolean 등이 있습니다.

이전기출
5. JAVA의 자료형 중 논리형에 해당하는 것은?
① short ② int ③ char ④ boolean

JAVA의 논리 자료형은 boolean입니다.

이전기출
6. JAVA 프로그래밍 언어의 정수 데이터 타입 중 'long'의 크기는?
① 1byte ② 2byte
③ 4byte ④ 8byte

JAVA의 자료형 중 정수형 long의 크기는 8Byte입니다.

▶ 정답 : 1.① 2.④ 3.③ 4.④ 5.④ 6.④

SECTION 005 데이터 타입

 전문가의 조언

프로그래밍 언어 활용에서 학습하는 내용은 Java를 기반으로 수록하였습니다. Python은 프로그래밍 언어에 대한 기본적인 개념만 잘 숙지하면 쉬운 언어에 속하기 때문에 Java를 학습한 후 공부할 수 있도록 뒤쪽에 배치했습니다. 먼저 Java를 모두 학습한 다음 Python의 학습을 시작하세요.

 전문가의 조언

데이터 타입은 변수가 가질 수 있는 값의 길이, 성질을 의미합니다. 데이터 타입의 유형을 구분할 수 있도록 정리하세요.

변수(Variable)
컴퓨터가 명령을 처리하는 도중 발생하는 값을 저장하기 위한 공간으로, 변할 수 있는 값을 의미합니다. 자세한 내용은 Section 006을 참조하세요.

 전문가의 조언

중요해요! ★★★
JAVA에서 사용하는 데이터 타입의 종류를 기억해 두세요. 데이터 타입의 크기는 사용하는 컴퓨터나 운영체제에 따라 조금씩 다릅니다. 당연히 기억 범위도 다르겠죠. 기억 범위를 외우려고 노력하지 마세요. 대략 저 정도 크기의 데이터가 들어가는구나! 정도만 알아두세요.

예 Windows(64비트)에서 long은 4바이트, long double은 8바이트지만 Linux(64비트)에서는 long은 8바이트, long double은 16바이트입니다.

1 데이터 타입

데이터 타입(Data Type)은 변수(Variable)*에 저장될 데이터의 형식을 나타내는 것으로, 변수에 값을 저장하기 전에 문자형, 정수형, 실수형 등 어떤 형식의 값을 저장할지 데이터 타입을 지정하여 변수를 선언해야 한다.

- 데이터 타입의 유형

유형	기능	예
정수 타입(Integer Type)	정수, 즉 소수점이 없는 숫자를 저장할 때 사용한다.	1, −1, 10, −100
부동 소수점 타입(Floating Point Type)	소수점 이하가 있는 실수를 저장할 때 사용한다.	0.123×10^2, -1.6×2^3
문자 타입(Character Type)	• 한 문자를 저장할 때 사용한다. • 작은따옴표(' ') 안에 표시한다.	'A', 'a', '1', '*'
문자열 타입(Character String Type)	• 문자열을 저장할 때 사용한다. • 큰따옴표(" ") 안에 표시한다.	"Hello!", "1+2=3"
불린 타입(Boolean Type)	• 조건의 참(True), 거짓(False) 여부를 판단하여 저장할 때 사용한다. • 기본값은 거짓(False)이다.	true, false
배열 타입(Array Type)	• 같은 타입의 데이터 집합을 만들어 저장할 때 사용한다. • 데이터는 중괄호({ }) 안에 콤마(,)로 구분하여 값들을 나열한다.	{1, 2, 3, 4, 5}

2 JAVA의 데이터 타입 크기 및 기억 범위

종류	데이터 타입	크기	기억 범위
문자	char	2Byte	0 ~ 65,535
정수	byte	1Byte	−128 ~ 127
	short	2Byte	−32,768 ~ 32,767
	int	4Byte	−2,147,483,648 ~ 2,147,438,647
	long	8Byte	−9,223,372,036,854,775,808 ~ 9,223,372,036,854,775,807
실수	float	4Byte	1.4×10^{-45} ~ 3.4×10^{38}
	double	8Byte	4.9×10^{-324} ~ 1.8×10^{308}
논리	boolean	1Byte	true 또는 false

2장 프로그래밍 언어 응용

005 데이터 타입 Ⓐ등급
006 변수 Ⓐ등급
007 연산자 Ⓐ등급
008 데이터 입·출력 Ⓐ등급
009 제어문 Ⓑ등급
010 반복문 Ⓐ등급
011 배열과 문자열 Ⓒ등급
012 JAVA의 클래스 Ⓐ등급
013 Python의 기본 문법 Ⓐ등급
014 Python의 활용 Ⓐ등급
015 웹 프로그래밍 언어 - HTML Ⓑ등급
016 웹 프로그래밍 언어 - JavaScript Ⓑ등급
017 예외 처리 Ⓑ등급

꼭 알아야 할 키워드 Best 10

1. 변수명 작성 규칙 2. 연산자 3. Java에서의 표준 출력 4. 다중 if문 5. for문 6. Java의 문자열 7. Java의 클래스 8. Python - 리스트
9. HTML의 태그 10. JavaScript의 배열

⑩ 다형성

메시지에 의해 객체(클래스)가 연산을 수행하게 될 때 하나의 메시지에 대해 각 객체(클래스)가 가지고 있는 고유한 방법(특성)으로 응답할 수 있는 능력을 의미한다.

004 스크립트 언어

❶ 스크립트 언어의 개요
- HTML 문서 안에 직접 프로그래밍 언어를 삽입하여 별도의 번역기가 소스를 분석하여 동작하게 하는 언어이다.
- 클라이언트의 웹 브라우저에서 해석되어 실행되는 클라이언트용 스크립트 언어와 서버에서 해석되어 실행된 후 결과만 클라이언트로 보내는 서버용 스크립트 언어가 있다.
  - 서버용 스크립트 언어 : ASP, JSP, PHP, 파이썬(Python)
  - 클라이언트용 스크립트 언어 : 자바스크립트(Java Script), VB 스크립트(Visual Basic Script)

❷ 스크립트 언어의 장·단점
- 컴파일 없이 바로 실행하므로 결과를 바로 확인할 수 있다.
- 배우고 코딩하기 쉽다.
- 개발 시간이 짧다.
- 소스 코드를 쉽고 빠르게 수정할 수 있다.

❸ 자바스크립트(JavaScript)
- 웹 페이지의 동작을 제어하는 데 사용되는 클라이언트용 스크립트 언어이다.
- 클래스 기반 객체 상속을 지원한다.
- 프로토타입 개념을 활용할 수 있다.

❹ VB 스크립트(Visual Basic Script)
- 마이크로소프트 사에서 자바스크립트에 대응하기 위해 제작한 언어이다.
- Active X를 사용하여 마이크로소프트 사의 애플리케이션들을 컨트롤할 수 있다.

❺ ASP(Active Server Page)
서버 측에서 동적으로 수행되는 페이지를 만들기 위한 언어로 마이크로 소프트 사에서 제작하였다.

❻ JSP(Java Server Page)
JAVA로 만들어진 서버용 스크립트로, 다양한 운영체제에서 사용이 가능하다.

❼ PHP(Professional Hypertext Preprocessor)
- 서버용 스크립트 언어로, Linux, Unix, Windows 운영체제에서 사용 가능하다.
- C, Java 등과 문법이 유사하므로 배우기 쉬워 웹 페이지 제작에 많이 사용된다.

❽ 파이썬(Python)
- 귀도 반 로섬(Guido van Rossum)이 발표한 대화형 인터프리터 언어이다.
- 객체지향 기능을 지원하고 플랫폼에 독립적이며 문법이 간단하여 배우기 쉽다.

❾ 쉘 스크립트
- 유닉스/리눅스 계열의 쉘(Shell)에서 사용되는 명령어들의 조합으로 구성된 스크립트 언어이다.
- 컴파일 단계가 없어 실행 속도가 빠르다.
- 저장 시 확장자로 '.sh'가 붙는다.
- **쉘의 종류** : Bash Shell, Bourne Shell, C Shell, Korn Shell 등
- 쉘 스크립트에서 사용되는 제어문
  - 선택형 : if, case
  - 반복형 : for, while, until

⑩ Basic
절차지향 기능을 지원하는 대화형 인터프리터 언어로, 초보자도 쉽게 사용할 수 있는 문법 구조를 갖는다.

1장 핵심요약

- update(세트) : 세트에 새로운 '세트'를 추가하여 확장함
- remove(값) : 세트에서 '값'을 찾아 해당 요소를 삭제함

❾ 주요 수학 함수
- pow(x, y) : x^y, 즉 x의 y승을 구함
- sqrt(x) : x의 제곱근을 구함
- abs(x) : 절대값을 구함
- log(x) : 자연 로그에 대한 값을 구함
- log10(x) : 상용 로그에 대한 값을 구함
- ceil(x) : 소수점을 올림하여 정수로 표현함

002 구조적 프로그래밍 언어

❶ 구조적 프로그래밍
- 신뢰성 있는 소프트웨어의 생산과 코딩의 표준화 등을 위해 개발된 방법이다.
- 복잡성을 줄이고 분기(GOTO) 없이 프로그래밍하여 읽고, 테스트하기 쉽다.
- 수행 시간의 효율성과 유지보수의 최소화로 프로그램의 효율성을 증진시킨다.

❷ 구조적 프로그래밍의 규칙
- 프로그램의 제어 흐름을 선형화시킨다.
- 단일 입구와 단일 출구만 가지게 한다.
- GOTO문은 사용하지 않고, 순차, 선택(조건), 반복 세 가지 기본 제어 구조만 사용한다.

003 객체지향 프로그래밍 언어

❶ 객체지향 프로그래밍 언어의 개요
- 현실 세계의 개체(Entity)를 기계의 부품처럼 하나의 객체로 만들어, 객체들을 조립해서 프로그램을 작성할 수 있도록 한 프로그래밍 기법이다.
- 프로시저보다는 명령과 데이터로 구성된 객체를 중심으로 하는 프로그래밍 기법이다.
- 종류 : JAVA, C++, Smalltalk 등

❷ 객체지향 프로그래밍 언어의 장·단점
- 상속을 통한 재사용과 시스템의 확장이 용이하다.
- 코드의 재활용성이 높다.
- 자연적인 모델링에 의해 분석과 설계를 쉽고 효율적으로 할 수 있다.
- 사용자와 개발자 사이의 이해를 쉽게 해준다.

❸ 객체(Object)
- 데이터(속성)와 이를 처리하기 위한 연산(메소드)을 결합시킨 실체이다.
- 데이터 구조와 그 위에서 수행되는 연산들을 가지고 있는 소프트웨어 모듈이다.

❹ 클래스
두 개 이상의 유사한 객체들을 묶어서 하나의 공통된 특성을 표현하는 요소이다. 즉 공통된 특성과 행위를 갖는 객체의 집합이라고 할 수 있다.

❺ 메시지
객체들 간에 상호작용을 하는데 사용되는 수단으로 객체의 메소드(동작, 연산)를 일으키는 외부의 요구 사항이다.

❻ 캡슐화
데이터(속성)와 데이터를 처리하는 함수를 하나로 묶는 것을 의미한다.

❼ 정보 은닉
캡슐화에서 가장 중요한 개념으로, 다른 객체에게 자신의 정보를 숨기고 자신의 연산만을 통하여 접근을 허용하는 것이다.

❽ 추상화
불필요한 부분을 생략하고 객체의 속성 중 가장 중요한 것에만 중점을 두어 개략화하는 것, 즉 모델화하는 것이다.

❾ 상속성
이미 정의된 상위 클래스(부모 클래스)의 모든 속성과 연산을 하위 클래스가 물려받는 것이다.

1장 핵심요약

001 라이브러리

❶ 라이브러리의 개념
- 프로그램을 효율적으로 개발할 수 있도록 자주 사용하는 함수나 데이터들을 미리 만들어 모아 놓은 집합체이다.
- 표준 라이브러리 : 프로그래밍 언어에 기본적으로 포함되어 있는 라이브러리로, 여러 종류의 모듈이나 패키지로 구성됨
- 외부 라이브러리 : 개발자들이 필요한 기능들을 만들어 인터넷 등에 공유해 놓은 것으로, 외부 라이브러리를 다운받아 설치한 후 사용함

❷ Java의 주요 표준 라이브러리
- Java는 라이브러리를 패키지에 포함하여 제공한다.
- 패키지를 사용하려면 'import java.util'과 같이 import문을 이용 해 선언한 후 사용해야 한다.
- 클래스의 메소드를 사용할 때는 클래스와 메소드를 마침표(.)로 구분하여 사용한다.
- Java의 주요 패키지 : java.lang, java.util, java.io, java.net, java.awt 등

❸ Java - String 클래스의 주요 메소드
- A.compareTo(B) : 숫자로된 문자열 A와 B를 비교하여 같으면 0, A가 크면 1, B가 크면 -1을 반환함
- A.equals(B) : 대소문자를 구분하여 문자열 A와 B를 비교한 후 같으면 참, 다르면 거짓을 반환함
- A.equalsIgnoreCase(B) : 대소문자 구분없이 문자열 A와 B를 비교한 후 같으면 참, 다르면 거짓을 반환함
- toLowerCase(문자열) : 문자열을 모두 소문자로 변환함
- toUpperCase(문자열) : 문자열을 모두 대문자로 변환함
- split(구분자) : 지정된 구분자로 문자열을 구분하여 분리함
- replaceAll(변환 대상, 변환할 문자) : 변환 대상을 변환할 문자로 치환함

❹ Java - StringTokenizer 클래스의 주요 메소드
- countTokens( ) : StringTokenizer 객체의 토큰 개수를 반환함
- hasMoreTokens( ) : Stringtokenizer 객체에 반환할 토큰이 있으면 참, 없으면 거짓을 반환함
- nextToken( ) : StringTokenizer 객체에서 차례로 토큰을 가져와 반환함

❺ Python의 주요 표준 라이브러리
- Python은 라이브러리를 패키지로 제공한다.
- 라이브러리를 사용하려면 'import random'과 같이 선언한다.
- 사용할 때는 마침표(.)로 구분하여 'random.choice( )'와 같이 사용한다.
- Python의 주요 클래스 : os, re, math, random, statistics, datetime 등

❻ Python - 문자열 관련 주요 메소드
- len( ) : 문자열의 길이를 반환함
- upper( ) : 문자열을 대문자로 변경함
- lower( ) : 문자열을 소문자로 변경함
- capitalize( ) : 문자열의 첫 글자는 대문자, 나머지는 모두 소문자로 변경함
- title( ) : 문자열에서 각 단어의 첫 글자만 대문자로 변경함
- replace(값1, 값2) : 문자열에서 '값1'을 찾아 '값2'로 교체함
- split(값) : '값'을 기준으로 문자열을 분리하여 리스트로 반환하며, '값'을 생략하면 공백으로 문자열을 분리함

❼ Python - 리스트 관련 주요 메소드
- pop(위치) : 리스트의 '위치'에 있는 값을 출력하고 해당 요소를 삭제함
- count(값) : 리스트에서 '값'이 저장되어 있는 요소들의 개수를 반환함
- extend(리스트) : 리스트의 끝에 새로운 '리스트'를 추가하여 확장함
- append(값) : 리스트의 끝에 값을 추가함
- sum(리스트) : 리스트의 모든 요소의 합을 계산하여 반환함
- reverse( ) : 리스트의 순서를 역순으로 뒤집음
- copy( ) : 리스트를 복사함

❽ Python - 세트 관련 주요 메소드
- pop( ) : 세트의 값을 출력하고 요소를 삭제함
- add(값) : 세트에 '값'을 추가함

인터프리터 언어
인터프리터 언어는 원시 프로그램을 줄 단위로 번역하여 바로 실행해 주는 언어로, 목적 프로그램을 생성하지 않고 즉시 실행 결과를 출력합니다.

쉘(Shell)
쉘은 사용자의 명령어를 인식하여 프로그램을 호출하고 명령을 수행하는 명령어 해석기입니다.

JSP(Java Server Page)	JAVA로 만들어진 서버용 스크립트로, 다양한 운영체제에서 사용이 가능하다.
PHP(Professional Hypertext Preprocessor)	• 서버용 스크립트 언어로, Linux, Unix, Windows 운영체제에서 사용 가능하다. • C, Java 등과 문법이 유사하므로 배우기 쉬워 웹 페이지 제작에 많이 사용된다.
파이썬(Python)	• 귀도 반 로섬(Guido van Rossum)이 발표한 대화형 인터프리터 언어* 이다. • 객체지향 기능을 지원하고 플랫폼에 독립적이며 문법이 간단하여 배우기 쉽다.
쉘 스크립트	• 유닉스/리눅스 계열의 쉘(Shell)*에서 사용되는 명령어들의 조합으로 구성된 스크립트 언어이다. • 컴파일 단계가 없어 실행 속도가 빠르다. • 저장 시 확장자로 '.sh'가 붙는다. • **쉘의 종류** : Bash Shell, Bourne Shell, C Shell, Korn Shell 등 • 쉘 스크립트에서 사용되는 제어문 　- 선택형 : if, case 　- 반복형 : for, while, until
Basic	절차지향 기능을 지원하는 대화형 인터프리터 언어로, 초보자도 쉽게 사용할 수 있는 문법 구조를 갖는다.

기출문제 따라잡기

문제4 2600451

이전기출
1. 스크립트 언어가 아닌 것은?
① PHP　　　　② Cobol
③ Basic　　　　④ Python

　Cobol은 사무 처리용 언어입니다.

이전기출
2. 귀도 반 로섬(Guido van Rossum)이 발표한 언어로, 인터프리터 방식이자 객체지향적이며, 배우기 쉽고 이식성이 좋은 것이 특징인 스크립트 언어는?
① C++　　　　② JAVA
③ C#　　　　　④ Python

　귀도 반 로섬이 발표한 이식성 좋은 인터프리터 언어는 Python입니다.

이전기출
3. 다음 중 bash 쉘 스크립트에서 사용할 수 있는 제어문이 아닌 것은?
① if　　　　　② for
③ repeat_do　　④ while

　bash 쉘 스크립트의 제어문에는 if, case, for, while, until이 있습니다.

이전기출
4. 자바스크립트(JavaScript)와 관련한 설명으로 틀린 것은?
① 프로토타입(Prototype)의 개념이 존재한다.
② 클래스 기반으로 객체 상속을 지원하지 않는다.
③ Prototype Link와 Prototype Object를 활용할 수 있다.
④ 객체지향 언어이다.

　자바스크립트는 객체 상속은 물론 클래스 기반으로 작성하는 것도 가능합니다.

▶ 정답 : 1.② 2.④ 3.③ 4.②

SECTION 004 스크립트 언어

1 스크립트 언어(Script Language)의 개요

스크립트 언어는 HTML 문서 안에 직접 프로그래밍 언어를 삽입하여 사용하는 것으로, 기계어로 컴파일 되지 않고 별도의 번역기가 소스를 분석하여 동작하게 하는 언어이다.

- 게시판 입력, 상품 검색, 회원 가입 등과 같은 데이터베이스 처리 작업을 수행하기 위해 주로 사용한다.
- 스크립트 언어는 클라이언트의 웹 브라우저에서 해석되어 실행되는 클라이언트용 스크립트 언어와 서버에서 해석되어 실행된 후 결과만 클라이언트로 보내는 서버용 스크립트 언어가 있다.
  - 서버용 스크립트 언어 : ASP, JSP, PHP, 파이썬(Python)
  - 클라이언트용 스크립트 언어 : 자바스크립트(JavaScript), VB 스크립트(Visual Basic Script)

> **전문가의 조언**
> 스크립트 언어의 개념을 파악하고, 종류는 서버용과 클라이언트용으로 구분하여 기억하세요. 그리고 각 스크립트 언어들의 개별적인 특징은 서로를 구분할 수 있을 정도로만 정리해 두세요.

2 스크립트 언어의 장·단점

- 컴파일 없이 바로 실행하므로 결과를 바로 확인할 수 있다.
- 배우고 코딩하기 쉽다.
- 개발 시간이 짧다.
- 소스 코드를 쉽고 빠르게 수정할 수 있다.
- 코드를 읽고 해석해야 하므로 실행 속도가 느리다.
- 런타임 오류가 많이 발생한다.

> **전문가의 조언**
> **중요해요!** ★★★
> 스크립트 언어의 종류를 기억하고, 서로를 구분할 수 있도록 각각의 특징을 간단히 정리하세요.
>
> **Prototype Link와 Prototype Object**
> 자바스크립트에서 프로토타입을 구현하기 위해 사용하는 개념으로, 객체가 생성될 때 생성된 객체의 원형을 프로토타입 객체(Object)라고 하고, 생성된 객체와 원형을 연결하는 링크를 프로토타입 링크(Link)라고 합니다.
>
> **Active X**
> Active X는 마이크로소프트 사에서 Windows 환경의 응용 프로그램을 웹과 연결하기 위해 개발한 프로그램 기술로서, Active X를 이용하면 동적(Dynamic)인 콘텐츠와 응용 프로그램 제작이 편리합니다.

3 스크립트 언어의 종류

자바스크립트 (JavaScript)	• 웹 페이지의 동작을 제어하는 데 사용되는 클라이언트용 스크립트 언어이다. • 클래스 기반의 객체 상속을 지원하여 객체지향 프로그래밍 언어의 성격도 갖고 있다. • Prototype Link※와 Prototype Object※를 통해 프로토타입 개념을 활용할 수 있다.
VB 스크립트(Visual Basic Script)	마이크로소프트 사에서 자바스크립트에 대응하기 위해 제작한 언어로, Active X※를 사용하여 마이크로소프트 사의 애플리케이션들을 컨트롤할 수 있다.
ASP(Active Server Page)	• 서버 측에서 동적으로 수행되는 페이지를 만들기 위한 언어로 마이크로소프트 사에서 제작하였다. • Windows 계열에서만 수행 가능한 프로그래밍 언어이다.

기출문제 따라잡기

이전기출
1. 객체지향 기법에 대한 설명으로 거리가 먼 것은?
① 프로시저에 근간을 두고 프로그래밍을 구현하는 기법이다.
② 현실 세계를 모형화하여 사용자와 개발자가 쉽게 이해할 수 있다.
③ 소프트웨어의 재사용율이 높아진다.
④ 소프트웨어의 유지보수성이 향상된다.

> 객체지향 기법은 객체를 만들어 객체를 근간으로 프로그램을 구현합니다.

이전기출
2. 캡슐화, 추상화, 상속성 등의 특징을 갖는 객체지향 언어는?
① C
② C++
③ COBOL
④ FORTRAN

> C, COBOL, FORTRAN은 절차적 프로그래밍 언어입니다.

이전기출
3. 객체지향 개념에서 이미 정의되어있는 상위 클래스(슈퍼 클래스 혹은 부모 클래스)의 메소드를 비롯한 모든 속성을 하위 클래스가 물려받는 것을 무엇이라고 하는가?
① Abstraction
② Method
③ Inheritance
④ Message

> 물려받는 것을 상속이라고 하고, 영어로는 Inheritance라고 합니다.

이전기출
4. 객체지향의 주요 개념에 대한 설명으로 틀린 것은?
① 캡슐화는 상위 클래스에서 속성이나 연산을 전달받아 새로운 형태의 클래스로 확장하여 사용하는 것을 의미한다.
② 객체는 실세계에 존재하거나 생각할 수 있는 것을 말한다.
③ 클래스는 하나 이상의 유사한 객체들을 묶어 공통된 특성을 표현한 것이다.
④ 다형성은 상속받은 여러 개의 하위 객체들이 다른 형태의 특성을 갖는 객체로 이용될 수 있는 성질이다.

> 캡슐화는 보이지 않도록 감싸는 것, 상속은 물려받는 것입니다.

이전기출
5. 객체지향의 기본 개념 중 객체가 메시지를 받아 실행해야 할 객체의 구체적인 연산을 정의한 것은?
① 메소드
② 추상화
③ 상속성
④ 캡슐화

> 연산, 동작, 함수 하면 메소드, 속성, 변수, 자료 구조 하면 데이터입니다.

이전기출
6. 하나 이상의 유사한 객체들을 묶어서 하나의 공통된 특성을 표현한 것으로 데이터 추상화의 개념으로 볼 수 있는 것은?
① 객체(Object)
② 클래스(Class)
③ 실체(Instance)
④ 메시지(Message)

> 클래스를 짧게 표현하자면 '공통된 특성과 행위를 갖는 객체의 집합'이라고 할 수 있습니다.

▶ 정답 : 1.① 2.② 3.③ 4.① 5.① 6.②

4 객체지향 프로그래밍 언어의 특징

객체지향 프로그래밍 언어의 특징에는 캡슐화, 정보 은닉, 추상화, 상속성, 다형성 등이 있다.

캡슐화 (Encapsulation)*	• 데이터(속성)와 데이터를 처리하는 함수를 하나로 묶는 것을 의미한다. • 캡슐화된 객체의 세부 내용이 외부에 은폐(정보 은닉)되어, 변경이 발생할 때 오류의 파급 효과가 적다. • 캡슐화된 객체들은 재사용이 용이하다.
정보 은닉 (Information Hiding)*	캡슐화에서 가장 중요한 개념으로, 다른 객체에게 자신의 정보를 숨기고 자신의 연산만을 통하여 접근을 허용하는 것이다.
추상화 (Abstraction)*	• 불필요한 부분을 생략하고 객체의 속성 중 가장 중요한 것에만 중점을 두어 개략화하는 것, 즉 모델화하는 것이다. • 데이터의 공통된 성질을 추출하여 슈퍼 클래스를 선정하는 개념이다.
상속성 (Inheritance)*	• 이미 정의된 상위 클래스(부모 클래스)의 모든 속성과 연산을 하위 클래스가 물려받는 것이다. • 상속성을 이용하면 하위 클래스는 상위 클래스의 모든 속성과 연산을 자신의 클래스 내에서 다시 정의하지 않고서도 즉시 자신의 속성으로 사용할 수 있다.

다형성
(Polymorphism)
	• 메시지에 의해 객체(클래스)가 연산을 수행하게 될 때 하나의 메시지에 대해 각 객체(클래스)가 가지고 있는 고유한 방법(특성)으로 응답할 수 있는 능력을 의미한다.
	• 객체(클래스)들은 동일한 메소드명을 사용하며 같은 의미의 응답을 한다.
	• 다형성의 예
	  – '+' 연산자의 경우 숫자 클래스에서는 덧셈, 문자 클래스에서는 문자열의 연결 기능으로 사용된다.
	  – 오버로딩(Overloading) : 메소드(Method)의 이름은 같지만 인수를 받는 자료형과 개수를 달리하여 여러 가지 기능을 정의할 수 있음
	  – 오버라이딩(Overriding, 메소드 재정의) : 상위 클래스에서 정의한 메소드(Method)와 이름은 같지만 메소드 안의 실행 코드를 달리하여 자식 클래스에서 재정의해서 사용할 수 있음

전문가의 조언

중요해요! ★★★★
상속은 물려받는 것, 캡슐화는 보이지 않도록 감싸는 것, 다형성은 다양한 형태로 이용될 수 있는 성질이라는 것을 중심으로 각각의 특징을 정리해 두세요.

캡슐화와 정보 은닉의 장점
• 유지보수의 용이성
• 객체 이용의 용이성

정보 은닉
캡슐로 된 감기약을 예로 들면 정보 은닉은 감기약에 어떤 재료가 들어 있는지 몰라도 감기가 걸렸을 때 먹는 약이라는 것만 알고 복용하는 것과 같은 의미입니다.

추상화(Abstraction)의 종류
• 과정 추상화 : 자세한 수행 과정을 정의하지 않고, 전반적인 흐름만 파악할 수 있게 설계하는 방법
• 데이터 추상화 : 데이터의 세부적인 속성이나 용도를 정의하지 않고, 데이터 구조를 대표할 수 있는 표현으로 대체하는 방법
• 제어 추상화 : 이벤트 발생의 정확한 절차나 방법을 정의하지 않고, 대표할 수 있는 표현으로 대체하는 방법

상속성(Inheritance)의 종류
• 단일 상속 : 하나의 상위 클래스로부터 상속받는 것
• 다중 상속 : 여러 개의 상위 클래스로부터 상속받는 것

SECTION 003 객체지향 프로그래밍 언어

 전문가의 조언

객체지향 프로그래밍 언어가 무엇인지 의미를 정확히 알아야 하며, 그 의미를 중심으로 객체지향 프로그래밍의 장·단점을 정리해 두세요.

1 객체지향 프로그래밍 언어의 개요

객체지향 프로그래밍 언어는 현실 세계의 개체(Entity)를 기계의 부품처럼 하나의 객체로 만들어, 기계적인 부품들을 조립하여 제품을 만들 듯이 소프트웨어를 개발할 때도 객체들을 조립해서 프로그램을 작성할 수 있도록 한 프로그래밍 기법이다.

- 프로시저보다는 명령과 데이터로 구성된 객체를 중심으로 하는 프로그래밍 기법으로, 한 프로그램을 다른 프로그램에서 이용할 수 있도록 한다.
- 객체지향 프로그래밍 언어의 종류에는 JAVA, C++, Smalltalk 등이 있다.

2 객체지향 프로그래밍 언어의 장·단점

- 상속을 통한 재사용과 시스템의 확장이 용이하다.
- 코드의 재활용성이 높다.
- 자연적인 모델링에 의해 분석과 설계를 쉽고 효율적으로 할 수 있다.
- 사용자와 개발자 사이의 이해를 쉽게 해준다.
- 대형 프로그램의 작성이 용이하다.
- 소프트웨어 개발 및 유지보수가 용이하다.
- 프로그래밍 구현을 지원해 주는 정형화된 분석 및 설계 방법이 없다.
- 구현 시 처리 시간이 지연된다.

 전문가의 조언

중요해요! ★★★
객체는 실세계에 존재하는 것, 클래스는 객체들의 공통된 특성이라는 것을 중심으로 각각의 특징을 정리해 두세요.

3 객체지향 프로그래밍 언어의 구성 요소

객체지향 프로그래밍 언어의 구성 요소에는 객체(Object), 클래스(Class), 메시지(Message)가 있다.

객체(Object)	• 데이터(속성)와 이를 처리하기 위한 연산(메소드)을 결합시킨 실체이다. • 데이터 구조와 그 위에서 수행되는 연산들을 가지고 있는 소프트웨어 모듈이다. • 속성(Attribute) : 한 클래스 내에 속한 객체들이 가지고 있는 데이터 값들을 단위별로 정의하는 것으로서 성질, 분류, 식별, 수량 또는 현재 상태 등을 표현한다. • 메소드(Method) : 객체가 메시지를 받아 실행해야 할 때 구체적인 연산을 정의하는 것으로, 객체의 상태를 참조하거나 변경하는 수단이 된다.
클래스(Class)	• 두 개 이상의 유사한 객체들을 묶어서 하나의 공통된 특성을 표현하는 요소이다. 즉 공통된 특성과 행위를 갖는 객체의 집합이라고 할 수 있다. • 객체의 유형 또는 타입(Object Type)을 의미한다.
메시지(Message)	• 객체들 간에 상호작용을 하는데 사용되는 수단으로 객체의 메소드(동작, 연산)를 일으키는 외부의 요구 사항이다. • 메시지를 받은 객체는 대응하는 연산을 수행하여 예상된 결과를 반환하게 된다.

SECTION 002 구조적 프로그래밍 언어

1 구조적 프로그래밍

구조적 프로그래밍(Structure Programming)은 다익스트라(Dijkstra)가 최초로 제창하였으며, 신뢰성 있는 소프트웨어의 생산과 코딩의 표준화 등을 위해 개발된 방법이다.

- 복잡성을 줄이고 분기(GOTO) 없이 프로그래밍하여 읽고, 테스트하기 쉽다.
- 수행 시간의 효율성과 유지보수의 최소화로 프로그램의 효율성을 증진시킨다.
- 오류 없는 프로그램 구성으로 품질과 신뢰성을 향상시킨다.
- 생산성 증진으로 프로그래밍 경비가 감소된다.

전문가의 조언

구조적 프로그래밍의 제어 구조는 순차, 선택(조건), 반복이라는 것과 GOTO문을 사용하지 않는다는 것을 기억하세요.

2 구조적 프로그래밍의 규칙

- 프로그램의 제어 흐름을 선형화시킨다.
- 단일 입구와 단일 출구만 가지게 한다.
- GOTO문은 사용하지 않고, 구조화 이론의 세 가지 기본 제어 구조만을 사용한다.
  - 순차(Sequence) 구조 : 하나의 작업이 수행된 후 순서적으로 다음 작업이 수행
  - 선택(Selection) 구조 : 주어진 조건에 기초하여 명령을 선택하는 것으로, 조건(Condition) 구조라고도 한다.
  - 반복(Repetition) 구조 : 주어진 조건이 만족될 때까지 특정 작업을 반복 수행

기출문제 따라잡기

문제2 2600251

이전기출
1. 구조적 프로그램의 기본 구조에 해당하지 않는 것은?
① 순차(Sequence) 구조
② 반복(Repetition) 구조
③ 조건(Condition) 구조
④ 일괄(Batch) 구조

구조적 프로그램의 기본 논리 구조는 순차, 선택(조건), 반복 구조입니다.

이전기출
2. 구조적 프로그래밍 기법에 관한 설명으로 옳지 않은 것은?
① GOTO 명령을 사용하여 프로그램의 이해가 쉽다.
② 최초로 제창한 사람은 Dijkstra이다.
③ 프로그램의 신뢰성과 생산성 향상을 기할 수 있다.
④ 순차, 선택, 반복의 기본적 논리 구조를 갖는다.

구조적 프로그래밍에서는 GOTO 문을 사용하지 않고, 순차, 반복, 선택(조건)만을 사용합니다.

▶ 정답 : 1.④ 2.①

기출문제 따라잡기

문제5 2600151

이전기출

1. 라이브러리의 개념과 구성에 대한 설명 중 틀린 것은?

① 라이브러리란 필요할 때 찾아서 쓸 수 있도록 모듈화되어 제공되는 프로그램을 말한다.
② 프로그래밍 언어에 따라 일반적으로 도움말, 설치 파일, 샘플 코드 등을 제공한다.
③ 외부 라이브러리는 프로그래밍 언어가 기본적으로 가지고 있는 라이브러리를 의미하며, 표준 라이브러리는 별도의 파일 설치를 필요로 하는 라이브러리를 의미한다.
④ 라이브러리는 모듈과 패키지를 총칭하며, 모듈이 개별 파일이라면 패키지는 파일들을 모아 놓은 폴더라고 볼 수 있다.

> 프로그래밍 언어가 기본적으로 가지고 있는 라이브러리는 표준 라이브러리이고 별도의 파일 설치를 필요로 하는 라이브러리는 외부 라이브러리입니다.

이전기출

2. 다음은 JAVA의 implement 패키지에서 execution 패키지의 Sample 클래스를 호출하는 코드를 구현한 것이다. 괄호(㉠~㉡)에 들어갈 알맞은 코드는?

```
( ㉠ ) implement;

( ㉡ ) execution.Sample;

public class Test {
    public static void main(String[ ] args) {
        :
        :
    }
```

① package, import
② import, packge
③ include, insert
④ import, insert

> • JAVA의 처음에는 자신이 속한 패키지를 알리는 패키지명을 package [패키지명] 형식으로 입력합니다.
> • 외부 라이브러리를 호출할 때는 import를 사용하며, 선언된 패키지 안에 있는 클래스의 메소드를 사용할 때는 클래스와 메소드를 마침표(.)로 구분하여 'import execution.Sample;'과 같이 사용합니다.

출제예상

3. 다음 JAVA 코드의 출력 결과로 올바른 것은?

```
String str = "Hello Java";
System.out.println(str.length( ));
```

① 9   ② 10   ③ 11   ④ 12

> length( )는 문자열의 문자 개수를 반환합니다. "Hello Java"는 공백을 포함해 10글자입니다.

출제예상

4. 다음 중 JAVA에서 사용하는 메소드에 대한 설명으로 옳지 않은 것은?

① substring( ) : 지정된 구분자로 문자열을 구분하여 분리함
② equals( ) : 대소문자를 구분하여 2개의 문자열을 서로 비교한 후 같으면 참, 다르면 거짓을 반환함
③ length( ) : 문자열의 길이를 반환함
④ charAt( ) : 문자열에서 지정된 위치에 해당하는 문자를 반환함

> • substring( )은 문자열에서 지정한 위치를 포함한 이후의 모든 문자열을 반환합니다.
> • 지정된 구분자로 문자열을 구분하여 분리하는 메소드는 split( )입니다.

출제예상

5. 다음 중 Python 코드의 일부인 "Hello".replace("l", "x") 의 결과로 옳은 것은?

① "Hexxo"   ② "Hxxxo"
③ "Hello"   ④ "Hxllo"

> replace(값1, 값2)는 문자열에서 '값1'을 찾아 '값2'로 교체합니다. "Hello"에서 "l"를 찾아 "x"로 교체하면 결과는 "Hexxo"입니다.

▶ 정답 : 1.③ 2.① 3.② 4.① 5.①

잠깐만요 **수학 / 난수 발생 함수**

주요 수학 함수(Java, Python 공통)

함수명	기능
pow(x, y)	x^y, 즉 x의 y승을 구합니다. 예 System.out.printf("%f", pow(2, 3)) → 8.000000
sqrt(x)	x의 제곱근을 구합니다. 예 System.out.printf("%f", sqrt(9)) → 3.000000
abs(x)	절대값을 구합니다. 예 System.out.printf("%d", abs(-5)) → 5
log(x)	자연 로그에 대한 값을 구합니다. 예 System.out.printf("%f", log(3)) → 1.098612
log10(x)	상용 로그에 대한 값을 구합니다. 예 System.out.printf("%f", log10(100)) → 2.000000
ceil(x)	소수점을 올림하여 정수로 표현합니다. 예 System.out.printf("%d", ceil(3.1415)) → 4

전문가의 조언

abs( ) 함수를 제외한 다른 수학 함수는 계산 후 반환되는 값이 실수이므로, 출력 시 서식 문자열 %f를 사용해서 출력합니다.

구분	
random	• 무작위 선택을 위한 기능을 제공한다. • 주요 메소드 : choice( ), sample( ), random( ), randrange( ) 등
statistics	• 통계값 산출을 위한 기능을 제공한다. • 주요 메소드 : mean( ), median( ), variance( ) 등
datetime	• 날짜와 시간 조작을 위한 기능을 제공한다. • 주요 메소드 : today( ), date( ), strftime( ) 등

Python의 주요 메소드

구분	주요 메소드
문자열 관련	• upper( ) : 문자열을 대문자로 변경함 • lower( ) : 문자열을 소문자로 변경함 • capitalize( ) : 문자열의 첫 글자는 대문자, 나머지는 모두 소문자로 변경함 • title( ) : 문자열에서 각 단어의 첫 글자만 대문자로 변경함 • replace(값1, 값2) : 문자열에서 '값1'을 찾아 '값2'로 교체함 • split(값) : '값'을 기준으로 문자열을 분리하여 리스트로 반환하며, '값'을 생략하면 공백으로 문자열을 분리함 • count(값) : 문자열에서 '값'을 검색하여 '값'의 개수를 반환함 • find(값) : 문자열에서 처음 검색되는 '값'의 위치를 반환하며, 찾지 못한 경우 -1을 반환함 • index(값) : 문자열에서 처음 검색되는 '값'의 위치를 반환하며, 찾지 못한 경우 오류가 발생함 • len( ) : 문자열의 길이를 반환함
리스트 관련	• list( ) : 반복 가능한 객체를 리스트 자료형으로 변환하거나 빈 리스트를 생성함 • len( ) : 리스트 요소의 개수를 반환함 • pop(위치) : 리스트의 '위치'에 있는 값을 출력하고 해당 요소를 삭제함 • count(값) : 리스트에서 '값'을 검색하여 '값'의 개수를 반환함 • extend(리스트) : 리스트의 끝에 새로운 '리스트'를 추가하여 확장함 • append(값) : 리스트의 끝에 값을 추가함 • remove(값) : 리스트에서 '값'에 해당하는 첫 번째 항목을 찾아 제거하며, 해당 값이 없으면 오류가 발생함 • reverse( ) : 리스트의 순서를 역순으로 뒤집음 • copy( ) : 리스트를 복사함 • index(값) : 리스트에서 '값'이 저장된 요소의 위치를 반환함 • sort( ) - 리스트를 정렬하며, 기본값은 오름차순이다. - reverse 속성을 이용하여 정렬 방식을 지정할 수 있다(True : 내림차순, False : 오름차순) • sum(리스트) : 리스트의 모든 요소의 합을 계산하여 반환함
세트 관련	• set( ) : 반복 가능한 객체를 세트 자료형으로 변환하거나 빈 세트를 생성함 • len( ) : 세트 요소의 개수를 반환함 • pop( ) : 세트의 값을 출력하고 요소를 삭제함※ • add(값) : 세트에 '값'을 추가함 • update(세트) : 세트에 새로운 '세트'를 추가하여 확장함 • remove(값) : 세트에서 '값'을 찾아 해당 요소를 삭제함

pop( )
세트의 pop( )은 리스트와 달리 인수를 입력하지 못하며, pop( ) 사용 시 어떤 요소가 출력되고 삭제될지 알 수 없습니다.

③ Java의 주요 메소드

클래스	주요 메소드
String	• A.compareTo(B) : 숫자로된 문자열 A와 B를 비교하여 같으면 0, A가 크면 1, B가 크면 -1을 반환함 • A.equals(B) : 대소문자를 구분하여 문자열 A와 B를 비교한 후 같으면 참, 다르면 거짓을 반환함 • A.equalsIgnoreCase(B) : 대소문자 구분없이 문자열 A와 B를 비교한 후 같으면 참, 다르면 거짓을 반환함 • toLowerCase(문자열) : 문자열을 모두 소문자로 변환함 • toUpperCase(문자열) : 문자열을 모두 대문자로 변환함 • split(구분자) : 지정된 구분자로 문자열을 구분하여 분리함 • replaceAll(변환 대상, 변환할 문자) : 변환 대상을 변환할 문자로 치환함 • A.substring(위치) : 문자열 A에서 지정한 위치를 포함한 이후의 모든 문자열을 반환함 • A.charAt(위치) : 문자열 A에서 위치에 해당하는 문자를 반환함 • A.length( ) : 문자열 A의 길이를 반환함 • A.trim( ) : 문자열 A의 좌우 공백을 제거함 • getNumericValue( ) : 숫자 형태의 문자열을 정수형으로 반환함 　- '0' ~ '9' : 숫자 형태로 반환 　- 'a'/'A' ~ 'z'/'Z' : 10 ~ 35까지의 값을 반환 　- 특수 문자 : -1 반환 　- 분수처럼 정수형으로 표현할 수 없는 문자열 : -2 반환
StringTokenizer	• countTokens( ) : StringTokenizer 객체의 토큰 개수를 반환함 • hasMoreTokens( ) : Stringtokenizer 객체에 반환할 토큰이 있으면 참, 없으면 거짓을 반환함 • nextToken( ) : StringTokenizer 객체에서 차례로 토큰을 가져와 반환함

④ Python의 주요 표준 라이브러리

Python은 Java와 동일하게 라이브러리를 패키지로 제공하며, 패키지에는 응용 프로그램 개발에 필요한 클래스와 메소드들이 정의되어 있다.

• Python에서 라이브러리를 사용하려면 'import random'과 같이 선언하고, 사용할 때는 마침표(.)로 구분하여 'random.choice( )'와 같이 사용한다.

클래스	기능
내장 함수	• Python에 기본적인 인터페이스로, import문이나 클래스명 없이도 사용할 수 있다. • 주요 메소드 : abs( ), slice( ), pow( ), print( ) 등
os	• 운영체제와 상호 작용하기 위한 기능을 제공한다. • 주요 메소드 : getcwd( ), chdir( ), system( ) 등
re	• 고급 문자열 처리를 위한 기능을 제공한다. • 주요 메소드 : findall( ), sub( ) 등
math	• 복잡한 수학 연산을 위한 기능을 제공한다. • 주요 메소드 : cos( ), log( ) 등

전문가의 조언

Java는 표준 라이브러리에 여러 패키지가 포함되어 있지만, Python은 표준 라이브러리라는 하나의 패키지만 존재합니다. 그렇기 때문에 라이브러리를 사용할 때 패키지가 아닌 각 클래스를 호출하여 사용합니다.

SECTION 001 라이브러리

전문가의 조언

중요해요! ★★★★★
Java와 Python은 라이브러리를 패키지로 제공한다는 것을 염두에 두고 대표적인 표준 라이브러리들의 종류와 개별적인 기능을 정리해 두세요.

- **모듈** : 하나의 기능이 한 개의 파일로 구현된 형태
- **패키지** : 하나의 패키지 폴더 안에 여러 개의 모듈을 모아 놓은 형태

메소드(Method)
Java에서는 특정 기능을 수행하는 함수를 메소드라고 합니다.

1 라이브러리의 개념

라이브러리는 프로그램을 효율적으로 개발할 수 있도록 자주 사용하는 함수나 데이터들을 미리 만들어 모아 놓은 집합체이다.
- 자주 사용하는 함수들의 반복적인 코드 작성을 피하기 위해 미리 만들어 놓은 것으로, 필요할 때는 언제든지 호출하여 사용할 수 있다.
- 라이브러리에는 표준 라이브러리와 외부 라이브러리가 있다.
- **표준 라이브러리** : 프로그래밍 언어에 기본적으로 포함되어 있는 라이브러리로, 여러 종류의 모듈*이나 패키지* 형태이다.
- **외부 라이브러리** : 개발자들이 필요한 기능들을 만들어 인터넷 등에 공유해 놓은 것으로, 외부 라이브러리를 다운받아 설치한 후 사용한다.

2 Java의 주요 표준 라이브러리

Java는 라이브러리를 패키지에 포함하여 제공하는데, 각 패키지에는 Java 응용 프로그램 개발에 필요한 메소드*들이 클래스로 정리되어 있다.
- Java에서 패키지를 사용하려면 'import java.util'과 같이 import문을 이용해 선언한 후 사용해야 한다.
- import로 선언된 패키지 안에 있는 클래스의 메소드를 사용할 때는 클래스와 메소드를 마침표(.)로 구분하여 'Math.abs( )'와 같이 사용한다.

패키지	기능
java.lang	• Java에 기본적으로 필요한 인터페이스, 자료형, 예외 처리 등에 관련된 기능을 제공한다. • import문 없이도 사용할 수 있다. • 주요 클래스 : String, System, Process, Runtime, Math, Error 등
java.util	• 날짜 처리, 난수 발생, 복잡한 문자열 처리 등에 관련된 기능을 제공한다. • 주요 클래스 : Date, Calender, Random, StringTokenizer 등
java.io	• 파일 입·출력과 관련된 기능 및 프로토콜을 제공한다. • 주요 클래스 : InputStream, OutputStream, Reader, Writer 등
java.net	• 네트워크와 관련된 기능을 제공한다. • 주요 클래스 : Socket, URL, InetAddress 등
java.awt	• 사용자 인터페이스(UI)와 관련된 기능을 제공한다. • 주요 클래스 : Frame, Panel, Dialog, Button, Checkbox 등

1장 프로그래밍 언어 활용

001 라이브러리 Ⓐ등급
002 구조적 프로그래밍 언어 Ⓒ등급
003 객체지향 프로그래밍 언어 Ⓑ등급
004 스크립트 언어 Ⓒ등급

꼭 알아야 할 키워드 Best 10

1. Java - String 클래스의 주요 메소드 2. Python - 문자열 관련 메소드 3. Python - 리스트 관련 메소드 4. 구조적 프로그래밍의 규칙
5. 객체 6. 클래스 7. 캡슐화 8. 상속 9. 다형성 10. 스크립트 언어의 종류

1 과목

프로그래밍 언어

1장 프로그래밍 언어 활용

2장 프로그래밍 언어 응용

프로그래밍기능사 Q&A

Q 필기 시험 시 입실 시간이 지난 후 시험장에 도착할 경우 시험 응시가 가능 한가요?
A 입실 시간 미준수 시 시험에 응시할 수 없습니다. 반드시 시험 시간 30분 전에 입실해야 합니다.

Q 필기 시험 시 챙겨야 할 준비물에는 어떤 것들이 있나요?
A 필기 시험은 CBT로 진행되므로, 수검표, 신분증(주민등록증, 운전면허증 등)만 지참하면 됩니다.
※ 신분증을 지참하지 않으면 시험에 응시할 수 없으니 반드시 신분증을 지참하세요.

Q 프로그래밍기능사 필기 시험은 총 몇 과목이고 어떤 과목들이 있나요?
A 프로그래밍기능사 필기는 총 4과목입니다. 시험 과목은 프로그래밍 언어, 응용 SW 기초 기술, SQL 활용, 정보 시스템 기초 기술입니다.

Q 프로그래밍기능사 필기 시험에 합격하려면 몇 점 이상 취득해야 하나요?
A 전체 평균 60점 이상 되어야 합격입니다.

Q 자격증 분실 시 재발급을 받으려면 어떻게 해야 하나요?
A 인터넷(q-net.or.kr)으로 신청하면 됩니다. 재발급 시 발급 수수료와 배송비가 필요합니다.

프로그래밍기능사 시험, 이것이 궁금하다!

Q 프로그래밍기능사 시험은 국가직무능력표준(NCS)을 기반으로 하여 문제가 출제된다고 하는데, 국가직무능력표준(NCS)이 뭔가요?

A 국가직무능력표준(NCS; National Competency Standards)이란 산업현장에서 직무를 수행하기 위해 요구되는 지식·기술·소양 등의 내용을 국가가 산업부문별·수준별로 체계화한 것으로 산업현장의 직무를 성공적으로 수행하기 위해 필요한 능력을 국가적 차원에서 표준화한 것을 의미하며, NCS의 능력 단위를 교육 및 훈련할 수 있도록 구성한 '교수·학습 자료'를 NCS 학습 모듈이라고 합니다.

프로그래밍기능사 시험은 NCS 학습 모듈 중 정보통신 분야의 '정보기술' 분류에 포함된 '정보기술개발'에 속한 31개의 학습 모듈을 기반으로 하고 있으며, 본 교재는 프로그래밍기능사 필기 출제기준에 포함된 31개의 학습 모듈을 완전 분해하여 프로그래밍기능사 수준에 맞게 65개 섹션으로 엄선하여 정리하였습니다.

Q 자격증 취득 시 독학사 취득을 위한 학점이 인정된다고 하던데, 학점 인정 현황은 어떻게 되나요?

A

종목	학점
정보처리기사	20
정보처리산업기사	16
사무자동화산업기사	16
컴퓨터활용능력 1급	14
컴퓨터활용능력 2급	6
워드프로세서	4

※ 자세한 내용은 평생교육진흥원 학점은행 홈페이지(http://cb.or.kr)를 참고하세요.

Q 프로그래밍기능사 시험은 어디서 접수해야 하나요?

A 인터넷으로만 접수할 수 있습니다. q-net.or.kr에 접속하여 신청하면 됩니다.

Q 프로그래밍기능사 필기 시험 응시 수수료와 실기 시험 응시 수수료는 얼마인가요?

A 필기는 14,500원이고, 실기는 17,200원입니다.

Q 필기 시험에 합격한 후 실기 시험에 여러번 응시할 수 있다고 하던데 몇 번이나 응시할 수 있나요?

A 필기 시험에 합격한 후 실기 시험 응시 횟수에 관계 없이 필기 시험 합격자 발표일로부터 2년 동안 실기 시험에 응시할 수 있습니다.

Q 프로그래밍기능사는 정기 시험만 있나요? 아니면 상시 시험도 있나요?

A 프로그래밍기능사는 상시 시험이 없습니다. 상시 시험은 제빵 기능사, 미용사 등 일부 기능사 종목에만 있습니다.

접수부터 합격까지

4 합격여부 확인

1 실기원서접수

최종 합격

3 합격여부 확인

2 실기시험

시험 접수부터 자격증을 받기까지 한눈에 살펴볼까요?

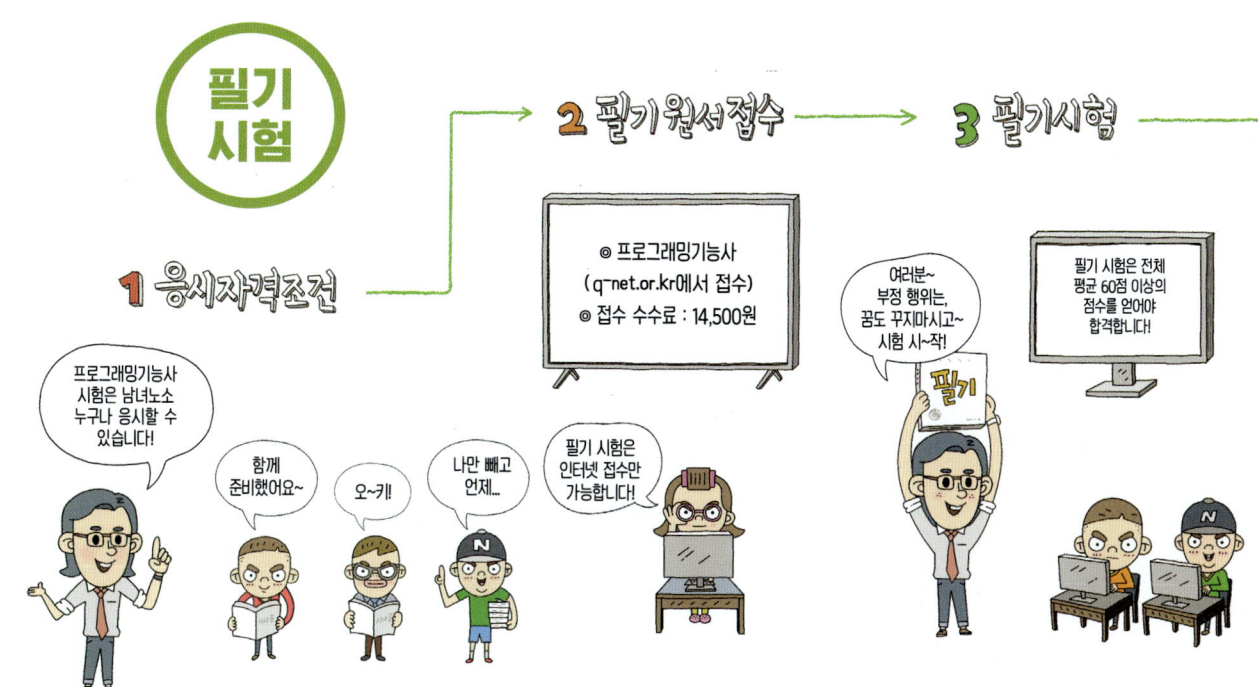

※ 신청할 때 준비할 것은~
▶ 인터넷 신청 : 접수 수수료 3,100원, 등기 우편 수수료 3,300원

배운 내용을 익히고 익힌 실력을 점검해 볼 수 있다! – 핵심요약 & 최종점검 모의고사

섹션에서 배운 내용을 한 번 더 확인하고, 익힌 실력을 최종점검 모의고사로 점검해 볼 수 있습니다.

최종점검 모의고사

온라인에서 만나는 또 하나의 책 시나공 홈페이지
sinagong.co.kr

한눈에 살펴보는 시나공의 구성

시험에 나오는 것만 골라 볼 수 있다! – 섹션별 구성

기출문제 유형을 섹션의 틀 안에 담아 두어 출제 유형의 파악이 용이합니다.
또한 이론은 각 필드에서 짧게 공부하고, 기출문제로 바로 확인할 수 있어 학습이 지루하지 않습니다.

섹션 등급

용어 설명

기출문제 따라잡기 및 정답

출제기준이 변경되고 처음 시행되는 해라 기출문제가 없습니다. '이전기출'은 출제기준이 변경되기 이전에 동일한 출제 범위에서 (구)정보처리기능사에서 출제되었던 기출문제와 현재 정보처리기사/산업기사에서 출제되고 있는 기출문제이고, '출제예상'은 시험에 나올만한 내용을 충실히 반영해 만든 예상문제입니다.

한눈에 살펴보는 시나공의 구성

시나공 시리즈는 단순한 책 한 권이 아닙니다.
여러분이 시나공 시리즈 책 한 권을 구입한 순간, Q&A 서비스에서 최신기출문제 등
각종 학습 자료까지 IT 자격증 최고 전문가들이 제공하는 온라인&오프라인 합격 보장 교육 프로그램이 함께합니다.

2026년 한 번에 합격을 위한 **특별 서비스 하나 더**

65섹션 256필드를 모두 동영상 강의로 담았습니다.

혼자 공부하다가 어려운 부분이 나와도 고민하지 말고, 다음의 세 가지 방법을 이용하여
시나공 저자의 속 시원한 강의를 바로 동영상으로 확인하세요.

---

1. 스마트폰으로 QR코드를 찍어보세요!

STEP 1 스마트폰의 QR코드 리더 앱을 실행하세요.

STEP 2 시나공 토막강의 QR코드를 스캔하세요.

STEP 3 스마트폰을 통해 토막강의가 시작됩니다.

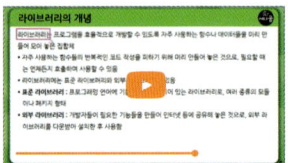

---

2. 시나공 홈페이지에서 토막강의 번호를 입력하세요!

STEP 1 시나공 홈페이지에 접속한 후 [정보처리] → [프로그래밍기능사 필기] → [동영상 강좌] → [토막강의]를 클릭하세요.

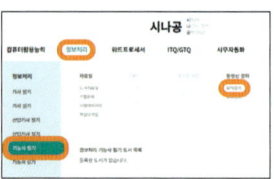

STEP 2 '강의번호'에 토막강의 번호를 입력하면 강의목록이 표시됩니다.

STEP 3 강의명을 클릭하면 토막강의를 볼 수 있습니다.

---

3. 유튜브에서는 이렇게 이용하세요!

STEP 1 유튜브 검색 창에 "시나공"+토막강의 번호를 입력하세요.

STEP 2 검색된 항목 중 원하는 토막강의를 클릭하여 시청하세요.

★ 토막강의가 지원되는 도서는 시나공 홈페이지를 통해 확인하실 수 있습니다.
★ 스마트폰을 이용하실 경우 무선랜(Wi-Fi)에 연결되지 않은 상태에서 토막강의를 이용하시면 가입하신 요금제에 따라 과금이 됩니다.

1등만이 드릴 수 있는 1등 혜택!!
수험생을 위한 아주 특별한 서비스

시나공 홈페이지
시험 정보 제공!

IT 자격증 시험, 혼자 공부하기 막막하다고요? 시나공 홈페이지에서 대한민국 최대, 50만 회원들과 함께 공부하세요.

지금 sinagong.co.kr에 접속하세요!

시나공 홈페이지에서는 최신기출문제와 해설, 선배들의 합격 수기와 합격 전략, 책 내용에 대한 문의 및 관련 자료 등 IT 자격증 시험을 위한 모든 정보를 제공합니다.

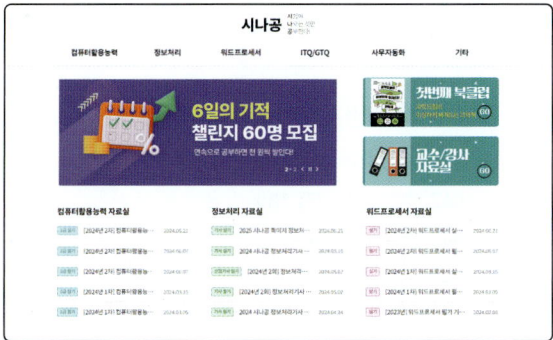

수험생 지원센터
무엇이든 물어보세요!

공부하다 답답하거나 궁금한 내용이 있으면, 시나공 홈페이지 도서별 '책 내용 질문하기' 게시판에 질문을 올리세요. 길벗알앤디의 전문가들이 빠짐없이 답변해 드립니다.

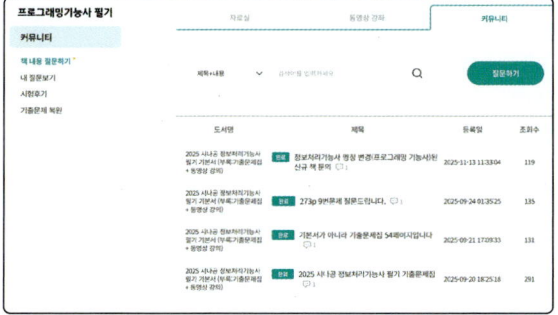

시나공만의
동영상 강좌

**독학이 가능한 친절한 교재가 있어도
준비할 시간이 부족하다면?**

길벗출판사의 '동영상 강좌(유료)' 이용 안내

1. 시나공 홈페이지(sinagong.co.kr)에 접속하여 로그인하세요.
2. 상단 메뉴 중 [정보처리] → [프로그래밍기능사 필기] → [동영상 강좌] → [유료강의]를 클릭하세요.
3. 원하는 강좌를 선택하고 [수강 신청하기]를 클릭하세요.
4. 우측 상단의 [마이길벗] → [나의 동영상 강좌]로 이동하여 강좌를 수강하세요.

※ 기타 동영상 이용 문의 : 독자지원(02-332-0931)

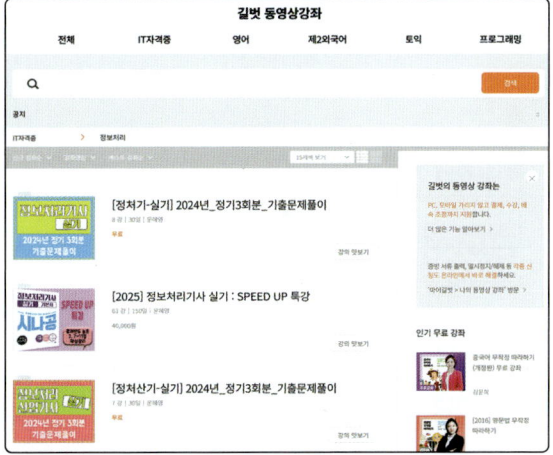

시나공 홈페이지 회원 가입 방법

1. 시나공 홈페이지(sinagong.co.kr)에 접속하여 우측 상단의 〈회원가입〉을 클릭하고 〈이메일 주소로 회원가입〉을 클릭합니다.
   ※ 회원가입은 소셜 계정으로도 가입할 수 있습니다.
2. 가입 약관 동의를 선택한 후 〈동의〉를 클릭합니다.
3. 회원 정보를 입력한 후 〈이메일 인증〉을 클릭합니다.
4. 회원 가입 시 입력한 이메일 계정으로 인증 메일이 발송됩니다. 수신한 인증 메일을 열어 이메일 계정을 인증하면 회원가입이 완료됩니다.

3 과목
SQL 활용

1 기본 SQL 작성
- Ⓐ 035 SQL의 개념 — 214
- Ⓐ 036 DDL — 217
- Ⓑ 037 DCL — 221
- Ⓐ 038 DML – INSERT, DELETE, UPDATE — 226
- 핵심요약 — 230

2 고급 SQL 작성
- Ⓐ 039 DML – SELECT-1 — 234
- Ⓑ 040 DML – SELECT-2 — 243
- Ⓒ 041 DML – JOIN — 251
- 핵심요약 — 258

4 과목
정보시스템 기초 기술

1 UI 테스트
- Ⓐ 042 사용자 인터페이스 — 264
- Ⓑ 043 UI 테스트 기법의 종류 — 268
- Ⓒ 044 UX — 270
- 핵심요약 — 271

2 테스트 및 배포
- Ⓒ 045 애플리케이션 테스트 — 274
- Ⓑ 046 애플리케이션 테스트의 분류 — 276
- Ⓐ 047 테스트 기법에 따른 애플리케이션 테스트 — 278
- Ⓐ 048 개발 단계에 따른 애플리케이션 테스트 — 282
- Ⓑ 049 통합 테스트 — 285
- Ⓑ 050 DevOps — 288

- 핵심요약 — 290

3 개발자 환경 구축
- Ⓐ 051 운영체제의 개념 — 296
- Ⓐ 052 운영체제의 구성 — 299
- Ⓐ 053 운영체제의 운용 기법 — 302
- Ⓐ 054 프로세스 관리 및 스케줄링 — 304
- Ⓐ 055 교착 상태 — 307
- Ⓐ 056 기억장치 관리 전략 – 교체 전략 — 309
- Ⓒ 057 WINDOWS — 310
- Ⓑ 058 DOS — 312
- Ⓐ 059 UNIX의 개요 — 315
- Ⓐ 060 UNIX 명령어 — 318
- 핵심요약 — 322

4 개발 환경 운영 지원
- Ⓒ 061 개발 환경 백업 — 330
- Ⓐ 062 백업 용량 산정 기법 — 333
- Ⓑ 063 개발 환경 복원 — 335
- Ⓑ 064 형상 관리(SCM) — 338
- Ⓑ 065 소스 코드 관리 도구 — 340
- 핵심요약 — 343

부록
최종점검 모의고사

- 01회 최종점검 모의고사 — 348
- 02회 최종점검 모의고사 — 354
- 03회 최종점검 모의고사 — 360
- 04회 최종점검 모의고사 — 366
- 05회 최종점검 모의고사 — 372

※ 부록(모의고사)은 PDF 파일로도 제공됩니다. PDF 파일은 [시나공 홈페이지] → [정보처리] → [프로그래밍기능사 필기] → [도서자료실]에서 다운로드하면 됩니다.

찾아보기 — 408

목차

*각 섹션은 출제 빈도에 따라 Ⓐ, Ⓑ, Ⓒ, Ⓓ로 등급이 분류되어 있습니다. 공부할 시간이 없는 분들은 출제 빈도가 높은 순서대로 공부하세요.

출제 빈도
- Ⓐ 매 시험마다 꼭 나오는 부분
- Ⓑ 두 번 시험 보면 한 번은 꼭 나오는 부분
- Ⓒ 세 번 시험 보면 한 번은 꼭 나오는 부분
- Ⓓ 네 번 시험 보면 한 번은 꼭 나오는 부분

0 준비 운동

수험생을 위한 아주 특별한 서비스	6
한눈에 살펴보는 시나공의 구성	8
시험 접수부터 자격증을 받기까지 한눈에 살펴볼까요?	12
프로그래밍기능사 시험, 이것이 궁금하다!	14

1 과목 프로그래밍 언어

1 프로그래밍 언어 활용

Ⓐ	001	라이브러리	20
Ⓒ	002	구조적 프로그래밍 언어	25
Ⓑ	003	객체지향 프로그래밍 언어	26
Ⓑ	004	스크립트 언어	29
		핵심요약	31

2 프로그래밍 언어 응용

Ⓐ	005	데이터 타입	36
Ⓐ	006	변수	38
Ⓐ	007	연산자	42
Ⓐ	008	데이터 입·출력	54
Ⓑ	009	제어문	59
Ⓐ	010	반복문	66
Ⓒ	011	배열과 문자열	73
Ⓐ	012	JAVA의 클래스	81
Ⓐ	013	Python의 기본 문법	87
Ⓐ	014	Python의 활용	97
Ⓑ	015	웹 프로그래밍 언어 – HTML	106
Ⓑ	016	웹 프로그래밍 언어 – JavaScript	120
Ⓑ	017	예외 처리	127
		핵심요약	130

2 과목 응용 SW 기초 기술

1 네트워크 기초

Ⓐ	018	인터넷	148
Ⓐ	019	통신 프로토콜	150
Ⓐ	020	OSI 참조 모델	152
Ⓑ	021	TCP/IP	156
		핵심요약	160

2 데이터베이스 기초

Ⓐ	022	데이터베이스 개요	164
Ⓐ	023	데이터베이스 설계	167
Ⓑ	024	E-R(개체-관계) 모델	170
Ⓑ	025	데이터베이스의 종류	173
Ⓐ	026	관계형 데이터베이스의 구조	175
Ⓐ	027	키의 개념 및 종류	177
Ⓑ	028	무결성의 개념 및 종류	180
Ⓒ	029	시스템 카탈로그	182
Ⓑ	030	트랜잭션	184
Ⓐ	031	자료 구조	186
Ⓐ	032	트리(Tree)	190
Ⓐ	033	정렬(Sort)	196
Ⓒ	034	검색 – 이분 검색	200
		핵심요약	202

짜잔~ '시나공' 시리즈를 소개합니다~

자격증 취득, 가장 효율적으로 공부하고 싶으시죠?
보통 사람들의 공부 패턴과 자격증 시험을 분석하여 최적의 내용을 담았습니다.

 첫째 NCS* 학습 모듈 31개를 철저하게 분석했습니다.

학문을 수련함에 있어 다양한 이론을 폭넓게 공부하는 것은 더할 나위 없이 중요하지만 이 책은 자격증 취득을 목적으로 구성된 만큼 시험에 나올만한 내용을 다룰 수밖에 없습니다. 출제기준에 포함된 31개 NCS 학습 모듈을 완전 분해하여 프로그래밍기능사 직무내용과 관련하여 나올만한 내용을 65개 섹션으로 엄선하여 정리했습니다. 책에 수록된 내용은 어떠한 변형 문제가 나오더라도 대처할 수 있도록 최대한 자세하고 쉽게 설명했습니다.

 둘째 공부하면서 답답함을 느끼지 않도록 노력했습니다.

공부할 때 이해 안 되는 내용을 무조건 암기하는 건 무척 피곤한 일입니다. NCS 학습 모듈은 NCS의 능력 단위를 교육 훈련 현장에서 학습할 수 있도록 구성한 교수·학습 자료서 내용이 포괄적이며 설명이 친절하지 않습니다. 이는 수험생 혼자의 힘으로 공부하는 데 한계가 있습니다. 저희는 NCS 학습 모듈을 가이드 삼아 자세한 설명과 충분한 예제를 더해 이쪽 분야에 기초가 없는 수험생도 쉽게 공부할 수 있도록 눈높이에 맞춰 구성했습니다.

 셋째 학습 방향을 제시하기 위해 노력했습니다.

이 시험을 준비하는 수험생들이 대부분 비전공자이기 때문에 학습 방향을 잡기 어려울 수 있습니다. 학습 방향을 파악하지 못한 채 교재에 수록된 내용을 무작정 읽어 가는 것은 비효율적입니다. 실제 시험에서 출제되는 문제에 맞게 암기할 것, 한 번만 읽어볼 것, 구분할 것, 이해할 것, 실습할 것 등 옆에서 선생님이 지도하는 것처럼 친절한 가이드라인을 제공했습니다.

 넷째 이렇게 공부하세요.

다음은 10여 년간 학생들을 지도하고, 20년 동안 100여권 이상의 IT 수험서를 만들면서 정리한 빠르게 합격하는 비법입니다.

① 매 섹션의 끝에 나오는 기출문제 따라잡기를 먼저 공부하면서 문제가 어떻게 출제되는지, 어떤 것을 자세하게 공부해야 하는지 먼저 감을 잡습니다.
② 이제 섹션의 처음으로 돌아와서 전문가의 조언을 먼저 읽은 후 본문을 읽기 시작하면 기출문제 따라잡기에서 공부한 내용을 접하게 되므로 낯설지 않을뿐더러 무엇을 어떻게 공부해야 할지 학습 방향을 명확히 잡을 수 있습니다.
③ 섹션을 마친 후 다시 기출문제 따라잡기를 공부하면 대부분의 문제가 이해됩니다. 이때에도 이해되지 않는 문제는 미결 표시를 해 놓은 후 다음 섹션으로 넘어갑니다.
④ 한 장을 마치면 그 장에서 시험에 꼭 나오는 내용만 뽑아 모은 핵심요약이 나옵니다. 앞에서 배운 내용을 상기하면서 확실히 암기하고 다음 장의 섹션으로 넘어갑니다.
⑤ 교재 한 권을 모두 마친 후에는 다시 처음으로 돌아와 기출문제 따라잡기와 핵심요약만 다시 한 번 공부합니다.
⑥ 시험이 임박해지면 등급이 A, B인 섹션과 이해가 안 되어 표시해 두었던 문제와 틀린 문제만 확인합니다.

끝으로 이 책으로 공부하는 모든 수험생들이 한 번에 합격할 수 있기를 기원합니다.

2026년 새로운 한 해를 시작하며
강윤석

※ 국가직무능력표준(NCS : National Competency Standards)이란 산업현장에서 직무를 수행하기 위해 요구되는 지식·기술·소양 등의 내용을 국가가 산업부문별·수준별로 체계화한 것입니다.